Uni-Taschenbücher 1887

Manfred G. Schmidt

Demokratietheorien

Eine Einführung

2. Auflage

Leske + Budrich, Opladen 1997

Gedruckt auf säure- und chlorfreiem, alterbeständigem Papier

ISBN 3-8100-1874-0 (Leske + Budrich)
ISBN 3-8252-1912-7 (UTB)

Das Werk einschließlich aller seiner Teile ist urheberrechtlich geschützt. Jede Verwertung außerhalb der engen Grenzen des Urheberrechtsgesetzes ist ohne Zustimmung des Verlages unzulässig und strafbar. Das gilt insbesondere für Vervielfältigungen, Übersetzungen, Mikroverfilmungen und die Einspeicherung und Verarbeitung in elektronischen Systemen.

© 1997 Leske + Budrich, Opladen
Einbandgestaltung: Alfred Krugmann, Stuttgart
Satz: Leske + Budrich
Druck: Presse-Druck Augsburg
Printed in Germany

UTB-Bestellnummer: ISBN 3-8252-1912-7

Inhaltsverzeichnis

Vorwort 9
Einleitung 13

Teil I:
Vorläufer moderner Demokratietheorien 21

1.1 Die aristotelische Lehre der guten Staatsverfassung und die Herrschaft der Volksversammlung im Staat der Athener 25
1.2 Die Idee der „gemäßigten Demokratie": Montesquieu 46
1.3 Radikale Volkssouveränitätslehre:
    Jean-Jacques Rousseaus Beitrag zur Demokratietheorie 63
1.4 Der Zielkonflikt zwischen Freiheit und Gleichheit:
    Alexis de Tocqueville über die Demokratie in Amerika 80
1.5 Liberale Theorie der Repräsentativdemokratie:
    John Stuart Mill 95
1.6 Die Lehre der revolutionären Direktdemokratie:
    Karl Marx über die Pariser Kommune 108

Teil II:
Moderne Theorien der Demokratie 117

2.1 Elitistische Demokratietheorie: Max Weber 120
2.2 Ökonomische Theorie der Demokratie:
    Joseph Schumpeter und Anthony Downs 131
2.3 Die Demokratietheorie der Pluralisten 151
2.4 Theorie der Sozialen Demokratie 161
2.5 Partizipatorische Demokratietheorie 170
2.6 Kritische Theorie der Demokratie 182
2.7 Komplexe Demokratietheorie 205

Teil III:
Vergleichende Demokratieforschung 217

3.1 Parlamentarische und präsidentielle Demokratie 219
3.2 Konkurrenz- und Konkordanzdemokratie................................ 229
3.3 Mehrheits- und Konsensusdemokratie..................................... 240
3.4 Direktdemokratie 253
3.5 Wie demokratisch sind die Demokratien? Messungen
    demokratischer Staatsverfassungen... 264
3.6 Die Theorie der sozioökonomischen Funktions-
    voraussetzungen der Demokratie... 292
3.7 Übergänge vom autoritären Staat zur Demokratie.................... 307

Teil IV:
Stärken und Schwächen der Demokratie und der
Demokratietheorien 331

4.1 Die Demokratie als Problembewältiger und als
    Problemerzeuger 331
4.2 Die Demokratietheorien im Vergleich...................................... 361

Literaturverzeichnis 371

Tabellenverzeichnis

Tabelle
1: Das Ostrogorski-Paradoxon 187
2: Hypothetische Stimmenverteilung auf 5 Parteien in 20 Wahlkreisen 190
3: Stimmen- und Mandatsverteilungen nach Wahlsystemen 192
4: Präsidentielle und parlamentarische Demokratie im internationalen Vergleich 223
5: Konkurrenzdemokratie, Konkordanzdemokratie und Mischformen im Industrieländervergleich 235
6: Staatstätigkeit und politisch-ökonomische Leistungsprofile in konkurrenz- und konkordanzdemokratischen Ländern 239
7: Operationalisierung der theoretischen Konzepte von Lijpharts Mehrheits- und Konsensusdemokratie 243
8: Standardisierte Durchschnittwerte der Konsensus-Mehrheits- und der Föderalismus-Unitarismus-Dimension in demokratischen Verfassungsstaaten 245
9: Moderne „gemäßigte Demokratien": institutionelle Schranken der Exekutive in demokratischen Verfassungsstaaten 252
10: Polyarchien und Beinahe-Polyarchien nach R. Dahl, Zeitpunkt ca. 1969 267
11: Demokratisierung des Wahlrechts im Nationenvergleich 269
12: Demokratieskalen für souveräne Staaten der Welt, 1878-1994 284
13: Zusammenhänge zwischen Demokratisierungsgrad und Verteilung der Machtressourcen in den Staaten der Welt in den 80er und 90er Jahren des 20. Jahrhunderts 298
14: Die „dritte Demokratisierungswelle" (Beobachtungszeitraum 1973-1994) 313
15: Demokratie als Problembewältiger – Ein Überblick über die wichtigsten Argumente 338
16: Demokratie als Problemerzeuger und ihre Achillesferse – Die wichtigsten Argumente im Überblick 342
17: Demokratietheorien im Vergleich 366

Vorwort

Das vorliegende Buch ist eine Einführung in ältere und moderne Theorien der Demokratie. Es schlägt einen Bogen von der demokratiekritischen Staatsformenlehre von Aristoteles über die Schriften von Montesquieu, Jean-Jacques Rousseau, Alexis de Tocqueville, Karl Marx, Max Weber, Joseph Schumpeter, Anthony Downs und anderen Theoretikern bis zur vordersten Front der historisch und international vergleichenden Demokratieforschung. Zu den Demokratietheorien gehören normative – Soll-Zustände abwägende – Lehren und empirische oder „realistische" Theorien, die hauptsächlich der exakten Beschreibung und Erklärung dienen. Beide kommen in diesem Buch zur Sprache. Insoweit folgt es gebräuchlichen Einführungen zur Demokratietheorie.

Allerdings will die vorliegende Schrift mehr. Sie dient auch der Unterrichtung über den neuesten Stand des Zweiges der Politikwissenschaft, der sich mit dem Vergleich von Demokratien beschäftigt. Er wird im folgenden abkürzend als vergleichende Demokratieforschung bezeichnet. Hiermit informiert dieses Buch über einen besonders wichtigen Zweig der Demokratietheorie, der von vielen Theoretikern und den meisten Verfassern von Einführungen zur Demokratie vernachlässigt wird. Die vergleichende Demokratieforschung widmet sich hauptsächlich den Gemeinsamkeiten und Unterschieden verschiedener Demokratietypen und deren jeweiligen Stärken und Schwächen. Auch erörtert sie die Funktionsvoraussetzungen der Demokratie und die Bedingungen ihres Zusammenbruchs. Ferner erkundet sie die Wege, die vom autoritären Staat zur Demokratie führen und die Hindernisse, die dabei zu überwinden sind. Überdies beschäftigt sich die vergleichende Demokratieforschung mit der möglichst exakten Erfassung des Unterschieds von Demokratie und nichtdemokratischer Staatsverfassung. Das setzt die exakte Messung des Demokratie- und des Autokratiegehalts von Staatsverfassungen und deren

Verfassungswirklichkeit voraus. Wie demokratisch ist die Bundesrepublik Deutschland im Vergleich zum politischen System Mexikos, Japans, Indiens, Rußlands, Süd- und Nordkoreas, der Türkei, der Volksrepublik China und vieler anderer souveräner Staaten? Diese Frage und viele andere werden im folgenden erörtert und – soweit es der Forschungsstand zu Beginn des Jahres 1995 zuläßt – beantwortet. Schließlich soll mit dem vorliegenden Buch eine Bilanz der Vorzüge und der Nachteile der Demokratie und der Theorien über die Demokratie gezogen werden.

Mit dieser Konzeption betritt die hier vorlegte Einführung alte und neue Wege. Sie ist bestrebt, das hohe Niveau der wichtigsten Einführungen zum Thema zu halten – zu nennen sind für andere C.F. Cnudde und D.E. Neubauer (1969), W.-D. Narr und F. Naschold (1973), F. Grube und Richter (1975), E. Wiesendahl (1981), D. Held (1987) und G. Sartori (1992) – und vor allem im Bereich der vergleichenden Demokratieforschung und der Bilanzierung der Stärken und der Schwächen der Demokratie weiterzuführen.

Geschrieben wurde dieses Buch für ein größeres Publikum. Es wendet sich gleichermaßen an Studierende, Lehrende und Absolventen des Faches Politikwissenschaft und angrenzender Disziplinen, insbesondere der Erziehungswissenschaft, der Geschichtswissenschaft, der Philosophie, der Rechtswissenschaft, der Soziologie und der Wirtschaftswissenschaft, sowie an alle an Fragen der Demokratie Interessierte. Der vorliegende Text ist die grundlegend überarbeitete und aktualisierte Fassung einer Schrift, die 1992 für die Fernuniversität Hagen verfaßt wurde, dort 1993 als Studienbrief erschien und in Vorlesungen und Seminaren an der Universität Heidelberg erprobt und weiterentwickelt wurde. In die Buchfassung wurde – soweit zugänglich – das fachwissenschaftliche Schrifttum zur Theorie und Praxis der Demokratie und zum Vergleich demokratischer Systeme – vor allem das deutsch- und englischsprachige Schrifttum – eingearbeitet, das bis zum ersten Quartal 1995 veröffentlicht wurde. Redaktionsschluß war der 1. Juni 1995.

Bei der Anfertigung des vorliegenden Buches kam mir jederzeit zuverlässige Mitarbeit zugute. Marianne Nies, Sekretärin an meinem Lehrstuhl an der Ruprecht-Karls-Universität zu Heidelberg, hat die Textverarbeitung der verschiedenen Manuskriptfassungen präzise und zuverlässig durchgeführt. Helge-Lothar Batt war mir bei der Literaturbeschaffung und beim Korrekturenlesen behilflich, Thomas Bauer bei der Gestaltung der Tabellen und Christian Buschmann bei der Sammlung und Kodierung eines Teils der Daten zur Messung von

Demokratien. Für die mir hierdurch zuteil werdende Unterstützung danke ich herzlich.

Mein Dank schließt die Deutsche Forschungsgemeinschaft (DFG) ein. Ein Teil der Forschungsmittel des Leibniz-Preises 1995 der DFG wurde zur Finanzierung von Recherchen verwendet, die für den dritten und vierten Teil der hier vorgelegten Schrift, den Demokratienvergleich, anfielen.

Heidelberg, im Juni 1995

Vorwort zur 2. Auflage

Der Text der 2. Auflage ist bis auf stilistische Korrekturen und Beseitigung von Tipp- und Satzfehlern identisch mit dem der 1. Auflage.

Heidelberg, im Januar 1997

Einleitung

„Demokratie" ist ein dem Griechischen entstammender Fachausdruck des politischen und des wissenschaftlichen Sprachgebrauchs. Er setzt sich zusammen aus „demos" – dem griechischen Wort für Volk, Volksmasse oder Vollbürgerschaft – und „kratein", was soviel wie „herrschen" oder „Macht ausüben" heißt. Insoweit kann man Demokratie knapp und bündig als – unmittelbare oder mittelbare – Herrschaft oder Machtausübung des Demos, Volksherrschaft oder Herrschaft der Vielen definieren (Meier u.a. 1972). Im speziellen Sinne kann Demokratie auch Herrschaft oder Machtausübung einer Volksversammlung bedeuten, so wie sie erstmals in den Gemeinwesen der griechischen Stadtstaaten in der Antike etwa vom 5. bis zum 4. Jahrhundert vor Christi Geburt praktiziert wurde (Hansen 1991).

Der Staatsformenlehre der aristotelischen Schule zufolge ist Demokratie die Herrschafts- oder Staatsform, in der viele herrschen. Die Demokratie unterscheidet sich dieser Lehre zufolge fundamental von den älteren Regierungsformen der Wenigen, wie in der Aristokratie und der Oligarchie, und der Einerherrschaft, wie in der Monarchie und der Tyrannis. Sie unterscheidet sich von ihnen vor allem durch die große Zahl derjenigen, die maßgeblich an der Regelung öffentlicher Angelegenheiten mitwirken, die Rechenschaftspflichtigkeit der Herrschenden gegenüber den Beherrschten und durch die Gleichberechtigung der Vollbürger.

Mittlerweile ist Demokratie ein Oberbegriff für eine Vielzahl politischer Ordnungen geworden. Nur noch die wenigsten unter ihnen sind der Volksversammlungsherrschaft der griechischen Antike verwandt, die meisten unterscheiden sich von ihr durch die Repräsentativdemokratie, den viel größeren Anteil der Teilhabeberechtigten an der erwachsenen Bevölkerung und die Hervorhebung der Gesetzesherrschaft über der Herrschaft der Volksversammlung oder der Volksvertretungen. Doch allen älteren und modernen Demokratien ist der Anspruch gemeinsam, die Herrschaft im Staate auf die Norm politischer Gleichheit der Vollbürger zu verpflichten, auf den Willen des Volkes (im Sinne von Demos) oder zumindest eines maßgebenden Teils der Stimmbürgerschaft zu gründen und mit der Rechenschaftspflichtigkeit der Herrschenden gegenüber den Beherrschten zu verbinden.

Über die älteren und neueren Demokratien wurde eine Vielzahl von Theorien verfaßt. Von diesen Theorien und von der Wirklichkeit demokratischer „Staatsverfassungen" – so der Begriff der aristotelischen Schule für Verfassung und Verfassungswirklichkeit eines politischen Systems (Aristoteles, Politik: 1279b) – handelt das vorliegende Buch. Es gliedert sich in vier große Teile. Im ersten Teil werden klassische Demokratietheorien – Vorläufer der Theorien entwickelter Demokratien – vorgestellt. Der Bogen wird in diesem Teil von Aristoteles über Montesquieu, Rousseau, Tocqueville und J. St. Mill bis zu Marx gespannt. Der zweite Teil der Schrift ist modernen Theorien der Demokratie gewidmet. Er reicht von Max Webers Beiträgen und der Ökonomischen Theorie der Demokratie bis zur Kritischen und zur Komplexen Demokratietheorie.

Erörtert werden im ersten und zweiten Teil sowohl empirische oder „realistische" Demokratietheorien, die Ist-Zustände beschreiben und erklären, als auch normative Theorien, die Soll-Zustände in den Vordergrund rücken. Was von wem als Demokratie bezeichnet wird und wie deren Bewertung ausfällt, kommt ebenso zur Sprache wie das Hauptproblem, von dem sich die Theoretiker leiten ließen. Ferner gilt das Interesse den Funktionsvoraussetzungen der Demokratie und der Frage, welche Vorzüge und Schwächen sie hat und welches ihre „Achillesferse" ist (G. Sartori 1992: 40). Nicht zuletzt wird die Eignung der Theorien für Zwecke der Analyse moderner Demokratien im ausgehenden 20. Jahrhundert geprüft.

Im dritten Teil des Buches erfolgt ein Perspektivenwechsel. Dort geht es vor allem um vergleichende Analysen der Verfassungswirklichkeit verschiedener Demokratietypen, z.B. der Mehrheits- und der Konkordanzdemokratie und der Direkt- im Unterschied zur Repräsentativdemokratie, sowie der Funktionsvoraussetzungen demokratischer Herrschaft. Nach dem Theorietypus zu urteilen, enthält dieser Teil des Buches vor allem Beiträge zur empirischen oder realistischen Demokratietheorie, und zwar zu einer, die sich der Methode des Vergleichs bedient. Die verschiedenen Demokratietypen werden dabei auf ihre Struktur, Funktion und Leistungsfähigkeit zur Integration gesellschaftlicher Gruppen und zur Bewältigung politischer Sachprobleme untersucht. Auch die Frage nach den Entstehungs- und Funktionsvoraussetzungen von Demokratien wird dort gestellt und auf der Basis historisch und international vergleichender Forschung beantwortet. Erörtert werden auch die Chancen und Probleme, die sich beim Übergang vom autoritären Staat zur Demokratie auftun. Dies schließt die Prüfung der Frage ein, welche Überlebenschancen den neugegründeten Demokratien der sogenannten „dritten Demokratisierungswelle" (Huntington 1991) der 70er, 80er und 90er Jahre des 20. Jahrhunderts zugeschrieben werden können. Überdies enthält der Teil III der vorliegenden Studie die neuesten Ergebnisse international vergleichender Demokratiemessungen. Wie demokratisch sind die souveränen Staaten der Welt heutzutage, und wie demokratisch oder undemokratisch waren sie vor ein oder zwei Dekaden und vor mehr als 100 Jahren? Wie groß ist der Unterschied zwischen dem Demokratiegehalt der politischen Systeme Westeuropas und Nordamerikas im Vergleich beispielsweise zu Brasilien, Indien, Südkorea und der Türkei, um nur einige Beispiele zu nennen? Auch hierauf gibt die im Teil III vorgestellte vergleichende Demokratieforschung Antwort.

Im vierten Teil werden die Fäden aus den ersten drei Teilen der Schrift unter der Fragestellung zusammengeführt, welche Vorzüge und Defizite der Demokratie eigen sind. Der Nutzen und die Kosten der Demokratie kommen hierbei ausführlich zur Sprache, ihre Stärken und Schwächen sowie ihre Achillesferse. Zugleich werden die Demokratietheorien auf den Prüfstand gestellt: Welche von ihnen sind besser und welche schlechter, und welche eignen sich besonders für eine erfahrungswissenschaftlich fundierte Erkundung der Demokratie?

In der vorliegenden Schrift wird Demokratie vor allem im Sinn der demokratischen Verfassungsstaaten des 20. Jahrhunderts verstanden. Sie ist eine Institutionenordnung oder „Staatsverfassung" (Aristoteles, Politik, 1279b) von Klein- und Flächenstaaten, in denen die Herrschaft auf der Basis politischer Gleichheit und weitreichender politischer Beteiligungsrechte der Bevölkerung im Erwachsenenalter mittel- oder unmittelbar aus dem Volk hervorgeht und letztlich unter Berufung auf das Interesse der Gesamtheit oder der Mehrheit der Stimmberechtigten ausgeübt wird – und zwar unter dem Damoklesschwert des Mandatverlusts der Volksrepräsentanten und der Regierung in der nächsten Wahl sowie im Rahmen mächtiger verfassungs- oder gewohnheitsrechtlicher Begrenzungen des Tun und Lassens der Legislative und Exekutive. Zugegebenermaßen ist diese Definition sperrig. Andererseits ist ihr mindestens dies gutzuschreiben: sie ist die realistisch korrigierte Version der überstark vereinfachenden Gettysburg-Formel der Demokratie, die der US-amerikanische Präsident Abraham

Lincoln 1863 mit den Worten entwickelte, Demokratie sei „governent of the people, by the people, and for the people" – eine Regierungsform, die aus dem Volk hervorgeht und durch das Volk und in seinem Interesse ausgeübt wird. Ganz so bruchlos und unmittelbar demokratisch wie Lincolns Definition es nahelegt, ging es freilich weder damals noch zu späteren Zeiten zu.

Doch auch die realistische Korrektur von Lincolns Demokratiedefinition reicht nicht aus. In vielen Angelegenheiten herrscht nachweislich weder das Volk noch die Volksvertretung, sondern vielmehr die Judikative oder die Bürokratie, mitunter im Verein mit der Regierung. Für letzteres ist Max Webers Herrschaftssoziologie besonders hilfreich. Mit ihr kann man die Demokratie als eine Form säkularisierter legitimer Herrschaft kraft Befehlsgewalt und Gehorsamspflicht begreifen, die alltäglicher oder – im Fall „plebiszitärer Führerdemokratie" (Max Weber) – charismatischer Art, auf einen Verwaltungsstab gegründet und nach Gehorsamsmotiven entweder dem Typus legaler oder dem charismatischer Herrschaft zuzuordnen ist (Schluchter 1988). Die Legitimitätsgrundlage dieser Ordnung ist der Glaube der Bürger an die Rechtmäßigkeit von Satzung und Verfahren – so im Fall der legalen Herrschaft –, an die Rechtmäßigkeit der außeralltäglichen Gnadengabe eines politischen Führers, wie z.B. eines Demagogen (Weber 1976, Schluchter 1988, Breuer 1994), oder im Grenzfall der Direkt- oder Versammlungsdemokratie die Minimierung von Herrschaft (siehe hierzu das Kapitel 2.1).

Die Demokratie ist eine Herrschaft im Zeichen säkularisierter, weltlicher Ordnung. In ihr ist das Volk – im Sinn von Demos – letztlich alleinberechtigter Ursprung der Staatsgewalt, nicht der Monarch oder die Kirche, Gott, Götter oder von Gott oder Göttern bestellte Herrscher. Innehabung und Ausübung der Staatsgewalt müssen – zumindest in nennenswertem Umfang und für maßgebende Herrschaftsfunktionen – konkret vom Volk hergeleitet und ihm gegenüber verantwortlich sein. Das ist die Grundvoraussetzung demokratischer Verfassung und Verfassungswirklichkeit (Böckenförde 1987: 894).

Der Inhalt des Demokratiebegriffs ist jenseits dieser Bestimmungen nur scheinbar hinreichend eindeutig. Tatsächlich wird unter Demokratie höchst Unterschiedliches verstanden. Im antiken Griechenland und bis ins 19. und frühe 20. Jahrhundert wurden zum Demos, der Vollbürgerschaft, lediglich ein kleiner Teil der erwachsenen männlichen Bevölkerung gezählt, vor allem waffenfähige, steuerzahlende und seit langem ansässige Bürger männlichen Geschlechts. Aristoteles gehörte nicht zu ihnen. Er war Metöke – Fremder. Der Hauptstrom oder „mainstream" der Theorie und Praxis der Demokratie war lange Zeit tatsächlich ein „male stream" – Männersache (Mary O'Brien, zitiert bei Phillips 1991). Mittlerweile hat sich das geändert. Heutzutage gehört zur Demokratie ein universaler Gleichheitsanspruch, der alle Frauen und Männer einer bestimmten Staatsangehörigkeit und ab einer bestimmten Altersstufe umfaßt, sofern nicht radikale Oppositionsdenker ins andere Extrem fallen und ihrerseits sektoral oder gruppenspezifisch ausgerichtete Demokratievorstellungen entwickeln, wie z.B. die Lehre von der „klassengebundenen Demokratie" des orthodoxen Marxismus (Lenin 1970) oder die der „feministischen Demokratie" des radikalen Flügels der Frauenbewegung.

Aber auch dort, wo ihr Universalitätsanspruch akzeptiert wird, sind der konkrete Inhalt und die Reichweite der Demokratie umstritten. Konservative neigen zu einem engeren Demokratieverständnis und erheben ihre Stimme gegen weitere Demokratisierung (von Kielmansegg 1988a). Radikale Denker der Linken und der Grünen hingegen favorisieren die „starke Demokratie" (Barber 1994). In der Mitte zwischen beiden Polen ist der gemäßigte Demokratiebegriff moderner liberaler Theoretiker anzusiedeln (siehe als Überblick Held 1987 und Sartori 1992).

Wie unterschiedlich das Demokratieverständnis sein kann, erhellt auch die Verwendung des Demokratiebegriffs in der Politik. Die Demokratie gehört zum Kern des modernen westlichen Verfassungsstaates, der „konstitutionellen Demokratie" (Friedrich 1953 und 1966). Allerdings fand sie auch Eingang in die Selbstbezeichnung autoritärer Regime, wie den Herrschaftsordnungen der staatssozialistischen Länder Mittel- und Osteuropas bis zum Fall des Eisernen Vorhangs 1990/91. Dort lautete eine der offiziellen Bezeichnungen „Volksdemokratie". Wortwörtlich übersetzt bedeutet dies „Volks-Volksherrschaft". Das war schon immer eine höchst seltsame Konstruktion und wird es auch immer bleiben; sie macht hellhörig und nährt den Verdacht, ein besonderer Teil des Volkes herrsche letztendlich über das eigentliche Volk.

Lincolns Demokratieformel „government of the people, by the people, and for the people" bedarf der Konkretisierung. Eben diese ist von Periode zu Periode und von Land zu Land verschieden. „Volk" umfaßt in den heutigen westlichen Verfassungsstaaten alle volljährigen männlichen und weiblichen Staatsangehörigen. Vor nicht allzu langer Zeit war das gänzlich anders: bis ins 20. Jahrhundert schien der Ausschluß von Frauen vom Wahlrecht ebenso selbstverständlich wie der von Ungebildeten, Besitzlosen, Nicht-Waffenfähigen und von

Personen, die abhängig von karitativen Zuwendungen lebten. Überdies wird man Lincolns Demokratiedefinition entgegenhalten müssen, daß die Regierung auf höchst unterschiedliche Weise „aus dem Volk hervorgehen" kann, z.b. durch Wahl, Kooptation, Los, auf direktem oder indirektem Weg. Überdies kann die Regierungsmacht ebenfalls auf verschiedenen Wegen „durch das Volk ausgeübt werden", beispielsweise direkt- oder repräsentativdemokratisch. Und „für das Volk" tätig werden, schließt bekanntlich unterschiedliche Bestrebungen und Ziele ein, ehrliche wie korrupte, sorgfältig geplante wie chaotische Politik, tatkräftige Problemlösung wie wichtigtuerische Selbstbeweihräucherung selbsternannter Demokraten, Maßnahmen zugunsten der großen Mehrheit und solche, die nur einer Minderheit Nutzen bringen oder niemandem nützen und allen schaden.

Wie das Demokratieverständnis im einzelnen beschaffen ist und welche Veränderungen die politische Theorie der Demokratie von der griechischen Antike bis zur Massendemokratie im ausgehenden 20. Jahrhundert durchlaufen hat, wird in der vorliegenden Schrift erläutert. Dabei wird zutage gefördert, daß der gute Name, den die Demokratie heutzutage genießt, jüngeren Datums ist. Überwiegend positive Würdigung wurden der Praxis und der Theorie der Demokratie erst im 20. Jahrhundert zuteil, vor allem in den westlichen Industrieländern. Vorher herrschte ein distanziert-kritisches Verständnis. Der großen Mehrheit der Philosophen, der Staatswissenschaftler und der Politiker galt sie meist als denkbar schlechte Staatsform, nicht selten als wankelmütige „Pöbelherrschaft", bestenfalls als eine Ordnung, die nur im Rahmen kleiner Gemeinwesen zu verwirklichen sei und – wenn überhaupt – nur akzeptiert werden könne, wenn sie mit Elementen anderer Staatsformen, insbesondere der Monarchie, der Aristokratie oder der Oligarchie, kräftig vermischt und hierdurch gemäßigt werde.

Ein anschauliches Beispiel für die kritische Distanz zur Demokratie ist Platons Lehre in der Schrift „Der Staat". In ihr schlägt Platon (427-347 v. Chr.) die Demokratie den schlechten Staatsverfassungen zu, denjenigen, die voller Unordnung sind und zu deren Gunsten höchstens dies nachzutragen ist, daß sie nicht „die letzte und schlimmste Krankheit eines Staates" sind (Der Staat, VIII. Buch, 261). Dieser Rang gebühre der Tyrannis – doch der bahne die Demokratie den Weg. Eine Demokratie entsteht, so heißt es bei Platon weiter, „wenn die Armen den Sieg davontragen und von den Reichen die einen hinrichten lassen, die anderen verbannen und den übrigen Bürgern gleichen Anteil an der Staatsverwaltung und den Ämtern geben" (Der Staat, VIII. Buch, 276). Nicht nur nach der Zahl der maßgebend Entscheidenden und der Qualität ihrer Politik unterscheidet Platon die Staatsformen, sondern auch unter Berücksichtigung der typischen Charaktere. Auch in dieser Hinsicht erhält die Demokratie schlechte Noten. Der demokratische Mensch ist für Platon Sinnbild fehlender Ordnung und mangelnden Verantwortungsbewußtseins: „Jeden Tag ist er dem gerade vorherrschenden Triebe gefällig. Bald zecht er und hört der Flöte zu, bald trinkt er Wasser und magert ab; dann wieder treibt er Gymnastik; zuweilen tut er gar nichts und läßt alles liegen, dann gibt er sich ein wenig mit Philosophie ab. Oft kümmert er sich um den Staat, springt auf die Tribüne und redet und tut, was gerade der Zufall bringt. Hat er einmal kriegerischen Ehrgeiz, so richtet er sich auf die Kriegskunst; scheint ihm der Reichtum begehrenswert, so wirft er sich auf den Gelderwerb. Es ist keine Ordnung und keine Notwendigkeit in seinem Leben" (ebd. 282f.).

Von der Theorie der Demokratie, den Stärken und Schwächen demokratischer Staatsverfassung und vom Demokratienvergleich handelt das vorliegende Buch. In der Alltagssprache meint Theorie – meist abschätzig – eine hochabstrakte, praxisferne, vielleicht sogar weltfremde Betrachtungsweise. In der Wissenschaft hingegen ist Theorie der Fachbegriff für die anhand bestimmter bewährter Methoden und Kriterien erfolgende nachprüfbare, geschulte „Art und Weise des Beobachtens, des Fragens und des Antwortens" (H. Willke 1993). Theorie meint vor allem ein – normative und empirische Komponenten umfassendes – System von Begriffen, Definitionen und informationshaltigen und überprüfbaren Aussagen, das zur Ordnung von Sachverhalten und zur Beschreibung, zur exakten Erklärung von Tatbeständen und gegebenenfalls zur Vorhersage von Zuständen und Vorgängen verwendet wird. Just in diesem Sinn wird der Theoriebegriff in dem vorliegenden Buch verwendet. Er ist damit weit genug definiert, um sowohl normative Gedankengebäude wie auch stärker empirisch-analytisch konstruierte Theorien zu erfassen.

Die vorliegende Abhandlung ist aus der Perspektive eines kritischen Befürworters verfassungsstaatlicher Demokratie geschrieben. Als Minimaldefinition der Demokratie wird ein Typus legaler Herrschaft (mitunter auch einer charismatischen Herrschaft) im Sinne von Webers Typen legitimer Herrschaft zugrundegelegt, der in institutioneller Hinsicht durch allgemeines, freies, gleiches Wahlrecht, Parteienwettbewerb, authentische Informations-, Meinungs-, Oppositions- und Koalitionsfreiheit für alle Staatsbürger, gesicherte Chancen regelmäßiger Wahl und Abwahl der Herrschenden durch die Stimmberechtigten und die Einbettung in die Strukturen des Verfassungsstaates charakterisiert ist. Daß die Befürwortung dieses Herrschaftstypus nicht ein beliebiger Standpunkt ist, wird hoffentlich durch die Ausführungen in den nachfolgenden Kapiteln und anhand der Prüfung der Leistungsfähigkeit und der Grenzen der Demokratie deutlich. Dem Standort des Verfassers liegt die durch wissenschaftliche Erkenntnis gestützte Überzeugung zugrunde, daß die Demokratie im Vergleich zu anderen Herrschaftsordnungen in der Regel – und unter noch zu präzisierenden Bedingungen – eine beachtliche Fähigkeit hat, die gleichberechtigte Teilnahme tendenziell aller erwachsenen Bürger sicherzustellen, zugleich ein größeres Maß der Integration gesellschaftlicher Gruppen mit widerstreitenden Interessen zu gewährleisten und regelungsbedürftige Probleme zumindest in passablem Ausmaß zu bewältigen. Allerdings wird die nüchterne Beschreibung der Stärken und der Schwächen der Demokratie auch verdeutlichen, daß zum bedingungslosen Feiern dieser Staatsform kein Anlaß besteht. Auch sie hat Achillesfersen. Doch mehr davon in den folgenden Kapiteln.

Im übrigen sollte auch die wissenschaftliche Standortgebundenheit, die Schulenzugehörigkeit des Verfassers dieses Bandes dem Leser von Beginn an deutlich sein. Vorrang hat für ihn ein politikwissenschaftlicher Ansatz mit folgenden Eigenschaften: 1) Er soll empirisch-analytisch, ohne Rücksicht auf wissenschaftsfremde Vorgaben systematisch und nachprüfbar beschreiben und erklären. 2) Er soll Theorie-Qualität haben, wobei die Theorie auf einer möglichst breiten erfahrungswissenschaftlichen Basis ruhen soll. 3) Drittens soll sowohl die „Input"-Seite der Demokratie – vor allem die Beteiligung – zur Sprache kommen als auch die „Output"-Seite, d.h. die Produkte und Ergebnisse demokratischer Entscheidungsprozesse. 4) Viertens wird ein Ansatz angestrebt, der sowohl die Theorien wie auch die Praxis der Demokratie vergleichend betrachtet. Insoweit liegt der wissenschaftliche Standort, von dem aus die vorliegende Schrift verfaßt wurde, näher an den „realistischen" als an den „normativen" Demokratietheorien und insoweit näher an denjenigen, die Ist-Zustände und Wandel beschreiben und erklären (z.B. Dahl 1971 und Lipset u.a. 1993), als an denjenigen, die hauptsächlich normative Fragen und Soll-Zustände demokratischer Verfassungen erörtern (z.B. Habermas 1992a und 1992b).

Teil I
Vorläufer moderner Demokratietheorien

Es gibt nicht nur eine Demokratie, sondern viele verschiedene Demokratien. Und es gibt nicht nur eine Demokratietheorie, sondern viele verschiedene Demokratietheorien (Held 1987, Mittermaier/Mair 1995). Manche von ihnen rücken die nüchterne Beschreibung und Erklärung dessen, was ist, ins Zentrum und bemühen sich darum, Ursache-Wirkungs-Zusammenhänge aufzudecken. Das sind die sogenannten „empirischen" oder „realistischen" Demokratietheorien (z.B. Cnudde/Neubauer 1969). Hiervon sind die „normativen" Demokratietheorien zu unterscheiden. Deren Anliegen ist die Begründung und Auslotung von Soll-Zuständen, von dem, was nach Maßgabe bestimmter Normen als wünschenswert angesehen wird (z.B. Pateman 1970, Habermas 1992a und 1992b). Demokratietheorien kann man auch danach unterscheiden, ob sie primär statischer oder primär dynamischer Natur sind. Ein Beispiel für letzteres sind die älteren und neueren Theorien vom Aufstieg und Niedergang von Demokratien. Auch nach dem Standort der Verfasser kann man die Demokratietheorien ordnen: viele stammen aus der Feder von Verteidigern des Demokratieprinzips, andere wurden von seinen Gegnern geschrieben. Während die einen politische Beteiligung und Oppositionschancen groß schreiben, wie die Anhänger der sogenannten partizipatorischen Demokratielehre, zählen andere auch noch eine faschistische Führerdiktatur, die sich auf die Akklamation ihres Massenanhangs stützt, zu den demokratischen Ordnungen, z.B. Carl Schmitt (1926).

In der folgenden Darstellung kommen alle erwähnten Demokratietheorien zur Sprache. Geordnet werden sie aber zunächst nach einer anderen Trennlinie, nämlich der zwischen vormodernen und modernen Demokratietheorien. Sie wird in diesem Buch am Unterschied zwischen den Vorläufern oder den Vorstufen von Theorien moderner Demokratien und den Theorien über die demokratischen Verfassungsstaaten des 20. Jahrhunderts festgemacht. Die Trennlinie ist zeitlich etwa an der Wende zum 20. Jahrhundert zu verorten und sachlich am Übergang vom stark eingegrenzten Wahlrecht zum allgemeinen Wahlrecht und der Entstehung einer parteien- und verbändepluralistischen Herrschaftsordnung. Darüber hinaus spielt eine zweite Trennlinie zwischen Demokratietheorien im vorliegenden Buch ein herausragende Rolle: die zwischen prozeß- und ergebnisorientierten Theorien. Diese Unterscheidung geht auf Fritz Scharpfs „Demokratietheorie zwischen Utopie und Anpassung" aus dem Jahre 1970 zurück, in der zwischen „input-orientierter" (auf die Eingabeseite des politischen Systems zielender) und „output-orientierter" Demokratietheorie, welche die Leistungserbringungsseite der Politik betont, differenziert wird (siehe Kapitel 2.7). Prozeßorientierte Demokratietheorien erörtern vor allem die Interessen und Willensäußerungen, die in den Willensbildungsprozeß eingespeist oder von ihm ausgesperrt werden, z.B. die partizipatorische Demokratietheorie (siehe hierzu das Kapitel 2.5). Die meisten prozeßorientierten Theorien werden von der Frage geleitet, „wie das politische System eingerichtet sein müsse, wenn Entscheidungen möglichst unverfälscht aus der gleichen Partizipation aller hervorgehen sollen" (Scharpf 1970: 25). Die ergebnisorientierten Theorien hingegen rücken vor allem die Resultate des demokratischen Entscheidungsprozesses und die Qualität des Regierens ins Zentrum. Sie normieren die gewünschte Qualität politischer Leistungen und bestimmen von dort aus alle weiteren Anforderungen an die Struktur des politischen Systems. Zu diesen Theorien zählen sowohl die aristotelische Lehre von der guten „Staatsverfassung" (Aristoteles, Politik, 1279b), wozu die reine Demokratie im übrigen nicht gehört (siehe Kapitel 1.1), als auch die moderne Kritische Demokratietheorie, wie die Fundamentalkritik am Mehrheitsprinzip (siehe Kapitel 2.6).

Ferner kann man Demokratietheorien danach ordnen, ob sie eher die beteiligungsberechtigten Bürger oder die Institutionen und Vorgänge eines demokratisch verfaßten politischen Systems in den Vordergrund rücken (Schmitter 1983). Überdies sind die Demokratietheorien nach methodologischen Gesichtspunkten verschieden: nicht nur an die Differenz zwischen normativer und empirischer Theorie ist hierbei gedacht, sondern auch an den Unterschied zwischen Theorien mit breiter, aus systematischem Vergleich gespeister Erfahrungsbasis und denjenigen mit schmaler, nichtrepräsentativer Erfahrungsgrundlage.

Schlußendlich kann man die verschiedenen Demokratietheorien politisch-ideologischen Grundströmungen zuordnen. Allerdings wird von einer Eins-zu-eins-Entsprechung von Theorieposition und politischer Richtungszugehörigkeit keine Rede sein können und deshalb kann man nur unter Inkaufnahme grober Vereinfachung drei politisch-ideologische Hauptströmungen der Demokratietheorien unterscheiden: eine konservative, eine liberale und eine radikale.

Anhand dieser Trennlinien und der Prüffrage nach dem potentiellen Ertrag für ein besseres Verständnis von Struktur, Prozeß und Ergebnis moderner Demokratien wurden die in den nachfolgenden Kapiteln vorgestellten Theorien ausgewählt. Zur Sprache kommen zunächst ältere Demokratielehren, die ideengeschichtlich Vorläufer von Theorien moderner konstitutioneller und parteienwettbewerblicher Demokratie sind. Der Ausgangspunkt ist die Volksversammlungsherrschaft der athenischen Demokratie der Antike – und die zugehörige Lehre der guten und schlechten Seiten der Demokratie im „Staat der Athener", so der Titel einer in der Schule des Aristoteles verfaßten Handschrift über die athenische Demokratie (Dreher 1993). Die „aristotelische Demokratietheorie", so die Kurzbezeichnung für dieses Gedankengebäude, steuert vor allem den Gedanken der „guten Staatsverfassung", insbesondere den einer Mixtur aristokratischer und demokratischer Elemente zur Debatte bei. Ferner hat sie Substantielles über die Funktionsvoraussetzungen der Demokratie und über deren Achillesferse zu sagen. Auch spricht für sie die breite erfahrungswissenschaftliche und politik- bzw. sozialphilosophische Basis, fußt sie doch auf systematischem Vergleich und der Bewertung von Verfassung und Verfassungswirklichkeit verschiedener Stadtstaaten.

Im Anschluß an die Erörterung der aristotelischen Demokratielehre wird der Leser über viele Jahrhunderte hinweg in das Zeitalter des neuzeitlichen Staatsabsolutismus und der aus der Aufklärungsphilosophie stammenden Kritik absolutistischer Herrschaft geführt. Beim Werk von Charles de Montesquieu wird Station gemacht. Es erweist sich als besonders ertragreich für vormoderne und moderne Demokratielehren, obwohl Montesquieu weder Demokratieanhänger noch genuiner Demokratietheoretiker ist. Allerdings steuern seine Auseinandersetzung mit der älteren Staatsformenlehre und seine Kritik am Staatsabsolutismus französischer Prägung den Gedanken einer „gemäßigten Demokratie" (Schwan 1991: 219) der Debatte bei. Die „gemäßigte Demokratie" ist eine Institutionenordnung, die im Vergleich zur absolutistischen Monarchie mit beträchtlichen Vorzügen aufwarten kann. Montesquieu zufolge ist sie tugendhafter; obendrein fügt sie sich in ein differenziertes System der Machtverschränkung und der Mischverfassung ein.

Jean-Jacques Rousseau – der dritte Klassiker im ersten Teil des Buches – greift den Gedanken der Direktdemokratie auf und steigert ihn zur radikalen Volkssouveränitätslehre. Rousseaus Lehre ist das Gegenstück zu den frühliberalen verfassungsstaatlichen Modellen in Montesquieus Theorie, aber auch zur späteren klassisch-liberalen Demokratietheorie von John Stuart Mill, den Alexis de Tocquevilles Schrift „Über die Demokratie in Amerika" zutiefst beeindruckt hat. Gemeinhin gilt Rousseau als Vertreter der Direktdemokratie und Fürsprecher der Identität von Regierten und Regierenden. Zumindest an der Aussage, Rousseau sei Anhänger der Direktdemokratie, wird man erhebliche Abstriche machen müssen (vgl. hierzu das Kapitel 1.3). Allerdings tritt er wortgewaltig für die Sache der Volkssouveränität ein, und zwar für eine nichtteilbare Volkssouveränität. Eine Radikalisierung von Rousseaus Lehre in revolutionärer Absicht findet sich sodann in der Theorie der rätedemokratischen Organisation, die Karl Marx vor allem in seiner Abhandlung über die Pariser Kommune von 1871 in der Schrift „Bürgerkrieg in Frankreich" entwickelt.

Rousseaus und Marx' Lehre diametral entgegengesetzt ist die Demokratie, die John Stuart Mill in seiner Theorie der Repräsentativregierung propagiert. Mill ist der bedeutendste Vertreter der klassischliberalen Demokratietheorie und zugleich derjenige, der die Demokratielehre auf die Grundlage einer repräsentativen (semi-)demokratischen Ordnung stellt. Mill steht näher als die zuvor erwähnten Theorien an der Schwelle zur Moderne und zur Massendemokratie des 20. Jahrhunderts. Mehr noch gilt das erstaunlicherweise für einen Analytiker, der schon in der ersten Hälfte des 19. Jahrhunderts ein bahnbrechendes Werk der Demokratietheorie und ein Glanzstück sozialwissenschaftlich informierter Demokratieforschung verfaßt: Alexis de Tocquevilles „Über die Demokratie in Amerika". Wie im vierten Kapitel gezeigt wird, ist diese Schrift grundlegend für die Demokratieforschung. Eines ihrer Hauptthemen ist die Idee eines fundamentalen Zielkonflikts zwischen Gleichheit und Freiheit. Wie kein anderer vor ihm und wie kaum einer nach ihm versucht Tocqueville den Nutzen und die Kosten der Demokratie zu beschreiben und abzuwägen.

Diese sechs Theorien sind der Kern des ersten Teils des vorliegenden Buches. Grobschlächtig zuordnend kann man sagen, daß die aristotelische Demokratielehre einer konservativen Position zuneigt. Zugleich ist sie eine struktur- und prozeßorientierte Demokratietheorie, der ein reichhaltiger Erfahrungsschatz zugrundeliegt. Mit Einschränkungen gilt das auch für Montesquieus Lehre, der jedoch nach einem mittleren Standpunkt zwischen konservativen und für Konstitutionalisierung der Monarchie eintretenden Positionen strebt. Hin- und hergerissen zwischen konservativem und liberalem Standort ist auch Tocqueville, eindeutig liberal John Stuart Mill, radikal, trotz aller Traditionalismen Jean-Jacques Rousseau und revolutionär Karl Marx.

Die Demokratietheorien dieser Denker sind Vorformen moderner Demokratietheorie – teils normativer, teils normativer und empirischer Art. Die modernen Demokratietheorien und die verschiedenen Typen demokratisch verfaßter Staaten werden im Teil II dieses Buches erörtert. Zunächst stehen aber die Vorläufer der modernen Demokratietheorien im Zentrum. Welch besseren Anknüpfungspunkt könnte es geben als die Lehre der guten Staatsverfassung und der Herrschaft der Volksversammlung in der „Politik" des Aristoteles und im „Staat der Athener" (Aristoteles 1993), so der Titel der Quellenschrift zur Verfassung und Verfassungswirklichkeit Athens vom Ende des 7. Jahrhunderts bis 403 v. Chr.?

Kapitel 1.1:
Die aristotelische Lehre der guten Staatsverfassung und die Herrschaft der Volksversammlung im Staat der Athener

In der aristotelischen Lehre der Staatsverfassungen meint Demokratie vor allem „Herrschaft der Vielen" und „Herrschaft der Volksversammlung". Der Demokratiebegriff dient zur Charakterisierung einer Herrschafts- bzw. einer Staatsform, einer „Staatsverfassung" oder „Staatslenkung", wie es in Aristoteles' Schrift „Politik" heißt (Politik, 1279b). Die demokratische Staatsverfassung unterscheidet sich von anderen Staatsformen hauptsächlich durch die große Zahl der an den maßgebenden Entscheidungen Beteiligten. Im Unterschied zur Aristokratie und zur Monarchie herrscht in der Demokratie das Volk, der Demos. „Herrschen" im Sinn des griechischen „demokratia" betont den Machtaspekt, den Aspekt des Sieges, der Überlegenheit, der Machtvollkommenheit, der Dominanz. Insoweit ist die Kurzformel für eine Demokratie im Sinne der aristotelischen Lehre die der Macht des Volkes kraft Beschlußfassung in der Volksversammlung und in den vom Demos beschickten Geschworenengerichten (Der Staat der Athener 41,2; Bleicken 1994).

Im VI. Buch der „Politik" des Aristoteles wird eine über diese Kurzformel weit hinausgehende Definition der Demokratie unterbreitet, die den Grundgedanken der Herrschaft und der Überlegenheit des Demos in der Legislative, der Judikative und mittelbar auch in der

Exekutive konkretisiert. Eine Voraussetzung der demokratischen Verfassung, so heißt es dort, ist die Freiheit (Politik, 1317a). Ein Zeichen der Freiheit, so führt Aristoteles aus, „ist aber der Umstand, daß man wechselweise beherrscht wird und herrscht. Das demokratisch aufgefaßte Gerechte nämlich bedeutet, daß man nach der Zahl, doch nicht nach der Würdigkeit über das Gleiche verfügt. Wenn jedoch dies das Gerechte ausmacht, so muß die Menge die Entscheidungsinstanz sein, und all das, was der Mehrzahl richtig erscheint, das muß Ziel sein, und das hat als gerecht zu gelten" (ebd.). Da nun in der Demokratie dem Anspruch nach jeder Bürger über das Gleiche verfügen müsse, treffe demnach für die Demokratie zu, „daß entscheidender da die Mittellosen sind als die Wohlhabenden; sind sie doch zahlreicher, und entscheidend ist das, was der Mehrzahl richtig scheint" (ebd.). Ein weiteres Zeichen der Demokratie ist nach Aristoteles „der Umstand, daß man lebt wie man will" (ebd.), im Unterschied zur Unfreiheit, wie der Sklaverei, in der man zu leben hat, wie man nicht will. Leben, wie man will, ist die zweite Definition der Demokratie. „Daher ist es auch dazu gekommen," so Aristoteles weiter, „daß man sich nicht beherrschen läßt, am besten von überhaupt niemandem, falls das aber nicht geht, dann doch wechselweise" (ebd.).

Anschließend wird ausführlicher bestimmt, wodurch sich die Demokratie auszeichnet. Es lohnt, die Stelle aus Aristoteles' „Politik" ausführlicher zu zitieren. Wenn die Freiheit und das Leben, wie man will, zugrunde liegen, dann ist demokratisch alles folgender Art: „der Umstand, daß alle Ämter von allen gewählt werden, daß alle über jeden herrschen und jeder wechselweise über alle, daß die Ämter durch das Los bestimmt sind, entweder alle oder nur die, die keiner Erfahrung und Fertigkeit bedürfen, daß die Ämter von keiner oder doch nur von einer möglichst kleinen Vermögensklasse abhängen, daß nicht ein und derselbe zweimal ein Amt bekleidet, oder doch nur selten oder nur wenige Ämter, ausgenommen die, die mit der Kriegführung in Verbindung stehen, daß die Ämter nur kurzzeitig befristet sind, entweder alle oder nur die, bei denen es angeht, daß alle Richter sind, aus allen herausgenommen und über alle, oder doch über das Meiste, das Bedeutendste und Entscheidendste, wie etwa über Rechenschaftslegungen, über die Verfassung und über private Verträge; ferner der Umstand, daß die Volksversammlung die Entscheidung führt über alles oder zumindest über das Bedeutsamste, kein Amt aber über irgend etwas oder doch nur über möglichst Geringfügiges entscheide. Von den Ämtern ist aber der Rat am meisten demokratisch, wo es nicht die leichte Möglichkeit zur Entlohnung aller gibt. Da nimmt man nämlich auch diesem Amt die Macht. Denn das Volk, das über die leichte Möglichkeit der Entlohnung verfügt, zieht alle Entscheidungen an sich (...). Weiterhin ist auch demokratisch der Umstand, daß im höchsten Falle alle eine Entlohnung erhalten, die Volksversammlung, die Gerichte und die Ämter, und geht das nicht, wenigstens die Ämter, die Gerichte, der Rat, die entscheidenden Volksversammlungen oder die von den Ämtern, die miteinander speisen müssen (...). Doch bei den Ämtern trifft der Umstand zu, daß keines von ihnen lebenslang sein soll; falls aber eines aus einer alten Verfassungsveränderung übrig ist, dann muß dessen Macht beschnitten werden, und man muß aus gewählten Beamten durch das Los bestimmte machen. Das sind also die den Demokratien gemeinsamen Erscheinungen" (Politik 1317b). – Zugegeben: ein langes Zitat. Aber es lohnt sich, es genau zu lesen. Der Kern der Demokratie ist die Verfassung und die Verfassungswirklichkeit der mathematischen Gleichheit und der Freiheit sowie die Souveränität des Demos in der Legislative, der Judikative und – vermittelt über die strenge Kontrolle der Ämter – letztlich auch über die Exekutive. Der mächtige Demos, die zumindest potentiell unbegrenzte Souveränität des Volkes – das ist das Herausragende der athenischen Demokratie im 5. Jahrhundert bis ins 4. Jahrhundert v. Chr. und das ist zugleich der Gegenstand der aristotelischen Demokratielehre.

Die Demokratie wird in der aristotelischen Theorie aus verschiedenen Perspektiven analysiert und bewertet, zunächst aus dem Blickwinkel der Staatsformenlehre, die sich idealtypisierender Darstellungsweisen bedient, und sodann dem der empirisch-vergleichenden Demokratietypenlehre. Zunächst zur idealtypisch verfahrenden Staatsformen- oder Regimenlehre. Ihr zufolge wird die Demokratie – hier vor allem als ungebremste Volksversammlungsherrschaft, als radikale oder extreme Demokratie verstanden – nicht zu den „richtigen Verfassungen" gezählt, sondern zu den „Verfassungsabweichungen" (Politik 1279b), den pervertierten Formen.

Diese Einstufung gründet sich auf die Kreuzung zweier Strukturmerkmale politischer Ordnungen: 1) der Zahl der Regierenden, vor allem danach, ob viele oder wenige regieren oder ob nur einer herrscht, und 2) nach der Qualität des Regierens, ob „mit Rücksicht auf das gemeinsame Nützliche" geherrscht wird oder „im Hinblick auf den eigenen Nutzen" (Politik, 1279b). Diejenigen Staatsverfassungen, in denen mit „Rücksicht auf das gemeinsame Nützliche" geherrscht wird, sind die guten, die „richtigen" Ordnungen. Die anderen gelten als Verfehlungen: „Keine von ihnen ist für den gemeinsamen Nutzen da" (ebd., 1279b). Der ersten aristotelischen Staatsformenlehre zufolge ist die gute Variante der Einerherrschaft die Monarchie. Ihre Abweichung ist die Tyrannis, die „Alleinherrschaft mit Rücksicht auf den Nutzen des Herrschers". Die gute Staatsform der Herrschaft der Wenigen ist die Aristokratie, die schlechte die Oligarchie, die „Herrschaft mit Rücksicht auf den Nutzen der Wohlhabenden". Als gute Staatsform der Herrschaft der Vielen schließlich wird die „Politie" gewertet. Sie ist gegeben, wenn „die Volksmasse mit Rücksicht auf das gemeinsam Nützliche den Staat verwaltet" (ebd., 1279b). Als verfehlte Form der Herrschaft der Vielen hingegen wird die extreme Demokratie angesehen. Sie ist „Herrschaft mit Rücksicht auf den Nutzen der Mittellosen", und wie die beiden anderen „Verfassungsabweichungen" ist sie nicht für den gemeinsamen Nutzen da (Politik, 1279b).

Der schlechte Ruf der Demokratie in der ersten Staatsformenlehre des Aristoteles wird jene überraschen, die die hohe Reputation demokratischer Verfassungen im ausgehenden 20. Jahrhundert vor Augen haben. Doch bis zu diesem Jahrhundert hatte die Demokratie unter den Herrschern und unter den Gelehrten meist einen üblen Ruf, sofern man überhaupt von ihr sprach. Meist galt sie als kurzsichtige, wankelmütige Herrschaft der Vielen, die ohne Sinn für das Ganze und ohne Traditionsbewußtsein Politik im eigenen Interesse oder dem, was sie für das Gesamtwohl hielten und meist systematisch verfehlten, ausübten. Mit der kritischen Sichtweise der Demokratie folgt Aristoteles – wenngleich im Urteil milder – Theorien seines Lehrers, des Philosophen Platon (427-347 v. Chr.). Die Demokratie wird in Platons Schrift „Der Staat" nämlich unter der Überschrift „Staatsformen des Verfalls" diskutiert (siehe hierzu das Einleitungskapitel des vorliegenden Buches). Die Entstehung der Demokratie und noch schlechterer Herrschaftsordnungen gehört in Platons Lehre zu einer deterministischen Theorie vom Niedergang der Staatsformen und der Deformation der zugehörigen Menschen. Dieser Niedergang nimmt Platon zufolge seinen Ausgangspunkt vom Königtum. Der Streit der dort Herrschenden, insbesondere der Streit maßgeblich an der Staatsführung beteiligter Philosophen, münde in eine Gewaltherrschaft, in eine Form, die als Timokratie bezeichnet wird. Von dort gehe der Weg weiter zur Herrschaft der Plutokratie, der Herrschaft des Geldbesitzes, der am materiellen Eigennutz orientierten handel- und gewerbetreibenden Klasse. Die vierte Stufe des Niedergangs ist die Demokratie, die Herrschaft der Vielen, die verantwortungslose Herrschaft nach Augenblickslust und wankelmütiger Meinung, die fünfte schließlich die Tyrannis (Demandt 1993: 124).

Platons Lehre spiegelt einen Teil der griechischen Verfassungsgeschichte wider. Ihr liegt eine entwicklungsgeschichtliche Deutung der Verfassungen zugrunde, die sich vom archaischen Stammeskönigtum über die Aristokratie zur Demokratie entwickelt hatten. Letztere lief dauernd Gefahr, sich zur Tyrannis zu wandeln. Aber auch hinsichtlich ihres typischen Staatsbürgers schneidet die Demokratie nicht gut ab. Vielmehr gilt Platon der demokratische Mensch als Sinnbild fehlender Ordnung und mangelnden Verantwortungsbewußtseins. „Man lebt angenehm wie ein Gott in der Demokratie", läßt Platon einen Diskutierenden sagen. Doch das gießt Hohn und Spott über eine Lebensart, die bestenfalls nur für kurzen Augenblick Halt gibt (Platon, Der Staat, S. 277f.). Die Demokratie ist Platon zufolge keine gute Ordnung des Gemeinwesens, auch wenn sein Urteil über die Teilhabechancen und die Rechtssicherheit der Bürger in der später verfaßten Schrift über die Gesetze („Nomoi") milder ausfällt. Insgesamt jedoch weicht die Demokratie zu weit von der Norm des guten Staates ab. Zu groß ist die Unordnung dieser Ordnung und zu groß ihre Anfälligkeit für Zusammenbruch und Öffnung des Weges zu noch schlimmeren Staatsformen.

Zumindest in der idealtypisch verfahrenden ersten Staatsformenlehre folgt Aristoteles der Hauptthese seines Lehrers. Seine Beurteilung der Demokratie, insbesondere der extremen Demokratie, ist eindeutig negativ. Ebenso eindeutig ist allerdings auch Aristoteles' Auffassung, daß die demokratische Abweichung von der guten Ordnung nicht die schlimmste ist. Die schlimmste Abweichung im Sinne vollständiger Verfassungsabweichung ist nämlich die Tyrannis, gefolgt von der Oligarchie und sodann der Demokratie. Diese Einstufung wird übrigens an anderer Stelle in der „Politik" des Aristoteles Anlaß zur – vielfach Verwirrung stiftenden – Empfehlung geben, Oligarchie und Demokratie zu kombinieren und hierdurch eine leidlich ausbalancierte gemischte Herrschaft zu schaffen. Verwirrung stiftet häufig auch, daß diese gemischte Form „Politie" genannt wird und so den gleichen Namen erhält wie die nichtentartete Herrschaft der Vielen und der Oberbegriff für alle politischen Regime (Politeia) (Nichols 1992: Kp. 3).

Die Verwirrung läßt sich allerdings spürbar vermindern, wenn man zwischen zwei Betrachtungsweisen trennt, nämlich der idealtypisierenden Staatsformenlehre, die zwischen drei guten und drei schlechten Staatsverfassungen unterscheidet und Demokratie als extreme Volksversammlungsherrschaft einstuft, und der realanalytischen empirischen Herrschaftsformenanalyse, die verschiedene Typen der Monarchie, der Oligarchie und der Demokratie differenziert, unter ihnen extreme und moderate Formen. Im Rahmen der idealtypisierenden Betrachtungsweise fällt das Urteil über die Demokratie im „Staat der Athener" nahezu vollständig negativ aus. Im Rahmen der zweiten – realanalytischen – Vorgehensweise ist das Negativurteil milder. Genaugenommen wird es um so milder, je mehr die Demokratie den Charakter einer gemäßigten Herrschaftsordnung annimmt, durch welche die Volksversammlung und die Demagogen gezügelt und der Gesetzesherrschaft Vorfahrt gewährt werden. Die Demokratie gilt demgegenüber als um so problematischer, je stärker und ungezügelter der volksherrschaftliche Charakter und je schwächer die Gesetzesherrschaft ausgeprägt ist. Besonders negativ ist das Urteil über die radikale Form der Volksversammlungsherrschaft. Vor ihr graust es Aristoteles. In dieser Abneigung wurzelt auch die verbreitete – aber für das gesamte Werk nicht ganz zutreffende – Sichtweise, Aristoteles sei Gegner der Demokratie, so z.B. die Auffassungen von Finley (1980), Dahlheim (1994) und Roberts (1994: XI). Zutreffender ist das Urteil, wonach Aristoteles „eine beträchtliche Distanz" zur Demokratie an den Tag legte (Schwarz 1989: 33).

Warum kommt es zu dieser beträchtlichen Distanz – abgesehen davon, daß Aristoteles hiermit dem Urteil seines Lehrers Platon folgt, dem die „Selbstzerfleischung" (Hildebrandt 1973: IX) seines Mutterlandes in der Demokratie ebenso vor Augen stand wie die Hinrichtung Sokrates, seines Lehrers, durch die Demokratie? Am besten läßt sich die Frage beantworten, indem man die Struktur und den Prozeß der antiken Demokratie genauer analysiert – dies wird im folgenden am Beispiel der athenischen Demokratie in den Jahren zwischen 460 und 322 v. Chr. (Bleicken 1994) bzw. von 355-322 v. Chr. (Hansen 1991) geschehen – und indem man sich der Bewertungsmaßstäbe und der Hauptkritik vergewissert, die der Demokratie in der griechischen Antike vorgehalten wurden.

Zumindest auf den ersten Blick ist das negative Urteil über die Demokratie in Athen verwunderlich. Die dortige Demokratie, so wie sie vor allem seit 462/461 v. Chr. eingerichtet wurde und mit Unterbrechungen bis 322 v. Chr., dem Beginn der Makedonier-Herrschaft über Athen, währte, nimmt sich als eine respektable und leistungsfähige Ordnung aus. Vor allem die vielfältigen Beteiligungschancen der Stimmbürgerschaft verdienen Aufmerksamkeit. Vereinfacht gesagt, kam vier Institutionen eine herausragende Bedeutung im „Staat der Athener" – vor allem im 4. Jahrhundert v. Chr. – zu: 1) den Beamten (Magistrate), 2) dem Rat der 500, d.h. den Vertretern der Regierung bzw. dessen, „was die Demokratie von ihr übriggelassen hat" (Bleicken

1994: 190), sodann 3) der Volksversammlung (Ekklesia) und den Gerichten, vor allem den Geschworenengerichten (Hansen 1991, Dahlheim 1994). Die Aufteilung der politischen Macht in den antiken Stadtstaaten ist formal der modernen Aufteilung von Regierung, Parlament, Wählervolk und unabhängigen Gerichten entfernt vergleichbar. Allerdings lag die eigentliche Souveränität bei der Volksversammlung. Der Rat hatte hauptsächlich die Funktion, Beschlüsse zu allen Anträgen zu fassen, die dem Volk zur Entscheidung vorgelegt werden sollten. Auch diente er der Beratung und Beaufsichtigung der Beamten. Man hat seine Funktion mit der einer modernen Regierung verglichen. Doch ist dem zugleich hinzuzufügen, daß der Rat, anders als Regierungen heutzutage, „keine vom Willen der Volksversammlung unabhängige Macht" besaß (Dahlheim 1994: 200). Seine politische Funktion bestand vor allem darin, „den Souverän entscheidungsfähig zu machen" (Bleicken 1994: 199), indem er ihm Anträge zur Entscheidung vorlegte, von Bürgern Anträge entgegennahm und den Staatsverwaltungsapparat beauftragte.

Die Unterschiede zur modernen Demokratie treten besonders deutlich hervor, wenn man die Verfassungswirklichkeit der athenischen Demokratie betrachtet. Die Machtverteilung zwischen den Institutionen ist zuvorderst zu erwähnen. Dahlheim hat den Unterschied von athenischer und moderner Demokratie wie folgt beschrieben: „Im Unterschied zum modernen Wähler, der alle vier oder fünf Jahre zur Wahlurne geht, hielten die Bürger Athens in der Volksversammlung tatsächlich und jederzeit alle Entscheidungen in ihren Händen" (Dahlheim 1994: 197). Mehr noch: der eigentliche Souverän – die Stimmbürgerschaft, der Demos – trat in zweifacher Gestalt in Erscheinung, in der Volksversammlung und in den Geschworenengerichten, d.h. derjenigen Laienrichter, die durch Los aus einem Kreis mindestens dreißigjähriger Bewerber ausgewählt wurden, und die Gerichtsurteile zu fällen hatten. Dabei handelte es sich im übrigen um Urteile, die von der Volksversammlung in der Regel nicht aufgehoben werden konnten. Weithin herrscht im Schrifttum darüber Einigkeit, daß das Volk bei der Abstimmung im Gericht „Herr ist über den Stimmstein" und insoweit zugleich Herr über die staatliche Ordnung (ebd.: 202).

Charakteristisch für die Institutionenordnung der athenischen Demokratie war demnach – vereinfachend gesagt – die weithin unangefochtene Vorrangstellung des Demos in der Volksversammlung und in der Judikative. Das ist der hervorstechende Charakterzug der gesamten Epoche von 462 bis 322 v. Chr. (Bleicken 1994), auch wenn es vor allem im „Zeitalter des Demosthenes" (Hansen 1991) – 355 bis

322 v. Chr. – eine Aufwertung der Gesetzesherrschaft gab („constitutional development", so M.H. Hansen (1991: X) in seiner großen Studie über diesen Abschnitt der griechischen Geschichte). Charakteristisch war des weiteren die weitgehende Kontrolle der Exekutive und deren Schwächung, wodurch der Rat von der Volksversammlung und den Geschworenengerichten abhängig gemacht wurde. Obendrein wurde die Beamtenschaft in nahezu ohnmächtiger Stellung gehalten. Der Rekrutierungsmodus befestigte die Ohnmacht: viele Beamte wurden durch Los bestellt. Auch die Kompetenzverteilung tat ein übriges: in der Regel waren die Befugnisse der Beamten auf eine größere Zahl jeweils kurzfristig amtierender Amtsinhaber verteilt. Überdies unterlagen alle der Pflicht ständiger Rechenschaftslegung vor dem Rat oder – im Falle der öffentlichen Anklage – vor den Geschworenengerichten. Öffentliche Anklage wurde im übrigen häufig erhoben, auch gewerbsmäßig, so vor allem durch die Sykophanten. Für sie scheint sich der Einsatz gelohnt zu haben: die Erhebung öffentlicher Anklage wurde materiell prämiert, sofern es sich um Angelegenheiten öffentlichen Interesses handelte.

Aus all dem wird ersichtlich, daß der Souverän in der athenischen Demokratie weitreichende Gestaltungschancen hatte und daß ihm keine nennenswerten Gewaltenhemmnisse, -teilungen oder -verschränkungen entgegenstanden.

Allerdings gibt es Hinweise darauf, daß der Souverän den großen Handlungsspielraum nicht ausgeschöpft hat. Im Mittelpunkt öffentlicher Erörterung und Entscheidung standen die Außen- und die Militärpolitik sowie – nach Häufigkeit sogar noch wichtiger – die Ehrung und Belohnung von Bürgern, Metöken (ansässigen Fremden) und Auswärtigen. Viel seltener wurden Beschlüsse zu wirtschaftlichen oder erziehungspolitischen Fragen gefällt. Das Haupttätigkeitsfeld der Volksversammlung betraf die „unmittelbar sich aus dem Gang der politischen Ereignisse ergebende aktuelle Situation" (Bleicken 1994: 182). Unter bestimmten Umständen variierte die Volksversammlung allerdings auch die politischen Spielregeln. Dazu war sie befugt, aber sie praktizierte solche Verfahrensherrschaft vergleichsweise selten, was als Hinweis auf eine gewisse Selbstzügelung einer ansonsten weithin ungeschmälerten Souveränität gewertet werden kann (ebd.: 183).

Der Überblick über die Institutionenordnung und die Verfassungswirklichkeit der athenischen Demokratie deckt bemerkenswerte Besonderheiten auf. Ins Auge springt der Unterschied zu älteren Herrschaftsformen, vor allem die weitgehende Gleichheit zwischen Arm und Reich, soweit es sich um männliche Staatsbürger handelte. In der athenischen Demokratie bestand Freiheit von der Herrschaft eines einzelnen, wie in der Monarchie und der Tyrannis, und der Herrschaft von wenigen Machthabern, wie in der Aristokratie und der Oligarchie. Ferner ist bemerkenswert, daß die athenische Demokratie „auf der institutionellen Einbindung aller in ihr ablaufenden Prozesse" beruhte (Bleicken 1994: 433), was gängiger Meinung konservativer und linker Kritiker der athenischen Demokratie widerspricht. Nicht die institutionelle Einbindung politischer Vorgänge unterscheidet die moderne Demokratie von der athenischen Demokratie der Antike, wohl aber der Schwerpunkt des politischen Prozesses, die institutionelle Form und die Teilhabechancen. In der Moderne liegt das Schwergewicht der institutionellen Einbindung darin, die Volkssouveränität und den Volkswillen zu beschränken, beispielsweise mittels Gewaltenteilung, qualifizierter Mehrheit und anderen Schranken und Sicherungen. Im „Staat der Athener" hingegen überwog die weitgehend unbegrenzte Volkssouveränität und mit ihr die direkte Kontrolle der Amtsträger durch die Stimmbürger. „Der Unterschied beweist", schreibt einer der besten Kenner der Materie, „daß die Athener den Volkswillen höher schätzten als die Sicherheit des Einzelnen bzw. einer Minderheit gegenüber dem Terror oder der Laune der Mehrheit" (Bleicken 1994: 433).

Die athenische Demokratie unterscheidet sich von der heutigen Demokratie auch durch die hervorragende Bedeutung der unmittelbaren Kommunikation. Die Willensbildung und Entscheidungsfindung standen im Zeichen des gesprochenen, nicht des geschriebenen Wortes. Nachrichten über öffentliche Angelegenheiten wurden hauptsächlich verbreitet durch den „Herold, das Anschlagbrett, ... Klatsch und ...Gerüchte und schließlich die mündlichen Berichte und Verhandlungen in den verschiedenen Kommissionen und Versammlungen, die schon fast den ganzen Regierungsapparat ausmachten. Diese Welt verfügte nicht nur nicht über Massenmedien, sondern besaß überhaupt keine Medien (in unserem Sinne)" (Finley 1980: 22). Die Welt der athenischen Demokratie war eine des direkten Austauschs zwischen Führern und Masse und zwischen den Mitgliedern der politischen Institutionen; sie war eine „Gesellschaft von Angesicht zu Angesicht" (Finley 1980), in der fast jeder jeden kannte und in der man sich häufig – wenn nicht täglich – auf dem Markt oder in politischen Institutionen begegnete. In dieser Gesellschaft spielten naturgemäß begabte Redner eine herausragende Rolle, vor allem diejenigen, die öffentlichkeitswirksam und augenblicksorientiert vereinfachende Deutungen und Handlungsempfehlungen zu entwickeln vermochten. Zu ihnen gehören nicht nur Demagogen, sondern auch Personen, die nachweislich Hervorragendes oder Aufsehenerregendes vorweisen konnten, z.B. militärischen Ruhm, wirtschaftlichen Reichtum, wohltätige Gaben oder Patronage (Finley 1991: 107ff.).

Wie funktioniert ein politisches System nach Art der athenischen Demokratie? Von ihrer Funktionsweise hat man sich unterschiedliche Vorstellungen gemacht. Naive Bewunderung wurde ihr von manchen entgegengebracht, so z.B. von Jean-Jacques Rousseau, der seine Leser mit folgenden Worten belehrte: „Bei den Griechen erledigte das Volk alle seine Obliegenheiten selbst; es war ununterbrochen auf dem Marktplatz versammelt. Es wohnte in einem milden Klima, war überhaupt nicht habgierig, die Arbeit taten seine Sklaven, seine große Angelegenheit war seine Freiheit" (Gesellschaftsvertrag, III. Buch, 15. Kap.). Erheblich nüchterner ist die Bilanz, die M.I. Finley in seinem Werk über „Das politische Leben in der antiken Welt" zieht. Ihm zufolge hat die athenische Demokratie überhaupt keine moderne Entsprechung. Finley schreibt: „es gab keine organisierten Parteien und keine Regierung im Sinne einer bestellten oder gewählten Gruppe von Männern, die für eine bestimmte Zeit offiziell das Recht oder die Pflicht hatte, Vorschläge der Volksversammlung zu unterbreiten und die ein mehr oder weniger unbeschränktes Recht hatte, bindende Entscheidungen zu treffen. Sicherlich fand die Volksversammlung, wenn sie bald nach Tagesanbruch zusammentrat, oft eine Beschlußvorlage vor, die vom Rat entworfen worden war. Aber dieses jährlich wechselnde Gremium von 500 durch das Los bestellten Männern war nicht eine Regierung in unserem Sinne, obwohl es sich mit der ganzen Breite administrativer Aufgaben befaßte und auch die Gesetzgebung vorbereitete. Ebensowenig gab es eine offizielle Opposition. Alternativvorschläge kamen aus einem kleinen Zirkel von Politikern, für den es keine technische Bezeichnung gibt, weil es sich nicht um eine organisierte Gruppe handelte. Sie mußten versuchen, ihre Vorschläge beim Rat und der Volksversammlung durchzubringen; der Volksversammlung stand am Ende frei, jeden Vorschlag, woher er auch gekommen war, anzunehmen, zu ergänzen oder zurückzuweisen. Eine Massenversammlung aus mehreren tausend Männern, die sich für diesen bestimmten Anlaß eingefunden hatten, hörte Rednern zu – Männern, die das Wort ergriffen, ohne ein Amt innezuhaben und ohne offizielle Funktionen und Verpflichtungen wahrzunehmen, und entschieden dann durch Handzeichen, alles an einem (oder an weniger als einem) Tag". Strittiges wurde ausführlich und ergebnisoffen debattiert: „Es gab keinen Fraktionszwang, keine Mechanismen, um das

Abstimmungsergebnis im vorhinein, unabhängig vom Verlauf der Debatten festlegen zu können. Diese Debatten waren der Test für politische Führerschaft, hier entschieden sich politische Schicksale" (Finley 1991: 99f.).

Noch nüchterner als bei Finley, dem man die Neigung zum „Romantisieren" der athenischen Demokratie nachgesagt hat (Fears 1973), fiel die Bilanz aus, die R.A. Dahl anhand vorliegender Befunde zur Verfassungswirklichkeit der antiken Demokratie zog. Überwältigend seien die Belege für die Schlußfolgerung, daß das politische Leben im alten Griechenland weit hinter den eigenen politischen Idealen zurückblieb. Soweit man die bruchstückhaften Belege deuten könne, war Politik in Athen und in anderen Stadtstaaten der griechischen Antike nach Dahl ein hartes, heftig umkämpftes Geschäft. Sachfragen wurden oftmals persönlichem Ehrgeiz untergeordnet. Politische Parteien im heutigen Sinn existierten noch nicht, aber Fraktionen auf der Basis von Familien- oder Freundschaftsbeziehungen spielten eine mächtige Rolle. Der Anspruch, dem gemeinsamen Nutzen zu dienen, sei meist den stärkeren Ansprüchen der Familien und der Freundschaften untergeordnet worden. Nicht zuletzt gab es das Scherbengericht, das alt-athenische Volksgericht, das die Verbannung eines Bürgers beschließen konnte und durch das Oppositionelle für zehn Jahre außer Landes gewiesen werden konnten. Das Ausmaß der Bürgerbeteiligung war nach R.A. Dahl höchst unterschiedlich. Zumeist habe es sich um gefolgschaftsähnliche Beteiligung gehandelt. Was die Beteiligung an der Aussprache über öffentliche Angelegenheiten anging, so wurden die meisten Ansprachen von einer relativ kleinen Anzahl von Führern gehalten, vor allem von Männern mit hoher Reputation, die sich als Redner hervortaten und zugleich anerkannte Führer des Demos waren. Aus all dem zieht R. Dahl eine recht pessimistische Bilanz. Es sei ein Fehler, zu glauben, daß in den demokratischen Stadtstaaten Griechenlands die Bürger weniger mit ihren privaten Interessen beschäftigt und dem öffentlichen Wohl mehr zugewandt waren als die Bürger in modernen demokratischen Ländern. Vielleicht richteten sie ihr Tun und Lassen stärker am Gemeinwohl aus, doch werde diese Vermutung durch die vorhandenen Belege nicht gedeckt (Dahl 1989: 21).

Auch andere Quellen und Berichte verdeutlichen, daß nicht jedes Mitglied des Demos regelmäßig oder auch nur sporadisch an der Führung öffentlicher Angelegenheiten und an der Aussprache über sie beteiligt war. Mit Finley kann man davon ausgehen, daß im Athen des 5. Jahrhunderts v. Chr. bis zu 6.000 Teilnehmer von insgesamt 40.000

Stimmberechtigten gezählt wurden, so der Stand von 431 v. Chr., und daß im 4. Jahrhundert v. Chr. der Anteil der aktiv Beteiligten größer war. Innerhalb der Aktivisten gab es jedoch große Unterschiede zwischen denjenigen, die herausragende Positionen bekleideten und denen, die sich mit der Beteiligung an den Abstimmungen begnügten. Man schätzt, daß innerhalb eines Zeitraumes von rund zehn Jahren jeweils ein Drittel oder ein Viertel des Demos einmal Mitglied im Rat der 500 war, was für die Dauer eines Jahres fast täglich die Pflicht zur Mitberatung und Mitentscheidung umfaßte. Hinzu kam die Beteiligung von Tausenden von Stimmberechtigten in den Geschworenengerichten. Überdies gab es Hunderte von Amtsinhabern und Marktinspektoren. Die Repräsentativität der aktiv beteiligten Stimmbürgerschaft kann nicht mit Sicherheit bestimmt werden, doch gibt es Hinweise darauf, daß Stadtbewohner und ältere Bürger überrepräsentiert und die ländliche Bevölkerung und der Agrarsektor – der wichtigste Wirtschaftszweig – stark unterrepräsentiert waren (Finley 1991).

Insgesamt zeigen die verfügbaren – bruchstückhaften – Daten allerdings ein beachtliches Niveau politischer Beteiligung der Stimmberechtigten an. Daß die Stimmberechtigten nur einen Teil der erwachsenen Bevölkerung umfaßten, gehört in der athenischen Demokratie zu den Selbstverständlichkeiten. Die Demokratie der griechischen Antike war nicht universalistisch: sie schloß nicht alle Bürger ab einer bestimmten Altersstufe ein, sondern nur einen Teil der in der Stadtgemeinde wohnhaften männlichen Bevölkerung im Alter von mindestens 20 Jahren. In moderner Begrifflichkeit könnte man sagen, daß die athenische Demokratie auf einer eigentümlichen „politischen Mischung von Partizipation und Exklusion" fußte (Lindsay 1992). Der Grad der sozialen Einbindung bzw. Exklusion unterschied sich von Stadtstaat und Stadtstaat und wohl auch von Periode zu Periode. Auf dem Höhepunkt der athenischen Demokratie, kurz vor dem Ausbruch des Peloponnesischen Krieges (431-404 v. Chr.) lebten in Attika zwischen 250.000 und 300.000 Menschen. Von diesen waren etwa 170.000 bis 200.000 erwachsene Personen. Ausgeschlossen von der Beteiligung am politischen Leben waren sowohl die Sklaven (ca. 80.000), die despotischer Herrschaft unterstanden, die dauernd ansässigen Fremden (Metöken, ca. 25.000), ferner Bürger die ihre Rechte verwirkt hatten und die Frauen (Hansen 1991, Bleicken 1994: 393f.). Folglich kann nur jeder siebte oder im günstigsten Fall nur jeder vierte Erwachsene zum Demos gerechnet werden.

Nach den Maßstäben des 20. Jahrhunderts würde sich die athenische Demokratie demnach nicht als echte Demokratie qualifizieren, sondern höchstens als „Viertel-Demokratie" – verunstaltet durch hochgradig oligarchische Tendenzen und unzureichende Sicherungen gegen die Macht der Volksversammlungsmehrheit (Sartori 1992: 279). Man hat insoweit die antiken Demokratien mit gewisser Berechtigung als „elitäre Oligarchien" beschrieben (McIver, zitiert nach Leibholz 1958: 80). Noch härter fiel das Urteil Heinrich von Treitschkes aus: in der athenischen Demokratie habe die „Massenaristokratie" der Vollbürger über Sklaven geherrscht (Treitschke 1898: 257). Die Mechanismen der Inklusion und Exklusion im „Staat der Athener" lassen sich unschwer benennen. Es sind dies Waffenfähigkeit, geschlossener Kreis des Stadtstaates und Sklaverei: „Das politische Recht war an die Waffenfähigkeit, also an den Mann gebunden; jede Stadt war ein in sich geschlossener Rechtskreis, in den ein Fremder nicht einfach eintreten konnte, und das Institut der Sklaverei, das seine Quelle in der Kriegsgefangenschaft hatte, ist die Konsequenz einer Stufe des Bürgerrechts, in der alle Staaten scharf voneinander abgeschottet sind und im Krieg alles, was dem Feind in die Hände fällt, Kriegsbeute ist und zu seiner Verfügung steht" (Bleicken 1994: 394). Allerdings wird man der athenischen Demokratie nicht gerecht, wenn man sie nur als „Massenaristokratie", „elitäre Oligarchie" oder als von der modernen Demokratie grundverschiedene Ordnung (Sartori 1992) versteht. Man übersähe das Neue, das mit der Demokratie der Athener entstanden war, nämlich „die Erteilung des politischen Rechts ohne Rücksicht auf Herkunft und Vermögen" (Bleicken 1994: 394). Ihre „Radikalität" (ebd.) basierte auf der politischen Gleichheit der Bürger, gleichviel, ob diese arm oder reich waren.

Das alles klingt respektabel. Die Demokratie im „Staat der Athener" scheint dem bislang Erwähnten zufolge eine ordentliche Herrschaft gewesen zu sein. Besonders eindrucksvolle Leistungen sind vor allem in den breitgefächerten politischen Teilhabechancen der Stimmberechtigten zu sehen, wenngleich deren Kreis nach heutigen Ansprüchen unziemlich klein war. Warum sind aber die Philosophen der griechischen Antike – zumindest ihre große Mehrheit – zur Demokratie kritisch-distanziert eingestellt, obwohl diese Ordnung doch Qualitäten hat? Die Distanz der Philosophen ist mit verschiedenartigen Gründen erläutert worden, z.B. mit persönlicher Vorliebe oder Antipathie, dem Bestreben, dem Publikum nach dem Munde zu reden und dem Bemühen, vor möglichen Gefahren der Demokratie zu warnen (z.B. Strauss 1991, Demandt 1993, Lindsay 1994). Hinzu kommen – besser belegbar und nachprüfbar – erfahrungs- und wertgetränkte Urteile. So galt ein Stachel der Kritik der Demokratie vor allem der politischen Gleichberechtigung. Man stieß sich an ihrem rein abstrakten Gleichheitsbegriff. Man rieb sich auch an der kritiklosen Gleichbehandlung von Ungleichem – ohne angemessene Würdigung von Sachverstand, Bildung, Herkunft, Vermögen oder persönlicher Leistung. Kaum weniger schwer wog der Vorwurf, in der extremen Demokratie stelle sich das Volk über die Gesetze und somit herrsche nicht das Gesetz, sondern „die Laune der Menge" (Bleicken 1994: 374) oder der Mutwillen der Demagogen. Mißbräuchliche Anwendung der Souveränität in der Volksversammlung und in den Geschworenengerichten waren nicht eben selten. Das vor allem hatten die Kritiker im Auge, weniger die Gegenbeispiele (ebd.). Die Negativbeurteilung der Demokratie wurzelte – drittens – in radikaler Institutionenkritik. Vor allem die Gerichtspraxis der Richter in den Geschworenengerichten mußte Mißfallen erwecken. Die Geschworenengerichte setzten sich aus nicht fachgeschulten Richtern zusammen, die ihre Urteile nach passiver Anhörung und ohne Beratung fällten. Viertens kam die Kritik an den Demagogen hinzu, an den charismatischen Rednern, die die Mehrheit mal für dieses, mal für jenes Vorhaben mobilisierten und die Masse nicht selten zum Schaden aller Beteiligten begeisterten. Ferner kritisierte man die Behandlung der abhängigen Städte im Attischen Seebund des 5. Jahrhunderts. Vor allem an der Umwandlung des Bundes in ein Untertanengebiet und an der Unterdrückung der inneren Autonomie der Städte, ihrer finanziellen Ausplünderung sowie der Repression von Städten, die vom Bund abgefallen waren, wurde herbe Kritik geübt. Generell galt die Außenpolitik der konservativen Kritik schon im Athen der Antike als ein Bereich, in dem die Demokratie besonders großen Schaden stiftet. Überdies wurden kritische Stimmen gegen einzelne Personen laut, vor allem gegen herausragende politische Führungspersönlichkeiten. Im Zuge der innen- und außenpolitischen Auseinandersetzungen verlor für die Opposition gegen Perikles (495-429 v. Chr.), lange Zeit der unbestrittene „erste Mann" Athens, der Anspruch der Demokratie, alle Bürger an der Führung öffentlicher Angelegenheiten zu beteiligen, jegliche Glaubwürdigkeit. Perikles galt als bedeutendster politischer Redner seiner Zeit. Wie groß sein Geschick gewesen sein muß, erhellen auch die Worte eines seiner Widersacher: „Wenn ich ihn auf den Boden werfe, leugnet er doch, daß er gefallen sei, er behält Recht, und überredet selbst die, die es gesehen haben" (Kagan 1992: 21f.).

Der Personenkritik gesellte sich die Kritik an den politischen Weichenstellungen und der Instabilität der Demokratie zur Seite. Ihr wurden die „Selbstzerfleischung des Mutterlandes Hellas" angelastet

(Hildebrandt 1973: IX), der Peloponnesische Krieg (431-404 v. Chr.) und nach seinem Ende der Zusammenbruch Athens und seines Reiches, des Attischen Seebundes. Im Laufe des Peleponnesischen Krieges hatten demagogische Tendenzen die Oberhand gewonnen, und insgesamt erwies sich die Demokratie als so schwach, daß sich die Athener im Jahr 411 v. Chr. zunächst zur freiwilligen Preisgabe der demokratischen Ordnung überreden ließen. Doch auch die gemäßigtere Demokratie, die 403 v. Chr. in Athen wiedereingesetzt wurde und bis zum Beginn der Makedonierherrschaft im letzten Drittel des 4. Jahrhunderts v. Chr. die dominierende Staatsverfassung blieb, verhängte drakonische Strafen. Zum Entsetzen Platons richtet sie 399 v. Chr. den – die Demokratie überaus kritisch beurteilenden – Philosophen Sokrates hin.

Die kritisch-distanzierte Beurteilung der Demokratie seitens der Mehrheit der Philosophen der Antike wurzelt nicht nur in grundsätzlichen staatspolitischen Erwägungen, sondern auch in prinzipiellen Auffassungsunterschieden über das rechte Maß Gleichheit. Eine große Rolle spielt dabei die Unterscheidung zwischen der proportionalen und der arithmetischen Gleichheit. Die proportionale Gleichheit bemißt sich an der Würdigkeit, an den jeweiligen Besonderheiten von geistigem und weltlichem Vermögen und der politischen Tugend der Staatsbürger, während die arithmetische Gleichheit die Gleichheit der Zahl ist – von Unterschieden der Würdigkeit abstrahierend (Aristoteles, Politik, V. Buch, 1302a). Die radikale Form der Demokratie verletze das Prinzip der proportionalen Gleichheit durch eine exzessiv interpretierte arithmetische Gleichheit und beschädige somit ein Prinzip politischer Gerechtigkeit. Dies ist ein weiterer Hauptvorwurf der demokratiekritischen Philosophen an die Adresse der Volksversammlungsherrschaft.

Die beträchtliche Distanz der Philosophen zur Demokratie wurde auch durch politisch-soziologische Beobachtungen untermauert. Die Volksversammlungsherrschaft verschärfe die Spannungen zwischen den Bürgern, unter anderem die zwischen Arm und Reich, so argumentierten ihre Kritiker. Mit der Begrifflichkeit moderner Spieltheorie könnte man sagen, daß die Herrschaft der Volksversammlung häufig Nullsummenspiele zwischen Arm und Reich praktizierte, in denen der Nutzen der einen notwendigerweise der Schaden der anderen Streitpartei war und in denen es keine verläßliche Chance für kooperatives Verhalten und Nutzenmehrung für alle Beteiligten gab. Mehr noch: die Herrschaft der Volksversammlung spielte Nullsummenspiele und destabilisiert durch Schüren des „Klassenkampfes" (Sartori 1992:

278) die Demokratie. Mit der Begrifflichkeit der später entwickelten Gewaltenteilungslehre könnte man dem hinzufügen: die tendenziell gewaltenmonistische Herrschaft der Volksversammlung und das Fehlen jeglicher Gewaltenteilung destabilisierten die Grundlagen der politischen Ordnung und das sozialstrukturelle Gefüge.

Über die athenische Demokratie ist man hauptsächlich durch Zeugnisse distanziert-kritischer Beobachter informiert. Diese jedoch sind nicht über jede Kritik erhaben. Der Kritik der athenischen Demokratie in der aristotelischen Lehre z.B. wird vorgehalten, sie unterschätze das Ausmaß der Gesetzesherrschaft (an Stelle der reinen Volksversammlungsherrschaft) und das Maß, in dem die Reichen öffentliche Führungspositionen übernommen hatten (Eucken 1990: 287ff., Strauss 1991, Hansen 1991, Bleicken 1994). Selbstbeschreibungen und Zeugnisse von Demokratieanhängern sind rar. Die wenigen demokratiefreundlichen Zeugnisse legen den Schluß nahe, daß die Fürsprecher der Demokratie vor allem die aktive Beteiligung der Bürger hervorhoben, deren Schulung, die Entfaltung persönlicher Qualitäten im Zuge der Willensbildung und die Pflege und Förderung tugendhaften Handelns, kurz: die erzieherische Bedeutung der Teilhabe an öffentlichen Angelegenheiten (Meier u.a. 1972, Raaflaub 1988: 335ff.). Insoweit entwickelten die Verteidiger der athenischen Demokratie ein Argument, das in der Moderne vor allem von den partizipatorischen Demokratietheorien aufgegriffen wird (siehe Kapitel 2.5). Wie diese hat allerdings auch die ältere Lehre einen verkürzten Blickwinkel: er ist vor allem auf Individuen gerichtet, nicht auf die gesamtstaatliche Ordnung. Unter dem Gesichtspunkt der Beteiligung einzelner schneidet die athenische Demokratie in mancherlei Hinsicht passabel und bisweilen gut ab. Hinsichtlich gesamtstaatlicher Eigenschaften ist ihr Leistungsprofil vielschichtiger und insgesamt ungünstiger als dasjenige, das sich der Betrachtung der Teilhabechancen des Bürgers erschließt. Der Gerechtigkeit halber ist hinzuzufügen, daß auch die aristotelische Lehre der Demokratie gewisse Vorzüge zuschreibt. Unter bestimmten Bedingungen, vor allem in der gemäßigten Demokratie, kann nämlich die Herrschaft der Vielen die „Weisheit der Vielen" hervorbringen (Bookman 1992). Dieses Urteil gründet sich auf das Argument, daß die Fähigkeit zur Beurteilung und Bewertung von Politik mit eigener Erfahrung in der Politik zunimmt, auf die These, daß ein Staat, in dem viele Arme von den öffentlichen Angelegenheiten ausgeschlossen sind, notwendigerweise ein Staat voller Feinde und deshalb instabil sein wird, auf die Auffassung, daß die Vielen weniger leicht bestochen werden können als ein einzelner oder wenige, sowie auf die Vermutung, das kollektive Urteil der Vielen könne besser sein als das Urteil weniger Personen.

Hierin äußert sich ein milderes Urteil über die Demokratie als in dem oben erwähnten Abkanzeln der Volksherrschaft als entarteter Staatsform. Inwieweit vertragen sich beide Positionen? Um beide zu verstehen, muß man zwei Vorgehensweisen der aristotelischen Demokratielehre auseinanderhalten. Eine basiert auf idealtypisierender Staatsformenlehre und betrachtet die extreme Demokratie als reinen Typus; ihm gilt schonungslose Kritik. Von der idealtypisierenden ist die empirisch-analytische, vergleichende Vorgehensweise zu unterscheiden, die nach Mischungen von Staatsformen und nach unterschiedlichen Demokratietypen fragt. Der Schlüsselsatz zur empirisch vergleichenden Vorgehensweise findet sich im IV. Buch der „Politik" des Aristoteles: „Jetzt aber meinen einige, es gebe bloß eine Demokratie (...), doch das ist einfach nicht wahr" (1288b). Vielmehr gibt es vier Hauptformen der Demokratie. Sie unterscheiden sich vor allem nach der sozialen Zusammensetzung, insbesondere nach der Gliederung der Gemeinwesen in Bauern, Handwerkerstand, Händler, Seeleute, Kriegerstand und Handarbeiter sowie nach verschiedenen institutionellen Bedingungen, wie Regelung des Zugangs zu den Regierungsämtern, Stellung der Volksversammlung und der Gerichte sowie der Differenz zwischen Regentschaft des Gesetzes und Machtausübung jeweils dominierender Gruppen (Nichols 1992: Kap. 3).

Die Kombination dieser Merkmale erlaubt die Unterscheidung von Demokratietypen auf einer Achse, die von der gemäßigten bis zur extremen Demokratie reicht (Aristoteles, Politik, VIII. Buch, 1293a und 1297a). Man kann sie – in enger Anlehnung an einen Vorschlag von P. Spahn (1988) – wie folgt charakterisieren: 1) Die erste und historisch älteste Form ist die gemäßigte Demokratie. Für sie ist die Vermögensqualifikation für Regierungsämter charakteristisch. Ihr Demos besteht überwiegend aus Ackerbauern, die bestrebt sind, den Aufwand an politischer Beteiligung auf das Notwendigste zu beschränken und sich weithin damit zufriedengeben, die Exekutive zu wählen und die Beamten Rechenschaft ablegen zu lassen. 2) Die zweite Form der Demokratie zählt ebenfalls zu den gemäßigten Ordnungen, sieht aber keinen Zensus bei der Ämterbesetzung vor. Als Qualifikation genügt in der Regel die unbescholtene Geburt. Weil aber die Ämter nicht besoldet sind, kann die Masse des Volkes in diesem Demokratietypus nicht dauerhaft aktiv an der Legislative, der Judikative und der Kontrolle der Exekutive teilnehmen. Aristoteles zufolge hat dies große Vorteile: in dieser Demokratie nämlich regiert das Gesetz – und nicht die Willkür wechselnder Mehrheiten in politisierten Volksversammlungen. Diese Demokratieform und die zuvor erwähnte sagen Aristoteles am meisten zu. 3) In der dritten Demokratieform steht die Ämterbesetzung allen freien Männern zu, allerdings sind die Beteiligungschancen auch hier relativ eng begrenzt. Vor allem wirtschaftliche Zwangslagen führen dazu, daß die formale Berechtigung zur Teilhabe bei weitem nicht von allen Bürgern wahrgenommen werden kann. 4) Die Vollteilnahme aller Mitglieder des Demos ist erst in der vierten Demokratieform möglich, in der extremen Demokratie, die zugleich die historisch jüngste Form ist. Dies ist die Demokratie, die Aristoteles aus eigener Anschauung kennt (Hansen 1991: 16). Politisch-ökonomisch basiert sie auf besoldeter politischer Betätigung. Auch die Armen erhalten für ihre politische Teilhabe Diäten. Dadurch werden die städtische Bevölkerung und die große Masse der Landbevölkerung abkömmlich für die Politik und bestimmten diese wesentlich. Auf dieser Grundlage wird das Volk zum Alleinherrscher, zumal sich die Reichen häufig von den politischen Gremien fernhalten. Typisch für die extreme Demokratie ist darüber hinaus auch die Herrschaft der Demagogen, die immer wieder neue Volksbeschlüsse herbeiführen, aber dadurch an die Stelle einer Gesetzesherrschaft eine mehr oder minder wankelmütige – im schlimmsten Fall willkürliche – Herrschaft setzen.

Die Staatsformenlehre des Aristoteles hat hohes Niveau: sie untersucht die Verfassung und die Verfassungswirklichkeit der „Staatslenkung" (Aristoteles, Politik: 1279b). Ferner studiert sie einzelne „Staatsverfassungen" für sich und im Vergleich mit anderen Regimen. Überdies fragt sie nach Bestands- und Zerfallsbedingungen von politischen Regimen und entwickelt in diesem Zusammenhang die erste Theorie der Funktionsvoraussetzungen der Demokratie (siehe hierzu Kapitel 3.6). Die Theorie des Aristoteles nennt sieben Funktionsbedingungen einer demokratischen Ordnung. Es sind dies: 1) ein hinreichendes Maß an Interessenharmonie in der teilhabeberechtigten Bürgerschaft, 2) ein relativ hohes Maß an Homogenität hinsichtlich der Größen, die gemeinhin scharfe soziale Spannungen und heftige politische Konflikte hervorrufen, wie z.B. Ressourcenverteilung zwischen Arm und Reich, 3) ein kleiner überschaubarer Stadtstaat, der idealerweise eine Größenordnung von rund 5000 bis 10000 erwachsenen Teilhabeberechtigten umfaßt, 4) die effektive Chance für alle Mitglieder des Demos, an den direktdemokratischen Versammlungen teilzunehmen und unmittelbar über öffentliche Belange mitzuentscheiden, 5) eine gefestigte aber gleichwohl gemäßigte Beteiligungsbereitschaft seitens der Bürgerschaft sowie die Bereitschaft und Befähigung, dem Gebot tugendhaften Handelns nachzukommen, im Sinne verantwortlicher, ethisch legitimierter und kompetenter Zielsetzung und Mittelanwendung, 6) in sozioökonomischer Hinsicht eine breite Mittelschicht und 7) eine weitreichende Autonomie der Stadtstaaten in politischer, wirtschaftlicher und militärischer Hinsicht.

Die aristotelische Demokratielehre versteht unter Demokratie im wesentlichen die Herrschaft bzw. Machtausübung des Demos in der Volksversammlung und in den Geschworenengerichten. Die mehr oder minder ungebrochene Souveränität des Demos ist ihr Hauptmerkmal. Der Demos umfaßt allerdings im Gegensatz zum modernen Demokratieverständnis nur eine Minderheit der erwachsenen Bevölkerung, vor allem die waffenfähigen männlichen Einheimischen. Wie werden die Präferenzen der Teilhabeberechtigten in der athenischen Demokratie offengelegt und gebündelt? Weithin erfolgt dies im Rahmen der Strukturen einer „face to face-Gesellschaft", in der fast jeder jeden kennt, und durch öffentliche Aussprache, Wahl, Abstimmung, Los und Geschworenenurteil (Finley 1980). Allerdings hat diese Methode eine höchst verletzliche Stelle: sie ist hochgradig anfällig für wankelmütige Mehrheiten und Stimmungen. Insoweit liegt der aristotelischen Schule zufolge die Achillesferse der von ihr analysierten Demokratie just im Mechanismus der Volksversammlungsherrschaft. Die Instabilität der Präferenzbündelung, die hohe Wahrscheinlichkeit „wandernder Mehrheiten" und zugleich die weitreichende Gestaltungskompetenz der Mehrheit in der Legislative, faktisch auch in weiten Teilen der Judikative und der Exekutive, sind das Problem. Dieses Problem gewinnt vor allem dort zusätzliches Gewicht, wo Kontrollinstanzen gegen die Mehrheit schwach sind oder fehlen. Die Volkssouveränität ist – jedenfalls in den extremen Formen der Demokratie – nahezu unbegrenzt. Allerdings macht die aristotelische Demokratielehre darauf aufmerksam, daß es Mischformen gibt, z.B. Kombinationen aristokratischer und demokratischer Elemente, und daß mit zunehmender Mäßigung der Demokratie auch die Qualität dieser Institutionenordnung, vor allem ihr Gesetzesherrschaftscharakter, zunehme. Der Analyse der Mischformen verschiedener Staatsverfassungen und der verschiedenen Demokratietypen liegt eine erstaunlich breite erfahrungswissenschaftliche Basis zugrunde. 158 Verfassungsbeschreibungen sollen die eigentliche Grundlage gewesen sein. Nur eine von ihnen ist überliefert: die Schrift „Der Staat der Athener" (Dreher 1993). Ob Aristoteles an ihr mitschrieb, ist unklar, aber als gesichert gilt, daß sie in seiner Schule verfaßt wurde.

Die aristotelische Demokratietheorie ist unter den zeitgenössischen Zeugnissen die am besten dokumentierte Analyse der athenischen Demokratie. Die Athener Demokratie wird in der aristotelischen Theorie kritisch-distanziert beleuchtet, in der Tat mit „beträchtlicher Distanz" (Schwarz 1989: 33). Ihr Urteil wird jedoch mit zunehmender Zügelung oder Mäßigung der Demokratie milder und insoweit ist es ein Fehlurteil, die aristotelische Theorie der Staatsverfassungen in Fundamentalopposition zur Demokratie zu sehen, wie J.T. Roberts (1994: XI). Im übrigen ist die aristotelische Demokratielehre Auftakt eines langanhaltenden Schulenstreits über die Bewertung der athenischen Demokratie. Zugrunde liegt die Spaltung zwischen Anhängern der prozeßorientierten Demokratieauffassung, die die Ausbildung von Staatsbürgertugenden durch politische Beteiligung hervorheben – so vor allem Hansen (1991) und der Tendenz nach J. Bleicken (1994) –, und den Anhängern der konservativen oder streng liberalistischen Lehre, die vor allem die Antinomie von Staatsgewalt und individueller Freiheit zur Bewertungsgrundlage gemacht hat. Der konservativen und liberalen Auffassung zufolge sind die Allmacht der Volkssouveränität und die Unterdrückung des Individuums im „Staat der Athener" alles. Anstelle der Ausbildung von Staatsbürgertugenden sieht sie „Staatsknechtschaft des Individuums" (J. Burckhardt) oder „Terrorisierung des Individuums durch die Masse", um eine treffende Charakterisierung dieser Position aufzugreifen (Bleicken 1994: 582). Diesem Urteil steht die Auffassung der Konstitutionalisten entgegen, die neben der Funktionstüchtigkeit der demokratischen Institutionenordnung auch auf die Wertigkeit demokratischer Verfahren abstellen, so der dänische Althistoriker M.H. Hansen und im großen und ganzen auch J. Bleicken (1994), der zu einem fundierten und abgewogenen Urteil kommt. Bleicken zufolge ist die athenische Demokratie weder ein Unfall der Weltgeschichte noch ein Idealstaat, sondern „der historische Beleg dafür, daß die unmittelbare Herrschaft einer Masse auch unter dem Vorzeichen einer radikalen politischen Gleichheit über lange Zeit hindurch wirklich funktioniert hat" (1994: 584). Insoweit geben die aristotelische Lehre der Demokratie und ihr Gegenstand – vor allem die athenische Demokratie – der späteren Theorie und der Praxis der Demokratie ein Fundament und vielfältige Anregungen.

Die Differenz zwischen der Demokratie der griechischen Antike und den demokratischen Ordnungen des 19. und 20. Jahrhunderts ist groß. Insoweit können die Erfahrungen der älteren Ordnung nur begrenzt auf die Moderne übertragen werden. Gleichwohl hat die Demokratie der alten Griechen den modernen konstitutionellen Demokratien einiges zu bieten: die historisch erste Form einer – wie auch immer verkürzten – demokratischen Ordnung und – was die Wissenschaft angeht – ein hochdifferenziertes System der Beschreibung, der Erklärung und des Vergleichs demokratischer und nicht-demokratischer Herrschaftsordnungen. So ist die aristotelische Lehre der Demokratie Bestandteil einer größeren Lehre der Staatsformen oder – so der genauere Ausdruck – der „Staatsverfassung" (Aristoteles, Politik: 1279b), und diese wiederum wurde Grundlage für zahllose Versuche, politische Systeme systematisch zu beschreiben, zu vergleichen und zu ordnen. Die Schlüsselvariablen zur Typologisierung von Staatsformen seitens der aristotelischen Schule, insbesondere die Zahl der Herrschenden und die Qualität der Herrschaft, gehören zu den Standardinstrumenten späterer Generationen der Staats- und Sozialwissenschaften (vgl. z.B. den Überblick bei Jesse 1993). Beispielgebend ist die aristotelische Staatsformenlehre auch in der Fähigkeit, normative Theorie und empirische Analyse zu kombinieren. In normativer Hinsicht geht es vor allem um die Prüfung des Ausmaßes, in dem die Staatsverfassungen geeignet sind, „dem Menschen bei der Verwirklichung eines sittlichen Ziels in der Gesellschaft, dem Rechtswesen und allgemein in einem ‚rechten Leben' zu helfen" (Finley 1980: 9). Die Suche nach dem „Idealstaat" leitet auch die aristotelische Theorie (Demandt 1993). Als beste Polis gilt ihr diejenige, deren gesellschaftliche Institutionen „die beste Voraussetzung für die volle Aktualisierung der menschlichen Natur im Hinblick auf ihr Ziel im Leben der Vernunft bietet" (Weber-Schäfer 1976: 58f.). Zugleich wird in der aristotelischen Regimenlehre empirisch vergleichend nach Gemeinsamkeiten und Unterschieden der verschiedenen Verfassungen gefragt. Überdies erörtert die aristotelische Schule die Funktionsvoraussetzungen der Demokratie und ferner fügt sie der statischen Betrachtung eine dynamische Komponente hinzu. Obendrein hat sie alle drei Dimensionen des Politischen im Blickfeld: die der institutionellen Formen, die der politischen Vorgänge und die der Inhalte der Politik, die sie vor allem anhand der Qualität des Regierens erfaßt. Auch in dieser Hinsicht ist die aristotelische Staatsformen- und Demokratielehre – so distanziert ihr Verhältnis zum System der Volksherrschaft auch sein mag – ein tragender Pfeiler der Methodologie und der Theorie vergleichender Analyse politischer Systeme, einschließlich des Vergleichs demokratischer Ordnungen.

Kapitel 1.2
Die Idee der „gemäßigten Demokratie": Montesquieu

Das Denken über Demokratie verharrte bis weit in die Neuzeit im Bannkreis der Deutung, die der Volksherrschaft in der Polis der griechischen Antike vor allem in der aristotelischen Staatsformenlehre zuteil wurde. Demokratie blieb zunächst fast ausschließlich ein Wort der Gelehrtensprache, obendrein eines, das selten Verwendung fand. Wenn man es verwendete, überwog Skepsis oder zumindest beträchtliche Distanz zur Demokratie. Existenzberechtigung wurde ihr allenfalls als Teil einer Mischverfassung eingeräumt. Sofern der Begriff Demokratie überhaupt auf Gemeinwesen angewandt wurde, geschah dies für die politischen Ordnungen, die in Holland, in der Schweizer Eidgenossenschaft, in einzelnen deutschen Stadtrepubliken und in den nordamerikanischen Siedlerkolonien existierten. Weithin verstand man unter Demokratie bis ins 19. Jahrhundert eine Regierungsform oder Staatsverfassung, die sich nur für Kleinstgemeinwesen eignet, nicht für große Flächenstaaten. Auch hierin folgte man dem überlieferten Verständnis von Demokratie als Volksversammlungsherrschaft in überschaubaren Stadtstaaten. Nach wie vor definierte man Demokratie hauptsächlich als Direktdemokratie.

Nennenswert erweitert wurde die Demokratietheorie erst knapp zwei Jahrtausende nach dem Niedergang der athenischen Demokratie. Die Aufklärungsphilosophie, vor allem die Kritik der geburtsständischen Privilegienordnung und des Absolutismus, bahnte allmählich einem neuen Verständnis von Theorie und Praxis der Demokratie den Weg. Ferner wurden repräsentativdemokratische Verfassungsvorstellungen anstelle der aus der Antike überlieferten versammlungsdemokratischen Konzepte entwickelt, beispielsweise in den Verfassungsvorstellungen der Levellers, einer Radikalpartei im englischen Bürgerkrieg des 17. Jahrhunderts. Überdies fand der Gedanke der Volkssouveränität – an Stelle der Souveränität göttlich oder weltlich legitimierter Herrscher – Verbreitung. Auch wurden dem Demokratiegedanken allmählich positivere Bewertungen zuteil, wenngleich nach wie vor die skeptisch-distanzierte Position überwog, die in der Volksherrschaft eher eine schlechte als eine gute Staatsverfassung sah (Meier u.a. 1972).

In diesem Kapitel werden für beide Sichtweisen einflußreiche Denker der Politischen Ideengeschichte als Kronzeugen gerufen. Als Vertreter der kritisch-distanzierten Abhandlung der Demokratie und der These, sie habe größere Mängel als andere Staatsformen, wird der englische Staats- und Gesellschaftsanalytiker Thomas Hobbes (1588-

1679) herangezogen. Als Repräsentant der Theoretiker, die dem Demokratiegedanken mehr Wohlwollen entgegenbringen, wird der französische Politik- und Staatsdenker Montesquieu ausgewählt (Shackleton 1961). Die Bedeutung von Montesquieus Analysen für die Demokratie steht im Mittelpunkt dieses Kapitels. Doch zunächst soll die Demokratie aus dem Blickwinkel der bis dahin herrschenden kritisch-distanzierten Position beleuchtet werden, und zwar am Beispiel des „Leviathan", der 1651 von Hobbes veröffentlichten Studie über „Stoff, Form und Gewalt eines kirchlichen und bürgerlichen Staates", so der Untertitel des Werkes (im folgenden zitiert nach der deutschen Ausgabe: Hobbes 1984). Gewiß handelt der „Leviathan" von grundsätzlicheren Dingen als einzelnen Staatsformen, doch sei dies für den Zweck der hier interessierenden Thematik beiseite gelassen. Demokratietheoretisch besonders interessant sind die Ausführungen im 19. Kapitel des „Leviathan", in denen verschiedene Staatsformen anhand der „Einsetzung und der Nachfolge in die souveräne Gewalt", so Hobbes' Formulierung, unterschieden werden (Leviathan, 145). Dabei greift Hobbes die schon in den klassischen griechischen Staatsformenlehren verwendete Unterscheidung dreier Staatsverfassungen auf – nämlich Monarchie, Aristokratie und Demokratie. Der Unterschied zwischen ihnen liegt „in der Verschiedenheit des Souveräns oder der Person, die alle und jeden einzelnen der Menge vertritt" (ebd.: 145). Besteht diese Vertretung aus einer Person, so ist die Staatsform monarchisch. Ist die Vertretung die Versammlung aller, die zusammenkommen, handelt es sich um eine Demokratie oder einen Volksstaat („Popular Commonwealth"). Aristokratie wird die Staatsform genannt, in der die Versammlung nur aus einem Teil des Volkes besteht. Recht abrupt setzt Hobbes hinzu: Andere Staatsverfassungen kann es nicht geben, „denn es besitzen entweder einer, mehrere oder alle die gesamte souveräne Gewalt, die (...) unteilbar ist" (ebd.: 145).

Man sehe von der unnötigen Einengung der Staatsformenlehre ab, die Hobbes sich hierdurch einhandelt. Man abstrahiere auch davon, daß Hobbes sich nicht weiter mit der von den griechischen Philosophen gepflegten Unterscheidung zwischen der „richtigen Staatsform" und ihren „Verfassungsabweichungen" abgibt (Aristoteles, Politik: 1279b). Diese Unterscheidung übergießt er mit Hohn und Spott; sie gründe sich nur auf politische Gesinnung, auf Unzufriedenheit mit den Ordnungen, die man nicht mag und Zufriedenheit mit denen, die man aus anderen Gründen präferiert. Für seinen Staatsformenvergleich beansprucht Hobbes größere Präzision. Bei Lichte besehen gründet sich sein Vergleich der Staatsverfassungen auf mehrere miteinander verschachtelte wohlfahrtstheoretisch gerichtete Prüffragen. Ihnen liegt ein recht pessimistisches Menschenbild zugrunde. Manche Leser werden es aus Hobbes' Schilderung des gedanklich konstruierten Naturzustandes vor der Gründung eines Staates kennen. Im Naturzustand ist der Mensch dem anderen Menschen ein Wolf. Er kümmert sich vor allem ums eigene Überleben und darüber hinaus um sein „Privatwohl, um das Wohl seiner Familie, seiner Verwandtschaft und seiner Freunde" (Leviathan, 146f.). Man muß davon ausgehen, so führt Hobbes weiter aus, daß die Ausrichtung aufs Privatwohl in der Regel dem Gemeinwohl in die Quere kommt. Vom Konflikt zwischen Privatinteressen und Gemeininteressen gebe es jedoch eine Ausnahme. Die komme dort zustande, wo das öffentliche Interesse und das Privatinteresse am meisten zusammenfallen. Wo das der Fall ist, werde auch das öffentliche Interesse, das öffentliche Wohl, am besten gefördert. Wo ist das gegeben? Hobbes' Antwort lautet: in der Monarchie! Nur dort falle das Privatinteresse mit dem öffentlichen Interesse zusammen, weil Reichtum, Macht und Ehre eines Monarchen sich alleine aus dem Reichtum, der Stärke und dem Ansehen seiner Untertanen ergäben. Hobbes zufolge kann kein König „reich, ruhmvoll und sicher sein, dessen Untertanen entweder arm oder verachtenswert oder aus Not oder Uneinigkeit zu schwach sind, um einen Krieg gegen ihre Feinde durchhalten zu können. In einer Demokratie oder Aristokratie dagegen trägt der öffentliche Wohlstand zum Privatvermögen eines korrupten oder ehrgeizigen Menschen weniger bei als oftmals ein hinterlistiger Rat, eine verräterische Handlung oder ein Bürgerkrieg" (Leviathan, 147).

Vorrang gebühre der Monarchie vor der Aristokratie und Demokratie auch aus einem weiteren Grund: „Ein Monarch kann jeden, wann und wo er will, zu Rate ziehen und folglich die Meinung von Menschen anhören, die von der Sache etwas verstehen, über die er nachdenkt, welchen Rang und welche Eigenschaft sie auch immer besitzen mögen, und zwar so lange vor der eigentlichen Handlung und so geheim, wie er es wünscht" (ebd.). In einer souveränen Versammlung hingegen kämen als Ratgeber nur die in Frage, die von Anfang an ein Recht hierauf haben. Doch das sind nach Hobbes größtenteils Leute, „die mehr davon verstehen, wie man Reichtum als wie man Kenntnisse erwirbt und die ihren Rat in langen Reden geben, die die Menschen zu Handlungen aufpeitschen mögen und dies gewöhnlich auch tun, sie aber damit nicht regieren" (ebd.). Einen dritten Vorzug habe die Monarchie. Wer in ihr entscheidungsbefugt ist, sei weit weniger wankelmütig als Versammlungen, in denen viele entscheiden: „Die Entscheidungen eines Monarchen sind nur so unbeständig wie die menschliche

Natur. In Versammlungen dagegen kommt zur natürlichen Unbeständigkeit noch die der Zahl" (ebd.). Ein viertes Argument führt Hobbes zugunsten der Monarchie ins Feld. Weil in ihr der Herrscher eine Person ist, kann dieser „nicht aus Neid oder Selbstinteresse mit sich selbst uneins sein". Just dies entstehe aber bei einer Versammlung und zwar so heftig, so erläutert Hobbes mit Blick auf das England seiner Zeit, „daß daraus ein Bürgerkrieg entstehen kann" (ebd.: 148).

Thomas Hobbes erörtert auch eingehend diejenigen Defekte, die man der Monarchie gemeinhin als Hauptmangel vorhält, z.B. die Nachfolgeregelung. Solche Defekte ergäben sich allerdings in jeder Regierungsform, man könne sie nicht nur der Monarchie anlasten. Hobbes' Bilanz ist eindeutig: die beste Staatsform ist die Monarchie, insbesondere die kraftvoll regierte, autoritär und hierarchisch organisierte Königsherrschaft. Die anderen Staatsverfassungen – Aristokratie und Demokratie – sind die schlechteren (Flathman 1993). So jedenfalls die reine Theorie des Thomas Hobbes.

Neben dieser – gewissermaßen idealtypisch verfahrenden – Sichtweise bietet Hobbes' Werk eine zweite Perspektive des Staatsformenvergleichs. In ihr kommt der reine Machttechniker und der Theoretiker, den hauptsächlich die Souveränität und die Friedensstiftung durch den Souverän interessiert, zum Vorschein. Legitim können nämlich in Wirklichkeit alle drei Regierungsformen sein, die Monarchie, die Aristokratie und die Demokratie! Warum ist das so? Hobbes' Antwort lautet: jede Staatsform, in der der Souverän den Frieden im Innern der Gesellschaft sicherstellt und die Gesellschaft nach außen erfolgreich verteidigt, ist rechtmäßig und erfüllt den Vertrag zwischen dem Souverän und den Herrschaftsunterworfenen. Und weil der Vertrag vom Souverän erfüllt wird, haben die Beherrschten ihm zu gehorchen. Insoweit, und nur insoweit, könnte auch Thomas Hobbes seinen Frieden mit einer demokratischen Staatsform machen, vorausgesetzt, es ist eine stabile, effiziente und effektiv regierte Staatsform und vorausgesetzt, sie sorge für inneren Frieden und für Sicherheit nach außen. Allerdings ist Hobbes zufolge die Wahrscheinlichkeit, dies in einer Demokratie zu erreichen, beträchtlich geringer als in einer Monarchie. Dort sind die Chancen für erfolgreiches Regieren im Sinn von Hobbes' Gesellschaftsvertragslehre erheblich besser, so lautet der Hauptbefund des Vergleichs der Staatsformen im „Leviathan".

Man muß berücksichtigen, daß Hobbes im Zeichen des englischen Bürgerkriegs im 17. Jahrhundert schreibt. Auch ist in Rechnung zu stellen, daß er in Frontstellung zur aristotelischen Lehre schreibt. Was den Demokratiediskurs angeht, bleibt er allerdings im Bann des Verständnisses von Demokratie, das in der griechischen Antike und der aristotelischen Staatsverfassungslehre begründet worden war. Das Nachdenken über Demokratie hat erst nach Hobbes größere Änderungen durchlaufen und vor allem im Verlauf der Französischen Revolution von 1789 eine gewaltige Bedeutungsaufwertung erfahren. Am Ende dieses Vorgangs stehen eine weitaus positivere Bewertung der Demokratie, ferner ein aktivistisches Verständnis von Demokratie als ein Prinzip, das bewegt und verändert, und überdies eine Auffassung, die die enge Fixierung auf die Staats- und Regierungsformenlehre sprengt und Staat und Gesellschaft stärker in Verbindung bringt. Doch das ist schon ein Blick weit nach vorn, ans Ende des 18. Jahrhunderts.

Zuvor ist dort Station zu machen, wo das Nachdenken über die Demokratie auf neuer Grundlage erfolgt, vor allem in der Aufklärungsphilosophie, der Kritik geburtsständischer Privilegienordnung und der Kritik absolutistischer Herrschaft. Gemeinhin denkt man hierbei vor allem an John Locke (1631-1704), insbesondere an seine „Zwei Abhandlungen über die Regierung" von 1690, aber noch ertragreicher ist aufgrund der breiteren empirisch-vergleichenden Basis die Lehre von Montesquieu, die Kurzform für Charles de Secondat, Baron de la Brède et de Montesquieu (1689-1755). Montesquieu zählt wie John Locke zu den Denkern, auf die man sich in der Französischen Revolution, im Unabhängigkeitskampf der englischen Kolonien in Nordamerika und in den Entwürfen einer Verfassungsordnung der Vereinigten Staaten von Amerika berufen hat. Der Schlüsseltext ist die 1748 erstmals veröffentlichte Abhandlung „De l' Esprit des Loix", von der E. Forsthoff gesagt hat, sie sei ein „wissenschaftlich-belehrendes Buch" und zugleich „ein Traktat über das richtige verfassungspolitische Handeln" (Forsthoff 1951: XX).

Montesquieu verstand sich nicht als Anhänger der Demokratie, sondern eher als Gefolgsmann einer konstitutionellen aufgeklärten Monarchie mit demokratischem Beiwerk (Pangl 1973, Richter 1994: 49). Insoweit ist sein Beitrag zur Demokratietheorie – ebenso wie derjenige von J. Locke – nicht direkter, sondern mittelbarer Art. Er steuert jedoch grundsätzlich neue Gedanken zum Demokratieverständnis bei, vor allem den der Machtkontrolle und Gewaltenbalancierung und der hierdurch temperierten Herrschaft, sowie die Vorstellung, eine „gemäßigte Demokratie" – im Sinne einer konstitutionellen Monarchie mit demokratischen Zügen – komme auch für Flächenstaaten in Frage (Schwan 1991: 218). Hiermit zusammen hängt die Neubewertung repräsentativdemokratischer Institutionen.

Das Hauptthema der aristotelischen Lehre von den Staatsverfassungen ist die Diskrepanz zwischen dem Idealstaat und der Verfassungswirklichkeit und – soweit sie sich demokratietheoretisch äußert – die Kluft zwischen dem besten Staat und der ungezügelten Herrschaft der Volksversammlung. Das Hauptthema der Politischen Schriften von Montesquieu ist hinsichtlich der Staatsformen jedoch nicht die Demokratie, sondern die ungezügelte Herrschaft einer Monarchie, vor allem die des französischen Staatsabsolutismus. Dessen Problem war, in Worten von F. Neumann, „das einer Monarchie, die sich auf göttlichen Ursprung berief und Absolutheit beanspruchte, ohne diesen Ansprüchen gerecht zu werden; schwach und schwankend, war sie fast ständig bankrott und wurde dadurch zum Gefangenen überholter Interessen" (Neumann 1986a: 151). Ihrem Selbstverständnis nach stellte die Königsherrschaft nach wie vor etwas Göttliches dar. Doch im Gegensatz zu älteren Theorien wurde die Göttlichkeit der Monarchie nicht als Begrenzung ihrer Macht aufgefaßt. Ihrem Verständnis nach gab es keine Beschränkungen außer denen, die das eigene Gewissen dem Monarchen auferlegte. Allerdings litt die Souveränität an ihrem Erbübel, dem chronischen Mangel an Geld. Um diese Not zu beheben, bediente sich die französische Monarchie der Ämterkäuflichkeit im großem Stile. Ämter wurden Privatbesitz und durch Privatbesitz gelangte man zu Ämtern. Man konnte sie wie Waren kaufen und verkaufen und ihre Preise schwankten mit der Konjunktur (Neumann 1986a: 152f.). Die Ämterkäuflichkeit öffnete der Korruption Tür und Tor und bereitete den Weg für mächtige Interessengruppen, die Schutz für ihre Anliegen, vor allem für ihre wirtschaftlichen Interessen, suchten. Zugleich war aber auch dem Bürgertum durch Kauf von Ämtern und Patenten der Aufstieg in der traditionell hierarchischen Gesellschaft ermöglicht worden. Sogar Adelspatente hatte die Monarchie seit dem 16. Jahrhundert verkauft. Deswegen hieß es – kritisch gegen die Bourgeoisie gerichtet –, das Bürgertum kaufe und steige zu allem auf und werde zum „Geldorden" (Neumann 1986a: 153). Unter solchen Bedingungen neigte die Monarchie – und an ihrer Spitze der Monarch – zu despotischer Politik, vor allem zu übermäßiger Nutzung von Ressourcen auf Kosten des gemeinen Volkes, mitunter auch zu Lasten der wohlhabenden Schichten. Überdies war die Egalisierungstendenz, die von der absolutistischen Monarchie ausging und durch den Verkauf von Ämtern und Adelspatenten gestärkt wurde, Gift für die traditionelle hierarchische Gesellschaftsstruktur. Hinzu muß man das Überhandnehmen von Müßiggang, Niedertracht und Laster am Königshof zählen, das dem französischen Hof im besonderen nachgesagt wird. Insoweit der Staat für Montesquieu „eine Gesellschaft ist, in der es Gesetze gibt" („une société ou il y a des lois", Vom Geist der Gesetze, Buch XI, 3), ist der absolutistische Staat eine Gesellschaft, in der die Gesetze nicht angewandt werden oder schlecht sind.

Vor diesem Hintergrund ist Montesquieus Klage im 5. Kapitel des III. Buches der Schrift „Vom Geist der Gesetze" zu sehen: „In den Monarchien bringt die Politik die wichtigen Dinge mit sowenig wie möglich Tugend zu Wege". Vor diesem Hintergrund ist auch Montesquieus Theorie der Staatsformen zu lesen. In ihr kommt nämlich die Monarchie nicht gut weg, im Gegensatz zur Demokratie, vor allem zur „gemäßigten Demokratie" (A. Schwan). Ausgangspunkt von Montesquieus Lehre ist – wie in der aristotelischen Schule – die Analyse idealtypisch gezeichneter Staatsformen oder „Staatsverfassungen" (Aristoteles, Politik, 1279b). Wie bei dieser ist sein Ausgangspunkt nicht willkürlich, sondern bewußt gewählt. Ihm liegt die Auffassung zugrunde, daß das politische Geschehen das Zentrum der Welt und der Staat das eigentliche Subjekt der Weltgeschichte ist, und daß deshalb der Schlüssel zum Verstehen der Geschichte in der Analyse der Staatsverfassung liegt – nicht in der Ökonomie, wie in der später entwickelten Nationalökonomie und der marxistischen Politischen Ökonomie, und nicht vorrangig in der Gesellschaft, z.B. in der späteren Soziologie.

Montesquieu errichtet seine Staatsformenlehre auf den Pfeilern der aristotelischen Schule. Allerdings geht in seinen Vergleich auch der Wissenstand über die antiken Republiken, die Kleinstaaten Italiens und Deutschlands, die Monarchien des neuzeitlichen Europas und den englischen Parlamentarismus ein. Überdies verwendet Montesquieu zur Klassifikation der Staatsverfassungen ein Dreierschema, im Gegensatz zum Zwei-Variablen-Schema der aristotelischen Lehre: die Zahl der Herrschenden, die Art der Souveränitätsausübung und die Differenz zwischen Mäßigung und Despotie sind die Hauptgrößen (Aron 1968: 24ff.). Zugrunde liegt die Unterscheidung zwischen Despotie, Monarchie und Republik. Republikanisch ist für Montesquieu diejenige Regierungsform, in der „das Volk als Körperschaft bzw. bloß ein Teil des Volkes die souveräne Macht besitzt". Monarchisch ist diejenige Regierungsform, „bei der ein einzelner Mann regiert, jedoch nach festliegenden und verkündeten Gesetzen". In der despotischen Regierung hingegen richtet „ein einzelner Mann ohne Regel und Gesetz alles nach seinem Willen und Eigensinn" (Vom Geist der Gesetze, II. Buch). Die Republik gliedert Montesquieu in zwei Unterformen: die Aristokratie und die Demokratie. Sobald „das Volk als Körperschaft die souveräne Macht besitzt, haben wir eine Demokratie vor uns. Sobald die souveräne Macht in den Händen eines Teils des Volkes liegt, heißt sie Aristokratie" (Vom Geist der Gesetze, II. Buch, Kp. 2, S. 104). Die Demokratie ist für Montesquieu dadurch charakterisiert, daß in ihr das Volk die gesetzgebende Gewalt ausübt und daß ihm grundsätzlich die Entscheidung über die Verfassungs- und Einzelgesetzgebung obliegt – vermittelt über die Wahl der zur Führung der Staatsgeschäfte geeigneten Organe der Beratung und Regierung. An ein Ratskollegium oder einen Senat denkt Montesquieu hierbei und an die Ernennung der Minister durch das Volk. Die Stimmabgabe des Volkes im übrigen muß Montesquieu zufolge öffentlich geschehen. Das gilt ihm als „ein grundlegendes Gesetz der Demokratie" (ebd.: 108). Im Unterschied dazu sollen die Abstimmungen in der Legislative und der Regierung geheim sein – den heutzutage geltenden Verhältnissen mithin entgegengesetzt.

Die Staatsformenlehre hat für Montesquieu Priorität vor der Gesellschafts- und der Ökonomieanalyse. Sie wird aber – wie schon zuvor in der aristotelischen Schule – in Beziehung zur Sozialstruktur gesetzt (wenngleich deren Analyse in Montesquieus Werk nur rudimentär entfaltet ist). So wie zwischen Aristokratie, Monarchie und Demokratie unterschieden wird, so wird die Sozialstruktur zergliedert in Adel, Monarch und Volk. Unter „Volk" versteht Montesquieu, wie seine Zeitgenossen, nicht das gesamte Volk, sondern „nur das vermögende Bürgertum" (Riklin 1989: 434). Das niedere Volk (le bas-peuple) gilt ihm nicht als politisch relevante Kraft. Selbstverständlich ist für ihn ferner, in Übereinstimmung mit dem Zeitgeist, daß der Demos aus Männern besteht; an das Frauenwahlrecht denkt man zu jener Zeit noch nicht.

Wenn Montesquieu von Demokratie spricht, hat er folglich einen hochgradig selektiven Demos-Begriff im Sinn. Den teilt er mit der Theorie und der Praxis der athenischen Demokratie. Allerdings hat die Sozialstruktur in Montesquieus Schriften schon merklich modernere Züge: die Formen der bürgerlichen Gesellschaft treten allmählich hervor, wie am wachsenden Besitzbürgertum zu erkennen ist. Im Unterschied zur antiken Lehre betont Montesquieu auch die Notwendigkeit einer Repräsentativverfassung. Eine Versammlungsdemokratie nach althergebrachtem Muster hält er für ein System voller Nachteile (Vom Geist der Gesetze, 11. Kapitel, VI, 216). Gleichwohl kann auch er sich von der althergebrachten Gleichung, wonach eine Demokratie nur für überschaubare Gemeinwesen passe, nicht ganz lösen: der Natur der Republik entspreche ein kleines Territorium, so heißt es im VIII. Buch des „Vom Geist der Gesetze"; für mittelgroße Länder eigneten sich vor allem monarchische und für Großreiche despotische Staatsformen. Montesquieus Ausführungen zur demokratischen Staatsverfassung erschöpfen sich nicht in der Nachzeichnung der „Natur" der Regierungsform, nach heutigem Sprachgebrauch ihrer „Struktur". Von der „Natur" der Regierung unterscheidet er ihr „Prinzip". „Ihre Natur macht sie zu dem, was sie ist, ihr Prinzip bringt sie zum Handeln" (ebd.: 117). Die Erörterung des „Prinzips" der Demokratie eröffnet Montesquieu mit einem Paukenschlag: „Zum Fortbestand oder zur Stützung einer monarchischen oder einer despotischen Regierung ist keine sonderliche Tüchtigkeit vonnöten. Unter der einen regelt die Kraft des Gesetzes alles oder hält alles zusammen, unter der anderen der immer schlagkräftige Arm des Herrschers. In einem Volksstaat ist aber einer zusätzliche Triebkraft nötig: die Tugend" (ebd.: 118). Tugend ist nicht rein moralisch zu verstehen, sondern im Sinne einer politischen Tugend, die als „die Liebe zum Vaterland und zur Gleichheit" definiert wird (ebd.: 92). Der tugendhafte Mensch ist einer, „der die Gesetze seines Landes liebt und aus Liebe zu den Gesetzen seines Landes handelt" (ebd.: 93). Gesetzesliebe und Gesetzestreue sind in umfassenderem Sinn als dem des Legalitätsprinzips und des Gesetzesgehorsams zu verstehen. Von A. Schwan stammt der Vorschlag, die Gesetzesliebe als Chiffre für „Aktivität, Beteiligtsein, Bindung" zu werten, als „eine Art Solidarität und Konsensbereitschaft, die im gesellschaftlichen Leben zur Gewährleistung der staatlichen Ordnung aufgebracht werden muß" (Schwan 1991: 215). Das Prinzip, das die Demokratie leitet, ist wie die Prinzipien der anderen Staatsformen nicht als Ist-Beschreibung, sondern als Soll-Zustand gedacht, von dessen Erreichen freilich die Stabilität der jeweiligen Staatsverfassung abhängt.

Es lohnt, den Unterschied zwischen dem Prinzip der Demokratie und den Grundsätzen der Monarchie, der Aristokratie und der Despotie genauer zu vermessen. Während die Tugend (la vertu) als Triebkraft der Demokratie gilt, zählt die Mäßigung (modération) als „Seele" der aristokratischen Regierungsform. Die Triebfeder der Monarchie ist die Ehre (l'honneur), die freilich mitunter pejorativ verstanden wird als Sammelbezeichnung für „vordergründige und äußerliche Scheinwerte" (Weigand 1965: 31). Die Despotie schließlich hat die Tugend nicht nötig und die Ehre wäre ihr gefährlich; sie bedarf eines anderen Prinzips, nämlich der Furcht (la crainte).

Hinsichtlich der Prinzipien schneidet die Demokratie bemerkenswert gut ab, während die Monarchie teils bessere teils schlechtere Noten erhält. Letzteres spiegelt die Mischung von idealtypischer Kennzeichnung der reinen Monarchie und Kritik am Tun und Lassen der Königshöfe im absolutistischen Frankreich unter Ludwig XIV. und Ludwig XV. wider. Wie tugendlos es dort zuging, hat Montesquieu an verschiedenen Stellen im „Vom Geist der Gesetze" eindrucksvoll geschildert. In der Monarchie gehört die Spöttelei über die Tugend unter den Höflingen zum guten Ton und in ihr herrschten „Ehrgeiz mitten im Müßiggang, Niedertracht mitten im Streben, Gier, ohne Arbeit reich zu werden, Wahrheitsscheu, Schmeichelei, Verrat, Falschheit, Vernachlässigung aller eingegangenen Verpflichtungen, Verachtung der Staatsbürgerpflichten, Furcht vor der Tugend des Herrschers, Hoffnung auf seine Schwächen" und anderes mehr (III. Buch, Kapitel 5).

Montesquieus Staatsformenlehre unterscheidet sich von den älteren Theorien nicht nur durch die eigenwillige Zuordnung der Aristokratie und der Demokratie zur Republik, sondern auch durch die Kombination der Staatsformen- und der Sozialstrukturanalyse. Ferner zeigen vor allem die Abschnitte über die „Prinzipien" der Staatsverfassungen, daß hier ein kulturalistisch-individualistischer Ansatz der Verfassungslehre zum Zuge kommt (Forsthoff 1951). Der jeweils vorherrschende Menschenschlag bzw. der politische Charakter prägt die Staatsform, das ist Montesquieus These. In ihr äußert sich eine bemerkenswert individualistische Fundierung der Staatsformenlehre. Allerdings ist sie vormodern. Das wird besonders gut an der Unterstellung sichtbar, es gebe einen unmittelbaren Zusammenhang zwischen individuellen Charakterzügen und Verhalten einerseits und Struktur und Funktionsweise der Staatsform andererseits. Das ist eine heroische Annahme, die darüber hinwegsieht, daß das Funktionieren von Staatsformen wesentlich von Eigenregeln und -gesetzmäßigkeit und der Bedeutung intermediärer Institutionen abhängt. Im übrigen begreift Montesquieu individuelle Tugenden und Laster als exogene Größen, anstatt sie als endogene Faktoren, als von Staat und Gesellschaft wesentlich geprägte Variablen, zu interpretieren. Zugute halten muß man Montesquieu, daß solche Einsichten erst in der Politik- und Staatslehre zum Tragen kommen, die von der Vorstellung geprägt ist, daß die Individuen Träger von Ideologien und zugleich deren Gefangene sind, sowie von der Auffassung, der Einzelne sei nur persönliches Substrat bestimmter Freiheiten (z.B. Eigentümer) oder Unfreiheiten (z.B. Lohnarbeiter).

Zurück zum demokratietheoretischen Gehalt von Montesquieus Werk. Manche haben aus seinem Vergleich der Staatsformen die Parteinahme für die Demokratie herausgelesen (Weigand 1965: 31, Mittermaier/Mair 1995: 97). Doch hiermit wird der Bogen überspannt, ebenso wie bei der These, Montesquieu sei „trotz aller scharfen Kritik im einzelnen fest zu den überkommenen politischen Institutionen und auch zum König Ludwig XV." gestanden (Mensching 1992: 35) oder bei der Behauptung, er sei schlicht reaktionär gewesen (Althusser 1959). Gewiß ist Montesquieu nicht fortschrittsoptimistisch, sondern konservativ (Aron 1968, Neumann 1986a). Er setzt auf die Krone und den Adel. Allerdings beeindrucken ihn die freiheitlichen Ordnungen, vor allem diejenige des Englands seiner Zeit, und er strebt nach einer geeigneten Mischung von monarchischer, aristokratischer und demokratischer Herrschaft. Letztlich befürwortet er eine konstitutionell verfaßte, aufgeklärte Monarchie auf der Basis einer gesellschaftlichen Gewaltenteilung zwischen Krone, Adel und Bürgertum und auf der Grundlage gegenseitiger Kontrolle der Staatsgewalten. Die aristokratisch und demokratisch temperierte Monarchie auf Gewaltenverteilungsbasis ist das Leitbild. Zweifelsohne kommt in diesem Projekt der Demokratie größere Wertschätzung zu, als das zu Montesquieus Zeit und zuvor üblich gewesen war.

Nicht nur die Aufwertung der Demokratie macht Montesquieu aus demokratietheoretischer Sicht interessant. Aufschlußreich sind auch seine Analysen der Funktionsvoraussetzungen und Zerfallsbedingungen demokratischer Staatsverfassungen. Die Demokratie gedeiht ihm zufolge eher in Kleinstaaten. Mit diesem Theorem folgt Montesquieu dem althergebrachten Verständnis von Demokratie als Theorie und Praxis der Volksversammlungsherrschaft in einer Polis oder einem ähnlich überschaubaren Gemeinwesen. Zu den Funktionsvoraussetzungen der Demokratie zählt er die Herstellung und Aufrechterhaltung prinzipieller Gleichheit unter den Bürgern. In diesem Zusammenhang spricht er von der „amour de l'égalité", der Liebe zur Gleichheit. Diese schränke den Ehrgeiz ein (Vom Geist der Gesetze, V. Buch, 3). Auch die Genügsamkeit gehört zu den Demokratievoraussetzungen: „Liebe zur Demokratie bedeutet auch Liebe zur Genügsamkeit. Da in ihr jeder Mann das gleiche Wohlergehen und die gleichen Vorteile finden soll, soll er auch die gleichen Annehmlichkeiten genießen und die gleichen Erwartungen hegen". Das ist allerdings nur bei „allgemeiner Genügsamkeit" zu erwarten (ebd.: 139). Von der „Liebe zur Genügsamkeit" (ebd.) erwartet Montesquieu Beschränkung der Erwerbsgier. Nicht an absolute Gleichheit denkt er dabei, aber an nur maßvolle Vermögensunterschiede. Stabilisierung erfährt die Demokratie Montesquieu zufolge auch durch gleichmäßigere Verteilung des Bodenbesitzes, Abbau von Macht- und Herrschaftsunterschieden, beispielgebende Institutionen und das Fehlen oder die Eindämmung all dessen, was dem Prinzip der Demokratie – der politischen Tugend im oben erörterten Sinn – abträglich ist, wie z.b. „Nachlässigkeiten, Fehlgriffe, eine gewisse Abkühlung der Vaterlandsliebe, gefährliche Beispiele und Anfänge von Korruption" (V. Buch, Kapitel 19, 170).

Émile Durkheim, ein Klassiker der Soziologie, hat Montesquieu als bedeutenden Vorläufer moderner sozialwissenschaftlicher Methodik gewertet (Durkheim 1953). Zu Recht! Späterer sozialwissenschaftlicher Forschung weit vorgreifend, erörtert Montesquieu beispielsweise Zusammenhänge zwischen Staatsformen und religiösen Traditionen. Zwar ist sein Gedankengang nicht systematisch angelegt, sondern – wie weithin im monumentalen Werk „Vom Geist der Gesetze" – anekdotisch. Allerdings entwickelte er eine instruktive These: Eine gemäßigte Regierung – im Klartext: Aristokratie oder Demokratie – passe besser zur christlichen Religion, während die Despotie sich besser für islamische Glaubensgemeinschaften eigne. Ursächlich hierfür seien politisch-kulturelle Differenzen: die Predigt der „Sanftmut" im Evangelium hat Montesquieu im Sinn und die hiermit gesetzte Differenz zum despotischen Grimm, ferner die in der christlichen Glaubensgemeinschaft verbotene Vielweiberei (die dazu führe, daß der Herrscher weniger abgeschlossen von den Untertanen lebe), sodann die größere Gesetzestreue des Herrschers, aber auch seine geringere Todesfurcht (Vom Geist der Gesetze, XXIV. Buch, Kap. 3). Auch zwischen Katholizismus und Protestantismus einerseits und Staatsformen andererseits identifiziert Montesquieu Zusammenhänge. Die katholische Religion passe besser zur Monarchie und die protestantische eher zur Republik. Der Grund sei darin zu suchen, daß die Völker des Nordens mehr Sinn für Unabhängigkeit und Freiheit hätten. Das sei besonders verträglich mit einer Religion, die ohne ein Oberhaupt nach Art des Papsttums und ohne eine straffe innerkirchliche Hierarchie auskomme.

Montesquieu erörtert nicht nur Struktur, handlungsleitende Prinzipien und Voraussetzungen, sondern auch Störanfälligkeit und Zerfallsbedingungen der Demokratie. Erstens ist ihr Prinzip – die Tugend – eine anspruchsvolle und schwer einzulösende Voraussetzung. Überdies ist die Demokratie von zweierlei Gefährdungen bedroht: sie kann entarten, wenn ihr „der Geist der Gleichheit" abhanden kommt, und sie kann zusammenbrechen, wenn „der Geist übertriebener Gleichheit einreißt" (ebd.: 180). Der „Geist der Ungleichheit" formt die Demokratie zur Aristokratie oder zur Einer-Herrschaft um; der „Geist übertriebener Gleichheit" hingegen münde in despotische Herrschaft. Ursache des Verfalls einer jeden Staatsform ist nach Montesquieu die Erosion der politisch-kulturellen Grundlagen: Der Verfall einer jeden

Regierung beginnt fast immer mit dem Verfall ihrer Grundsätze, zuviel oder zuwenig Gleichheit in der Demokratie, willkürlicher Machtanwendung in der Aristokratie, Abschaffung intermediärer Gewalten in der Monarchie und Selbstzerstörung kraft innerer Logik in der despotischen Regierung (ebd.: VIII. Buch).

Montesquieus „Vom Geist der Gesetze" ist eine wichtige Schrift zur Verfassungslehre und zur Verfassungspolitik. Herausragende Bedeutung kommt dem England-Kapitel im XI. Buch zu. Dort erörtert Montesquieu die „konstitutionelle Maschinerie" (Aron 1968: 34) einer zeitgenössischen gemäßigten Monarchie und errichtet dabei ein Ideengebäude, das man lange als Theorie der Gewaltentrennung fehlgedeutet hat, als Theorie der Separation der Staatsgewalten Legislative, Exekutive und Judikative in voneinander abgeschottete Teilgewalten. Angemessener ist es, Montesquieus „freiheitliches Staatsmodell" (Riklin 1989) als Gewaltenverteilung und -balance zu begreifen. Ausdrücklich spricht Montesquieu im XII. Buch des „Vom Geist der Gesetze" von einer „certaine distribution des trois pouvoirs". Die hierbei entwickelte Gewaltenverteilungslehre (Imboden 1959: 9) enthält eine eigentümliche Synthese von „Legalität, Grundrechten, Machtteilung und Mischverfassung" (Riklin 1989: 420), in der die maßgebenden gesellschaftlichen Kräfte – Krone, Adel und Bürgertum – beteiligt sind. Das demokratietheoretisch Bedeutungsvolle an Montesquieus Staatsmodell liegt vor allem in zweierlei: in der strikten Zügelung von Macht durch Macht – der Leitsatz ist, „que le pouvoir arrête le pouvoir", d.h. daß jede Staatsgewalt der anderen Einhalt gebiete (XI. Buch, Kapitel 4) – und in der Einbindung demokratischer Elemente in ein System der Mischverfassung und Machtteilung.

Wie dieses Staatsmodell im einzelnen konstruiert ist, hat vor allem A. Riklins brillante Analyse gezeigt (Riklin 1989). Montesquieus Modell gründet in der Annahme, Freiheit herrsche nur in dem Staat, in dem eine Macht (im Sinn von Staatsgewalt) die andere in Schach hält. Das Modell enthält vier Teile: 1) die Gewalten (pouvoirs, puissances), wobei zwischen legislativer, exekutiver und rechtsprechender Gewalt zu differenzieren ist, 2) die tonangebenden gesellschaftlichen Kräfte, vor allem Krone, Adel und Besitzbürgertum, 3) die Staatsorgane, zu denen die Wahlberechtigten zählen, ferner die Volkskammer, sodann die aus Erbadligen zusammengesetzte Adelskammer, weiter das periodisch in neuer Zusammensetzung tagende und durch Los aus dem Volk hervorgehende Volksgericht, das Adelsgericht als Ausschuß der Adelskammer des Parlaments, der Monarch als Erbmonarch und die Minister als Berater des Königs, und 4) die Befugnisse (facultés), wozu unter anderem die Befugnis, Repräsentanten zu wählen und Gesetze zu erlassen, Vetorechte und anderes mehr gehören. Für die Verknüpfung der Bestandteile des freiheitlichen Staatsmodells von Montesquieu gelten bestimmte Regeln. Der ersten Regel zufolge kann keine Freiheit herrschen, wenn zwei oder drei Gewalten in der ausschließlichen Verfügung einer einzigen gesellschaftlichen Kraft oder eines einzigen Staatsorgans sind. Der zweiten Regel nach kann keine Freiheit gegeben sein, wenn eine der drei Gewalten ausschließlich einer einzigen sozialen Kraft oder einem einzigen Staatsorgan anvertraut ist. Die dritte Regel besagt, daß es keine Freiheit geben kann, wenn die tonangebenden gesellschaftlichen Kräfte nicht an jeder der drei Gewalten angemessen beteiligt werden, sofern sie ihnen unterworfen sind. Der vierten Regel zufolge sollen Gleichheit und Unabhängigkeit der wichtigsten gesellschaftlichen Kräfte – wiederum sind Krone, Adel und Bürgertum gemeint – die Grundlage der Zusammenarbeit bilden (Riklin 1989: 429).

Im Gegensatz zur verbreiteten, gleichwohl fehlerhaften Meinung, Montesquieu favorisiere die strikte Trennung der drei Staatsgewalten, handelt es sich um ein Modell der Gewaltenverteilung und Gewaltenbeschränkung zum Zweck ihrer Balancierung. Riklin hat die Zusammenhänge wie folgt geschildert: „Die gesetzgebende Gewalt ist auf die drei sozialen Kräfte Volk, Adel und König bzw. die drei Organe Volkskammer, Adelskammer und Monarch verteilt. Dabei hat das Volk bzw. die Volkskammer die stärkste Stellung, der Monarch die schwächste, während der Adel bzw. die Adelskammer die Mitte einnimmt – Mitte im Doppelsinn von mittlerer Stärke und vermittelnder Kraft. Kein Gesetzgebungsakt kommt zustande ohne die Zustimmung aller drei sozialen Kräfte bzw. aller drei mit gesetzgebenden Kompetenzen ausgestatteten Organe. Auch die ausführende Gewalt liegt in den Händen aller drei sozialen Kräfte bzw. der drei Organe der Volkskammer, der Adelskammer und des von seinen Ministern unterstützten Monarchen. Hier hat nun freilich der Monarch den stärksten Anteil. Das Parlament kann die Exekutiventscheidungen nicht verhindern; insofern nimmt es an der Exekutive nicht teil (...), aber es hat präventive (Gesetzes- und Finanzbindung des Monarchen) und repressive Einflußmöglichkeiten (Kontrolle der Gesetzesausführung, Kontrolle und Bestrafung der Minister). Die rechtsprechende Gewalt ist auf zwei soziale Kräfte bzw. vier Organe (Volksgericht, Adelsgericht, Volkskammer, Adelskammer) verteilt. Nur der Monarch hat hier keinen Anteil" (Riklin 1989: 433f.).

Dem Parlament wird als Hauptfunktion die Gesetzgebung zugewiesen. Allerdings kontrolliert es nicht die gesamte Legislative. Überdies erfüllt es auch exekutive und judikative Nebenfunktionen. Für den Monarchen und die Gerichte gilt folgendes: Die Hauptfunktion des Monarchen ist die Ausführung der Gesetze und des Völkerrechts. Allerdings ist der Monarch nicht der einzige, der über die Exekutivgewalt bestimmt. Überdies hat auch er eine legislative Nebenfunktion. Das Volksgericht nimmt einen Teil der judikativen Gewalt wahr; es hat ausschließlich eine rechtsprechende Funktion. Dem Adelsgericht ist ebenfalls ein Teil der Judikative anvertraut, aber seine Mitglieder üben Richteramt und Parlamentsmandat aus (Riklin 1989: 433f.).

Die Befugnisse (im Sinn von facultés) in Montesquieus Modell der Gewaltenverteilung – 18 an der Zahl – sind teils ausschließlich nur einem Organ anvertraut, teils zwei konkurrierenden Staatsorganen. Nur die Befugnis, den Erlaß von Gesetzen zu verhindern oder zu genehmigen, ist auf drei Organe verteilt, auf die Volkskammer, die Adelskammer und den Monarchen.

Die Grammatik von Montesquieus Lehre von der Gewaltenverteilung und -balancierung ist unschwer zu erkennen. Die Staatsgewalten und die sonstigen Mächte sollen sich gegenseitig in Schach halten. Der Machtausgleich unter den Gewalten soll durch ein System ineinandergreifender Vetorechte (droits d'empêcher) hergestellt werden. Diese sind ebenso wichtig wie die Aufteilung der Gewalten durch Zuweisung an verschiedene gesellschaftliche Träger. Und das ist der zweite zentrale Gedanke der Gewaltenverteilungslehre von Montesquieu: zum Machtausgleich unter den Staatsgewalten kommt der Ausgleich unter den sozialen Kräften hinzu. Allerdings haben in diesem Ausgleich der Monarch und der Adel eine privilegierte Stellung, während das Volk nachrangig ist. Vom Prinzip der Volkssouveränität beispielsweise findet sich im Gewaltenbalancierungsmodell, so hat Ernst Forsthoff zu Recht gesagt, „ebensowenig eine Spur wie von einer Bevorzugung des bürgerlichen Standes" (1951: XXXII). Montesquieus Gewaltenbalancierungslehre verleugnet also weder Herkunft noch Standesurteil ihres aristokratischen Verfassers. Man kann sie sogar als modernisierte Fassung des Lehrsatzes von Montesquieu lesen, wonach der Adel ohne Monarchie und die Monarchie ohne den Adel nichts sind. Wichtig ist allerdings: es handelt sich um eine modernisierte Koalition von Adel und Königtum, um eine, die gegenüber dem Bürgerstand offen ist und die auf einem System der Gewaltenverteilung und der Gewaltenbalance beruht, das die Fortführung autokratischer Herrschaft außerordentlich erschwert.

Montesquieus Gewaltenverteilungsmodell ist geprägt von seiner Bewunderung der politischen Institutionen Englands. Von der Freiheit, die er in England herrschen sieht, ist er geradezu verblüfft. „England ist gegenwärtig das freieste Land der Welt", ruft er. Frei, weil der König nicht die Macht besitzt, irgendeinem Bürger Unrecht zuzufügen, da seine Befugnis durch ein Gesetz des Parlaments beschränkt und kontrolliert ist. Andererseits sei auch die Herrschaft des Unterhauses begrenzt, vor allem fehle ihm der Zugriff auf die Exekutive. Montesquieu diagnostiziert ein Gleichgewicht von exekutiver und legislativer Gewalt im Zusammenspiel der englischen Institutionen. Ihn verwundert, daß solche Freiheit und Gleichheit rechtschaffenen Leuten zugute kommt: „In London herrschen Freiheit und Gleichheit. Die Freiheit von London ist die Freiheit der anständigen Leute, worin sie sich von der venezianischen unterscheidet, die darin besteht, in der Anonymität mit H.... zu leben und sie zu heiraten; die Gleichheit von London ist ebenso die der anständigen Leute, worin sie sich von der holländischen Gleichheit unterscheidet, welche die Gleichheit der Halunken ist" (Montesquieu, zitiert nach Desgraves 1992: 234).

Montesquieus Darstellung vermittelt ein geschöntes Bild der politischen Verhältnisse Englands. Die dortige Gewaltentrennung beispielsweise war lediglich eine Forderung der englischen Opposition, aber nicht Teil der Regierungspraxis. Ferner fällt auf, daß seine Analyse der politischen Verhältnisse die politischen Parteien keines Wortes würdigt. Man hat darüber gestritten, ob Montesquieus England-Interpretation schlicht fehlerhaft oder bewußt geschönt ist, um einen besseren Angriffspunkt zur Kritik der französischen Verhältnisse zu erlangen. Unbestritten ist, daß Montesquieu ein facettenreiches Bild von England gezeichnet hat. Nicht ohne Vergnügen legt er die Differenz zwischen Freiheit und Härte des Strafens bloß: „In England ist derjenige, dem man den Prozeß macht und der am nächsten Tag gehängt werden soll, freier als irgendein anderer Bürger im übrigen Europa" (zitiert nach Desgraves 1992: 234). Überdies sieht er die Anfälligkeit der an sich lobenswerten politischen Institutionen Englands. Ihre eigentliche Schwäche liegt in den Charakteren: „Die Engländer sind ihrer Freiheit nicht mehr würdig. Sie verkaufen sie an den König; und wenn der König sie ihnen zurückgäbe, würden sie sie ihm wiederverkaufen" (zitiert nach Desgraves 1992: 234). Noch derber fällt Montesquieus Kritik am Lebenswandel der Engländer aus: „Der Engländer braucht ein gutes Abendessen, ein Mädchen und Wohlstand; da er nicht in der vornehmen Welt verkehrt und sich damit begnügt, bringt er sich, sobald sich sein Schicksal verschlechtert, um oder wird zum Dieb" (zitiert nach Desgraves 1992: 235).

Montesquieus Staatsmodell ist als „liberalisierte" Demokratie (Sartori 1992) und als „gemäßigte Demokratie" (Schwan 1991) bezeichnet worden. Man muß das Adjektiv „gemäßigt" doppelt unterstreichen, denn unbestritten favorisiert Montesquieu eine Form der konstitutionellen Monarchie, freilich eine, die mit demokratischem Beiwerk versehen ist. Wegweisender ist seine Theorie der Balancierung der Staatsgewalten und der gesellschaftlichen Kräfte. Insoweit ist Montesquieus Staatsformenlehre ein bedeutender Beitrag zur Theorie des Verfassungsstaates im allgemeinen und zur Lehre von der konstitutionellen Demokratie im besonderen. Von Demokratie als Herrschaft des Volkes ist freilich nach wie vor nur in stark eingegrenztem Sinne die Rede: Demos heißt bei Montesquieu Volk abzüglich des niederen Volkes und Demokratie ist ihm primär ideeller und programmatischer Bestandteil einer gewaltenverteilungstheoretischen Kritik an Politik und Gesellschaft des französischen Absolutismus. Insoweit ist es abwegig, ihn zum geistigen Vater der parlamentarischen Demokratie zu erklären (so z.B. Mittermaier/Mair 1995: 97).

Montesquieus „Verurteilung des Despotismus" (Fetscher 1985: 444) und seine ketzerischen Ausführungen über die der Monarchie zugrundeliegenden Prinzipien trugen ihm die Ungunst des Hofes ein. Auch die Kirche konnte sich mit seinem Werk überhaupt nicht anfreunden. Mangel an christlicher Überzeugung warf man ihm alsbald vor, und schon drei Jahre nach der Erstveröffentlichung von 1748 wurde das Werk „Vom Geist der Gesetze" auf den Index gesetzt (Desgraves 1992: 342-379). Größte Aufmerksamkeit fand Montesquieus Kritik jedoch bei der intellektuellen Opposition gegen den Staatsabsolutismus, und praktisch-politisch hat sein Werk in Frankreich und in Amerika nachhaltig gewirkt.

Die Demokratietheorie, die seine Schriften enthält, ist für die damalige Zeit durchaus radikal (Weigand 1965: 31 und 77). Manche meinen sogar, ihr sei „revolutionäres Potential" eigen (Schwan 1991: 216). In der Tat werden sich führende Köpfe der Französischen Revolution später auf Montesquieu als geistigen Ahnherrn berufen. Auch in die Verfassung der Vereinigten Staaten von Amerika werden seine Lehren Eingang finden. Schließlich ist die wissenschaftliche Bedeutung seines Werkes nicht zu vergessen. Auch unter wissenschaftlichen Gesichtspunkten ist Montesquieus Staatsformenlehre für die Demokratietheorie lehrreich. Gewiß ist sie stark normativ geprägt und obendrein sprunghaft, episodenhaft, anekdotisch und oftmals unvollständig und widersprüchlich. Doch trägt sie auch empirische Züge, und wo sie empirisch ist, demonstriert sie einen gut entwickelten – wenngleich methodologisch noch wenig disziplinierten – Sinn für sozialwissenschaftliche Analyse (Durkheim 1953). Die Kompetenz hierzu hatte Montesquieu schon im ersten Satz seiner Abhandlung über die Politik der Römer in Religionsfragen (1716) zu erkennen gegeben. Dort heißt es: „Weder Furcht noch Frömmigkeit führten die Religionen bei den Römern ein; wohl aber die Notwendigkeit, in der sich alle Gesellschaften befinden, überhaupt irgendeine zu haben". Auch der sozialwissenschaftliche Gehalt von Montesquieus Demokratielehre wird Folgen haben: rund einhundert Jahre später wird Alexis de Tocqueville – unter anderem mit Hilfe von Montesquieus Begrifflichkeit – die Demokratie in den Vereinigten Staaten von Amerika systematisch hinsichtlich des Spannungsverhältnisses von Gleichheit und Freiheit analysieren.

Kapitel 1.3
Radikale Volkssouveränitätslehre: Jean-Jacques Rousseaus Beitrag zur Demokratietheorie

Als Montesquieus Hauptwerk „Vom Geist der Gesetze" 1748 veröffentlicht wurde, war der Autor, dem nun das Interesse gilt, 36 Jahre alt: Jean-Jacques Rousseau (1712-78), französischer Moralphilosoph, Schriftsteller, Komponist und Musiktheoretiker schweizerischer Herkunft. Er gilt unter den Denkern, deren Ideen die moderne Welt prägten, als „schillerndste Gestalt" (Nonnenmacher 1989: 193) und über seine Biographie hat man gesagt, sie gleiche einem Roman und biete sich szenischer Nacherzählung an (ebd.: 193). Rousseau entstammt einer calvinistischen Genfer Bürgerfamilie. Er war Halbwaise, erlebte eine unglückliche Jugend und blieb ohne systematische Schulbildung. Ein Studium hat er nicht absolviert. Auch dies unterscheidet ihn von anderen großen Theoretikern der Ideengeschichte, dem Oxforder Magister Thomas Hobbes, dem Gelehrten John Locke, dem Hochschullehrer Adam Smith und vielen anderen Doktoren und Professoren unter den führenden Köpfen der Politischen Ideengeschichte.

Rousseaus Anspruch, als „einfacher Mann" das Wort zu ergreifen, „um Klarheit in die gelehrte Verwirrung zu bringen" (ebd.: 193), hat insoweit einiges für sich. Zugute kam ihm, daß er die Gesellschaft, die er beschrieb und vehement kritisierte, in fast allen ihren Schichten aus eigener Erfahrung kannte: „In einem kleinbürgerlichen Handwerkermilieu aufgewachsen, entfloh er (mit 16 Jahren) einem tyrannischen Meister und führte Jahre hindurch das Leben eines Vagabunden. Er wurde Schützling, Hausfaktotum, schließlich auch – wenig erfolgreicher – Liebhaber einer Dame des niederen Adels; als Diener lernte er auch das Leben des savoyardischen Hochadels kennen. Er war Schreiber in einer kleinstädtischen Verwaltung, Musiklehrer von Töchtern arrivierter Bürger, Hauslehrer bei der Familie Mably, Privatsekretär von Madame Dupins (der Frau eines reichen einflußreichen Steuerpächters), Sekretär an der französischen Botschaft in Venedig. Rousseau gehörte zum Kreis der Intellektuellen, die die Enzyklopädie herausgaben, seinen Lebensunterhalt verdiente er aber als Notenkopierer; in seinen Schriften hat er das Elend des armen Volkes beklagt, bis zu seinem Tod blieb er jedoch Protégé hochadliger Mäzene. Rousseau wurde in Genf geboren, zu Ruhm ist er in Paris gekommen, dem Zentrum der intellektuellen Welt, die er haßte. Als seine Schriften verboten wurden, floh er nach England – auf Einladung David Humes, mit dem er sich im Exil verfeindete. Er fand Zuflucht in Neuchâtel in der Westschweiz – damals eine preußische Enklave – und starb in Frankreich, in Ermenonville, einem Landgut des Marquis de Girardin. Getauft worden war er als Calvinist, dann konvertierte er (in Turin) zum Katholizismus, um später zu seinem alten Glauben zurückzukehren – was nicht verhinderte, daß die Verbrennung seiner Werke in seiner Heimatstadt unter anderem mit dem Vorwurf des Atheismus begründet wurde. Sein Leben lang ist Rousseau ein Wanderer zwischen den Ländergrenzen, den gesellschaftlichen Klassen und den Konfessionen gewesen" (ebd.: 193f.).

Aus politikwissenschaftlicher Perspektive sind vor allem die politisch-philosophischen Schriften und die moralphilosophischen Werke von Jean-Jacques Rousseau von besonderem Interesse. Die wichtigsten moralphilosophischen Beiträge sind im ersten und im zweiten Diskurs niedergeschrieben worden. Im ersten Diskurs, dem „Discours sur les Sciences et les Arts" (1750), hält Rousseau der Aufklärungsphilosophie die These entgegen, die Ausbreitung wissenschaftlicher und literarischer Aktivität korrumpiere die Gesellschaft. Im zweiten Diskurs – er ist dem Ursprung der Ungleichheit unter den Menschen gewidmet (1755) – erörterte er die Grundlagen seiner Kritik der Aufklärung. Dort vertritt er die Auffassung, die Menschen hätten sich von einem Naturzustand, in dem sie in Eintracht und Frieden, Freiheit und natürlicher Gleichheit miteinander lebten, zu einem Zustand der Ungleichheit entwickelt, der den vormals natürlichen guten Menschen in ein kompetitives, selbstbezogenes Wesen verwandelt habe, das anderen bewußt Schaden zufügen könne. Einer der besten Rousseau-Kenner, Iring Fetscher, beschrieb das zugrundeliegende Menschenbild und dessen Wandel mit folgenden Worten: „Ursprünglich sind die Menschen nicht nur materiell, sondern auch psychisch autark. Im Zeitalter, da sie als Hirten zusammenlebten, gab es zwar schon individuelle Bevorzugungen, Liebe und Bewunderung für besondere Talente, aber insofern es noch keine Arbeitsteilung und kein Privateigentum gab, hielt sich dieser Aspekt noch in Grenzen. Die vorherrschenden Instinkte waren zunächst der Selbsterhaltungstrieb (amour de soi, Selbstliebe) und Mitleid (commisération). In der beginnenden Klassengesellschaft, die Rousseau schon mit dem Seßhaftwerden zusammenfallen läßt, verwandelt sich diese Selbstliebe in Selbstsucht (amour propre)", in potentiell gemeinwohlschädigenden Egoismus (Fetscher 1985: 482).

Rousseau weist sowohl die traditionelle Doktrin der natürlichen Soziabilität der Menschen zurück, die zu den tragenden Säulen der aristotelischen Lehre zählt, wie auch Hobbes' Auffassung, nach der die Menschen im Naturzustand kompetitiv und selbstsüchtig sind, ja im Kriegszustand miteinander lebten. Überdies ist seine Geschichtsphilosophie überhaupt nicht fortschrittsoptimistisch, sondern zutiefst pessimistisch. Die primitiven Gesellschaften sind für ihn die besten Zivilisationen und die modernen Gesellschaftssysteme, vor allem die aufstrebende bürgerlich-kommerzielle Welt, eher schlechte als gute Ordnungen und somit eher Stoff für Verfallslehren denn für Fortschrittsphilosophien. Im Gegensatz etwa zu J. Locke und A. Smith verwirft Rousseau auch die sogenannte „ökonomische Lösungsstrategie" (Nonnenmacher 1989: 82ff.), nämlich die Bekämpfung des Knappheitsproblems durch reichtums- und wertschöpfende Arbeit und voranschreitende wirtschaftliche Entwicklung. Dieser Weg führt nach Rousseau nicht zum Heil, sondern ins Unheil.

Auch in staatsphilosophischer und demokratietheoretischer Hinsicht geht Rousseau eigene Wege. Im Unterschied zur aristotelischen Lehre und zu Montesquieu setzt Rousseau in seinen Politischen Schriften den demokratietheoretischen Akzent auf eine radikale Volkssouveränitätslehre. Zugleich betont er die politische, soziale und ökonomische Gleichheit viel stärker als die Denker vor ihm. Überdies ist Rousseau der Antipode zum frühliberalen politischen Denken John Lockes und zu Montesquieus Theorie der Gewaltenverteilung. Scharf kritisiert er die Machtteilungslehre; sie zerstückele, was zusammengehöre. Rousseau ist Kritiker sowohl des Absolutismus wie auch der aufstrebenden bürgerlichen Gesellschaft, ja sogar grundsätzlicher Kritiker der modernen Zivilisation überhaupt. Das unterscheidet ihn von den Hauptvertretern der Aufklärungsphilosophie. Allerdings baut er – insoweit den Vertragstheoretikern der Aufklärung folgend – seine Verfassungs- oder Staatstheorie auf das Fundament der Vertrags- und der Souveränitätslehre, so vor allem in der Schrift „Du Contrat Social" (1762), die in der deutschen Übersetzung den Titel „Vom Gesellschaftsvertrag oder Grundsätze des Staatsrechts" trägt. Dort wird zu argumentativen Zwecken die Auffassung vertreten, die Menschen hätten zur Wahrung ihrer Existenzvoraussetzungen, zur Freiheitssicherung und zum Zwecke des allgemeinen Wohls einen Vertrag geschlossen, in dessen Folge mittels Gesetzgebung durch das Volk und Gesetzesvollzug durch eine dem Volke rechenschaftspflichtige Regierung ein System der Kooperation, der Selbstregierung und des Schutzes gegen individuelle Schwächen, gemeinsames Elend und natürliche oder gesellschaftliche Katastrophen geschaffen wurde.

Rousseaus Staatsverständnis ist geradezu revolutionär. Für ihn beruht der Staat weder auf dem Gottesgnadentum – wie in klassischen Rechtfertigungen monokratischer Herrschaft – noch auf autoritärer Herrschaft, die aus dem Volk eine Herde von Unfreien macht – wie im Fall von Hobbes' „Leviathan" –, sondern auf freier Vereinbarung der Bürger. Nur solche Herrschaft gilt Rousseau als legitim. Vor dieser Meßlatte entpuppen sich die meisten Herrschaftsordnungen seiner Zeit als nichtlegitime politische Systeme.

Der Vertragsgedanke und die Souveränitätslehre wurden im Zeitalter der europäischen Religions- und Bürgerkriege entwickelt. Beide sind Antworten auf die dieses Zeitalter charakterisierende Schwäche gesellschaftlicher und politischer Institutionen, ungezügelte Gewalt, Krieg und soziales Elend; beide entstammen der Suche nach Auswegen aus Unregierbarkeit und Bürgerkrieg. Die von den Vertrags- und Souveränitätstheoretikern favorisierte Friedensstiftung im Inneren sah in der Regel einen Staat vor, der nach außen und innen souverän und von den Bürgern als rechtmäßig anerkannt sein sollte. Beide Pfeiler der neuzeitlichen Staatstheorie übernimmt Rousseau, doch radikalisiert er den Souveränitätsgedanken zu einer Volkssouveränitätslehre in einer Weise, die ihr einen zugleich basisdemokratischen und autoritären Gehalt verleiht. Vertrags- und Souveränitätstheoretiker vor Rousseau, wie z.B. Thomas Hobbes und John Locke, hatten mit der Denkvorstellung eines Transfers der Souveränität vom Volk auf den Staat, den Herrscher oder die Regierenden argumentiert. Hiervon grenzt Rousseau sich scharf ab. Ein Souveränitätstransfer – so heißt es in einer Interpretation treffend – „muß und soll nicht stattfinden; die Souveränität entstammt dem Volke, und sie sollte dort bleiben" (Cranston 1968, zitiert bei Held 1987: 75). Souverän ist für Rousseau, wer immer souverän ist. Die Souveränität ist für ihn unveräußerlich und unteilbar. Mehr noch: die Volkssouveränität liegt der gesamten Rechtsordnung zugrunde und begründet diese erst. Diesem Verständnis zufolge ist Volkssouveränität nicht Souveränität des Rechtes oder Souveränität der Verfassung, sondern ungebrochene Oberhoheit der Vollbürger. Die wahre Souveränität schließt die Oberhoheit über die Verfassung ein. Mit ihr wäre die Institution eines Verfassungsgerichtes als Hüter der Verfassung nicht verträglich; ihr gilt die Regierung nur dann als akzeptabel, wenn sie „Diener des Souveräns" ist, eine vom Willen des Volkes abhängige Kraft (zur Weiterführung dieses Gedankens siehe Maus 1992a und 1992b).

Folgerichtig widersetzt sich Rousseau nicht nur der Übertragung der Souveränität auf den Herrscher, sondern auch der Delegation der Volkssouveränität auf Repräsentanten. Der Repräsentationsgedanke ist ihm ein Greuel, vor allem weil er ein Pfeiler der mittelalterlichen Legitimationslehre war, der zufolge der Repräsentant – die Person oder Institution, der die Macht übertragen wird – nicht gewählt zu werden braucht. Die Repräsentationslehre kann mithin ständige, unwiderrufliche Repräsentation legitimieren – und sie tat das auch lange Zeit. Das erzürnt Rousseau. Deshalb würde eine Repräsentativordnung nur die ungerechte Regierungsform des Feudalsystems wiedereinsetzen, in der „die menschliche Art herabgewürdigt und wo das Wort Mensch entehrt ist" (Gesellschaftsvertrag, III. Buch, Kap. 15). Mehr noch: sobald sich ein Volk Vertreter gebe, „ist es nicht mehr frei; es ist nicht mehr" (ebd.: 105). Deshalb schilt Rousseau Englands Parlamentarismus, der noch Montesquieus Bewunderung gefunden hatte: „Jedes Gesetz, das das Volk nicht selbst beschlossen hat, ist nichtig; es ist überhaupt kein Gesetz. Das englische Volk glaubt frei zu sein – es täuscht sich gewaltig, es ist nur frei während der Wahl der Parlamentsmitglieder; sobald diese gewählt sind, ist es Sklave, ist es nichts" (ebd.: 103). Just hier wird mehr als 200 Jahre nach Rousseau B. Barber in der Lehre von der „starken Demokratie" (strong democracy) anknüpfen, vor allem mit der These, Repräsentation zerstöre Partizipation (Barber 1994).

Rousseaus Bannstrahl gegen Englands Parlamentarismus träfe auch die modernen Demokratien in den westlichen Verfassungsstaaten, denn seinen Kriterien zufolge sind diese nur der Selbstbeschreibung nach Demokratien, tatsächlich kranken sie jedoch an der „Achillesferse" (Sartori 1992: 40) der Massendemokratie, der Delegation von

Macht via Wahl und Repräsentation. Insoweit könnten die modernen Demokratien mit Rousseaus Begrifflichkeit eher als Oligarchien mit gewählten politischen Führungen bezeichnet werden (Dahl 1989: 225).

Rousseaus politische Lehre wendet sich gegen die seit Machiavelli und Hobbes in der politischen Theorie vorherrschende Trennung von Staat und Gesellschaft sowie von Regierung und Volk. Dem setzt er die Vergesellschaftung der Politik entgegen – soweit dies gesellschaftlich, wirtschaftlich und geographisch machbar ist. Ihm geht es nicht um einen Staat, der Teilhabechancen bietet oder diese gar maximiert, sondern vorrangig um eine Gesellschaft, in der die Staatsangelegenheiten in die Angelegenheiten der Bürger eingebunden sind. Staat und Gesellschaft werden somit als „Einheit" gedacht (Lenk 1991: 946), der ein Gesellschaftsvertrag zugrundeliegt, den die Bürger in freier Zustimmung eingegangen sind, und der gerecht ist, weil alle Bürger gleichbehandelt werden, und zweckmäßig, weil der Vertrag das Wohl der Allgemeinheit sicherstellt.

Der Gesellschaftsvertrag schaffe „eine sittliche Gesamtkörperschaft", eine „öffentliche Person"; sie wird von ihren Gliedern „Staat" genannt, wenn sie passiv und „Souverän", wenn sie aktiv ist (Gesellschaftsvertrag, I. Buch, Kap. 6). Der Kern der Souveränität liegt für Rousseau in der Gesetzgebung; diese ist ausschließlich dem Volk vorbehalten – ohne Hinzukommen von Abgeordneten, Parlament oder anderen intermediären Instanzen. Insoweit ist Rousseau Verfechter einer radikalen direktdemokratischen Regierungsform. Freilich gibt es neben dem Souverän eine Regierung; sie ist für die Vollstreckung der Gesetze zuständig – unter Wahrung der Gemeinwohlziele (Gesellschaftsvertrag, III. Buch, Kap. 1). Allerdings ist die Regierung für Rousseau bloß Vollzugsorgan des Gesetzgebers. Überdies ist sie jederzeit dem Souverän Rechenschaft pflichtig und sie kann vom Souverän jederzeit abberufen werden. Rousseaus Volkssouveränitätslehre hat – mit modernen Begriffen gesprochen – ein mächtiges basisdemokratisches Fundament. Rousseau selbst stuft sich allerdings nicht als Demokrat ein, sondern eher als Anhänger der Republik. Abweichend vom heute üblichen Sprachgebrauch zählt er alle durch Gesetze regierten Staaten zur Republik, nicht nur die Demokratie und die Aristokratie (Gesellschaftsvertrag, II. Buch, Kap. 6). Auch eine Monarchie kann republikanisch sein, sofern sie Sachverwalter des Souveräns ist (ebd.).

Rousseau lebte in einer Zeit, in der in Europa die Monarchie die vorherrschende Staatsform war. Halbwegs demokratische Gemeinwesen, wie die Kantonsdemokratien in der Innerschweiz und in Rousseaus Heimatstadt Genf, waren die Ausnahme, nicht die Regel. In der Beschreibung dieser Ordnungen knüpft Rousseau an die aristotelische Staatsformentypologie an. Der ersten aristotelischen Staatsformenlehre folgend, unterscheidet er zwischen Demokratie, Aristokratie und Monarchie, die in der Verfassungswirklichkeit in Mischformen auftreten können (Gesellschaftsvertrag, III. Buch, Kap. 7). Demokratie bezeichnet die Staatsform, in der der Souverän die Regierung „dem ganzen Volk oder dem größten Teil des Volkes" anvertraut, dergestalt, „daß es mehr mit einem öffentlichen Amt betraute Bürger gibt als solche, die nur Privatleute sind" (Gesellschaftsvertrag, III. Buch, Kap. 3). Gibt der Souverän die Regierung in die Hand einer kleinen Zahl von Regierenden, so daß die Zahl der mit öffentlichen Ämtern betrauten Bürger kleiner als die der einfachen Bürger ist, handelt es sich um eine Aristokratie. Vereinigt der Souverän schließlich die gesamte Regierung in der Hand eines Einzelnen, von dem alle anderen ihre Macht haben, hat man es mit einer Monarchie zu tun. Allerdings steht hier die hochkonzentrierte Exekutive der Legislative gegenüber und damit nimmt die Wahrscheinlichkeit des Auseinanderfallens von Gemein- und (Regierungs-)Sonderwillen drastisch zu.

Rousseaus Regierungsformenlehre hat einen beachtlichen Vorteil gegenüber der älteren Staatsformenlehre: sie erfaßt auch Zwischentöne, unterschiedliche Grade, in denen das Demokratieelement, das Aristokratieprinzip oder die Monarchie entwickelt sind. Die Demokratie beispielsweise „kann das ganze Volk umfassen, oder sich bis auf eine Hälfte davon beschränken. Die Aristokratie ihrerseits kann sich von der Hälfte des Volkes bis auf eine sehr kleine, nicht bestimmte Zahl beschränken" (Gesellschaftsvertrag, III. Buch, Kap. 3).

Rousseaus Demokratiebegriff unterscheidet sich vom heutigen Demokratieverständnis. Während man in den liberaldemokratischen Verfassungsstaaten unter Demokratie in der Regel ein politisches System versteht, das auf der Volkssouveränität beruht, in dem jedoch der eigentliche Akt der Souveränität – die Gesetzgebung – in Parlamenten durch Volksvertreter vollzogen wird und die Exekutive politischen Beamten und ihrer Bürokratie anvertraut ist, versteht Rousseau unter Demokratie „eine besondere Art der Exekutive, nämlich diejenige, bei der die Mehrheit der Bürger zugleich ausführend tätig ist, während die Gesetzgebung (...) in der Hand des Volkes liegt" (Brockard 1977: 167).

Rousseaus Demokratiekonzeption wird gemeinhin als Identitätstheorie im Sinne weitgehender Identität von Herrschenden und Beherrschten bezeichnet (z.B. Fraenkel 1991, kritisch hierzu Ballestrem 1988). Just diese Koppelung von Herrschern und Beherrschten und die zugehörige institutionelle Verknüpfung von Legislative und Exekutive sind Rousseau jedoch höchst suspekt. Sie vergrößerten die Gefahr, daß die Aufmerksamkeit des Souveräns auf Einzelgegenstände abgelenkt werde – zum Schaden des Gesamtwohls (Gesellschaftsvertrag, III. Buch, Kap. 4). Obendrein gehe es „gegen die natürliche Ordnung", wenn die Mehrzahl regiere und die Minderzahl regiert werde (ebd.: 72). Man könne sich auch nicht vorstellen, „daß das Volk unaufhörlich versammelt bleibt, um die öffentlichen Angelegenheiten zu besorgen". Überdies sei eine solche Regierung wie keine andere inneren Unruhen und Bürgerkriegen ausgesetzt und neige wie keine andere dazu, ihre Form zu ändern. Ferner hat die Demokratie im Sinne von Rousseau extreme Voraussetzungen. Sie erfordere nämlich „schwer zu vereinigende Dinge": „Erstens einen sehr kleinen Staat, in dem das Volk einfach zu versammeln ist und jeder Bürger alle anderen leicht kennen kann; zweitens eine große Einfachheit in den Sitten, die der Vielfalt der Angelegenheiten und heiklen Diskussionen steuert; dann weitgehende Gleichheit der gesellschaftlichen Stellung und der Vermögen, ohne welche die Gleichheit von Recht und Einfluß nicht lange bestehen kann; schließlich wenig oder gar keinen Luxus; denn Luxus ist entweder die Folge von Reichtümern und macht sie nötig; er verdirbt Reich und Arm, den einen durch Besitz, den anderen durch Begehrlichkeit; er liefert das Vaterland aus an Verweichlichung und an Eitelkeit; er entzieht dem Staat alle seine Bürger, um die einen zu Knechten der anderen und alle zu Knechten der herrschenden Meinung zu machen" (Gesellschaftsvertrag, III. Buch, Kap. 4). Schlußendlich sind der Demokratie ungünstige außen- und geopolitische Bedingungen eigen: die Demokratie ist für Rousseau die Staatsform, die am ehesten zu kleinen und ärmeren Staaten paßt, aber diese sind in der Regel wirtschaftlich und militärisch von anderen größeren Staaten abhängig. Aus all diesen Gründen beurteilt Rousseau die Lebensfähigkeit von Demokratien überaus skeptisch: „Wenn es ein Volk von Göttern gäbe, würde es sich demokratisch regieren", gibt er zu bedenken. Und er fügt hinzu: „Eine so vollkommene Regierung paßt für Menschen nicht" (Gesellschaftsvertrag, III. Buch, Kap. 4).

Sonderlich viel scheint Rousseau auf die Praktikabilität der Demokratie nicht gegeben zu haben. Insoweit überrascht es nicht, wenn seine praktisch-politischen Empfehlungen viel gemäßigter sind als die reine Theorie der Volkssouveränität: Frankreich z.B. empfiehlt er eine plebiszitär-republikanische Staatsform mit monarchischer Regierung und für Polen schlägt er gar eine Föderation aus 33 Grafschaften in der Regierungsform einer Wahlaristokratie vor.

Wie verhält sich aber Rousseaus reservierte Einstellung zur Demokratie mit der heutzutage verbreiteten Meinung, er sei Vertreter des klassischen Demokratiemodells (Schumpeter 1950, Lenk/Franke 1987: 128), Hauptexponent radikaldemokratischer Ideen (Schwan 1951), der große „Apostel der Demokratie" (Friedrich 1953: 638), der Theoretiker, der „am Anfang der modernen Demokratie steht" (Schmitt 1926: 19), der Hauptprotagonist der Direktdemokratie oder gar der „Träumer der Demokratie" (Miller 1984)?

Wer diese Frage beantworten will, muß berücksichtigen, daß man Rousseau viel mehr Parteigängertum für die Demokratie zugeschrieben hat, als es gerechtfertigt ist. Vor allem wird man zwischen zwei Demokratiebegriffen zu unterscheiden haben: einem engen – auf Direktdemokratie begrenzten – Begriff und einem weiteren, der direkt- und repräsentativdemokratische Strukturen zuläßt. Ferner ist zu berücksichtigen, daß Rousseau mit Demokratie im wesentlichen die Real- oder Idealtypen politischer Ordnungen meint, die sich durch Direktdemokratie, insbesondere durch Volksversammlungsherrschaft nach Art der athenischen Demokratie, auszeichnen. Für Rousseau wäre die heutzutage übliche Begriffsverwendung schwer verständlich: eine Repräsentativdemokratie wie in der Bundesrepublik Deutschland hätte er als eine Variante der Aristokratie oder der Oligarchie eingestuft, und sie wäre ihm – seinem harschen Urteil über Englands Parlamentarismus nach zu urteilen – vermutlich ein Greuel gewesen. Die Direktdemokratie nach reiner Lehre jedoch kam für ihn aus Praktikabilitätsgründen kaum in Frage. Insoweit hat sich Rousseau nicht als der verstanden, als der er später vielfach gewertet worden ist, nämlich als Fürsprecher der Demokratie bzw. als Protagonist der Direktdemokratie in kleinräumigen Gemeinwesen. Seinem Selbstverständnis nach war Rousseau republikanisch gesinnt. Sein Idealstaat war – geschichtlich betrachtet – die Römische Republik und ausgerechnet das autoritär regierte Sparta sowie – in der Gegenwart – eine kleinräumig-überschaubare, moralisch integere Republik, wie insbesondere Korsika, sofern es für ihn als „den letzten klassischen Utopisten" (Shklar 1969: 1) überhaupt eine ideale Regierungsform geben konnte (Maihofer 1994, Richter 1994). Wie man vor allem dem „Gesellschaftsvertrag" entnehmen kann, enthält diese Republik einen starken basisdemokratischen Gehalt und eine radikaldemokratische Volkssouveränitätslehre. Deshalb berufen sich Praktiker und Theoretiker mit Vorliebe für basisnahe politische Beteiligung und unteilbare Volkssouveränität (z.B. Pateman 1970) gerne auf Rousseau – zu Recht. Allerdings stützen sie sich auf eine Theorie, die das Verhältnis von Einzel- und Gesamtwohl und dasjenige von Einzel-, Gesamt- und Gemeinwillen höchst eigenwillig und angreifbar deutet.

Die Teilung der Volkssouveränität und ihre Delegation an Repräsentanten lehnt Rousseau strikt ab. Wie ist aber dann die Verbindung von individuellen Willensäußerungen und dem Gesamtwillen und die zwischen Einzel- und Gesamtwohl herzustellen? An dieser Stelle kommt Rousseaus Lehre vom Gemeinwillen (volonté générale), vom Gesamtwillen (volonté de tous) und dem Sonderwillen (volonté particulière) zum Zuge (Gesellschaftsvertrag II. Buch, Kap. 3). Der Gemeinwille (volonté générale) zielt Rousseau zufolge „auf das Gemeininteresse", auf das Gemeinwohl. Der Gesamtwille (volonté de tous) hingegen zielt nur auf das Privatinteresse und ist „nichts anderes als eine Summe von Sonderwillen" (Gesellschaftsvertrag II. Buch, Kap. 3). Von Ernst Fraenkel stammt der Vorschlag, den Gemeinwillen (volonté générale) als den aufs Gesamtwohl gerichteten hypothetischen Volkswillen zu deuten (Fraenkel 1991b: 153). Der Gemeinwille zielt auf das Gemeininteresse, das Gemeinsame, das Wohl der Allgemeinheit. Andere haben volonté générale mit „Gemeingeist" übersetzt, so Hölderlin, „qualitativen Gemeinwillen" (so Nonnenmacher 1989) und „allgemeinen Willen", so F. Glum (1956). Der Gemeinwille – so die gebräuchliche Übersetzung – ist der Wille zumindest einer Mehrheit von Bürgern, der das Streben nach Gemeinwohl über die Sonderinteressen der einzelnen stellt. Von ihm zu unterscheiden ist der zum Gesamtwillen (im Sinn des volonté de tous) aufsummierte Sonderwillen (volonté particulière) der einzelnen Bürger. Der Gesamtwille ist der empirische Volkswille (Fraenkel 1991b: 153).

Wie gelangt man zum Gemeinwillen? Bei der Erörterung dieser Frage hat Rousseau höchst Irritierendes gesagt: er behauptet nämlich, „daß der Gemeinwille immer auf dem rechten Weg ist und auf das öffentliche Wohl abzielt" (II. Buch, Kap. 3). Allerdings fügt er sofort hinzu, daraus folge nicht, „daß die Beschlüsse des Volkes immer gleiche Richtigkeit haben. Zwar will man immer sein Bestes, aber man sieht es nicht immer" (II. Buch, Kap. 3). Wie also gelangt man zum Gemeinwillen und wie stellt man sicher, daß man das Beste immer sieht? Im zweiten Anlauf setzt Rousseau so an: Nehme man den Sonderwillen „das Mehr und das Weniger weg, das sich gegenseitig aufhebt, so bleibt als Summe der Unterschiede der Gemeinwille" (ebd.). Rousseau fügt dem hinzu: „Wenn die Bürger keinerlei Verbindung untereinander hätten, würde, wenn das Volk wohlunterrichtet entscheidet, aus der großen Zahl der kleinen Unterschiede immer der Gemeinwille hervorgehen, und die Entscheidung wäre immer gut" (ebd.). „Wohlunterrichtet" zu entscheiden hat vor allem mit „gerechter" und „tugendhafter" Entscheidung zu tun, so besagen die einschlägigen Erläuterungen von Rousseau an anderer Stelle, z.B. in den „Abhandlungen über die Politische Ökonomie" (Politische Schriften, Bd. I, 1977).

Rousseaus stillschweigende Annahme besagt, daß jeder Sonderwille normalerweise Allgemeininteressen enthält. Rousseaus Vollbürger haben in der Tat „some elements of sociotropic voting" (Grofman/Feld 1988: 573): es sind soziotropische Wähler, die in ihrer Wahl auch Allgemeinheitsbelange gebührend berücksichtigen. Hinsichtlich des Weges zum Gemeinwillen hat Rousseau offenbar einen Prozeß der Diskussion und der Willensbildung vor Augen, in dem die in jedem Sonderwillen enthaltene Komponente des Allgemeininteresses herausgefiltert und zum Gemeinwillen verdichtet wird. Dies erfolgt nach Rousseau im Wege freier ungehinderter Meinungsäußerung und Abstimmung aller Bürger, wobei Autonomie der Bürger, hochentwickelter Sachkenntnisstand, wenn nicht gar perfekte Information und ein hohes Maß an Homogenität vorausgesetzt werden. In diesem Vorgang, so kann man Rousseau interpretieren, der sich an dieser Stelle nicht ausreichend präzise äußert, heben sich die nur-individuellen Komponenten der Sonderinteressen gegenseitig auf, übrig bleibt das Allgemeine, das mit dem Ganzen Übereinstimmende (Maier 1968: 131ff.). Voraussetzung hierfür ist, „daß es im Staat keine Teilgesellschaften gibt und daß jeder Bürger nur seine eigene Meinung vertritt" (Gesellschaftsvertrag, II. Buch, Kap. 3). Gibt es „Teilgesellschaften" – heutzutage würde man von Parteien und Interessenverbänden sprechen – gilt es, „ihre Zahl zu vervielfachen und ihrer Ungleichheit vorzubeugen". Freie Konkurrenz schützt vor Monopol und belebt das Geschäft! Diese „Vorsichtsmaßregeln", fügt Rousseau hinzu, „sind die einzig richtigen, damit der Gemeinwille immer aufgeklärt sei und das Volk sich nicht täusche" (ebd.: 32). Rousseaus Theorie enthält folglich intermediäre Instanzen – was viele Kritiker übersehen (z.B. Schwan 1991 und Offe/Preuss 1991: 150ff.).

Gleichwohl ist Rousseaus Konstruktion des Gemeinwillens problematisch. Sonderlich trennscharf ist seine Argumentation nicht, wenn es um die Frage geht, wie und anhand welcher Kriterien festzustellen ist, ob ein echter Gemeinwille vorliegt oder verfehlt wird. Auch dort, wo Rousseau empirische Indikatoren zur Hand gibt, wird der Sachverhalt nicht eindeutig geklärt: „Je mehr Übereinstimmung bei den Versammlungen herrscht, d.h. je näher die Meinungen der Einstimmigkeit kommen", schreibt er, „um so mehr herrscht auch der Gemeinwille vor; lange Debatten jedoch, Meinungsverschiedenheiten,

Unruhe zeigen das Emporkommen der Sonderinteressen und den Niedergang des Staates an" (Gesellschaftsvertrag, IV. Buch, Kap. 2). Das führt nicht recht weiter, weil Einstimmigkeit nicht notwendigerweise ein Gütezeichen von Willensbildungs- und Entscheidungsprozessen sein muß: unter Umständen kann über das dümmste Vorhaben unter gründlich desinformierten Abstimmungsberechtigten alsbald Einstimmigkeit erzielt werden. Und der weitere Hinweis von Rousseau, daß „Meinungsverschiedenheiten", „Unruhe" und „lange Debatten" den falschen Weg wiesen, ist höchst bedenklich. Hier offenbart sich eine Homogenitäts- und Harmonielehre, die Interessenkonflikte und deren Austragung nicht akzeptiert. Im günstigsten Fall wird man Rousseau ein hochgradig unterkomplexes Verständnis von Politik attestieren und ihn als Theoretiker werten können, der über Gemeinschaften mit niedrigem Niveau sozialer Differenzierung schreibt. Im ungünstigsten Fall gerät man mit Rousseaus volonté générale in zwei Gefahrenzonen: in die des Despotismus der Freiheit – zu Lasten von Oppositionellen – und in die des Paternalismus der Freiheit, nämlich durch Unterdrückung derjenigen, die für eine unfreie Ordnung eintreten (Petersen 1994).

Rousseaus Grundsätze der Staatsverfassung und die demokratietheoretisch wichtigen Ausführungen im besonderen haben verschiedenartige Kritiken hervorgerufen. Als Herold der Demokratie gilt er den einen, als ihr Totengräber anderen; Emanzipationstheoretiker ist er für eine Schule (Maus 1992), als einer der Männer,„die das Bessere rückwärts suchen" werten ihn andere (Hegel 1970: 435). Bisweilen zählt er zu den progressiven Demokraten, mitunter zu den Theoretikern der konservativen Demokratie (Lenk/Frank 1987: 268), nicht selten auch zu den Urhebern des Totalitarismus. Für manche ist er ein „traditionalistischer Moralist" (Fetscher 1968: 259) und „Denker zwischen den Zeiten" (ebd.: 260), weder liberal noch totalitär (ebd.: 261), für andere jedoch „Apostel des Anti-Pluralismus" (Fraenkel 1991e: 307) und Vorreiter vulgärdemokratischen Denkens (ebd.: 307). Dem englischen Konservativen Edmund Burke gilt Rousseau gar als „insane Socrates", als übergeschnappter Sokrates (Fraenkel 1991e: 318), während manche Vertreter der partizipatorischen Demokratietheorie ihn als einen der ihren feiern (Pateman 1970, Merquior 1980) und F. A. Hermens ihm bescheinigt, er habe die „wissenschaftlich am besten durchformte, (...) auch heute noch durchschlagskräftigste Auffassung vom Wesen der Demokratie" entwickelt (1931: 1).

Man kommt dem eigentlichen Streitwert näher, wenn man – zusätzlich zum Hinweis auf die Unterschätzung der Probleme, die auf dem

Weg zum Gemeinwillen entstehen – auf fünf besonders kritische Punkte von Rousseaus politischer Theorie verweist: (1) die überaus rigide Demokratiedefinition, (2) das Grundrechtedefizit, (3) die Verabsolutierung der Volkssouveränität, (4) das Problem der Vorbereitung, Ausarbeitung und Formulierung der Gesetze und (5) die problematische Rolle des Legislateurs.

Rousseau hat man eine „exzentrische Demokratiedefinition" vorgehalten (Dahl 1989: 113), weil mit ihr die Delegation, das Repräsentationsprinzip, als unzulässig für die Demokratie erklärt wird. R. Dahl hat hierzu ein hübsches Rechenbeispiel präsentiert. Schon eine bescheidene Größe eines Demos erfordert aus Praktikabilitätsgründen die Repräsentation. Die kritische Grenze für eine Herrschaft, die zur Not ohne Repräsentation auskommt, beginnt schon bei einem Demos von 1000 Mitgliedern oder weniger. Bei größerer Mitgliederzahl sind auch bei direktdemokratischer Organisation Delegation und Repräsentation unabweisbar. Mithin eignet sich eine volksherrschaftliche Ordnung nach Rousseaus Modell nicht einmal für das von ihm als Vorbild interpretierte Genf seiner Tage, gewiß nicht für die Kleinstaaten wie man sie heutzutage kennt, auch nicht für Stadtstaaten wie die Hansestädte, sondern bestenfalls für ländliche Kleinstgemeinwesen. Insoweit ist Rousseaus Demokratiekonzeption für Zwecke der Organisation von politischer Partizipation der Bevölkerung – mithin für die praktische Umsetzung von Volkssouveränität – in Flächenstaaten mit vielen Millionen von Wahlberechtigten nicht praktikabel. Selbst eine hochentwickelte Direktdemokratie nach Art der Schweizer Eidgenossenschaft könnte man mit Rousseau nicht als echte Demokratie klassifizieren, weil auch die Vorbereitung und Durchführung direktdemokratischer Abstimmungen ein weitaus höheres Maß an Organisation, Delegation und Repräsentation erfordert, als das Rousseaus Demokratieverständnis erlaubt.

Das Problem ist aber nicht nur ein semantisches, denn auch die übrige Begrifflichkeit von Rousseaus Regierungsformenlehre eignet sich nicht zur Erfassung von Massendemokratien auf Basis großer Flächenstaaten. Man kann Rousseau höchstens zugute halten, daß sein demokratietheoretischer Horizont notwendigerweise beschränkt ist – er steht noch ganz im Banne der von der griechischen Antike überlieferten Demokratievorstellung –, und von der tagespolitischen Frontstellung gegen den hochgradig zentralisierten französischen Absolutismus bestimmt ist, den Rousseau tagtäglich vor Augen hatte, und der ihm mit seinen „nahezu allmächtigen Ministern (...) und einem ständig sich ausweitenden Hofschranzentum" ein Schrecken war (Brockard 1977: 167).

Rousseau favorisiert das Bürgerrecht auf politische Teilhabe. Dabei handelt es sich um weitreichende Teilhaberechte; sie betreffen Abstimmungen über Gesetze und die direkte Beteiligung an der Ausübung von Herrschaft. Freilich ist die Vollbürgerschaft – wie damals üblich – nur für die männliche erwachsene Bevölkerung vorgesehen: Teilhabe der Bürger buchstabiert man nach wie vor als Teilhabe einheimischer männlicher Bürger (vgl. Held 1987: 78). Insoweit ist Rousseaus Beteiligungsmodell halbiert: vor allem die weibliche Bevölkerungshälfte ist von ihm ausgeschlossen. Feministische Theoretikerinnen sind deshalb schlecht beraten, wenn sie Rousseau zum Kronzeugen für Theorie und Praxis partizipatorischer Demokratie oder „feministischer Demokratie" erklären, und die Anhänger der partizipatorischen Demokratie tun sich keinen Gefallen, wenn sie ihr Anliegen auf Rousseaus Theorie stützen.

Rousseaus Befürwortung politischer Beteiligung hat einen weiteren Mangel: den Teilhabechancen fehlt der grundrechtliche Unterbau. Rousseau kennt Bürgerrechte, aber er kennt keine Grundrechte, d.h. dem einzelnen zustehende, meist durch Verfassung als Elementarrechte verbriefte Rechte zum Schutz gegen öffentliche Gewalt und zum Zwecke interindividueller Abgrenzung von Freiheits- und Interessenssphären. Somit fehlen seiner Theorie fundamentale Sicherungen gegen staatliche Politik und Herrschaft. Rousseaus Theoriewerk liegt offensichtlich eine eigentümliche Vorstellung von weitgehend konfliktfreier Homogenität und Harmonie in der Bürgerschaft zugrunde, doch paßt dies nicht zu den Konfliktstrukturen einer nach Schichten und Klassen, Ethnien und Konfessionsgruppen gegliederten Gesellschaftsordnung. Politik scheint für Rousseau eine höchst einfache Angelegenheit zu sein.

Hiermit hängt das Problem der Verabsolutierung der Volkssouveränität in Rousseaus Theorie zusammen. Ihr zufolge ist Volkssouveränität absolute Oberhoheit über die Individuen, und diesen mangelt es an jeglichem Schutz vor dem Souverän. Insoweit trifft von Gierkes Vorwurf ins Schwarze, wonach Rousseaus „Gesellschaftsvertrag" mit der „absoluten Veräußerung allen Individualrechts an die souveräne Gesamtheit" einhergehe (von Gierke, zitiert bei Maier 1968: 129). Die Souveränität des Volkes ist Rousseau zufolge „prinzipiell unbeschränkt und unbeschränkbar – sie kann nicht durch Verfassungen, Grundrechte, korporative Freiheiten von Gruppen begrenzt werden" (Maier 1968: 129). Im Extremfall kann die „Souveränität des Volkes" sogar die „Souveränität des Individuums zerstören" (Berlin 1969: 163, zitiert bei Held 1987: 79).

Ein viertes Problem von Rousseaus politischer Theorie liegt in seinem Gesetzgebungsmodell. Ihm zufolge hat das Volk in der Volksversammlung bzw. beim Plebiszit die Aufgabe, Gesetze zu beschließen und zu verabschieden. Nicht zu seinen Befugnissen gehört die Formulierung der Gesetze. Deren Ausarbeitung und Vorberatung wird Sachverständigen überlassen, die als – aufs Gemeinwohl verpflichtete – Berater des Volkes tätig werden. Faktisch ist ihre Position jedoch die von „Volkserziehern" (Schwan 1991: 227) – was die Möglichkeit der Verwandlung von Sachautorität in politische Herrschaft und der Manipulation des eigentlichen Souveräns durch die Sachverständigen einschließt.

In engem Zusammenhang mit diesem Konstruktionsfehler steht die problematische Rolle des Legislateurs in Rousseaus Gesellschaftsvertrag. Dem Legislateur kommt außergewöhnliche Macht zu. Er ist der Berater, der Sachverständige, der Weise, der für die Verfassungsgesetzgebung Maßstäbe zu setzen und die Verfassungsgesetze zu schreiben hat. Die Befugnis, diese Gesetze zu erlassen, und damit erst in Kraft zu setzen, obliegt allerdings nicht dem Legislateur, sondern dem Volk, denn der Erlaß und die Inkraftsetzung von Gesetzen gelten als der eigentliche Akt der Souveränität. In Rousseaus Theorie soll der Legislateur nur vorübergehend tätig sein, und er soll weder herrschen noch regieren – als ob er Erzieher wäre (Burgelin 1966). In der Praxis erweist sich diese Vorstellung als unrealistisch. Das zeigen die geschichtlichen Vorbilder von Rousseaus Legislateur – z.B. Calvin im Genfer Magistrat und Lykurgos, dem die Verfassung Spartas vom 8. bis 6. Jahrhundert v. Chr. zugeschrieben wird.

Auch die Regierung hat erheblich mehr Spielraum gegenüber dem Souverän, als dies auf den ersten Blick gegeben zu sein scheint, und doch kommt ihr in Rousseaus Theorie nur eine untergeordnete Rolle zu. Rousseau ist ihrem großen Handlungsspielraum gegenüber gleichgültig. Seine Theorie kennt keine Schranken gegen die volle Nutzung oder Dehnung des Handlungsspielraums von Regierungen; mithin ist in seiner Theorie die Flanke hin zur Verselbständigung der Regierungsgewalt offen.

Insoweit mischen sich in Rousseaus Theorie radikalemanzipatorische und radikaldemokratische Elemente mit ungezügelter Volkssouveränität, gegen deren Verselbständigung weder Theorie noch Theoretiker noch das Volk selbst gefeit sind. Die Souveränität des absolutistischen Staates färbt folglich auch die Kritik, die Rousseau als einer ihrer Gegner entwirft. Der demokratische Souverän des Gesellschaftsvertrags ist in seiner legislativen Entscheidungskompetenz „nicht weniger machtvollkommen als der monokratische oder aristokratische Souverän des Leviathan", und die Staatslehre des Jean-Jacques Rousseau „in ihrer rechtstechnischen Grundstruktur ebenfalls so absolutistisch-autoritär wie die des Thomas Hobbes", so hat C. Mayer-Tasch geurteilt (1968: 104). Anderen Kritikern zufolge hat Rousseaus Souverän gar gottesähnliche Attribute; in den Souverän lese er die Vorstellung hinein, die sich die Philosophen lange Zeit von Gott gemacht haben: „sein Wille geschieht, er ist allmächtig, aber er kann nichts Schlechtes wollen" (Emil Boutmy, zitiert nach Schmitt 1922: 42). – Allerdings ist der Souverän von Rousseaus „Gesellschaftsvertrag" zumindest an den Mehrheitswillen und im Prinzip an Gemeinwohlnormen gebunden – und das unterscheidet ihn wesentlich vom absolutistischen und totalitären Souverän.

Die Gemeinwohlorientierung des „Gesellschaftsvertrags" steckt voller Probleme. Es ist schwer, aus vielen Sonderwillen im Prozeß der Willensäußerung und Interessenbündelung einen Gemeinwillen zu konstruieren, der seinen Namen verdient. Mitunter werden die Schwierigkeiten dadurch gesteigert, daß auch der Einzelwille schon ein Konglomerat unterschiedlicher, mehr oder minder klar formulierter Willensbekundungen ist. Nicht selten ist der Einzelwille ein widersprüchliches Ergebnis gegensätzlicher Willensäußerungen. Im übrigen war das Jean-Jacques Rousseau nicht unbekannt. Ein klassisches Beispiel ist seine Rechtfertigung der Abschiebung der von ihm gezeugten fünf Kinder ins Waisenhaus: „Wie könnte ich den Beruf eines Schriftstellers ausüben, wenn häusliche Sorgen und lärmende Kinder mir die Ruhe des Geistes raubten, die zu einer gewinnbringenden Arbeit erforderlich ist". Das Zitat ist Micaela von Marcards Sammlung „Rokoko oder das Experiment an lebenden Herzen" (1994) entnommen. Der Untertitel dieses Bandes lautet: Galante Ideale und Lebenskrisen.

Rousseaus Lehre war einflußreich, insbesondere als Zivilisationskritik und Stichwortgeber der bürgerlichen Revolution, die wenige Jahre nach seinem Tod Frankreich und in ihrem Gefolge ganz Europa erschüttern wird, und sie ist bis ins 20. Jahrhundert eine relevante Größe im politischen Denken geblieben (vgl. Lieber 1991). Ambivalenter ist Rousseaus Wirkung auf die Theorie und Praxis der Demokratie. Gewiß ist er „nicht der Theoretiker der modernen europäischen Demokratie" (Fetscher 1968: 260), doch wurde seine Volkssouveränitätslehre Grundlage der Demokratie- und Parlamentarismuskritik von Links und von Rechts (vgl. z.B. Agnoli 1968, Barber 1994 und Schmitt 1926). Naturgemäß berufen sich auch Praktiker und Theoretiker der Direktdemokratie gerne auf den basisdemokratischen Teil von Rousseaus Lehre, während der autoritätsanfällige Teil des Denkgebäudes meist übersehen wird.

Allerdings steht die Bedeutung, die Rousseaus demokratietheoretische Äußerungen beigemessen wird, in auffälligem Mißverhältnis zu ihrer Qualität und Ergiebigkeit für eine wissenschaftliche Demokratietheorie. Rousseaus Lehre ist überwiegend normativ, ihr erfahrungswissenschaftliches Fundament aber schwach. Obendrein krankt sie an dem außerordentlich verengten Demokratiebegriff, der unnötigerweise nur auf kleinste Gemeinwesen zugeschnitten ist. Insofern liegen Qualität und Leistungskraft des demokratietheoretischen Ertrags von Rousseaus Schriften deutlich unter dem Niveau, das vor ihm schon erreicht worden war, z.B. bei Montesquieu. Überdies kennt Rousseaus Volkssouveränitätstheorie keine Sicherungen gegen die Verselbständigung der Souveränität und der aus der Souvernänität hervorkommenden Staatsgewalt. Auch hier fällt Jean-Jacques Rousseau hinter das Reflexionsniveau von Locke und Montesquieu zurück. Es entbehrt nicht der Ironie, daß ausgerechnet Rousseaus Demokratiebegriff Grundlage der vielbeachteten Demokratie- und Parlamentarismuskritik von Carl Schmitt wurde (Schmitt 1926): ihr identitätstheoretisches Fundament paßt zwar vorzüglich zu C. Schmitts Vorstellung von der Identität von Herrscher und Beherrschten im plebiszitären Führerstaat, doch wissenschaftlich betrachtet ist dieses Fundament nicht recht tragfähig.

Allerdings ändert das nichts an der durchschlagenden politischen Radikalität von Rousseaus Hauptbotschaft. Diese lautet: die Souveränität ist unteilbar und unveräußerlich. Das ist das Hauptvermächtnis von Rousseau für die Demokratietheorie – und zugleich intellektueller Sprengstoff für Theorie und Praxis der Demokratie. Rousseaus Botschaft steht in Fundamentalopposition zum Repräsentationsprinzip und sie ist nicht gegen die Gefahr gefeit, daß die Mehrheit despotisch werden kann. Daß Gleichheit mit Freiheit kollidieren könnte, war für Rousseau kein Thema. Nach ihm hat man das klarer gesehen, allen voran Alexis de Tocqueville. Ihm wendet sich das nächste Kapitel zu.

Kapitel 1.4
Der Zielkonflikt zwischen Freiheit und Gleichheit: Alexis de Tocqueville über die Demokratie in Amerika

Mit „Demokratie" meint die ältere Staatsformenlehre eine direktdemokratische Institutionenordnung in kleinen, überschaubaren Gemeinwesen, wie den Stadtstaaten der griechischen Antike oder den Kommunen auf dem Gebiet der heutigen Schweiz. Lange Zeit konnte man sich Demokratie nur als Versammlungsdemokratie vorstellen, ohne Repräsentation und nur als Arrangement, an dem der männliche Teil der Einwohnerschaft teilhabeberechtigt war. Daß die ältere Staatsformenlehre Demokratie nur in Form direktdemokratisch verfaßter Kleinstgemeinwesen erörtert, ist kein Zufall: in der damaligen Verfassungswirklichkeit hatten nur kleine Staaten oder Stadtgemeinden demokratische Verfassungen, ansonsten herrschten monarchische, aristokratische oder gemischte Staatsformen mit demokratischen Spurenelementen. Davon gab es zunächst nur eine größere Ausnahme: in den Vereinigten Staaten von Amerika entwickelte sich allmählich die erste Demokratie in einem Flächenstaat.

Ein nicht minder folgenreicher Einschnitt kam Ende des 18. Jahrhunderts im Diskurs über Demokratie hinzu. Wie man dem Historischen Lexikon zur politisch-sozialen Sprache entnehmen kann, veränderte sich der Sprachgebrauch in Sachen Demokratie zwischen 1780 und 1800 hauptsächlich in zwei Richtungen: „1) Einmal wurde ‚Demokratie' jetzt aus einem Wort der Gelehrtensprache endgültig zu einem allgemeinverwendeten (obgleich weiterhin heftig umkämpften) politischen Begriff, der ebenso der Selbstdarstellung bestimmter Parteirichtungen wie der Kennzeichnung von Verfassungsinstitutionen diente und vereinzelt auch schon in Staatsurkunden auftauchte. 2) Mit dieser Verbreiterung des Sprachgebrauchs ging Hand in Hand eine Erweiterung des Inhalts derart, daß ‚Demokratie' jetzt immer mehr über seinen ursprünglichen verfassungspolitischen Sinn, die Kennzeichnung der Staatsform, hinauswuchs und allgemeinere soziale und geschichtsphilosophische Gehalte in sich aufnahm. – Ein Vorgang, der auch im Entstehen neuer Wortverbindungen (‚Christliche Demokratie', ‚Sozial-Demokratie') deutlich wird" (Meier u.a. 1972: 847f.).

Zwar hörte damit die distanziert kritische Stellungnahme zur Demokratie keineswegs auf. Sie wuchs sogar in dem Maße, in dem der Begriff nicht länger nur auf die Gelehrtensprache beschränkt blieb, sondern in den politischen Diskurs über Verfassung und Verfassungswirklichkeit aufgenommen wurde. Auch hatte die Französische

Revolution – deren Befürworter vielfach als Demokraten und deren Gegner als Aristokraten bezeichnet wurden – es nicht fertiggebracht, „die traditionelle Reserve gegenüber der reinen oder absoluten Demokratie" wegzuräumen (ebd.: 860f.). Diese Reserve war durch die radikalen Experimente der Französischen Revolution von 1789 gestärkt worden. Nicht von ungefähr wurde die Demokratie – im Sinne unmittelbarer „Volksgewalt" – von I. Kant in der Schrift „Zum ewigen Frieden" (1795) nach der Form der Regierung (forma regiminis) als „ein Despotism" bezeichnet, „weil sie eine exekutive Gewalt gründet, da alle über und allenfalls auch wider einen (...) beschließen" (I. Kant, zitiert nach der Ausgabe von 1984: 14). Zu den besonders folgenreichen Nachwirkungen der Distanz zur Demokratie zählt im übrigen auch die Lehre vom Staat von G.W.F. Hegel. Auch Hegel begriff die Demokratie allein als unmittelbare Demokratie und verortete sie bei der Revolution. Damit hatte sie im „Fortschritt der Selbstverwirklichung des Geistes der Freiheit" (Meier u.a.: 879) ihren Platz erhalten, hatte aber dort nicht Versöhnung, sondern „neue Entzweiung" gebracht und war geschichtlich „hinter der höchsten erreichten Stufe des Vernunftstaats im Sinne der Rechtsphilosophie Hegels zurückgeblieben" (ebd.: 879). Der Volkssouveränität im Sinne von Rousseau gab diese Auffassung vom Staat keinen Raum. Liege die Souveränität beim Volk und habe das Volk keinen Monarchen über sich, so sei es nur „formlose Masse, die kein Staat mehr ist" (Hegel, Grundlinien der Philosophie des Rechts, § 279). Demokratie war für Hegel insoweit schon überwundene Phase des geschichtlichen Prozesses und höheren Staatsformen, insbesondere der konstitutionellen Monarchie, unterlegen.

Allerdings folgten nicht alle Theoretiker den Kritikern der Demokratie. Mit der Entstehung eines demokratisch verfaßten Flächenstaates in den Vereinigten Staaten von Amerika kam eine neue Sichtweise der Demokratie zustande, nämlich die einer erfahrungswissenschaftlich geprägten und an der Differenz von Demokratie und ständischer Gesellschaft ausgerichteten Analyse. Diesem Verständnis brach Alexis de Tocquevilles „Über die Demokratie in Amerika" Bahn, deren erstes Buch 1835 und deren zweiter Band fünf Jahre später erschien. Mit dieser Schrift wurde Tocqueville (1805-59) zum ersten Theoretiker der modernen Massendemokratie (Fetscher 1968: 280).

Tocqueville entstammt einem alteingesessenen französisch-normannischen Adelsgeschlecht. Nach dem Studium der Jurisprudenz und einer Tätigkeit als Richter bereist er die Vereinigten Staaten, und im Anschluß an einen einjährigen Aufenthalt (1831/32) verfaßt er den ersten Band des Amerika-Buchs, das ihm alsbald Weltruhm einbringt. Tocqueville analysiert die Demokratie in Amerika aus vergleichender Perspektive, insbesondere vor dem Hintergrund der politischen Instabilität Frankreichs vor und nach der Revolution und der „großen Debatte" (Siedentop 1994) zwischen Befürwortern und Gegnern der Umwälzung von 1789. Tocqueville ist zutiefst geprägt von den Erfahrungen der Instabilität Frankreichs und dem Schwanken zwischen Revolution und Restauration, das sich ausdrückt in raschem Regimewandel von den Revolutionsordnungen der Jahre 1789-1799, dem Konsulat und dem ersten Kaiserreich von Bonaparte (1799-1814/15), der Restaurationsphase von 1814-30, in der ab 1820 die Ultraroyalisten an die Macht kamen, und der Juli-Revolution von 1830, die den Streit zwischen Bürgertum und Arbeiterschaft um eine konstitutionell-monarchische oder eine republikanische Staatsform mit der Wahl des sogenannten Bürgerkönigs Louis Philippe von Orléans (Regentschaft von 1830-48) zugunsten der Monarchie entschied, allerdings um den Preis instabiler politischer und wirtschaftlicher Verhältnisse (Jardin 1991). Somit hatte die Revolution von 1789 zwar das alte absolutistische Regime gestürzt, sie hatte aber nicht die erhoffte Stabilisierung gebracht und obendrein war – wie Tocquevilles „L'Ancien Régime et la Révolution" (1856) zeigt – der gefürchtete Zentralismus politischer und politisch-administrativer Herrschaft ungebrochen. Vor diesem Hintergrund wird die Erfahrung anderer funktionsfähiger politischer Systeme für Tocqueville besonders wichtig. Besonders aufschlußreich ist für ihn die politische Entwicklung Englands und vor allem diejenige Amerikas. England ist das Exempel des – nach der Revolution im 17. Jahrhundert – allmählichen Übergangs zur Moderne und der geordneten politischen Entwicklung ohne drastische Regimewechsel wie in Frankreich. Aber noch interessanter ist die Herrschaftsordnung, die sich in den Vereinigten Staaten von Amerika herausbildet. Dort wächst nämlich das eigentliche Gegenmodell zum älteren und neueren französischen Regime heran, dessen Hauptübel für Tocqueville die weitgehend ungezügelte monarchische Herrschaft bzw. der hochgradige Zentralismus ist. In den USA ist das anders: Demokratie statt ungezügelter monarchischer Herrschaft und dezentralisierte Staatsstrukturen anstelle von Zentralismus sind die Stichworte.

Tocqueville deutet die Verfassung und die Verfassungswirklichkeit Amerikas als Modell, und er sieht die sich dort entfaltende Demokratie als universalhistorisches Prinzip der Moderne, die sich von der aristokratischen Gesellschaftsform abgewandt und der Gleichheit – der „égalité des conditions" – zugewandt habe. Die große demokratische Revolution, die Tocqueville vor allem in Amerika am Werke sieht, ist ihm zufolge weder zufällig noch revidierbar und wird auch zum unausweichlichen Schicksal der europäischen Nationen werden. Die Differenz zu Hegels Lehre könnte nicht größer sein: „Hatte Hegels Weltgeist die Demokratie schon hinter sich gelassen, so führte Tocquevilles Providenz geradewegs auf sie zu und in sie hinein" (Meier u.a. 1972: 882).

Tocqueville muß später oft als Kronzeuge für und dann wieder gegen die Demokratie herhalten. Bei solchem Streit ist es nützlich, sich der Selbstbeschreibung des Standorts des Autors zu vergewissern. Die Demokratie ist für Tocqueville grundsätzlich eigentlich nichts Gutes. Allerdings – und das wird entscheidend – gibt es zu ihr keine akzeptable Alternative mehr und deshalb muß man sich ihrer annehmen (Tocqueville 1976: 826, 829f.). Zugleich muß man darauf achten, so Tocqueville, sie soweit wie irgendmöglich mit der Freiheit, dem obersten Wert, verträglich zu machen, sonst gewinnt am Ende die Gleichheit und mit ihr die Demokratie, und die Freiheit geht zugrunde.

Tocqueville wurde unterschiedlichen politischen und sozialen Lagern zugeordnet. Ein „liberaler Aristokrat" sei er gewesen, behaupten die einen (Hacke 1992), als Hauptvertreter des „Aristokratischen Liberalismus" gilt er anderen (Kahan 1992). Für Mittermaier und Mair (1995) ist er „der kleinbürgerliche revolutionäre Romantiker" (S. 142). So danebenhauen kann man, wenn man die Sekundärliteratur gezielt vernachlässigt (ebd.: 1) und die Primärtexte nicht gründlich studiert! Tocqueville selber hat sich mitunter als „Liberaler neuer Art" bezeichnet (Mayer 1976: 874), freilich als einer, der sowohl der Aristokratie wie auch der Demokratie mit einer – durch nüchterne Analyse untermauerten – Distanz gegenüberstehe. „Man unterschiebt mir nacheinander demokratische oder aristokratische Vorurteile", so nahm er selber Stellung zu den Urteilen, die über ihn gefällt wurden, und fuhr fort: „Ich hätte vielleicht diese oder jene gehabt, wenn ich in einem anderen Jahrhundert oder in einem anderen Lande geboren worden wäre. Der Zufall meiner Geburt indessen hat es mir leicht gemacht, die einen und die anderen abzuwehren. Ich kam am Ende einer langen Revolution zur Welt, die den alten Staat zerstört und nichts Dauerhaftes begründet hatte. Als ich anfing zu leben, war die Aristokratie schon gestorben und die Demokratie noch nicht geboren. Mein Instinkt konnte mich also nicht blind bestimmen, die eine oder die andere Partei zu ergreifen. Ich lebte in einem Lande, daß seit vierzig Jahren an allem herumprobiert hatte, ohne sich endgültig für etwas zu entscheiden. Ich war also keineswegs für politische Illusionen zugänglich. Da ich selbst der alten Aristokratie meines Vaterlandes angehörte, haßte oder beneidete ich sie nicht und liebte sie auch nicht mehr besonders, als sie zerstört wurde; denn nur dem Lebendigen verbindet man sich gern. Ich war ihr nahe genug, um sie gut zu kennen, und stand ihr genügend fern, um sie ohne Leidenschaft beurteilen zu können. Über die Demokratie kann ich das gleiche sagen. Kein Interesse flößte mir für sie eine natürliche und notwendige Neigung ein; sie hatte mich auch persönlich nie beschimpft. Keine besonderen Motive bestimmten mich, sie zu lieben oder sie zu hassen, es seien denn die meiner eigenen Vernunft. Ich befand mich, mit einem Wort gesagt, zwischen Vergangenheit und Zukunft so gut im Gleichgewicht, daß ich von Natur und Instinkt aus keiner von beiden zuneigte, und brauchte keine großen Anstrengungen zu machen, um beide Seiten mit ruhigen Augen betrachten zu können" („Über die Demokratie in Amerika", zitiert nach Mayer 1976: 875).

Tocqueville lobt und kritisiert die Demokratie Amerikas, und er tut dies mit souveräner Distanz gegenüber dem Gegenstand und seiner eigenen gesellschaftlichen Position (Mill 1957: 123). Die Analyse mündet in eine kritische Würdigung der Demokratie, die durch das Bestreben, „die Wege eines vernünftigen und freiheitlichen Ablaufs der demokratischen Entwicklung aufzuzeigen" (Eschenburg 1976: 891), Antrieb erhält. Tocquevilles Schrift „Über die Demokratie in Amerika" ist mehr als Demokratietheorie. In weiten Teilen ist sie eine breitgefächerte, brillante Interpretation des sich in Amerika entfaltenden modernen Gesellschaftssystems. Dessen politische Entwicklung wird ebenso erörtert wie die gesellschaftlichen Strukturen, das Recht, die Sitten und die Gebräuche. Man hat Tocqueville vorgehalten, die Folgen der Demokratie mit denen moderner Zivilisation überhaupt zu verwechseln (Sartori 1992: 18). Erstmals wurde dieser Einwand von John Stuart Mill in der Rezension von Tocquevilles Buch in der Edinburgh Review von 1840 formuliert: Tocqueville „so scheint es, verwechselt die Wirkungen der Demokratie mit den Wirkungen der Zivilisation. Er faßt in einem abstrakten Begriff alle Tendenzen der modernen kommerziellen Gesellschaft zusammen und gibt ihr einen Namen – Demokratie" (Mill 1985b: 235f., Übersetzung des Verf.). Das nährt die Vermutung, so John Stuart Mill weiter, Tocqueville schreibe der Demokratie fälschlicherweise Wirkungen zu, die der Prozeß der wirtschaftlich-gesellschaftlichen Entwicklung in der Moderne hervorgerufen hat.

Tatsächlich hantiert Tocqueville in seinem Amerika-Buch mit dem von Mill monierten überweiten Demokratiebegriff. Und in diesem weitgefaßten Sinn wird Demokratie nahezu identisch mit der großen sozialen Umwälzung, die mit dem Vordringen der Gleichheit einhergeht. Die Tendenz zur Gleichheit erfaßt nicht nur Amerika, sondern auch die europäischen Staaten – freilich mit dem Unterschied, daß diese Umwälzung in Amerika „auf eine einfache und leichte Art vor sich gegangen" ist und mittlerweile „ihre natürlichen Grenzen einigermaßen erreicht zu haben scheint" (Tocqueville 1976: 15).

Mills kritischer Kommentar zur Gleichsetzung von moderner Zivilisation, insbesondere des Vormarsches der Gleichheit, und Demokratie bei Tocqueville trifft, aber er trifft nicht zur Gänze. Denn neben dem – begrifflich zu nahe an Entwicklung bzw. Modernisierung liegenden – weiten Demokratiebegriff der „social democracy" (Lively 1962) verwendet Tocqueville ein enger geschneidertes Konzept: Demokratie meint dort institutionelle und prozessuale Merkmale einer volksherrschaftlichen Regierungsform im Sinne einer „political democracy" (Lively 1962). Im Gegensatz zur älteren Staatsformenlehre wird diese Demokratie nicht mehr nur als Versammlungsdemokratie in kleinräumigen Gemeinwesen verstanden, sondern als eine zur Repräsentativverfassung hin offene Ordnung. Dieser enger definierte Demokratiebegriff stellt auf Institutionen und Vorgänge ab, auf „Einrichtungen" und ihre ganze „Entwicklung", wie Tocqueville sagt: „In Amerika ernennt das Volk den, der das Gesetz macht, und den, der es ausführt; es selbst bildet das Gericht, das die Gesetzesübertretungen bestraft. Die Einrichtungen sind nicht nur grundsätzlich, sondern auch in ihrer ganzen Entwicklung demokratisch; so ernennt das Volk unmittelbar seine Vertreter, und es wählt sie im allgemeinen jedes Jahr, um sie möglichst ganz von sich abhängig zu machen. Es ist also wirklich das Volk, das lenkt, und obwohl es eine volksvertretende Regierungsform ist, besteht kein Zweifel, daß die Meinungen, die Vorurteile, die Interessen und selbst die Leidenschaften des Volkes keine dauernden Hindernisse finden können, die sie abhalten, täglich auf die Lenkung der Gesellschaft einzuwirken" (Tocqueville 1976: 197). Tocqueville fügt dem eine weitere – für das gesamte Werk ebenfalls grundlegende – Qualifizierung hinzu: Demokratie ist Mehrheitsdemokratie. „In den Vereinigten Staaten regiert, wie in allen Völkern, wo das Volk herrscht, die Mehrheit im Namen des Volkes" (ebd.: 197).

Der amerikanischen Demokratie – im enger und im weiter definierten Sinn – spendet Tocqueville Lob, wenngleich mit Vorbehalt. Die Demokratie und die in ihr gewählten Führer sind für Fehler anfällig. Allerdings sind es „gutzumachende Fehler", z.B. schlechte Gesetze, die aufgrund der kurzen Amtsdauer der Machtinhaber alsbald widerrufbar sind (ebd.: 268). Trotz mancher Mißgriffe bei der Auswahl der Führer gedeiht die amerikanische Gesellschaft. Hierfür sind nicht zuletzt institutionelle Sicherungen gegen die politische Führung verantwortlich: die Wahl der Beamten auf Zeit und die Erteilung von Machtbefugnis an die Exekutive für eine begrenzte Periode sind der Verselbständigung politischer Führung abträglich (ebd.: 268f.).

Ebensowenig wie andere Ordnungen ist die Demokratie für Tocqueville ein System, das Generalkompetenz zur Bewältigung sämtlicher Probleme besitzt. Auf die relativen Vorzüge und die relativen Nachteile kommt es ihm zufolge beim Vergleich politischer Ordnungen an. Der Zusammenhang von Klassenstruktur und politischer Entwicklung beispielsweise schlägt in der Demokratie in eigentümlicher Art und Weise durch: im Gegensatz zu einer Herrschaft, in der die Reichen allein regieren, wodurch die Interessen der Armen gefährdet sind, und im Gegensatz zu einer, in der die Armen die Gesetze machen und die gesellschaftliche Position der Reichen bedrohen, liegt der eigentliche Vorteil der Demokratie zwar nicht darin, daß sie das Gedeihen aller begünstige, wohl aber darin, daß sie „dem Wohlergehen der großen Zahl" diene (ebd.: 269). Dies und die politischen Teilhaberechte der Bürgerschaft stärken den Bürgergeist, fördern die Anerkennung des Rechts und die Achtung vor dem Gesetz, dem man sich ohnehin auch deshalb eher unterwirft, weil man es ändern kann (ebd.: 272, 276ff.).

Beeindruckt zeigt sich Tocqueville auch von der Umtriebigkeit, der Tatkraft und der Innovationsfähigkeit des politischen Prozesses in Amerika. Die sich „ständig erneuernde Geschäftigkeit" (ebd.: 280) der politischen Welt dringt auch in die bürgerliche Gesellschaft vor und sei dort vielleicht von noch größerem Vorzug. Der hier zum Ausdruck kommende „Überschuß an Kraft", der „Tatwillen", das Suchen und Experimentieren könnten bei günstigen Bedingungen wahre „Wunder" vollbringen (ebd.: 281). Nicht zuletzt hat die Entwicklung der Demokratie in Amerika bis zu Tocquevilles Amerikareise eine recht stetige, ruhige Bahn genommen, die sich markant vom eruptionsartigen politischen Wandel in Frankreich unterscheidet.

Aber nicht nur Stärken hat die Demokratie, sondern auch Schwächen. Deren Analyse durch Tocqueville nimmt viel von dem vorweg, was später unter der Flagge der „Kritischen Theorie der Demokratie" fährt (siehe Kapitel 2.6 und Teil 4 des vorliegenden Buches). Das allgemeine Wahlrecht beispielsweise erzeugt bei weitem nicht alle ihm zugeschriebenen Wohltaten. Die Führungsauslese beispielsweise funktioniert nur schlecht. Hervorragende Persönlichkeiten werden nur selten zur Führung öffentlicher Angelegenheiten berufen, und nur wenige von ihnen bewerben sich überhaupt um politische Ämter. Mangelnde Attraktivität der politischen Laufbahn und größere Nutzen von Führungstätigkeit in Gesellschaft und Wirtschaft mögen für das letztere verantwortlich sein. Für ersteres sind jedoch Strukturdefekte der Demokratie verantwortlich: mangelhafte Qualifikation der Wähler zur fachkundigen Beurteilung von Kandidaten und politischen Problemen, hastig gefällte Entscheidungen und das durch die Demokratie verstärkte Gefühl des Neides, das Nahrung erhält, weil das begehrte Gut Gleichheit nie zur Gänze erreicht wird, gehören für Tocqueville zu den wichtigsten Gründen der Auswahl eher mittelmäßiger Führer (ebd.: 226ff.).

Hinzu kommt ein weiteres Problem: die Häufigkeit von Wahlen bietet mannigfache Teilhabechancen für die Bürgerschaft, doch setzt sie die Herrschaftsordnung in einen Zustand „fieberhafter Erregung" (ebd.: 231), der dem Interessenausgleich und dem guten Regieren abträglich ist. Auch hat die für die amerikanische Demokratie charakteristische Wahl der Beamten Folgeprobleme mit sich gebracht: die Wahl erfolgt nur für kurze Amtsperioden. Das und eine Besoldungsstruktur, die für die untere Beamtenschaft relativ hohe und für die obere relativ niedrige Einkommen vorsieht, schaffen Probleme. Die kurze Amtsperiode, der Wahlmechanismus und die unattraktive Besoldung höherer und hoher Positionen in Regierung und Verwaltung drücken der Rekrutierung ihren Stempel auf. In der Regel werden eher mittelmäßige Bewerber für die Stellen gewonnen, vor allem Kandidaten, die weder große Begabungen noch große Leidenschaften haben (ebd.: 235). Obendrein hat die kurze Amtszeit und die Chance der Abwahl der Amtsinhaber zur Folge, daß den Gewählten Eigenmächtigkeit zugebilligt wird. Dies und der häufige Personalwechsel erzeugen Unbeständigkeit in der Verwaltung und gehen somit zu Lasten der Qualität des Regierens (ebd.: 238). Auch sind demokratische Systeme nicht gegen Käuflichkeit und Laster gefeit. Käuflichkeit und Laster nehmen Tocqueville zufolge auf massendemokratischer Basis sogar besonders bedrohliche Dimensionen an. Aristokratische Regierungen bestechen bisweilen, so Tocqueville, aber demokratische Regierungen sind selbst bestechlich (ebd.: 253ff.).

Inwieweit ist eine Demokratie der Erfüllung der ihr aufgetragenen Staatsaufgaben gewachsen? Auch bei dieser Frage kommt Tocqueville zu einem kritischen Urteil. In der Regel neigt die Demokratie zur Ausweitung der öffentlichen Ausgaben, unter anderem aufgrund ihres Bestrebens, das Wohlwollen des Souveräns durch Geld und andere Zuwendungen zu gewinnen, ferner aufgrund der für egalitäre Systeme eigentümlichen „Unruhe" des „Geistes des Verbesserns" sowie infolge eines höheren Anspruchsniveaus, das in der für Demokratien charakteristischen höheren Allgemeinbildung wurzelt. Hinzu kommt Ineffizienz, die für die amerikanische Demokratie und ihre häufige Auswechselung des Regierungs- und Verwaltungsapparates charakteristisch ist. Dies und die Forderung der ärmeren Wahlberechtigten nach staatlichen Hilfeleistungen erhöhen insgesamt die Staatsausgaben, so daß sich demokratische Regierungen insgesamt als recht kostspielige Arrangements erweisen (ebd.: 242f., 791, 803).

Das Problem der Staatstätigkeit in der Demokratie liegt aber nicht nur in der höheren Abgabenlast und der stärker entwickelten Bereitschaft, öffentliche Gelder auszugeben. Die eigentümliche Zeitstruktur, die durch häufige Wahlen und kurze Amtsperioden festgeschrieben wird, ist auch der Qualität der Gesetze abträglich. Diese werden in der Regel überstürzt entworfen und sind mangelhafter Qualität (ebd.: 267). Hierin äußert sich die charakteristische Schwierigkeit der Demokratie, „die Leidenschaften zu beherrschen und die Bedürfnisse des Augenblicks zugunsten der Zukunft zu unterdrücken" (ebd.: 258). Kurzfristige Politik hat Vorrang vor langfristig konzipierten Maßnahmen, und die Politik zugunsten der Gegenwart und zu Lasten der Zukunft hat Vorfahrt. Es ist, als schreibe Tocqueville ein Lehrbuch über die Restriktionen und Probleme des Staatshandelns in der entwickelten Demokratie!

Noch grundsätzlicher kritisiert Tocqueville die Schwächen, die Demokratien vor großen Herausforderungen zeigen. Militärischen Herausforderungen und anderen Aufgaben, welche dauerhaft große Anstrengungen erfordern, ist Tocqueville zufolge ein demokratisch geführtes Volk weniger gewachsen als andere Völker. Ihm mangelt es an dauerhafter Kriegführungsfähigkeit, Organisation und permanenter Mobilisierung von Personal und materiellen Ressourcen. Diesen stehen der kurzfristige Zeithorizont der Bürger und ein geringeres Ausmaß materieller Belastbarkeit entgegen (ebd.: 257). Eine „schwache Stellung der demokratischen Staatswesen in Krisenzeiten" – so lautet Tocquevilles Befund (ebd.: 258). Die Betonung liegt auf „Krisenzeiten". In friedlichen Zeiten kann eine demokratisch regierte Gesellschaft durchaus leistungsfähiger als andere sein, aber vermutlich wird sie militärisch kompetenten Nachbarn unterliegen – sofern diese nicht ihrerseits Demokratien sind (ebd.: 258).

Besonders unterentwickelt ist die Problemlösungsfähigkeit der Demokratie in der Außenpolitik. Die Außenpolitik erfordert nämlich „nahezu keine der Eigenschaften, die der Demokratie eigen sind, dagegen verlangt sie die Entfaltung von fast lauter solchen, die ihr abgehen. Die Demokratie begünstigt die Zunahme der staatlichen Mittel im Inneren; sie verbreitet Wohlstand, entwickelt staatsbürgerliche Gesinnung; sie stärkt in den verschiedenen Gesellschaftsklassen die Achtung vor dem Gesetz; lauter Dinge, die auf die Stellung eines Volkes einem anderen gegenüber nur von mittelbarem Einfluß sind. Aber die Demokratie kann nur mit Mühe die Einzelheiten eines großen Unternehmens in Einklang bringen, an einem Plan festhalten und ihn dann hartnäckig durch alle Fährnisse hindurch fortführen. Sie ist kaum imstande, Maßnahmen im geheimen auszuarbeiten und deren Ergebnis geduldig abzuwarten. Über solche Vorzüge verfügt weit eher ein einzelner Mann oder eine Aristokratie" (ebd.: 263f.).

All diese Mängel der Demokratie verblassen vor dem fundamentalen Konflikt, der für Tocqueville zwischen Gleichheit und Freiheit im allgemeinen und zwischen Mehrheitsdemokratie und Freiheit im besonderen besteht: der Vormarsch der Gleichheit kann der Freiheit gefährlich werden, und die Demokratie birgt die Gefahr des Umkippens zum Despotismus in sich. Schon Aristoteles hatte die „demokratische Tyrannis" (Politik, 1291b) als eine der großen Gefahren, die aus der Volksherrschaft hervorwachsen, beschrieben. Eben dies wird in Tocquevilles Theorie unter der Kapitelüberschrift „L'omnipotence de la majorité" erörtert. Die Allmacht der Mehrheit schließt die „Tyrannei der Mehrheit" ein (Tocqueville 1976: 289). Die Gefahr der „Tyrannei der Mehrheit" entwickelt Tocqueville im Anschluß an die „Federalist Papers" von A. Hamilton, J. Madison und J. Jay (1788) anhand einer Analyse des Regierens in den Bundesstaaten der USA, die zu diesem Zeitpunkt die amerikanische Politik nahezu zur Gänze dominieren. Das Problem der Demokratie steckt nach Tocqueville in ihrem Strukturprinzip, d.h. im Regieren der numerischen Mehrheit im Namen des Volkes (Tocqueville 1976: 197). Gewiß billigt er der Mehrheit zu, daß sie hauptsächlich aus friedlichen Bürgern bestehe, die „teils aus Neigung, teils aus Eigennutz aufrichtig das Wohl des Landes wünschen" (ebd.: 197). Problematisch ist allerdings dies: die Macht der Mehrheit gilt „unbedingt" (ebd.: 284). Obendrein wird sie verstärkt durch die Direktwahl und die kurze Amtszeit der Machtinhaber, womit die Orientierung der Kandidaten und das Wiederwahlinteresse der Amtsinhaber zur Verabsolutierung der Präferenzen der Mehrheit führen. Schlimmer noch: die Mehrheit erhält einen Status wie der König in der Monarchie. Sie wird wie er verehrt und gilt wie er als unfehlbar. Immer irren nur die Berater (ebd.: 286). Die Folgen der Mehrheitsherrschaft bewertet Tocqueville als „unheilvoll und für die Zukunft gefährlich" (ebd.: 286). Sie verstärken die Unbeständigkeit in Gesetzgebung und Verwaltung und das Sprunghafte im Gesetzesvollzug. Auch erweitern sie die Ermessensspielräume für Beamte in der Verwaltung und Durchführung von Gesetzen (ebd.: 293).

Nicht Schwäche wirft Tocqueville der amerikanischen Demokratie vor, sondern „ihre unwiderstehliche Stärke" (ebd.: 291). Sie ist so groß, daß sie als „sittliche Macht der Mehrheit über das Denken" wirkt (ebd.: 293). Sie umspannt das Denken mit einem „erschreckenden Ring" (ebd.: 294), dessen Überschreiten mit härtesten Mitteln sanktioniert wird. Der Schlüsselsatz von Tocquevilles Mehrheitstyrannei-These ist dieser: „Was mich in Amerika am meisten abstößt, ist nicht die weitgehende Freiheit, die dort herrscht, es ist die geringe Gewähr, die man dort gegen die Tyrannei findet" (ebd.: 291). Im Extremfall artet der „Despotismus der Mehrheit" zur Repression oder gar zur physischen Liquidierung von Minderheiten aus (ebd.: 291). Nicht daß die Mehrheit jederzeit die Macht mißbräuchlich anwende! Tocquevilles zentraler Einwand ist der: die Gefahr des Machtmißbrauchs ist ständig präsent, und der gute Gebrauch der Macht ist „nur ein Zufall" (ebd.: 296) – sofern nicht Sicherungen gegen die Allmacht der Mehrheit in die Institutionenordnung eingebaut sind.

Tocquevilles Kritik der Mehrheitsherrschaft holt noch weiter aus: die Tyrannei der Mehrheit lähme auch das geistige Leben. Er kenne kein Land, so heißt es mit kaum zu überbietender Schärfe in der Amerika-Schrift, „in dem im allgemeinen weniger geistige Unabhängigkeit und weniger wahre Freiheit herrscht als in Amerika" (ebd.: 294). Die Entfaltung großer Charaktere wird gehemmt, die Ausbildung mutiger Aufrichtigkeit und mannhafter Unabhängigkeit ist selten, und in der Menge verbreitet sich höfischer Geist, der dem Souverän unterwürfig schmeichelt. Die Allmacht der Mehrheit ist für Tocqueville die „größte Gefahr für die amerikanischen Republiken" (ebd.: 299).

Tocquevilles Blick ist durch die Erfahrung despotischer Herrschaft in Frankreich geschärft. Auch hat er Rousseau gründlich gelesen. Er kennt die Dynamik radikaler Volkssouveränität und die durchschlagende Wirkung derjenigen, die sich – wie die französischen Revolutionäre – auf Rousseau berufen. Deshalb und aufgrund des Zusammenpralls von Revolutionären und tragenden Säulen des alten Regimes, einschließlich der Aristokratie, aus der Tocqueville stammt, „konnte er nur allzugut verstehen, welche Macht Rousseaus Schüler reklamieren und welche Handlungen sie im Namen der Demokratie begehen konnten" (Eisenstadt 1988: 88). Despotie gibt es nicht nur im Ancien Régime und nicht nur in der Französischen Revolution, sondern auch in der Demokratie. Einen neuen Despotismus weist Tocqueville jedenfalls nun der Regierungsweise just in dem Lande nach, das sich frei von alten sozialen, kulturellen und militärischen Gewalten entwickelt hat. Mit dem Vormarsch der Gleichheit setzt die Demokratie eine Entwicklung beschleunigend fort, die schon in den Monarchien Europas angelegt war: die Gleichmacherei. Doch im Unterschied zur Monarchie entsteht mit dem Vormarsch der Gleichheit in der Demokratie ein zusätzliches Problem: die alten Mächte werden zertrümmert, aber mit ihr fallen auch die alten Schranken gegen despotische Herrschaft (Tocqueville 1976: 361ff., 812ff.).

Was resultiert daraus? Demokratische Freiheit oder eine neue Knechtschaft (ebd.: 494f., 814ff.)? Die Frage muß Tocqueville zufolge unter Berücksichtigung landesspezifischer Verhältnisse beantwortet werden. Am amerikanischen Beispiel zeigt er, daß sich die „Allmacht der Mehrheit" (ebd.: 284) mildern und verlangsamen läßt. Institutionelle Sicherungen und Gegenkräfte spielen dabei eine große Rolle, so wie sie unter anderem von den Autoren der Federalist Papers beschrieben worden sind. Die Vereinigten Staaten kennen zwar eine ausgeprägt starke Regierungszentralisation, aber keine Verwaltungszentralisation, sondern im Gegenteil eine dezentralisierte administrative Struktur, in welcher Gemeinden, Behörden und regionale Verwaltungen (administrations des comtés) „verborgene Klippen sind", welche „die Flut des Volkswillens aufhalten oder zerteilen" (ebd.: 303). Nicht selten will die jeweilige Mehrheit gar nicht in Gesellschaft und Wirtschaft in großem Umfang hineinregieren. Gegengewichte liegen sodann im „Rechtsgeist" (ebd.: 303), der in den Vereinigten Staaten besonders stark verbreitet ist. „Die amerikanische Aristokratie finden wir auf der Bank der Anwälte und auf den Richterstühlen" (ebd.: 303). Insoweit ist das Prinzip der Mäßigung und des geschulten Urteilens vor allem auf seiten der rechtsprechenden Gewalt zu suchen. Von dort dringt der Rechtsgeist in die Legislative und das Volk vor und verlangsamt den Gang der Mehrheit. Welch' Ironie der Geschichte: aristokratische Elemente sorgen dafür, daß der Souverän der Demokratie gezügelt wird. Das meint Tocqueville, wenn er sagt, daß die amerikanische Gesellschaft „von einer demokratischen Farbschicht bedeckt (ist), unter der man hin und wieder die alten aristokratischen Farben durchschimmern sieht" (ebd.: 53).

Gegengewichte zur Mehrheitstyrannei liegen sodann im Staatsaufbau, in den Gesetzen, den Lebensgewohnheiten und den Sitten. Die bundesstaatliche Form ist hierbei zu nennen sowie sozial-kulturelle Traditionen, z.B. ein demokratisches und republikanisches Christentum, das den Wert der einzelnen Seele und ihre Pflichten für das Ganze hochhält (ebd.: 506ff.). Überdies wird man die Pressefreiheit als Mittel zur Bändigung der Mehrheitsmacht verstehen können, wie Tocqueville vor allem im zweiten Amerika-Buch hervorhebt. Hinzu kommt die Freiheit der Assoziation, vor allem in intermediären Verbänden, einschließlich politischer Parteien. Gegen die Mehrheitstyrannei hat man in Amerika Heilmittel einsetzen können (ebd.: 321ff.). Dabei ist man insgesamt ziemlich erfolgreich gewesen, und somit lehren die Erfahrungen mit der amerikanischen Demokratie, daß man darauf hoffen könne, die Demokratie mit Hilfe des Staatsaufbaus, der Gesetze und der Sitten so zu regeln, daß die Gefahr des Despotismus – wenn nicht gänzlich vermieden – vermindert wird. Dieser Befund ist letztlich maßgebend für den gemäßigten Optimismus, den Tocqueville beim Abwägen der Alternative von demokratischer Freiheit und potentieller Mehrheitstyrannei zu erkennen gibt: „Mein Ziel bestand darin", erläutert er, „am Beispiel Amerikas zu zeigen, daß die Gesetze und vor allem die Sitten einem demokratischen Volk erlauben können, frei zu bleiben" (ebd.: 364). Insoweit gibt es auch für andere Länder, insbesondere die europäischen Staaten, Chancen, den Prozeß der Egalisierung und Demokratisierung in geordnete und freiheitsbewahrende Bahnen zu lenken. Das gilt Tocqueville als kleineres Übel gegenüber der sonst drohenden Gefahr des Despotismus eines einzelnen oder der Herausbildung einer neuen, milden Form des Despotismus, für die er vergeblich nach einem passenden Namen sucht (ebd.: 814) und für die wohl am ehesten die Bezeichnung paternalistischer Autoritarismus paßt.

Tocqueville ist nicht nur der „erste Theoretiker der modernen Massendemokratie" (Fetscher 1968: 260), er ist mit dem Amerika-Buch auch der Verfasser einer der bedeutendsten politischen, soziologischen und historischen Analysen geworden. „Er ist der Analytiker unter den geschichtlichen Forschern seiner Zeit, und zwar allen Analytikern der politischen Welt der Größte seit Aristoteles und Machiavelli", so lobt ihn Wilhelm Dilthey im „Aufbau der geschichtlichen Welt in den Geisteswissenschaften". Beispielgebend ist Tocquevilles Beitrag sowohl hinsichtlich der Substanz wie auch der Methode. Es gibt kaum eine andere Studie, die ähnlich weit gefächert ist und soziale, politische, rechtliche und geographische Aspekte gleichermaßen souverän umfaßt und in vergleichender Perspektive deutet. Und in methodischer Hinsicht stellt Tocqueville die Demokratielehre auf eine weitgehend erfahrungswissenschaftliche Basis, bei der nüchterne Beschreibung, systematische Erklärung und fundierter Vergleich gleichermaßen zum Zuge kommen. Überdies sieht er früher als andere und hellsichtiger als die meisten Analytiker, daß politische Parteien ein notwendiger Teil einer freiheitlichen Demokratie sind, „ein den freien Regierungen eigentümliches Übel" (Tocqueville 1976: 199).

Tocquevilles Amerika-Studie hat nicht nur Gegner und Anhänger der Demokratie beeindruckt, sondern auch die fachwissenschaftliche Diskussion in der Staatswissenschaft, der Philosophie, der Soziologie und der Politikwissenschaft nachhaltig geprägt (Eschenburg 1976, Eisenstadt 1988, Smith 1993). Man kann sogar sagen, daß Tocquevilles Meisterwerk die Grundlegung moderner Demokratietheorie im Sinn einer Analyse ist, die empirisch und theoretisch gehaltvoll, normativ und erfahrungswissenschaftlich und fallstudienartig wie auch vergleichend angelegt ist.

Gewiß hat Tocquevilles Werk auch Schwächen. Die neuere Forschung hat viele seiner Aussagen korrigiert (z.B. Eisenstadt 1988 und Smith 1993). Zum Beispiel verallgemeinert Tocqueville vorschnell die Ergebnisse seiner Beobachtung der Demokratie in Amerika im ersten Drittel des 19. Jahrhunderts. Auch weiß man mittlerweile, daß Demokratie sich nicht in reiner Mehrheitsdemokratie erschöpft, wie Tocqueville irrtümlich annimmt. Vielmehr sind Kombinationen von Mehrheitsdemokratie und anderen Entscheidungsverfahren möglich, wie Konfliktregelung nach gütlichem Einvernehmen oder nach dem Einstimmigkeitsprinzip. Entsprechend wird man auch die Kritik der Leistungsfähigkeit und Gefährdungen demokratischer Systeme nach Demokratietypen differenzieren müssen (hierzu der Teil III des vorliegenden Buches). Insgesamt wird man auch Tocqueville vorhalten können, daß er die Reichweite und Durchschlagskraft der Mehrheitsherrschaft, insbesondere das Potential der Mehrheitstyrannei, überschätzt und nicht in ausreichendem Maße in Verbindung bringt mit eingebauten Gegenkräften, Sicherungsinstanzen und Strukturen der Machtbalance des amerikanischen Regierungssystems auf bundesstaatlicher Ebene. Überdies überschätzt Tocqueville die Stabilität der amerikanischen Demokratie. Immerhin wird knapp zwei Jahrzehnte nach der Publikation seines Werkes in Amerika ein Bürgerkrieg ausbrechen; doch davon kann kaum jemand etwas ahnen, der Tocquevilles Analyse Amerikas zum Nennwert nimmt. Aber auch die Selbstreformfähigkeit der Demokratie wird von ihm nicht ausreichend erfaßt. Sie ist größer als er unterstellt. Zum Beispiel werden manche der Defizite, an denen sich Tocqueville stößt, später beseitigt, wie etwa die fehlende gesetzliche Regulierung von Konkursfällen.

Man muß Tocqueville auch vorhalten, daß er das Ausmaß der Demokratisierung Amerikas in der ersten Hälfte des 19. Jahrhunderts bei weitem überschätzt. In diesem Zeitraum sind die Vereinigten Staaten vom Modell einer vollentfalteten Demokratie noch weit entfernt. Von allgemeinem Wahlrecht, von dem Tocqueville mitunter spricht, kann nicht die Rede sein. Das Wahlrecht gilt nur für einen Teil der Männer, nicht für Frauen, und die schwarze Bevölkerung und die Indianer sind von ihm ebenso ausgeschlossen wie ein erheblicher Teil der erwachsenen weißen Bevölkerung. R. Dahrendorf hat den Anteil der Wahlberechtigten im Amerika des Tocqueville-Buches auf rund 5% der Bevölkerung geschätzt (Dahrendorf 1968a: 35). Gemessen an Vanhanens Demokratisierungsskala haben die USA auch 20 Jahre nach der Erstveröffentlichung von Tocquevilles Studie eine Wahlbeteiligungsquote von 13,4% (bezogen auf die gesamte Bevölkerung) und einen Wettbewerbsgrad im Parteiensystem von 52,1% gehabt (Vanhanen 1984: 155). Bei multiplikativer Verknüpfung beider Größen ergibt sich für die USA in dieser Periode auf der Demokratisierungsskala nach Vanhanen ein Wert von 7,0 (13,4 mal 52,1 geteilt durch 100 = 6,98). Das entspricht einem Demokratieskalenwert, der in den 80er Jahren des 20. Jahrhunderts von semi-demokratischen Regimen erreicht wird, z.B. in Bolivien, in Brasilien und in Singapur (Vanhanen 1989, siehe Kapitel 3.5).

R. Dahl hat den Sachverhalt knapp und bündig wie folgt benannt: Amerikas Demokratie war zur Zeit von Tocqueville bestenfalls „a democracy among white males" (Dahl 1985: 11), also eine Demokratie, die auf die weiße männliche Bevölkerung beschränkt war. Sie war insofern Demokratie einer „Minorität von Amerikanern" (Smith 1993: 549), vor allem der weißen, männlichen Bevölkerung mit nordeuropäischer Abstammung und insoweit allenfalls eine Halbdemokratie. Allerdings war sie im Vergleich zu den Hierarchien, die die europäischen Gesellschaften durchzogen, „bemerkenswert egalitär" (ebd.: 549). Diese Differenz beschäftigt Tocqueville vor allem. Sie beschäftigt ihn so sehr, daß all diejenigen Hierarchien, die auch im Amerika seiner Zeit vorhanden waren, vernachlässigt oder gar gänzlich ausgeblendet werden. Insoweit ist sein Amerikabild tatsächlich sehr eng konzipiert und „täuschend" (ebd.: 549). Man kann Tocqueville gegen diese Kritik allerdings auch in Schutz nehmen. F. Furet hat das mit dem Argument getan, Tocquevilles Einseitigkeit sei das Ergebnis gezielter Konzentration auf Wesentliches, auf langfristig Strukturbestimmendes und darauf, Amerika als Exempel einer chemisch reinen Demokratie ohne störende Beiklänge zu analysieren (Furet 1981: 13 und 18).

Man wird nicht alles, was Tocqueville für oder gegen die Demokratie sagt, auf die Waage legen können, auf der entwickelte Demokratien gewogen werden. Eine entwickelte Demokratie wächst erst Jahrzehnte nach Tocquevilles Amerika-Schrift heran. Um so bemerkenswerter ist es, daß eine Vielzahl von Tocquevilles Beobachtungen und Erklärungen zahllose brauchbare Anregungen und Einsichten in die Struktur und die Funktionsweise moderner Demokratien vermitteln. Tocqueville erweist sich in der Tat als „Prophet des Massenzeitalters", so der Untertitel einer Schrift, die Karl Pisa 1984 über ihn verfaßt hat. Und selbst wenn man berücksichtigt, daß Tocquevilles Amerika-Analyse die Demokratie überzeichnet, die Gleichheit überschätzt und die Ungleichheit unterschätzt, läßt sich eine Debatte über Vorzüge und Nachteile der Demokratie – wie im Schlußkapitel des vorliegenden Buches verdeutlicht wird – ohne Tocquevilles brillante Schrift „Über die Demokratie in Amerika" sinnvoll überhaupt nicht führen.

Kapitel 1.5
Liberale Theorie der Repräsentativdemokratie: John Stuart Mill

Auf das demokratietheoretische Werk von Tocqueville, dem liberal-aristokratischen Theoretiker der modernen Massendemokratie in ihrer frühen Entwicklungsphase, baut in der zweiten Hälfte des 19. Jahrhunderts einer der bedeutendsten Theoretiker des Liberalismus seine Demokratielehre auf: John Stuart Mill (1806-73). Mill kennt Tocquevilles Amerikastudie. Das Werk begeistert ihn und der Nachweis, daß die Demokratie charakteristische Gefahren mit sich bringt, insbesondere die Tyrannei der Mehrheit, beunruhigt ihn aufs höchste (Mill 1957: 123). Obwohl Mills primärer Erfahrungshintergrund nicht die politische Entwicklung Amerikas und Frankreichs, sondern in erster Linie diejenige Englands ist, wird er mit Problemen konfrontiert, die sich schon in Tocquevilles Amerikastudie abzeichneten, wie z.B. dem Vormarsch der Industriegesellschaft, der zunehmenden gesellschaftlichen Gleichheit, der allmählichen Erweiterung des Wahlrechts, dem Emporkommen politischer Parteien, dem Wissen um Spannungsverhältnisse zwischen Gleichheit und Demokratie auf der einen und Freiheit auf der anderen Seite und dem Gespür dafür, daß die politische Mobilisierung der Mittelklassen wie auch der unteren Gesellschaftsschichten voranschreitet und die Politik vor große Herausforderungen stellt.

Wie in den älteren Staatsformenlehren ist auch bei John Stuart Mill die Frage nach der besten Regierungsform Ausgangspunkt der Überlegungen. Mill knüpft dabei zum einen an die Tradition der „gemäßigten Demokratie" (Schwan 1991) an, die bei John Locke angelegt und vor allem von Montesquieu ausgebaut worden war. Mill führt diese Tradition weiter, indem er die Utilitarismustheorie des britischen Philosophen Jeremy Bentham – der zufolge die Förderung des größten Glücks der größten Zahl der Bürger das erste Kriterium moralisch richtigen Handelns ist – fortentwickelt und mit repräsentativdemokratischen und partizipationstheoretischen Überlegungen kombiniert. Dabei ist die „Frage nach der Grenze der rechtmäßigen Machtausübung der Gesellschaft über das Individuum" die Leitfrage und die Bedrohung der Freiheit des Individuums durch die Tyrannei der zahlenmäßigen Mehrheit das Hauptproblem (Schumacher 1994: 10). Die beste Regierung ist für John Stuart Mill diejenige, die für die Verbesserung des Loses und des Charakters der Regierten Sorge trägt und zugleich Tugend und Talente der Mitglieder eines Gemeinwesens optimal nützt und weiterentwickelt (Shields 1958, Thompson 1976: 175). Beiden Kriterien genüge am ehesten ein Regierungssystem mit breiter Beteiligung möglichst vieler – im Idealfall aller – zur autonomen Urteilsbildung befähigter Bürger an der Willensbildung und Entscheidung über öffentliche Angelegenheiten. Politische Beteiligung und Kompetenz sind die Schlüsselbegriffe von Mills Idealstaat. Für die politische Beteiligung spricht, daß sie ein Mechanismus ist, mit dem die Bürger ihre Interessen schützen und zugleich die Staatsbürgerkompetenzen stärken können. Für die Sache der Kompetenz tritt Mill ein, weil nur so die vorhandenen Talente und Tugenden in einer für das Gesamtwohl optimalen Weise genutzt würden (Thompson 1976: 54ff.). Dabei kommt es auf zwei Kompetenzen an: auf die instrumentelle Kompetenz, d.h. auf die Fähigkeit, diejenigen Ziele zu identifizieren, die am ehesten individuellen Interessen entsprechen und die besten Mittel zur Zielerreichung auszuwählen und auf die moralische Kompetenz, d.h. die Fähigkeit, diejenigen Zwecke zu erkennen, die für die Individuen und die Gesellschaft insgesamt höherwertig sind.

Da aber in jedem Gemeinwesen, das größer ist als eine Kleinstadt, die Gesamtheit der Bürger oder auch nur ein größerer Teil der Bürgerschaft höchstens an einer geringen Zahl von Entscheidungen über öffentliche Angelegenheiten persönlich beteiligt sein kann, folgt, daß eine Repräsentativordnung am ehesten als Rahmen einer guten Regierungsform in Frage kommt (Mill 1958: 55). Im Unterschied zu Rousseau versteht John Stuart Mill unter Volkssouveränität delegierte

Souveränität. Ihm zufolge ist die Repräsentation unverzichtbar und ebenso unverzichtbar ist, daß das Regieren durch Wenige zu erfolgen hat, allerdings im Interesse der Vielen und kontrolliert durch diese. Für die Repräsentativverfassung spricht nach Mill auch, daß sie kompetente und verantwortliche Politiker an die Macht bringt und daß sie ein wirkungsvolles Mittel gegen unerwünschte Nebenfolgen der Massendemokratie darstellt, wie sie Tocquevilles Schrift „Über die Demokratie in Amerika" analysiert hat. Tocquevilles Analyse verstärkt Mills zunehmend kritischere Einstellung zur Machbarkeit und Wünschbarkeit einer vollentfalteten reinen Demokratie (Mill 1957: 123). Besonders beeindruckt ihn die These, daß die Ausbreitung der Demokratie unaufhaltsam sei und daß zugleich ihre Schwächen an Größe und Bedeutung zunähmen, wie mangelnde Qualifikation des politischen Führungspersonals, Diskontinuität in der Amtsführung und vor allem das Problem der Tyrannei der Mehrheit. Diesen Despotismus fürchtet Mill wie Tocqueville nicht zuletzt deshalb, weil er neben der Tyrannei physischer Art auch eine Tyrannei geistig-intellektueller Art beinhalten kann, eine „tyranny not over the body but over the mind" wie er in der Besprechung von Tocquevilles Amerika-Buch schreibt (Mill 1985b: 216).

Das Problem der Despotie der numerischen Mehrheit muß John Stuart Mill um so mehr beunruhigen, als er dezidiert für die Ausweitung des Wahlrechts eintritt, und weil er in der kontrollierten Öffnung und Erweiterung von Beteiligungschancen für bis dahin ausgeschlossene Gruppen der Gesellschaft ein Mittel gegen die mißbräuchliche Ausübung von politischer Gewalt sieht. Allerdings geht es John Stuart Mill nicht um Maximierung politischer Beteiligung, sondern um kontrollierte Erweiterung der Repräsentativverfassung und zugleich um Errichtung einer Institutionenordnung, in der drei weitere Probleme zufriedenstellend gelöst sind: die Auswahl einer qualifizierten politischen Führungsschicht, die Zähmung der Mehrheit, insbesondere die Verhinderung des Mehrheitsdespotismus, und die Einrichtung wirksamer Vorkehrungen gegen Inkompetenz unmündiger Bürger.

Hierfür unterbreitet Mill eine Reihe von Vorschlägen zur Reform der politischen Institutionen (Burns 1957). Zusammenhängende Gestalt nehmen sie in der 1861 erstmals veröffentlichten Schrift „Representative Government" an. Diese Schrift soll – so Mill in seiner Autobiographie – „the best form of a popular constitution" in kohärenter Form darstellen (Mill 1957: 169). Die Hauptmerkmale der idealen Repräsentativverfassung des John Stuart Mill lassen sich in dreizehn Regeln zusammenfassen.

Die erste Regel besagt, daß eine erfolgreiche Repräsentativverfassung bestimmte gesellschaftliche Voraussetzungen hat. Insbesondere muß das Volk bereit, willens und befähigt zur Beteiligung an Debatten und Abstimmungen über öffentliche Angelegenheiten sein. Der kritische Test der Eignung eines Volkes für eine demokratische Ordnung (popular role) sei die relative Stärke zweier gegensätzlicher Bestrebung, deren Intensität sich von Land zu Land unterscheidet, nämlich des Strebens nach Machtausübung über andere und der Bestrebungen, sich der Unterwerfung unter die Macht anderer zu entziehen. Ein Volk, in dem letzteres dominiert, eigne sich in besonderem Maße für eine Repräsentativverfassung nach Mills Rezept (Mill 1958: Kapitel 4).

Die zweite Regel lautet: Die Repräsentativversammlung muß sich auf ihre eigentlichen Kernfunktionen konzentrieren. Sie ist Mill zufolge am effektivsten, wenn sie sich um jene Aufgaben kümmert, die sie besser als andere Institutionen erfüllen kann. Eine Versammlung eignet sich beispielsweise zur Aussprache, zur öffentlichen Debatte. Somit hat sie ein Vermögen, das ein individueller Akteur nicht besitzt. Andererseits ist ihre Handlungsfähigkeit im Gegensatz zu einem individuellen Akteur weitaus geringer. Deshalb sollte die Repräsentativversammlung keine Kompetenzen anstreben, die Handlungsfähigkeit voraussetzen, wie die Ausübung von Regierungsfunktionen. Die sei bei hochgradig qualifizierten Experten viel besser aufgehoben. Auch bei der Gesetzgebung empfiehlt Mill der Repräsentativversammlung Zurückhaltung und weitestmögliche Delegation an Experten oder an Kommissionen der Versammlung. Ein „Arbeitsparlament" wird hier empfohlen, welches die Technik und die Details der Gesetzgebung an Parlamentsausschüsse delegiert, die ihrerseits stark verkleinerte Abbildungen der Repräsentativversammlung sind.

Die dritte Regel lautet: Errichte Sicherungen gegen potentielle Defekte der Repräsentativordnung. Ein potentieller Mangel liegt Mill zufolge in ihrer relativen Kompetenzschwäche: sie neige ebenso wie die Bürger dazu, mehr anzustreben, als sie zu erreichen vermöge. Ein weiterer Defekt bestehe aus dem oftmals erfolgreichen Bestreben von Sonderinteressen, die Repräsentativversammlung zum Nachteil des allgemeinen Interesses zu beeinflussen. Hieraus resultiert nach Mill Klassengesetzgebung, d.h. Ausbeutung der Gesetzgebungsmaschinerie zugunsten einer gesellschaftlichen Klasse. Aus diesem Grund legt Mill großen Wert darauf, daß zwischen den beiden großen sozialen Klassen der sich industrialisierenden Gesellschaft, nämlich Kapital und Arbeit, auch im Parlament ein Klassengleichgewicht herrscht; die konfligierenden Interessen sollten in einer Weise balanciert werden, daß jede Klasse bzw. deren Vertretung in der Repräsentativversammlung zur Erreichung einer Mehrheit auf die Unterstützung einer anderen Klasse angewiesen ist. In moderner Begrifflichkeit steht hinter Mills dritter Empfehlung die Überlegung, zur Wahrung des Gesamtwohls müsse man die im Interessenkonflikt zueinander stehenden Gesellschaftsklassen und deren Vertreter zu kooperativem Verhalten bringen und notfalls zwingen.

Die vierte Regel ist die: Bekämpfe die „falsche" Demokratie und stütze die „wahre" Demokratie. Zu den besonders gefährlichen Auswirkungen der Repräsentativverfassung zählt Mill die „unechte Demokratie" (false democracy). Diese ist ein Regierungssystem der Privilegien, in dem Minderheiten faktisch die Bürger- bzw. Wahlrechte entzogen sind. Das ist vor allem in der reinen Mehrheitsregierung, in der Minoritäten nicht adäquat repräsentiert sind, der Fall. Die echte Demokratie hingegen, die „true democracy", ist für Mill eine politische Ordnung mit angemessener Minderheitenvertretung auf der Basis eines strikten Verhältniswahlrechtes. Thomas Hares Plädoyer für ein Verhältniswahlrecht hat John Stuart Mill begeistert aufgenommen (Kern 1972: 313f.)!

Mit der fünften Regel plädiert Mill für ein allgemeines, jedoch nach Würdigkeit gestaffeltes Wahlrecht. Zu den wichtigsten Aufgaben der Repräsentativverfassung zählt nach Mill die zuverlässige Verhinderung des Machtmißbrauchs der numerischen Majorität in der Volksversammlung. Ein restriktives Wahlrecht, wie es im Frühliberalismus propagiert wurde, löse dieses Problem nicht, im Gegenteil: die Begrenzung des Wahlrechts oder seine weitere Einengung richte Schaden an. Sie sei ungerecht, stifte Unfrieden und verspiele obendrein den potentiellen erzieherischen Wert, den die Beteiligung an Entscheidungen über öffentliche Angelegenheiten für die Bürger habe. Stimmrecht heißt für Mill allerdings nicht zwingend gleiches Stimmrecht. Für die Forderung, jedem Bürger das Stimmrecht zu geben, kann er sich erwärmen, aber nicht für das gleiche Stimmrecht. Vielmehr bindet er das Wahlrecht an bestimmte Qualifikationen. Wahlberechtigt sollen nur diejenigen Bürger sein, die lesen, schreiben und rechnen können und die direkte Steuern zahlen. Ausgeschlossen sind die Analphabeten, ferner diejenigen, die keine direkten Steuern entrichten, und Personen, die von Sozialleistungen der Pfarreien und Gemeinden abhängig sind und mithin der Gemeinschaft finanziell zur Last fallen. Aber auch wenn man das Wahlrecht nur den Bürgern gibt, die zur politischen Beteiligung qualifiziert zu sein scheinen, bleibe die

Gefahr der Klassengesetzgebung bestehen. Zur Bewältigung dieses Problems schlägt Mill die Institution des Pluralstimmrechts (plural voting) vor – ein ungleiches Stimmrecht, das besonders befähigten Wählern zwei oder mehr Stimmen zuteilt, während die übrigen Abstimmungsberechtigten jeweils nur eine Stimme haben. Dem Vorschlag stehen das Konzept der proportionalen Gleichheit (vgl. Kapitel 1.1) und Tocquevilles Analyse der Demokratie in Amerika Pate. Politische Gleichheit – so wie sie in den Vereinigten Staaten von Amerika praktiziert wird – ist für ihn der falsche Glaube und obendrein schädlich für die moralische und intellektuelle Entwicklung, weil sie den Verstand zu kurz kommen lasse. Das Stimmrecht sollte nach Wissen und Intelligenz gewichtet werden. Basis hierfür dürfte keinesfalls das Eigentum sein – John Stuart Mill ist nicht engstirniger Wirtschaftsliberaler –, sondern geistig-sittliche Überlegenheit („mental superiority").

Wie kann solche Überlegenheit festgestellt werden? Nach Mill bietet sich hierfür die berufliche Position, vor allem das Niveau der Ausbildung an. Insoweit folgt er dem „Lieblingstraum der Literaten" (Weber 1988a: 248), das Wahlrecht und die politische Reife nach Bildungspatenten zu bemessen. Allerdings sieht Mill Sicherungen gegen übermäßige Bündelung von Stimmen auf einzelne gesellschaftliche Klassen vor. Das Pluralstimmrecht dürfe nicht einen Zustand herbeiführen, in dem eine Klasse, wie z.B. die der Gebildeten, in die Lage versetzt wird, alle anderen zu majorisieren. Gewiß handelt es sich beim Pluralstimmrecht aus dem Blickwinkel entwickelter Demokratien um ein recht undemokratisches Gebilde. Dennoch wird deutlich, wie weit John Stuart Mill über den Frühliberalismus und den Wirtschaftsliberalismus hinausgeht: nicht um Eigentumsrechte und deren Schutz geht es ihm vorrangig, sondern um die Optimierung von Kompetenz und Beteiligungschancen. Um „meritokratischen Reformismus" handelt es sich bei diesem Reformprogramm (Smart 1990: 308). Auf Qualitätsgesichtspunkte, auf Leistung, auf Qualifikation kommt es ihm an, und Mill versäumt nicht, seinen Punkt klarzumachen: auch dem Ärmsten könne das Mehrfachstimmrecht zustehen. Voraussetzungen sei die Erbringung des Beweises, daß der Kandidat den erforderlichen Standard an Wissen und Bildung erreicht.

Gegen das Pluralstimmrecht hat Mill nichts einzuwenden. In dieser Hinsicht ist seine politische Philosophie ständischer, vorbürgerlicher Art. An dieser Stelle wird besonders deutlich, wie sehr Mill noch an der Schwelle zwischen ständischer und moderner bürgerlicher Gesellschaft steht. In anderer Hinsicht ist sein Programm jedoch von geradezu umstürzlerischer Radikalität: er bricht mit der bis dahin verbreiteten – auch von seinem Vater vertretenen – Auffassung, Frauen seien vom politischen Wahlrecht auszuschließen, weil ihre Interessen in denen ihrer Väter oder Ehemänner aufgehoben seien. Das Wahlrecht solle nicht nur Männern, sondern auch Frauen offenstehen, so fordert Mill. Aus dem Blickwinkel entwickelter Demokratien leuchtet seine Begründung ein: das Geschlecht könne ebensowenig ein Grund für den Ausschluß vom Wahlrecht sein wie die Körpergröße oder die Haarfarbe. Die Befürwortung des Frauenwahlrechts ist in Mills System an die zuvor erörterten Vorgaben des Wahlrechts gebunden: Voraussetzung der Wahlberechtigung ist die Befähigung zur autonomen Urteilsfällung, zum informierten, kundigen, individuelle wie Gesamtinteressen gleichermaßen wahrenden Tun und Lassen.

Die sechste Regel lautet: Keine indirekten Wahlen! Indirekte Wahlen sind Mill zufolge meist mit unerwünschten Konsequenzen verbunden. Indirekte Wahlen, bei denen beispielsweise die Abgeordneten von Wahlmännern, die ihrerseits vom Elektorat ernannt wurden, gekürt werden, beschnitten den Einfluß des Volkes auf die Führung der Staatsgeschäfte. Mit diesem System kann Mill sich nicht anfreunden, zumal es im Vergleich zu Direktwahlen obendrein kaum zur Kultivierung politischer Informiertheit, öffentlicher Debatte und Erziehung der Teilhabeberechtigten beitrage.

Der siebten Regel zufolge sollen Abstimmungen in der Regel öffentlich stattfinden. Geheime Stimmabgabe ist unerwünscht. Sie stärke selbstbezogene Interessen. Der gesamte Vorgang einer Wahl sei eine Veranstaltung, in der es um die Herstellung und Wahrung von Vertrauensbeziehungen zwischen Wählern und Gewählten gehe, und dies sollte in aller Öffentlichkeit erfolgen. Nicht zuletzt erhofft sich Mill hiervon auch verantwortungsvolles Wahlverhalten.

Die achte Regel besagt, die Finanzierung von Wahlkämpfen solle restriktiv gehandhabt und die Abgeordnetendiäten sollten knapp bemessen werden. Wahlkampfausgaben von Kandidaten will Mill strikt begrenzen, um die Wähler bei ihrer Entscheidung nicht ungebührlich zu beeinflussen. Ferner sollen die Parlamentsmitglieder keine Bezahlung erhalten. Von einem Abgeordnetengehalt befürchtet Mill das Schlimmste: mit ihm rekrutiere man unweigerlich selbstsüchtige, vulgäre Personen und Demagogen. Für qualifizierte Kandidaten oder qualifizierte Abgeordnete ohne unabhängiges Einkommen hingegen erwägt Mill Sonderregelungen, z.B. die Subventionierung aus den Portemonnaies der Wähler.

Die neunte Regel besagt, daß die Amtsdauer von Abgeordneten streng begrenzt sein soll. Wie lange soll ein Abgeordneter nach erfolgter Wahl im Amt bleiben? Mill plädiert für einen mittleren Weg: die Legislaturperiode soll nicht so lang sein, daß der Abgeordnete seine Verantwortung gegenüber dem öffentlichen Wohl vergesse, aber auch nicht so kurz, daß er keine nennenswerten Gestaltungschancen hat. Mill denkt an eine Legislaturperiode zwischen drei und fünf Jahren, je nach dem, ob die zugrundeliegende Tendenz auf eine aristokratische oder eine demokratische Herrschaftsform hinauslaufe. Unter Umständen kommt auch eine Siebenjahresperiode in Frage. Die Chance der Wiederwahl soll auf jeden Fall gewahrt bleiben, weil diese mehr Nutzen und weniger Kosten als das Verbot der Wiederwahl bringe.

Mit der zehnten Regel tritt Mill gegen das imperative Mandat ein. In Übereinstimmung mit der klassisch-liberalen Repräsentationstheorie von Edmund Burke pocht er auf die freie Entscheidung des Abgeordneten. Das heißt Absage an ein imperatives Mandat, das den Repräsentanten bei Abstimmungen im Parlament an bestimmte Weisungen und Aufträge der Repräsentierten bindet. Das imperative Mandat richte nur Schaden an; es verunmögliche echte Verantwortlichkeit des Abgeordneten gegenüber den Wählern und es untergrabe zugleich die Aufgabe der Volksvertreter, ihre Qualifikation für die sachgerechte, freie Erörterung und Wahl von Handlungsalternativen zu nützen.

Der elften Regel zufolge ist eine zweite Kammer im Parlament nicht erforderlich. Das Zweikammersystem wäre nur in dem Fall nützlich, so Mill, wenn Klasseninteressen einer Mehrheit in der ersten Kammer nicht anderweitig Einhalt geboten werden könnte. Sobald es aber um Fragen der effektiven Zügelung von Souveränität gehe, sei der geeignetste Weg ohnehin derjenige der Streuung von Macht und nicht derjenige der Teilung in zwei Parlamentskammern. Mill setzt als Hauptmittel zur Machtstreuung auf das Wahlrecht, vor allem auf das Verhältniswahlrecht und das Pluralstimmrecht. Das Wahlrecht ist für ihn der Schlüssel, mit dem man die Staatsgewalt wirkungsvoll zügeln kann.

Die zwölfte Regel lautet: Konzentriere die Autorität in der Exekutive. Als allgemeine Regel gilt für Mill, daß Autorität und Verantwortlichkeit für Entscheidungen nicht geteilt werden sollten. Sie sind vielmehr zu konzentrieren und in einem individuellen Akteur oder einem Gremium zu bündeln, was jedoch die Heranziehung von Sachverstand seitens kompetenter Räte ebensowenig ausschließe wie die Wahl des Regierungschefs durch die gesetzgebende Versammlung. Allerdings sollten die Minister weder vom Volk noch von der Abgeordnetenversammlung gewählt werden, weil die Administration der Regierungstätigkeit besondere Qualifikationen voraussetze, die in Wahlen meist nicht angemessen berücksichtigt werden.

Der dreizehnten Regel zufolge ist ein zentralisierter Staat dem Bundesstaat vorzuziehen. Auch hier steht Mill eher auf seiten der Zentralisten und Einheitsstaatstheoretiker denn auf seiten der Föderalisten. Föderalistischer Theorie und Praxis gegenüber ist er reserviert eingestellt, so wie die überwältigende Mehrheit der politischen Theoretiker Großbritanniens. Allerdings schließt Mill die Nützlichkeit eines Föderalismus nicht grundsätzlich aus: er könne förderlich sein, wenn die Gegensätze zwischen den Regionen und zwischen einzelnen Bevölkerungsgruppen sehr groß sind. Andererseits erfordert aber eine stabile Föderation einen Basiskonsens in der Bevölkerung des gesamten Landes, ferner annähernd gleich starke Staaten und überdies Gliedstaaten von einer Größe und einem Gewicht, die ihnen verunmöglichen, mit ausländischen Staaten selbständige Beziehungen aufzunehmen.

Soweit die politische Konzeption John Stuart Mills für die beste Regierungsform. Man sieht: Mills Theorie der Repräsentativverfassung empfiehlt eine Ordnung, die sich einerseits offen für die Entwicklung zur modernen Demokratie zeigt und die andererseits Vorkehrungen gegen die Tyrannei der Mehrheit sowie gegen Desinformiertheit und Unmündigkeit der Bürger trifft. Mills Entwurf sieht eine Herrschaftsordnung vor, die zahlreiche Einschränkungen des Demokratieprinzips und zahlreiche Gegengewichte zur Herrschaft der numerischen Mehrheit enthält. Insoweit ist die Demokratielehre des „Representative Government" in der Tat eine „Theorie der ‚qualifizierten' repräsentativen Demokratie" (Göhler/Klein 1991: 460).

Mills Demokratietheorie hat in Politik und Wissenschaft verschiedenartige Reaktionen hervorgerufen. Manche sehen ihn als klassischen Vertreter des britischen Liberalismus des 19. Jahrhunderts und zugleich als Exponenten der aufsteigenden besitzenden Mittelklasse des britischen Kapitalismus (Shields 1958). Für K. Mittermaier und M. Mair ist Mill zusammen mit Tocqueville Wegbereiter „der heutigen apologetischen Demokratie-Ideologie", die Repräsentativverfassung und wahre Demokratie gleichsetze (1995: 156). Radikale Kritiker werfen Mill vor, seine Demokratisierungspläne entpuppten sich ausnahmslos als Mittel „gegen die politische Machtergreifung der Mehrheit der Arbeiter" (Bartsch 1982: 238). Vor allem die Bindung des Wahlrechts an die Fähigkeit zu lesen, zu schreiben und zu rechnen schließe notwendigerweise die arbeitende Bevölkerung vom Wahlrecht aus und damit sei – zumindest für den Liberalismus nach Mill – „das Problem wählender Arbeiter praktisch erledigt" (ebd.: 239, ähnlich Smart 1990: 317). Allerdings findet die radikale Kritik an Mill keineswegs überall Zustimmung. Man hat ihn mit guten Gründen gegen den Vorwurf in Schutz genommen, er sei bestimmten politischen Gruppierungen und bestimmten Gesellschaftsklassen verpflichtet. Kurt L. Shell beispielsweise wertet Mill als freischwebenden Intellektuellen, der keinem Machthaber und keiner Klasse verpflichtet ist und der die Suche nach Wahrheit zum Anliegen seiner publizistisch-wissenschaftlichen Tätigkeit macht (1971: 9). John Stuart Mill selbst sieht das ganz ähnlich; übrigens begreift er sich in seiner mittleren und späten Schaffensperiode explizit als Demokrat (Mill 1957, Thompson 1976). Überdies kann er sich auf sein reformpolitisches Anliegen berufen und auf den Nachdruck, den er auf Leistung, Befähigung und Verdienst legt. Mit der Formel „Präferenz für meritokratischen Reformismus" hat Paul Smart den Standpunkt Mills auf den Begriff gebracht (1990: 308).

Im übrigen wird man Mill selbst bei kritischer Kommentierung seiner Ausführungen zugute halten können, daß er in einem Zeitalter die Sache der Repräsentativregierung und der Repräsentativdemokratie vertritt, in dem die Volksherrschaft noch keineswegs anerkannt ist, sondern auf größte Widerstände und Feindschaft stößt. Nicht zu übersehen ist, daß seine Repräsentativverfassung am Vorabend der zweiten Wahlrechtsreform in Großbritannien von 1867 entsteht, auf „halbem Weg ... zwischen oligarchischer Vergangenheit der englischen Repräsentativverfassung und ihrer demokratischen Zukunft" (Kielmansegg 1988: 48). Noch war das Wahlrecht auf einen winzigen Teil der männlichen Bevölkerung beschränkt, und die Stimmung im Lande stand keineswegs auf Befürwortung weitreichender Demokratisierung. K. Shell hat den Sachverhalt mit folgenden Worten beschrieben: „Die Französische Revolution hatte in England nicht triumphiert – weder physisch noch geistig. Das Wahlrecht war – auch nach der sogenannten ‚großen Reform' von 1832 – auf einen winzigen Anteil der männlichen Bevölkerung beschränkt geblieben, und die zweite – größere – Wahlrechtsreform lag, als die ‚Considerations' (1861) [Considerations on Representative Government – der Verfasser] erschienen, noch in der Zukunft (1867). Der landbesitzende Adel hatte gerade begonnen, sich keineswegs reibungslos mit dem emporstrebenden kommerziellen und industriellen Bürgertum zu arrangieren. Die Krone und das House of Lords, traditionelle Stützpfeiler der alten Privilegienordnung, wurden zwar zunehmend vom Gewicht des House of Commons eingegrenzt. Aber die große Masse des arbeitenden Volkes, insbesondere das wachsende Industrieproletariat, war noch ausgeschlossen von legitimer politischer Einflußnahme" (Shell 1971: 9). Auch wahlhistorische Studien verdeutlichen, wie gering das Ausmaß der Demokratie im Britannien des John Stuart Mill war. Vor der Wahlrechtsreform von 1867 zählte man in England und Wales in den ländlichen Grafschaften eine Wahlberechtigtenquote (in Prozent der Bevölkerung) von rund 4 Prozent und in den städtischen Wahlbezirken von knapp 6 Prozent. Ein Jahr nach der Reform lagen die entsprechenden Werte zwischen 7 und 8 bzw. knapp 13 Prozent (Setzer 1973: 73). Noch geringere Werte zeigt der Demokratisierungsindex von T. Vanhanen für die Jahre 1860-69 an. Der Anteil der bei Wahlen abstimmenden Wahlberechtigten an der Bevölkerung lag Vanhanen zufolge bei 2,8% und der Wettbewerbsgrad im Parteiensystem bei 55,7%. Folglich belief sich der Demokratisierungsgrad, den Vanhanen durch die Multiplikation beider Größen ermittelt, auf einen Wert von 1.6, was heutzutage als autoritäres Regime und nicht als Demokratie gewertet würde (siehe hierzu den Teil III des vorliegenden Buches).

Aber nicht nur in der Politik riefen Mills Schriften unterschiedliche Reaktionen hervor, sondern auch in der Wissenschaft. Die Rezeption von Mills Demokratielehre war lange Zeit entweder auf die elitentheoretische Komponente konzentriert (wie z.B. bei Shields 1958) oder auf den partizipationstheoretischen Gehalt (z.B. Duncan/Lukes 1963). Entsprechend unterschiedlich fielen die Zuordnungen aus: für manche war Mills Repräsentativverfassung „eine Theorie demokratischer Elitenherrschaft" (Ballestrem 1988: 55), ja: Inbegriff elitistischer Demokratietheorie (Smart 1990: 317ff.), andere hingegen sahen ihn als Wegbereiter der partizipatorischen Demokratietheorie, so C. Pateman (1970). Vermittelnde Positionen betonen demgegenüber – der Sache mehr angemessen –, Mills Repräsentativverfassung sei eine systematische Exposition einer Demokratietheorie (Thompson 1976). Bei näherem Hinsehen wird deutlich, daß Mill drei Funktionen der Demokratie zu optimieren versucht und dabei eine Position entwickelt, die man als Sozialen Liberalismus bezeichnen kann (Göhler/Klein 1991: 496). Ihm geht es – erstens – um die erzieherische Funktion politischer Beteiligung; sie ist für Mill Bestandteil der Bildung und des Mündigwerdens der Bürger. Hinzu kommt – zweitens – die Protektionsfunktion, d.h. die Dimension der Verteidigung der Interessen der Bürger gegen Vernachlässigung oder Ausbeutung. An dritter Stelle ist die Führungsfunktion zu erwähnen, d.h. vor allem die Kompetenz zur politischen Führung und die Gewährleistung dafür, daß die höherqualifizierten und zur Führung politischer Ämter befähigten Bürger einen möglichst großen Einfluß auf die Politik und die Sicherstellung erzieherischer und protektiver Funktionen haben sollten.

Die politische Beteiligung erörtert Mill im übrigen aus der Perspektive der Optimierung individueller Nutzenkalküle und verantwortlicher Teilhabe an der Souveränität. Mikro- und Makroebene des Politischen kommen gleichermaßen zum Zug. Dies gilt auch für die Bestimmung der protektiven Funktion der Demokratie. Hinsichtlich der Führungsfunktion haben radikale Kritiker Mill vorgehalten, er habe nur die Interessen der Mittelklasse im Sinn. Ein genaues Textstudium zeigt jedoch, daß es angemessener ist, ihm die Beschreibung einer politischen Ordnung zuzubilligen, die liberaldemokratischer Natur ist, bürgerlichen Freiheiten Raum läßt und diese sichern will. Insoweit ist Mill Parteigänger einer liberalen Staatsverfassung, aber nicht Fürsprecher einer bestimmten Gesellschaftsklasse.

Freilich gibt es auch Schwächen in Mills Repräsentativverfassung und in dem Demokratiegehalt seines Werkes. Aus heutiger Sicht ist Mills Demokratiebegriff – wiewohl für seine Zeit progressiv – verkürzt. Dem Demokratieverständnis des ausgehenden 20. Jahrhunderts ist Mills Votum für ein plurales Stimmrecht, für offene Stimmabgabe und Bindung des Wahlrechts an Zahlung von Steuern ein Ärgernis. Unverkennbar ist Mills Repräsentativverfassung auch in erheblichem Ausmaß von aristokratisch gefärbten Repräsentationstheorien geprägt. Ferner enthält seine Lehre Zielkonflikte, problematische Annahmen, Unschärfen und Blindstellen. Entgegen Mills erklärtem Ziel, Partizipation und Kompetenz gleichermaßen zu gewichten, favorisiert seine Repräsentativverfassungslehre letztendlich die Kompetenz und die Effizienz des Regierens gegenüber der politischen Beteiligung und den hiermit gegebenen edukativen Funktionen. Eigentümlich blind scheint Mill gegenüber möglicher Verselbständigung der politischen Führung zu sein. Die Hauptsicherung hiergegen sieht er im Wahlrecht. Doch das greift relativ zur Eigentümlichkeit der Repräsentation – der „Achillesferse der Demokratie" (Sartori 1992: 40) – zu kurz. Zu kurz greift auch Mills weitgehende Ablehnung alternativer Machtaufteilung, beispielsweise mittels Bändigung der Staatsgewalt im Föderalismus. Auch haben sich begriffliche Unschärfen in sein Theoriesystem eingeschlichen. Das Allgemeinwohl z.B. ist eine wichtige theoretische Meßgröße bei Mills Güterabwägung und Urteilsfällung, doch empirisch bleibt dieses Schlüsselkonzept entweder eigentümlich blaß und unbestimmt oder es wird zu eng definiert und gemessen, beispielsweise mittels des Indikators langfristig rationaler Wirtschaftspolitik (Shell 1971: 18). Überdies gibt es eine Reihe problematischer Annahmen in Mills Schrift zur Repäsentativverfassung. Die Rechtfertigung des Pluralstimmrechtes für die Gebildeten beispielsweise fußt auf fragwürdigen Prämissen: zugrunde liegen die Annahme, die zusätzliche Stimmkraft vergrößere nicht die Macht und den Nutzen der

Privilegierten, und ferner die Vermutung, das höhere Maß an formaler Qualifikation befreie insoweit von interessengeleitetem Denken und Handeln, daß man in der Politik das objektiv Wahre, Richtige und dem Allgemeinwohl Förderliche erkennen könne (ebd.: 21). Aber was hat eigentlich der Doktor der Physik oder der Philologie mit politischer Reife zu tun? Mit diesen Worten hat Max Weber später Vorschläge hinterfragt, die denen von Mill ähneln. Weber fügte hinzu: „Jeder Unternehmer und jeder Gewerkschaftsführer, der, im freien Kampf um das ökonomische Dasein stehend, die Struktur des Staates täglich am eigenen Leibe spürt, weiß mehr von Politik als derjenige, dem der Staat nur die Kasse ist, aus der er kraft Bildungspatentes eine standesgemäße, sichere, pensionsfähige Einnahme erhält" (Weber 1988a: 248).

Ferner wird man Mill eine gewisse „Blindheit" gegenüber der gesellschaftlichen Bedingtheit individuellen Denkens und Handelns vorhalten können (Shell 1971: 21). Der Ausschluß vom Wahlrecht, den Mill für diejenigen fordert, die keine Steuern zahlen oder von karitativen Leistungen abhängig sind, zeigt doch eine ausgeprägt individualistisch-besitzbürgerliche Meßlatte an, die dem Allgemeinwohl, an dem der Autor sich ansonsten orientiert, entgegensteht.

Auch scheint sich der Autor des „Representative Government" nicht klar zu sein über die schwerwiegenden politischen Folgen, die sein Plädoyer für Wahlrechtsausdehnung im England seiner Zeit höchstwahrscheinlich haben wird, nämlich die Stärkung politischer Parteien und die hierdurch bedingte Schwächung der Stellung des einzelnen Abgeordneten. John Stuart Mill übersieht die „efficient parts" der Verfassung und er überschätzt die „dignified parts", so urteilt sechs Jahre nach Veröffentlichung der Schrift „Representative Government" Walter Bagehot in seinem Werk „The English Constitution" (1867). Mill übersieht, daß die eigentliche Maschinerie des politischen Entscheidungsprozesses im Kabinett zu suchen ist, nicht mehr in den altehrwürdigen Teilen der Verfassung wie der Monarchie und dem House of Lords, und ihm ist nicht klar, daß seine Reformvorschläge just diesen Mechanismus der „efficient parts" stärken und mit Parteipolitik aufladen würden.

In methodologischer Hinsicht schließlich fällt das nahezu vollständige Fehlen vergleichender Beschreibung und vergleichender Überprüfung der Annahmen und Aussagen in den „Considerations of Representative Government" auf. Das ist um so merkwürdiger, als dies den wissenschaftstheoretischen Empfehlungen widerspricht, die John Stuart Mill in seinen methodologischen Schriften vertritt. In der

Schrift über die Repräsentativverfassung präsentiert Mill seine Theorie als etwas Allgemeines, das für unterschiedliche Länder und Zeiträume gültig werden könnte. Doch in aller Regel sind sein Erfahrungsmaßstab und -gegenstand letztlich nur die britische Politik und die britische Geschichte, mitunter angereichert vor allem durch den Erfahrungsschatz, den Tocquevilles Schrift „Über die Demokratie in Amerika" bietet. Insoweit ist das harte Urteil von C. Shields gerechtfertigt, Mills Demokratielehre sei eine Kirchturms-Perspektive eigen (1958: XXXIV). Doch auch dies war in gewisser Weise Ausdruck des Zeitgeistes. Auch andere Theoretiker haben – irrtümlich – Großbritannien als repräsentativ für das Ganze gewertet. Karl Marx' Analyse des Kapitalismus beispielsweise, die in der Schaffensperiode von J. St. Mill entsteht, soll anhand des Studiums des britischen Falls allen anderen sich industrialisierenden Ländern die zukünftige ökonomisch-soziale Entwicklung schildern! Wie Mill unterschätzt Marx die Besonderheiten der britischen Entwicklung und überschätzt die Verallgemeinerbarkeit des Falles Großbritanniens.

Kapitel 1.6
Die Lehre der revolutionären Direktdemokratie: Karl Marx über die Pariser Kommune

Wie John Stuart Mill ist Karl Marx (1818-83) vom Aufstieg der bürgerlichen Industriegesellschaft in England zutiefst geprägt. Sein politischer Standort unterscheidet ihn jedoch radikal von dem Mills (Duncan 1973). Mill ist Liberaler und Demokrat, Marx hingegen Kommunist. Für Mill ist die gemäßigte Repräsentativdemokratie die Staatsform, die der bürgerlichen Gesellschaft geziemt. Für Marx hingegen ist die Demokratie entweder – so mit Blick auf sozialreformerische, als „kleinbürgerlich" eingestufte Bestrebungen – Beiwerk der Klassenherrschaft der Bourgeoisie oder nützliches Instrument zur Erringung politischer Oberherrschaft der revolutionären Arbeiterbewegung und Synonym für den heilsgeschichtlich gedeuteten Endzustand der Geschichte. Den setzt Marx zunächst noch mit politischer Selbstverwirklichung der Menschen gleich. Später wird an deren Stelle die politisch-ökonomische Lehre vom „Reich der Freiheit" auf kommunistischer Grundlage treten. Der „wahre Staat" sei die Demokratie, so hielt Marx noch 1843 in der „Kritik des Hegelschen Staatsrechts" Hegels konstitutionell-monarchischem Idealstaat entgegen. In dieser Schrift identifizierte sich Marx mit der von Hegel abgelehnten Demokratie im Sinne der republikanischen Phase der Französischen Revolution von 1789. Die Demokratie galt ihm dort als echte Selbstbestimmung des Volkes, als „Inhalt und Form" und ihre Verfassung als „freies Produkt des Menschen" (Marx 1972a: 231). In der Demokratie werde erstmals „die wahre Einheit des Allgemeinen und Besonderen" (ebd.: 231) hergestellt, und von ihr könne man sagen, daß der „politische Staat untergehe" (ebd.: 232).

Manche Autoren haben Marx „leidenschaftliche Verteidigung der Demokratie" zugeschrieben (Springborg 1984: 538). Doch die Demokratie, die Marx interessiert, ist nicht diejenige von Tocqueville oder Mill. Sein Augenmerk gilt einer Demokratie, die über die bürgerliche Gesellschaft hinausweist. Demokratie meint nämlich im Frühwerk von Marx und in der späteren Schaffensperiode nicht in erster Linie Zustand oder Prozeß einer Institutionenordnung, sondern wesentlich heilsgeschichtlich interpretierter Übergang oder Endzustand, zunächst im Sinn von Auflösung der Trennung von Staat und Gesellschaft, im Kommunistischen Manifest im Sinn von „Erhebung des Proletariats zur herrschenden Klasse" (Marx/Engels 1970: 44), und später in der Bedeutung von echter Freiheit und echter Gleichheit, und beides kann nach Marx' Verständnis erst nach Überwindung des Kapitalismus im Kommunismus verwirklicht werden. Insoweit entpuppt sich Marx' Parteinahme für die Demokratie als Parteigängertum für die proletarische Demokratie, und von ihr erwartet er Selbstbestimmung und Befreiung. „Die Demokratie, das ist heutzutage der Kommunismus (...) Die Demokratie ist proletarisches Prinzip" – Friedrich Engels Gleichung bringt den Gedanken auf den Punkt (Engels 1959: 612).

Der Schwerpunkt von Marx' schriftstellerischem Werk liegt gewiß nicht in der Analyse des Politischen im allgemeinen und der Demokratie im besonderen, sondern in der Untersuchung der Struktur und Dynamik der kapitalistischen Produktionsweise. Es ist kein Zufall, daß das Stichwortregister seiner wichtigsten Schrift zu diesem Thema – „Das Kapital" (1867) – keinen Eintrag zur Demokratie enthält. Doch hat Marx im Rahmen seiner tagespolitischen Schriften einen wesentlichen Beitrag zu einer politisch folgenreichen Richtung der Demokratielehre geleistet. Er hat nämlich Bausteine zur Theorie sozialistischer revolutionärer Direktdemokratie beigesteuert, vor allem in seiner Analyse der Pariser Kommune in der 1871 veröffentlichten Abhandlung „Der Bürgerkrieg in Frankreich" (zitiert als Marx 1970).

Die Kommune ist das revolutionäre Stadtregime, das nach dem Aufstand in Paris im Anschluß an den Waffenstillstand im deutschfranzösischen Krieg von Sozialisten und Kommunisten – den Kommunarden – von März bis Mai 1871 eingerichtet wurde. In seinen Schriften feiert Karl Marx die Kommune. Ihren historischen Verdienst sieht er vor allem in der Zerschlagung der politischen Form der überkommenen Klassenherrschaft und deren Ersetzung durch eine „Regierung der Arbeiterklasse" (Marx 1970: 490).

Eine „Diktatur des Proletariats" sei die Pariser Kommune gewesen, schrieb Friedrich Engels in der Einleitung von 1891 zu Marx' Bürgerkriegs-Schrift. Marx selber verwendet den Diktaturbegriff in der Kommune-Schrift nicht, aber der Sache nach ist die Pariser Kommune tatsächlich eine Klassenherrschaft des Proletariats und seiner Vertreter in dem spezifischen Sinn, in dem dies bei Engels und Marx verstanden wurde, nämlich als Auslöschung des „politischen Staates" der bürgerlichen Gesellschaft, als Auslöschung insbesondere des Staates als Unterdrückungsinstrument der Arbeiterschaft und der kommunistischen Arbeiterbewegung (Sartori 1992: 444).

Die Herrschaftsform der Pariser Kommune beschreibt Marx als direktdemokratische, strikt basisverwurzelte Herrschaft der Pariser Arbeiter und ihrer Vertreter und Bündnisgenossen sowie als System radikaler Eingriffe in die politische, gesellschaftliche und wirtschaftliche Ordnung. Den Institutionen und der Praxis der Kommune läßt Marx uneingeschränkte Zustimmung zuteil werden. Ihre Verfassung und Verfassungswirklichkeit stellten sich nach Marx wie folgt dar: „Die Kommune bildet sich aus dem durch allgemeines Stimmrecht in den verschiedenen Bezirken von Paris gewählten Stadträten. Sie waren verantwortlich und jederzeit absetzbar. Ihre Mehrzahl bestand selbstredend aus Arbeitern und anerkannten Vertretern der Arbeiterklasse. Die Kommune sollte nicht eine parlamentarische, sondern eine arbeitende Körperschaft sein, vollziehend und gesetzgebend zu gleicher Zeit. Die Polizei, bisher das Werkzeug der Staatsregierung, wurde sofort aller ihrer politischen Eigenschaften entkleidet und in das verantwortliche und jederzeit absetzbare Werkzeug der Kommune verwandelt. Ebenso die Beamten aller anderen Verwaltungszweige. Von den Mitgliedern der Kommune an abwärts mußte der öffentliche Dienst für Arbeiterlohn besorgt werden. Die erworbenen Anrechte und die Repräsentationsgelder der hohen Staatswürdenträger verschwanden mit diesen Würdenträgern selbst. Die öffentlichen Ämter hörten auf, das Privateigentum der Handlanger der Zentralregierung zu sein. Nicht nur die städtische Verwaltung sondern auch die ganze, bisher durch den Staat ausgeübte Initiative wurde in die Hände der Kommunen gelegt" (Marx 1970: 487f., ohne Hervorhebungen im Original).

Nicht minder radikal waren die militär-, polizei-, justiz- und kulturpolitischen Maßnahmen der Kommune. Ihr erstes Dekret regelte die Auflösung des stehenden Heeres und seine Ersetzung durch das bewaffnete Volk. Als mit Polizei und Heer „die wichtigsten Werkzeuge der materiellen Macht der alten Regierung" (ebd.: 488) beseitigt waren, ging die Kommune daran, die politisch-ideologische Macht des alten Regimes zu brechen. Marx zufolge zerschlug die Kommune wirkungsvoll „das geistliche Unterdrückungswerkzeug, die Pfaffenmacht (...); sie dekretierte die Auflösung und Enteignung aller Kirchen, soweit sie besitzende Körperschaften waren. Die Pfaffen wurden in die Stille des Privatlebens zurückgesandt, um dort, nach dem Bilde ihrer Vorgänger, der Apostel, sich von dem Almosen der Gläubigen zu nähren. Sämtliche Unterrichtsanstalten wurden dem Volk unentgeltlich geöffnet und gleichzeitig von aller Einmischung des Staats und der Kirche gereinigt. Damit war nicht nur die Schulbildung für jedermann zugänglich gemacht, sondern auch die Wissenschaft selbst von den ihr durch das Klassenvorurteil und die Regierungsgewalt auferlegten Fesseln befreit. Die richterlichen Beamten verloren jene scheinbare Unabhängigkeit, die nur dazu gedient hatte, ihre Unterwürfigkeit unter alle aufeinanderfolgenden Regierungen zu verdecken (...) Wie alle übrigen öffentlichen Diener, sollten sie fernerhin gewählt, verantwortlich und absetzbar sein" (ebd.: 488).

Die historische Bedeutung der Kommune lag für Marx nicht nur in ihrer direktdemokratischen und die Staat-Gesellschaft-Differenzierungen auflösenden Form, sondern auch darin, daß sie die geschichtliche Bestimmung der bürgerlich-kapitalistischen Gesellschaft einzulösen versprach. Sie beabsichtigte nämlich „die Enteignung der Enteigner" (ebd.: 491) und somit die Zerschlagung des wirtschaftlichen Herrschaftszentrums der bürgerlichen Gesellschaft. Zudem war die Kommune für Marx Keimform zukünftiger sozialistischer politischer Ordnung. Und so konnte Marx seine Abhandlung über die Pariser Kommune mit dem Anspruch verbinden, zugleich die Grundform einer rätedemokratisch organisierten Herrschaft der Arbeiterklasse zu entwickeln. Die Organisationsprinzipien dieser Herrschaftsform – einer auf das Ziel der Revolution geichten Direktdemokratie – umfassen neun Hauptmerkmale (zum folgenden vor allem Bermbach 1973 und 1994). Grundlegend ist zunächst die Idee der basisnahen Organisation der Gesellschaft in überschaubaren Einheiten, in denen die politische Souveränität ihren Ursprung hat (Prinzip der Basisorganisation). 2) Hinzu kommt das Prinzip der Exekution des Basiswillens. Zu den Pfeilern der neuen Ordnung zählt die schon bei Rousseau entwickelte

Vorstellung, kollektive politische Institutionen seien wesentlich nur Exekutoren des Willens der Basis. 3) Drittens ist das Prinzip der Direktwahl aller Ämter zu nennen: alle öffentlichen Ämter sind durch direkte Wahl der Kandidaten durch die Urwähler zu besetzen. 4) Zu den Strukturmerkmalen der revolutionären Direktdemokratie gehört auch das imperative Mandat. Jeder Inhaber eines öffentlichen Amtes ist an Weisungen der Wählerbasis gebunden, er unterliegt permanenter Kontrolle und kann durch Abstimmung der Urwählerschaft jederzeit aus dem Amte abberufen werden. 5) Hinzu kommt – fünftens – das Prinzip der Amtsträgerbesoldung nach Durchschnittseinkommen. Die revolutionäre Direktdemokratie soll die für die bürgerliche Gesellschaft charakteristische Trennung des Bürgers in Citoyen (Staatsbürger) und Bourgeois (der Bürger als Wirtschaftssubjekt) durch die Rückverlagerung politischer Funktionen in die Gesellschaft aufheben. Zu diesem Vorhaben gehört die Besoldung der Amtsträger nach Durchschnittseinkommen. Der öffentliche Dienst müsse „für Arbeiterlohn" (ebd.: 488) besorgt werden – um die wirtschaftliche Sonderstellung der Amtsinhaber oder gar deren Verselbständigung von der Basis zu verhindern. 6) Ferner will die revolutionäre Direktdemokratie institutionelle Sperren gegen die Verselbständigung der Führungsschicht und gegen Bürokratisierungstendenzen errichten. Der Schlüssel hierfür ist die Ämterrotation, d.h. die in kürzeren Abständen erfolgende Ablösung von Amtsinhabern. 7) In sozialstruktureller Hinsicht geht es um Repräsentativität: die Räte müssen die Sozialstruktur des Volkes, insbesondere die politisch zentrale Stellung bislang unterworfener gesellschaftlicher Klassen widerspiegeln. Im Kontext der Marxschen Theorie heißt das: die Mehrheit der Räte ist direkt aus dem Proletariat oder aus dem Kreis von „anerkannten Vertretern der Arbeiterklasse" zu rekrutieren (ebd.: 487). 8) Charakteristisch für die rätedemokratische Organisation der revolutionären Direktdemokratie ist des weiteren die Aufhebung aller Strukturen und Verfahren, die der angestrebten Homogenisierung der Gesellschaft entgegenstehen, z.B. der Organisierung von Sonderinteressen in Parteien und Verbänden und der Gewaltenteilung. Gesellschaftliche Homogenisierung und Gewaltenmonismus sind Trumpf; Pluralisierung, Gewaltenteilung oder Gewaltenbalance hingegen sind verpönt. 9) Schlußendlich basiert die revolutionäre Direktdemokratie auf einem universalistischen Politikverständnis. Ihm zufolge sind die direktdemokratischen Verfahrensweisen nicht auf die öffentlichen Angelegenheiten nach althergebrachtem Verständnis zu begrenzen, sondern universeller Art. Sie sind für die Organisation von Politik maßgebend und für die von Gesellschaft und Wirtschaft. Dem Projekt der revolutionären Direktdemokratie liegt die Leitidee der „Totalpolitisierung" zugrunde (Guggenberger 1995: 87).

Die Theorie revolutionärer Direktdemokratie ist gefeiert und verurteilt worden. Richtungsweisend wurde sie vor allem für die basisdemokratisch orientierte Linke, für anarcho-syndikalistische Bestrebungen sowie – ergänzt um die Vorstellung, die kommunistische Partei sei die Avantgarde der Arbeiterschaft – für marxistisch-leninistische Partei- und Staatstheorien (Lenin 1970). Zu ihren Hauptgegnern zählen neben liberalen und konservativen Strömungen auch der gemäßigte Flügel der Arbeiterbewegung, vor allem die Sozialdemokratie, sowie liberale und konservative Staats- und Demokratietheoretiker.

Die Theorie revolutionärer Direktdemokratie ist die Theorie einer Organisationsform, die in der Praxis nur unter außergewöhnlichen Bedingungen und nur auf kurze Dauer überlebensfähig ist. Sie setzt ein kleinräumiges, überschaubares Gemeinwesen, hohes Niveau politischer Mobilisierung, hohen Informationsstand und ein umfangreiches Zeitbudget der Urwählerschaft voraus. Wie die geschichtliche Erfahrung lehrt, haben rätedemokratische oder räteähnliche Organisationsformen nur eine geringe Lebenserwartung. Nahezu systematisch verfehlen sie ihre hochgesteckten Ziele. Wo räteähnliche Organisationen aufgetreten sind, haben sie sich alsbald als nicht überlebensfähig erwiesen. Wie U. Bermbach gezeigt hat, hängt dies mit kaum einlösbaren Annahmen des Räte-Konzeptes zusammen: „auf der Ebene der Bürger hohe Informiertheit und Engagementbereitschaft, gekoppelt mit der Einsicht, die eigenen Interessen an universellen gesellschaftlichen Entwicklungsimperativen zu orientieren; auf der Ebene der Organisation das Negieren der (...) Notwendigkeit (...), Handlungs- und Entscheidungsalternativen zu selektieren – was unweigerlich zur Fraktionierung und damit zum Durchschlagen partikularer Interessen führen muß; darüber hinaus das Verkennen eines privilegierten Zugangs zu Informationsnutzung und der damit verbundenen selektiven Steuerungs- und Manipulationsmöglichkeiten durch Amtsträger; schließlich die mangelhafte Beachtung des Verhältnisses von Zentral- und Basisorganisation sowie die fast vollständige Vernachlässigung des Faktums, daß alle heutigen Gesellschaften in hohem Maße international verbunden und eingebunden sind" (Bermbach 1994: 131).

Marx' Beitrag zur Demokratielehre ist revolutionspraktisch ausgerichtet. Insoweit ist die ihr eigene offene Flanke konsequent: die Rätedemokratie bringt eine öffentliche Gewalt hervor, die nahezu schrankenlos agieren kann. Die aus dem Volk hervortretende Staatsmacht wird insoweit tendenziell total! Die Theorie der revolutionären Direktdemokratie sieht keine wirkungsvolle Sicherung gegen die Verselbständigung der Staatsmacht vor – mit Ausnahme der basisdemokratischen Rückkoppelung des imperativen Mandats, doch die betrifft das Vertretungs- und Führungspersonal, nicht die Staatsmacht als Ganzes. Insoweit hat die Theorie revolutionärer Direktdemokratie nicht nur ein extrem egalitäres, sondern auch ein ausgeprägt autoritäres Element (vgl. auch Femia 1993). Wie fatal sich eine solche ungezügelte politische Herrschaftsordnung auswirken kann, läßt sich auch am Tun der Pariser Kommune ablesen. Auf ihr Konto geht bekanntlich nicht nur die von Marx gefeierte revolutionäre Politik, sondern auch die Hinrichtung von 64 Geiseln. Marx hat hierfür nur Hohn und Spott übrig. Man habe eben „zur preußischen Sitte des Geiselngreifens" Zuflucht gesucht (Marx 1970: 507).

Aber nicht nur ob ihres Zynismus ist Marx' Kommune-Interpretation umstritten. In politischer Hinsicht polarisiert sie Revolutionäre, Reformer und Bewahrer. Auch ihr wissenschaftlicher Gehalt wird kontrovers beurteilt. Für manche ist sie Grundlegung konkreter politikwissenschaftlich-soziologischer Klassenkonfliktanalyse (so z.B. Hennig u.a. 1974), andere sehen in ihr hauptsächlich nur eine „tagesbedingte Kampfschrift" (Schieder 1991: 16). Die Bürgerkriegs-Schrift dürfe man nicht als Produkt eines Historikers verstehen, sondern als „Ehrung" der Pariser Kommune, als „ein Bericht zwischen Dichtung und Wahrheit" (Wenturis 1980: 168). Auch Analytiker, die von Marx mehr halten, haben Zweifel an der historischen Stimmigkeit der Darstellung der Kommune-Schrift geäußert (z.B. Hennig 1974: XC). Marx' Abhandlung der Pariser Kommune ist von begeisterter Zustimmung und revolutionärer Gesinnung getragen. Allerdings mangelt es ihr an Kritik der Schwächen, Defekte und Unterdrückungspotentiale der neuen Ordnung. Insoweit vermißt man in ihr das Talent zur nüchternen, schonungslosen Analyse, das Marx in seiner Strukturanalyse des Kapitalismus in „Das Kapital" entfaltet. In der Kommune-Schrift tritt die Kritik jedoch hinter die Rechtfertigung der neuen Ordnung zurück; die liegt für Marx vor allem darin, daß sie eine Herrschaftsform im Interesse „des ganzen modernen Proletariats", der arbeitenden Majorität anstelle der wenigen Aneigner gesellschaftlichen Reichtums etabliert (Marx 1970: 509).

Marx' Theorien kann man nicht ursächlich verantwortlich machen für das Tun und Lassen der Staatsmacht und der politischen Organisationen, die sich auf den Marxismus berufen. Gleichwohl besteht zwischen diesen und Marx' Lehre ein inneres Band. Marx' Demokratietheorie setzt auf die rätedemokratisch legitimierte Fusion von Exekutiv- und Legislativgewalt. Dies hat sie mit der radikalen Volkssouveränitätslehre von Rousseau gemeinsam. Sie ist zugleich das Einfallstor für die Verselbständigung der Legislative und der Exekutive – bis zum Extremfall des terroristischen Einsatzes der Regierungsmacht gegen Oppositionelle. Insoweit reichen Verbindungslinien von der politischen Theorie der sozialistischen Klassiker des 19. Jahrhunderts zur Theorie und Praxis marxistisch-leninistischer Partei- und Staatspolitik, wie Lenins „Staat und Revolution" (Lenin 1970) und zur Theorie und Praxis der sogenannten Volksdemokratie der sozialistischen Staaten Mittel- und Osteuropas bis Ende der 80er Jahre des 20. Jahrhunderts (vgl. z.B. Heuer 1990).

Spätestens an dieser Stelle wird verständlich, warum sich Theoretiker des Verfassungsstaates (z.B. Böckenförde 1987 und Fraenkel 1991), aber auch Theoretiker des Anarchismus, aufs schärfste von Marx abgrenzen. Marx sei ein „autoritärer Kommunist", schrieb der russische Anarchist Michail Bakunin (1969: 178). Darin kam nicht nur Bakunins persönliche Kränkung durch Marx zum Ausdruck, sondern auch eine grundlegende Differenz des politischen Standortes.

In politischer Hinsicht erweist sich Marx' revolutionäre Direktdemokratie als überaus einflußreich – mit wenig segensreichen Folgen, wie Theorie und Praxis marxistisch-leninistischer Partei- und Staatspolitik verdeutlichen. Unter rein wissenschaftlichen Gesichtspunkten ist die Theorie der revolutionären Direktdemokratie auf brüchige Pfeiler gebaut. Das gilt sowohl für die Empirie als auch für die theoretische Fundierung. Überdies enthüllt die Schrift über die Pariser Kommune einmal mehr einen grundlegenden Mangel der Gesellschaftsanalyse des klassischen Marxismus: das Fehlen einer empirisch und theoretisch fundierten Politiktheorie.

Verständlich wird die radikale revolutionäre Direktdemokratielehre letztlich nur, wenn man das „Gegenideal" (Sartori 1992: 439) kennt, von dem Marx sich leiten ließ. G. Sartori hat es mit den folgenden Worten umschrieben: das positive Ideal ist „eine staatsfreie, spontane harmonische Gemeinschaft, die auf wirtschaftlichem Überfluß beruht. Politisch wird die totale Freiheit (...) durch das Verschwinden der Politik erreicht, wirtschaftlich als Befreiung von allen wirtschaftlichen Zwängen – man könnte fast sagen, durch das Verschwinden der Ökonomie. Wenn es nämlich keine ‚Notwendigkeit', keine Knappheit, keine Not, keine Arbeit (Erschöpfung, Mühe, Plage) gibt, dann ist das Reich der Ökonomie so gut wie das der Politik abgestorben" (ebd.: 439f.).

Indem aber alles wegschmilzt und abstirbt, so fügt Sartori hinzu, bleibt nur noch „ein himmlisches Reich" übrig. Doch damit entpuppt sich das Gegenideal als „Überideal, das hoch über den von ihm bekämpften Idealen schwebt". Das Problem ist jedoch dies, so Sartori weiter (1992: 440): „der Himmel ist mit der Erde nicht vergleichbar".

Teil II
Moderne Theorien der Demokratie

Die bislang erörterten Theorien sind klassische Demokratielehren, Vorläufer moderner Theorien der Massendemokratie. Sie entstanden allesamt vor dem 20. Jahrhundert – ohne die Erfahrung vollentfalteter demokratischer Verfassung und Verfassungswirklichkeit in Flächenstaaten. Aus dem Blickwinkel entwickelter Demokratie und zugehöriger Demokratielehre fällt auf, daß den älteren Theorien bestimmte Verkürzungen eigen sind. Zum Demos beispielsweise zählen sie nur einen – meist recht kleinen – Teil der Bevölkerung im Erwachsenenalter. Wie selbstverständlich werden große Bevölkerungsgruppen von vornherein von der Teilhabe ausgeschlossen – Fremde, aber auch seit langem ansässige Zugewanderte und – mit Ausnahme von John Stuart Mill – die weibliche Bevölkerung. Vom allgemeinen freien gleichen Wahlrecht ist in keiner der klassischen Demokratietheorien die Rede. Überdies wird in den meisten klassischen Ansätzen die Auffassung vertreten, die Demokratie könne nur in Kleinststaaten verwirklicht werden. Auch vom Emporkommen politischer Parteien, Parteibeamten und Parteiführern handeln die klassischen Demokratielehren – abgesehen von ihrer modernsten Variante, nämlich der von Tocqueville – nur am Rande und wenn überhaupt, dann abwertend. Nach wie vor genießt die Demokratie keinen guten Ruf, wenngleich sich das insbesondere auf seiten der Radikalliberalen und der Fürsprecher der „proletarischen Demokratie" allmählich ändert. Doch außerhalb dieser Strömungen bleibt man dem Demokratiegedanken gegenüber argwöhnisch. Das gilt selbst für diejenigen, die Tocquevilles nüchterne Bilanz der Vorzüge und der Nachteile der amerikanischen Demokratie schätzen. Ein Beispiel ist der deutsche Staatswissenschaftler Robert Mohl. Tocquevilles Werk „Über die Demokratie in Amerika" kennt er, und er bewundert den Verfasser dieser Schrift. Der Kern des Demokratisierungsprozesses, den Tocqueville beschreibt, der Vormarsch der Gleichheit, war ihm jedoch zuwider, und alles, was an Demokratie über die Strukturen eines monarchisch-parlamentarischen Systems hinausging, wurde von ihm abgelehnt. Die Ablehnung wurzelt unter anderem in der Überzeugung, daß die Demokratie notwendigerweise Mittelmäßigkeit hervorbringe, sowohl in politisch-personeller wie auch in politisch-institutioneller und überhaupt in geistiger Hinsicht. Und wer den Kritikern etwa die schweizerische Demokratie auf Gemeinde- oder Kantonsbasis vorhielt, wurde alsbald belehrt, daß eine solche Verfassung vielleicht für Kleinstgemeinwesen geeignet sei, aber nicht für monarchisch regierte Flächenstaaten.

Vor allem in Deutschland hielt man wenig von der Volksherrschaft – wiederum mit Ausnahme der oben erwähnten radikalliberalen Lehre und der Anhänger der proletarischen Demokratie. „Demokratie ist nicht die Endstufe und die Manifestation wahrhafter Sittlichkeit, sondern primitive Vorstufe zu einer vollendeten Staatsform". Wo zuviel Gleichheit in der Politik und in der Gesellschaft angestrebt werde, komme es zu der „allgemeinen ehrenwerten Mittelmäßigkeit". So urteilte der Historiker Heinrich von Treitschke (1834-96), und er stand mit seiner Abkanzlung der Demokratie nicht allein (Meier u.a. 1972: 892f.). Erst allmählich fand auch in Deutschland eine neue Auffassung von Demokratie Verbreitung. Neben der Arbeiterbewegung, in der man nach Sozial-Demokratie (siehe hierzu Kapitel 2.4) oder revolutionärer Direktdemokratie strebte (Kapitel 1.6), fand man die Fürsprecher der Demokratie vor allem in liberalen Strömungen. John Stuart Mill ist ein Vertreter des britischen pro-demokratischen Liberalismus und Friedrich Naumann, der ab der Wende zum 20. Jahrhundert für eine Koalition der „industriellen Masse" mit der Monarchie eintrat, einer der Repräsentanten des tastenden Strebens des deutschen Liberalismus nach mehr Demokratie (Naumann 1900).

Die Demokratisierungsbestrebungen konnten freilich von den älteren Demokratielehren nur bedingt lernen. Befragt man diese nach den Funktionsvoraussetzungen der Demokratie, stößt man meist an die Verkürzung der Diskussion auf Kleinstgemeinwesen und auf die These, daß die Demokratie höchst anspruchsvolle Voraussetzungen habe, z.B. ein recht hohes Maß an Homogenität und Nivellierung der Lebensverhältnisse.

Allerdings kündeten die Unabhängigkeitserklärung der nordamerikanischen Staaten, die Französische Revolution und die allmähliche Ausdehnung des Wahlrechts auf nichtbesitzende Gesellschaftsklassen von großen Veränderungen in der politischen Struktur auch der Monarchien. Zu ihnen zählen vor allem im 20. Jahrhundert die Herausbildung eines politischen Marktes, auf dem Wählerstimmen, politische

Programme, Problemlösungen und Kandidaten gehandelt werden, ferner die Parlamentarisierung, die die Rolle der Parlamente bei der Interessenbündelung und der Kontrolle des Regierungshandelns stärkt sowie die Einbettung semidemokratischer oder demokratischer Arrangements in die Strukturen des Verfassungsstaates.

Welche Demokratietheorien entstehen auf dieser Basis? Es sind allesamt Theorien der Massendemokratie in Klein- und in großen Flächenstaaten und Theorien von Gesellschaftssystemen, die durch zunehmende politische Mobilisierung, wirtschaftliche Entwicklung und ein höheres Maß staatlicher Eingriffe in den gesellschaftlichen und wirtschaftlichen Prozeß gekennzeichnet sind. Die fachwissenschaftlich und praktisch-politisch wichtigsten demokratietheoretischen Positionen, die in diesem Zusammenhang entwickelt werden, sind Gegenstand des zweiten Teils des vorliegenden Buches. Sein Ausgangspunkt ist der bahnbrechende Ansatz von Max Weber. Weber interpretiert Demokratie im Rahmen seiner Herrschaftssoziologie und im Kontext einer messerscharfen Analyse der Probleme des „politischen Betriebs" (Max Weber) des deutschen Kaiserreichs. Kampf um Machtanteil, Werbung um Gefolgschaft, Konkurrenz und Auswahl kompetenter Führer beschäftigen Weber besonders. Insoweit gibt es Parallelen zwischen seinem Werk und dem nachfolgend erörterten Ansatz der ökonomischen Theorie der Demokratie, der zunächst vor allem von J. Schumpeter geprägt und später von A. Downs fortentwickelt wurde. Hinzu kommt – drittens – die moderne pluralistische Theorie der Demokratie, deren kontinentaleuropäische Variante vor allem von E. Fraenkel entwickelt wurde. Sie gehört zu den Grundlagen der Theorie und Praxis der „konstitutionellen Demokratie" (Friedrich 1966). Sie betont die Koppelung von Demokratie, pluralistischer Gesellschaftsstruktur und ausgebauter Verfassungsstaatlichkeit, und sie greift stärker auf die Tradition der „gemäßigten Demokratie" der älteren Demokratielehre zurück als die übrigen modernen Theorien. Im Unterschied zu den ökonomischen, den pluralistischen und den am Elitenproblem orientierten Theorien setzen die Anhänger der partizipatorischen Demokratietheorie auf Maximierung politischer Beteiligungschancen der Bürger. Sinn und Zweck von Demokratie sind dieser Sichtweise zufolge vor allem im Eigenwert von Beteiligung und aufgeklärter diskursiver Willensbildung zu sehen. Wie erwähnt, waren seit dem 19. Jahrhundert weit über das Bestehende hinausreichende Demokratievorstellungen insbesondere seit dem Aufkommen der Arbeiterbewegung gang und gäbe. Die Theorie der „sozialen Demokratie" ist der Schirm für im einzelnen unterschiedliche Demokratiekonzeptionen, denen reformpolitischer oder revolutionärer Aktivismus eigen ist. Sie wird im vierten Abschnitt erörtert. Manches hat die Theorie der sozialen Demokratie mit den Kritischen Theorien der Demokratie gemeinsam, die mit der „komplexen Demokratietheorie" (Scharpf 1970) den Abschluß des zweiten Teils dieses Buches bilden. Allerdings sind die Kritischen Theorien auch in zwei anderen Schulen verwurzelt: in der ökonomischen Theorie der Politik und in der Kritischen Theorie der Frankfurter Schule. Wie im Teil I gilt das Interesse auch in diesem Teil des Buches dem Demos-Begriff, der Methode der Demokratieanalyse, den Funktionsvoraussetzungen der Demokratie und ihren Schwachstellen, um nur einige der Leitfragen in Erinnerung zu rufen, die in der Einleitung zum vorliegenden Band entwickelt wurden.

Kapitel 2.1
Elitistische Demokratietheorie: Max Weber

Sucht man nach einer Kurzbezeichnung des demokratietheoretischen Beitrags von Max Webers Politischen Schriften und seiner Herrschaftssoziologie, käme am ehesten das Etikett „elitistische Demokratietheorie" in Frage. Dies deshalb, weil Webers Hauptinteresse den Beziehungen zwischen Herrscher (oder Herrschenden) und Beherrschtem (oder Beherrschten), dem Konkurrenzkampf um politische Ämter und dem Tun und Lassen politischer Eliten oder einzelner Führer gilt. Demokratie wird in der elitistischen Lehre nicht als Regierung des Volkes betrachtet, so hat M. Duverger, der berühmte französische Politikwissenschaftler, einmal gesagt, sondern als „Regierung des Volkes durch eine aus dem Volk hervorgegangene Elite" (Duverger 1959: 431). Welch' gewaltiger Unterschied zu Lincolns Demokratiedefinition „government of the people, by the people, for the people"! Freilich gesellt sich dem elitistischen Blickwinkel in Webers Beiträgen ein Demos-Begriff zur Seite, der im Unterschied zu den klassischen Demokratielehren tendenziell die gesamte erwachsene Bevölkerung umfaßt. Die elitistische Theorie der Demokratie ist folglich keine reine Elitentheorie, sondern eine, die Elite-Masse-Beziehungen im Kontext von Konkurrenzkämpfen um Gefolgschaft erörtert. Zu den herausragenden Vertretern dieser Theorie kann man im deutschsprachigen Raum vor allem Max Weber (1864-1920), aber auch Joseph A. Schumpeter (1883-1950) zählen, wobei letzterer allerdings im Unterschied zu Weber stärker im Denkgebäude der ökonomischen Theorie der Demokratie verankert ist und deshalb auch getrennt von diesem vorgestellt werden soll (siehe Kapitel 2.2).

Max Weber geht es um mehr als „nur" um Demokratietheorie. Diese ist vielmehr ein Teil seiner Herrschaftssoziologie und vor allem Bestandteil seiner Politischen Schriften. Diese sollen vor allem der publizistischen Einmischung in die aktuelle Politik dienen, aber sie bieten zugleich auch instruktive Analysen des „politischen Betriebes" (Weber 1988c: 541) des kaiserlichen Deutschlands und der politischen Ordnung, die sich nach dem Zusammenbruch der Monarchie 1918/19 herausbildet. In den Politischen Schriften setzt sich Max Weber – vor allem seit 1917 mit Vehemenz – für eine Strukturreform der politischen Institutionen in Deutschland ein. Dreierlei befürwortet er: Erstens die Demokratisierung des Wahlrechts, insbesondere die Abschaffung des Drei-Klassen-Wahlrechts in Preußen mit dem Hauptziel, die Einheit der Nation auch in politischer und sozialer Hinsicht sicherzustellen. Zweitens tritt Weber ein für die volle Parlamentarisierung Deutschlands, um so die Kontroll-, Debattier- und Führungsauslesefunktionen des Parlaments ebenso zu stärken wie seine Funktion der Budgetkontrolle und der Herbeiführung von Parteikompromissen. Hierdurch will Weber vor allem die Einheit des Regierens und die Einheitlichkeit des Führens sicherstellen. Drittens plädiert Weber mit Nachdruck für einen Demokratietypus, bei dessen Nennung das Publikum nach Weber zusammenzuckt. Er will der „plebiszitären Führerdemokratie" auf der Basis machtvoll organisierter und miteinander konkurrierender Parteien des Typs US-amerikanischer „Parteimaschinen" Platz schaffen (Weber 1976: 157). Weber tritt für die Einsetzung einer „plebiszitären Führerdemokratie" ein, in der das „Ventil für das Bedürfnis nach Führertum" (Weber 1988c: 544) in einem Reichspräsidenten, der plebiszitär – nicht parlamentarisch – zu wählen sei, zu suchen ist. Eine Begleiterscheinung dieser Reform ist die Zerschlagung des Honoratiorenwesens in der Politik, insbesondere in der Parteienpolitik des kaiserlichen Deutschlands.

Das „Recht der unmittelbaren Führerwahl" ist für Weber „die Magna Charta der Demokratie" (1988d: 501). Auch schreibt er ihr stabilisierungspolitische Eigenschaften zu: der plebiszitär gewählte Reichspräsident könne das „Vakuum an Legitimitätsgeltung" füllen helfen, das durch den Sturz der Monarchie und den Kontinuitätsbruch von 1918/1919 entstanden sei (Mommsen 1974a: 63). Zum besseren Verständnis muß man betonen, daß Weber den Begriff „Führerdemokratie" unbefangen verwendet. Er schreibt in der Periode des Übergangs vom Wilhelminischen Kaiserreich zur Demokratie, mithin kennt er nicht die Verselbständigung einer Führerherrschaft wie im Nationalsozialismus. Obendrein ist der enge Zusammenhang zwischen Webers „Führerdemokratie" und seiner Theorie legitimer Herrschaft hervorzuheben. Die Führerdemokratie ist eine der legitimen Herrschaftsformen, nämlich eine Variante charismatischer Herrschaft, „die sich unter der Form einer vom Willen der Beherrschten abgeleiteten und nur durch ihn fortbestehenden Legitimität verbirgt". In ihr herrscht der Führer „kraft der Anhänglichkeit und des Vertrauens seiner politischen Gefolgschaft zu seiner Person als solcher" (Weber 1976: 156).

Die Lobpreisung der „Führerdemokratie" irritiert ein Publikum, das nach Weber aufgewachsen ist und den Nationalsozialismus aus eigener Erfahrung oder Überlieferung kennt. Wie kommt Weber zur Empfehlung, der Beamtenherrschaft oder der führerlosen Demokratie – definiert als Herrschaft von Berufspolitikern ohne innere Berufung, ohne innere charismatische Qualität und zugleich Herrschaft des Klüngels (Weber 1988c: 544) – mit der „Führerdemokratie" zu Leibe zu rücken? Zum besseren Verständnis ist es nützlich, Webers politischen Standort und seine Sicht der Strukturdefekte der politischen Institutionen in Deutschland herauszuarbeiten. Ein Weber-Experte, Rainer Lepsius, hat Webers politische Ansichten mit folgenden Worten charakterisiert: „Er lebte von 1864-1920, und wenn man davon ausgeht, daß ein Mensch mit etwa 16 Jahren aktiv am politischen Leben teilnimmt, dann ist Weber ziemlich genau ein Zeitgenosse der deutschen Politik von 1880-1920, also vom Ende der Kanzlerschaft Bismarcks bis zur Gründung der Weimarer Republik. Eine außerordentlich dramatische Zeit, in der sich das politische System in Deutschland grundlegend geändert hat. Weber wurzelte in der national-liberalen Tradition des Bürgertums. In Berlin aufgewachsen, wurde er über den Vater, einen berufsmäßigen Stadtrat und national-liberalen Abgeordneten im Reichstag und im preußischen Abgeordnetenhaus, direkt in die Erfahrung des politischen Prozesses der Reichshauptstadt einbezogen. Aus dieser Tradition kommend, änderte Weber in den Jahren bis 1920 seine politischen Grundvorstellungen wesentlich. Er gehörte zu den sehr wenigen Personen, die, aus einem national-liberalen bürgerlichen Hause kommend, ein demokratisches System befürworteten, zu den Parteien eine kritische, aber systematisch positive Einstellung einnahmen, denen am Parlamentarismus und seinem kraftvollen Funktionieren wesentlich gelegen war, und deren dauernde Sorge sich auf die Ausbildung einer kraft- und verantwortungsvollen politischen Führung, nicht einer bloßen Verwaltung der Politik richtete" (Lepsius, in: Gneuss/Kocka 1988: 25).

Was liegt diesen Gesinnungsänderungen zugrunde? Warum tritt Weber für Demokratisierung des Wahlrechts, für Parlamentarisierung und für plebiszitäre Führerdemokratie ein? Gewiß liegen seinem Vorschlag stabilisierungspolitische Absichten zugrunde. Vom allgemeinen, gleichen Wahlrecht erhofft er sich die Einbindung politisch potentiell gefährlicher Schichten, vor allem der aus dem Krieg heimkehrenden Soldaten und der besitzlosen Arbeiterschaft. Hinzu kommt die grundsätzliche Wertschätzung, die er Wettbewerb, Kampf und Auslese entgegenbringt. Überdies muß man die zugrundeliegende politisch-philosophische Tradition berücksichtigen. Weber ist Anhänger der Massendemokratie nicht aus naturrechtlichen Gründen; viel stärker als das naturrechtlich-egalitäre Moment kommt bei ihm das individualistisch-aristokratische Element des europäischen Liberalismus zum Tragen (Bendix 1964, Mommsen 1974a). So übernimmt er den Grundgedanken des Liberalismus, „daß eine Elite wirtschaftlich und gesellschaftlich unabhängiger Persönlichkeiten am besten geeignet sei, stellvertretend für die ganze Nation zu sprechen, im Gegensatz zum ‚blinden' Walten des Majoritätsprinzips" (Mommsen 1974a: 46f.). Ferner spielt der „Primat des nationalen Prinzips" (ebd.: 49) eine herausragende Rolle. Weber ist nationalliberal. Er will die innenpolitischen Voraussetzungen für eine erfolgreiche Weltmachtpolitik Deutschlands mitschaffen, und hierfür sind die Herausbildung und Auswahl einer kompetenten politischen Führungsschicht unverzichtbar. Der von Weber angestrebte „Machtstaat" benötigt eine leistungsfähige politische Verfassung und einen effektiven politischen Führungsstab. An beidem mangelt es Deutschland. Vielmehr weist das deutsche Kaiserreich schwerwiegende Strukturdefekte der Institutionenordnung auf, so lautet Webers Urteil. Strukturdefekte des „politischen Betriebes" hat er dabei im Blickfeld und allgemein die Defekte eines „autoritär verfaßten Kapitalismus" (Schluchter 1980), der in Deutschland an die Stelle eines liberal verfaßten Kapitalismus getreten ist.

Der erste Strukturdefekt des politischen Betriebes in Deutschland ist die „Machtlosigkeit der Parlamente" (Weber 1988c: 541). Zwar gibt es den Reichstag, der aus allgemeinen Wahlen hervorgeht, doch bestimmt nicht der Reichstag den Kanzler und die Regierung, sondern der Kaiser. Die schwerwiegendste Folge des machtlosen Parlaments ist die: aus den Parteien und dem Reichstag wächst keine zur politischen Leitung befähigte Elite heran. Somit fehlt eine unverzichtbare Voraussetzung einer wirkungsvollen politischen Leitung der deutschen Politik, nämlich das Parlament als Stätte der Auslese kompetenter und verantwortungsbewußter politischer Führer.

Zweitens: Die Machtlosigkeit des Parlaments wiegt um so schwerer, weil somit ein Gegengewicht zur Beamtenherrschaft fehlt, die sich im Zuge der Bürokratisierung auch in Deutschland entwickelt hat, so stark, daß das Fachbeamtentum „nicht nur die Fachbeamtenstellen, sondern auch den Ministerposten für sich beanspruchte" (ebd.: 451). Die Beamtenschaft eignet sich zwar vorzüglich zur Erledigung alltäglicher Verwaltungsaufgaben, so Weber, sie ist jedoch von den Aufgaben tatkräftiger politischer Leitung völlig überfordert. Somit verkommt Politik zur bloßen Verwaltung. Die funktioniert bestens, so gut, daß ihr auch die sozialdemokratische Opposition Beifall spendet (vgl. z.B. Stampfer 1947). Doch die Kehrseite ist die Rückstufung der Politik in Deutschland auf „negative Politik" (Weber 1988b: 351), und das heißt letztlich recht kurzfristige, mehr schlecht als recht konzipierte, oftmals dilettantische Politik. Dabei hat Weber nicht nur die Innenpolitik im Auge, sondern mehr noch die Außenpolitik, die Deutschlands weltpolitische Stellung eher schwächt denn stärkt und obendrein eine Koalition von Gegnerstaaten zusammengeschmiedet hat. Hierfür verantwortlich sind – wie Weber zeigt – nicht zuletzt die Führung der Außenpolitik durch den Monarchen persönlich und die Deckung seiner Linie durch die Berater, die Bürokratie und die Kreise, welche die Monarchie politisch unterstützen.

Drittens haben die politischen Parteien einen schwerwiegenden Defekt: sie sind überwiegend „gesinnungspolitische Parteien", Weltanschauungsparteien auf Klassenbasis oder konfessioneller Grundlage, und obendrein haben sich die beiden wichtigsten von ihnen – das Zentrum und die Sozialdemokratie – in einer politischen „Ghettoexistenz" eingeschachtelt und damit produktive Kräfte gefesselt (ebd.: 366).

Entsprechend defizitär ist – viertens – der Typus des deutschen Berufspolitikers. Er hat unter den institutionellen Bedingungen des politischen Betriebes in Deutschland weder Macht noch Verantwortung. Deshalb spielt er in der Regel nur eine ziemlich subalterne Honoratiorenrolle und neigt infolgedessen dazu, aus den Parteien außerhalb des Parlaments und im Parlament bloße Zünfte zu machen, Organisationen also, die sich gegen Konkurrenz und offenen Kampf abschließen und folglich ihren eigentlichen Auftrag unterlaufen (Weber 1988c: 542f.).

Im Wilhelminischen Kaiserreich hat sich somit – der fünfte Defekt – eine „führerlose Demokratie" herausgebildet (ebd.: 544). Die hiermit gegebene mittelmäßige Herrschaft werde sogar in dem Maße gestärkt, in dem der Bundesrat wiederersteht und hiermit notwendigerweise die Macht des Reichstages und damit dessen Bedeutung als „Auslesestelle von Führern" (ebd.: 544) weiter beschränkt. In die gleiche Richtung wirke das Verhältniswahlrecht, das Weber als „typische Erscheinung der führerlosen Demokratie" wertet, und zwar nicht nur deshalb, „weil es den Kuhhandel der Honoratioren um die Placierung begünstigt, sondern auch weil es künftig den Interessenverbänden die Möglichkeit gibt, die Aufnahme ihrer Beamten in die Listen zu erzwingen und so ein unpolitisches Parlament zu schaffen, in dem echtes Führertum keine Stätte findet" (ebd.: 544).

Webers Kritik am Kaiserreich umfaßt auch die Kritik am autoritär verfaßten Kapitalismus in Deutschland. Wie W. Schluchter gezeigt hat, zieht Weber dabei eine Parallele zwischen dem deutschen Kaiserreich und den Studien über die späte römische Kaiserzeit. Ebenso wie das Berufsheer und die Bürokratie der römischen Monarchie den antiken Kapitalismus erstickten, „so droht der dynastische Militär- und Verwaltungsstaat des deutschen Kaiserreichs den modernen Kapitalismus zu ersticken" (Schluchter 1980: 135). Das Stadtbürgertum, das eigentlich im sich entwickelnden Kapitalismus ins Zentrum der Macht rücken müßte, „sucht Erwerbskapital in Bodenrente" und strebt danach, „die bürgerliche in die feudale Haltung zu verwandeln". Somit verstärkt es von sich aus „die Tendenz, die der dynastische Militär- und Verwaltungsstaat erzeugt" (ebd.: 167). Schlimmer noch ist, daß sich das Bürgertum selbst entmachtet und daß sein Streben nach feudaler Haltung auch auf die übrigen nichtfeudalen Gesellschaftsschichten übergreift, auf die Bauern, die Arbeiter, die privaten und die öffentlichen Beamten. Diesem Prozeß will Weber mit seinen verfassungspolitischen Vorschlägen entgegenwirken. Die Lösung der von ihm diagnostizierten Probleme sieht er unter anderem darin, den Weg zu einem „liberal verfaßten Kapitalismus" freizumachen (Schluchter 1980: 168). Webers Idealbild vom liberal verfaßten Kapitalismus und der zu ihm passenden politischen Struktur sieht – vereinfacht gesagt – so aus: Vorrang des Gewinns vor Rente, des politischen Wettbewerbs vor dem Amt, des Wertkonflikts vor der Werthierarchie und der Selbstbestimmung vor der Anpassung. Das Leitmotiv heißt: „Emanzipation des Kapitalismus aus feudalpatriarchalischer Bevormundung und Befreiung der Politik aus bürokratischen Sachzwängen" (ebd.: 115), soweit das im Zeitalter bürokratischer Herrschaft überhaupt noch möglich ist.

Ist M. Weber überzeugter Anhänger der Demokratie? Manche haben die Frage bejaht, z.B. Iring Fetscher (1970: 42), andere mit Hinweis auf Webers Fixiertheit auf den Führertypus verneint, z.B. Georg Lukacs (1962: 533 und 538). Unter Abwägung der Positionsveränderungen von Webers politischem Denken wird man die Frage so beantworten können: Weber ist ein Theoretiker, der vor allem in seinen während des Ersten Weltkrieges verfaßten Analysen des Wilhelminischen Reiches die Idee der Demokratie zunehmend konkretisiert und in ein breiter gefaßtes Konzept einer offenen Gesellschaft einbaut und dabei seinen nationalliberalen Ansatz zurückstuft. Mit seiner Betonung von Konflikt und Konkurrenz, Kräftemessen und Auslese unterscheidet er sich vom politischen Ideal der deutschen Eliten. Im Gegensatz zu deren Glauben, daß Interessenkonflikte am besten allein durch Eliten zu entscheiden seien, ergreift Weber Partei „für den Parlamentarismus und für das Recht der Teilnahme aller Parteien am politischen Prozeß, auch der Sozialdemokraten, für die freie Organisation der Interessen der Arbeiterschaft in Gewerkschaften, für den Wettbewerb auf dem Markt, zwischen den Parteien und den verschiedenen, in Institutionen verfaßten Wertsphären der Kultur, d.h. für eine offene Gesellschaft" (Lepsius in: Gneuss/Kocka 1988: 46). Das sind Konkretisierungen der Idee der Demokratie (ebd.). Gewiß erhofft Weber sich hierdurch zugleich die Wahrung und Stärkung von nationalen Werten und von Gegenmitteln zur Bürokratie – schließlich ist Demokratie für ihn nicht Selbstzweck (Anter 1995: 87f.).

Mit seiner Parteinahme für die moderne Massendemokratie geht Weber weit über dasjenige hinaus, was die klassischen Demokratietheorien bereitgestellt haben. Daß die Demokratisierung eines Flächen- und Großstaates möglich ist, betrachtet Weber als eine Selbstverständlichkeit, und daß zur Demokratie Plebiszit und Repräsentativverfassung gehören, erscheint ihm evident. Auch der Demos hat bei Weber eine der Moderne geziemende Größe. Er umfaßt tendenziell die gesamte erwachsene Bevölkerung. Hinsichtlich der Herrschaftsformen stellt Weber klar, daß die Demokratie eine bestimmte Ordnung der Institutionen öffentlicher Willensbildung ist, die vor allem durch die Wahl und Abwahl von politischen Führungsstäben bestimmt wird. Ferner besteht für ihn kein Zweifel daran, daß Konstruktionen wie Volkswille oder wahrer Wille des Volkes nicht anderes sind als „Fiktionen", so Weber in einem Brief an Robert Michels am 4.8.1908 (zitiert nach Anter 1995: 85). Auch weiß Weber besser als andere, daß im modernen bürokratischen Staat der Spielraum für die Demokratie – die Volksherrschaft – eng begrenzt ist. Über viele Angelegenheiten des öffentlichen Lebens herrscht nicht das Volk, sondern die Bürokratie.

Darin erschöpft sich der Beitrag Max Webers zur Demokratietheorie nicht. Wir verdanken ihm auch aufschlußreiche Einordnungen der

Demokratie in die Herrschaftssoziologie. Zweifelsohne führen uns Webers Ausführungen dabei mitunter durch ein „Labyrinth" (Breuer 1994: 176). Allerdings fällt dabei auch nützliches begriffliches Werkzeug ab. Zweifelsohne ist Demokratie aus dem Blickwinkel von Webers Herrschaftssoziologie ein Unterfall von Herrschaft kraft Autorität, ein Unterfall also der Chance, für spezifische (oder für alle) Befehle bei einer angebbaren Gruppe von Menschen Gehorsam zu finden, und zwar kraft Befehlsgewalt und Gehorsamspflicht, im Gegensatz zur Herrschaft kraft Interessenkonstellation, wie z.b. in monopolistischer Lage (Schluchter 1988). Zweifelsohne gehört ein bestimmter Demokratietypus zur charismatischen Herrschaft, die „kraft affektueller Hingabe an die Person des Herren und ihre Gnadengaben (Charisma), insbesondere: magische Fähigkeiten, Offenbarung oder Heldentum, Macht des Geistes oder der Rede" erfolgt (Weber 1988e: 481). Ein Beispiel ist die plebiszitäre Führerdemokratie. Unstrittig ist auch, daß man es im Fall des sogenannten Wahlbeamtentums – ein direktdemokratisch gewählter Magistrat – mit einer im Sinne von Weber legalen Herrschaft mit demokratischem Verwaltungsstab zu tun hat. In ihr basiert die Anerkennung der Herrschaft „auf dem Glauben an die Legalität gesatzter Ordnungen und des Anweisungsrechtes der durch sie zur Ausübung der Herrschaft Berufenen" (Weber 1976: 124).

Webers Herrschaftslehre hat drei Typen legitimer Herrschaft unterschieden, neben der legalen und der charismatischen Herrschaft die traditionale Herrschaft. Letztere ruht „auf dem Alltagsglauben an die Heiligkeit von jeher geltender Tradition und die Legitimität der durch sie zur Autorität Berufenen" (ebd.: 124), wie z.B. die patriarchalische Herrschaft eines Familienchefs, eines Sippenoberhauptes oder eines Landesvaters. Zur Verblüffung vieler Weber-Experten wich Max Weber vorübergehend von der dreigliedrigen Herrschaftstypologie ab und erörterte die Demokratie als vierten Legitimitätsgedanken, so in einem Vortrag von 1917, in dem er ausführte, die Entwicklung des modernen abendländischen Staatswesens sei charakterisiert „durch das allmähliche Entstehen eines vierten Legitimitätsgedankens (...), derjenigen Herrschaft, welche wenigstens offiziell ihre eigene Legitimität aus dem Willen der Beherrschten ableitet" (zitiert nach Breuer 1994: 176). Ausdrücklich erwähnt wird der Begriff „demokratische Legitimität" wieder in der Endfassung der Herrschaftssoziologie von 1920, nämlich im Kapitel III von „Wirtschaft und Gesellschaft", wo Weber die „herrschaftsfremde Umdeutung des Charisma" erörtert. Die herrschaftsfremde oder antiautoritäre Umdeutung des Charisma ist folgenreich. Die Anerkennung des Herren durch die Beherrschten wird nicht länger als Folge von Legitimität, sondern als Legitimitätsgrund angesehen. In diesem Fall wird der Herr „zu einem Herren von Gnaden der Beherrschten" (Weber 1976: 156). Man muß Weber wohl so verstehen, daß es in diesem Fall aus ist mit der Herrlichkeit, denn einen Herren von Gnaden der Beherrschten können diese „frei nach Belieben wählen und setzen, eventuell auch: absetzen" (ebd.). Welch' Entzauberung von Herrschaft!

Die aufregende Lehre von der Demokratie als antiautoritäre, herrschaftsfremde Veranstaltung hat Stefan Breuer veranlaßt, einen Vorschlag zur Systematisierung von Webers Bausteinen zur Demokratietheorie zu unterbreiten. Breuer sieht eine Chance, Webers Sichtweise der demokratischen Legitimität als herrschaftsfremdem Prinzip weiter auszubauen, auch wenn Weber den vierten Legitimitätsgedanken letztlich doch wieder zu den Akten gelegt hat. Eine Bewegung, die sich auf den Willen der Beherrschten beruft und die den Herren an die Kette ihres Willens legt, ist tatsächlich revolutionär. Sie ist für Weber gleichbedeutend mit Durchbrechung des Herrenrechts und revolutionärer Usurpation (Weber 1976: 742, 749). Eine solche Bewegung zielt auf einen Zustand, in dem eine Herrschaftsstruktur mit genau definierten Rollen, Rechten und Pflichten durch eine „Antistruktur" abgelöst wird (Breuer 1994: 179). In dieser „Antistruktur" sind die Ordnungen und Regeln des Alltags außer Kraft gesetzt. In ihr gehen normalerweise fixierte soziale Beziehungen in einen Zustand über, der „offen und fließend ist und in dem die Individuen sich nicht als Träger von Rollen und Rollensegmenten gegenübertreten, sondern als ganze, konkrete Personen" (ebd.: 179). Normalerweise handelt es sich bei einer „Antistruktur" um einen außergewöhnlichen Zustand relativ geringer Dauer. Breuer hat nun den Vorschlag unterbreitet, die verschiedenen Formen der Demokratie nach zwei Gesichtspunkten einzuteilen: einmal danach, „ob sie in der Antistruktur verharren oder den Schritt zur Struktur vollziehen" und danach, „ob sie mehr persönliche oder überpersönliche (sachliche) Lösungen bevorzugen". Aus der Kreuzung beider Dimensionen erwachsen vier Typen. Der erste Typ ist definiert durch dauerhafte Antistruktur und überpersönliche Regelung der Beziehung zwischen Herren und Beherrschten. Hier handelt es sich um den Typ der unmittelbaren Demokratie, beispielsweise auf lokaler Ebene. Der zweite Typus erwächst aus dem Zusammenkommen von Antistruktur und personalem Charisma. Weber hat diesen Typus unter Bezugnahme auf religiöse Bewegungen und Gefolgschaften von Kriegerfürsten erörtert. Breuer geht an dieser Stelle weiter und sieht in dem hier geschaffenen Typus der Gefolgschaftsdemokratie auch den

Prototyp einer Verbindung zwischen einem faschistischen Führer und der zur „Volksgemeinschaft" erklärten Gefolgschaft. Der dritte Demokratietypus ist gegeben durch die Kreuzung von Struktur (anstelle von Antistruktur) und sachlicher, überpersönlicher Regelung des Herrschaftsproblems. Hieraus entsteht der Typ der repräsentativen Demokratie oder derjenige der legalen Herrschaft. In ihm rücken die Repräsentanten, die Abgeordneten, in zentrale Positionen. Der vierte Typus schließlich ist markiert durch die Kreuzung von Struktur (anstelle von Antistruktur) und persönlicher Regelung des Herrschaftsverhältnisses. Daraus entsteht der Typus der plebiszitären Demokratie bzw. der plebiszitären Führerdemokratie. Schlußendlich kann man die vier reinen Typen der Demokratie nach Breuer in mannigfache Untertypen gliedern, z.B. in solche mit und solche ohne Gewaltenteilung und in liberal oder autoritär verfaßte sowie in Herrschaftsformen, in denen Parteien eine wichtige oder eine relativ unwichtige Rolle spielen.

Das sind nützliche Vorschläge. Sie führen ein ganzes Stück aus dem „Labyrinth" von Webers demokratietheoretischen Botschaften heraus. Am Ende von Breuers Typologie angelangt, kann man allerdings auch gut nachvollziehen, warum Weber letztlich doch auf den vierten Legitimitätstypus nach Art der unmittelbaren Demokratie verzichten konnte. Breuers Demokratietypen verdeutlichen, daß sich Demokratie nicht nur als herrschaftsfremdes oder antiautoritäres Prinzip interpretieren läßt. Es gibt sowohl relativ antiautoritäre Demokratien, nämlich gefolgschafts- oder basisnahe, als auch relativ herrschaftliche. Je mehr sich die Demokratie von unmittelbar-volksherrschaftlichen Formen löst und zur Repräsentativverfassung übergeht, desto schwächer wird die Herrschaftsfremdheit und desto stärker die Herrschaftlichkeit. Diese wiederum läßt sich – wie W. Schluchter (1988) gezeigt hat – mit Webers traditioneller dreigliedriger Typologie legitimer Herrschaftsformen – erweitert um die Strukturen des Verwaltungsstabes – gut interpretieren.

Weber hat der Demokratietheorie – wie oben ausgeführt – Substantielles hinzugefügt. Allerdings hat sein Beitrag zur Demokratielehre auch Schwachstellen. Vor allem vier Mängel springen ins Auge: Erstens enthält sein Beitrag eine spekulative Komponente. Wie eine vollentwickelte Massendemokratie funktioniert, kann Weber noch nicht wissen, denn selbst seine Positivbeispiele – die USA und wohl auch England – sind zur Zeit des Ersten Weltkrieges nach heutzutage üblichen Standards Semi-Demokratien (vgl. Vanhanen 1984). Und wie eine Demokratie in Deutschland funktionieren würde, kann zu seiner Zeit niemand auch nur ahnen. Insoweit basiert Webers Parteinahme für Demokratisierung und Parlamentarisierung Deutschlands auf Erfahrung und Hoffnung. Insoweit ist auch für den sonst für kühle, nüchterne Analyse berühmten Weber Demokratie zum „Inbegriff rettender Zukunftserwartungen" geworden (Meier u.a. 1972: 895).

Ein zweites Problem von Webers Demokratielehre ist in dem hierarchischen Politikmodell zu sehen, das für die Analyse komplexer politischer Systeme und vielgliedriger Gesellschaften zu einfach ist. Auch unterschätzt Weber die Legitimations- und Integrationskraft von Führungspersonen (Heidorn 1982), und er unterschätzt die Verselbständigungskraft eines mächtigen charismatischen Führers. Überschätzt wird von ihm die Befähigung demokratischen Wettbewerbs zur Herausbildung kompetenter Führungsstäbe. Schon Tocqueville hatte hierzu skeptische Urteile gefällt, und wenige Jahre nach Webers Tod wird Carl Schmitt Hohn und Spott über Webers Prognose, das Parlament werde eine neue politische Elite formen, gießen (Schmitt 1926: 8). Vernachlässigt wird in Webers Lehre der Demos; insoweit werden die Stabilisierungs- und Destabilisierungsbedingungen der von ihm favorisierten Herrschaftsordnung unterbelichtet. Allerdings ist hinzuzufügen, daß der Kenntnisstand der Politischen Soziologie zu Webers Zeiten noch gering ist. Entsprechend schmal ist der Stand des Wissens über die Bedingungen und Folgen politischer Beteiligung.

Drittens: im Zentrum von Webers Politikbegriff stehen Kampf, Konkurrenz und Durchsetzung. „Politik ist: Kampf", heißt es an einer Stelle (Weber 1988b: 329, Anm. 1). Folgerichtig prüft er die politische Struktur eines Landes daraufhin, ob sie die angemessene Ordnung zur Austragung des Konkurrenzkampfs und zur Auswahl geeigneter Führungspersonen sei. Aber dabei unterstellt Weber, der harte Konkurrenzkampf sei der richtige Mechanismus zur Herausschälung fähiger politischer Führer und zur Sicherstellung der Wahl der so Erkorenen. Daß der Ausleseprozeß kontraproduktiv sein kann, entgeht Webers Kritik am obrigkeitsstaatlichen Beamtenherrschaftsmodell weitgehend. Und daß aus diesem Konkurrenzkampf beispielsweise kompetente Amtsbewerber herausfallen können, während Kandidaten den Sieg davontragen, die nur Publikums- und Medienwirksamkeit ihr eigen nennen, wird ebenfalls unterbelichtet. Stattdessen hängt Weber einer eigentümlich harmonistischen Sichtweise der Auslesefunktionen harter Konkurrenz und harten Kampfes an. Es ist, als ob die Modellvorstellung einer prinzipiell zur Selbststabilisierung neigenden Marktwirtschaft ihm den Blick auf die Unzulänglichkeiten der politischen Vorgänge verstelle.

Viertens ist Webers Demokratielehre im Hinblick auf die Zügelung des Souveräns defizitär. Die Führungsstäbe, die die Macht im Konkurrenzkampf um die Stimmen der Wahlberechtigten erworben haben, können diese – jedenfalls in Webers Modell – weitgehend ungehindert ausüben. Von institutionellen Schranken und Gegenkräften zur politischen Führung und zur Staatsmacht generell ist in Webers Analyse der Massendemokratie nicht die Rede, sieht man einmal von dem unterstellten Gleichgewicht von machtvollem Parlament und plebiszitär legitimiertem Führer ab. Weber nimmt wohl an, ein cäsaristischer Führer könne durch ein machtvolles Parlament effektiv kontrolliert und im Extremfall ausgeschaltet werden. Doch hiermit überschätzt er die Geschlossenheit und die Handlungs- und Durchsetzungsfähigkeit eines Parlaments gegenüber einem politischen Führer, der schon zum „Vertrauensmann der Massen" (ebd.: 395) geworden ist.

Kapitel 2.2
Ökonomische Theorie der Demokratie: Joseph Schumpeter und Anthony Downs

Alexis de Tocquevilles Schrift „Über die Demokratie in Amerika" ist der Durchbruch zur Analyse der Vorzüge und der Nachteile der modernen Demokratien. Max Webers Beiträge brechen der Untersuchung von Strukturdefekten autoritärer Ordnungen Bahn. Vor allem verorten sie die Analyse der Demokratie in der Herrschaftssoziologie. Ein weiterer Meilenstein der modernen Demokratietheorie wird in diesem Kapitel präsentiert: Joseph Schumpeters und Anthony Downs' politisch-ökonomische Analysen des demokratischen Marktes, auf dem Wählerstimmen und sachliche sowie personelle Angebote der Politik gehandelt werden. Schumpeter setzt bei der Politischen Ökonomie, älteren und neueren Elitetheorien und bei Max Weber an, und Anthony Downs, der zweite große Vordenker der ökonomischen Theorie der Demokratie, stützt sich erklärtermaßen auf Schumpeter.

2.2.1 Schumpeters „Kapitalismus, Sozialismus und Demokratie"

Doch zunächst zu Schumpeters Beitrag, vor allem zu dem Werk, das ihm Weltruhm verschaffte: „Kapitalismus, Sozialismus und Demokratie". Das Buch wurde in den Jahren von 1938 bis 1941 verfaßt und erschien erstmals 1942. Eigentlich sollte es eine kleinere und allgemeinverständlichere Ergänzung zu Schumpeters großem wirtschaftswissenschaftlichen Werk über die „Business Cycles" werden. Vor allem sollte „Kapitalismus, Sozialismus und Demokratie" die Institutionenanalyse nachliefern, die in „Business Cycles" hintangestellt worden war. Dort nämlich hatte Schumpeter die heroische Annahme vertreten, die Institutionen des Kapitalismus seien in der von ihm untersuchten Periode – 1787 bis 1938 – im wesentlichen konstant geblieben. Von dieser Annahme geht er in „Kapitalismus, Sozialismus und Demokratie" zugunsten der These ab, der Kapitalismus habe sich fundamental gewandelt und sich selbst unterminiert – aufgrund seiner Effizienz, insbesondere wegen der Herausbildung von Großunternehmen und permanenter Innovationen. Überdies vertritt Schumpeter die Auffassung, daß im Zuge dieser Transformation die Unternehmerfunktion veralte, die schützenden Gesellschaftsschichten des Kapitalismus zerstört und auch der institutionelle Rahmen der Marktwirtschaft von innen her brüchig werden. Hinzu komme die wachsende Feindseligkeit der Intellektuellen gegen die kapitalistisch verfaßte Wirtschaftsordnung, und auch die Demokratie wird Schumpeter zufolge einer der selbsterzeugten Totengräber des Kapitalismus.

Die demokratietheoretischen Ausführungen stehen im vierten Teil von „Kapitalismus, Sozialismus und Demokratie". Um ihn zu verstehen, muß man den roten Faden von Schumpeters Argumentation im Blickfeld haben. Im ersten Teil des Buches erörtert Schumpeter Marx' Theorie der Entwicklung des Kapitalismus. Dort interpretiert er Marx als Vertreter einer Prophetie und einer wissenschaftlichen Analyse; bei letzterem habe man zwischen Marx als Soziologen und Marx als Nationalökonomen zu unterscheiden. Im zweiten Teil des Buches wirft Schumpeter die Frage auf, ob der Kapitalismus weiterleben könne. Seine Antwort ist, daß aus rein wirtschaftlichen Gründen die Existenz des Kapitalismus gesichert sei; allerdings werde er durch die Transformation der Institutionen unterminiert und damit sei der Weg zu einer Ordnung eingeschlagen, die Schumpeter überhaupt nicht will, nämlich zum Sozialismus. Diesem Thema ist der dritte Teil des Buches gewidmet. Kann der Sozialismus funktionieren? Schumpeter bejaht die Frage. Man könne sogar ein höheres Maß makroökonomischer Effizienz im Sozialismus erwarten, unter anderem deshalb, weil er die Konjunkturschwankungen und Depressionen der kapitalistischen Marktwirtschaft vermeide. Im vierten Teil des Buches kommt Schumpeter auf das Verhältnis von Sozialismus und Demokratie zu sprechen. Auch dort entwickelt er eine spektakuläre These, nämlich die von der Verträglichkeit von Sozialismus und Demokratie. Der Sozialismus sei insoweit politisch-kulturell indeterminiert. Das ist eine überraschende Position, denn Schumpeter war nicht Sozialist. Sein Biograph Richard Swedberg beschreibt seinen politischen Standort vielmehr wie folgt: Während des Ersten Weltkrieges definierte Schumpeter sich als Konservativer, als Nationalist, als Parteigänger Britanniens und als Royalist, der auf seiten der österreichisch-ungarischen Monarchie stand. Sein ganzes Leben hindurch identifizierte sich Schumpeter mit einer konservativen Position. Bisweilen wagte er sich weit in nationale Richtung vor, wenngleich der Vorwurf, er sei Faschist und Parteigänger des Nationalsozialismus gewesen, den Überprüfungen nie standhalten konnte. Allerdings blieb er stark geprägt von den politischen Traditionen der Welt, so wie sie vor dem Ersten Weltkrieg in der Donau-Monarchie existiert hatte. Die Nachkriegswelt, vor allem die Kommerzialisierung vieler Lebensbereiche im Westen, war ihm offensichtlich ein Greuel. „A world had crashed. A Jazz civilization emerged and this was so everywhere", so wird er bei Swedberg zitiert (1991: 146). Aber auch der Osten bot ihm wenig Tröstliches. Sozialismus verabscheute er. Und Lenin galt ihm als „blutbeschmierter mongolischer Despot" und die Sowjetunion als Beispiel „orientalischen Despotismus" (Swedberg 1991).

Diese Informationen sind zur Einordnung von Schumpeters wissenschaftlicher Position in der Demokratiedebatte wichtig. Schumpeter wird im vorliegenden Buch unter der Kapitelüberschrift „Ökonomische Theorie der Demokratie" vorgestellt, aber man hätte einen wichtigen Teil seines Vorhabens auch als „Elitistische Demokratietheorie" ankündigen können. Ähnlich wie Max Weber stellt nämlich Schumpeter die politischen Führungsstäbe in den Mittelpunkt seiner Betrachtungen. Allerdings betont er stärker als Weber das institutionelle Arrangement der Konkurrenz um Führungspositionen und der Auswahl der Kandidaten. Vor allem definiert er Demokratie letztlich als eine Institutionenordnung oder Methode zur Erzielung politischer Entscheidungen, bei der das Volk maßgeblich an der Wahl und Abwahl der politischen Führung beteiligt ist. Damit hat Schumpeter von vornherein einen klarer konturierten Demokratiebegriff als Weber, obendrein einen, der die drei Komponenten des Politischen zielsicher im Visier hat: die der Form (oder der Institutionenordnung), die des Prozesses (bei Schumpeter vor allem Kampf bzw. Konkurrenz) und die der verbindlichen politischen Entscheidungen. Zudem wird Schumpeter Funktionsvoraussetzungen von Demokratien erörtern und auch in dieser Hinsicht über Weber hinausgehen.

Wirklich berühmt geworden ist Schumpeters Beitrag zur Demokratietheorie allerdings durch eine vielzitierte Unterscheidung zwischen einer Lehre, die es noch nie gab, und einer, die er selbst entwickelt. Schumpeter grenzt sich wortgewaltig von einer Position ab, die er die „klassische Lehre der Demokratie" des 18. Jahrhunderts nennt. Seiner vielzitierten Formel zufolge ist die demokratische Methode im Urteil der klassischen Lehre „jene institutionelle Ordnung zur Erzielung politischer Entscheide, die das Gemeinwohl dadurch verwirklicht, daß sie das Volk selbst die Streitfragen entscheiden läßt und zwar durch die Wahl von Personen, die zusammenzutreten haben, um seinen Willen auszuführen" (Schumpeter 1950: 397).

Schumpeters Behauptung, diese Definition erfasse die Philosophie der Demokratie im 18. Jahrhundert, ist maßlos übertrieben. Man hat sie zurecht als einen „Mythos" bezeichnet (Pateman 1970). Allerdings eignet sie sich bestens, um Schumpeters eigentliches Unterfangen ins bessere Licht zu rücken: er schlägt nämlich eine Demokratiedefinition vor, die den politischen Wettbewerb betont. Sie markiert er mit folgender Formel: „Die demokratische Methode ist diejenige Ordnung der Institutionen zur Erreichung politischer Entscheidungen, bei welcher einzelne die Entscheidungsbefugnis vermittels eines Konkurrenzkampfs um die Stimmen des Volkes erwerben" (Schumpeter 1950: 428). Genaugenommen ist diese Übersetzung zu schwach. Im englischen Original heißt es nämlich „power to decide" und das ist stärker als „Entscheidungsbefugnis".

Schumpeter zufolge ruht die „klassische Lehre" auf zerbrechlichen Pfeilern. Einer dieser Pfeiler besteht aus der Gemeinwohlthese. Ihr hält Schumpeter entgegen, es gebe „kein solches Ding wie ein eindeutig bestimmtes Gemeinwohl, über das sich das ganze Volk kraft rationaler Argumente einig wäre oder zur Einigkeit gebracht werden könnte" (ebd.: 399), denn zu unterschiedlich seien die Vorstellungen der Individuen und Gruppen vom allgemeinen Wohl. Zweitens gibt Schumpeter zu bedenken: Selbst wenn es ein hinreichend bestimmtes Gemeinwohl gebe, wie z.B. das Maximum wirtschaftlicher Bedürfnisbefriedigung, und wenn sich diese Norm als für alle annehmbar erweise, „könnte man immer noch über die Mittel zu dem anerkannten Ziel in heftigsten Streit geraten" (ebd.: 400). Drittens, so Schumpeter weiter, folgt aus dem zuvor Gesagten, daß sich ein besonderer Begriff des Volkswillens oder der volonté générale verflüchtige, denn dieser Begriff setze ein eindeutig bestimmtes und von allen anerkanntes Gemeinwohl voraus. Schumpeter zufolge kann man – der vierte Punkt – auch nicht die Annahme der „klassischen Demokratielehre" und des Liberalismus retten, daß die Individuen zu großer Vernunft begabt seien und vernünftige Wahlen von Entscheidungsalternativen träfen.

Es gebe keine universal gültige Rationalität (universal pattern of rationality), vielmehr unterscheide sich das, was als vernünftig angesehen wird, von Epoche zu Epoche und von Ort zu Ort.

Vor allem passe die Annahme rationalitätsorientierten Handelns nicht zu den für die Politik typischen Problemen. Wähler agierten zwar relativ rational in Angelegenheiten, die unmittelbare persönliche materielle Vor- oder Nachteile beträfen, doch erwiesen sie sich bei vielen politischen Streitfragen als schlechte oder gar als korrumpierte Richter, nicht selten sogar „als schlechte Kenner ihrer eigenen langfristigen Interessen" (ebd.: 414). Hohn und Spott gießt Schumpeter über die Anhänger der Lehre vom mündigen Bürger. Handele es sich um politische Materien, die fernab von privaten Belangen liegen, beobachte man bei den Bürgern häufig verminderten Wirklichkeitssinn, reduziertes Verantwortungsgefühl und inkohärente Willensäußerungen. Der typische Bürger, behauptet Schumpeter, fällt „auf eine tiefere Stufe der gedanklichen Leistung, sobald er das politische Gebiet betritt. Er argumentiert und analysiert auf eine Art und Weise, die er innerhalb der Sphäre seiner wirklichen Interessen bereitwillig als infantil anerkennen würde. Er wird wieder zum Primitiven. Sein Denken wird assoziativ und affektmäßig" (ebd.: 416f.). Nach Schumpeter ist in der „klassischen Demokratielehre" der Wille des Volkes eine eigenständige, unabhängige Größe. Von dieser Auffassung hält Schumpeter nichts. Der Wille des Volkes ist für ihn die abhängige Variable – nicht die vorab feststehende unabhängige Variable des politischen Prozesses. Der Wille des Volkes entpuppe sich als „das Erzeugnis und nicht die Triebkraft des politischen Prozesses" (ebd.: 418). Schumpeter zufolge ist der Wille der einzelnen bzw. der Kollektivwille nicht exogen, sondern endogenes Produkt des politischen Prozesses, also eine fabrizierte Größe, und nicht eine, die schon vor Beginn des Willensbildungsprozesses feststeht. In der Präzisierung der These vom endogenen Volkswillen ist der vielleicht wichtigste Beitrag von Schumpeters Demokratietheorie zu sehen. Ganz neu ist allerdings dieser Gedanke nicht: auch in den älteren Theorien der Demokratien in der griechischen Antike war schon die Auffassung Allgemeingut, daß die Institutionenordnung den Menschen prägten (Hansen 1991: 320) und daß insoweit die Institutionen die individuellen Präferenzen mitbestimmten. Der „demokratische Mensch" zum Beispiel, den Platon so vehement kritisiert, ist ein Mängelwesen, weil die Institutionenordnung mangelhaft ist (siehe die Einleitung zum vorliegenden Buch).

Zurück zu Schumpeters „Kapitalismus, Sozialismus und Demokratie". Was spricht für Schumpeters Definition der Demokratie als Methode zur Erzielung politischer Entscheidungen durch den Konkurrenzkampf um politische Führungspositionen? Zu seinen wichtigsten Gründen zählt er – erstens – das Argument, diese Definition liefere ein brauchbares Kriterium zur Unterscheidung demokratischer von nichtdemokratischen Regierungsformen. Zweitens berücksichtige sie die überragende Rolle der Führungsstäbe in der Politik in angemessenem Umfang, während die klassische Demokratietheorie die Führungsstäbe ignoriere. Drittens würden die Willensäußerungen der Wähler nun realistisch interpretiert. Überdies werde nun berücksichtigt, daß viele Willensäußerungen oftmals lange wirkungslos blieben und erst unter bestimmten Bedingungen von politischen Führern in wirkungsvolle Faktoren verwandelt würden. Viertens beleuchte das neue Demokratieverständnis die Beziehung zwischen Demokratie und individueller Freiheit genauer. Zwar erzeuge die Auswahl des Führungspersonals nicht unbedingt mehr Freiheit, doch gewährleiste sie im Vorfeld der Auswahl vermittels des Konkurrenzkampfs um Wählerstimmen ein hohes Maß an „Diskussionsfreiheit für alle" (Schumpeter 1950: 432). Fünftens werde das Ausmaß, in dem die politische Führung von der Wählerschaft kontrolliert wird, nunmehr realistisch als begrenzt eingeschätzt: Kontrolle erfolge nur in Ausnahmefällen, beispielsweise wenn die Wiederwahl oder Abwahl von Amtsinhabern anstehe. Sechstens verdeutliche die realistische Demokratiedefinition, daß der aus dem Konkurrenzkampf resultierende Wille eben nur der Wille der Mehrheit und nicht der Wille des Volkes sei.

Schumpeters „Kapitalismus, Sozialismus und Demokratie" ist von der traumatischen Erfahrung von Massenpolitik und Umwandlung einiger Demokratien zum System des Faschismus und zum Nationalsozialismus geprägt. Darüber hinaus knüpft Schumpeter mit seinem Demokratiebegriff an Webers Analysen der Bürokratisierung, Parlamentarisierung und Demokratisierung an und ergänzt sie um institutionentheoretische, wettbewerbstheoretische und massenpsychologische Dimensionen. Auch fügt er der Demokratietheorie den Kerngedanken der ökonomischen Theorie der Politik hinzu: die Vorstellung von der Politik als ein Markt, auf dem Gebrauchswerte zum Zweck der Vermehrung abstrakter Tauschwerte, wie z.B. Machterwerb und -erhalt, gehandelt werden. Nach Schumpeter erfüllt der Konkurrenzkampf um Macht und Amt unbestreitbar nützliche gesellschaftliche Funktion, wie die Hervorbringung von Gesetzen oder Verordnungen. Doch das geschehe gleichsam nebenher, als Nebenprodukt – „im gleichen Sinn wie die Produktion einer Nebenerscheinung beim Erzielen von Profiten ist" (ebd.: 448). „Der eine handelt mit Öl, der andere mit Wählerstimmen", zitiert Schumpeter an einer anderen Stelle einen politischen Unternehmer. So ist eben die neue Ordnung, die „Jazz civilization".

Schumpeter weiß um die problematischen Folgen des Konkurrenzkampfes um politische Ämter. „Verschwendung von Regierungsenergie" gehört zu ihnen; ferner veranlasse die Konkurrenz die Regierung, hauptsächlich nur politisch verwertbare Projekte in Angriff zu nehmen. Überdies verführe er die verantwortlichen Akteure zu kurzfristiger Politik und erschwere die Berücksichtigung langfristiger Interessen der Nation und die beständige Arbeit für „fernliegende Ziele" (ebd.: 456). Eine weitere Schwierigkeit sei mit der Demokratie verbunden: gutes Führungspersonal zu gewinnen sei auch in ihr ein großes Problem. Naturgemäß machten Präsidenten oder Kanzler in der Demokratie keine sonderlich gute Figur. In einer Demokratie gleiche der Ministerpräsident „einem Reiter (...), der durch den Versuch, sich im Sattel zu halten, so völlig in Anspruch genommen wird, daß er keinen Plan für seinen Ritt aufstellen kann, oder (...) einem General, der vollauf damit beschäftigt ist, sich zu vergewissern, daß seine Armee seinen Befehlen gehorcht, daß er die Strategie sich selbst überlassen muß" (ebd.: 456f.).

Insoweit sind die sozialen und politischen Voraussetzungen moderner Demokratie problematisch. Andererseits spendet Schumpeter den Anhängern der Demokratie Trost. Ein „tieferes Niveau der Regierungsleistung" sei nämlich gerade das, was man sich wünsche. Man könne über eine besonders schwache Regierung froh sein. Funktioniert sie schlecht, ist auch ihre diktatorische Leistung miserabel, und das ist wesentlich besser als eine gut funktionierende Regierung, die letztlich auch diktatorische Kapazitäten voll ausspielt.

Nicht immer ist Schumpeter so zynisch wie an der eben zitierten Stelle. Die Sache der Demokratie könne nämlich bei Abwägung aller Alternativen letztlich nur gewinnen (ebd.: 459). Gleichwohl ist ihre Funktionsfähigkeit an bestimmte Voraussetzungen gebunden. Schumpeter nennt deren sechs: 1) Hochqualifizierte Parteiarbeiter, Parlamentarier und Minister, 2) die Zügelung der Staatsintervention in Gesellschaft und Wirtschaft, 3) die Existenz einer hochqualifizierten Bürokratie mit Reputation, Tradition, Pflichtgefühl und Korpsgeist, 4) ein hohes Maß demokratischer Selbstkontrolle, 5) ein hohes intellektuelles und moralisches Niveau auf seiten der Wählerschaft und des Parlaments und – doch hier wird die Argumentation zirkulär, weil sie das zu Erklärende mit sich selbst erklärt – 6) die Bereitschaft der großen Mehrheit in jeder Gesellschaftsklasse, die Regeln des „demokratischen Spiels" einzuhalten (ebd.: 478).

Schumpeter ist ein Analytiker, der bei der Nationalökonomie, Karl Marx und Max Weber in die Schule gegangen ist. Von der Nationalökonomie stammen das wettbewerbstheoretische Element und die Kosten-Nutzen-Überlegungen. Von Weber übernimmt er die Lehre von der Bedeutung der Organisation, der Bürokratie und der politischen Führung. Auf Marx läßt sich die Vorstellung von der zerstörerischen Dynamik der bürgerlichen Gesellschaft zurückführen. Dies alles verknüpft Schumpeter in seinen demokratietheoretischen Ausführungen. Die Demokratie (im Sinne der Konkurrenz um politische Führung) habe den Vorsitz geführt „über den Prozeß der politischen und institutionellen Wandlung, durch den die Bourgeoisie die soziale und politische Struktur, die ihrer Machtergreifung voranging, umformte und von ihrem eigenen Standpunkt aus rationalisierte: die demokratische Methode war das politische Werkzeug dieser Rekonstruktion". Und die moderne Demokratie sei „ein Produkt des kapitalistischen Prozesses" (Schumpeter 1950: 471). Hiervon müsse man allerdings die Frage trennen, wie gut die Unternehmerschaft und der Kapitalismus insgesamt mit der von ihnen entwickelten demokratischen Methode zurechtkomme. Schumpeters Antwort hierauf ist voller Skepsis. Der politische Prozeß sei in ständiger Gefahr, vom Kampf zwischen den Interessengruppen überwuchert zu werden. Auf politischen Märkten sei die Tendenz der Marktvermachtung allgegenwärtig. Noch schwerer wiege die selbstzerstörerische Dynamik der bürgerlichen Gesellschaft. Sie untergrabe eine Funktionsvoraussetzung der demokratischen Methode, indem nämlich die Bourgeoisie Individuen hervorbringe, „die als politische Führer dadurch erfolgreich waren, daß sie in eine politische Klasse nichtbürgerlichen Ursprungs übertraten; aber sie brachte nicht eine eigene erfolgreiche politische Schicht hervor..." (ebd.: 474). Die Bourgeoisie erzeuge mithin ihre politischen Totengräber: gemeint sind vor allem die sozialistischen Theoretiker und Praktiker und deren Parteien und Organisationen.

Schumpeters Demokratietheorie laboriert wie Webers Lehre an einem mageren, auf die Führungsauswahl zugeschnittenen Demokratiebegriff. Gemeinsam ist beiden auch die nahezu vollständige Vernachlässigung der Vermittlungsinstanzen zwischen Demos und politischen Führungsstäben, wie Parteien, Verbänden, Kirchen und Bürgervereinigungen. Überdies vernachlässigt er wie auch Weber politisch-rechtliche Sicherungen gegen die Legislative und die Exekutive. Auch hat man ihm die These übelgenommen, daß die Willensäußerungen der Wähler und der Gemeinwille insgesamt abhängige Variablen – und nicht unabhängige Größen – seien. Er übersehe dabei die edukativen

Funktionen der Demokratie: diese sei Markt und Forum (Held 1987: Kapitel 5). Auch stieß man sich daran, daß Schumpeter auf die Ableitung der Demokratie aus Prinzipien der klassischen Sozialphilosophie verzichtet habe und somit „den objektiven Sinn der Institutionen durch ihre abstrakten Bestimmungen" ersetze, und ferner daran, daß er anstelle der Deduktion der Demokratie vom Grundsatz der Rechtsstaatlichkeit und der Volkssouveränität die Demokratie nur durch „ihren tatsächlichen Apparat" definiere (Habermas u.a. 1969: 13f.). Doch das überzeugt nicht, weil Rechtsstaatlichkeit auch mit halbierter und Viertels-Demokratie koexistieren kann und weil Volksherrschaft – jenseits direktdemokratisch organisierbarer kleinster Gemeinwesen – eben eines „institutionellen Apparates" bedarf.

Überzeugender ist der Hinweis auf ein „schumpeterianisches Dilemma" (Santoro 1993: 130). Warum sollten unfähige Wähler befähigt sein, die richtigen Führer zu wählen? Dieses Dilemma wird immanent nicht gelöst. Ebenso trifft der Einwand voll ins Schwarze, daß Schumpeter nicht sorgfältig nach unterschiedlichen Ressourcen und Kompetenzen von Wählergruppen differenziert. Ferner ist im Licht der heutigen Partizipationsforschung seine pauschale These der Inkompetenz der Wählerschaft nicht länger haltbar. Überdies hat Schumpeter – ähnlich wie Weber – vor allem den Typus der reinen Konkurrenzdemokratie im Auge. Hiermit übersieht er die Vielfalt demokratischer Ordnungen, z.B. die unterschiedlichen Strukturen, Prozesse und Leistungsprofile von Konkurrenz- und Konkordanzdemokratien. Überdies wird man Schumpeters Fixierung des Politikbegriffs auf den Tauschwert kritisieren müssen. Gewiß sind Machterwerb und -erhalt zentrale Ziele im politischen Geschäft. Zu beiden gelangt man allerdings nicht ohne gebrauchswertorientierte politische Gestaltung. Insoweit sind Machterwerb und politische Gestaltung mindestens als gleichrangige Größen zu betrachten (Budge/Keman 1990). In diesem Punkt war schon die Parteientheorie von Max Weber derjenigen Schumpeters um Längen voraus. Politische Parteien sind Weber zufolge freiwillig geschaffene und auf freie Werbung von Gefolgschaft ausgehende Organisationen mit dem Ziel der „Stimmenwerbung für Wahlen zu politischen Stellungen oder in eine Abstimmungskörperschaft" und zum Zwecke des Kampfes um „Ämterpatronage", aber auch um „sachliche Ziele" (Weber 1988b und 1988c). Schlußendlich ist ein Fragezeichen hinter die Behauptung zu setzen, Schumpeters Demokratietheorie sei „realistische Demokratietheorie", im Unterschied zur rein normativen Lehre. Man hat den Spieß umgedreht und Schumpeters Theorie mangelnden Realismus vorgehalten, weil sie nur den Markt im Blick habe. Ihr entgehe, daß Demokratie Markt und zugleich Forum ist (Elster 1986). Dort werden folglich sowohl Güter als auch Argumente gehandelt und in ihr treten die Wähler mindestens in zwei Rollen auf: in der des am Kosten-Nutzen-Prinzip orientierten homo oeconomicus und der des kommunikativ handelnden, verständigungsorientierten und am intrinsischen Wert der Beteiligung interessierten Bürgers (Brennan/Lomasky 1993).

2.2.2 Downs' Beitrag zur ökonomischen Theorie der Demokratie

Max Weber und Joseph A. Schumpeter sind die Köpfe einer Schule, in der die Institution des Marktes in die Demokratietheorie eingeführt wurde. Der Markt und das in ihm waltende Konkurrenzprinzip haben nach dem übereinstimmenden Urteil beider Theoretiker in der Politik segensreiche Folgen. Weber zufolge fördert die Konkurrenz die Auswahl und Schulung kompetenter politischer Führer, und nach Schumpeter gewährleistet der Konkurrenzkampf um die Wählerstimmen das funktional Erforderliche, nämlich die Aus- bzw. Abwahl von Amtsinhabern, welche die Macht zum Entscheiden über gesamtgesellschaftliche Belange ausüben.

Allerdings ist es keineswegs selbstverständlich, den Markt und die Konkurrenz in der Demokratie als segensreiche Einrichtungen einzustufen. Vor allem die moderne ökonomische Theorie der Politik wird den Nachweis eines grundsätzlich instabilen Verhältnisses von Demokratie und Markt in der Politik beisteuern (z.B. Riker 1980a und 1982). Das wird bei der Vorstellung der Kritischen Theorie der Demokratie ausführlicher zu erörtern sein (siehe Kapitel 2.6). Auf dem Weg dahin empfiehlt es sich allerdings, Zwischenstation zu machen. Vor allem Anthony Downs' „Economic Theory of Democracy" (1957) kommt hierfür in Frage, die „ökonomische Theorie der Demokratie", so der Titel der 1968 erschienenen deutschen Übersetzung. Im Unterschied zur Kritischen Theorie der Demokratie ist Downs' Ökonomische Theorie der Demokratie kaum kritisch, weithin sogar affirmativ. Webers und Schumpeters Theorie des Zusammenwirkens von Konkurrenz und Demokratie weiterführend, zeigt er, daß die Kandidaten für politische Führungspositionen nur dann Aussicht auf Erfolg haben, wenn ihr Angebot der Verteilung der Präferenzen der Wählerschaft entspricht und wenn es das Angebot der Konkurrenz übertrifft. A. Downs' Ansatz trägt den Namen „Ökonomische Theorie der Politik". Sein Markenzeichen ist die Übertragung der Vorstellung vom Kosten und Nutzen abwägenden egoistisch-rationalen Akteur auf die Welt der Politik.

Ähnlich wie Schumpeter rückt Downs den Zusammenhang von Parteienwettbewerb, Wahlen und Präferenzen der Wähler ins Zentrum der Demokratiebetrachtung, doch fügt er die Politik konkurrierender Parteien hinzu. Wie für Schumpeter gelten auch ihm Wettbewerb und Wahlen als konstitutive Elemente von Demokratie. Ein Regierungssystem ist für Downs demokratisch, wenn es folgende Bedingungen erfüllt: 1) einen vollentwickelten Parteienwettbewerb und die Besetzung öffentlicher Ämter auf der Grundlage allgemeiner Wahlen, 2) in periodischen Abständen stattfindende Wahlen, deren Zeitpunkte nicht allein durch die Regierungspartei festgelegt sein dürfen, 3) ein allgemeines Wahlrecht der erwachsenen Bevölkerung (wobei man jedoch Abstriche im Hinblick auf eingeschränktes Wahlrecht von Frauen und von im Inland wohnhaften Bürgern ausländischer Staatsangehörigkeit machen müsse), gleiches Wahlrecht und insbesondere gleiches Stimmrecht und 4) die Akzeptanz der Wahlergebnisse und der Verzicht auf illegale und gewaltförmige Mittel seitens der Gewinner und der Verlierer der Wahl (Downs 1957: 23f.).

A. Downs knüpft mit seiner Theorie der Demokratie explizit bei Schumpeter an. Schumpeters „Kapitalismus, Sozialismus und Demokratie" habe ihm die „Inspiration" und die „Grundlage" gegeben (ebd.: 28 und 284f.). Wie Schumpeter hat auch Downs für die normative Demokratielehre nur Hohn und Spott übrig. Vom Gemeinwohl sprächen bei der Politikanalyse ausgerechnet diejenigen, die ansonsten von der Annahme ausgingen, die Individuen maximierten hauptsächlich ihren Eigennutzen. Gegen die Vorstellung, Akteure handelten gemeinwohlorientiert, erhebt Downs seine Stimme. Man solle tunlichst auch bei der Analyse des Politischen von hauptsächlich eigeninteressierten Handelnden ausgehen. Auch in der Politik sei die Annahme realistisch, daß gesamtgesellschaftliche Belange normalerweise nur als Nebenprodukte von Handeln, das auf private Ambitionen gerichtet ist, gewahrt werden. Downs überträgt in seiner Theorie der Demokratie die Vorstellungswelt der Wirtschaftswissenschaften, insbesondere das Konzept des rational handelnden (eigennutzmaximierenden) Konsumenten und Produktanbieters auf den Parteienwettbewerb und die Beziehungen zwischen Regierungen, Parteien und Wählern. Politik wird folglich als „ein komplexes Tauschsystem" (Lehner 1981: 21) betrachtet, als ein politischer Markt, auf dem ebenfalls eigennutzmaximierende Unternehmer (sprich: Parteien) und Käufer (sprich:

Wähler) miteinander in Verbindung treten. Man muß betonen, daß dies eine Modellvorstellung ist, eine gedankliche Konstruktion, mit deren Hilfe versucht wird, grundlegende Strukturen und Vorgänge der Politik besser herauszuarbeiten. Innerhalb dieser Modellwelt handeln die Akteure ausschließlich auf Basis rationalen Abwägens von Entscheidungsalternativen unter besonderer Berücksichtigung der jeweiligen Kosten-Nutzen-Bilanz. Downs unterstellt in der ökonomischen Theorie der Demokratie der Einfachheit halber, daß die Handelnden – vor allem Wähler, Parteien und Regierung – nahezu vollständig über Entscheidungsalternativen und deren Konsequenzen informiert sind. Ferner wird die Annahme zugrunde gelegt, daß ein Akteur immer diejenige Verhaltensalternative wähle, deren Nutzen die Kosten am weitesten übertreffe.

Im Lichte des Rationalitätsprinzips bekommen Demokratie, Parteienwettbewerb und die Beziehungen zwischen Wählern und Regierungen neue Konturen. A. Downs hat seinen Ansatz wie folgt auf den Punkt gebracht: „Unsere Hauptthese ist, daß Parteien in demokratischen politischen Systemen analog zu Unternehmern in einer profitorientierten Wirtschaftsordnung sind" (Downs 1957: 295). Ihre Politik richte sich nach dem jeweils günstigsten Nutzen-Kosten-Verhältnis von Politikalternativen. Maßgebend für sie sei der Wahlsieg bzw. der Machterhalt. Deshalb setze man auf Stimmenmaximierung. Mithin verhielten politische Parteien sich anders als es ihre Selbstdarstellung oder irgendeine normative Theorie nahelegt: politische Parteien seien nichts anderes als Unternehmen, die Produkte nicht um der Produkte willen herstellen, sondern als Mittel zur Erzielung von politischem Gewinn. Wie in Marx' Kapitalismuskritik kommt es in Downs' Politikanalyse nicht primär auf den Gebrauchswert, sondern auf den Tauschwert an: konkrete politische Maßnahmen und Programme, Rechtfertigungen und dergleichen mehr sind dem abstrakten Tauschwert – Stimmenmaximierung zum Zweck von Machtgewinn und Machterhalt – untergeordnet.

Aus der Hypothese der stimmenmaximierenden Parteien leitet A. Downs eine Reihe von zu überprüfenden Aussagen („propositions") ab. Der ersten Hauptaussage zufolge ist die Motivation von Parteimitgliedern vor allem darauf gerichtet, den im Ämtererwerb und Machterhalt liegenden Nutzen zu erlangen („to obtain the intrinsic rewards of holding office", Downs 1957: 296). Deshalb formulierten sie ihre Politik als Mittel zum Zweck des Ämtererwerbs und Machterhalts und nicht als Instrument, um bestimmte politische Projekte zu verwirklichen. Hier ist sie: die These vom Primat des Amtserwerbs und des Machterhalts und von der untergeordneten Rolle der inhaltlichen Politikgestaltung. Als der ehemalige Bundespräsident Richard von Weizsäcker die politischen Parteien als machtversessen und machtvergessen kritisierte (von Weizsäcker 1992, Hofmann und Perger 1992), hätte er sich unmittelbar auf diese Hypothese von Downs berufen können.

Die zweite These von Downs lautet: In einem Zweiparteiensystem konvergieren die Politikpositionen der Parteien in all den Streitfragen, die von einer Mehrheit der Bürger favorisiert werden. Hier ist sie: die These von der weitreichenden Politikkonvergenz der Parteien. Auf diese These hätte sich z.B. Johannes Agnoli berufen können, als er die These vertrat, die Volksparteien des modernen Verfassungsstaates bildeten „die plurale Fassung einer Einheitspartei" (Agnoli 1968: 40).

Die dritte Aussage, die Downs aus der Stimmenmaximierungsthese ableitet, besagt folgendes: In einem Zweiparteiensystem ist die Politik (im Sinn von Policy) der Parteien erheblich diffuser als in einem Vielparteiensystem, überdies der Politik konkurrierender Parteien ähnlicher und weniger direkt mit einer politischen Ideologie verknüpft als dies in einem Vielparteiensystem der Fall ist. Hier haben wir sie: die These der Entideologisierung im Zweiparteiensystem und der Kontinuität der Ideologisierung in Vielparteiensystemen.

Der vierten Hypothese zufolge sind die Politiken einer Regierung, die aus einer Koalition besteht und die in einem Vielparteiensystem agiert, weniger integriert und weniger konsistent als die der Regierungen eines Zweiparteiensystems. Ferner unternähmen jene Regierungen weniger Anstrengungen, grundlegende gesellschaftliche Probleme zu lösen. Hier feiert sie wieder fröhliche Urstände: die These von der besseren Problemlösungsfähigkeit der Zweiparteiensysteme. Die alte Frontstellung zwischen – angeblich stabiler und leistungsfähiger – angloamerikanischer Zweiparteiensystem-Demokratie und – angeblich instabiler – Vielparteiensystem-Demokratie nach Weimarer Art läßt hier grüßen.

Die fünfte Proposition enthält eine Hypothese zum Emporkommen neuer Parteien. Downs zufolge entstehen neue Parteien, wenn eine von drei Bedingungen gegeben ist: 1) eine größere Veränderung im Wahlrecht, 2) ein plötzlicher Wandel in der Stimmung der Wählerschaft, typischerweise infolge von großen Umwälzungen wie Krieg, Revolution, Hyperinflation oder schwerer Depression oder 3) in einem Zweiparteiensystem der Fall, in dem eine Partei einen gemäßigten Standpunkt in einer wichtigen Streitfrage einnimmt und Teile ihrer Mitgliederschaft eine Splitterpartei formen, um die Mutterpartei zur Annahme eines extremeren Standpunktes zu zwingen.

Schlußendlich sind zwei weitere Hypothesen zum Zusammenhang von Parteien und Staatstätigkeit erwähnenswert. Die erste These besagt, daß in der Demokratie die Regierungen viel stärker zur Umverteilung von den Reichen zu den Armen neigten. Die zweite Aussage behauptet, daß demokratische Regierungen in ihrem Tun und Lassen die Produzenten stärker als die Konsumenten förderten.

Das sind die wichtigsten Ableitungen aus der These der Stimmenmaximierung der Parteien. Diese ist aber nur eine Hauptthese in Downs' Werk. Die zweite Hauptthese – gelegentlich zutreffender als Prämisse bezeichnet – ist die, daß sich die Bürger auch in der Politik im Sinne des homo oeconomicus rational verhalten. Auch hieraus leitet Downs eine Reihe von Propositionen ab. Um den Rahmen des Kapitels nicht zu sprengen, soll an dieser Stelle nur der allerwichtigste Gedankengang angesprochen werden. Der Grundgedanke ist, daß die Bürger in Wirtschaft und Politik gleichsam nur eine Rolle spielen, nämlich die des rational abwägenden, Kosten und Nutzen bedenkenden Handelnden. So eigennutzorientiert wie in Fragen des Konsums oder der Produktion seien die Bürger auch in der Politik. Und so wie sie ihre Kauf- oder Konsumentscheidungen von Kosten-Nutzen-Abwägungen abhängig machten, handelten sie auch in der Politik. Das wirft die Frage auf, wie das Abwägen erfolge. Downs' Antwort unterstellt der Einfachheit halber ein Zweiparteiensystem und vollständige Information der Wähler. Die Abwägung der Entscheidungsalternativen seitens der Wähler, der Vergleich und die Bewertung der zur Wahl stehenden Kandidaten und Parteien basiere auf dem sogenannten erwarteten Parteiendifferential („expected party differential"). Das erwartete Parteiendifferential ist definiert als die Differenz zwischen dem Nutzen, den der Wähler vom Sieg der Partei A und dem, den er vom Sieg der Partei B zu erwarten hat. Kann er von A mehr Nutzen als von B erwarten, gibt er seine Stimme der Partei A; hat er von B mehr als von A zu erwarten, erhält B seine Stimme. Ist das erwartete Parteiendifferential gleich Null, ist der Wähler indifferent. Bleibt alles sonstige gleich, wird er sich der Wahl enthalten.

Wie berechnet ein Wähler sein erwartetes Parteiendifferential? Downs zufolge sind hier drei Größen zu bedenken: das tatsächliche Parteiendifferential („current party differential"), ein Trendfaktor und der Vergleich des Ist-Zustandes mit dem Zustand, der bei einer für den Wähler idealen Regierungspartei gegeben wäre. Die wichtigste Größe unter diesen Einflußfaktoren ist das tatsächliche Parteiendifferential. Es ist definiert als Differenz zwischen dem Nutzen, den der Wähler zum gegenwärtigen Zeitpunkt aus der Tätigkeit der Regierungspartei zieht, und dem, den er durch die Regierungstätigkeit der derzeitigen Oppositionspartei voraussichtlich erlangt hätte. Hinzu kommt ein modifizierender Faktor, der Trendfaktor. Dieser berücksichtigt wichtige Ereignisse innerhalb einer Wahlperiode, so z.B. den Bonus, den ein Wähler einer neu ins Amt kommenden Regierung für deren Fehler zu Beginn der Amtsperiode gibt. Der dritte Faktor basiert auf einem Leistungsvergleich (performance rating), bei dem der Wähler den Nutzen, den er durch seine ideale Regierungspartei erlangt, mit dem vergleicht, den er aus der Regierungspartei oder einer anderen Partei erzielt.

Bis hierher wird von Downs die Existenz eines Zweiparteiensystems und vollständige Information der Akteure unterstellt. Komplizierter sind die Verhältnisse in einem Mehrparteiensystem und dort, wo die Wählerschaft schlechter informiert und demnach mit mehr Ungewißheit und Irrtumswahrscheinlichkeit konfrontiert ist. Überdies müssen im Mehrparteiensystem zusätzlich die Erfolgschancen der von den Wählern bevorzugten Partei und der anderen Parteien berücksichtigt werden. Bei Koalitionsregierungen kommt eine weitere Komplikation hinzu, weil nun auch die Koalitionschancen der jeweils präferierten Parteien, ihr Gewicht in der Koalition und die Folgen, die all dies für die Politik der Koalitionsregierung hat, abzuwägen sind. Noch unübersichtlicher wird die Lage, wenn die Informationsbasis sehr schmal und die Ungewißheit besonders groß ist. Beides kann nur hilfsweise überbrückt werden, beispielsweise durch Orientierung an Propaganda und Werbung einer Partei, an Wahlempfehlungen seitens einzelner Ratgeber oder öffentlicher Instanzen oder durch Orientierung an den politischen Ideologien der Parteien.

Was müssen Parteien tun, wenn sie rational im Sinne von Downs handeln wollen? Wovon hängt der Erfolg der Stimmenmaximierungspolitik ab? Downs zufolge kommt es vor allem auf die Verteilung der Wählerpräferenzen sowie einige andere Faktoren an. Wiederum bedient er sich einer vereinfachenden Annahme: die Präferenzen der Wähler ließen sich auf einer einzigen Dimension des politischen Raumes, nämlich einer Rechts-Links-Skala, abbilden. In Wirklichkeit ist der politische Raum komplexer, doch erleichtert die Annahme der Eindimensionalität die Analyse. Im Rahmen dieser Vorgabe muß vor allem nach der Verteilung der Präferenzen der Wählerschaft zwischen ein- und zweigipfliger Verteilung unterschieden werden. Eine eingipflige Verteilung ist beispielsweise gegeben, wenn die große Mehrheit der Wählerschaft sich in der Mitte der Rechts-Links-Skala einstuft und jeweils kleiner werdende Wählergruppen zum rechten bzw.

zum linken Extrempol der Skala neigen. In diesem Fall ergibt sich bei grafischer Darstellung der Rechts-Links-Skala auf der Waagerechten und der Häufigkeit, in der die jeweiligen Positionen auf dieser Achse in der Wählerschaft anzutreffen sind, auf der Senkrechten näherungsweise eine glockenförmige Verteilungskurve: die meisten Wähler finden sich in der Mitte des politisch-ideologischen Spektrums, nach links und rechts nehmen die Häufigkeiten ab und nähern sich an den Extrempolen jeweils asymptotisch der Waagerechten. Bei eingipfliger Verteilung der Präferenzen führt die Konkurrenz zwischen zwei Parteien nach Downs dazu, daß beide in ihrer Politik (im Sinn von Policy) auf der Rechts-Links-Skala eine Position möglichst nahe unter dem Gipfelpunkt der Verteilung anstreben, denn nur in diesem Bereich sind die optimalen Chancen zur Stimmenmaximierung gegeben. Praktisch heißt das: die Parteien nähern sich programmatisch und ideologisch einander an – bis zum Extremfall ihrer Deckungsgleichheit. Dann hat man perfekte „Allerweltsparteien" im Sinne von O. Kirchheimer (1965) vor sich: kongruente Parteien, die identische Güter anbieten – vielleicht noch in unterschiedlicher Verpackung.

In der Praxis ist die eingipflige Verteilung von Wählerpräferenzen am ehesten ein Merkmal einer modernen Industriegesellschaft mit einem dicken Mittelstandsbauch. Eine zweigipflige Verteilung hingegen könnte vor allem in einer stark zerklüfteten bipolaren Klassengesellschaft gegeben sein. In diesem Fall ist die Verteilungskurve nicht glockenförmig; vielmehr hat sie zwei Gipfelpunkte, z.B. einen links und einen rechts von der Mitte. In dieser Verteilung und bei Zugrundelegung eines Zweiparteiensystems markieren die beiden Gipfelpunkte jeweils die bestmöglichen Positionen für die Stimmenmaximierungsstrategie der konkurrierenden Parteien, denn hier sind jeweils die meisten Stimmen zu gewinnen. Bleibt alles übrige gleich, werden die Parteien bestrebt sein, sich mit ihren Programmen und ihrer Politik auf der Rechts-Links-Achse möglichst nahe an einem dieser Gipfelpunkte zu plazieren. Unter diesen Bedingungen ist die politisch-ideologische Differenz zwischen den Parteien sehr groß, im Gegensatz zur eingipfligen Verteilung, in der Politikkonvergenz vorherrscht.

Was tun politische Parteien, wenn sie Regierungsmacht erworben haben und erhalten wollen? Um diese Frage beantworten zu können, muß man Downs' Parteiendefinition kennen. Sie ist ausschließlich auf Ämtererwerb und Ämtererhalt zugeschnitten: „a political party is a team of men seeking to control the governing apparatus by gaining office in a duly constituted election" (Downs 1957: 25) – eine politische Partei ist eine Vereinigung von Personen, die bestrebt ist, durch den Erwerb von Ämtern in verfassungsgemäß abgehaltenen Wahlen den Regierungsapparat unter Kontrolle zu bringen. Downs zufolge führt die Regierung diejenigen Programme durch, die bei Berücksichtigung von Stimmenzugewinn und -verlust besser als die Alternativprogramme abschneiden. In der Regel werde dies dazu führen, daß die Regierung die Einkommen eher von den Reichen zu den Armen umverteile als in entgegengesetzter Richtung (Downs 1957: Kapitel 10). Andererseits berücksichtigten demokratische Regierungen die organisationskräftigen, stimmenmächtigen und konfliktfähigen Produzenteninteressen eher als die schwächeren Konsumenteninteressen (ebd.: Kapitel 13). Hinzu komme, daß die Wähler aus ärmeren Schichten meist vor den hohen Kosten der Informationsbeschaffung über das Tun und Lassen der Parteien zurückschreckten und deshalb häufig nicht wählten. Doch hierdurch reduzierten sie ihre Bedeutung für das Kalkül der konkurrierenden Parteien und der Regierung (ebd.: Kapitel 10).

In vielerlei Hinsicht ist Downs' Theorie radikal. Schonungslos wird das Getriebe der Politik analysiert. Ohne zu zögern setzt Downs sich über wohlklingende Selbstdarstellungen und Rechtfertigungen der Demokratie hinweg. Besonderes Interesse verdient der Versuch, im Rahmen einer allgemeineren Theorie gesellschaftlichen Handelns die Analyse des Wirtschaftlichen mit der des Politischen zu verbinden. Überdies hat Downs' Theorie eine erfahrungswissenschaftliche Komponente, wie vor allem die prinzipiell überprüfbaren Ableitungen aus der Theorie verdeutlichen, z.B. die These, die ideologische Distanz zwischen Parteien sei im Zweiparteiensystem geringer als in Vielparteiensystemen. Ein Weiteres kommt der ökonomischen Theorie der Demokratie zugute: sie ist eine – im guten Sinne – sparsame Theorie, d.h. ein zur Beschreibung und Erklärung geeignetes Gedankengebäude, das mit vergleichsweise wenigen Begriffen, Hypothesen und sonstigem Aufwand einen beträchtlichen Ertrag an Einsichten, Beschreibungen und Erklärungen liefert.

Viele sehen einen großen Vorteil der ökonomischen Theorie der Demokratie auch darin, daß sie vom Prinzip des methodologischen Individualismus ausgeht, d.h. von dem Erkenntnisprinzip, wonach gesellschaftliche Strukturen und Prozesse mit Hilfe von Aussagen über individuelle Motivationen und Handlungen zu erklären sind und erklärt werden können, im Unterschied zu Alternativtheorien, z.B. der marxistischen Politischen Ökonomie, in denen Aussagen über soziale Strukturen nicht auf individuelles Verhalten, sondern auf Eigenschaften dieser Strukturen und der gesellschaftlichen Organisation zurückgeführt werden (methodologischer Holismus).

Gleichviel, ob man dem methodologischen Individualismus anhängt oder nicht, unbestritten ist Downs' „Ökonomische Theorie der Demokratie" ein großer Wurf. Sie hat – wie oben ausgeführt – interessante und fruchtbare Hypothesen zur weiteren Erforschung demokratisch verfaßter Politik zur Welt gebracht. Hinzuzufügen ist, daß Downs seine Demokratietheorie mit drei zusätzlichen Hypothesen abschließt, die aus dem Zusammenwirken der beiden Grundhypothesen – Stimmenmaximierung der Parteien und rationales Wahlverhalten der Wähler – resultieren. Die beiden wichtigsten dieser Hypothesen sollen der Vollständigkeit halber, aber auch aufgrund ihrer Bedeutung für die Parteien- und Staatstätigkeitsforschung, erwähnt werden. Die erste dieser Thesen besagt, die stimmenmaximierenden Parteien tendierten im Fall der Konfrontation mit rational handelnden Wählern dazu, nach ihrem Wahlerfolg so viele der Wahlversprechen oder Programme zu verwirklichen, wie sie nur können. Das ist im übrigen die Grundform der Mandatetheorie, die viele Jahre nach Downs den Test vergleichender Analysen bestand (Klingemann u.a. 1994), und deren Hauptbotschaft zufolge die Parteien nach der Wahl weitgehend die Versprechen einhalten, die sie vor der Wahl den Wählern gegeben haben. Erwähnung verdient auch die zweite Hypothese, die Downs als Proposition Nr. 24 vorträgt. Ihr zufolge tendieren politische Parteien dazu, ideologische Positionen beizubehalten – sofern sie nicht drastische Niederlagen erfahren. Im letzteren Fall paßten sie ihre Ideologie derjenigen Partei an, die ihnen diese Niederlage zufügte. Eine hübsche Hypothese! Sie könnte sich beispielsweise zur Beschreibung und Erklärung des Wegs der SPD zum Godesberger Programm von 1959 eignen.

Doch nicht nur Lob wurde Downs' „Ökonomische Theorie der Demokratie" zuteil, sondern auch Kritik. Nicht wenige Experten haben sie vehement kritisiert. Das Menschenbild der Theorie sei nicht in Ordnung, beklagten manche, vor allem sei es nicht verträglich mit den Funktionsvoraussetzungen in einer Demokratie, die doch den sozialverträglichen homo politicus erfordere. Andere haben Downs vorgeworfen, man könne die Politik nicht in Analogie zum Markt begreifen (so z.B. Fetscher 1984: 198f.). Die Politik sei ein hochgradig oligopolistischer Markt, auf dem sich wenige Parteien tummelten, die obendrein nicht weiter aufschnürbare Pakete von Programmen oder politischen Konzeptionen feilhielten (ebd.). Überdies fehle die Analyse des Konsensus über die Spielregeln und ohne die gebe es keine funktionsfähige Konkurrenzdemokratie (ebd.: 198f.). Das trifft ins Schwarze! In der Tat ist ein Basiskonsens erforderlich, sonst hält sich niemand an die Spielregeln. Dann allerdings funktionierte auch eine Demokratie nach Downs' Modell nicht länger (Habermas 1992a). Der Hinweis auf den oligopolistischen Markt hingegen kann nicht so recht überzeugen. Oligopolisierung ist kein Fremdwort für Downs' Demokratietheorie; sie beschädigt sein Modell nicht.

Andere Kritiker setzten noch grundsätzlicher an. Downs' Ansatz sei von Grund auf falsch und basiere auf weithergeholten Axiomen. Besser sei es, induktiv vorzugehen und von dort aus zu verallgemeinern. So lautet der Kernsatz eines Kritikers, der Parteienforschung primär aus institutionalistischer und kulturalistischer Tradition betreibt (Rogers 1959). Downs hielt Rogers entgegen, er hantiere nicht mit Axiomen, sondern mit Hypothesen im Rahmen von Modellen. Auch wenn man ihm diese Verteidigung gutschreibt, bleiben modellimmanente Widersprüche und Erklärungsdefizite der Hypothesen, die aus der ökonomischen Theorie der Demokratie abgeleitet werden (Lehner 1981: 36f. und McLean 1987: Kapitel 3). Ihrem egozentrischen Entscheidungsmodell (Habermas 1992b: 404) entgehen institutionelle und kulturelle Bedingungen von Politik (Lipset/Rokkan 1967, Lehmbruch 1975: 250ff.).

Die These vom rationalen Wähler beispielsweise ist eine heroische Vereinfachung, die in einem von Land zu Land unterschiedlichen Ausmaß irreführt. Am unschädlichsten ist sie wohl dort, wo der politische Markt relativ „flüssig" ist und wo die Bindungen der Wähler an sozialmoralische Milieus schwach sind. Die These vom rationalen, vorwiegend an kurzfristigen Streitfragen und Themen orientierten Wähler paßt in dem Maße um so schlechter, je stärker die Wählerbindung an solche Milieus ist. Gewiß überschätzt Downs' Theorie auch das Streben nach Machterwerb und Machterhalt. Vor allem ist der Vorrang des Wahlsiegziels vor der Durchsetzung politischer Programme nicht sonderlich stichhaltig. Zahlreiche Analysen zeigen, daß Wahlgewinner an der Durchsetzung von Programmen interessiert sind (Budge/Keman 1990). Außerdem ist nachgewiesen worden, daß Regierungen unterschiedlicher parteipolitischer Zusammensetzung höchst unterschiedliche Politiken in Gang setzen (Castles 1982, Schmidt 1995a).

Gemessen am Stand der Forschung zum Wählerverhalten und zu den politischen Parteien ist auch Downs' Analyse des Verhältnisses von Wählern und Parteien unzulänglich. Ihr fehlt die angemessene Berücksichtigung des Ineinandergreifens von vier Bestimmungsfaktoren des Wählerverhaltens: der Orientierung der Wähler an Streitfragen (Issues), der den Parteien zugeschriebenen Problemlösungskompetenz, der Wertschätzung der Kandidaten der Parteien seitens der

Wähler und der langfristigen Wirkung sozialstrukturell begründeter Bindungen der Wählerschaft. Spätestens an dieser Stelle erweist sich das Rationalitätsprinzip als Erkenntnissperre auf dem Weg zur empirisch exakten Analyse des Wählerverhaltens. Überdies wird man dem löblichen Vorsatz von A. Downs, die Analyse der Ökonomie und der Politik in einer allgemeinen Theorie zu verbinden, entgegenhalten müssen, daß dieses Gedankengebäude in normativer Hinsicht verkürzt ist: rationale Akteure im Sinn von Downs haben strenggenommen keine hinreichenden Gründe, die demokratischen Spielregeln einzuhalten (Habermas 1992b: 358).

Schlußendlich ist die Politikanalyse der „Ökonomischen Theorie der Demokratie" unterkomplex. Der Raum von Downs' Modellwelt des Politischen ist dünn besiedelt: in ihm tummeln sich Wähler, Parteien und Regierungen, am Rande kommt noch das Wahlrecht ins Spiel. Gewiß spiegelt diese Auswahl eine gewollte Vereinfachung wider, aber sie bleibt eben eine heroische Vereinfachung. Ihr fällt beispielsweise die Analyse all derjenigen politischen Institutionen und Vorgänge zum Opfer, die zwischen Regierungen und Wählern, neben den Regierungen und im Vorfeld der Wahlhandlungen von Parteien und Wählern wirken.

Aber selbst wenn man in den Bahnen der ökonomischen Theorie der Politik bleibt, ist Downs' Theorie nicht gegen Kritik gefeit. Zwei Einwände verdienen besondere Beachtung. Der erste betrifft die unaufgelöste Spannung zwischen der wettbewerbs- und der oligopoltheoretischen Fundierung von Downs' Theorie. Wenn Parteien Oligopolisten sind – und das ist in Downs Modell der Fall – dann kommt allerdings der Nutzen des Wettbewerbs – auf den Downs setzt – gar nicht zustande, weil oligopolistische Märkte den Anbietern die Vernachlässigung von Konsumenteninteressen ermöglichen (Strom 1992). Den zweiten zentralen Einwand gegen Downs' Modell kann man mit Brennan und Lomasky (1993) so formulieren: der Kosten und Nutzen abwägende Akteur – der homo oeconomicus – ist ein vernünftiges Modell für Entscheidungen über persönliche Konsumption, beispielsweise in wirtschaftlichen Angelegenheiten, aber unzulänglich, wenn man die Logik von Wahlhandlungen in öffentlichen Angelegenheiten, wie in der Politik, verstehen will. Auch beruft sich Downs an einer entscheidenden Stelle zu Unrecht auf Schumpeter. Schumpeter hatte individuelle Präferenzen nicht als exogene Größen, sondern als endogene Produkte des politischen Prozesses betrachtet. Hinter diese Einsicht fällt Downs zurück (Przeworski 1990: 25). Er betrachtet nämlich individuelle Präferenzen als exogene Größen. Individuelle Präferenzen sind demnach fixiert. Das Gegenargument hierzu ist, daß die Präferenzen durch den politischen Prozeß selbst geformt und durch eigenständige Lernprozesse verändert werden können. Problematisch ist auch Downs' Annahme, daß Politiker hauptsächlich um politische Unterstützung konkurrierten. Hierdurch werden autonome Ambitionen von Machthabern vernachlässigt, wie ideologie- oder programmorientiertes Handeln, und andere Handlungsorientierungen, z.B. kraft Affekt oder Tradition, nach Maßgabe absolut gesetzter Werte oder nach systematischer Abwägung von Zwecken und Mitteln sowie von Zwecken gegen die Mittel (Weber 1976). Vor allem die Koalitionsforschung hat gezeigt, daß es keine überzeugenden Beweise für die Richtigkeit der von Downs zugrunde gelegten Annahme gibt, wonach Politiker vorrangig um Unterstützung im Wettstreit stehen (Laver/Schofield 1990). Auch eine weitere Annahme ist problematisch, nämlich die Unterstellung, daß die Stimmberechtigten im demokratischen Prozeß zumindest in allen entscheidenden Belangen und entscheidenden Institutionen repräsentiert seien. Auch das geht fehl. Es ist bekannt, daß manche wichtigen Entscheidungen von gesamtgesellschaftlicher Bedeutung nicht im Parteien- oder im Regierungssystem gefällt werden, sondern außerhalb des vom Wahlmechanismus erfaßten Bereichs, z.B. im Zusammenspiel von Verbänden und Staat, in den Entscheidungsgremien einer Zentralbank oder in den Gremien einer autonomen Verfassungsgerichtsbarkeit. Schlußendlich ist die Annahme problematisch, wonach eine gewählte Regierung die mehr oder minder perfekte Agentur ihrer Wählerschaft sei. Diese Annahme unterstellt, es gebe keine Autonomie des Staates und auch keine relative Autonomie des Politischen gegenüber der Gesellschaft und der Wirtschaft. Doch das trifft nicht zu. Insoweit ist der Boden, auf dem die „Ökonomische Theorie der Demokratie" errichtet wurde, ziemlich sandig.

Kapitel 2.3
Die Demokratietheorie der Pluralisten

In die „Ökonomische Theorie der Demokratie" von A. Downs sind vor allem die Erfahrungen moderner Massendemokratie nach US-amerikanischer Art eingegangen. Diese Erfahrungsbasis teilt sie mit der angloamerikanischen Variante der pluralistischen Demokratietheorie, die ihrerseits auf der allgemeinen Pluralismustheorie basiert. Ihren ersten Auftritt hatte die pluralistische Demokratietheorie in Gestalt des Gruppenpluralismus-Konzeptes, das vor allem von A. F. Bentley (1908) und D. B. Truman (1951) in Studien über die Politik in den

Vereinigten Staaten von Amerika entwickelt wurde. Ihm zufolge lassen sich Vorgang und Inhalt von Politik im wesentlichen auf Kooperation, Konflikt und Machtverteilung zwischen organisierten Interessen zurückführen. Dieser Theorie liegt die Annahme zugrunde, daß prinzipiell alle Interessen artikuliert und organisiert und insoweit ein Gleichgewicht zwischen den Interessen herbeigeführt werden könne. Vor allem in den Beiträgen von Ernst Fraenkel (1991) wird die angloamerikanische Pluralismustheorie zu einer empirischen und normativen Theorie weiterentwickelt, in die die Erfahrungen der politischen Geschichte der angloamerikanischen und der kontinentaleuropäischen Länder des 20. Jahrhunderts eingehen.

Der Schlüsselbegriff dieser Theorie – Pluralismus – meint allgemein Vielgliedrigkeit, im Gegensatz zum Monismus und zum Dualismus. In der Soziologie ist Pluralismus der Fachausdruck für die Struktur moderner Gesellschaften, in denen – auf der Basis hochgradiger sozialer Differenzierung, zahlreicher (sich teils überlappender, teils überkreuzender) Konflikte und vielfältiger Lebensstile – die Bürger ihre Interessen in einer Vielzahl autonomer Bewegungen, Vereine, Parteien und Verbände organisieren, die ihrerseits um Einfluß in Gesellschaft, Wirtschaft und Politik ringen. In der modernen Politikwissenschaft wird Pluralismus vorrangig als empirischer und normativer Begriff zur Kennzeichnung vielgliedrig organisierter, nichtmonistischer Willensbildungsformen und politischer Ordnungen verstanden. Der Gegensatz hierzu sind monistisch gefügte Ordnungen, wie autoritäre oder totalitäre politische Systeme und dualistische Herrschaftsformen, z.B. rigide Klassengesellschaften. Im reinen Pluralismus ist die politische Macht durch Recht, institutionelle Kontrollen und institutionelle Gegengewichte zur Exekutive gezähmt. In ihm ist den Bürgern und den organisierten Interessen ein hohes Maß an Autonomie gewährt und er ist im Prinzip offen für Konfliktaustrag wie auch für Konsensbildung zwischen unterschiedlichen Interessen.

Pluralismustheoretiker grenzen sich von verschiedenen konkurrierenden Strömungen ab, nicht nur von der klassisch-liberalen Theorie, insbesondere der gedanklich konstruierten Entgegensetzung von Staat und einer Gesellschaft, die aus atomisierten Individuen zusammengesetzt gedacht wird. Die Pluralisten betonen demgegenüber die Vielgliedrigkeit von Staat und Gesellschaft und der intermediären – zwischen Staat und Gesellschaft vermittelnden – Institutionen. Sie wenden sich aber auch gegen jegliche monistische Ordnungen und diesen zugeneigte Philosophien. In der frühen Pluralismustheorie gilt der Stachel der Kritik vor allem den Souveränitätsansprüchen des Staates, insbesondere eines nichtdemokratischen Staates. Zum Anti-Liberalismus und Anti-Etatismus kommt die Frontstellung gegen den autoritären Staat und den Totalitarismus kommunistischer und nationalsozialistischer Prägung hinzu. Zum Gegner haben die Pluralisten insoweit nicht nur die ältere absolutistische Herrschaft, die in dem Satz „Ich bin der Staat" von Ludwig XIV. ihren bündigen Ausdruck fand, sondern auch totalitäre Systeme. Die aus der allgemeinen Pluralismustheorie hervorgehende pluralistische Demokratietheorie hat mit der klassisch-liberalen Theorie repräsentativer Demokratie insofern ein Ziel gemeinsam: Verhinderung totalitärer Herrschaft und Zügelung der Volkssouveränität bzw. Zügelung des Staates und der Gesellschaft. Das bringt sie in schärfsten Gegensatz zu den Demokratielehren, die auf die Bildung und Durchsetzung des Mehrheits- oder des Volkswillens besonderen Wert legen, wie die elitistische und die ökonomische Theorie der Demokratie, Rousseaus Volkssouveränitätslehre und hierauf gegründete radikalisierte Demokratie-, Partei- und Staatstheorien des Marxismus.

An zwei weiteren Fronten kämpfen die Anhänger der pluralistischen Demokratietheorie. Nachdrücklich sprechen sie sich für die Repräsentativverfassung und gegen die plebiszitäre Demokratie aus. Ihr Leitmodell ist nicht die Identität von Herrschern und Beherrschten, sondern „die Repräsentation der Wähler durch verantwortliche Repräsentanten" (Neumann 1986b: 133). Demokratie ist für sie, so schrieb der eben zitierte Franz Neumann an anderer Stelle, „nicht direkte Volksherrschaft, sondern verantwortliche Parlaments- und Regierungsherrschaft" und sie steht zugleich in Gegnerschaft zur Theorie und Praxis „der Unverantwortlichkeit einer auf dem Führerprinzip beruhenden politischen Macht" (Neumann 1986c: 259). Schlußendlich beziehen die Pluralisten Stellung gegen die Auffassung, eine besondere soziale Klasse, z.B. das Bürgertum oder die Arbeiterbewegung, sei die eigentliche Demokratiegarantie. Entscheidend für Wohl und Wehe der Demokratie ist nach Ansicht der Pluralismustheoretiker nicht die Frage, welche soziale Schicht herrsche, die maßgebliche Größe sei vielmehr die pluralistische Gliederung der Sozialstruktur eines Landes und der Politik. Damit steht die Pluralismustheorie in scharfem Gegensatz sowohl zu B. Moore's Theorie vom Zusammenhang zwischen Demokratieentstehung und Klassenstruktur als auch zu den hiervon abgeleiteten klassenkonflikttheoretischen Beiträgen (z.B. Rueschemeyer u.a. 1992).

Die moderne Demokratie ist für die Pluralismustheorie – die im folgenden exemplarisch anhand von Fraenkels Analysen vorgestellt wird – ein „Staatsgebilde" (Fraenkel 1991d: 326), das sich von anderen

Staatsformen vor allem durch die Legitimierungsweise der Herrschaft, die Struktur des Gesellschaftssystems, die Organisation des Regierungssystems und die Vorrangstellung des Rechtsstaates unterscheidet. Fraenkels positiver Bezugspunkt ist der Idealtypus „des autonom legitimierten, heterogen strukturierten, pluralistisch organisierten Rechtsstaates" (Fraenkel 1991d: 326). Der Gegensatz zu diesem Idealtypus der pluralistischen Demokratie ist die Diktatur. Deren Idealtyp ist charakterisiert durch heteronome Legitimität, homogene Strukturierung, monistische Ordnung und durch ein dem Vorbehalt des Politischen unterstehendes Recht.

E. Fraenkel hat den Demokratie-Diktatur-Vergleich anhand der Gegenüberstellung der Deutschen Demokratischen Republik und der Bundesrepublik Deutschland konkretisiert. Die politische Ordnung der Bundesrepublik ist Fraenkel zufolge autonom legitimiert: „Im Gegensatz zu einer heteronom legitimierten Demokratie, die sich befähigt erachtet und berufen fühlt, ein Gemeinwohl zu verwirklichen, von dem unterstellt wird, daß es vorgegeben, absolut gültig und objektiv erkennbar sei (a-priori-Gemeinwohl), begnügt sich die autonom legitimierte Demokratie mit dem Anspruch, bestenfalls in der Lage zu sein, im Rahmen und unter Beachtung der allgemein gültigen abstrakten Prinzipien der Gerechtigkeit und der Billigkeit durch Verhandlungen, Diskussionen und Kompromisse zur Förderung des Gemeinwohls durch Lösung konkreter Probleme beitragen zu können, die, wenn auch keineswegs ausschließlich, doch maßgeblich durch pragmatische Erwägungen bestimmt werden (a-posteriori-Gemeinwohl)" (Fraenkel 1991d: 330). Ferner zeichnet sich das Gesellschaftssystem der Bundesrepublik nach Fraenkel durch heterogene Strukturierung aus und zwar deshalb, weil man hierzulande von einem vielgliedrigen Staatsvolk einer pluralistischen Gesellschaft ausgeht. Diktaturen, wie z.B. die DDR, streben demgegenüber dem Leitbild eines homogenen Staatsvolkes nach. Überdies ist der Unterschied zwischen Monismus und Pluralismus der Herrschaftsorganisation wichtig. Die Herrschaftsordnung der Bundesrepublik ist pluralistisch; sie setzt ausdrücklich auf Vielgliedrigkeit in Staat, Gesellschaft und im intermediären Bereich – im Unterschied zur vollständig oder tendenziell monistischen Struktur des Politischen in der Diktatur. Ein Rechtsstaat schließlich – Fraenkels viertes Kriterium – ist charakteristisch für die Bundesrepublik, weil hierzulande dem Selbstverständnis nach das Recht und der „Rechtswege-Staat" Vorrang haben, im Gegensatz zu einem nichtpluralistischen System, wie dem der DDR, in dem das Recht unter dem Vorbehalt des Politischen steht.

Die pluralistische Demokratietheorie unterscheidet sich von alternativen Demokratieansätzen unter anderem durch ihre Betonung der Vielgliedrigkeit von Staat und Gesellschaft. Mindestens ebenso deutlich werden ihre Akzente sichtbar, wenn man ihren Demos-Begriff, ferner ihr neues Verständnis der Interessengruppen und ihre Auffassung von der Rolle des Staates näher betrachtet.

Mit dem Begriff Demos, dem an der Herrschaftsordnung maßgeblich beteiligten vollberechtigten Volk, wird verschiedenes verstanden. E. Fraenkel hat zwischen vier Demos-Begriffen unterschieden: dem konservativen, dem liberalen, dem faschistischen und dem pluralistischen Demos. Dem Konservatismus gilt Volk im Sinn von Demos als „eine historisch gewachsene, organische Einheit", als eine „transpersonalistische ‚Gestalt' mit einem eigenen einheitlichen Willen, in dem sich entweder der durch seine Einmaligkeit ausgezeichnete ‚Volksgeist' manifestiert oder eine volonté générale zur Entstehung gelangt" (Fraenkel 1991d: 344). Die liberalistische Staats- und Gesellschaftstheorie hingegen definiert Demos als „die Summe der zwar in einem einheitlichen Staate lebenden im übrigen aber weitgehend isolierten Individuen, die bestrebt sind, in niemals abbrechenden, rationale Argumente verwertenden Auseinandersetzungen und Diskussionen zu einer einheitlichen Meinung über alle öffentlichen Angelegenheiten zu gelangen" (ebd.: 344). In der faschistischen Staats- und Gesellschaftsverfassung kommt ein Demos-Begriff zum Vorschein, der abstellt auf „eine amorphe Masse von Angehörigen eines politischen Verbands, in dem mittels einer manipulierten, die moderne Reklametechnik verwertenden Massenbeeinflussung ein durch den Konformismus den Lebensgewohnheiten und Denkweisen gekennzeichneter consensus omnium (Konsens aller – der Verf.) hergestellt wird, dessen charakteristische politische Ausdrucksform die acclamatio (Akklamation – der Verf.) ist" (ebd.: 344f.). Der pluralismustheoretische Demos-Begriff hingegen betont die „Angehörigen der in den verschiedenartigsten Körperschaften, Parteien, Gruppen, Organisationen und Verbänden zusammengefaßten Mitglieder einer differenzierten Gesellschaft, von denen erwartet wird, daß sie sich jeweils mit Erfolg bemühen, auf kollektiver Ebene zu dem Abschluß entweder stillschweigender Übereinkünfte oder ausdrücklicher Vereinbarungen zu gelangen, d.h. aber mittels Kompromissen zu regieren" (Fraenkel 1991d: 345).

Eine weitere Neuerung der pluralistischen Demokratietheorie ist die Aufwertung der Interessenverbände. Deren Rolle würdigt sie in der Regel sogar positiv. Damit steht sie in Opposition zur Kritik an den

Interessenverbänden seitens der marxistischen Rätedemokratie, des Liberalismus und der älteren und neueren konservativen Staatslehre. Nicht daß die Pluralisten die Verbände bedingungslos feierten. Dazu kennen sie deren Sonderinteressenpolitik zu gut. Überdies ist ihnen auch die Warnung vor der „Herrschaft der Verbände" (Th. Eschenburg) geläufig. Doch im Gegensatz zu den Verbändekritikern erörtert die Pluralismustheorie von Fraenkel auch die stabilisierenden Funktionen autonomer Interessengruppen und Parteien. Nur sie böten wirksamen Schutz gegen zwei Gefahren der pluralistischen Demokratie: die der Herausbildung bösartig-despotischer Verhältnisse in Gestalt eines Neo-Faschismus und die durch politische Lethargie und Apathie begründete Erstarrung in einem „wohlwollenden Despotismus" (Fraenkel 1991d: 352f.). Voraussetzung für solche Stabilisierungs- und Schutzfunktionen der Interessengruppen und Parteien sei freilich die Bereitschaft dieser Organisationen, nicht nur Sonderinteressen, sondern auch allgemeine Interessen zu berücksichtigen.

Eine weitere Voraussetzung der Stabilisierungs- und Schutzfunktion von Verbänden liegt in der „Waffengleichheit" der verschiedenen Gesellschaftsgruppen (ebd.: 358). Für die Herstellung solcher Gleichheit hat der Pluralismustheorie zufolge der Staat Sorge zu tragen. Er muß als Hüter gemeinsamer Interessen auftreten und „den übermäßigen Einfluß oligopolistischer, wenn nicht gar monopolistischer Träger sozio-ökonomischer Macht" entgegentreten (ebd.: 358). Überdies hat er dafür Sorge zu tragen, „daß der Einfluß all der Bevölkerungskreise nicht zu kurz kommt, die außerstande sind, zwecks Wahrung ihrer Interessen ausreichend machtvolle Verbände zu bilden und funktionsfähig zu erhalten" (ebd.: 358). An dieser Stelle wird besonders gut sichtbar, wie eng E. Fraenkels neopluralistische Demokratielehre an die demokratietheoretischen Ausführungen seines Kollegen und Mitstreiters Franz Neumann angelegt ist (Buchstein 1991). Neumann hatte schon in den frühen 50er Jahren die Auffassung vertreten, daß die moderne Demokratie die „Pluralität von freien Sozialverbänden auf allen Gebieten des gesellschaftlichen Lebens" voraussetzt, denen der Produktion, der Distribution, der Kultur und des Sports. Von einem real existierenden Pluralismus könne man aber erst sprechen, so Neumann schon 1949, wenn eine ungefähre Balance, ein „Gleichgewicht der sozialen Kräfte" gegeben ist (Neumann 1986a: 181). Verwirklichbar ist dieses Gleichgewicht letztlich nur durch sozialpolitische Interventionen zur Förderung der Interessen der unteren Gesellschaftsschichten und zur Überwindung des Klassenkampfs. Hierfür benötigt man, so Neumann und später E. Fraenkel, unabhängige und autonome Sozial- und Wirtschaftsverbände sowie einen in sozial- und wirtschaftspolitischen Angelegenheiten gestaltungsmächtigen Staat. Damit der Staat diese Aufgabe übernehmen kann, ist sein Wandel vom liberalen Rechtsstaat (der im wesentlichen auf Ordnungspolitik beschränkt ist) zum sozialen Rechtsstaat (der über den liberalen Rechtsstaat hinaus auch Aufgaben in den Bereichen Arbeit, Soziales und Wirtschaft übernimmt) notwendig. Der liberale Rechtsstaat beschränkt sich auf die Offenhaltung der Rechtswege und die Gewährung von Rechtsschutz gegen Beeinträchtigungen der Freiheitssphäre seiner Mitglieder. Der soziale Rechtsstaat hingegen hat weit größere Aufgaben. Er hat „prophylaktisch die Entstehung politischer, wirtschaftlicher und insbesondere sozialer Bedingungen zu verhüten, aus denen eine Gefährdung rechtsstaatlicher Prinzipien zu erwachsen vermag" (Fraenkel 1991d: 359).

An dieser Stelle wird besonders deutlich, wie weit die pluralistische Theorie der Demokratie über die klassischen, die elitistischen und die ökonomischen Demokratielehren hinausgeht: sie erörtert nicht nur die Massendemokratie in großen Flächenstaaten, sondern auch den Wettbewerb der Parteien um Wähler, sodann die bedeutende Rolle der Interessenverbände und die zunehmende – grundsätzlich positiv bewertete – Einschaltung des Staates in wirtschaftliche und gesellschaftliche Bereiche. Insoweit gerät diese Theorie – jedenfalls in der von Fraenkel vertretenen Variante – in die Nähe der Theorien der „sozialen Demokratie", die im nächsten Kapitel erörtert werden.

Ferner fügt die Pluralismustheorie den älteren Demokratielehren die Beobachtung hinzu, daß eine stabile Demokratie Konflikt und Konsens voraussetzt. Die Kombination beider Komponenten gilt ihr als entscheidend. Fraenkel hat das anhand des Begriffspaars „kontroverser Sektor" und „nicht-kontroverser Sektor" zu beschreiben versucht. Der nicht-kontroverse Sektor bezeichnet den Sockel an generellem Konsens, der zur Stabilität einer demokratischen Ordnung unverzichtbar ist. Er beruht auf einem als gültig anerkannten mehr oder weniger abstrakten Wertkodex, auf „diffuser Unterstützung" für das politische System, wie man später in der politischen Systemanalyse David Eastons sagen wird (siehe Fuchs 1989). Zugleich hat aber jede offene politische Ordnung auch einen kontroversen Sektor. Er ist das Schlachtfeld, auf dem die unterschiedlichen Interessen ihre Konflikte austragen, der „Schauplatz ..., auf dem im Zusammenprall und im Zusammenwirken der Partikularwillen um die bestmögliche Regelung einer künftigen Staats- und Gesellschaftsordnung gerungen wird" (Fraenkel 1991e: 248).

Die Grenzlinie zwischen beiden Sektoren ist nicht konstant, sondern variabel. Sie ist Verschiebungen unterworfen, die ihrerseits Veränderungen der politischen Kultur eines Landes widerspiegeln. Gleichwohl kann man näherungsweise diejenige Größenordnung beider Sektoren bestimmen, die für die Stabilität des Gesamten erforderlich ist: der Konsenssektor muß der weitaus größere Sektor sein, sofern es sich um eine funktionierende pluralistische Demokratie handeln soll (ebd.: 248f.).

Die Pluralismustheorie hat Stärken, wie den geschärften Blick für die stabilisierenden Funktionen von Interessenorganisationen und Staat, aber auch eigentümliche Schwächen. Vor allem die von Fraenkel geprägte Variante ist von der Erfahrung mit dem Totalitarismus kommunistischer und nationalsozialistischer Art geprägt. Diesen Regimen stellt sie den Ist-Zustand und vor allem den Soll-Zustand der westlichen Verfassungsstaaten gegenüber. Dabei gewinnt bisweilen die Normativität Oberhand über die nüchterne Bilanzierung des Ist-Zustandes. In nicht wenigen Passagen von Fraenkels Werk gründet sich die Lobrede auf die politische Struktur westlicher Länder vor allem auf die Wertschätzung deren Verfassungsnormen, deren Soll-Werte und deren Selbstverständnisses, während die Realanalyse der Demokratie zu kurz kommt. Beispielsweise wird Fraenkels vielbeachteter Bundesrepublik-DDR-Vergleich in erster Linie nur anhand der Gegenüberstellung der weitgehend idealtypisch skizzierten Bundesrepublik und der hauptsächlich realanalytisch beschriebenen DDR durchgeführt.

Ein weiteres Problem liegt in dem Konzept des „Waffengleichgewichts" zwischen den Gesellschaftsgruppen. So plausibel die These ist, daß ein Gleichgewicht zwischen den Interessen zu den Voraussetzungen einer funktionierenden Demokratie zählt, so unscharf bleibt der Begriff bei Fraenkel. Eine genaue Angabe der Bedingungen, die erfüllt sein müssen, damit von einem Gleichgewicht gesprochen werden kann, fehlt in Fraenkels Analyse. Ihre empirische Ausgestaltung läßt insoweit zu wünschen übrig. Probleme des Empirischen und der Operationalisierung (d.h. der Beobachtbar- und Meßbarmachung von Begriffen) werden bisweilen überlagert von der Fraenkel prägenden politischen Erfahrung des Zusammenbruchs der Weimarer Demokratie auf der einen Seite und der Lebensfähigkeit der angloamerikanischen Demokratien in der Zwischenkriegs- und Kriegszeit andererseits. Dies, der Kalte Krieg zwischen Ost und West und die Spaltung Deutschlands in einen westlichen liberaldemokratisch verfaßten und einen östlichen autoritär-sozialistisch regierten Teil sind die Erfahrungsbasis der Pluralismustheorie von Fraenkel. Auf sie ist seine Begriffsbildung geeicht. Allerdings ist diese Begriffsbildung nicht differenziert genug, um die verschiedenen Demokratievarianten in vergleichbaren Staaten, z.B. in den anderen großen Flächenstaaten und in kleineren europäischen Ländern, zureichend zu erfassen und unter Berücksichtigung ihrer Stärken und Schwächen in die Theorie der Demokratie einzubauen. Insoweit ist Fraenkels Pluralismustheorie zu sehr fixiert auf die fundamentalen ordnungspolitischen Differenzen zwischen dem demokratischen Verfassungsstaat und dem autoritären und totalitären Staat.

Die Pluralismustheorien einschließlich Fraenkels Lehre wurden in den 60er und 70er Jahren bisweilen heftiger Kritik unterzogen. Ihrer eigentümlichen Blindheit gegenüber den Defiziten und der Achillesferse der Demokratie galt ein Teil der Kritik. Nicht selten reagierten die Kritisierten geradezu hilflos. Dem vor allem von Olson (1965) und Offe (1972) erbrachten Nachweis, daß die Chancen der Interessendurchsetzung aufgrund unterschiedlicher Organisations- und Konfliktfähigkeit höchst unterschiedlich verteilt sind, begegneten viele Pluralisten nur mit dem Hinweis, der empirische Einwand beschädige nicht die Pluralismustheorie als normative Theorie. Andererseits wird man die Pluralismustheoretiker insoweit gegen ihre Kritiker in Schutz nehmen müssen, als die Architektonik ihrer Theorie eine erfahrungswissenschaftliche Revision im Prinzip zuläßt – wenngleich die pluralistische Demokratie dann nicht mehr so unbefleckt erscheint wie in Fraenkels Theorie. Überdies können sich die Pluralisten zugute halten, daß sich pluralistische Strukturen als offener erwiesen haben, als es die Kritiker vermuteten. In der Kritik spielte bekanntlich lange Zeit das folgende Argument eine große Rolle: Sonderinteressen seien organisationsfähig und von beachtlicher Konfliktfähigkeit und hätten deshalb überdurchschnittlich große Chancen, ihre Anliegen durchzusetzen. Im Gegensatz dazu gebe es für nichtspezialisierte, allgemeine Interessen, wie z.B. dem Interesse an öffentlichen (nicht teilbaren) Gütern, wie saubere Umwelt, weit größere Organisationsprobleme und insgesamt beträchtlich geringere Konfliktfähigkeit. Entsprechend gering sei die Durchsetzungschance von solchen allgemeinen Interessen.

Gerade am Beispiel der Äußerung und Organisation von Umweltschutzinteressen läßt sich zeigen, daß die pluralistische Demokratie für solche allgemeinen Interessen durchaus offen ist: der Aufstieg von ökologischen Streitfragen im Parteienwettbewerb, die Ausbreitung des Umweltschutzgedankens bis weit in die etablierten Parteien hinein und das Emporkommen ökologischer Bewegungen und Parteien sind hierfür schlagende Beispiele (Czada/Lehmbruch 1990, Müller-Rommel 1993). Obendrein ist die Pluralismustheorie im Prinzip offen für eine Analyse der Vielgliedrigkeit der Gesellschaftsstrukturen, auf deren Basis Politik stattfindet. Von dieser Theorie aus wurden Erkundungen der Niederungen des Parteien- und Verbändewesens und der Lebenswelt der Wählerschaft gestartet. Alsbald erwiesen sich diese als ungleich komplexer als diejenigen der elitistischen und der ökonomischen Theorie der Demokratien. Nicht um einfache Kosten-Nutzen-Maximierer handelt es sich beispielsweise bei den Wählern, sondern um Individuen, die im wirtschaftlichen Bereich als homo oeconomicus und im politischen eher als homo politicus (Lipset 1960) agieren, die beispielsweise an sich überkreuzende soziale Kreise gebunden sind, die nicht nur eine eindimensionale Präferenzstruktur, sondern eine Vielzahl von Präferenzen haben und sich bei der Wahlentscheidung in der Regel an fünf Größen orientieren: 1) der Lagerung in der Sozialstruktur und den maßgeblichen Konfliktlinien, d.h. den dauerhaft ins Politische übersetzten sozialen Konflikten, 2) der Bewertung der Position von Parteien hinsichtlich wichtiger Streitfragen, 3) der vergleichenden Bewertung der Spitzenkandidaten der Parteien, 4) der Problemlösungskompetenz, die den konkurrierenden Kandidaten zugeschrieben wird, und 5) den Gesichtspunkten expressiven Wählerverhaltens (Brennan/Lomasky 1993).

Von der Pluralismustheorie inspirierte Analysen haben im übrigen Gehaltvolles zu den Funktionsvoraussetzungen der Demokratie beigetragen. Hierfür wichtig sind S.M. Lipsets Theorie der sozioökonomischen Funktionsvoraussetzungen der Demokratie (Lipset 1960, Lipset u.a. 1993), die Polyarchie-Theorie von Dahl (1971) und die von ihr inspirierte Forschung über soziale, politische und ökonomische Funktionsvoraussetzungen der Demokratie sowie die Lehre von der MDP-Gesellschaft, der zufolge eine moderne, dynamische, pluralistische Gesellschaft mit hoher horizontaler und vertikaler Mobilität zu den begünstigenden Bedingungen der Demokratie gehört (Dahl 1989). Diese Theorien werden im Kapitel 3.6 des vorliegenden Buches ausführlicher erörtert, doch sei so viel an dieser Stelle vorweggenommen. Die Bestandsvoraussetzungen der Demokratie sind dem Urteil der Pluralismustheorie zufolge erheblich komplexer und anspruchsvoller als nach Sicht der bis dahin üblichen Demokratietheorien zu erwarten war. Nicht nur der relativ hohe Grad sozialer Differenzierung und politischer Vielgliedrigkeit ist hierbei wichtig, sondern auch die These, daß die Demokratie erst dann näherungsweise im Gleichgewicht ist, wenn sich sowohl die Gesellschaft und die staatlichen Institutionen als auch die beide Sphären vermittelnden („intermediären") Institutionen in einer Gleichgewichtslage befinden. Mangelt es der Gesellschaft und dem Staate an solchem Gleichgewicht, sind die Chancen der Demokratie ungünstig. Mangelt es den intermediären Instanzen am erforderlichen Gleichgewicht, so gibt es der Pluralismustheorie zufolge zumindest eine Chance: dann muß der Staat für Gleichgewicht sorgen, z.B. durch Herstellung von „Kampfparität" zwischen den organisierten Interessen.

Kapitel 2.4
Theorie der Sozialen Demokratie

Von den bislang vorgestellten Theorien unterscheidet sich die Theorie der sozialen Demokratie vor allem durch ihr aktivistisches und expansionistisches Demokratieverständnis. Ihr zufolge gehört zur Demokratie der Auftrag, Staat, Gesellschaft und Wirtschaft zu reformieren, die politische Demokratie zur gesellschaftlichen zu erweitern und Verteilungs- und Machtstrukturen mit dem Ziel der Herstellung von Gleichheit zu steuern. Mit formellen Rechten und Freiheiten im Rahmen öffentlicher Institutionen geben sich ihre Vertreter nicht zufrieden. Das wäre „nur" politische Demokratie. Man will mehr. Man will auch – erstens – Sozial- und Wirtschaftsdemokratie durch Erweiterung der politischen Rechte und Pflichten auf gesellschaftliche und wirtschaftliche Einrichtungen und wirtschaftliche Vorgänge, man will – zweitens – sozialstaatliche Demokratie durch Auf- und Ausbau von Rechtsansprüchen auf Sozialleistungen und – drittens – autonome demokratische Interessenorganisation in Gesellschaft und Wirtschaft. Nur wenn dies gewährleistet ist, so behaupten die Vertreter der Theorie der sozialen Demokratie, kann der potentiellen Despotie gesellschaftlicher und wirtschaftlicher Mächte über das Leben von wirtschaftlich und gesellschaftlich schwächeren Bürgern wirksam Einhalt geboten werden (Bernstein 1899, Hartwich 1970, Hirst 1994).

Der Lehre von der sozialen Demokratie liegt ein aktivistischer Politikbegriff zugrunde. Er deckt sich mit dem dritten Begriff der Politik-Typologie Dolf Sternbergers. Dort wird Politik definiert „als Vorgang der gesellschaftlichen Veränderung und als diejenige Art Tätigkeit, welche diesen Vorgang auslöst, fördert und antreibt", im Unterschied zur ersten Bedeutung von Politik „als das Staatliche, Öffentliche, Gemeinsame, als bürgerliche Verfassung, als geordneter Zustand", und zur zweiten, in der „Politik als subjektiver Kalkül, als kluge Ausübung von Führung und Herrschaft, als schlaue Planung der Mittel zum vorteilhaften Zweck des Handelns" verstanden wird (Sternberger 1984: 383).

Der Begriff „Soziale Demokratie" wurde im deutschen Sprachgebrauch zuerst in Arbeiter-Gesellen-Vereinen in der ersten Hälfte des 19. Jahrhunderts entwickelt. Nach der Revolution von 1848 hat Lorenz von Stein mit ihm die reformpolitische Kombination konstitutioneller Monarchie und sozialer Staatsverwaltung bezeichnet (von Stein 1972: 10) und in der zweiten Hälfte des 19. Jahrhunderts wurde „Soziale Demokratie" mehr und mehr zur Kennzeichnung einer bestimmten politischen Parteirichtung, vor allem für die Bestrebungen, die auf eine Koalition von Arbeiterbewegung und (bürgerlicher) Demokratie setzten, sowie – spezieller – für die Theorie, die Praxis und die Organisation der Sozialdemokratie (Meier u.a. 1972: 886ff., Rosenberg 1972). In progressiven Demokratietheorien des 20. Jahrhunderts behielt man in der Regel das sozialreformerische Anliegen der „Sozialen Demokratie" bei, allerdings vermied man meist die enge Bindung an die Partei der Sozialdemokraten. Beispiele sind die Beiträge von C.B. Macpherson (1973 und 1977) und D. Held (1987: 72f.): beide Autoren meinten im wesentlichen eine Soziale Demokratie, als sie von der „developmental democracy" sprachen, d.h. von einer Institutionenordnung, die auf Entwicklung der Humanressourcen und umfassende Verteilung und Umverteilung abzielt. Und zur Theorie der Sozialen Demokratie hat man auch die neueren – vor allem in der neueren angloamerikanischen Demokratiediskussion verbreiteten – Theorien der „assoziativen Demokratie" zu zählen (Hirst 1994, Cohen/Rogers 1992). Ihnen geht es, in Weiterführung älterer Genossenschafts- und Selbstverwaltungslehren, vor allem um die Demokratisierung der mittleren Ebene zwischen Staat und Gesellschaft, beispielsweise durch Auf- und Ausbau von Selbstverwaltung, Dezentralisierung und Demokratisierung der regionalen Wirtschaftspolitik und Auf- und Ausbau betrieblicher und überbetrieblicher Mitbestimmung.

Die Theorie der sozialen Demokratie enthält seit jeher nicht nur eine beteiligungsorientierte, sondern auch eine etatistische Komponente. Ihr Etatismus paart sich allerdings mit unterschiedlichen Bewegungen, mit radikalen ebenso wie mit reformistischen. Insoweit kann man die Theorie der sozialen Demokratie in radikal etatistische und in reform-etatistische Theorien unterteilen. Zu den radikalen Varianten gehören die auf Umwälzung bürgerlicher Verhältnisse geeichten marxistischen Demokratievorstellungen, wie Marx' Lehre von der revolutionären Direktdemokratie (siehe Kapitel 1.6). Zur reformpolitischen Theorie der sozialen Demokratie hingegen zählen vor allem die Theorie und Praxis der sozialdemokratischen Parteien Westeuropas (Castles 1992), die Staats- und vor allem die Sozialstaatslehre der katholischen Arbeiterbewegung und der christdemokratischen Parteien in Europa (Roebroek 1993) sowie in der Verfassungspolitik und Staatsrechtslehre die Theorie vom sozialen Rechtsstaat (siehe Heller 1971a und 1971b, Kempen 1976, Forsthoff 1968) einschließlich ihrer politikwissenschaftlichen Weiterführung in neueren Sozialstaatstheorien (Hartwich 1970). In den verfassungsstaatlichen Demokratien wurde die gemäßigt reformerische Variante der Theorie sozialer Demokratie besonders einflußreich. Auf sie soll im folgenden ausführlicher eingegangen werden.

Im Unterschied zur radikal-etatistischen Variante wird der Etatismus in der reformerischen Theorie gezügelt und mit verfassungsstaatlichen und föderalistischen Gegengewichten und Gegenkräften ausbalanciert (Meyer 1991). Das engt den Spielraum der Staatsgewalten und der Regierungspolitik beträchtlich ein, doch wird hierdurch den Individuen und den Interessenorganisationen Schutz gegen Zugriffe der Legislative und der Exekutive gewährt. Dem gemäßigt-reformerischen Ansatz ist somit ein Demokratieverständnis eigen, das neben dem Gedanken des Schutzes gegen wirtschaftliche und soziale Macht Grundideen der älteren Gewaltenteilungslehre (siehe Kapitel 1.2) und der liberalen Theorie aufgreift (siehe Kapitel 1.5). Besonders deutlich zeigt dies die Theorie und die Praxis der reformpolitischen Flügel der sozialdemokratischen Parteien im ausgehenden 19. und im 20. Jahrhundert. Repräsentativ für sie ist Eduard Bernsteins Schrift über „Die Voraussetzungen des Sozialismus und die Aufgaben der Sozialdemokratie" (1899). Demokratie ist für Bernstein zugleich Mittel und Zweck: „Sie ist Mittel zur Erkämpfung des Sozialismus, und sie ist die Form der Verwirklichung des Sozialismus" (1899: 178). Im Unterschied zu den radikalen Theoretikern des Sozialismus und zum späteren Marxismus-Leninismus begründet Bernstein die Demokratie als Mittel und Ziel sozialistischer Politik nicht primär aus strategischem Kalkül, sondern aus dem Postulat, die sozialistische Bewegung habe den Universalitätsanspruch demokratischer Bürgerrechte einzulösen (ebd.: 170f., ähnlich Kautskys Demokratietheorie, hierzu Euchner 1992: 222). Hierdurch wird der Demokratie eine Doppelfunktion zugeschrieben. Sie wurde von O. Kallscheuer in einem Kommentar zu E. Bernstein besonders klar herausgearbeitet: „Demokratie ist (...) für

Bernstein nicht nur eine bestimmte Regierungsform, sondern eine Leitidee gesellschaftlicher Organisation, bezogen auf den Maßstab gleichberechtigter Teilhaberschaft. Als solche impliziert sie die Forderungen nach beständiger Demokratisierung, und zwar im doppelten Sinne: als Ausweitung demokratischer Gleichberechtigung auf immer mehr Subjekte sowie als Ausweitung demokratischer Entscheidungsverfahren auf immer mehr gesellschaftliche Funktionsbereiche" (Kallscheuer 1986: 552f.). Insoweit macht nach Bernstein die uneingeschränkte Anwendung von Demokratie auf Politik, Wirtschaft und Kultur das Wesen des Sozialismus aus.

Wie groß die Differenz zwischen dieser Demokratie-Auffassung und der Demokratielehre von Marx und Engels ist – von den „Volksdemokratien" des 20. Jahrhunderts ganz zu schweigen –, zeigt auch Bernsteins Staatstheorie. Im Unterschied zu Marx und Engels setzt Bernstein nicht auf das „Absterben des Staates" in der sozialistischen Gesellschaft, und im Gegensatz zum Leninismus zielt er nicht auf die „Zerschlagung des Staates". Auch teilt er nicht den Glauben, die Zentralisierung der Verwaltung und die Planung der gesamten Wirtschaft seien herrschaftsfreie Verwaltung von Sachen. Für Bernstein ist die staatliche Organisation moderner Gesellschaften ein zu minimierendes notwendiges Übel. Die Zentralisierung der Staatsfunktionen müsse man durch lokale, kommunale und „gewerbliche Demokratie" eindämmen (Bernstein 1899: 192f.; vgl. Kallscheuer 1986: 554). Entsprechend eng sind die Grenzen für die Staatsgewalt und die Demokratie. Ihre harten Grenzen finden beide in den Rechten des freien Individuums.

Für Bernstein heißt Demokratisierung nicht notwendigerweise Ausweitung staatlicher Kompetenzen, sondern Erzeugung der materiellen und rechtlichen Voraussetzungen freier Erörterung von zur Entscheidung anstehenden Themen durch die Bürger. Hierfür sieht seine Theorie den Einbau des Föderalismus und des Gemeindesozialismus als Gegengewichte zur zentralstaatlichen Bürokratie und zur Wirtschaftsplanung vor. Auch an dieser Stelle werden Parallelen zur liberalen Gestaltung des Verhältnisses von Staat und Gesellschaft sichtbar. Nicht minder deutlich tritt der Gegensatz zur radikal-etatistischen Staats- und Demokratieauffassung des Marxismus und des Neomarxismus hervor.

Eine einflußreiche Variante der Theorie der sozialen Demokratie entstand im 20. Jahrhundert in Deutschland in der Debatte über den „liberalen" und den „sozialen Rechtsstaat". Als „liberalen Rechtsstaat" bezeichnet man einen Staatstypus, dessen Politik, Recht und

Verwaltung im wesentlichen auf Ordnungsfunktionen im Inneren und Verteidigung nach außen beschränkt bleiben. Der „soziale Rechtsstaat" hingegen ist ein Staatstypus, in dem die Sozialordnung – im Gegensatz zum liberalen Rechts-, zum Obrigkeits- und zum Versorgungsstaat – nach bestimmten Zielen (insbesondere dem der sozialen Gleichheit) mit interventionsstaatlichen Mitteln im Rahmen rechtsstaatlicher Verfassung gestaltet wird (zur Debatte: Forsthoff 1968, Heller 1971a, Kempen 1976). Die Differenz zwischen dem liberalen und dem sozialen Rechtsstaat ist quantitativer und qualitativer Art. Fraenkel hat sie wie folgt charakterisiert: „Im Gegensatz zu dem Rechtsstaatsdenken der Vergangenheit, das sich damit begnügte, einen Rechtsschutz gegen bereits erfolgte Beeinträchtigungen der individuellen Freiheitssphäre zu gewähren, setzt sich das Rechtsstaatsdenken der Gegenwart die zusätzliche Aufgabe, prophylaktisch die Entstehung politischer, wirtschaftlicher und insbesondere sozialer Bedingungen zu verhüten, aus denen ein Gefährdung rechtsstaatlicher Prinzipien zu erwachsen vermag" (Fraenkel 1991d: 359). Fraenkel begründete die Erweiterung der Demokratie zur sozialen Demokratie auch damit, daß zwischen den Gesellschaftsgruppen Kampfparität herzustellen sei. Wer die Soziale Frage einer Lösung näherbringen wolle, müsse zwischen den verschiedenen Gesellschaftsgruppen für „Waffengleichheit" sorgen (ebd.: 358).

Auch die Anhänger des sozialen Rechtsstaates neigen zu einem aktivistischen Verständnis des Sozialstaates. Vor allem die gesellschaftskritische Schule der Verfassungspolitik, wie z.B. W. Abendroth (1967) und H.-H. Hartwich (1970), will dem Sozialstaat verfassungsrechtlich Vorrang geben und ihn zur aktiv-reformerischen Gestaltung der Sozial- und Wirtschaftsordnung verpflichten. Hierdurch unterscheidet sie sich markant von der konservativen Staatslehre, die dem Sozialstaat Rang und Geltung nur unterhalb des Verfassungsrechtes zuspricht und ihn generell am kürzeren Zügel führen will (Forsthoff 1968 und 1971). Die gesellschaftskritische Schule der Sozialstaatstheorie hingegen befürwortet, insbesondere in Weiterführung von Hellers Staatstheorie (Heller 1971a u. 1971b), die Entwicklung der politischen zur sozialen Demokratie. Sie will „die Ausdehnung des materiellen Rechtsstaatsgedankens auf die Arbeits- und Güterordnung" (Heller 1971a: 451). Sie tritt dafür ein, den reinen Rechtsstaat zum demokratisch-sozialen Wohlfahrtsstaat dadurch umzuwandeln, daß sie die ungezügelte Marktwirtschaft durch eine gerechtere Ordnung des Wirtschaftslebens ersetzt. Hierin sieht sie die wichtigste Voraussetzung der Freiheit und der vollen Verwirklichung staatsbürgerlicher Gleichheit und somit der politischen Demokratie. Freiheit heißt nicht nur Freiheit gegenüber dem Staat, vielmehr wird Freiheit „durch staatliche Aktivität und Planung überhaupt erst effektiv" – auf diese Formel hat M. Greiffenhagen (1973: 37) das aktivistische Sozialstaatsverständnis gebracht, das – wie man gleich sehen wird – konservative und liberale Staatstheoretiker schaudern läßt.

In der Theorie der sozialen Demokratie plädiert man für Erweiterung der politischen zur gesellschaftlichen Demokratie, ähnlich wie in der partizipatorischen Demokratie (siehe hierzu das folgende Kapitel). Dieses Plädoyer gab und gibt Anlaß zu heftigem politischen und fachwissenschaftlichen Streit. Er wird von Befürwortern des Status quo und denjenigen ausgefochten, die für permanente Reform von Staat, Gesellschaft und Wirtschaft eintreten, im Grenzfall sogar für revolutionäre Veränderung. Zu den Protagonisten der Veränderung zählen durchweg Mitte-Links- und Linksparteien, in Fragen rechtlicher Gleichstellung und sozialliberaler Gestaltung oftmals auch linksliberale Parteien. Liberale Parteien stehen jedoch dann in Opposition zur sozialen Demokratie, wenn das Demokratieprinzip auch der Wirtschaft eingepflanzt werden soll. Mit letzterem können sich hingegen die Linksparteien und die Arbeitnehmerflügel von christdemokratischen Parteien anfreunden. Andererseits tun sich christdemokratische Parteien schwerer als die Linksparteien und die Liberalen, die Ausdehnung des Demokratieprinzips auf die Gesellschaft zu akzeptieren.

Auch die fachwissenschaftliche Debatte spiegelt parteipolitische Trennlinien zwischen liberalen, zentristischen und Linksparteien wider. Doch in parteipolitischer Frontstellung geht der fachwissenschaftliche Streit nicht auf. Die Theorie der sozialen Demokratie ist auch aus grundsätzlichen stabilisierungspolitischen und herrschaftssoziologischen Überlegungen kritisiert worden. Die Kerngedanken der Kritik lassen sich in fünf Thesen zusammenfassen: (1) Die soziale Demokratie zersetzt den Kern der Staatlichkeit, (2) sie hat ambivalente Funktionen, (3) sie resultiert in „schleichendem Sozialismus" und (4) in politisch-sozialer Stagnation und 5) sie übertüncht Strukturkonflikte.

Gemeinsam ist den Kritikern die Vorstellung, die zur Herstellung sozialer Demokratie erforderliche Demokratisierung sei ein Projekt von „ungeheurer Tragweite" (Hennis 1973: 59). Hier gehe es um den „Kampf um die Grenze zwischen dem politischen und nicht-politischen Bereich" (ebd.: 61), vor allem um die Verschiebung der Grenze bis weit in den nicht-politischen Sozialbereich hinein. Das aber heißt „seine Politisierung, ... die Unterwerfung dieses Bereiches unter jene

Prinzipien, die im Bereich der Politik die maßgeblichen sind", und ferner, da zur Demokratie die Gleichheit gehört, „die tunlichste Herstellung eine Gleichheit aller in diesem Sozialbereich Tätigen" (ebd.: 59).

Die erste These – „Zerfall der Staatlichkeit" – entstammt der konservativen Staatsrechtslehre. Maßgebende Beiträge hierfür hat vor allem E. Forsthoff (1968 und 1971) geliefert. Von ihm stammt auch die pointierte Kennzeichnung der weltanschaulichen Positionen, die in der Debatte um den Sozialstaat und der zugehörigen Demokratiemodelle aufeinanderprallen: „Der Sozialist wird den Sozialstaat bejahen, um ihn zu behalten, der Liberale wird ihn hinnehmen in der Hoffnung, daß das freie Spiel der Kräfte ihn absorbieren werde, der Konservative wird ihn bejahen mit dem Willen, ihn zu überwinden" (Forsthoff 1976: 64).

Forsthoff ist Kritiker der Sozialstaatlichkeit und Kritiker der Theorie sozialer Demokratie. Sozialstaatlichkeit und Rechtsstaatlichkeit dürften nicht gleichrangig werden; letzterer gebühre Vorrang. Der Vorrang werde jedoch durch einen starken und weiterhin expandierenden Sozialstaat tendenziell untergraben; das bedeute potentielle Einschränkung von Freiheiten der Bürger. Auch die Handlungsspielräume des Staates würden drastisch eingeengt. In einer entwickelten Industriegesellschaft mit ausgebauter Sozialstaatlichkeit und starken Verbänden werde der Staat zum „Staat der Industriegesellschaft", so der Titel einer Abhandlung von E. Forsthoff (1971). Ihn muß man so verstehen, daß der Staat die abhängige Variable der Industriegesellschaft ist, ihre aller Eigenständigkeit und Gestaltungsfähigkeit beraubte Magd. Im Blickwinkel dieser Theorie ist der Staat nicht länger autonome Steuerungs-, Schutzgewährungs- und Ordnungsstiftungsinstanz, sondern Ausbund an Schwäche, wenn nicht gar Beuteobjekt von Sonderinteressen. Der Staat ist in eine Zwangslage geraten, aus der heraus weder verantwortungsvolle Führung noch kraftvolle Gestaltung öffentlicher Angelegenheiten möglich ist.

Andere Akzente setzt E. Böckenfördes kritische Würdigung des Programms der sozialen Demokratie. Böckenförde betont die „Ambivalenz" des Begriffs Demokratisierung (Böckenförde 1976: 413). Dies ist der zweite grundsätzliche Einwand gegen die Theorie der sozialen Demokratie. Demokratisierung kann Böckenförde zufolge eine sinnvolle Forderung sein, wenn sie auf Verbesserung der demokratischen Struktur der staatlichen Entscheidungsgewalt und Unterstellung gesellschaftlicher Machtpositionen, die die Freiheit anderer oder den demokratischen Staat selbst gefährden, unter demokratische Kontrolle abzielt. „Bedeutet sie hingegen, daß alle Bereiche gesellschaftlicher Freiheit einer ‚demokratischen' Bestimmungsgewalt partieller Kollektive unterstellt werden müssen, um so die Gesellschaft einerseits vom Staat ‚frei' zu machen und andererseits in sich zu demokratisieren, so ist sie eine Wegmarke zum Totalitarismus. Sie löst dann eben jene Konzentrierung der politischen Entscheidungsgewalt bei der staatlichen Organisation auf, die eine notwendige Bedingung zur Sicherung individueller Freiheit ist, gerade um sie gegenüber den Lenkungs- und Vereinheitlichungsansprüchen partieller gesellschaftlicher Kollektive zu gewährleisten" (ebd.: 413f.).

Zur konservativen Kritik an der sozialen Demokratie und zum Ambivalenz-Risiko-Argument gesellt sich – drittens – eine aus liberaler Position vorgetragene Schulmeinung. Die soziale Demokratie sei „schleichender Sozialismus". Sie vermindere die Effizienz der Wirtschaft und bedrohe die Freiheit. Anhänger dieser Sichtweise betonen beabsichtigte oder unbeabsichtigte wirtschaftliche Folgen zunehmender Demokratisierung; sie vertreten beispielsweise die These, die soziale Demokratie gewähre keineswegs nur schwächeren Gruppen Schutz, sondern auch konflikt- und organisationsfähigen Interessen. Ja, sie vergrößere mit zunehmendem Alter einer politischen Ordnung sogar die Zahl und Stärke von Sonderinteressen, die ihren Eigennutz auf Kosten des Allgemeinwohls maximierten („Verteilungskoalitionen", Olson 1982). Hieraus und aus Parallelentwicklungen, wie höheren Steuern oder Sozialabgaben, resultierten abnehmende Innovations- und Leistungsfähigkeit der Wirtschaft (z.B. Olson 1982, Weede 1990).

Eine ältere, auf Max Weber zurückzuführende Kritik an der sozialen Demokratie betont ebenfalls stagnative Auswirkungen der Demokratisierung. Weber hat dabei Vorschläge zur Wirtschaftsdemokratie vor Augen, insbesondere diejenige Lage, in der durch die Staatsbürokratie legitimierte und (angeblich) kontrollierte Interessenverbände „aktiv die Träger der Syndikats-Selbstverwaltung und passiv Träger der staatlichen Lasten" sind. Nicht die Ausschaltung privatwirtschaftlichen Unternehmertums müße man hierbei befürchten, sondern politisch reglementierte und monopolistisch garantierte Erwerbschancen für Groß- und Kleinkapitalisten, Besitzlose, Kleinproduzenten und Lohnarbeiter. Sozialismus, setzte Weber hinzu, „wäre das etwa im gleichen Sinn, wie es der Staat des altägyptischen ‚Neuen Reiches' war. ‚Demokratie' wäre es nur dann, wenn Sorge getragen würde, daß für die Art der Leitung dieser syndizierten Wirtschaft der Wille der Masse ausschlaggebend ist" (Weber 1988b: 396). Ohne eine mächtige Volksvertretung in Form eines Parlaments wäre jedoch von der syndizierten Wirtschaft „die Entwicklung zu einer zünftigen Politik der gesicherten Nahrung, also: zur stationären Wirtschaft und zur Ausschaltung des ökonomischen Rationalisierungsinteresses", zu erwarten (ebd.: 396). Vom sozialistischen und demokratischen Zukunftsideal bliebe folglich nicht viel – außer zünftig organisierter „Nahrungsgarantie für die kapitallosen und kapitalschwachen Erwerbsinteressenten" (ebd.: 396).

Die These, die Demokratisierung führe zur Stagnation von Gesellschaft und Wirtschaft, ist umstritten. Zweifellos könnte die Erweiterung von Partizipationschancen und der Aufbau von Schutzzöllen zu wirtschaftlichen oder sozialpolitischen Zwecken die ökonomische Effizienz mindern und im Extremfall Niedergangstendenzen der Volkswirtschaft eines Land verstärken. Andererseits ist der Sachverhalt erheblich komplexer, als es die nationalliberale Kritik, die bei M. Weber im Zentrum steht, und die wirtschaftsliberale Kritik, deren Fahne z.B. M. Olson und E. Weede hochhalten, nahelegen. „Eine gesicherte Nahrung" (Max Weber) im Sinne relativ gesicherter Erwerbschancen für kapitallose und -schwache Erwerbsinteressenten kann nämlich auch als politischer Stabilisator und ökonomische Produktivkraft wirken, wenn sie von einer koordinierten Wirtschafts-, Finanz-, Geld- und Lohnpolitik seitens des Staates, der Zentralbank und der Gewerkschaften unterstützt wird. Ist letzteres gegeben und somit ein hohes Maß an Koordinierung einer Volkswirtschaft sichergestellt, sind die Chancen für langfristig erfolgreiche wirtschaftliche Entwicklung erheblich größer als im Falle unkoordinierter Wirtschaftspolitik (vgl. z.B. Shonfield 1965 und Schmidt 1989).

Auch von Seiten der marxistischen Theorie wird die Lehre von der sozialen Demokratie heftig kritisiert. Ihr wirft man vor, sie verhülle Strukturkonflikte, sie setze demokratische Institutionen nur als Mittel ein, nicht um zwei Extreme, vor allem Kapital und Arbeit, aufzuheben, „sondern um ihren Gegensatz abzuschwächen und in Harmonie zu verwandeln" (Marx 1960: 141).

Im übrigen wird die Theorie der sozialen Demokratie nicht nur von ihren Gegnern, sondern mitunter auch von Parteigängern kritisiert. Unter diesen ist die Vorstellung verbreitet, das Programm der Sozialen Demokratie sei noch nicht zureichend verwirklicht. Sie bemängeln, daß wichtige Institutionen sowie Kontroll- und Entscheidungsfunktionen in Politik, Gesellschaft, Wirtschaft und Recht keine oder nur unzureichende Mitwirkungs- und Mitbestimmungschancen ermöglichten. Die Zähmung der Staatsgewalt durch Verfassungsgerichtsbarkeit, Verwaltungsgerichtsbarkeit und generell Rechtsstaats-

und Rechtswege-Prinzip sind in dieser Perspektive machtvolle Gegenkräfte und Gegengewichte. Als demokratietheoretisch problematisch gilt jedoch, daß die hiermit gesetzten Kontroll-, Korrektur- und Mitwirkungsfunktionen nicht vom Souverän – dem Volk bzw. seinen Repräsentanten – ausgeübt werden, sondern von den Gerichten (z.B. Maus 1991 und 1992a).

Die Theorie sozialer Demokratie basiert allerdings auf einer folgenreichen Voraussetzung, der Annahme nämlich, daß Prozesse der politischen Beteiligung, der demokratischen Willensbildung und der demokratisch legitimierten Entscheidungsfindung ohne größere Widersprüche ablaufen. Doch das ist eine heroische Annahme, weil es strukturimmanente Widersprüche der Demokratie gibt, z.b. Paradoxien bei der Umformung individueller Präferenzen in Kollektiventscheidungen. Deren Analyse erfolgt an anderer Stelle, vor allem in der Lehre von der partizipatorischen Demokratie und in der Kritischen Demokratietheorie. Von diesen Theorien handeln das nächste und das übernächste Kapitel.

Kapitel 2.5
Partizipatorische Demokratietheorie

Demokratietheorien kann man unter anderem nach der gesellschaftlichen Reichweite der Demokratie unterscheiden. In einer Theoriengruppe legt man Wert auf einen engdefinierten Begriff von Demokratie und auf die Balance von unmittelbarer oder mittelbarer Volksherrschaft und anderen Zielgrößen, wie Schutz von Rechten und Freiheiten, Pluralismus und Regierbarkeit. Dieses Verständnis kennzeichnet vor allem Demokratietheorien konservativer, liberaler oder zentristischer Standortgebundenheit. Im Gegensatz hierzu heißt das Leitmotiv einer zweiten Theoriengruppe „partizipatorische Demokratietheorie" (Pateman 1970, Bachrach 1970, Bachrach und Botwiniek 1992), „expansive Demokratie" (Warren 1992: 8f.), „starke Demokratie" (Barber 1994), „assoziative Demokratie" (Hirst 1994) und neuerdings „kosmopolitische Demokratie" (Archibugi/Held 1995). In dieser Schule setzt man auf den Eigenwert von Beteiligung, auf Maximierung von Partizipationschancen und Demokratisierung derjenigen gesellschaftlichen und wirtschaftlichen Sphären, die noch nicht demokratischer Verfassung unterstehen, wie weiter Bereiche der Arbeitswelt („workplace democracy" im Sinne authentischer Mitbestimmung), des Ausbildungssektors und auch des privaten Bereichs, so vor allem die neuere „feministische Demokratietheorie" (Phillips 1991).

Bei näherem Hinsehen wird deutlich, daß die partizipatorische Demokratietheorie in zwei Hauptschulen zerfällt. Eine ist primär empirisch-analytisch ausgerichtet, die andere ist stärker an normativer Gesellschafts- und Politiktheorie interessiert. Die normative Schule hat den Großteil der Beiträge zur expansiven oder partizipatorischen Demokratieauffassung beigesteuert. Sie steht deshalb im Mittelpunkt dieses Kapitels. In ihr werden als wünschenswert angesehene Soll-Zustände auf Form, Voraussetzungen und Konsequenzen überprüft, wie z.B. die Beteiligung aller an möglichst vielen öffentlichen Angelegenheiten und die Partizipation als Modus der Interessenfindung, des Interessenausgleichs, der Kommunikation, der Verständigung und friedlichen Einigung unter den Abstimmungsberechtigten.

Die partizipatorische Demokratietheorie will den Kreis der Stimmberechtigten vergrößern und die Beteiligung der Stimmbürgerschaft an der Aussprache, der Willensbildung und der Entscheidung über öffentliche Angelegenheiten erweitern und intensivieren. Dieses Anliegen hat verschiedene Begründungen erfahren. Eine der wichtigsten ist die These, die Präferenzen der Wähler seien nicht exogen, sondern vielmehr endogene Größen des politischen Prozesses, mithin Variablen, die durch den Vorgang der öffentlichen Aussprache und Willensbildung und der zu diesen gehörenden Aufklärungsprozesse hervorgebracht und verändert werden könnten. Mit der Annahme der endogenen Präferenzen folgt die partizipatorische Demokratietheorie der wegweisenden These, daß der politische Wille jedes einzelnen Bürgers und der Gesamtheit der Abstimmungsberechtigten nicht dem Willensbildungs- und Entscheidungsprozeß vorgelagert, sondern hauptsächlich Produkt desselben sei (Schumpeter 1950, siehe auch Hansen 1991: 320). Deshalb, so die partizipatorische Demokratietheorie, soll der Prozeß der Prägung dieser Präferenzen in der öffentlichen Aussprache und Willensbildung möglichst klug organisiert werden, möglichst so, daß ein Maximum an authentischer Beteiligung erzielt wird. Dieses Anliegen deckt sich mit einem zweiten Bestreben der partizipatorischen Demokratietheorie, dem der Aufdeckung und Mobilisierung verallgemeinerungsfähiger Interessen, d.h. von Interessen, mit denen gemeinschaftliche Belange möglichst sachangemessen und der Form nach vertretbar abgedeckt werden. Manche Vertreter der partizipatorischen Demokratietheorie fügen dem noch härtere Begründungen hinzu, wie B. Barber (1994), der im Anschluß an J.-J. Rousseau die These formuliert, daß Repräsentation Partizipation zerstört und somit die Grundlagen von Demokratie unterminiert. Dieser Auffassung zufolge ist die althergebrachte liberale Repräsentativdemokratie im wesentlichen nur kümmerliche Demokratie, die notwendigerweise mit Teilnahmslosigkeit und Entfremdung der Bürger einhergeht und sich von innen her zerstört.

B. Barber ist unter den Partizipationstheoretikern einer der engagiertesten. Man braucht aber nicht so weit wie Barber und vor ihm Rousseau zu gehen, um den Anliegen der partizipatorischen Demokratie gerecht zu werden. So hat beispielsweise R. Dahl (1994) die partizipatorische Demokratie damit begründet, daß nur sie das Gegengewicht gegen die undemokratische Verfassung sei, die durch die zunehmende Internationalisierung und Globalisierung von Politik und Wirtschaft erzeugt werde. Internationale oder supranationale Organisationen beispielsweise seien weithin unverzichtbar zur Regelung globaler Probleme, aber aufgrund ihres Demokratiedefizits stünden sie in Konflikt mit dem Anliegen demokratischer Verfassung auf nationalstaatlicher Ebene. Das Dilemma von effektiver Problemlösung auf inter- oder supranationaler Ebene und Bürgerbeteiligung könne nur dadurch gelöst werden, daß das Demokratiedefizit der inter- und supranationalen Organisationen durch Erweiterung der Diskussions-, Beteiligungs- und Mitentscheidungsmöglichkeiten auf nationalstaatlicher oder subnationaler Ebene kompensiert wird. Eine insgesamt realistischere Position als die der – weit ins Utopische hineinragenden – normativen Theorie der „kosmopolitischen Demokratie" (Archibugi/Held 1995)!

Die Theorien der partizipatorischen Demokratie kann man nicht nur nach der Differenz zwischen normativer und empirisch-analytischer Orientierung unterscheiden, sondern auch nach der Stärke des jeweils befürworteten Politisierungsschubs. Gemäßigte Varianten streben nach dosierter Ausweitung der Partizipationschancen in einzelnen Sektoren der Gesellschaft und gegebenenfalls auch der Wirtschaft, wie z.B. die Fürsprecher der „workplace democracy". Umfassende Politisierung wird demgegenüber in radikalen Varianten der partizipatorischen Theorie favorisiert. Dort strebt man, in Worten von B. Guggenberger, nach „Totalpolitisierung" (1995: 87). Dieser Richtung zufolge gibt es keine unpolitischen privaten oder gesellschaftlichen Räume. Ihr ist alles politisch. Diesem Verständnis von Demokratie liegt ein extrem „expansionistischer Politikbegriff" (ebd.: 87) zugrunde, im Extrem die Forderung nach der „Demokratisierung des Himmels", so eine politische Formel im revolutionären Italien zwischen 1796 und 1800 (zitiert nach Maier 1985: 200). Der zugehörige Demokratiebegriff ist institutioneller und vor allem betont-prozessualer Art und im Extremfall reiner „Tendenz- und Bewegungsbegriff" (Meier u.a. 1972: 861). Demokratie ist „gesamtgesellschaftlicher Prozeß", heißt es paradigmatisch in Vilmars Abhandlung der Demokratisierungsstrategien und -potentiale in westlichen Ländern (Vilmar 1973: 21). Vilmar zufolge steht die Einlösung des Programms „einer universellen Demokratisierung" (ebd.: 99) auf der Tagesordnung. Die Rechtfertigung des Anliegens wird in der Minimierung von überflüssiger Herrschaft und von nichtlegitimen Herrschaftsformen gesehen (ebd.: 22). Der zugrundeliegende Demokratisierungsbegriff ist demgemäß hauptsächlich normativ geladen und überdies expansionistisch: er ist definiert als „Inbegriff aller Aktivitäten, deren Ziel es ist, autoritäre Herrschaftsstrukturen zu ersetzen durch Formen der Herrschaftskontrolle von ‚unten', der gesellschaftlichen Mitbestimmung, Kooperation und – wo immer möglich – durch freie Selbstbestimmung" (ebd.: 21). Dieser Sichtweise zufolge ist der Zielbereich der Demokratisierung schier unbegrenzt: für Demokratisierung der Familie und der Erziehung tritt man ein, für Demokratisierung der Schulen und Hochschulen, der Massenmedien und der Kunst, der Wirtschaft und der Gewerkschaften, der Kirchen, der Krankenhäuser und des Strafvollzugs (Vilmar 1973).

Gewiß ist dies nicht die einzige Variante partizipatorischer Demokratietheorie. Andere Spielarten streben nach bescheideneren Politisierungsschüben und setzen vor allem auf Intensivierung und Kultivierung der Willensäußerung, der Aussprache und der Willensbildung, so z.B. C. Pateman (1970), C. Offe und U. K. Preuß (1991), J. Habermas (1992a und 1992b) und C. Offe (1995). Trotz aller Unterschiede zwischen den partizipatorischen Demokratietheorien sind sie durch einen tiefen Graben von anderen Demokratielehren getrennt. Besonders markant ist die Differenz zur Demokratietheorie der elitistisch-wettbewerblichen Lehre von M. Weber, J. A. Schumpeter und A. Downs. Versteht diese die Demokratie als politische Methode des Wettbewerbs und der Führungsauswahl, so gilt jener die Demokratie als „politische Methode und ethisches Ziel" (Bachrach 1970: 118); hat diese vor allem Interesse am Endergebnis, so ist jener am Endresultat und am Prozeß gelegen; betont die eine die Chancengleichheit, so kümmert sich die andere vor allem um das „Machtgleichgewicht" (ebd.: 118); während die elitistische und wettbewerbsorientierte Schule mit einem engbegrenzten Politikbegriff arbeitet, ist die partizipatorische Lehre mit einem expansionistischen Politikkonzept ausgerüstet; ist für jene die Elite-Massen-Struktur moderner Gesellschaften im wesentlichen unveränderbar, so hält diese sie für reformierbar; und während die elitistische und wettbewerbsorientierte Theorie auf Eliten als Garant von Systemstabilität setzt, gründet die partizipatorische Theorie ihr Vertrauen in Stabilität und Lebensfähigkeit demokratischer Ordnungen „auf Ausweitung und Vertiefung des demokratischen Prozesses" (ebd.: 118).

Die partizipatorische Demokratietheorie hat darüber hinaus ein Bild von den Eigenschaften und politischen Kompetenzen des Bürgers, das sich radikal von dem der liberalen Theorie der Demokratie unterscheidet, die ihrerseits auch die elitistischen und die ökonomischen Demokratietheorien prägt. Stilisiert läßt sich die Differenz wie folgt benennen: der liberalen Sichtweise zufolge wird der Staatsbürger primär durch präpolitische Interessen definiert, die entweder fest verankerte, gleichsam naturgegebene Präferenzen spiegeln oder durch gesellschaftliche Institutionen außerhalb des politischen Bereichs geformt wurden, wie z.B. durch milieuspezifische Sozialisation oder Klasseninteressen. Dieser Sichtweise zufolge ist Demokratie vor allem ein Mechanismus zur Aggregierung präpolitisch geformter Interessen und obendrein einer, dessen Reichweite begrenzt werden sollte, weil er ein Instrument, ein Mittel, aber nicht ein Ziel, nicht ein zu maximierendes Gut ist (Warren 1992). Das Staatsbürgermodell der partizipatorischen Demokratietheorie hingegen betont entweder, daß der durchschnittliche Bürger zu ungleich mehr und ungleich besserer Beteiligung befähigt sei, oder daß er hierfür durch angemessene Organisation des Willensbildungsprozesses befähigt werden könnte. Die erste Variante – die des schon qualifizierten Bürgers – liegt dem Demokratiekonzept von B. Barber zugrunde. In seinem Buch „The Conquest of Politics" (1988) hat er die Demokratie als eine Ordnung definiert, deren Bürger Eingeweihte oder Meister der Partizipation in öffentlichen Angelegenheiten seien, die in der Kunst der sozialen Interaktion geschult und befähigt seien, die Erfordernisse des „Wir"-Denkstils von dem „Ich"-Denkstil zu unterscheiden (Barber 1988: 210). Nicht alle Partizipationstheoretiker gehen davon aus, daß der Bürger bereits über solche Kompetenzen verfüge. Diejenigen, die nicht dieser Ansicht sind, neigen jedoch zu der Annahme, solche Befähigung könne alsbald gebildet werden, nämlich durch Lern- und Aufklärungsprozesse, durch welche die Bürger mehr Wissen und mehr Sensibilität sowohl für die eigenen wie auch für die Interessen anderer erlangten und wodurch sie Bürgergeist und somit Verantwortung für die Belange des Gemeinwesens entwickelten.

Man hat diese Perspektive in der neueren Fachliteratur als die These der „self-transformation" bezeichnet (Warren 1992: 11 und ders. 1993:

209). Frei übersetzt ist das die These von der Selbstverwirklichung, der Transformation der Bürger im Prozeß der Beteiligung, der Aussprache und der öffentlichen Willensbildung. Zu dieser Transformation des Bürgers zum vollentfalteten Staatsbürger – um die ältere Terminologie in Erinnerung zu bringen – kann man mit Warren (1992) vor allem Viererlei zählen. Da ist – erstens – die Vorstellung, daß die Interessen und politischen Fähigkeiten der Staatsbürger nicht oder nicht hauptsächlich durch präpolitische Faktoren, sondern auch – oder vorrangig – durch die Zwänge und die Möglichkeiten politischer Institutionen bestimmt sind. Diesem Blickwinkel zufolge sind Merkmale, die gemeinhin als demokratieabträglich gelten, wie extreme Selbstbezogenheit, Apathie und Entfremdung, das Produkt begrenzter Mitwirkungschancen am politischen Diskurs und Defekte, die durch mehr Demokratie beseitigt werden könnten. Der zweite Pfeiler liegt in der Sichtweise begründet, die eigentliche Rechtfertigung der Demokratie sei die Maximierung von Selbstentfaltungs- und Selbstbestimmungschancen und nicht – wie in der liberalen Sichtweise – die Aggregierung präpolitisch geformter Bedürfnisse oder Präferenzen. „Demokratie", so heißt es in der Einleitung zu der berühmten Studie „Student und Politik", „Demokratie arbeitet an der Selbstbestimmung der Menschheit, und erst wenn diese wirklich ist, ist jene wahr. Politische Beteiligung wird dann mit Selbstbestimmung identisch sein" (Habermas u.a. 1969: 15). Der dritte Stützpfeiler der Transformationsthese ist die Lehre vom Doppelcharakter der Demokratie. Ihr wird nicht nur ein instrumenteller, sondern auch ein intrinsischer Wert zugeschrieben. Sie vermittle nicht nur individuelle Willensäußerung, sie produziere vielmehr individuellen und öffentlichen Willen als Ergebnis von Lern- und Aufklärungsprozessen, in denen Willensäußerungen bekundet, ausgetauscht, erörtert und im Idealfall aufeinander abgestimmt werden. Zur Transformationsthese gehört – viertens – das Argument, daß mehr Demokratie die Regierbarkeit eines Gemeinwesens erleichtere. Zunehmende Partizipation vergrößere die Chancen verständigungsorientierter Konfliktaustragung und bringe die Beteiligten zu gemeinwohlverträglichem Handeln.

Über Stärken und Schwächen der partizipatorischen Demokratietheorie wird heftig gestritten. Zur Theorie äußern sich eher kritisch Lehmbruch (1975), Lindner (1990), Fraenkel (1991) und Sartori (1992), eher zustimmend Habermas (1992a und 1992b) sowie Warren (1992 und 1993) und neutral Linder (1994). Zur Standardkritik der partizipatorischen Demokratietheorie zählen mittlerweile vor allem sechs Argumente: 1) der Primat des Normativen, 2) das unrealistische Menschenbild, 3)

Tocquevilles Problem, 4) Destabilisierung durch Übermobilisierung, 5) Eindimensionalität und 6) Überschätzung der Bürgerkompetenzen.

Nicht selten ist die Theorie partizipatorischer Demokratie primär oder gänzlich normativ. Oftmals steckt sie die Soll-Werte sehr hoch, mitunter unrealistisch hoch. Typisch ist Bachrachs Behauptung: „Die Mehrheit der Individuen kann nur durch eine aktive Partizipation an bedeutsamen Entscheidungen des Gemeinwesens Selbstbewußtsein gewinnen und ihre Fähigkeiten besser entfalten. Das Volk hat daher im allgemeinen ein doppeltes politisches Interesse – Interesse an den Endresultaten und Interesse am Prozeß der Partizipation" (Bachrach 1970: 119f.). Keine der zitierten Behauptungen ist von P. Bachrach oder an anderer Stelle empirisch überzeugend abgesichert worden. Was von Bachrach als allgemeingültig unterstellt wird, mag für manche Gruppen und manche Perioden durchaus zutreffend sein, z.B. für gut ausgebildete jüngere Bürger mit postmaterieller Wertorientierung (Inglehart 1990), doch käme es darauf an, die Bedingungen zu nennen, unter denen diese Aussagen gelten und den Nachweis zu erbringen, daß sie empirisch zutreffen (Offe 1995: 27f.). Obendrein müßte man die Kosten-Nutzen-Matrix der Partizipation nach Gruppen unterscheiden: das Plädoyer für die Sache der politischen Beteiligung übersieht, daß Belohnung und Anreiz für politische Partizipation in der Gesellschaft höchst unterschiedlich verteilt sind (Elster 1986, Sartori 1992: 118). Das ist der erste Kritikpunkt.

Hinzu kommt ein zweites Argument der Kritik: der partizipatorischen Lehre liege ein hoffnungslos überoptimistisches Menschenbild zugrunde. Vor allem übersehe sie, daß der Bürger ein Maximierer individuellen Eigennutzens und nur unter speziellen Bedingungen zu gemeinwohlorientierter Kooperation willens und fähig sei (Elster 1986).

Drittens wird der partizipatorischen Theorie Tocquevilles Problem entgegengehalten. Umfassende Demokratisierung steigere die Gefahr des Minderheits- oder Mehrheitsdespotismus. Im Extremfall münde sie im Despotismus einer selbsternannten Avantgarde der Bürgerschaft oder einer Gesellschaftsklasse, z.B. in einer marxistisch-leninistischen Partei, die beansprucht, der Hüter der aufgeklärten langfristigen Interessen der Arbeiterklasse, wenn nicht der gesamten Gesellschaft, zu sein.

Einer vierten Kritikposition zufolge erzeugt eine expansive Demokratie einen nicht mehr zu verkraftenden Überschuß an Beteiligung und Ansprüchen gegenüber dem politischen System und zerstöre somit die erforderliche Balance zwischen Konflikt und Konsens sowie zwischen Aktivismus und Apathie. Ein Übermaß an Beteiligung bringe nicht Bürgertugenden hervor, sondern destabilisiere die politische Ordnung.

Fünftens wird der partizipatorischen Demokratietheorie Eindimensionalität angelastet, vor allem Vernachlässigung von Effizienzproblemen und Zielkonflikten. Ihr geht es erklärtermaßen um Maximierung von Beteiligung. Qualität und Folgen politischer Entscheidungen, die in diesem Prozeß erzeugt werden, bleiben weitgehend vernachlässigt. Insoweit handelt es sich um ein reines „Zielmodell" der Demokratietheorie von geringer Komplexität und ohne Berücksichtigung anderer Zielgrößen (Naschold 1968, 1969a, 1969b und 1971).

Zu guter Letzt wird der partizipatorischen Theorie vorgehalten, sie überschätze die politischen Kompetenzen und Ressourcen des durchschnittlichen Bürgers bei weitem. Das gelte sowohl hinsichtlich des – meist niedrigen – Informationsstandes über politische Sachverhalte und Entscheidungsalternativen und des begrenzten Zeitbudgets, das einer umfassenden Beteiligung an möglichst vielen wichtigen Abstimmungen über öffentliche Angelegenheiten entgegenstehe, als auch im Hinblick auf die fehlende Bereitschaft vieler Wahlberechtigter, sich umfassend zu beteiligen.

Eine funktionierende Demokratie im Sinne der partizipatorischen Lehre hat anspruchsvolle Prozeduren der Beratung und Beschlußfassung und die Befähigung der Beteiligten, sich auf diese Prozeduren einzulassen, zur Voraussetzung (Offe 1995). Zu diesen Prozeduren gehören – was von den meisten älteren Partizipationstheorien vernachlässigt wurde – nicht nur die Institutionen, die die Kommunikation in kleinen überschaubaren Gruppen regeln, sondern auch Assoziationen mit innerverbandlicher oder innerparteilicher Demokratie und die Institutionen des Verfassungsstaates, so vor allem gesicherte Bürgerrechte. Wegweisende Einsichten hierzu steuerte vor allem J. Habermas bei, zuerst in dem zuvor zitierten Beitrag über politische Beteiligung als Wert an sich (Habermas u.a. 1969), später vor allem in der Ausarbeitung und Weiterführung der „Theorie des kommunikativen Handelns" (Habermas 1981) und sodann in den neueren Ausführungen zur „deliberativen Politik" (Habermas 1992a und 1992b). Deliberative Politik ist eine Form der Willensbildung und Verständigung über öffentliche Angelegenheiten, die ihre legitimierende Kraft aus der Struktur derjenigen Meinungs- und Willensbildung gewinnt, die die Erwartung aller Beteiligten erfüllen kann, daß ihre Ergebnisse vernünftig sind. Dieser Auffassung zufolge liegt die Pointe eines demokratischen Verfahrens, wie desjenigen des Mehrheitsprinzips, nicht nur darin, daß die Mehrheit herrscht, sondern vielmehr im Vorgang der Meinungsbekundung, der Erörterung, der Aussprache und dem Bemühen, andere zu überzeugen. Deshalb bildet für J. Habermas das Niveau des Diskurses in der öffentlichen Debatte die wichtigste Variable derjenigen Auffassung von Demokratie, die besonderen Wert auf die Prozeduren legt („prozeduralistische Demokratietheorie").

Die „prozeduralistische Demokratie" und der zu ihr gehörende Begriff deliberativer Politik sind in der Vorstellung einer idealen Prozedur der Beratung und Beschlußfassung verankert. Zu den wichtigsten Verfahrenseigenschaften der prozeduralistischen Demokratie und der deliberativen Politik gehören die folgenden: 1) die argumentative Form des Austauschs von Informationen und Begründungen unter den Beteiligten, 2) öffentliche und alle Beteiligungsberechtigte einschließende Beratung, zumindest die gleiche Chance des Zugangs und der Teilnahme an der Beratung, 3) das Fehlen externer und interner Zwänge bei der Beratung („ideale Sprechsituation"), 4) das Prinzip, daß die Beratungen grundsätzlich unbegrenzt fortgesetzt oder – im Falle einer Unterbrechung – jederzeit wieder aufgenommen werden können, 5) der Grundsatz, daß sich die Erörterungen auf alle Materien erstrecken können, die im Interesse aller zu regeln sind, 6) das Prinzip, wonach die Beratung sich auch auf die Interpretation von Bedürfnissen sowie auf vorpolitische Einstellungen und Präferenzen erstrecken kann, 7) den Diskurs unterstützende verfassungspolitische Weichenstellungen und 8) das Zusammenwirken von Beratung und Willensbildung in der Gesellschaft – außerhalb der politischen Institutionen im engeren Sinn – und Beratung in den Institutionen der verfaßten Willensbildung und Entscheidungsfindung, vor allem im Parlament.

Zentrale Funktionsvoraussetzung einer funktionsfähigen Demokratie prozeduralistischer Art ist nach Habermas das Zusammenspiel einer Öffentlichkeit, die sich auf zivilgesellschaftliche Strukturen gründet, d.h. auf freiwillig eingegangene nichtgouvernementale und nichtwirtschaftliche Zusammenschlüsse und Assoziationen in der Sphäre der Bürgergesellschaft, mit der durch den Rechtsstaat institutionalisierten Meinungs- und Willensbildung im parlamentarischen Bereich und in der Entscheidungspraxis der Gerichte (Habermas 1992b). Insoweit ist der Kern der prozeduralistischen Demokratie im Zusammenwirken zweier Formen der Volkssouveränität zu sehen, der rechtlich institutionalisierten und der nicht-institutionalisierten Volkssouveränität (Maus 1992a und 1992b). Hiermit hat man nach Auffassung der Theoretiker der prozeduralistischen Demokratie auch den „Schlüssel zur demokratischen Genese des Rechts" (Habermas 1992b: 532) in die Hand bekommen. Der Nährboden für die Verwirklichung des Systems demokratisch begründeten Rechts sind nämlich „die Kommunikationsströme und publizistischen Einflüsse, die aus Zivilgesellschaft und politischer Öffentlichkeit hervorgehen und über demokratische Verfahren in kommunikative Macht umgesetzt werden" (ebd.: 532f.). Voraussetzung hierfür sind die Wahrung autonomer Öffentlichkeit, erweiterte Mitwirkungs- und Mitsprachemöglichkeiten der Bürger, Zähmung von Medienmacht und ferner „die Vermittlungsfunktion nichtverstaatlichter politischer Parteien" (ebd.: 533). Das Zusammenwirken von informeller Meinungsbildung und verfaßter Willensbildung, bzw. die Kooperation von parlamentarischen Verständigungsprozessen und authentischen Verständigungsprozessen im außerparlamentarischen, nichtstaatlichen Bereich mündet dieser Auffassung zufolge in Beratungen und Beschlußfassungen, einschließlich Wahlentscheidungen und Gesetzgebungsbeschlüssen, durch welche die kommunikativ erzeugte Macht in den Typus der administrativ verwendbaren Macht transformiert wird (Habermas 1992b).

Man sieht, daß die Theoretiker der partizipatorischen Demokratietheorie, vor allem die Theoretiker der prozeduralistischen Demokratie, dem einzelnen Bürger und dem Demos Anspruchsvolles anbieten. Allerdings verlangen sie von den Bürgern nicht gerade wenig. Die Anforderungen sind sogar so hochgesteckt, daß die meisten Bürger – vor allem die weniger gut ausgebildeten und die weniger eloquenten unter ihnen – vor ihnen versagen. Überdies überschätzt die fortgeschrittenste Variante der partizipatorischen Demokratietheorie, nämlich die prozeduralistische Demokratielehre von Habermas, die konsensstiftende Kraft der Sprache und der Kommunikation. Habermas' Ideal der diskursiven Demokratie basiert vor allem auf den kognitiven Dimensionen und weniger auf den affektiven Aspekten. Man hat ihm deshalb vorgehalten, er sei hinsichtlich der motivationalen Kräfte der Vernunft überoptimistisch, selbst wenn die Vernunft eine ideale Sprechsituation auf ihrer Seite hat (Warren 1993: 221). Ferner ist es keineswegs ausgemacht, daß Individuen im herrschaftsfreien Diskurs danach strebten, Konflikte auf dem Weg demokratieverträglicher Verständigung zu regeln. Was wäre, wenn alle Beteiligten an einer solchen idealen Sprechsituation übereinstimmend zu dem Beschluß gelangten, Konflikte seien nicht auf demokratische, sondern auf diktatorische Weise zu lösen? Und was wäre, wenn die Beteiligten in einer idealen Sprechsituation nach reiflicher Überlegung einstimmig den Beschluß faßten, ab sofort nicht länger zu reden, sondern zu schweigen?

Schlußendlich wird man allen Varianten der partizipatorischen Demokratietheorie vorhalten können, daß sie nonchalant über das Problem hinweggehen, daß schon geringfügige Variationen in den Verfahren zur Transformation individueller Präferenzen in Gruppen- oder Kollektiventscheidungen höchst unterschiedliche Ergebnisse hervorrufen und nicht selten über Sieg und Niederlage entscheiden (hierzu ausführlich das Kapitel 2.6). Es wäre nicht überraschend, wenn solche Pfadabhängigkeit der Ergebnisse den Kommunikations- und Aufklärungsprozeß, den die partizipatorische Demokratietheorie so sehr betont, nachhaltig störte.

Die Kritik der partizipatorischen Demokratietheorie betrifft vor allem deren normative Variante. Neben der primär normativen Variante gibt es allerdings eine primär empirische Variante der partizipatorischen Demokratietheorie, die jedoch von den meisten Vertretern der normativen Theorie nur zum Teil (Habermas 1992) oder gar nicht zur Kenntnis genommen wird (Offe 1995). Löbliche Ausnahmen schließen Habermas u.a. 1969 und Scharpf 1970 ein. Die empirische Variante der partizipatorischen Theorie ist mehr oder minder explizit in Studien zur politischen Beteiligung enthalten (als Überblick Kaase 1992a). Zu den wichtigsten Ergebnissen dieser Forschungsrichtung zählt der Nachweis, daß es in westlichen Ländern eine große Nachfrage nach politischen Beteiligungschancen gibt, und daß in bestimmten Gruppen der Wahlberechtigten die Nachfrage nach Partizipationsmöglichkeiten das Angebot an institutionalisierten Beteiligungschancen übersteigt, vor allem in der jüngeren, besser ausgebildeten und postmateriell orientierten Bürgerschaft und bei denjenigen, die sich auf Rechts-Links-Skalen in der Mitte und links der Mitte des politischen Spektrums einstufen.

Vor allem die Forschung über konventionelle und unkonventionelle politische Beteiligung hat hierfür wichtige Einsichten vermittelt: sowohl die konventionellen – legalen und legitimen – Formen der Partizipation erfreuen sich erheblicher Wertschätzung als auch, vor allem seit Ende der 60er Jahre, die unkonventionellen Formen, d.h. in der Regel legale, aber nicht durchweg legitime Beteiligungsformen, wie Demonstrationen und Sit-ins (Barnes/Kaase 1979, Kaase 1992a und 1992b). Die wachsende Nachfrage nach Chancen politischer Partizipation läßt sich auch anhand des sogenannten Standardmodells der politischen Beteiligung verdeutlichen (Dalton 1988: 50f.). Das Standardmodell soll Unterschiede der Partizipationsbereitschaft von Bürgern erklären und Gründe dafür angeben, warum manche Bürger sich eifrig und intensiv an der Politik beteiligen, während andere in Apathie verharren. Dem Standardmodell zufolge läßt sich dieser Unterschied auf Differenzen der „Ressourcenausstattung" der Bürger, der

Stärke positiver Einstellungen gegenüber dem politischen System und der Unterschiede in der Überzeugung, politisch wirksam sein zu können, zurückführen. Diesem Modell zufolge basiert ein hohes Niveau politischer Beteiligung vor allem auf drei Größen: (1) Zugrundeliegt ein hohes Niveau der Ausstattung mit sozioökonomischen Ressourcen, das durch die Höhe der formalen Qualifikation, das Berufsprestige und die Höhe des Einkommens gemessen wird: je höher das Qualifikationsniveau, je höher die berufliche Position und je höher das Einkommen, desto höher die Ressourcenausstattung. 2) Je besser diese Ressourcenausstattung, desto tendenziell stärker sind die positiven Einstellungen der Bürger zur Politik und desto fester ist 3) die Überzeugung, durch individuelle Beteiligung politisch etwas bewirken zu können („political efficacy"). Alle drei Faktoren zusammengenommen – Ressourcenausstattung, Einstellungen zur Politik und Überzeugungen von der Wirksamkeit individuellen Handelns – erzeugen der Tendenz nach ein höheres Maß politischer Partizipation. Ist die Ressourcenausstattung hingegen schwach, werden insgesamt auch die Einstellungen gegenüber der Politik weniger positiv und oftmals negativ ausfallen, und alles in allem werden auch die Überzeugung, politisch wirksam zu sein, schwach ausgeprägt und die politische Beteiligung gering sein.

Man kann das Standardmodell der politischen Beteiligung ausbauen und differenzieren. Alter, Geschlechtszugehörigkeit und Stärke der Parteiidentifikation beispielsweise beeinflußen ebenfalls die Beteiligungsbereitschaft. So nimmt die Partizipationsbereitschaft bis zu einer Altersstufe von 30 bis 35 Jahren in der Regel stark zu, anschließend bleibt sie für rund drei Dekaden einigermaßen stabil und fällt dann stark ab. Zentral für die partizipatorische Demokratietheorie ist die Beobachtung, daß die Ressourcenausstattung der Bürger in den westlichen Ländern vor allem seit den 60er Jahren erheblich verbessert wurde, vor allem aufgrund der Öffnung des Bildungssystems zu Gunsten von Schichten, die zuvor von höherer Ausbildung ausgeschlossen waren und aufgrund der verlängerten Schul- und Ausbildungszeit. Die hiermit einhergehende Erhöhung des formalen Qualifikationsniveaus und die Aufstockung der kognitiven Ressourcen gehören zu den Bestimmungsfaktoren zunehmender Nachfrage nach wirksamen Beteiligungschancen. Ein spektakulärer Ausdruck hiervon waren die Studentenproteste der 60er und 70er Jahre, ein weiterer die zunehmende Zahl von Bürgerinitiativen in den 70er Jahren und die Zunahme konventioneller und unkonventioneller Beteiligung z.B. im Rahmen von Antiatomkraft-, Friedens- und Ökologiebewegungen. Besonders stark wuchs die Partizipationsnachfrage auf seiten der jüngeren, besser ausgebildeten, religiös ungebundenen und postmateriell orientierten Altersgruppen. Und diese sind die Kerntruppe – die soziale Basis und die Hauptakteure – der partizipatorischen Demokratietheorie.

Kapitel 2.6
Kritische Theorie der Demokratie

„Kritische Demokratietheorie" wird in diesem Buch mit großem K geschrieben, in Anlehnung an die Schreibweise der „Kritischen Theorie" von Th. W. Adorno, M. Horkheimer, H. Marcuse und anderen Vertretern der „Frankfurter Schule". „Kritische Demokratietheorie" meint allerdings nicht nur Frankfurter Produkte, sondern dient als Sammelbezeichnung für diejenigen Beiträge zur empirischen und normativen Demokratietheorie, die ungeachtet aller Unterschiede in der Theorie und der Methodik zweierlei gemeinsam haben: erstens die schonungslos kritische Analyse des Anspruches und der Binnenstrukturen demokratischer Willensbildungs- und Entscheidungsprozesse, unter besonderer Berücksichtigung ihrer „Achillesferse" (G. Sartori 1992: 40), und zweitens den Vorwurf an die Adresse konkurrierender Demokratietheorien, daß diese die Wertigkeit etablierter demokratischer Ordnungen überschätzten und deren Widersprüche, Strukturdefekte und Folgeprobleme übersähen.

Die Kritische Demokratietheorie stützt sich auf zwei Pfeiler. Der erste basiert auf theoretisch und empirisch orientierten Beiträgen zum Problem der Transformation individueller Präferenzen in Gruppen- oder Kollektiventscheidungen. Geprägt wurden diese Beiträge vor allem von der ökonomischen Theorie der Politik (Olson 1965, Riker 1982), der ökonomischen Theorie der Entscheidungsprozesse (Buchanan/Tullock 1962) und der politikwissenschaftlichen Wahlsystemforschung. Der zweite Pfeiler der Kritischen Demokratietheorie entstammt der kapitalismus- und demokratiekritischen Politiktheorie und Verfassungssoziologie, für die in der deutschsprachigen Diskussion vor allem die Beiträge von Claus Offe maßgebend sind (Offe 1972, Guggenberger/Offe 1984, Offe 1986, 1991 und 1992).

2.6.1. Der erste Pfeiler der Kritischen Demokratietheorie: Probleme der Transformation von Individualpräferenzen in Kollektiventscheidungen

Den Beiträgen zur Transformation individueller Präferenzen in kollektive Entscheidungen – dem ersten Pfeiler der Kritischen Demokratietheorie – geht es vor allem um die Frage, ob – und gegebenenfalls wie – individuelle Präferenzen (beispielsweise der Wählerschaft) verfälschungsfrei zu Gruppen- oder Kollektiventscheidungen (z.B. das Ergebnis einer Präsidentschafts- oder einer Parlamentswahl) umgeformt werden können. Die Hauptvertreter der älteren und der modernen Demokratietheorien hatten diese Frage – sofern sie überhaupt als Problem wahrgenommen wurde – in der Regel bejaht, wenngleich die scharfsichtigsten Theoretiker um die Unbeständigkeit wußten, die bei großer Zahl von Stimmberechtigten entstehen, so z.B. die aristotelische Lehre der Polis-Demokratie und Thomas Hobbes, dem zufolge die Herrschaft der Vielen der natürlichen Unbeständigkeit noch die der Zahl hinzufüge (Leviathan, 149). Die Theorie der Bündelung individueller Präferenzen zu kollektiven Entscheidungen ist in diesem Punkt besonders skeptisch. Wie vor allem die ökonomische Theorie der Entscheidungsprozesse zeigt, kann das Ziel, den Willen bzw. die Präferenzen der Kollektivmitglieder in demokratischen Entscheidungsverfahren zu repräsentieren und zugleich die Verteilung der individuellen Präferenzen näherungsweise verfälschungsfrei abzubilden, kaum verwirklicht werden (Überblick bei Lehner 1981, Kap. 2, Riker 1982 und McLean 1987).

Der Nachweis, daß es schwierig ist, kollektive Entscheidungen und Entscheidungsverfahren zu finden, die minimalen Anforderungen an demokratische Verfahren näherungsweise genügen und gleichzeitig widerspruchsfrei sind, legt die Hypothese nahe, daß in der Politik die Chance, stabile Mehrheiten zu bilden und aufrechtzuerhalten und sachlich konsistente politische Programme zu entwickeln und durchzusetzen, gering ist. Wie die ökonomische Theorie der Entscheidungen überdies zeigt, sind die Chancen, stabile Mehrheiten und sachlich konsistente Programme zu finden, um so geringer, je größer die gesellschaftliche Differenzierung und je heterogener die Stimmbürgerschaft ist.

Zur Veranschaulichung soll die Kritik an einem weitverbreiteten Lob der Demokratie dienen. Häufig wird die Demokratie dafür gepriesen, daß sie den Willen des Volkes wirkungsvoll zum Ausdruck bringe und ins Recht setze. Bei näherem Hinsehen erweist sich das

Argument als brüchig: von dem Willen des Volkes kann nicht die Rede sein. In aller Regel handelt es sich vielmehr um – meist nicht sonderlich stabile – Mehrheiten und Minderheiten, die sich obendrein aus höchst unterschiedlichen Motiven speisen, die ihrerseits von den Institutionen der Willensbildung und Entscheidungsfindung geprägt sind. Aus diesem Grunde haben umsichtigere Lobredner sich damit begnügt, die Demokratie ob ihrer Fähigkeit zu preisen, zumindest dem Mehrheitswillen verfälschungsfreien Ausdruck zu verleihen. Aber auch dieses Lob hält die Kritische Demokratietheorie für unpassend. Die Mehrheit bzw. der Mehrheitswille ist nämlich – wie man schon bei Aristoteles oder bei Hobbes nachlesen kann – „fehlbar und verführbar" (Offe 1992). Wie vor allem die Theorie der rationalen Wahl zeigt, verletzen demokratische Verfahren und Abstimmungen auch die Grundsätze der verfälschungsfreien und konsistenten Hervorbringungen eines Mehrheitswillens. W.H. Riker hat den Sachverhalt auf den Begriff gebracht: Gesellschaftlich bindende Entscheidungen auf der Basis der Mehrheitsregel „können in der Regel nicht als logisch kohärent oder als das Ergebnis einer ... Größe wie ‚der Gesellschaft' oder ‚des Volkes' begriffen werden" (Riker 1980b: 456). Mehrheitsentscheidungen laborierten an einem prinzipiellen Ungleichgewichtszustand. Schon unter geringfügig variierten Bedingungen hätten andere Alternativen Gegenstand der Abstimmung sein können und die Zustimmung einer (ihrerseits unterschiedlich zusammengesetzten) Mehrheit erhalten können. Insgesamt erweise sich, „daß die Produkte der Mehrheitsentscheidung vermutlich selten als konsistent oder als – den Entscheidungspräferenzen gegenüber – ‚wahre' Abstimmungen des Wahlkörpers begriffen werden" können (ebd.). Das Hauptproblem für die Demokratie, so Riker weiter, „ist nicht die Inkonsistenz, sondern die Manipulierbarkeit der Ergebnisse von Mehrheitsentscheidungen" (ebd.: 457) in dem Sinne, daß schon geringfügige Variationen in Struktur, Ablauf und Kontext des Entscheidungsprozesses unterschiedliche Ergebnisse erzeugen. Angesichts der Manipulierbarkeit ist es Riker zufolge wahrscheinlich, daß den Ergebnissen von Mehrheitsentscheidungen kein stabiler, konsistenter Sinn zugeschrieben werden kann (ebd.: 457). Das bedeutet nicht, daß die Demokratie ohne Wert sei, doch der liege woanders, nämlich in der Protektion von Rechten mittels Vetos, die die Abstimmungsberechtigten den Amtsinhabern auferlegen können (Riker 1982).

Überdies erweisen sich die in Abstimmungsergebnissen zutage tretenden Mehrheiten oft als instabil. Mitunter entstehen sogenannte wandernde oder zyklische Mehrheiten, auch Condorcet-Paradox benannt. Am besten erläutern kann man den Fall der zyklischen Mehrheit anhand einer aus drei Wahlberechtigten bestehenden Stimmbürgerschaft, die über die Alternativen A, B und C abstimmen. A, B und C sollen für unterschiedliche politische Programme stehen: A beispielsweise für den Ausbau der Energieversorgung aus regenerierbaren Quellen, B für die erweiterte Energieversorgung aus einheimischer Stein- und Braunkohle und C für den Ausbau der Atomkraftwerke. Die Präferenzordnungen der Abstimmungsberechtigten seien wie folgt beschaffen: der erste Abstimmungsberechtigte setze A an die erste Stelle, B an die zweite und C an die dritte Position. Vereinfachend schreibt man seine Präferenzordnung als A>B>C. Für den zweiten Abstimmungsberechtigten habe C Vorrang vor A und an dritter Stelle komme B (C>A>B). Der dritte favorisiere B vor C und C vor A (B>C>A). Welche Variante der Energiepolitik erhält die Mehrheit? Stehen A und B zur Abstimmung, gewinnt A mit 2:1. Bei der hierauf folgenden Abstimmung von A und C verliert A; C gewinnt mit 2:1. Man könnte nun meinen, C sei der Gesamtsieger und könnte als das Programm angesehen werden, das den Willen der Mehrheit am besten und eindeutig repräsentiere. Doch weit gefehlt! Kommt es nämlich zur Abstimmung von C und B, verliert C und B gewinnt. Zuvor hatte jedoch B gegen A verloren und A in der Abstimmung mit C den Kürzeren gezogen. Es sind zyklische Mehrheiten entstanden, instabile Mehrheiten – je nach dem Paar der Abstimmungsalternativen. Einmal ist der regenerierbare Energieträger der Sieger, dann die einheimische Kohle und im dritten Fall die Kernenergie. Und alles ging mit rechten Dingen zu! Allerdings „wanderten" die Mehrheiten. Keines der Abstimmungsergebnisse kann als konsistenter und verfälschungsfreier Wille der Mehrheit angesehen werden. Mithin wird systematisch dasjenige verfehlt, was eigentlich erreicht werden soll: verfälschungsfreie und konsistente Abbildung individueller Präferenzen in den Kollektiventscheidungen. Auch kommt man hier nicht mit der – beliebten, aber falschen – Annahme weiter, man könne dem Ergebnis einen vorab feststehenden Volkswillen ablesen.

Mitunter erzeugt die Mehrheit noch weitere unliebsame Probleme, z.B. die „Tyrannei der Mehrheit" (A. de Tocqueville 1976), die von alters her Gegner wie Parteigänger der Demokratie beschäftigt. Mehr noch: unter bestimmten Bedingungen kann die Demokratie zur Herrschaft der Minderheit über die Mehrheit führen. Ein Beispiel hierfür ist ein direktdemokratisch verfaßtes Gemeinwesen, in dem die Volksvertreter nach Mehrheitswahl in fünf Einerwahlkreisen mit jeweils fünf Abstimmungsberechtigten und der nachfolgenden Verteilung der

Wählerpräferenzen gewählt werden: in den ersten drei Wahlkreisen votieren jeweils drei Wähler für die Kandidaten der Partei A und zwei für die Bewerber der Partei B, im vierten und fünften Wahlkreis erhält A nur eine Stimme, B jedoch 4 Stimmen. Zählt man die Stimmen für A und für B im gesamten Wahlgebiet zusammen, so erhält B 14 Stimmen und A nur 11. Man könnte meinen, B wäre der Sieger. Doch das wäre nur der Fall, wenn die Stimmenverrechnung ausschließlich auf der Ebene des gesamten Wahlgebietes erfolgen würde. Tatsächlich gewinnt bei Mehrheitswahl in den einzelnen Wahlkreisen jedoch A die Wahl! Die ersten drei Wahlkreise gehen nämlich an A, und B gewinnt nur den vierten und den fünften Wahlkreis. Somit gewinnt A gegen B mit 3 zu 2! Es ist alles mit rechten Dingen zugegangen. Allerdings hat die angewendete Methode der Aggregierung der Individualpräferenzen zu Kollektiventscheidungen, vor allem die Wahlkreiseinteilung und das Verfahren der Stimmenverrechnung (Mehrheitsregel) in den einzelnen Wahlkreisen ein überraschendes Resultat hervorgebracht: durch sie wird die Minderheit im gesamten Wahlgebiet zum Gewinner der Wahl und zum Herrscher über die Mehrheit.

Ein hiermit verwandtes Beispiel ist das – nach dem Parteienforscher Morsei Ostrogorski (1854-1891) – benannte Ostrogorski-Paradox (Offe 1984: 163f., McLean 1987). Es zeigt, daß die Art der Abstimmung über Entscheidungsalternativen und die Entscheidungsregel das Wahlergebnis präjudizieren und über Sieg und Niederlage entscheiden können. Dieses Paradox kann beispielsweise in einer Wahl entstehen, wenn die Zahl der Parteien kleiner ist als die Zahl der bei der Wahl anstehenden politischen Streitfragen, wenn die Parteien nicht Weltanschauungsparteien, sondern pragmatische Gruppierungen mit relativ geringem politisch-ideologischem Profil sind, und die Wähler ihre Stimmabgabe hauptsächlich an strittigen Themen (Issues), nicht an milieugebundenen Parteiloyalitäten ausrichten. Unter solchen Bedingungen kann der in Tabelle 1 dargestellte Fall eintreten.

In dem in Tabelle 1 konstruierten Fall besteht das Ostrogorski-Paradox aus der Merkwürdigkeit des Sieges der Partei Y, wenn nicht getrennt nach Streitfragen, sondern in einem Wahlgang über alle Streitpunkte abgestimmt wird, und der Niederlage dieser Partei, wenn über die Streitthemen einzeln abgestimmt wird und anschließend die Ergebnisse summiert werden. Sieg und Niederlage hängen somit von der Abstimmungsweise ab. Der Sieg von Y ist insoweit ebenso wie der ihres Konkurrenten X gewissermaßen künstlich. Der Unterschied, den die Methode macht, ist jedoch beträchtlich: Sieg oder Niederlage, Gewinn oder Verlust. Kein geringer Unterschied! Und alles ging mit rechten Dingen zu! Auch das Ostrogorski-Paradoxon verdeutlicht, daß ehrenwerten demokratischen Verfahren größere Probleme eigen sind und daß sie Anlaß zu begründetem Streit über die Anerkennungswürdigkeit ihrer Ergebnisse geben. Überdies zeigt das Beispiel, daß der Volkswillen – gemessen am Resultat der Abstimmung – trotz konstanter Präferenzen höchst unterschiedliche Gestalten annehmen kann! Was hat das Volk gewollt: den Wahlsieg von Y oder den von X? Die Antwort muß heißen: die Frage ist falsch gestellt, weil der Volkswillen auch ein Produkt der Abstimmungsweise ist und deshalb je nach Abstimmungsmethode eine andere Gestalt annehmen kann.

Tabelle 1: Das Ostrogorski-Paradoxon

Wähler-gruppen	Anteil	Streitpunktbezogene Parteipräferenz			Wahlsieger in der Wählergruppe
		Streitpunkt 1	Streitpunkt 2	Streitpunkt 3	
A	20%	X	Y	Y	Y
B	20%	Y	X	Y	Y
C	20%	Y	Y	X	Y
D	40%	X	X	X	X
Wahlsieger bei Abstimmung nach Streitpunkten		X	X	X	

Im Fall des Ostrogorski-Paradoxons hat die Abstimmungsweise – Simultan-Abstimmung über alle Streitfragen bzw. Ergebnisermittlung auf Basis getrennter Abstimmungen über die einzelnen Streitpunkte – über Sieg und Niederlage entschieden. Im Falle der zyklischen Mehrheiten sind instabile Mehrheiten entstanden, je nachdem, welche Alternativenpaare zur Abstimmung gebracht werden. Die Endergebnisse waren jeweils höchst unterschiedlich, obwohl die zugrundeliegenden Präferenzen der Abstimmungsberechtigten sich nicht änderten. Damit wurde das Ideal einer Bündelung individueller Präferenzen, die verfälschungsfrei ist und die individuellen Vorlieben gleichermaßen und gleichgewichtig transformiert, offensichtlich verfehlt.

Dieses Ideal könnte einer verbreiteten Sichtweise der ökonomischen Theorie demokratischer Entscheidungen zufolge ohnehin nur durch das Einstimmigkeitsprinzip erreicht werden, das die ausdrückliche Zustimmung aller Mitglieder eines Kollektivs zur Gruppenentscheidung voraussetzt und folglich jedem Mitglied eine absolute Vetoposition einräumt (Buchanan/Tullock 1962). Dieser Theorie nach sichert das Einstimmigkeitsprinzip den Kollektivmitgliedern den höchstmöglichen Nutzen. Jedes vom Einstimmigkeitsprinzip abweichende Verfahren hingegen erzeugt sogenannte externe Kosten für einen mehr oder minder großen Teil der Kollektivmitglieder: Externe Kosten sind Nachteile, die denjenigen Mitgliedern eines Kollektivs entstehen, die nicht oder nicht in gleichem Umfang von den Vorteilen einer Kollektiventscheidung profitieren wie die übrigen Kollektivmitglieder. Sie haben beispielsweise in gleichem Umfang wie alle anderen Mitglieder die Kosten der Kollektiventscheidung zu tragen, können aber ihre Präferenzen in der Entscheidung nicht gleichgewichtig zur Geltung bringen. Der Theorie nach werden die in einem Kollektiv (z.B. allen Wahlberechtigten eines Landes) anfallenden externen Kosten um so größer, je mehr vom Einstimmigkeitsprinzip abgewichen wird. Am größten sind sie, wenn nur ein Kollektivmitglied die Kollektiventscheidungen diktiert.

Andererseits ist mit jeder Entscheidungsprozedur ein zweiter Kosten-Typus verbunden: die Entscheidungskosten. Die Vorbereitung und Durchführung von Entscheidungen erfordern Zeit und Verzicht auf anderweitige nutzenstiftende Aktivitäten. Den Zeitkosten sind demnach die Kosten für den entgangenen Nutzen alternativer Aktivitäten – die Opportunitätskosten – hinzuzurechnen. Die Entscheidungskosten unterliegen allerdings einer anderen Dynamik als die externen Kosten: sie sind um so höher, je größer die Zahl der Mitglieder eines zur Entscheidung aufgerufenen Kollektivs ist. Am größten sind die Entscheidungskosten im Falle des Einstimmigkeitsprinzips, weil hier die Konsensbildungskosten, der Zeitaufwand und der entgangene Nutzen besonders hoch sind. Der ökonomischen Entscheidungstheorie zufolge ist auch eine dritte Kostenart zu beachten: die Interdependenzkosten. Sie sind definiert als Summe der externen Kosten und der Entscheidungskosten und sie definieren ein Kriterium für optimale Entscheidungsregelungen. Das Optimum ist dort gegeben, wo die Interdependenzkosten ein Minimum erreichen, d.h. dort, wo die Summe der externen Kosten und der Entscheidungskosten, niedriger ist als die jeder anderen Kombination.

Aufgabe der empirischen Forschung ist es, herauszufinden, welches die optimale Entscheidungsregel ist und wo systematische Abweichungen vom Minimum der Interdependenzkosten entstehen. Die Einstimmigkeitsregel z.B. erzeugt auf Dauer unerträglich hohe Entscheidungskosten; nicht selten endet sie in der Blockade des Entscheidungsprozesses. Doch auch die klassische Mehrheitsregel, insbesondere die einfache Mehrheit, ist eine Entscheidungsregel, die das Optimum oft weit verfehlt. Die Anwendung der Mehrheitsregel kann – wie schon erwähnt – zu zyklischen Mehrheiten und zur Herrschaft der Minderheit führen.

Das ist von größter politischer Bedeutung, wie alsbald am Zusammenhang von Stimmenverteilung, Wahlsystem und Mandatsverteilung ersichtlich wird. Wie stark das Wahlsystem die Umsetzung der Wählerstimmen in Mandate prägt, soll anhand eines konstruierten – aber keineswegs unrealistischen – Beispiels gezeigt werden. Es sei ein aus 20 Abgeordneten bestehendes Parlament in einem Wahlgebiet zu wählen, das in 20 gleich große Wahlkreise mit jeweils 100 Stimmberechtigten geteilt ist. In jedem Wahlkreis kandidiere je ein Vertreter der Parteien A, B, C, D und E. Ferner sei eine Verteilung der Stimmen wie in der Tabelle 2 gegeben (siehe Tabelle 2).

Was passiert, wenn die in Tabelle 2 beschriebene Stimmenverteilung in Abgeordnetensitze umgerechnet wird? Die Antwort lautet: die Ergebnisse sind von Wahlsystem zu Wahlsystem verschieden! Um dies zu verdeutlichen, wird im folgenden mit den Daten der Tabelle 2 die Umsetzung von Stimmen in Parlamentssitze anhand von fünf weitverbreiteten Transformationsregeln (Wahlsystemen) ermittelt: 1) der Verhältniswahl nach Hare und Niemeyer, 2) der Verhältniswahl nach d'Hondt, 3) der Verhältniswahl mit einer 10%-Sperrklausel, 4) der einfachen Mehrheitswahl in Einerwahlkreisen und 5) der absoluten Mehrheitswahl in Einerwahlkreisen. Zur Vereinfachung wird im folgenden unterstellt, daß die Verrechnung der Stimmen in Mandate nach der Verhältniswahl ausschließlich auf der Grundlage der Stimmenverteilung im gesamten Wahlgebiet erfolge.

(1) Der reinen Verhältniswahl gemäß dem System der mathematischen Proportionen nach Hare und Niemeyer zufolge wird für jede Partei die Zahl der auf sie entfallenden gültigen Stimmen durch die Gesamtzahl der abgegebenen Stimmen dividiert und mit der Zahl der zu vergebenden Mandate vervielfacht. Die hierdurch ermittelten Ganzzahlen bestimmen die erste Runde der Verteilung der Mandate auf die Parteien: Die Zahl der Sitze bemißt sich nach der Größe der jeweiligen Ganzzahl. Sodann werden die Restmandate nach der Höhe der Zahlenbruchteile hinter dem Komma verteilt. Die Partei A im Beispiel der Tabelle 2 erhält folglich zunächst 7 Mandate (Proportion der Stimmen für A und der Gesamtzahl der Stimmen, vervielfacht mit der Zahl der zu vergebenden Mandate: 0,392*20 = 7,84) und in der zweiten Verteilungsrunde auf Basis der Zahlenbruchteile hinter dem Komma ein weiteres Mandat.

(2) Im Fall der Verhältniswahl mit Auszählung nach d'Hondt werden die Parlamentssitze nach dem Höchstzahlverfahren von d'Hondt verteilt. Die von den Parteien gewonnenen Stimmen werden durch die Divisorenreihe 1, 2, 3, 4, 5 usw. geteilt, und auf dieser Grundlage werden die Parlamentssitze der Reihe nach der jeweils höchsten verbleibenden Zahl zugeordnet.

Tabelle 2: Hypothetische Stimmenverteilung auf 5 Parteien in 20 Wahlkreisen

Wahlkreis	Parteien				
	A	B	C	D	E
1	52	37	8	2	1
2	48	49	2	1	0
3	33	35	20	8	4
4	29	30	36	4	1
5	38	31	12	10	9
6	57	37	5	1	0
7	41	42	10	6	1
8	40	41	10	8	1
9	36	24	37	2	1
10	32	33	20	7	8
11	36	37	11	12	4
12	40	43	8	8	1
13	51	40	7	2	0
14	23	24	23	7	23
15	28	31	30	8	3
16	47	48	3	0	2
17	52	39	8	1	0
18	46	47	6	1	0
19	43	45	10	1	1
20	12	17	9	32	30
Stimmenanteil insgesamt	39,2%	36,5%	13,8%	6,0%	4,5%

Quelle: Lehner 1981: 57 mit geringfügigen Änderungen.

(3) Bei einer Verhältniswahl mit einer 10%-Sperrklausel – jeweils bezogen auf das gesamte Wahlgebiet – werden nur die Parteien bei der Verteilung der Parlamentssitze berücksichtigt, die eine bestimmte

Mindestanzahl von Stimmen – in diesem Beispiel 10% – auf sich vereinigen.

(4) Der einfachen Mehrheitswahl in Einerwahlkreisen zufolge erhält jeder Wahlkreis einen Parlamentssitz. Er fällt der Partei zu, die im Wahlkreis mehr Stimmen als jede andere Partei erhält. Erringen beispielsweise A, B und C jeweils 24% der Stimmen und D 28%, so ist nach einfacher Mehrheitsregel D der Gewinner.

(5) Im Fall der absoluten Mehrheitswahl in Einerwahlkreisen gilt diejenige Alternative als gewählt, die mehr als die Hälfte der Stimmen der an der Abstimmung Teilnehmenden auf sich vereinigt. Zur Vereinfachung wird im folgenden unterstellt, daß die Parteien schon im ersten Wahlgang in Koalitionsformationen – B und C auf der einen und A, D und E auf der anderen Seite – kandidieren.

Das Politikum der Transformation von Stimmen in Sitze ist dies: je nach Wahlsystem werden höchst unterschiedliche Sitzverteilungen im Parlament hervorgebracht und somit höchst unterschiedliche Repräsentationsmuster erzielt. Die Chance, Regierungspartei oder Oppositionspartei zu werden, hängt sehr stark vom Wahlsystem ab. Über die genaue Wirkung des Wahlsystems – bei konstantgehaltener Stimmenverteilung gemäß Tabelle 2 – informiert die Tabelle 3.

Die Tabelle 3 zeigt die zentrale Bedeutung des Wahlsystems für die Umsetzung von Stimmen in Mandate. Man betrachte zunächst das Minimum und das Maximum der Mandate, die auf die einzelnen Parteien entfallen. Die Zahl der Mandate für die Partei A schwankt je nach Wahlverfahren zwischen 5 und 9. Ebenso groß ist die Spannweite im Fall von Partei B: im ungünstigsten Fall (reine Verhältniswahl) erhält sie 7, im günstigsten Fall (einfache und absolute Mehrheitswahl) 11 Sitze. Auch bei den kleineren Parteien kommt es zu bedeutsamen Differenzen. Die Partei C erringt bis auf die absolute Mehrheitswahl drei Sitze. Im Fall der Kleinparteien D und E entscheidet das Wahlverfahren ebenfalls über den Einzug ins Parlament. Gilt die 10%-Sperrklausel, zieht keine der kleinen Parteien ins Parlament ein; ist keine Sperrklausel ins Wahlsystem eingebaut, sind ihre Chancen, einen Sitz zu erringen, größer.

Instruktives bietet die Tabelle 3 auch zur Beantwortung der Frage, welches Wahlverfahren die nach Mandaten stärkste Partei kürt. Zur stärksten Partei wird die Partei A im Falle einer Verhältniswahl nach Hare/Niemeyer und einer Verhältniswahl mit 10%-Sperrklausel. Demgegenüber ist B die stärkste Partei, wenn nach einfacher oder absoluter Mehrheitswahl gewählt wird. Gleichauf liegen A und B bei reiner Verhältniswahl nach dem d'Hondtschen Höchstzahlverfahren.

Tabelle 3: Stimmen- und Mandateverteilungen nach Wahlsystemen

Wahlsystem	Partei (Stimmenanteil und Zahl der Mandate)					Nach Mandaten stärkste Partei	Regierungsbildung[1] durch:
	A	B	C	D	E		
	39,2%	36,5%	13,8%	6,0%	4,5%		
Reine Verhältniswahl: Mandateverteilung nach Hare/Niemeyer	8	7	3	1	1	A	A + C
Verhältniswahl: Mandateverteilung nach d'Hondt	8	8	3	1	–	A + B	A + C oder B + C
Verhältniswahl mit Zehn-Prozent-Sperrklausel	9	8	3	–	–	A	B + C
Einfache Mehrheitswahl	5	11	3	1	–	B	B
Absolute Mehrheitswahl mit Koalitionen A D E / B C	9	11	–	–	–	B	B
Differenz zwischen günstigstem und ungünstigstem System	4	4	3	1	1	–	–

1) Alleinregierung der Partei mit der absoluten Mehrheit oder Koalitionsregierung nach dem Kriterium der kleinstmöglichen Koalition und dem der absoluten Mehrheit der Mandate.

Quelle: Lehner 1981: 59 mit Ergänzungen. Zugrundegelegt werden die Stimmenverteilungen in Tabelle 2.

Noch wichtiger ist die Frage der Regierungsbildung. Legt man einen Mindestsitzanteil von größer als 50% zugrunde und verbindet man hiermit das Kriterium der kleinstmöglichen Koalition oberhalb der 50%-Grenze sowie die Annahme der Allgemeinkoalitionsfähigkeit, lassen sich der Tabelle 3 folgende Ergebnisse ablesen: der Gewinner der Wahl (im Sinne der Partei bzw. Koalition, die die Regierung bildet) ist bei reiner Verhältniswahl eine Koalition aus den Parteien A und C. Erfolgt die Auszählung nach dem d'Hondtschen Höchstzahlverfahren, kommt entweder wieder die Koalition von A und C oder die von B und C zustande. Wird nach Verhältniswahlsystem mit 10%-Sperrklausel ausgezählt, werden B und C die Regierung übernehmen. Gilt die einfache Mehrheitswahl, ist B die alleinregierende Partei. A und C haben in diesem Fall – im Unterschied zu den bislang erörterten Verfahren – auch nicht eine rechnerische Chance, die Regierung zu übernehmen. Im Fall der absoluten Mehrheitswahl mit Koalitionen wird B die dominierende Regierungspartei. Unschwer ist zu erkennen, daß bei Geltung des Mehrheitswahlsystems (und auf Basis der Stimmenverteilung nach Tabelle 2) B der eindeutige Sieger der Wahl ist. Gilt hingegen die Verhältniswahl (ohne 10%-Sperrklausel), wird A die dominierende Partei. In diesem Fall zieht B in die Opposition. Herrscht das Mehrheitswahlsystem, fällt die Opposition der Partei A zu. Das Wahlsystem kann somit den Ausschlag dafür geben, welche Partei die Regierung und welche die Opposition übernimmt. Das Wahlsystem macht demnach einen wahrlich großen Unterschied!

Anders formuliert: alle oben erörterten Verfahren der Aggregierung individueller Präferenzen und die Entscheidungsregeln, die den Kollektiventscheidungen zugrunde liegen, sind fair und legitim, doch produzieren sie höchst unterschiedliche Ergebnisse. Im einen Fall wird A zur Regierungspartei, im anderen Partei B, im einen Fall beispielsweise eine Linkspartei, im anderen eine Rechtspartei. Jedes der zur Anwendung kommenden Verfahren ist fair, und bei jedem dieser Verfahren geht alles mit rechten Dingen zu. Die durch das Verfahren erzeugten Entscheidungsinhalte sind jedoch kraß unterschiedlich. Hierin ist ein folgenschwerer, unter Legitimationsgesichtspunkten außerordentlich problematischer Aspekt zu sehen: geringfügige Variationen der Verfahren, die die Transformation individueller Präferenzen in kollektive Entscheidungen regeln, können höchst unterschiedliche Konsequenzen haben. Die bei einem Verfahren Unterlegenen können sich insofern mit guten Gründen darauf berufen, daß ihre externen Kosten im Sinne von Buchanan/Tullock (1962: 45f.) unter Legitimationsgesichtspunkten problematisch sind. Käme ein anderes Verfahren zum Zuge, könnten die Unterlegenen die Gewinner sein. – Das ist im übrigen ein fatales Ergebnis für die verschiedenen Varianten der partizipatorischen Demokratietheorie, setzen diese doch auf die edukativen und kommunikativen Funktionen gemeinschaftlicher Aussprache und Beschlußfassung. Das für diese Theorie schwerverdauliche Problem ist dies: auch bei gelingender Verständigung können schon geringfügige Änderungen der Institutionen, die zwischen Individualpräferenzen und Gruppenentscheidungen vermitteln, höchst unterschiedliche Ergebnisse erzeugen und über Sieg oder Niederlage entscheiden. Es wäre nicht verwunderlich, wenn dies sowohl die Aussprache als auch die Beschlußfassung zumindest in der nachfolgenden Runde außerordentlich stören würde.

Was die Entscheidungstheorie zum Verständnis der Leistungen und Grenzen demokratischer Verfahren beiträgt, ist unter stabilisierungspolitischen Gesichtspunkten beunruhigend. Die Ergebnisse des demokratischen Prozesses sind – um Rikers Diagnose in Erinnerung zu rufen – weder notwendigerweise faire und echte Mischungen der Präferenzen der Abstimmungsberechtigten noch können die Abstimmungsergebnisse immer als bedeutungsvoll und sinnmachend interpretiert werden (Riker 1980a, 1982). Schlußendlich können zyklische Mehrheiten entstehen, mitunter kommt auch die Herrschaft der Minderheit über die Mehrheit zustande. Was ist angesichts solcher Variabilität zu tun? Nichtstun wäre riskant. Verzicht auf demokratische Abstimmung hieße, das Kind mit dem Bade auszuschütten. Es gibt allerdings mittlere Wege, z.B. die Ergänzung des Mehrheitsprinzips durch verhandlungsdemokratische bzw. konkordanzdemokratische Konfliktregelungen (siehe hierzu Kapitel 3.2 und 3.3) oder die Anwendung neuer Abstimmungsverfahren, wie z.B. der Rangsummenregel, die es den Stimmberechtigten erlaubt, die Intensität ihrer Präferenz zu äußern, von Zufallsauswahlen, Abstimmungen mittels Veto oder Abstimmungen mittels einer Steuer (Frey/Kirchgässner 1994: 158ff.). Die ökonomische Theorie rationaler Wahl empfiehlt überdies – abgesehen von dem auf Dauer allerdings kaum durchhaltbaren Einstimmigkeitsprinzip – vor allem liberale Tugenden und Institutionen. Zu ihnen gehören vor allem 1) die Beschränkung der Reichweite von Kollektiventscheidungen, z.B. die strenge Begrenzung der Reichweite der Regierung und der Einbau von Sicherungen und Gegenkräften gegen die jeweils gewählte Entscheidungsalternative bzw. die gewählten Machthaber, 2) die Beschränkung der Staatstätigkeit auf Weniges, 3) das Recht der Bürger auf Entschädigung für Nachteile, die ihnen durch das Tun und Lassen von demokratisch Gewählten entstanden sind, 4) die Garantie unveränderbarer Grundrechte, 5) die Dezentralisierung des Staates z.B. in Form des Föderalismus, 6) die Verleihung des Rechtes auf Gesetzesinitiative an einzelne Bürger oder Bürgergruppen, 7) zusätzlich zur Parlamentsabstimmung die Volksabstimmung über alle Gesetze oder zumindest über einzelne Gesetze und 8) das Offenhalten ungehinderter Auswanderung (so z.B. D. Bernholz/F. Breyer 1994, ähnlich Riker 1982).

Diese Therapievorschläge entstammen überwiegend liberalen oder konservativen Positionen. Sie finden allerdings wenig Anklang bei den Demokratietheoretikern, die zwar die ökonomische Theorie der Entscheidung ein Stück Weges begleitet haben, dann aber in progressivere Gegenden wanderten, so vor allem Claus Offe, der seine staatstheoretischen und verfassungssoziologischen Analysen in Weiterführung sozialkritischer Arbeiten aus der Frankfurter Schule entwickelt hat. Hauptsächlich von seinen Beiträgen handelt das folgende Unterkapitel.

2.6.2 Die Selektivität demokratischer Willensbildungs- und Entscheidungsprozesse – Der Beitrag der Kritischen Theorie der Politik

Die ökonomische Theorie der Politik hat den gesellschafts- und politikkritischen Ansätzen zahlreiche Impulse gegeben. Beispielsweise ging sie in die Analysen ein, die C. Offe in Weiterführung von Studien aus dem Umkreis der Frankfurter Schule und der modernen angloamerikanischen Politikwissenschaft und Soziologie entwickelt hat (Offe 1972, 1984, 1986, 1991 und 1992). Die Hauptthesen der Kritischen Demokratietheorie, die in C. Offes Politikanalysen vor allem der 70er Jahre enthalten sind, lassen sich so zusammenfassen: Die Demokratie beseitigt die Koppelung politischer Rechte an den sozialen Status von Individuen, die für die ständische Privilegienordnung charakteristisch ist. Von der Klassengebundenheit des Wahlrechtes ist bei ihr ebensowenig mehr die Rede wie von der Erblichkeit oder Käuflichkeit politischer Ämter. Allerdings wirken im Prozeß demokratischer Willensbildung nach wie vor Disziplinierungs- und Ausgrenzungsmechanismen, z.B. Kartellbildung im Parteiensystem, Abflachung des politisch-ideologischen Profils von Parteien und Ausrichtung ihrer Politik am Wählerstimmenmarkt, insbesondere an ad hoc hochgespielten aktuellen Streitfragen, und eine innerparteiliche Struktur, die Minoritäten wenig Chancen bietet.

Gefiltert wird auch der Willensbildungsprozeß im Verbändesystem und in den einzelnen Verbänden, so die Diagnose. Im Gegensatz zur Annahme der Gruppenpluralismustheorie, wonach alle Interessen organisierbar und potentiell gleichwertig sind, bestehen große Unterschiede der Organisations- und Konfliktfähigkeit von Interessen. Die höhere Organisations- und Konfliktfähigkeit von spezialisierten und für die individuelle Lebensführung wichtigen Interessen beispielsweise ist dafür mitverantwortlich, daß die Interessen von relativ großen und homogenen Statusgruppen wie Bauern, Arbeitern, Angestellen, Beamten und Mittelstand in der Politik besser vertreten sind als allgemeine Interessen. Schwerer oder überhaupt nicht zu organisieren sind hingegen diejenigen Bedürfnisse, „die nicht klar abgrenzbaren Status- oder Funktionsgruppen, sondern der Gesamtheit der Individuen zuzuordnen sind", wie diejenigen, die „die physischen, moralischen und ästhetischen Bedingungen des gesellschaftlichen Zusammenlebens außerhalb der Markt- und Verteilungssphäre betreffen" (Offe 1972: 146). Filter wirken auch im Parlament, nicht zuletzt aufgrund der starken Übereinstimmung der Parteien und Fraktionen in Grundsatzfragen und wegen ritualhafter Versuche, das Profil von Parteien durch „Oberflächen-Differenzierung und Schein-Polemik" zu betonen (Offe 1972: 151, ohne Hervorhebungen).

Wie wirken die „Filtersysteme" (ebd.: 151), die in die politische Willensbildung eingelagert sind? Offe zufolge wird durch sie eine bestimmte Klasse von Interessen von vornherein aus dem pluralistischen System organisierter Interessen ausgesperrt. Das gilt insbesondere für die „Bedürfnisartikulationen ...., die allgemein und nicht an Statusgruppen gebunden sind; die konfliktunfähig, weil ohne funktionelle Bedeutung für den Verwertungsprozeß von Kapital und Arbeitskraft sind; und die als utopische die historischen Systemgrenzen transzendieren, insofern sie sich nicht ohne weiteres an die Regeln pragmatischer Verhandlungsklugheit halten" (Offe 1972: 148).

Der Befund, den die Kritische Theorie der Politik aus all dem ableitet, ist alarmierend: die Institutionen der politischen Willensbildung des demokratischen Verfassungsstaates gewährleisten nicht die prinzipiell uneingeschränkte Transmission politischer Motive. Faktisch wird in den Institutionen der Willensbildung bestimmten Bedürfniskategorien die Chance politischer Artikulation entzogen. Das betrifft Offe zufolge vor allem diejenigen Interessen, „die nur in Institutionen solidarischer Willensbildung und kollektiver Reflexion zur Sprache kommen könnten" (ebd.: 151, ohne Hervorhebungen). Die Art der im Willensbildungsprozeß unterdrückten Bedürfniskategorien wird von C. Offe so umschrieben: „Es handelt sich um diejenigen praktischen Normen, deren Formulierung deshalb neue Formen der sozialen Interaktion und neue Formen der Bedürfnisbefriedigung, kurz: historischen Fortschritt herbeiführen könnte, weil sie nicht an die herkömmlichen Dimensionen der Tausch- und Leistungsgerechtigkeit und traditionalistischer Statusansprüche gebunden sind" (ebd.: 152).

Die Kritische Demokratietheorie hat aber nicht nur die Input- oder Eingabeseite des Politischen im Blickfeld, sondern auch die Ausgabe- oder Output-Dimension. Demokratie bemißt sich ihrem Urteil zufolge nicht nur nach den Beteiligungschancen der erwachsenen Bevölkerung und der Qualität der Interessenartikulation und -aggregation, sondern auch nach der wirksamen Zügelung öffentlich nichtlegitimierter Herrschaft und der Bereitstellung eines höheren Niveaus der Versorgung mit sozial- und interventionsstaatlichen Gütern (Offe 1986). Der These der älteren Politischen Systemanalyse, wonach der Output eines politischen Systems von seinen Binnenstrukturen und dem politischen Input geprägt ist, folgt auch die Kritische Demokratietheorie. Doch fügt sie diesem Lehrsatz ein weiteres Theorem hinzu: Defekte der Institutionenordnung ziehen Defekte in der Staatstätigkeit nach sich. Die in den Willensbildungsprozeß eingebauten Filtersysteme haben Folgen für die Staatstätigkeit. Diese berücksichtigt vorrangig die Interessen und Bedürfnisse, welche die zuvor geschilderten Filtersysteme des politischen Willensbildungsprozesses durchlaufen haben. Obendrein ist die Staatstätigkeit nach eigenen stabilisierungspolitischen Regeln ausgerichtet. Sie konzentriert sich auf aktuelle und absehbare stabilitätsrelevante Risikozonen, vor allem auf solche, die das Eigeninteresse staatlicher Institutionen tangieren (Offe 1975). Zu ihnen gehören u.a. die Komplexe des wirtschaftlichen Wachstums, der Außenpolitik, der Außenwirtschaftspolitik und der Militärpolitik sowie der Beschaffung und Sicherung von Massenloyalität. Dabei liegt der Staatstätigkeit ein eigentümliches konzentrisches Prioritätenschema zugrunde, so die Theorie von Offe. Die Staatstätigkeit reagiert hauptsächlich nur auf die Themen, die ein Stabilitätsproblem oder mehrere risikoreiche Stabilitätsprobleme betreffen und zugleich mit dem „Interesse des Staates an sich selbst" (Offe 1975) harmonieren. Mit diesem Prioritätenschema erzeugt die Regierungspolitik ein horizontales System der Ungleichheit, eine Disparität von Lebensbereichen, d.h. ein großes Gefälle zwischen Lebensbereichen, die nahe an stabilitätsrelevanten Problemen liegen (und deshalb von der Staatstätigkeit bevorzugt behandelt werden, wie z.B. Gruppen mit starker Markt-, Organisations- und Wählerstimmenmacht) und solchen, die im Sinne politischer oder politisch-ökonomischer Stabilitätsprobleme von geringem Gewicht sind und deshalb von der staatlichen Politik vernachlässigt werden, wie z.B. Gruppen und Probleme mit geringer Markt-, Organisations- und Wählerstimmenmacht.

2.6.3 Kritische Theorie der Mehrheitsregel

Zur Kritischen Theorie der Demokratie wird man auch diejenige Variante der Kritik der Mehrheitsregel zählen können, die in den 80er Jahren von B. Guggenberger und C. Offe in Weiterführung einer älteren Debatte vorgetragen wurde (Guggenberger/Offe 1984). Das Mehrheitsprinzip ist bekanntlich eine Basisinstitution zur Herstellung von

Kollektiventscheidungen. Manche meinen sogar – irrtümlich – Demokratie sei durch das Prinzip der Mehrheitsherrschaft ausreichend definiert, so z.B. implizit Schumpeter (1950) und explizit J. Bryce (1923, Bd. 1: 26) sowie neuerdings wieder Jones u.a. (1995: 137). Der Mehrheitsentscheid – worunter meist die absolute oder relative Mehrheit von Abstimmungsberechtigten verstanden wird – ist nach verbreiteter Auffassung ein besonders leistungsfähiges Entscheidungsprinzip. Gründe für die hohe Wertschätzung der Mehrheitsregel gibt es genug (Zippelius 1987, Frey/Kirchgässner 1994: 143ff.). Unter dem Aspekt staatsbürgerlicher Gleichheit schneidet sie im Vergleich zu alternativen Entscheidungsregeln – wie Befehl, Los, Orakel, qualifizierte Minderheiten und Expertenvoten – bemerkenswert gut ab. Auch sind Mehrheitsentscheide „leicht verständlich" (Frey/Kirchgässner 1994: 146). Ferner kommt der Mehrheitsregel der Vorteil zu, „jederzeit, kurzfristig und zuverlässig Entscheidungen produzieren zu können" (Offe 1984: 152). Überdies verknüpft sie „ein Maximum an Gewißheit darüber, daß überhaupt eine Entscheidung getroffen wird, mit relativ geringen Entscheidungskosten" (ebd.: 152). Als Stärke des Mehrheitsprinzips zählt auch seine Fähigkeit, unterschiedliche, aber nicht in eine hierarchische Ordnung preßbare Gütekriterien berücksichtigen zu können. Ferner spricht für die Mehrheitsregel ihre hohe Legitimationskraft, weil sie – bei gleichem und geheimem Wahlrecht – „die indirekte Wirkung von Abhängigkeits- und Beeinflussungsverhältnissen neutralisiert", „die Gesamtheit der Entscheidungsbetroffenen in unverfälschter Weise auch zu Entscheidungsbeteiligten macht" und obendrein der Minderheit die Chance offenhält, zukünftig den Wahlsieg zu erringen (ebd.: 153).

Die Mehrheitsregel wird gerühmt, aber sie ist auch von Geburt an kritisiert worden (als Überblick Zippelius 1987). Elitär Gesinnte konnten sich mit dem Mehrheitsprinzip nie anfreunden, und wer staatsbürgerliche und gesellschaftliche Gleichheit ablehnt, wird aller Voraussicht nach auch die Mehrheitsregel als Entscheidungsverfahren ablehnen. „Was ist Mehrheit? Mehrheit ist der Unsinn, Verstand ist stets bei wenigen nur gewesen" (Schiller, Demetrius, I 1, Vers 461ff.) ist ein Beispiel dieser Kritikvariante. Nicht minder gewichtige Zweifel an der Vernünftigkeit und Gerechtigkeit der Mehrheit hat J.W. von Goethe in den „Maximen und Reflexionen" geäußert: „Nichts ist widerwärtiger als die Majorität; denn sie besteht aus wenigen kräftigen Vorgängern, aus Schelmen, die sich akkomodieren, aus Schwachen, die sich assimilieren, und der Masse, die nachtrollt, ohne nur im mindesten zu wissen, was sie will".

Hiervon grundverschieden ist der Ansatzpunkt, den die moderne Kritische Theorie der Mehrheitsregel wählt. Ihr Bezugspunkt ist nicht eine elitär interpretierte Gesellschaftsordnung, sondern ein kritisch gewendeter Funktionalismus: die Theorie und Praxis der Mehrheitsregel wird von ihr vor allem daraufhin untersucht, ob – und wenn ja, in welcher Weise – die Mehrheitsregel den selbstgesetzten egalitären Anspruch durchkreuzt und unterminiert. Just solche Durchkreuzung und Unterminierung des eigenen Anspruchs ist das Problem der Mehrheitsregel, so lautet die Zentralthese ihrer Kritiker. Die Kritische Theorie der Mehrheitsregel – vor allem in Gestalt der Beiträge von C. Offe (1984) und B. Guggenberger (1984) – stellt auf zweierlei ab. Empirisch basiert sie auf der These, daß die Mehrheitsregel (und die auf ihrer Basis errichtete politische Ordnung) in erheblichem Ausmaß Anhänger und Unterstützung verloren habe: „Wir haben ... längst zwei Gesellschaften, die miteinander immer weniger zu tun haben, vielfach nicht mehr dieselbe Sprache sprechen, die die Wirklichkeit an jeweils anderen Maßstäben bemessen und in jeweils andere Kategorien auslegen, die von gänzlich unvereinbaren Sehnsüchten, Erwartungen und Aspirationen umgetrieben werden", so hat B. Guggenberger (1984: 184) argumentiert, offensichtlich nachhaltig beeinflußt vom Emporkommen der Anti-Atomkraft- und der Friedensbewegung in der Bundesrepublik der 70er und 80er Jahre. Neben der These der abnehmenden Akzeptanz der Mehrheitsregel betont die Kritik die immanenten Probleme der Mehrheitsdemokratie, vor allem solche, die mit dem größeren Einschaltungsgrad des Staates in Gesellschaft und Wirtschaft und dem Emporkommen der „Risikogesellschaft" (Beck 1986) zusammenhängen.

In der Kritischen Theorie der Mehrheitsregel wird schweres Geschütz aufgefahren. Aus der einschlägigen Literatur ragen die folgenden sieben Thesen hervor:

(1) Die Dignität der Mehrheitsregel ist höchst zweifelhaft, weil Mehrheiten in der Regel schwankend, fehlbar und verführbar sind (Offe 1992), weil sie nicht selten nichtauthentische Produkte eines weitgehend oligopolisierten, von Eliten oder systemstrukturell begründeten Zwängen deformierten Willensbildungs- und Entscheidungsprozesses sind (siehe Kapitel 2.6.2) und weil überdies schon geringfügige Variationen der Institutionen höchst unterschiedliche Abstimmungsergebnisse hervorrufen können (siehe Kapitel 2.6.1).
(2) Zweitens hält man der Mehrheitsregel entgegen, sie stütze sich auf die Fiktion abstrakter Teilhabegleichheit. Sie zählt Stimmen, ohne

sie zu wiegen. Es gilt Stimmengleichheit: „one man, one vote". Doch das sei eine Fiktion. Sie basiere auf der Vorstellung, jede Stimme wiege gleich viel und jeder komme ein annäherungsweise gleiches Niveau an Sachkenntnis, Engagement und Verantwortlichkeit zu. Für die Kritiker der Mehrheitsregel ist dies ein „frommer Wunsch" (Guggenberger 1984: 191). Dieser werde mit zunehmendem Vordringen des Staates in gesellschaftliche und wirtschaftliche Bereiche immer problematischer: „Je mehr der Staat und die Politik für alles zuständig werden, um so häufiger treffen wir auf die Konstellation, daß apathische, schlecht informierte und mangels ersichtlicher persönlicher Betroffenheit völlig desinteressierte Mehrheiten engagierten, sachkundigen und hochgradig betroffenen Minderheiten gegenüberstehen. So bleiben auf dem Schlachtfeld politischer Entscheidungen, die mit dem ‚Sieg' schlecht oder desinformierter, meinungspolitisch eher indifferenter, meist den Weg des geringsten Widerstands und der kurzfristigen Interessenorientierung beschreitender Mehrheiten verbunden sind, massiv betroffene Minderheiten zurück, die der Mehrheit in den Bereichen ihres erstrangigen Interesses den Gehorsam verweigern" (ebd.: 191). – Wie man sieht, bestehen auffällige Parallelen zwischen moderner Kritischer Theorie der Demokratie einerseits und liberalaristokratischer Kritik der Egalität sowie aristotelischer „proportionaler Gleichheit" andererseits (siehe Kapitel 1.1, 1.4 und 1.5).

(3) Die dritte These nimmt die Verwischung der Grenzen zwischen öffentlichem und privatem Bereich ins Visier. Zu den Voraussetzungen des neuzeitlichen Verfassungsstaates und zur Geltung der Mehrheitsregel in der Demokratie im besonderen zählt eine klare Grenzziehung zwischen dem öffentlichen und dem privaten Bereich. Die Mehrheitsregel ist Entscheidungsregel für den öffentlichen, nicht aber für den privaten Bereich. Freilich passe diese fein säuberliche Trennung nicht mehr zur Struktur und Entwicklungsdynamik moderner Wohlfahrts- und Interventionsstaaten. Hier gebe es nämlich „einen breiten Überschneidungsbereich" (Offe 1984: 159) zwischen der öffentlichen und der privaten Sphäre, wie z.B. in der gesetzlichen Regelung der Abtreibung, der Industrieansiedlungspolitik und in wohnungsbau- und städtebaupolitischen Maßnahmen. Die schwieriger werdende Grenzziehung zwischen öffentlichem Bereich und privater Sphäre erzeuge ein Folgeproblem: staatliche Entscheidungen mit Folgen für die private Sphäre könnten auch dann nicht rational legitimiert werden, wenn sie auf Anwendung des Mehrheitsprinzips basierten.

(4) Hinzu komme das Problem extremer Zeitpunkt-Bezogenheit. Das Mehrheitsprinzip eignet sich für rasche, zuverlässige Produktion von Entscheidungen. Der hierfür zu entrichtende Preis ist den Kritikern zufolge allerdings hoch: er bestehe aus einer „extremen Zeitpunkt-Bezogenheit der Entscheidung" (Offe 1984: 165). Diese spiegele vor allem zeitpunktspezifische Ereignisse, Stimmungen, Wahrnehmungen und Kalküle wider, die nun zur Grundlage langfristig wirkender Weichenstellungen würden.

(5) „Verletzung des Grundsatzes revidierbarer, reversibler und korrigierbarer Entscheidungen" ist die fünfte These der Kritik der Mehrheitsregel. Sie rührt an den Nerv derjenigen demokratischen Willensbildungs- und Entscheidungsprozesse, die Langfristwirkungen haben. Als ein wesentliches Merkmal von Demokratie gilt, daß in ihr nichts ein für allemal entschieden ist (Przeworski 1991b). Die Kritische Theorie der Mehrheitsregel vertritt jedoch die Auffassung, daß der Grundsatz revidierbarer, reversibler und korrigierbarer Entscheidung mittlerweile in tendenziell zunehmendem Maße verletzt werde, insbesondere durch Entscheidungen über Großtechnologie, wie in der Atomenergie- und der Militärpolitik. Diese Entscheidungen erzeugten unumstößliche, in ihren Risiken und Bedrohungen nichtrevidierbare Tatsachen, welche die Entscheidungsspielräume und den Problemhaushalt der nachfolgenden Generationen außerordentlich belasteten. Die Zukunftsinteressen opfere man den Gegenwartsinteressen. Die Kritiker der Mehrheitsregel schlagen deshalb vor, Kants kategorischen Imperativ um die Zukunftsdimension zu erweitern: „Eine Generation darf den nachfolgenden nicht mehr an irreversiblen Festlegungen hinterlassen, als sie selbst vorgefunden hat" (Guggenberger 1984: 190).

(6) „Wachsende Diskrepanz zwischen Beteiligten und Betroffenen sowie zwischen Entscheidungszuständigkeit und Entscheidungsreichweite" ist der Kernsatz der sechsten These. Sie betont die Diskrepanz zwischen dem Kreis der an öffentlichen Entscheidungen Beteiligten und den von ihnen Betroffenen sowie die Differenz zwischen Entscheidungszuständigkeit und Entscheidungsreichweite. Die Lücke zwischen beiden Kreisen und die Zuständigkeits-Reichweite-Lücke sei durch die Eingriffe des Sozial- und Interventionsstaates und infolge zunehmender internationaler Abhängigkeiten größer geworden. Besonders gewichtig sei die Differenz zwischen nationalstaatlich organisierter politischer Herrschaft und politischer Beteiligung einerseits und der Entscheidungszu-

ständigkeit beispielsweise seitens der Vereinten Nationen oder der Europäischen Union andererseits. Nicht wenige Angelegenheiten von größter Wichtigkeit für die Lebensführung würden mittlerweile auf inter- und supranationaler Ebene entschieden – u.a. auf der Ebene der Europäischen Union –, unter Mitwirkung von Vertretern der Regierungen der Mitgliedstaaten, doch unter Ausschaltung von direkter demokratischer Legitimation durch die Bevölkerung der EU-Mitgliedstaaten. Damit breche eine weitere Grundlage der Rechtfertigung von Mehrheitsregeln zusammen: die Fiktion einer nationalen Schicksalsgemeinschaft. Sie werde in den modernen Demokratien „zunehmend unterhöhlt" (Offe 1984: 170).

(7) Auf die Spannung zwischen privater Politik und öffentlicher Politik nimmt die siebte These zur Kritik der Mehrheitsregel Bezug. Mit ihr gerät die „wichtigste und problematischste Geltungsvoraussetzung für Mehrheitsentscheidungen" (ebd.: 171) ins Visier. Dieser Voraussetzung zufolge haben Mehrheitsentscheidungen nur dann verpflichtende Kraft, „wenn sie sich ausschließlich auf öffentliche Angelegenheiten, aber gleichzeitig auch auf ausnahmslos alle öffentlichen Angelegenheiten und auf diese Angelegenheiten in ihrem vollen Umfang erstrecken (...) Ebensowenig wie Mehrheitsentscheidungen in die Privatsphäre eingreifen dürfen, kann umgekehrt die private Präjudizierung öffentlicher Entscheidungen, ihre Präjudizierung durch private gesellschaftliche Machtpositionen hingenommen werden. Mehrheitsentscheidungen können nur dann zu Gehorsam verpflichten, wenn diese Entscheidungsregel für den Gesamtbereich der ‚öffentlichen Angelegenheiten' Anwendung findet, jedenfalls private Machtpositionen wirksam daran gehindert sind, öffentliche Entscheidungen anders als durch den egalitären Kampf um Mehrheiten zu beeinflussen" (ebd.: 171, ohne Hervorhebung). Just diese Bedingungen sind dem Urteil der Kritiker zufolge nicht erfüllt – und zwar um so weniger, je stärker der Staat in die Gesellschaft interveniert.

Insgesamt erweist sich die Mehrheitsregel als ein vielfach wirkungsvolles, effizientes und legitimationsfähiges Entscheidungsverfahren, doch erweist die genauere Analyse ihre begrenzte Eignung, so der Tenor der Kritik. Relativ gut passe sie für Perioden mit hohem Basiskonsens und für Entscheidungen über Materien, die durch Geld, Macht, Einfluß und Privilegien gesteuert werden. Handelt es sich jedoch um tiefgreifende „Wertkonflikte und meinungspolarisierende Richtungsentscheidungen von historischer Tragweite" (Guggenberger

1984: 185), werde ein auf dem Mehrheitsprinzip basierendes Parteien- und Regierungssystem überlastet.

Was ist in solcher Lage zu tun? Die Kritiker der Mehrheitsregel sind darüber uneinig. B. Guggenberger z.B. wollte das Prinzip mehrheitlicher Entscheidungsfindung ausdrücklich nicht in Zweifel ziehen. Es gebe „nichts Besseres" und unter den gegenwärtigen Bedingungen sei „keine akzeptablere und effektivere Methode der Entscheidungsfindung" als der Mehrheitsentscheid in Sicht (Guggenberger 1984: 187). C. Offe hingegen skizzierte zumindest theoretisch denkbare Erweiterungen oder Einschränkungen des Mehrheitsprinzips. Es könnte durch alternative Entscheidungsverfahren eingeschränkt werden, z.B. durch föderale Entscheidungsverfahren, Dezentralisierung, Stärkung des Verhältniswahlrechts, Befestigung von Minderheitenpositionen, Ausbau von Grundrechten, Sicherung der Autonomie und Entscheidungskompetenz von Wählern bzw. Abgeordneten, Eindämmung privater Drohpotentiale gegenüber der Politik und dergleichen mehr. Erwägenswert wäre auch eine gezielte Ausweitung des Mehrheitsprinzips, z.B. durch Anwendung des Mehrheitsprinzips auf sich selbst, so daß die Abstimmungsberechtigten auch darüber entscheiden könnten, ob und gegebenenfalls wann und wie nach dem Mehrheitsprinzip entschieden werden soll.

Die Kritik der Mehrheitsdemokratie geht an die Wurzeln einer Basisinstitution der Demokratie. Allein aus diesem Grund wird verständlich, daß sie heftige Gegenkritik hervorruft (z.B. Zippelius 1987, Kielmansegg 1988a, Sartori 1992: 38ff.). Einer These der Anti-Kritik zufolge hat die Kritische Theorie keine akzeptablen und praktikablen Alternativen vorgestellt. Aber das steckt die Anforderungen zu hoch: Kritische Theorie der älteren und neueren Bauart strebte schon immer vorrangig nach Kritik, nicht nach Praxis. Zu flach fällt die Gegenkritik aus, wenn sie den Kritikern der Mehrheitsregel vorwirft, deren Theorie unterminiere die Führung einer praktikablen und angemessenen Militär- und Energiepolitik (Kielmansegg 1988a). Besser steht die empirische Anti-Kritik da: nicht alles, was die Kritische Demokratietheorie behauptet, trifft empirisch zu. Von allgemeiner Erosion des gemeinsamen Überzeugungsminimums kann in der Periode der Bundesrepublik, von der die Kritik der Mehrheitsregel hauptsächlich handelt – die 70er und 80er Jahre –, nicht die Rede sein (siehe z.B. Fuchs 1989 und Gabriel 1986, 1989 und 1994). Auch die These der Vermachtung politischer Märkte unterschätzt die beachtliche Offenheit der Parteiensysteme westlicher Länder für neue Themen und neue Organisationen (Czada/Lehmbruch 1990; Müller-Rommel 1993). Hinzu kommen begriffliche Unschärfen der Kritischen Theorie der Mehrheitsregel. Sie differenziert nicht angemessen zwischen den Hauptformen der Mehrheitsregel – relative, absolute und qualifizierte Mehrheit – und vor allem trifft die Kritik an der Mehrheitsregel um so weniger, je mehr die Entscheidungsregel dem Typ der qualifizierten Mehrheit nahekommt und je höher die Qualifizierungshürden gelegt werden. Liegt die Mehrheitsschwelle beispielsweise bei Zweidrittel der Abstimmungsberechtigten, so entfällt ein Gutteil der Einwände der Mehrheitsregelkritiker. Und wenn die These zutrifft, daß die Bundesrepublik Deutschland „Zweidrittelmehrheitsdemokratie" (R. Leicht 1992) und der „Staat der Großen Koalition" (Schmidt 1995b) ist, dann läßt sich ihre politische Struktur weder angemessen mit dem Ansatz der Mehrheitsdemokratie noch mit dem der Kritiker der Mehrheitsregel erfassen.

Problematisch ist auch die These der Verletzung von Zukunftsinteressen vor allem im Fall von Hochrisiko-Projekten. Bei solchen Projekten plädieren die Kritiker der Mehrheitsregel für Unentscheidbarkeit und Unantastbarkeit. Allerdings ist Unentscheidbarkeit „Entschiedenes" (Böckenförde 1987: 925), nämlich Nichtentscheidung zugunsten des Status quo. Voll ins Schwarze trifft auch die These, daß die unmittelbare Anwendung der Kritik auf die politische Ordnung der Bundesrepublik irreleite. Das Grundgesetz der Bundesrepublik Deutschland ist eindeutig „keine mehrheitsfreundliche Verfassung" (Kielmansegg 1988b: 105) und in ihr wird das Recht der Mehrheit, für alle verbindlich zu entscheiden, „vielfältig eingeschränkt und relativiert" (ebd.: 107f.), unter anderem durch die Verfassungsgerichtsbarkeit als „Grenzwächter" (ebd.: 107). Diese These landet einen Volltreffer bei der Variante der Kritischen Demokratietheorie, die die Kritik der Mehrheitsregel unbesehen zur Kritik der Demokratie insgesamt dehnt. Allerdings greift die Anti-Kritik nicht bei der Variante der Kritik der Mehrheitsregel, die C. Offe (1984) formulierte. Er nämlich erörtert Struktur und Dynamik eines tendenziell idealtypisch dargestellten Mehrheitsprinzps und einer idealtypischen Mehrheitsdemokratie.

Freilich will die Kritik der Mehrheitsregel auch Begriffs- und Theorieinstrumente zur Analyse real existierender politischer Systeme bereitstellen. Dies setzt allerdings einen Analyseschritt voraus, den die Kritische Theorie der Mehrheitsregel bislang nicht getan hat: den systematischen Vergleich von Gemeinsamkeiten und Differenzen demokratischer Ordnungen. Dazu gehört auch die Analyse des Ausmaßes, in dem in einem politischen System alternative Entscheidungsverfahren – wie z.B. gütliches Einvernehmen, Hierarchie und Einstimmigkeitsprinzip – und das Mehrheitsprinzip koexistieren. Doch für

Zwecke einer solchen Analyse ist vergleichende Demokratieforschung vonnöten. Der Vergleich wurde von der großen Mehrzahl der Beiträge zur empirischen und normativen Demokratietheorie bislang arg vernachlässigt, von löblichen Ausnahmen abgesehen. Unter ihnen sind Aristoteles und – mit Einschränkungen – Tocqueville zu nennen, unter den neueren Beiträgen einige pluralismus- und modernisierungstheoretische Ansätze, z.B. S. M. Lipset (1960, 1981) und R. Dahl (1971 und 1989), sowie die vergleichende Institutionenforschung, vor allem die Analysen von A. Lijphart (siehe hierzu den Teil III des vorliegenden Buches).

Kapitel 2.7
Komplexe Demokratietheorie

„Komplexe Demokratietheorie" ist die Überschrift des 4. Kapitels von Fritz Scharpfs 1970 veröffentlichter Schrift „Demokratietheorie – Zwischen Utopie und Anpassung", der überarbeiteten Fassung seiner 1969 gehaltenen Antrittsvorlesung an der neugegründeten Konstanzer Universität. Die komplexe Demokratietheorie zielt auf die vielschichtige Verknüpfung empirischer und normativer Theorie, und sie will sowohl die Eingabeseite des politischen Prozesses der Demokratie analysieren (im Fachjargon „Input") wie auch seine Produktionsseite (im Fachjargon „Output" oder „Politik-Output"). In ihr kommen deshalb politiktheoretische und sozialphilosophische Erörterungen wie auch harte empirisch-analytische Forschung zum Zuge, und sie knüpft am Wissensstand der output-orientierten Theorien wie auch an dem der input-orientierten Beiträge an. Die output-orientierten Theorien fragen vor allem nach der Qualität des Regierens oder der politischen Steuerung. Zu ihnen gehören neben der aristotelischen Schule der Demokratieanalyse (siehe Kapitel 1.1) die neuzeitlichen Gewaltenauftteilungs- und Gewaltenbalancetheorien, die vor allem nach Möglichkeiten des Ausschlusses tyrannischer Minderheits- oder Mehrheitsherrschaft suchen (so z.B. Montesquieu, siehe Kapitel 1.2), die liberalen Grundrechts- und Rechtsstaatstheorien sowie die Repräsentationstheorien, z.B. J.S. Mills Beitrag zur Repräsentativverfassung (siehe Kapitel 1.5). Letztere streben im Gegensatz zu den älteren output-orientierten Theorien nicht nur nach dem Ausschluß einer bestimmten Klasse von Entscheidungen, z.B. dem Ausschluß tyranneiträchtiger Entscheidungen, sondern nach der Ordnung der politischen Institutionen in einer Weise, die ein Höchstmaß politischer Rationalität hervorzubringen verspricht, z.B. der ungehinderten Konkurrenz der Meinungen und der freien Konkurrenz politischer Vereinigungen wie Verbände oder politische Parteien.

Des weiteren strebt die komplexe Demokratietheorie in Weiterführung des Ansatzes vonf. Naschold (1968, 1969a und 1969b) nach besonders anspruchsvoller empirischer und normativer Theorie. Diese soll intern hinreichend komplex sein, um komplexe Wirklichkeit vereinfachend aber wirklichkeitsgetreu nachzubilden. Komplexe Demokratietheorie soll vor allem auch eine auf „eine Mehrzahl normativer Anforderungen" reagierende Theorie sein, schrieb Scharpf (1970: 66). Zu diesen normativen Anforderungen zählen vor allem das Partizipationspostulat und das zugrundeliegende Axiom des Eigenwerts individueller Selbstentfaltung und Selbstbestimmung, die Mäßigung von Macht, der Minderheitenschutz, die institutionalisierte Suche nach Konsens, ferner die „bessere Vertretung der Unterschichtinteressen in den Entscheidungsprozessen" (ebd.: 71), sodann Stabilisierungsleistungen einer vitalen demokratischen politischen Kultur und – so Scharpf vor allem in seinen Beiträgen in den 90er Jahren – die Kombination von kollektiver Wohlfahrt, Wahrung von Authentizität und Gewährleistung signifikanter Beteiligungschancen und Wahlmöglichkeiten (Scharpf 1993a und 1993b).

Scharpfs komplexe Demokratietheorie der 70er Jahre plädiert für ein dosiertes Mehr an Partizipation und intelligenter, vorausschauender politisch-administrativer Steuerung. Beteiligung, Legitimation und Effektivität der Problemlösung durch politisch-administratives Handeln beschäftigen den Autor der komplexen Demokratietheorie – und nicht nur die Mitwirkung und Mitentscheidung möglichst vieler in möglichst vielen Angelegenheiten zu möglichst allen Tages- und Nachtzeiten, wie z.B. die Vertreter der partizipatorischen Demokratietheorie (siehe Kapitel 2.5). Durch realistische oder empirische Demokratietheorie ist das Plädoyer der komplexen Demokratie diszipliniert. Ihm nach geht es nicht um Maximierung politischer Beteiligung, sondern um Herbeiführung einer Balance zwischen „Utopie und Anpassung", so der Untertitel von Scharpfs Demokratietheorie von 1970. Mit „Utopie" war der Teil der Theorie gemeint, der den Ist-Zustand demokratischer Willensbildung und Entscheidungsfindung in den westlichen Ländern überschreiten sollte und mit „Anpassung" der Wirklichkeitsbezug der Theorie, ihre historisch-empirische Verankerung in der Analyse der Verfassungswirklichkeit demokratischer Systeme.

Der empirischen oder realistischen Demokratietheorie hat die komplexe Demokratielehre die Auffassung entlehnt, die partizipatorische Demokratietheorie sei auf weithin unrealistische Voraussetzungen gegründet, vor allem auf die Beschränkung auf sehr kleine politische Gemeinwesen, die Begrenzung auf jeweils eine nur geringe Zahl politisch zu entscheidender Angelegenheiten und die Unterstellung, daß das Zeitbudget der Bürger prinzipiell sehr groß sei. Diese Voraussetzungen sind jedoch in der Regel nicht gegeben. Meist handelt es sich um große und nicht um kleine Staaten, meistens stehen viele und nicht wenige Fragen auf der Tagesordnung der Politik, überdies ist das Zeitbudget der einzelnen knapp und nötigt zum sparsamen Umgang mit der Zeit, die für die Beteiligung an öffentlichen Angelegenheiten aufgewendet wird. Allein aus diesem Grunde ist vom Standpunkt des Bürgers aus die Motivation zu umfassender politischer Beteiligung überhaupt nicht selbstverständlich. Alleine deshalb spreche alles gegen die Umsetzbarkeit von Modellen, die politische Entscheidungen auch nur ansatzweise auf die gleiche Mitwirkung aller Bürger gründen wollen (Scharpf 1970: 63).

Das freilich schließe die Aufwertung politischer Beteiligungschancen über das in den westlichen Demokratien übliche Maß keineswegs aus. Modell und Wirklichkeit der pluralistischen Demokratie, so wie sie im Kapitel 2.3 des vorliegenden Buches vorgestellt wurden, vertragen der komplexen Demokratietheorie zufolge durchaus eine Aufstockung ihrer Partizipationsgelegenheiten. Mehr noch: die Intensivierung der Demokratie sei nachdrücklich als Mittel zur politisch-kulturellen Stabilisierung demokratischer Staatsverfassung zu empfehlen. Die Erhöhung des Gewichtes der Wahlentscheidung im politischen Prozeß schwebte Scharpf in seiner 1970 erschienen Schrift vor, ferner die Schaffung gleicher Beteiligungschancen für alle, die fähig und bereit zum aktiven Engagement sind und die Ausschöpfung von Demokratisierungsmöglichkeiten in prinzipiell demokratisierbaren Bereichen (ebd.: 66).

Allerdings wird mit der komplexen Demokratietheorie – wie erwähnt – mehr als partizipatorische Demokratie angestrebt. Die komplexe Demokratietheorie will ausdrücklich nicht nur den Beteiligungs- oder Input-Aspekt sondern auch die Steuerungsleistungen – den Output – des politischen Systems systematisch berücksichtigen. Ferner strebt sie nach einem politischen System, das nicht nur pluralistisch gegliedert ist und Beteiligungschancen bietet, sondern auch zur Innovation und Reform fähig ist. Das setzt zweierlei voraus: erstens muß sichergestellt sein, daß oberhalb des pluralistischen Willensbildungsprozesses „Entscheidungen in relativer Unabhängigkeit von den Pressionen der organisierten Interessengruppen und ihrer Verbündeten in den politischen Institutionen beschlossen und durchgesetzt werden können". Ferner muß gewährleistet sein, „daß die Politik auf dieser Ebene gerade auf jene Bedürfnisse, Interessen, Probleme und Konflikte reagieren kann, die innerhalb der pluralistischen Entscheidungsstrukturen nicht ausreichend berücksichtigt werden" (ebd.: 75). Mit anderen Worten: trotz zunehmender Partizipation ist für relative Autonomie von Regierung und Verwaltung Sorge zu tragen und für deren Befähigung, eine „aktive Politik" (R. Mayntz/F.W. Scharpf 1973) zu betreiben, d.h. eine Politik, die langfristig zu planen, zu verteilen und umzuverteilen vermag. Die komplexe Demokratietheorie strebt demnach ein politisches System an, das „zugleich eine höhere Entscheidungsfähigkeit und ein höheres Wertberücksichtigungspotential" als ein rein pluralistisches Modell aufweist (Scharpf 1970: 75, siehe auch Naschold 1971).

Wo und unter welchen Bedingungen sind solche Ziele am ehesten einzulösen? Nach klassischer anglo-amerikanischer Sicht kommt hierfür am ehesten entweder das Westminster-Modell oder eine Staatsverfassung nach Vorbild der Vereinigten Staaten von Amerika in Frage. Die komplexe Demokratietheorie ist hiervon nicht überzeugt und neigt vor allem in ihren späteren Varianten zur kritischeren Bewertung der Mehrheitsdemokratie auf Zweiparteiensystem-Basis (z.B. Scharpf 1993a). Unter Umständen könne zwar ein Zweiparteiensystem nach Westminster-Modell höhere Entscheidungsfähigkeit und höhere Wertberücksichtigung zustande bringen, doch sei die Mehrheitsdemokratie nach britischem Modell einem stärker verhandlungsdemokratisch geordnetem System in der Regel nicht überlegen (Scharpf 1970: 76ff. und 1993a). Vor allem drohe der Mehrheitsdemokratie aufgrund der hochgradigen Zentralisierung des Willensbildungs- und Entscheidungsprozesses die Gefahr, daß die Führungsstäbe des Zentralstaats zum Engpaß des politischen Prozesses werden. Aus diesem Grund setzt die komplexe Demokratietheorie der frühen 70er Jahre auf Delegation der Problemverarbeitung und Entscheidungsfindung an dem Zentralstaat nachgeordnete Systeme, wie z.B. Länder, Regionen und Kommunen oder selbständige Sonderbehörden nach amerikanischem Vorbild, die innerhalb eines durch die Bundesregierung vorbestimmten Rahmens ihr Programm in eigener Verantwortung entwickeln. Überdies plädiert die komplexe Demokratietheorie dafür, die Informationsaufnahme und -verarbeitung zentralstaatlicher Institutionen so zu stärken, daß sie der Informationsverarbeitung von rein pluralistischen demokratischen Staatsverfassungen Paroli bieten können (ebd.: 83). Dies erfolge, so Scharpf im Zuge des planungsoptimistischen Zeitgeistes der frühen 70er Jahre, vor allem durch Auf- und Ausbau von Datenbanken und zentralen Informationssystemen für Regierung und Parlament, Auf- und Ausbau zentraler Planungs-, Koordinations- und Kontrollsystemen und Weiterentwicklung mittel- und langfristig orientierter politischer Planung (Mayntz/Scharpf 1973, Scharpf 1973).

Die komplexe Demokratietheorie ist von Beginn an zugleich ein Stück weit Kritische Demokratietheorie. Wenn man die Informations- und Entscheidungsgrundlagen von Regierung und Verwaltung nachhaltig verbessert, so erwachse daraus die Gefahr, daß die verbesserten Steuerungsmöglichkeiten nicht zur Deckung gesellschaftlichen Bedarfs verwendet, sondern „für manipulative Strategie der Konfliktvermeidung und Konfliktverdrängung" eingesetzt werden (Scharpf 1970: 85). Dagegen setzt die komplexe Demokratietheorie von 1970 vor allem – insoweit der partizipatorischen Lehre folgend – auf aktive Öffentlichkeit, ferner – an der elitistischen Theorie anknüpfend – auf Erleichterung des personellen Austauschs zwischen Wissenschaft, Wirtschaft und Staatsverwaltung und – den expertokratischen Gedanken der Elitisten steigernd – auf Auf- und Ausbau von Beratergruppen, Planungsstäben und Untersuchungskommissionen zur Vorbereitung von Entscheidungen über öffentliche Angelegenheiten.

Wie man mittlerweile weiß – auch aufgrund einschlägiger Analysen von F.W. Scharpf zu den Grenzen politischer Planung und den Schwierigkeiten koordinierter Arbeitsmarkt- und Wirtschaftspolitik –, tat sich die komplexe Demokratietheorie mit der Umsetzung ihres Vorhabens außerordentlich schwer. Wie Studien über Hindernisse intelligenter staatlicher Planung und Demokratisierungsbestrebungen gezeigt haben, liegt eine Hauptschwierigkeit – neben den Sperren für anspruchsvolle politische Beteiligung – vor allem in den verfassungsrechtlich oder anderweitig befestigten Restriktionen aktiver politischer Steuerung (Mayntz/Scharpf 1973, Lehmbruch 1976, Schmidt 1978, Scharpf 1987). Diese Restriktionen reichen von informationellen Begrenzungen über finanzpolitische Hindernisse bis zu Handlungsgrenzen der Regierung und ihrer Parlamentsmehrheit, die durch rechtliche Vorgaben und die Institutionen der politischen Willensbildung und Entscheidung fixiert sind (siehe z.B. Scharpf 1973 und 1987). Insoweit kann man rückblickend der komplexen Demokratietheorie in der Variante von 1970 entgegenhalten, daß sie – vor „der doppelten Herausforderung der Demokratietheorie" in Gestalt „des Wirklichkeitsbezuges und der normativen Komplexität" stehend (Scharpf 1970: 93) –

den Normen zu viel und der empirisch-historischen Verankerung zu wenig Gewicht beimaß.

Der Gerechtigkeit halber ist hinzuzufügen, daß F.W. Scharpf mit seiner Demokratietheorie korrektur- und erweiterungsfähige Thesen vortrug. Als „Versuch" wollte er seine Ausführungen verstanden wissen (ebd.: 93). Ferner ist ihm zugute zu halten, daß er die vielschichtige Architektonik des Ansatzes von 1970 – empirisch und normativ, am Input und am Output orientiert und viele Ziele anstelle nur eines Zieles anvisierend – beibehalten und später im Rahmen der Theorie der Politikverflechtung und der Theorie der Verhandlungssysteme fortentwickelt hat (Scharpf u.a. 1976, Scharpf 1985 und 1993a). Allerdings wird in Scharpfs neuesten Beiträgen zur Demokratietheorie die Begrenzung der Demokratie – ja: ihre Bedrohung – hervorgehoben und der Gedanke der erweiterten Partizipation hintangestellt. Diese Beiträge sind von tiefer Skepsis hinsichtlich der Chancen der Demokratie geprägt. Ihnen liegt eine These zugrunde, die an neueren Befunden der Gesellschaftsanalyse und Untersuchung internationaler Beziehungen ansetzt, nämlich am Prozeß zunehmender sozialer Differenzierung einerseits und am Vorgang zunehmender Internationalisierung von Wirtschaft, Kommunikation, Sicherheitspolitik und Lebensrisiken andererseits. Differenzierung und gleichzeitige Globalisierung haben Scharpf zufolge ein gemeinsames Resultat: durch sie entgleite dem Nationalstaat „mehr und mehr die Kontrolle über das kollektive Schicksal seiner Bürger" (1993b: 165). Damit stehe allerdings auch die Demokratie auf dem Spiel, die bei Scharpf definiert ist als Selbstbestimmung der Mitglieder eines „Wir-Identität" besitzenden Gemeinwesens über das eigene kollektive Schicksal (1993a: 26, 1993b: 167).

In einem Zeitalter hochgradiger Differenzierung der Gesellschaft und hochgradiger Internationalisierung von Wirtschaft, Verkehr, Kommunikation, Sicherheitsrisiken und Umweltgefährdungen finde demokratisch legitimiertes Regieren auf der Grundlage von Verhandlungssystemen statt, z.B. in pluralistischen, korporatistischen oder intergouvernementalen Verhandlungssystemen auf nationaler, internationaler oder supranationaler Ebene (Scharpf 1991). In einer interdependenten Welt sind viele grenzüberschreitende Probleme nur durch grenzüberschreitende Politik zu bewältigen, beispielsweise im Rahmen internationaler Organisationen oder supranationaler Gebilde, wie z.B. dem segmentär vergemeinschafteten Staatenverbund der Europäischen Union (Lepsius 1991, Hommelhoff/Kirchhof 1994). Das Problem besteht nach Scharpf darin, daß in den westlichen Ländern einerseits die demokratische Selbstbestimmung als einzig tragfähige Legitimationsbasis der Politik gilt, während andererseits „auf absehbare Zeit demokratische Legitimität oberhalb der Ebene des Nationalstaats (noch) nicht erwartet werden kann" (Scharpf 1993b: 165). Somit werden im Falle von Entscheidungen, die im Rahmen inter- oder supranationaler Organisationen mit Verbindlichkeit für die Mitgliedstaaten getroffen werden, wie z.B. Entscheidungen in der Europäischen Union, zentrale Voraussetzungen demokratischer Legitimation verletzt: die Verständigung der von der Entscheidung Betroffenen in Diskursen oder zumindest die Möglichkeit solcher Verständigung sowie die Verwurzelung demokratischer Legitimation in einem von den Mitgliedern als Kollektividentität anerkannten Gemeinwesen (siehe zur Debatte auch die Beiträge in Stiftung Mitarbeit 1994 und Weidenfeld 1994).

Aus alledem ergibt sich der komplexen Demokratietheorie zufolge ein fundamentaler Widerspruch. Einerseits ist im Zuge von Globalisierung die effektive Problemlösung zunehmend ober- und außerhalb des Nationalstaates zu suchen. Andererseits ist demokratische Legitimation unverzichtbar, doch ist sie ober- oder außerhalb des Nationalstaats nicht oder noch nicht verfügbar. Insoweit stehen Effektivität politischer Problemlösung und politische Legitimation im Zeitalter hochgradiger „komplexer Interdependenz" (Keohane/Nye 1989) in einem schwer auflösbaren Spannungsverhältnis. Würde der Außenpolitik bzw. der Problemlösung in inter- und transnationalen Organisationen Vorrang gegeben, gerieten alle innenpolitischen Akteure in eine Ratifikationslage. Man könnte allenfalls nur noch vollziehen, was auf übergeordneter Ebene ausgehandelt wurde, oder man müßte das ganze ausgehandelte Projekt ablehnen, wahrscheinlich um den Preis der kurz- und mittelfristigen Torpedierung von Problemlösungen. Würde man allerdings der Innenpolitik den Primat geben, könnte ebenfalls großer Schaden entstehen. Eine starke Demokratie kann auf der Ebene der Außenpolitik und der internationalen Beziehungen Verhandlungen blockieren und wirksame Problemlösung auf inter- oder transnationaler Ebene verhindern.

Scharpf hat das hiermit gegebene Effektivität-Legitimations-Dilemma als überzufälligen Zusammenhang gedeutet. Ihm zufolge besteht ein stark negativer Zusammenhang zwischen der Effektivität von (inter- und transnationalen) Problemlösungen einerseits und Autonomie nationaler und subnationaler Entscheidungen sowie demokratischer Legitimation andererseits. Mehr noch: „Die zunehmende Intensität transnationaler Koordination schadet der nationalstaatlichen Demokratie, und die zunehmende Virulenz demokratischer Partizipations-

und Rechtfertigungsforderungen beeinträchtigt die Chancen transnationaler Problemlösung" (Scharpf 1993b: 176). In dem einen Fall entstehen Kosten in Form von Demokratiedefiziten, im anderen Fall handelt es sich um externe Koordinationsdefizite, wodurch der erzielbare Kollektivnutzen aller Beteiligten nicht ausgeschöpft wird. Der Grund liegt darin, daß das Effektivität-Legitimations-Dilemma häufig – vor allem bei komplexeren Konfliktstrukturen – in Nicht-Kooperation mündet (für Details Scharpf 1993b). Nicht-Kooperation allerdings ist häufig eine Lösung, die weit unter dem Wohlfahrtsoptimum liegt; im ungünstigen Fall kann sie sogar höchst gefährlich sein, z.B. angesichts von Gefährdungen, die wirksame Abwehr seitens aller Beteiligten verlangen.

In der komplexen Demokratietheorie ist die These vom Effektivität-Legitimations-Dilemma nicht als Gesetz, sondern als statistische Tendenz gedeutet worden. Eine statistische Tendenz umschließt im Gegensatz zum rein naturwissenschaftlichen Gesetz mehr oder minder große Abweichungen vom Trend. Just bei diesen Abweichungen setzt das Bestreben der komplexen Demokratietheorie an, ungeachtet des von ihr nachgewiesenen Dilemmas nach demokratieverträglichen Koordinationsformen zu suchen. Auf diesem Weg hat Scharpf „Faustregeln" zur Ermittlung autonomieschonender und gemeinschaftsverträglicher Koordination und institutioneller Arrangements entwickelt (Scharpf 1993b: 177). Zu ihnen gehört die Empfehlung, im Rahmen der Beziehungen zwischen vertikal integrierten Entscheidungseinheiten – z.B. zwischen Bund und Ländern und zwischen Europäischer Union, Bund und Ländern – alle Möglichkeiten der Entflechtung vernetzter Entscheidungsstrukturen auszuschöpfen und Verantwortlichkeiten eindeutig den einzelnen Ebenen zuzuordnen. Das ist ein Plädoyer gegen Politikverflechtung nach Art des bundesdeutschen Föderalismus und für Entflechtung und Aufgaben-, Finanzierungs- und Verwaltungsverantwortung nach Art des US-amerikanischen Dual-Föderalismus. Und das ist zugleich das Plädoyer für eine autonomieschonende Politik der Europäischen Integration an Stelle überstürzter Integrationspolitik.

Als demokratieverträgliche Koordination werden für die horizontale Beziehung zwischen gleichgeordneten Entscheidungseinheiten und zwischen unabhängigen Staaten z.B. eher bilaterale Verhandlungen als multilaterale Verhandlungen als autonomieschonend empfohlen. Überdies wird in diesem Rahmen eher auf freiwillige Verhandlungssysteme mit Ausstiegs-Klauseln gesetzt als auf Zwangsverhandlungssysteme. Im Rahmen gemeinsamer Problemlösung wie z.B. in internationalen Organisationen oder Entscheidungsvernetzung nach Art des deutschen Föderalismus empfiehlt die komplexe Demokratietheorie eher den Verzicht auf unmittelbare und kontinuierliche Steuerung durch die beteiligten Regierungen und Parlamente als die Maximierung von direkten Einflußmöglichkeiten.

Insoweit kommt die komplexe Demokratietheorie 20 Jahre nach ihrer Geburt zu einer erheblich skeptischeren Einschätzung der Chance, politische Beteiligung und Legitimation mit Effektivität der Problemlösung verträglich zu halten. An Stelle der Erweiterung von Beteiligungschancen bei gleichzeitiger Verbesserung der Effektivität sieht sie nun große, die Demokratie bedrohende Zwangslagen. Die von der Sache her vielfach erforderliche Entscheidungsverflechtung auf interorganisatorischer, föderaler, zwischenstaatlicher oder supranationaler Ebene geht mit einem folgenreichen Demokratiedefizit einher. Das ist der Trend. Allerdings kann er gemildert werden. Es sind autonomieschonende Koordinationsformen und Arrangements möglich. Überdies – so Scharpf (1993: 44) – wird das Demokratie-Effektivitäts-Dilemma durch eine der pluralistischen Demokratietheorie geläufige Struktur gemildert, nämlich durch sich überlappende Mitgliedschaften verschiedener Interessengruppierungen. Zwei Beispiele könnten zur Veranschaulichung hilfreich sein: Wer zugleich Arbeiter, Anhänger einer Linkspartei und regelmäßiger Kirchgänger ist, dem wird der Sinn nicht nach Kulturkampf stehen. Und wer in Europa lebt, den Nachbarstaaten wohlgesonnen ist und dennoch den Plänen zur intensivierten Europäischen Union höchstens laue Befürwortung abgewinnen kann, wird sich voraussichtlich lieber der Beamtenherrschaft der EU-Kommission und des Rats der Europäischen Union als der Fremdherrschaft durch eine außerhalb Europas stehende Macht beugen. Insoweit ist trotz Effektivität-Legitimations-Dilemma von der komplexen Demokratietheorie gedämpfter Optimismus zu hören. Unüberhörbar schwingt allerdings ein pessimistischer Grundton mit: werde die allseits praktizierte Politikverflechtung nicht auf das absolut unerläßliche Maß vermindert, gehe man heutzutage Gefahr, „daß die Demokratie ... entweder an der weltweit zunehmenden Interdependenz der Probleme scheitert, oder in einem immer dichteren Gestrüpp von interorganisatorischen, föderalen und transnationalen Verflechtungen erstickt wird" (Scharpf 1993b: 181).

Die komplexe Demokratietheorie hat konkurrierenden Angeboten manches voraus: sie strebt nach Kombination von empirischer und normativer Analyse und setzt in Weiterführung von F. Nascholds Beiträgen zur Demokratietheorie (1968, 1969a, 1969b und 1971) komplexere Systemziel- oder Systemüberlebensmodelle an die Stelle einfacher Zielmodelle. Überdies hat sie einen geschärften Blick für den Input und den Output des politischen Prozesses. Einleuchtend ist ihre kritische Erörterung der Kosten der Politikverflechtung auf intrastaatlicher und inter- und transnationaler Ebene vor allem vor dem Hintergrund der Politik in der Bundesrepublik Deutschland. Diese ist durch einen hohen Grad der Verflechtung der Entscheidungsstrukturen von Bund, Ländern und Gemeinden und durch beträchtliche Verflechtung mit den Entscheidungsstrukturen der Europäischen Union gekennzeichnet. Nicht zufällig hat die hiermit einhergehende Bändigung des zentralstaatlichen „Goliaths" einen US-amerikanischen Deutschlandexperten dazu veranlaßt, die Bundesrepublik als „semisouveränen Staat" einzustufen (Katzenstein 1987).

Eine besondere Stärke der komplexen Demokratietheorie ist darin zu sehen, daß sie besser als die meisten anderen modernen Demokratietheorien einen klaren Blick für die Gefährdungen der Demokratie behält. Auch wenn sie die Spannung zwischen Globalisierung und nationalstaatlicher Politik überschätzt, hat sie zurecht auf Trends in Verhandlungssystemen aufmerksam gemacht, deren Demokratieverträglichkeit nicht außer Zweifel steht. So scharfsinnig allerdings die komplexe Demokratietheorie der 90er Jahre das Effektivität-Legitimations-Dilemma analysiert, so fällt andererseits auf, daß sie mit derjenigen der 70er Jahre eine Schwäche gemeinsam hat: die empirische Fundierung der Theorie ist nicht in allen Hinsichten überzeugend. 1970 war sie – wie sich später herausstellte – nicht überzeugend, weil die Sperren für planvolles politisches Handeln und Entscheiden unterschätzt und die Möglichkeiten politischer Beteiligung überschätzt wurden. In den 90er Jahren hingegen neigt die Theorie dazu, die Grenzen demokratisch legitimierter Willensbildung und Entscheidungsfindung überzubetonen. Vor allem die zugrundeliegende Hypothese, daß mit der Internationalisierung dem Nationalstaat die Kontrolle über das kollektive Schicksal seiner Bürger „mehr und mehr" entgleite (Scharpf 1993b: 165), ist wissenschaftlich umstritten (siehe z.B. Cooper 1986, Armingeon 1994). Ihr ist entgegenzuhalten, daß die politischen Institutionen und politischen Prozesse auf nationalstaatlicher Ebene auf „Schocks" wie z.B. Internationalisierung keineswegs nur passiv reagieren. Passive Akzeptanz extern vorgegebener Veränderung ist nur eine Möglichkeit unter anderen. Neben ihr existieren weitere Optionen: 1) das Ausnützen externer Schocks durch Trittbrettfahren, 2) Gegenwehr, z.B. in Form protektionistischer Schutzwälle, 3) aggressive Strategien auf internationalen Märkten auf der Grundlage nationalstaatlichen Mitteleinsatzes und 4) konstruktive Elastizität, bei der neue Herausforderungen als Gelegenheiten zur Reform genutzt werden (Cooper 1986: 9-12). Alle fünf Reaktionsformen stehen zur Wahl, im Gegensatz zur Unterstellung der komplexen Demokratietheorie, es gebe zur passiven Akzeptanz keine Alternative (Armingeon 1994).

Das führt zur zweiten kritischen Bemerkung an die Adresse der komplexen Demokratietheorie. Nach wie vor ist deren empirische Basis an zwei entscheidenden Stellen schwach: Funktionsvoraussetzungen der Demokratie werden nur aus dem Blickwinkel der Spannungsverhältnisse von Globalisierung, Effektivität und Legitimation betrachtet, während andere sozioökonomische Grundlagen und soziokulturelle Bestimmungsfaktoren stabiler oder instabiler Demokratie ausgeblendet werden (vgl. hierzu Kapitel 3.6). Zu bemängeln ist an der komplexen Demokratietheorie ebenso wie an allen bisher vorgestellten modernen Demokratietheorien ein Weiteres: die nahezu vollständige Nichtberücksichtigung international und historisch vergleichender Demokratieforschung und damit die Ausblendung von Variationen, die mehr schlecht als recht zur komplexen Demokratietheorie passen. Doch davon mehr im nun folgenden dritten Teil der vorliegenden Einführung. Er handelt vom Vergleich der Demokratien.

Teil III
Vergleichende Demokratieforschung

Wie der erste und der zweite Teil des vorliegenden Buches zeigen, gibt es nicht eine Demokratietheorie, sondern viele Demokratietheorien. Zu ihnen zählen normative und empirische, vergleichende und fallstudienartige, statische und dynamische, demokratiefreundliche und -feindliche, input- und outputorientierte Theorien und Ansätze, die Demokratie nur als Direktdemokratie oder hauptsächlich als Repräsentativverfassung buchstabieren. So vielfältig wie die Theorien ist auch die Praxis der demokratischen Staatsverfassung. Diese Vielfalt wird jedoch in den meisten Demokratietheorien nicht angemessen berücksichtigt. Vielen unter ihnen mangelt es an Sensibilität für die Unterschiede demokratischer Verfassungen und Verfassungswirklichkeit, und nicht wenige Demokratietheorien vernachlässigen den historischen Vergleich – ganz zu schweigen vom Nationenvergleich –, obwohl die ältere Institutionenkunde (z.B. Bryce 1926 und Loewenstein 1975) und neuere vergleichende Analysen (z.B. Lehmbruch 1967 und 1992, Dahl 1971 und Lijphart 1984) hierfür mannigfache Anknüpfungsmöglichkeiten bieten. Dem Defizit an vergleichender Demokratieforschung vermögen am ehesten diejenigen Typologien und Theorien abzuhelfen, die im dritten Teil des vorliegenden Buches vorgestellt werden. Sie tragen empirisches und theoretisches Material zum Vergleich von Demokratien bei. Aber nicht nur der Stärkung der vergleichenden Beobachtung von Demokratien soll dieser Teil des Buches dienen, sondern auch dem Brückenschlag zwischen der primär institutionenkundlichen Demokratieforschung und der vergleichenden Staatstätigkeitsforschung (Überblick bei Schmidt 1988 und Schubert 1991). Was leisten die verschiedenen Demokratien hinsichtlich der Regelung und Bewältigung gesellschaftlicher Probleme und wovor versagen sie? Diesen Fragen und anderen, die ebenfalls der Erfassung der Leistungsfähigkeit politischer Systeme dienen, soll in den folgenden Kapiteln nachgegangen werden – soweit es der Forschungsstand erlaubt.

In der älteren institutionenkundlichen Lehre hatte man die Demokratien der westlichen Länder – die verfassungsstaatlichen oder „konstitutionellen Demokratien" (Friedrich 1953 und 1966) – mit Hilfe verschiedener Typen der Verfassung und der Verfassungswirklichkeit beschrieben. Karl Loewenstein z.B. unterschied in seiner „Verfassungslehre" zwischen sechs Demokratietypen: 1) der unmittelbaren Demokratie, in der die Wählerschaft der Machtträger ist, 2) der Versammlungsregierung, in der das Parlament die führende Position innehat, 3) dem Parlamentarismus, 4) der Kabinettsregierung, 5) dem Präsidentialismus und 6) der Direktorialdemokratie auf Basis einer Kollegialregierung, wie z.B. in der Schweiz (Loewenstein 1975: 69).

Die Begriffe der älteren Institutionenkunde werden auch heute noch verwendet, jedoch ergänzt man sie in der Regel durch Konzepte, die neueren vergleichenden Analysen entstammen. Ergiebig für den internationalen Vergleich politischer Systeme ist neben der älteren Unterscheidung der Direktdemokratie von der Repräsentativdemokratie und des präsidentiellen vom parlamentarischen Regierungssystem (Steffani 1981 und 1992) beispielsweise die Differenz zwischen Konkurrenz- und Konkordanzdemokratie (Lehmbruch 1967 und 1992) und zwischen Mehrheits- und Konsensusdemokratie im Sinne von Lijphart (1984 und 1994b). Nicht zuletzt spielt in der vergleichenden Demokratieforschung die „Polyarchie" (Dahl 1971) eine herausragende Rolle. „Polyarchie" ist die Bezeichnung für eine Staatsform, in der viele herrschen und in der es eine Vielzahl von Machtzentren gibt. Überdies ist Polyarchie der Typusbegriff für ein politisches System, das zwar dem Ideal einer perfekten Demokratie nicht entspricht, aber ihm doch näher kommt als andere politische Systeme.

Von den verschiedenen Demokratietypen und vom Demokratisierungsgrad von Staaten handelt der Teil III des vorliegenden Buches vor allem. Seinen Auftakt bildet die Unterscheidung zwischen präsidentieller und parlamentarischer Demokratie. Deren Analyse schließt die Frage nach ihrer Problemlösungskraft und ihren Problemlösungsmängeln ein. Dies ist auch Programm für die drei folgenden Kapitel. In ihrem Zentrum stehen die Unterschiede zwischen Konkurrenz- und Konkordanzdemokratie, Konsensus- und Mehrheitsdemokratie sowie zwischen Direkt- und Repräsentativdemokratie. Hieran schließt sich ein Überblick über den neuesten Stand der Messungen des Demokratiegehalts souveräner Staaten an. Auf ihn folgt die Bilanz der Forschung zu den sozioökonomischen Funktionsvoraussetzungen der Demokratie. Den Abschluß des Teils III bildet die neuere Forschungsrichtung, die sich der Erkundung der Wege und der Bedingungen des Übergangs vom autoritären Staat zur Demokratie gewidmet hat.

Kapitel 3.1
Parlamentarische und präsidentielle Demokratie

Zu den altehrwürdigen Unterscheidungen der vergleichenden Institutionenforschung gehört die Differenzierung zwischen präsidentieller und parlamentarischer Demokratie. Beide Typen sind Grundformen des im weiteren Sinne definierten Parlamentarismus, d.h. des Systems, in dem das Parlament eine maßgebende Rolle in der Gesetzgebung, der Kontrolle des Staatsbudgets und der Wahl und gegebenenfalls der Abwahl der Regierungen spielt. Das Hauptunterscheidungsmerkmal der parlamentarischen Demokratie und der Präsidialform ist die Abberufbarkeit bzw. Nicht-Abberufbarkeit der Regierung oder des Regierungschefs durch die Legislative. In der parlamentarischen Demokratie sind Amtsdauer und Amtsführung der Regierung grundsätzlich vom Vertrauen der Parlamentsmehrheit abhängig. In ihr hat die Parlamentsmehrheit das Recht, die Regierung abzuberufen. Gewöhnlich sind in diesem System die Verbindungen zwischen der Parlamentsmehrheit und der Regierung eng. Die Regierung geht aus dem Parlament bzw. aus dessen Mehrheit hervor, und die Fraktionen der Parlamentsmehrheit tragen in der Regel im eigenen Interesse Sorge für die Stabilität und das Überleben der Regierung. Im präsidentiellen System hingegen sind Regierung und Parlament voneinander relativ unabhängig. Die Amtsdauer der Regierung ist in der Regel verfassungsrechtlich bindend festgelegt. Die Parlamentsmehrheit kann die Regierung aus politischen Gründen nicht abberufen, es sei denn, es handele sich um schwerwiegenden Mißbrauch des Amtes. In diesem System kann das Parlament den Präsidenten mithin während seiner Amtszeit nicht stürzen, ungeachtet der Mehrheitsverhältnisse im Parlament. Vorstellbar ist, daß der Präsident ein Parlament gegen sich hat, in welchem die Oppositionspartei über die Mehrheit verfügt. Faktisch kennzeichnete diese Lage die meisten Präsidentschaften in den USA nach dem Ende des Zweiten Weltkrieges.

Als Paradebeispiel der präsidentiellen Demokratie werden in der Regel die Vereinigten Staaten von Amerika gewertet. Dort findet man die Merkmale der idealtypischen Präsidialform der Demokratie vereint: weitgehende Trennung von Legislative und Exekutive, monistische Exekutive, in der Regierung und Staatsoberhaupt in einer Person vereint sind, Direktwahl des Präsidenten durch das Volk bzw. indirekte Wahl durch ein Wahlmännergremium, Nicht-Abberufbarkeit der Exekutive während der Amtsperiode (mit Ausnahme der Amtsenthebungsklage), kein Recht zur Parlamentsauflösung seitens des Präsidenten sowie schwache Fraktionsdisziplin und vergleichsweise locker gefügte Parteien (Steffani 1981 und 1992, Lijphart 1992b und 1992c).

Kennzeichnend für die parlamentarische Form der Demokratie sind demgegenüber die Spielregeln, die sich Ende des 18. und zu Beginn des 19. Jahrhunderts in England herausgebildet haben. Zu ihnen gehören vor allem die Abberufbarkeit der Regierung und die Entstehung einer parlamentarischen Opposition, die als offizieller innerparlamentarischer Gegenspieler der Regierungsmehrheit agiert. In der parlamentarischen Demokratie stehen sich nicht Parlament und Regierung gegenüber, sondern in der Regel die parlamentarische Opposition auf der einen und die Parlamentsmehrheit und die von dieser Mehrheit gestützte Regierung auf der anderen Seite. In der parlamentarischen Demokratie kommt dem Oppositionsführer naturgemäß eine herausragende Rolle zu, wie insbesondere der britische Fall zeigt. Ganz anders verhält es sich im Präsidentialsystem. Bezeichnenderweise gibt es dort den Oppositionsführer im britischen Sinne nicht.

Parlamentarische Demokratie und Präsidialform sind Grundformen, die in Untertypen gegliedert werden können. Eine durchdachte Typologie hat W. Steffani vorgelegt (1981 und 1992) (siehe Tabelle 4). Steffani legt ihr die Abberufbarkeit der Regierung bzw. des Regierungschefs sowie die Konstellation zwischen Regierungschef und Staatsoberhaupt zugrunde. Kennzeichen des parlamentarischen Regierungssystems sind die Abberufbarkeit der Regierung und die doppelte Exekutive: sie besteht aus dem Regierungschef, z.B. dem Kanzler oder dem Ministerpräsidenten, und dem Staatsoberhaupt, z.B. dem Präsidenten eines Staates. Im reinen Präsidentialismus hingegen ist die Regierung nicht abberufbar und die Exekutive ist geschlossen: Funktion und Amt des Regierungschefs und des Staatsoberhaupts sind im Präsidenten vereint.

Von den Grundformen kann man verschiedene Typen ableiten. Die Präsidialform beispielsweise kennt nicht nur die Bündelung von Macht im Amt des Präsidenten, sondern auch abgeschwächtere Konstruktionen, wie die des Präsidenten im Ministerrat, die der Präsidialgewalt harte Schranken setzt. In diesem Fall ist der Präsident der Regierungschef und er übt die Richtlinienkompetenz aus, doch hat er sich mit einem Minister- oder Staatsrat ins Benehmen zu setzen. Dieses System ist in vielen lateinamerikanischen Ländern gang und gäbe, z.B. in Mexiko und Brasilien.

Zum präsidentiellen Regierungssystem zählt Steffani aufgrund der geschlossenen Exekutive auch das Kollegialsystem, das die Bundesregierung der Schweizer Eidgenossenschaft charakterisiert und das andere Forscher als Zwischenform eingestuft haben (z.b. Lijphart 1992c und 1994b). Die schweizer Regierung, der Bundesrat, vereint in sich die Funktionen des Staatsoberhauptes, des Regierungschefs und der Regierung. Im jährlichen Turnus übernimmt eines der sieben Ratsmitglieder die Aufgabe des Bundespräsidenten und des Vorsitzenden des Bundesrates. Die Bundesräte werden von der Bundesversammlung gewählt, sie können aber von ihr nicht abberufen werden. (Die Bundesversammlung setzt sich aus zwei Kammern zusammen, dem 200 Mitglieder umfassenden Nationalrat und dem aus 46 Kantonsvertretern gebildeten Ständerat). Die Nicht-Abberufbarkeit des Bundesrates macht Steffanis Typologie zufolge den quasi-präsidentiellen Charakter des schweizer Regierungssystems aus (siehe Tabelle 4).

Die Schweiz und die zuvor erwähnten Präsidialsysteme sind republikanische Formen der präsidentiellen Demokratie. Von ihnen sind die monarchischen Formen zu unterscheiden. Diese werden von den konstitutionellen Monarchien verkörpert, wie z.B. dem Deutschen Reich von 1871. Auch die parlamentarische Demokratie kennt die Unterscheidung zwischen republikanischer und monarchischer Form. Die monarchische Form ist dort verwirklicht, wo der Premier oder Kanzler dominiert oder die Hegemonie innehat und wo die Repräsentation hauptsächlich der Krone obliegt. Beispiele sind Großbritannien und Schweden. Man untergliedert die republikanischen Formen der parlamentarischen Demokratie nach der Kompetenzverteilung zwischen Staatsoberhaupt und Regierung bzw. Regierungschef in vier Untertypen: 1) die Exekutiv-Kooperation, die sich durch Kompetenzbalance zwischen Staatsoberhaupt und Regierung auszeichnet, wie in Italien und in der III. und IV. Republik Frankreichs, 2) die Kompetenzverlagerung zugunsten des Regierungschefs mit dem Ergebnis der Kanzlerdominanz, z.B. in der Bundesrepublik Deutschland („Kanzlerdemokratie"), 3) die Präsidialdominanz oder Präsidialhegemonie, d.h. die einseitige Kompetenzverlagerung zugunsten des Staatspräsidenten, wie in der V. Republik Frankreichs, in Finnland, Griechenland und in der Weimarer Republik und 4) die Versammlungsdominanz oder Versammlungshegemonie, d.h. die einseitige Verlagerung der Kompetenzen zugunsten des Parlaments, wie in der Konventsverfassung 1793 in Frankreich und in einem entwickelten rätedemokratischen System.

Steffanis Typologie präsidentieller und parlamentarischer Regierungssysteme eignet sich vorzüglich zur Klassifikation demokratisch verfaßter Gemeinwesen. Gänzlich unumstritten ist sie jedoch nicht (siehe Tabelle 4). Nicht alle Fälle fügen sich ihr gleich gut. Frankreich z.B. zählt für sie zum parlamentarischen Regierungssystem, weil dessen verfassungsrechtliches Hauptmerkmal – Abberufbarkeit der Regierung und doppelte Exekutive – gegeben ist. Die Exekutive besteht aus dem Präsidenten und dem Regierungschef. Normalerweise dominiert dort der Präsident die Exekutive. Die Ausnahme ist die sogenannte Cohabitation. Sie entsteht, wenn der Regierungschef nicht von der Partei des Präsidenten, sondern von der Opposition gestellt wird. Das war 1986-88 und von der Wahl zur Nationalversammlung 1993 bis zur Präsidentschaftswahl 1995 der Fall, als der Staatspräsident der Linken – F. Mittterand – einer parlamentarischen Mehrheit und einem Regierungschef der Mitte und der Rechten gegenüberstand und somit eine Große Koalition à la française in Kraft gesetzt war. Im Normalfall hat Frankreichs Präsident freilich eine außerordentlich starke Position inne. Sie äußert sich unter anderem darin, daß er direkt gewählt wird und daß er den Regierungschef ernennt. Seine Position ist so stark, daß immer wieder bezweifelt wird, ob Frankreich dem Typus der parlamentarischen Demokratie zuzuordnen sei. Manche haben Frankreichs Regierungssystem nicht als parlamentarische, sondern als präsidentielle Demokratie eingestuft, so B. Powell (1982) und F. Lehner (1989: 77f.). Vermittelnde Positionen stellen demgegenüber auf den Mischcharakter des französischen Regierungssystems ab: es sei ein „parlamentarisch-präsidentielles Zwittergebilde" (von Beyme 1970: 381f., vgl. Brunner 1979: 105f.), das man am ehesten als „semi-präsidentielles Regierungssystem" (Duverger 1980 und 1990) oder als „Zwischenform" (Lijphart 1992b) charakterisieren könne.

Im Unterschied zu Frankreich – und im übrigen auch im Unterschied zu Finnland – ist die Einstufung der Bundesrepublik Deutschland in der Typologie präsidentieller und parlamentarischer Demokratien nicht umstritten. Die Bundesrepublik Deutschland hat eine doppelte Exekutive mit Kanzlerdominanz und schwachem Präsidenten. Das ist das Ergebnis einer verfassungspolitischen Weichenstellung, die von der Negativerfahrung mit der Weimarer Reichsverfassung geprägt ist. „Die Liebe des Verfassungsgebers", so sagte Thomas Ellwein einmal über das Grundgesetz, gehört der Regierung, „die Sorge aber dem Parlament und das große Mißtrauen dem Staatsoberhaupt" (Ellwein/Hesse 1987: 332, siehe auch Hesse/Ellwein 1992). Die Stabilität der Regierung und ihre Handlungsfähigkeit galten dem Verfassungsgeber als besonders hoher Wert. Die wichtigsten Hebel zur Erreichung dieser Ziele sind die gestärkte Position des Kanzlers, die drastische

Beschneidung der Kompetenzen des Bundespräsidenten und die Aufwertung des Parlaments. Nur unter außergewöhnlichen Bedingungen kommt dem Bundespräsidenten eine einflußreiche Stellung zu, z.B. wenn die Mehrheit der Bundestagsmitglieder sich nicht auf die Wahl eines Kanzlers einigen kann. Ansonsten ist die Bundesrepublik durch

Tabelle 4: Präsidentielle und parlamentarische Demokratie im internationalen Vergleich

Australien	Parlamentarisch	Monarchische Form	Reiner Parlamentarismus
Belgien	Parlamentarisch	Monarchische Form	Reiner Parlamentarismus
BR Deutschland	Parlamentarisch	Republikanische Form	Reiner Parlamentarismus
Dänemark	Parlamentarisch	Monarchische Form	Reiner Parlamentarismus
Finnland	Semi-präsidentiell	Republikanische Form	Mischform
Frankreich	Semi-präsidentiell	Republikanische Form	Reiner Parlamentarismus
Griechenland	Parlamentarisch	Republikanische Form	Reiner Parlamentarismus
Großbritannien	Parlamentarisch	Monarchische Form	Reiner Parlamentarismus
Irland	Parlamentarisch	Republikanische Form	Reiner Parlamentarismus
Island	Parlamentarisch	Republikanische Form	Reiner Parlamentarismus
Italien	Parlamentarisch	Republikanische Form	Reiner Parlamentarismus
Japan	Parlamentarisch	Monarchische Form	Reiner Parlamentarismus
Kanada	Parlamentarisch	Republikanische Form	Reiner Parlamentarismus
Luxemburg	Parlamentarisch	Republikanische Form	Reiner Parlamentarismus
Niederlande	Parlamentarisch	Monarchische Form	Reiner Parlamentarismus
Neuseeland	Parlamentarisch	Republikanische Form	Reiner Parlamentarismus
Norwegen	Parlamentarisch	Monarchische Form	Reiner Parlamentarismus
Österreich	Parlamentarisch	Republikanische Form	Reiner Parlamentarismus
Portugal	Parlamentarisch	Republikanische Form	Reiner Parlamentarismus
Schweden	Parlamentarisch	Monarchische Form	Reiner Parlamentarismus
Schweiz	Präsidentiell	Republikanische Form	Mischform
Spanien	Parlamentarisch	Monarchische Form	Reiner Parlamentarismus
USA	Präsidentiell	Republikanische Form	Reiner Präsidentialismus

Spalte 1: Ländername
Spalte 2: „Präsidentiell": Präsidentielles Regierungssystem nach Steffani 1992, „Parlamentarisch": parlamentarisches Regierungssystem nach Steffani 1992. Finnland und Frankreich werden gemäß der Lehre vom „Semi-Präsidentialismus" als semipräsidentielles Regime betrachtet.
Spalte 3: Monarchische oder republikanische Staatsform.
Spalte 4: Regimetypen nach Lijphart (1994a: 94) mit Ergänzungen: Parlamentarische, präsidentielle bzw. gemischte Demokratieformen. Lijpharts Typologie liegt die Unterscheidung zwischen Kollegialexekutive und Einpersonenexekutive (mit der weiteren jeweiligen Untergliederung zwischen Abhängigkeit vom Vertrauen des Parlaments bzw. Unabhängigkeit vom Vertrauen des Parlaments) und der Wahl der Exekutive durch die Legislative bzw. Wahl der Exekutive durch die Wähler zugrunde.

ein parlamentarisches Regierungssystem mit Kanzlerdominanz, wenn nicht gar Kanzlerhegemonie, charakterisiert. Deshalb wird die Bundesrepublik mitunter als Paradebeispiel der „Kanzlerdemokratie" gewertet – starke Kanzler und Fehlen einer Großen Koalition vorausgesetzt (Niclauß 1988).

Der Unterschied zwischen Präsidentialdemokratie und parlamentarischer Demokratie markiert mehr als eine Differenz des Verhältnisses von Exekutive und Legislative. Parlamentarischen und präsidentiellen Demokratien sind auch charakteristische politische Prozesse und eigentümliche Profile der Regierungstätigkeit eigen (Lijphart 1992b, Linz/Valenzuela 1994, Moe/Caldwell 1994). Hinsichtlich des politischen Prozesses fällt die unterschiedliche Wertigkeit von Parteien in der Präsidialdemokratie und der parlamentarischen Demokratie auf. Im parlamentarischen Regierungssystem sind Parteien, vor allem relativ gut organisierte Parteien und disziplinierte Parteifraktionen im Parlament, unerläßlich für das Funktionieren des Systems, stützt sich in ihm doch die Regierung auf die Parlamentsmehrheit, was in der Regel eine relativ geschlossene Fraktion der Mehrheitspartei oder der Mehrheitsparteien voraussetzt. Auch die Opposition tritt unter solchen Bedingungen eher geschlossen auf. Im parlamentarischen System wird folglich die Frontstellung zwischen Oppositionspartei und Regierungspartei bzw. -parteien ausgeprägt sein, sofern nicht andere Mechanismen gegenwirkende Tendenzen entfalten, wie z.B. konkordanzdemokratische und föderalistische Arrangements (siehe die Kapitel 2.2 und 2.3). Insgesamt driften parlamentarische Systeme stärker in Richtung „Parteienstaat", in dem die Parteien Schlüsselpositionen in der öffentlichen Willensbildung, der Regierungsbildung, der Regierungsausübung und der Besetzung öffentlicher Ämter einnehmen (Linz 1994). Man mag die Machtstellung von Parteien im „Parteienstaat" befürworten oder bedauern: sie ist eine notwendige Folge des parlamentarischen Regierungssystems im Zeitalter der Massendemokratie (Budge/Keman 1990, zur Diskussion auch Leibholz 1958 und 1975 sowie von Weizsäcker 1992). Im Unterschied hierzu sind der Parteienstaatscharakter und die Geschlossenheit der Parteien im präsidentiellen System in der Regel geringer ausgebildet. Präsidentielle Systeme, allen voran die USA, können sich locker gefügte Parteien und letztlich ein geringeres Maß an dauerhaftem und hartem Parteienwettbewerb leisten, und in gewisser Weise gehört ein größeres Maß an „Flüssigkeit" im Parteiensystem und im Wählerverhalten dort zum System. Parteiendisziplin und Fraktionsdisziplin sind hier jedenfalls nicht in dem Maß strukturelles Erfordernis wie in parlamentarischen Systemen. Nicht zuletzt hieraus erklärt sich, daß das Parteiensystem in den USA aus locker strukturierten, schwach organisierten und ideologisch recht heterogenen Parteien mit insgesamt flachem Ideologieprofil besteht, im Unterschied zu den kontinentaleuropäischen Parteiensystemen und Parteien, die mehr Zusammenhalt, Disziplin und Organisationsfähigkeit sowie ein ungleich höheres Maß an Bindungen von Wählern an Milieus und Parteien aufweisen. Das amerikanische Regierungs- und Parteiensystem hingegen basiert auf einem größeren Anteil von Wählern, die nicht an bestimmte Milieus und Parteilager gebunden sind. Hierin liegt ein Grund für das höhere Maß an streitfragenorientierter Stimmabgabe und das niedrigere Niveau der Wahlbeteiligung in den USA.

Parlamentarische und präsidentielle Demokratien unterscheiden sich der Tendenz nach auch hinsichtlich der politischen Führung und der Regierungspraxis, wenngleich hierbei zahlreiche andere institutionelle und prozessuale Faktoren zu berücksichtigen sind (vgl. Nohlen/Fernandez 1991, Nohlen 1991). C. J. Friedrich vertrat in seiner Schrift über die Demokratie als Herrschafts- und Lebensform die Auffassung, die Hauptgefährdung der Präsidialform der Demokratie bestünde in ihrer „Tendenz zur Diktatur" (1966: 30f.). Die Hauptgefahr der „Kabinettsform", d.h. der Mehrheitsherrschaft, sah er in der Diskontinuität, die der „Parlamentsform" in der Anarchie und die der „Ratsform", wie in der Schweiz, in der Bürokratisierung (ebd.: 30ff.). Freilich war Friedrichs These, die Hauptgefährdung der Präsidialform liege in ihrer Neigung zur Diktatur, wohl zu sehr vom Zusammenbruch der Weimarer Republik und von der Instabilität lateinamerikanischer Präsidentialsysteme geprägt. Gewiß kann die Präsidialform dem Amtsinhaber mit einer Überfülle von Machtressourcen ausstatten, allerdings gibt es auch Präsidenten, deren Spielraum eng beschränkt ist. Überdies kann die Dominanz eines Staatschefs auch unter anderen institutionellen Rahmenbedingungen erreicht werden, z.B. im parlamentarischen System mit Präsidialdominanz, wie in Frankreich vor und nach der Cohabitation von 1986/88 und 1993/95 oder in Regierungssystemen mit Kanzlerdominanz. Außerdem ist die Macht des Präsidenten in der Regel durch Sicherungen und Gegenkräfte verfassungsrechtlicher Art und Abhängigkeiten, die in der Verfassungswirklichkeit entstanden sind, begrenzt. So zeigen Analysen des US-amerikanischen Präsidentialismus, daß der amerikanische Präsident mit zahlreichen formellen und informellen Geboten, Verboten und Handlungssperren zurechtkommen muß (Lösche 1989a und 1989b: 106ff.). Er sitzt einer fragmentierten Exekutive vor und muß mit einem politisch-administrativen Apparat kooperieren, der durch einen tiefen Graben zwischen der Bürokratie des

Präsidenten und der eigentlichen Ministerialbürokratie gekennzeichnet ist. Andererseits steht ihm eine sehr starke Legislative gegenüber, die sich regelmäßig nicht nach Parteifraktionen organisiert, sondern ihre Entschlüsse häufig auf der Basis wechselnder Koalitionen über Parteigrenzen hinweg fällt. Nicht selten kann der Kongreß seine Stärke bis zur Blockierung der Staatstätigkeit unter Beweis stellen. Es war nicht nur Wahlkampfrhetorik, die den ehemaligen US-Präsidenten George Bush dazu veranlaßte, im Frühjahr 1992 den Kongreß mit folgenden Worten anzuklagen: „Der Kongreß ist eine Institution der politischen Geldspenden, der Privilegien und Vergünstigungen, der Parteilichkeit und der totalen Lähmung" (FAZ v. 23.3.1992: 15).

Formell ist der US-amerikanische Präsident der Führer seiner Partei. Diese ist allerdings im Parlament und in der Politikformulierung insgesamt eine schwache Kraft. Die Loyalität der Kongreßabgeordneten gilt meistens Sonderinteressen auf regionaler oder auf lokaler Ebene, von denen die Abgeordneten politisch und finanziell weitgehend abhängig sind. Deshalb muß der Präsident bei jeder größeren zustimmungsbedürftigen Entscheidung Koalitionen wechselnder Gestalt zusammenschmieden – meist über Parteigrenzen hinweg. Das erhöht die Kosten der Konsensbildung. In der Terminologie von Buchanan und Tullock (1962) ergeben sich hieraus hohe Interdependenzkosten, vor allem aufgrund der hohen Entscheidungskosten. Deshalb wird im präsidentiellen System eine Staatstätigkeit aus einem Guß eher behindert als befördert. Handlungszwänge eines präsidentiellen Systems nach US-amerikanischer Bauart erzeugen eine eigentümliche Regierungspraxis. Sie ist durch kurzatmige, ad hoc entworfene Programme, populistisch orientierte Maßnahmen und ein hohes Maß an Politisierung charakterisiert. Das ergibt sich aus den institutionellen Bedingungen, die dem Präsidenten den Einsatz vor allem von drei Instrumenten lohnend erscheinen lassen. Das erste ist der öffentlichkeitswirksame Appell und die auf Werbung abzielende Darstellung, mithin die Inszenierung von Politik als Leitlinie des Regierens. Nicht selten kann sich hierbei das Mittel zum Zweck verkehren. Dann gewinnen die Mobilisierung von Unterstützung und die Vertiefung von Popularität unter Umständen den Vorrang vor der Sachangemessenheit politischer Lösungen. Angesichts der Konfrontation mit einer fragmentierten Exekutive wird der Präsident viel daran setzen, die Macht ressortmäßig im Büro (Office) des Präsidenten zu konzentrieren und zu institutionalisieren und von dort aus Einfluß auf die eigentliche Ministerialverwaltung und die Interessenverbände zu gewinnen. Das ist das zweite Instrument. Das dritte ist das Bestreben, bei der Besetzung der Regierungs- und Verwaltungsämter Ämterpatronage zu betreiben, um hiermit die Verwaltung auf Kurs zu halten. Letzteres erzeugt freilich ein Folgeproblem, nämlich eine hochgradig politisierte Verwaltung, die der Qualität des Regierens abträglich ist.

Präsidentielle Systeme der US-amerikanischen Art enthalten somit eine Struktur, die eine längerfristig konzipierte Politik ebenso behindert wie die Koordination verschiedener Politikbereiche. Hieraus ergibt sich eine Regierungspraxis, die zur Unstetigkeit neigt, die eher überhastete Problemtherapien als klug durchdachte längerfristige Problemlösungen favorisiert und die eher Überraschungsvorstöße unternimmt, als für das beharrliche Bohren dicker Bretter zu sorgen. Insoweit ergeben sich Parallelen zur Mehrheitsherrschaft, vor allem zur Herrschaft „wandernder", instabiler und ständig wechselnder Mehrheiten (siehe Kapitel 2.6).

Eine solche Regierungspraxis ist problematisch. Ihr Destabilisierungspotential ist groß. Handelt es sich um einen Kleinstaat, sind die Auswirkungen unstetiger und unberechenbarer Regierungspraxis in der Regel gering. Schlimmstenfalls betreffen sie einen begrenzten Kreis kleiner Nachbarstaaten. Ist Unstetigkeit jedoch Programm der Regierungspraxis eines großen, wirtschaftlich und politisch einflußreichen Staates, wie der USA, ist der Sachverhalt bedenklicher, denn nun wird die Unstetigkeit im Innern nicht nur zum Problem der Innenpolitik, sondern auch zu einem Problem der internationalen Beziehungen.

Folgt man dem bisher Gesagten, erhärtet sich die Vermutung, daß die präsidentiellen Systeme im Kreis der etablierten Demokratien charakteristische Schwächen der politischen Struktur und der Fähigkeit zur Problemlösung haben. Dieses Resultat konvergiert mit den Befunden von Linz (1990a und 1990b) und Linz/Valenzuela (1994) (kritisch zu dieser These Horowitz 1990, Nohlen/Fernandez 1991 und Thibaut/Skach 1994, letztere vor allem mit Blick auf Lateinamerika). Dieses Ergebnis wird diejenigen überraschen, die im Anschluß an eine ältere Lehrmeinung im Präsidentialsystem die institutionelle Garantie für starke, geschlossene Führung und für durchsetzungsfähige, gut geplante Politik sehen. Politik aus einem Guß ist jedoch eher Ausnahme als Sonderfall – auch und vor allem im Präsidentialismus. Und wie J. J. Linz (1994) und andere gezeigt haben, plagen den Präsidentialismus noch andere Probleme: die doppelte Legitimität von Präsident und Kongreß, die hohe Wahrscheinlichkeit konfliktorischer Beziehungen in der Exekutive sowie zwischen Exekutive und Legislative, das Fehlen von Mechanismen, die derartige Konflikte zuverlässig regeln könnten, der Nullsummencharakter von Präsidentschaftswahlen, ferner die Mehrheitsherrschaft (die im Extremfall dazu führen kann, daß die Mehrheit der Wähler ohne angemessene Repräsentation bleibt), überdies die potentielle Polarisation und die Rigidität, die durch die fest fixierte Amtszeit und die Begrenzung der Wiederwahl zustandekommen. Besonders prekär scheinen die Effekte des Präsidentialismus vor allem im Zusammenwirken mit einem polarisierten Parteiensystem zu sein (Valenzuela 1993). Überdies gilt der Präsidentialismus in der vergleichenden Transitionsforschung als ein System, das aufgrund seiner institutionellen Rigidität und seines Nullsummenspielcharakters die Chancen der Konsolidierung der Demokratie erheblich beeinträchtigt (Linz/Valenzuela 1994, Hadenius 1994, siehe auch Kapitel 3.7).

Die Bilanz des Vergleichs fällt auch in den neueren Arbeiten von A. Lijphart eher gegen als für den Präsidentialismus aus. Lijphart hat in einem Vergleich der Regierungspraxis von präsidentiellen und parlamentarischen Demokratien gezeigt, daß die parlamentarischen Systeme in der Repräsentation, der Protektion von Minderheiten, der Wählerbeteiligung und der Bekämpfung von Wirtschaftsproblemen insgesamt bessere Noten erzielten (vgl. auch Linz 1990a). Besonders gut ist Lijphart zufolge die Bilanz der parlamentarischen Demokratien mit moderatem Verhältniswahlrecht und einer überschaubaren Anzahl von Parteien, wie in der Bundesrepublik Deutschland und in Schweden (Lijphart 1991, 1992c, 1994b).

Das relativ kritische Urteil des Industrieländervergleichs über den Präsidentialismus, das die Werke von A. Lijphart und J. Linz enthalten, wird durch B. Powells vergleichende Studien gestützt. Auch Powell zufolge verdienen die präsidentiellen Regime mehr Kritik als Lob (Powell 1982, ähnlich Huber/Powell 1994). Zwar erzeugten sie in der Regel ein hinreichend hohes Maß an Regierungsstabilität und ermöglichten regelmäßige Machtwechsel; andererseits manipulierten die Regierungen präsidentieller Systeme die Wirtschaftspolitik mit Blick auf den Wahlterminkalender häufiger als die anderer Demokratien. Hierdurch entstünden „Politische Konjunkturzyklen", d.h. wahlterminorientierte Wirtschafts- und Finanzpolitikzyklen mit insgesamt destabilisierenden Auswirkungen auf die wirtschaftliche Entwicklung in der nachfolgenden Periode.

Überdies macht sich im Präsidentialismus die systembedingte Trennung von Exekutive und Legislative als Hemmschuh spürbar. Hierdurch wird die Gesetzgebung nachhaltig erschwert, wenn nicht gar blockiert. Ein weiteres Strukturproblem der präsidentiellen Systeme ist darin zu sehen, daß ihre Funktionsvoraussetzungen nur schwach entwickelt sind und durch das Funktionieren des Präsidentialismus eher geschwächt als gestärkt werden: Toleranz und Anpassungsbereitschaft auf seiten von Regierenden hinsichtlich der Spielregeln sowie Folge- und Kooperationsbereitschaft der Opposition. Die Politik in Präsidentialsystemen ist jedoch in der Regel nicht auf Kooperation und Positivsummenspiele gerichtet, sondern auf Konflikt, scharfen Wettbewerb zwischen wechselnden Koalitionen und Nullsummenspiele (Przeworski 1990, Linz 1994). Bei Nullsummenspielen stehen Entweder-oder-Entscheidungen an, in denen der Gewinn der einen Partei der Verlust der anderen ist. Unter diesen Bedingungen lohnt sich Kooperation nicht. Anders ist der Sachverhalt im Falle von Positivsummenspielen. In ihnen kann Kooperation für alle Beteiligten lohnend sein, vor allem in Fällen, in denen das Zusammenwirken ein höheres Maß an zu verteilendem Nutzen als im Fall von Nichtkooperation erzeugt.

Damit ist ein Zusammenhang von Entscheidungsregeln und Entscheidungskosten angesprochen, der auch für die im folgenden erörterten Demokratietypen – die Konkurrenz- und Konkordanzdemokratie bzw. die Mehrheits- und die Konsensusdemokratie – wichtig wird. Deren Analyse zeigt, daß auch die parlamentarischen Demokratien keineswegs aller Probleme los und ledig sind. Auch sie haben charakteristische Schwächen. Die für sie typische Vorrangstellung von Parteien kann in allgegenwärtige Parteienmacht (vgl. von Arnim 1992) und Krämerseelen-Klüngel (Scheuch/Scheuch 1992) ausarten, in schamlose Patronage, üppigste Parteienfinanzierung (Landfried 1994) und parteipolitisch gedeckte großflächige Korruption. Doch zwangsläufig ist dies nicht. Die Befähigung, Probleme zu lösen oder zu schaffen und zu verschlimmern, hängt von zahlreichen Bedingungen unterhalb der Ebene ab, welche durch die Unterscheidung von parlamentarischen und präsidentiellen Demokratien markiert ist. Dabei spielen auch der Konkurrenz- bzw. Konkordanzgrad und die Stärke des Majorz- und Konsensusprinzips eine Rolle, wie das nächste und das übernächste Kapitel zeigen.

Kapitel 3.2
Konkurrenz- und Konkordanzdemokratie

Vor allem in der angloamerikanischen vergleichenden Politikwissenschaft war lange die Annahme verbreitet, nach dem „Rom der Demokratie" (Lehmbruch 1987: 3) führe nur der Weg der angloamerikanischen Staaten, insbesondere derjenige Großbritanniens und der USA. Dort war nach verbreiteter Sichtweise der Vormarsch der Demokratie friedlich verlaufen und hatte Regeln für den Kampf um Wählerstimmen und die Umsetzung von Stimmen in Abgeordnetenmandate hervorgebracht, die als fair anerkannt wurden. Ferner waren in diesen Ländern – zumindest im 20. Jahrhundert – Machtwechsel möglich geworden, so daß der Verlierer einer Wahl sich mit der Chance, die nächste Wahl zu gewinnen, trösten konnte. Vor allem aber überlebten die angloamerikanischen Demokratien die kritische Zeit zwischen den beiden Weltkriegen, in der die Demokratie in nicht wenigen Ländern zusammenbrach und dem Faschismus und dem Nationalsozialismus wich, z.B. in Italien und Deutschland. Aber nicht nur Stabilität, sondern auch Leistungsfähigkeit wurde den angloamerikanischen Demokratien bescheinigt, beispielsweise die Wahrung echter Chancen für die Opposition, der Schutz von Minoritäten und die Integration zuvor ausgegrenzter politischer und gesellschaftlicher Gruppen.

Diese Sichtweise kennzeichnete einen einflußreichen Zweig der vergleichenden Demokratieforschung, der sich aus der politischen Systemanalyse im Anschluß an die strukturfunktionalistische Soziologie von Talcott Parsons, die soziologische Modernisierungstheorie und die US-amerikanische Pluralismustheorie entwickelte (z.B. Almond/Powell 1966). Dieser Denkrichtung zufolge war die Wahrscheinlichkeit stabiler und leistungsfähiger Demokratie vor allem dort hoch, wo eine relativ homogene säkularisierte politische Kultur bestand. Hierfür gaben lange Zeit die angloamerikanischen Demokratien das Modell ab (Almond/Verba 1963). Die politische Instabilität kontinentaleuropäischer Länder in der Zwischenkriegszeit – z.B. Deutschlands, Frankreichs und Italiens – wurde insbesondere mit der Fragmentierung ihrer jeweiligen politischen Kultur in verfeindete weltanschauliche „Lager" und mit Institutionendefekten, wie der durch das Verhältniswahlsystem in das Parteiensystem transportierten Zersplitterung, erklärt.

Auch im Hinblick auf das Wahlsystem schienen die angloamerikanischen Länder mit ihrem Mehrheitswahlsystem (mit Ausnahme Neuseelands seit 1993) effizienter und effektiver in der Wahrung von Oppositions-, Machtwechsel- und Innovationschancen in der Politik zu sein. Ferner hat man die Struktur ihres Parteiensystems – Zweiparteiensysteme anstelle der kontinentaleuropäischen Vielparteiensysteme – als Quelle politischer Stabilität interpretiert. Somit schien die Mehrheitswahl bzw. die Konkurrenzdemokratie Großbritanniens und der USA, aber auch Neuseelands und Australiens, die beste Garantie für eine vitale, leistungsstarke Demokratie zu sein. Die Auffassung, die reine Konkurrenz- oder Wettbewerbsdemokratie – zumindest eine Mehrheitsdemokratie – sei die beste Demokratieform, fand auch bei liberalen Denker auf dem Kontinent Anklang, so z.B. bei R. Dahrendorf (1968a, 1983: 64 und 1992a).

Wer genauer zuhörte, merkte, daß manche das Loblied auf die anglo-amerikanischen Demokratien zu laut und mitunter falsch sangen. Immerhin war dort der Demokratisierungsprozeß von heftigen innenpolitischen Auseinandersetzungen, in den USA gar von einem Bürgerkrieg begleitet worden, und in den sich allmählich demokratisierenden britischen Siedlerkolonien hatte der Aufbau einer neuen Gesellschaft die Struktur der Wirtschaft und der Gesellschaft der Ureinwohner zerstört. Überdies hatten vor allem die Vereinigten Staaten von Amerika lange Zeit ein höchst exklusives Wahlrecht, was sich vor allem zu Lasten der farbigen Bevölkerung niederschlug. Noch 1971 stufte R. Dahl die USA als eine defekte Polyarchie ein, und Polyarchie galt ihm als synonym für eine ohnehin schon unvollendete Demokratie (Dahl 1971: 197f.). Wie vor allem die vergleichende Politikforschung der 60er und 70er Jahre zeigte, beruhte das Lob der Konkurrenzdemokratie auf einäugiger Betrachtung. Vergleichende Studien vor allem von kontinentaleuropäischen Politikwissenschaftlern hatten nämlich aufgedeckt, daß die Gütemerkmale, die der Konkurrenzdemokratie der englischsprachigen Industrieländer zugeschrieben wurden – politische Stabilität, Überlebensfähigkeit und Leistungsfähigkeit – auch von einem anderen Demokratietypus erfüllt werden konnten: dem der Konkordanzdemokratie. Bahnbrechend hierfür waren vor allem die Beiträge von G. Lehmbruch (1967, 1970, 1987 und 1992) und A. Lijphart (1968 und 1984).

Der Begriff „Konkordanz" entstammt dem lateinischen „concordantia". Das bedeutet Übereinstimmung. Konkordanzdemokratie hieße demnach wörtlich „Übereinstimmungsdemokratie". Sinngemäß ist jedoch eine Verhandlungsdemokratie gemeint, in der – an Stelle des Mehrheitsprinzips – auf dem Wege der Verhandlung bestimmte Kompromißtechniken zur Herbeiführung eines Konsenses über verbindliche Entscheidungen angewandt werden. Es ist die Art der Konfliktregelung, die hauptsächlich die Konkordanzdemokratie von der Konkurrenzdemokratie unterscheidet. Die Konkurrenzdemokratie bewältigt Konflikte im wesentlichen mit Hilfe des Mehrheitsprinzips, die Konkordanzdemokratie dagegen regelt sie weder nach dem Mehrheitsprinzip noch durch Befehl, sondern mit Hilfe von Entscheidungsmaximen des gütlichen Einvernehmens, die an die Kompromißtechniken der deutschen und schweizerischen Religionsfriedensschlüsse des 17. und 18. Jahrhunderts erinnern (Lehmbruch 1967 und 1992). In der

Konkordanzdemokratie werden Minderheiten an den Entscheidungsprozessen mit gesicherten Teilhabe- und Vetorechten beteiligt, beispielsweise durch Einbindung oppositioneller Parteien in die Regierung einer großen Koalition oder einer Allparteien-Koalition. Im Geltungsbereich konkordanzdemokratischer Entscheidungsregeln haben Minderheiten mehr oder minder stark ausgebaute Vetorechte, im Grenzfall gewährleistet das Einstimmigkeitsprinzip jedem Abstimmungsberechtigten ein Vetorecht.

Charakteristisch für die Konkordanzdemokratie ist im übrigen die Absicherung der Kompromißverfahren durch formelle Proporz- oder Paritätsregeln bei der Besetzung öffentlicher Ämter („Proporzdemokratie") und der Patronage im öffentlichen Dienst sowie in staatlich kontrollierten Bereichen der Wirtschaft. Nicht selten schließen Parität und Proporz die Teilhabe an staatlichen Zuwendungen und Zugang zu Massenkommunikationsmitteln ein (siehe Lehmbruch 1967, Müller 1988, Dachs u.a. 1991).

Die Konkordanzdemokratie hat sich vor allem in kleineren kontinentaleuropäischen Ländern entwickelt. Vor allem die Schweiz und die Niederlande schlug man diesem Typ zu, und lange zählten auch Österreich und Belgien als Paradebeispiele konkordanzdemokratischer Praxis. Allerdings gibt es mittlerweile Hinweise darauf, daß der konkordanzdemokratische Charakter Belgiens aufgrund des Sprachenstreits und derjenige Österreichs aufgrund der Abkehr von der Praxis großer Koalitionen in den Jahren von 1965-83 sowie infolge abschmelzender Lagermentalitäten geschwächt wurde (Luther/Müller 1992).

Konkordanzdemokratische Elemente kennzeichneten auch einige außereuropäische Länder, insbesondere den Libanon vor dem Bürgerkrieg, und sie charakterisieren auch einen erheblichen Teil der Entscheidungsstrukturen der Europäischen Union, vor allem vor der Einführung der Einheitlichen Europäischen Akte, die bereichsweise qualifizierte Mehrheiten an die Stelle des bis dahin dominierenden Einstimmigkeitsprinzips setzte. Auch im politischen System der Bundesrepublik spielen konkordanzdemokratische Strukturen eine nicht unbeträchtliche Rolle. Zu denken ist dabei an die Techniken des gütlichen Einvernehmens in der Selbstkoordination der Bundesländer, wie in weiten Bereichen des Bildungswesens, im Beziehungsgeflecht zwischen Bund und Ländern (Lehmbruch 1976), bei der Besetzung oberster Bundesgerichte, bei verfassungsändernder Gesetzgebung, die Zweidrittelmehrheit der Abstimmungsberechtigten im Bundestag und Zweidrittelmehrheit der Stimmen im Bundesrat voraussetzt, bei zustimmungsbedürftiger Gesetzgebung und in der Patronagepolitik der öffentlich-rechtlichen Rundfunkanstalten. Zur Kennzeichnung der Gesamtheit politischer Systeme wird von Konkordanzdemokratie jedoch in der Regel nur dort gesprochen, wo „wichtige Entscheidungsprozesse auf der Ebene der Zentralregierung formal oder durch informelle Prozeduren außerparlamentarischer Verständigung von der Maxime des gütlichen Einvernehmens beherrscht sind" (Lehmbruch 1992: 208). Insoweit wird man die Bundesrepublik Deutschland auf der Achse, die von der Konkurrenz- zur Konkordanzdemokratie reicht, als Mischform einzustufen haben (Abromeit 1993), als gemischte Demokratie und insofern als eine Mischverfassung im Sinne der aristotelischen Staatsformenlehre (siehe Tabelle 5).

Zu den Leistungen der Konkordanzdemokratie zählt man ihre politische Stabilität und ihre Fähigkeit zur Integration unterschiedlicher gesellschaftlicher Gruppierungen. Sogar auf Basis einer fragmentierten politischen Kultur können Konkordanzdemokratien stabil bleiben, sofern sich die Eliten der jeweiligen gesellschaftlichen „Lager" kooperativ verhalten. Konkordanzdemokratien haben normalerweise sogar eine höhere Kapazität als Mehrheitsdemokratien, tief verwurzelte Konflikte zwischen gesellschaftlichen Gruppen auszuhalten und zu zügeln (zusammenfassend Luthardt 1988b: 242f.).

Das wirft vor allem die Frage auf, unter welchen Bedingungen das Konfliktmanagement gelingt oder fehlschlägt und unter welchen Voraussetzungen die Eliten konfligierender Lager kooperieren. Die Forschung hält hierfür drei Hauptargumente parat. Das erste Argument stammt von dem niederländischen Politikwissenschaftler A. Lijphart. Ihm zufolge entstehen Konkordanzdemokratien, wenn die Elitegruppen der rivalisierenden Lager die bis dahin intensiven und stabilitätsbedrohenden Konflikte mittels Kompromißtechniken zu überbrücken beginnen. Lijphart hat die Niederlande im Sinn, insbesondere die Ereignisse von 1917, die sogenannte Pacificatie. Damals trafen die Führer der großen Parteien eine Absprache über die Regelung der Konflikte, welche die niederländische politische Szenerie beherrschten, vor allem Konflikte über das Schulsystem und die Wahlrechtsfrage. Man vereinbarte eine Paketlösung. Sie umfaßte ein allgemeines Verhältniswahlsystem und eine Schulpolitik, die die staatliche Finanzierung der öffentlichen Schulen wie auch der konfessionellen Privatschulen vorsah. Grundlage dieser Konfliktregelung war ein sozialtechnologisches Management, das durch die Nutzung von Handlungsspielraum auf seiten verantwortlicher Eliten zustande kam.

Eine zweite Schule betont gegenüber dieser relativ voluntaristischen Sichtweise das Gewicht historisch gewachsener Traditionen. Ihr zufolge kam die Konkordanzdemokratie nur dort zum Zuge, wo Techniken der Kompromißfindung schon seit längerem praktiziert wurden, z.B. die Kooperation von Eliten in Städtebünden (Lehmbruch 1993).

Eine dritte Hypothese zur Erklärung konkordanzdemokratischer Eliten-Kooperation sieht – ergänzend zum entwicklungsgeschichtlichen Ansatz der zweiten Lehrmeinung – die Schlüsselgrößen im Erlernen eines Repertoires von Spielregeln und Techniken der Situationsdeutung sowie in der Kosten-Nutzen-Abwägung der beteiligten Akteure. G. Lehmbruch hat diesen Ansatz maßgeblich entwickelt (Lehmbruch 1976, 1987 und 1992). Der entscheidende Passus sei im Wortlaut zitiert: „In jener Entwicklungsphase kulturell-fragmentierter Gesellschaften, die durch die Ausbildung vertikal integrierter ‚Lager' (oder ‚Säulen') charakterisiert ist, entstehen Konkordanzdemokratien aus einem strategischen Kalkül von Organisationseliten der rivalisierenden politischen Lager, die von Mehrheitsstrategien keine sicher kalkulierbaren Gewinne erwarten. Dies kann dadurch bedingt sein, daß in einer gegebenen politischen Tradition keine Erfahrungen mit längerfristig funktionsfähiger Konkurrenzdemokratie vorliegen (Österreich 1945) oder daß potentielle Oppositionsgruppen über institutionelle Instrumente verfügen, um Mehrheitsentscheidungen der Zentralregierung zu konterkarieren (Schweiz). Insbesondere wird dies aber in versäulten Gesellschaften der Fall sein, weil hier die Bindungen der Wähler an die politischen Lager hochgradig stabil und wegen des geringen Potentials an Wechselwählern Strategien der Stimmenmaximierung wenig aussichtsreich sind (...) Dies kann mit der Hypothese verknüpft werden, daß die Entstehung von ‚versäulten' Organisationsnetzen selbst eine Strategie zur institutionellen Absicherung der Position ihrer Elitegruppen gegen gesellschaftlichen Wandel darstellt" (Lehmbruch 1992: 210).

Die Forschung hat auch einen Zusammenhang zwischen Konkordanzdemokratie und neokorporatistischer Interessenvermittlung nachgewiesen, in deren Rahmen der Staat und mächtige Produzenteninteressen, vor allem Gewerkschaften und Unternehmerverbände, in der Politikformulierung und -durchsetzung kooperieren: Je stärker die konkordanzdemokratischen Strukturen ausgebaut sind, desto tendenziell stärker ist der Neokorporatismus, d.h. die mehr oder minder formelle Kooperation zwischen Staat und Verbänden in der Politikformulierung und Politikdurchführung über mehrere Politiksektoren hinweg, z.B. durch Koordination von Lohnpolitik, Geldpolitik der Zentralbank und Finanzpolitik der Zentralregierung (Lijphart und

Crepaz 1991, Lehmbruch 1993, zum Neokorporatismus siehe Schmitter/Lehmbruch 1979 und Lehmbruch/Schmitter 1992).

Tabelle 5: Konkurrenzdemokratie, Konkordanzdemokratie und Mischformen im Industrieländervergleich[1]

Land	Typ
Australien	Konkurrenzdemokratie
Belgien	Konkordanzdemokratie [2]
BR Deutschland	Mischform
Dänemark	Mischform
Finnland	Mischform
Frankreich	Konkurrenzdemokratie
Griechenland	Konkurrenzdemokratie
Großbritannien	Konkurrenzdemokratie
Irland	Konkurrenzdemokratie
Island	Konkurrenzdemokratie
Italien	Mischform
Japan	Konkurrenzdemokratie
Kanada	Konkurrenzdemokratie
Luxemburg	Konkordanzdemokratie
Neuseeland	Konkurrenzdemokratie
Niederlande	Konkordanzdemokratie [2]
Norwegen	Konkurrenzdemokratie
Österreich	Konkordanzdemokratie [2]
Portugal	Konkurrenzdemokratie
Schweden	Konkurrenzdemokratie
Schweiz	Konkordanzdemokratie [2]
Spanien	Konkurrenzdemokratie
USA	Konkurrenzdemokratie

1) Die Eintragungen in der Tabelle 5 basieren auf dem Hauptmerkmal der konkordanz- bzw. konkurrenzdemokratischen Strukturen im Zeitraum vom Beginn der 50er bis Mitte der 90er Jahre. Für Griechenland, Portugal und Spanien beziehen sich die Eintragungen auf die Zeit seit der Demokratisierung dieser Länder in den 70er Jahren. Für Differenzierungen nach einzelnen Perioden vor allem hinsichtlich Belgiens, der Niederlande und Österreichs: siehe Textteil. Die Klassifikation der Länder in der Tabelle fußt vor allem auf Lehmbruch 1975, 1992 und 1993, Lijphart 1968, 1977, 1984 und 1989a, Abromeit 1993 und Kleinfeld/Luthardt 1993.
2) Die Demokratien dieser Länder zählen zum Typus „Consociational Democracy" (siehe hierzu das nächste Kapitel).

Zu den Vorzügen der Konkordanzdemokratie zählt man den Minderheitenschutz. Auch wird ihr Potential zur Bündelung und Vermittlung von Interessen in den politischen Entscheidungsprozeß als höher eingeschätzt als das der Konkurrenzdemokratien, die den Interessen der Mehrheit Vorfahrt geben, und das der präsidentiellen Regime, die –

wie gezeigt – auf konfliktorische Politik programmiert sind. Überdies kommt der Konkordanzdemokratie zugute, daß in ihr in der Regel nicht Nullsummenspiele praktiziert werden – Entscheidungssituationen, in denen nur Sieg oder Niederlage zählt und wo Kooperation nicht lohnt – sondern Nicht-Nullsummenspiele, in denen die Beteiligten nach Kooperation streben und hierdurch zusätzlichen Nutzen erzielen. Ferner ist der Konkordanzdemokratie zugute zu halten, daß die Kosten, die nach gefaßter Entscheidung in der Phase des Vollzugs anfallen, in der Regel viel geringer als bei Konfliktregelung durch Majorz oder Hierarchie sind.

Allerdings hat die Konkordanzdemokratie auch erhebliche Nachteile. Aufgrund der hohen Mehrheitsschwellen oder des Einstimmigkeitsprinzips sind die in ihr bis zur Entscheidungsfindung anfallenden Entscheidungskosten hoch. Folgt man der ökonomischen Theorie der Entscheidungsprozesse (siehe Kapitel 2.6), schrumpfen zwar die „externen Kosten" mit zunehmender Nähe zum Einstimmigkeitsprinzip, doch steigen hierdurch die Konsensbildungskosten. In Buchanans und Tullocks Terminologie sind demnach die Entscheidungskosten beträchtlich, wenngleich dem kritisch hinzuzufügen ist, daß Buchanan und Tullock die preisgünstigere Implementation in der Konkordanzdemokratie übersehen. Unbestreitbar ist in der Konkordanzdemokratie die Wahrscheinlichkeit der Nichteinigung und somit die der Entscheidungsblockade größer. Um Entscheidungen im Rahmen von konkordanzdemokratischen Arrangements überhaupt zustandezubringen, greift man zu Techniken der Kompromißbildung. Zu ihnen gehören Verlängerung des Entscheidungsprozesses, Verminderung umstrittener Verteilungs- oder Umverteilungsprojekte, zeitliche Streckung der Umsetzung von Maßnahmen, Entscheidungsvertagung, Tausch und Paketentscheidungen, mit denen Zugeständnisse in einer Angelegenheit und Gewinne in einer anderen zusammengeschnürt werden. Das allerdings kann der Problemlösungsfähigkeit höchst abträglich sein, wie vor allem die Politikverflechtungstheorie gezeigt hat (Scharpf u.a. 1976, Scharpf 1985).

Aufgrund der hohen Konsensbildungsschwellen kann der Willensbildungs- und Entscheidungsprozeß in der Konkordanzdemokratie durch kooperationsunwillige Gruppen besonders einfach und wirksam blockiert werden. Insoweit ist die Konkordanzdemokratie mit einem Problem konfrontiert, das der „Tyrannei der Mehrheit" der Majorzdemokratie ähnelt: dem Problem der Tyrannei der Minderheit. Hinzu kommt ein Weiteres: auch unterhalb der Schwelle der Entscheidungsblockade haben Konkordanzdemokratien eigentümliche Defizite. Ihr

Zeitaufwand für Willensbildung und Entscheidung ist groß. Häufig kommen in ihr Entscheidungen nur mit erheblichen Verzögerungen gegenüber den Problemen, zu deren Bewältigung sie dienen sollen, zustande. Nicht zufällig spricht man in der Schweiz von der „üblichen helvetischen Verzögerung" der Reaktion staatlicher Politik auf gesellschaftliche Problemlagen (siehe z.B. Kriesi 1980, Abromeit/Pommerehne 1992, Abromeit 1995).

Insoweit erweist sich die Konkordanzdemokratie – unter sonst gleichen Bedingungen – als ein System mit einem ambivalenten Leistungsprofil. Schwer tut sie sich mit Situationen und Herausforderungen, die rasche Anpassung, Innovation und größere Kurswechsel auch in kurzer Frist verlangen. Dieses Defizit kann Anpassungs- und Modernisierungsprobleme und somit auf Dauer erhebliche Entwicklungsrisiken erzeugen (Kriesi 1980, Lehner 1989: 93f.). Auch unter demokratietheoretischen Gesichtspunkten muß die Konkordanzdemokratie Kritik einstecken: viele sehen in ihr einen von Eliten dominierten Prozeß, ein basisfernes Arrangement, einen Mechanismus zu Lasten Dritter. Für manche ist sie gar „Demokratie ohne das Volk" (Germann 1976: 438). Die Konkordanzdemokratie hat gewiß systematische Leistungsschwächen, andererseits aber die Befähigung, unterschiedliche gesellschaftliche Gruppen – im Extremfall sogar gesellschaftliche „Lager" – auf friedliche Art und Weise in einem Staat zur Koexistenz zu bringen.

Die Konkordanzdemokratie wartet beim Leistungstest mit Erfolgen und Mißerfolgen auf. Ihre Stärken und Schwächen sind mit denen des alternativen konkurrenzdemokratischen Modells abzuwägen. Zu dessen Vorzügen zählt die zuverlässige Lösung klassischer Probleme der Repräsentativdemokratie. Normalerweise gewährleistet die Konkurrenzdemokratie relativ stabile Regierungen. Ferner ermöglicht sie mit einiger Wahrscheinlichkeit Machtwechsel. Hierdurch schafft sie Chancen für politische Innovation. Überdies sorgt sie für die eindeutige, übersichtliche und effiziente Übersetzung von Individualpräferenzen in Kollektiventscheidungen sowie für offene und für die Wähler gut nachprüfbare Machtverteilung, Zuständigkeit und Rechenschaftspflichtigkeit.

Allerdings sind der Konkurrenzdemokratie auch erhebliche Nachteile eigen. Zwischen den Wahlterminen verfügt die jeweilige Mehrheit über einen großen Spielraum. Den kann sie zu gemeinwohldienlichen Zwecken, aber auch mißbräuchlich verwenden. Hervorzuheben ist die Anfälligkeit der Konkurrenzdemokratie für die Verselbständigung der Mehrheit. Diese kann bis zum Grenzfall der „Tyrannei der Mehrheit"

(A. de Tocqueville) reichen. Zu den Schwächen der Wettbewerbsdemokratie wird man auch die mangelnde Fähigkeit zählen, Verlierer von Kollektiventscheidungen – wie z.B. Wahlen – zu integrieren. Auch tut sich die Konkurrenzdemokratie aufgrund des Mehrheitsprinzips schwer, Minoritäten einzubinden. Überfordert ist sie, wenn es um den Zusammenhalt einer Gesellschaft geht, die in unterschiedliche gesellschaftliche „Lager" zerfällt, z.B. nach der Zugehörigkeit zu sozialen Klassen, Konfessionsgemeinschaften und ethnischen Gruppen. Einer solchen Gesellschaft die Konkurrenzdemokratie überzustülpen, hieße Öl ins Feuer gießen. Ferner sind die Kosten, die in einer Konkurrenzdemokratie in der Phase des Entscheidungsvollzugs anfallen, von beträchtlicher Größenordnung: jetzt nämlich rächt sich, daß die Implementierungskosten nicht schon im Willensbildungsprozeß gewogen und gegebenenfalls internalisiert worden sind. Nicht zuletzt stärkt die Konkurrenzdemokratie den kompetitiven und den konfliktorischen Charakter der Politik. Das macht gewiß Politik unterhaltsam und fügt sich einem Politikverständnis, das den Kampf betont – „Politik ist: Kampf", sagte Max Weber (1988b: 329) –, doch kann solche Kampfeslust unter bestimmten Umständen destabilisierend wirken. Das ist beispielsweise der Fall, wenn der Wettbewerb zu harter Konfrontation, Mehrheitstyrannei und zahlreichen Regierungswechseln führt, die ihrerseits „stop and go"-Politik und somit ein gehöriges Ausmaß an Unstetigkeit mit langfristigen Destabilisierungsfolgen hervorruft. Vom Loblied auf die Konkurrenzdemokratien bleibt folglich weniger übrig als nach dem Urteil der älteren vergleichenden Politikwissenschaft zu erwarten war. Im Vergleich mit der Konkurrenzdemokratie erreicht die Konkordanzdemokratie in den vorliegenden Bilanzen zwar nicht glanzvolle, aber zumindest ordentliche Noten (Lehmbruch 1967, 1992, 1993, Abromeit/Pommerehne 1992, Kleinfeld/Luthardt 1993).

Allerdings sind die vorliegenden Bilanzen punktuell und lückenhaft. Vor allem steht eine systematisch vergleichende Analyse der Leistungen und Schwächen aller konkurrenz- und konkordanzdemokratischen Systeme, einschließlich der „gemischten Demokratien" (siehe Tabelle 5), noch aus. Zwischenergebnisse von Forschungen des Verfassers dieses Buches stützen die noch weiter zu prüfende These, daß die Konkordanzdemokratien im Vergleich mit Konkurrenzdemokratien vergleichsweise gut abschneiden (siehe Tabelle 6). Zum Beispiel sind in den Konkordanzdemokratien Konflikte zwischen den Arbeitsmarktparteien insgesamt weniger heftig und weniger zahlreich als in den typischen Konkurrenzdemokratien. Überdies haben die Konkordanzdemokratien höhere Barrieren gegen die Mehrheitsherrschaft errichtet als die Wettbewerbsdemokratien. Auffällig ist auch, daß die Konkordanzdemokratien Preissteigerungen tendenziell besser als andere Demokratien, vor allem besser als Konkurrenzdemokratien, unter Kontrolle bringen. Überdies sind die Konkordanzdemokratien der Tendenz nach sozialstaatlich beträchtlich stärker engagiert als die konkurrenzdemokratisch regierten Länder.

Tabelle 6: Staatstätigkeit und politisch-ökonomische Leistungsprofile in konkurrenz- und in konkordanzdemokratischen Ländern

Abhängige Variable	Korrelationskoeffizient r[1]	
	Konkordanzdemokratie[2]	Konkurrenzdemokratie[3]
Wirtschaftswachstum[4]		
1960-89	-.33	.37
1973-79	-.38	.37
1979-89	-.23	.23
Inflationsbekämpfung[5]		
1950-85	-.44	.31
1973-79	-.42	.42
1979-89	-.39	.41
Sozialstaat[6]		
1960[7]	.37	-.46
1980[8]	.65	-.43
1989[9]	.47	-.37

1) Jeweils Pearsons Produkt-Moment-Korrelationskoeffizient. Minuszeichen zeigen inverse Zusammenhänge (je stärker X, desto schwächer Y), positive Vorzeichen direkte Zusammenhänge an (je stärker X, desto stärker Y). Die Koeffizienten haben ein Minimum von -1.0 und ein Maximum von +1.0. Werte nahe 0.0 zeigen das Fehlen jeglichen statistischen Zusammenhangs an. Soweit nicht anders vermerkt 23 Untersuchungsfälle (identisch mit den in Tabelle 5 aufgeführten Staaten).
2) Länder mit Konkordanzdemokratie wurden mit „1" kodiert, alle anderen mit „0" (Basis Tabelle 5).
3) Länder mit Konkurrenzdemokratie wurden mit „1" kodiert, alle anderen mit „0" (Basis Tabelle 5).
4) Jahresdurchschnittliche Wachstumsraten des Volumens des preisbereinigten Bruttoinlandsproduktes in Prozentveränderung gegenüber dem Vorjahr. Datenbasis: OECD: OECD Economic Outlook – Historical Statistics, Paris (verschiedene Ausgaben).
5) Konsumentenpreisindex. Jahresdurchschnittliche Veränderungen gegenüber dem Vorjahr. Datenbasis: OECD: OECD Economic Outlook – Historical Statistics, Paris (verschiedene Ausgaben). Negatives Vorzeichen zeigt erfolgreichere Inflationsbekämpfung in der Gruppe der Konkordanzdemokratien an.
6) Gemessen durch die Sozialleistungsquote (öffentliche Sozialausgaben in Prozent des Bruttoinlandsprodukts).
7) Sozialausgaben nach Abgrenzung der ILO. N = 22.
8) Sozialausgaben nach Abgrenzung der ILO. N = 22.
9) Sozialtransfers nach OECD-Angaben. Quelle: OECD Economic Outlook – Historical Statistics, Paris (verschiedene Ausgaben). N = 21.

Allerdings haben die Konkurrenzdemokratien insgesamt betrachtet Vorteile beim Wirtschaftswachstum: ihre Wirtschaft wächst tendenziell schneller als die anderer Länder, vor allem schneller als die der Konkordanzdemokratien. Diese statistischen Zusammenhänge legen die – an anderer Stelle zu prüfende – These nahe, daß in Konkordanzdemokratien der Zielkonflikt zwischen Effizienz und Gleichheit (Okun 1975) anders als in Konkurrenzdemokratien bewältigt wird, nämlich so, daß Verteilungsgerechtigkeitsziele (für die unter anderem die Sozialleistungsquote ein Maßstab ist) deutlich höher bewertet werden, während in den Konkurrenzdemokratien das Schwergewicht auf wirtschaftspolitische Effizienz (gemessen durch gesamtwirtschaftliche Indikatoren wie Inflationsrate und Wirtschaftswachstum) unter Hintanstellung von Verteilungsgerechtigkeit gelegt wird.

Kapitel 3.3
Mehrheits- und Konsensusdemokratie

In der vergleichenden Demokratieforschung kommen verschiedene Vorgehensweisen zum Zuge. Am häufigsten werden qualitative Auswertungsverfahren im Rahmen der Untersuchung weniger ausgewählter Staaten oder eines Landes angewandt. Hiervon sind die quantifizierenden Ansätze der Demokratieforschung zu unterscheiden, die sich Methoden standardisierter Beobachtung und statistischer Auswertungsverfahren bedienen und die nach der Analyse einer möglichst repräsentativen Stichprobe aller Demokratien oder einer Gesamterhebung streben. Der qualitative Ansatz kommt zum Beispiel in den Studien zur Konkordanzdemokratie zum Zuge, die im vorangehenden Kapitel erörtert wurden. Der quantitative Ansatz hingegen wurde bislang vor allem in Beiträgen der amerikanischen Politikwissenschaft verwendet, so B. Powells „Contemporary Democracies" (1982) und in dem bahnbrechenden Vergleich konstitutioneller Demokratien, den der holländische Politikwissenschaftler A. Lijphart unter dem Titel „Democracies" 1984 publiziert hat. „Democracies" ist der ehrgeizige Versuch, die Strukturen der Demokratie in den westlichen Industriestaaten systematisch vergleichend zu erfassen. Die Vorgehensweise und die wichtigsten Ergebnisse dieser Studie werden in diesem Kapitel vorgestellt und kritisch gewürdigt. Überdies wird in kritischer Weiterführung von Lijpharts Studie ein Vorschlag zur Messung des institutionellen Pluralismus in den modernen Demokratien unterbreitet.

Der Ausgangspunkt von „Democracies" ist die Gegenüberstellung zweier Idealtypen der Demokratie, des „Westminster-" bzw. „Mehrheitsdemokratie"-Modells und des „Konsensusdemokratie"-Modells. Lijphart zufolge kennzeichnen neun Hauptmerkmale die reine Mehrheitsdemokratie: (1) hochgradig konzentrierte Exekutivmacht, insbesondere die Alleinregierung der Mehrheitspartei oder eine von der Mehrheitspartei dominierte kleinstmögliche Koalition; (2) Fusion der Macht der Mehrheit in der Legislative und derjenigen der Exekutive sowie Dominanz der Regierung gegenüber dem Parlament; (3) Zweiparteiensystem oder ein nach der Zahl der wichtigen Parteien ihm nahestehender Typus; (4) eindimensionales Parteiensystem im Sinne eines Systems, dem nur eine prägende Konfliktlinie zugrunde liegt (eine Konfliktlinie ist definiert durch das Vorhandensein eines gesellschaftlichen Konflikts, dessen Konfliktparteien mitsamt der zugehörigen Wähler jeweils eine dauerhafte Koalition mit einer politischen Partei eingegangen sind); (5) Mehrheitswahlrecht; (6) asymmetrisches Zweikammersystem oder Einkammersystem, d.h. eine Parlamentsstruktur, in der es entweder nur eine Kammer gibt oder in der das Unterhaus (bzw. ein Äquivalent) die Zweite Kammer, z.B. Senat oder Bundesrat, dominiert; (7) unitarischer und zentralisierter Staat; (8) eine ungeschriebene Verfassung und weitreichende Parlamentssouveränität bzw. weitreichende Souveränität der Parlamentsmehrheit und (9) eine strikt repräsentativdemokratische Ordnung unter nahezu vollständigem Ausschluß direktdemokratischer Arrangements.

Das Gegenstück zur Mehrheitsdemokratie ist die „Konsensusdemokratie" (consensus democracy), so die von A. Lijphart gewählte Bezeichnung, die wohl mit „Verhandlungsdemokratie" genauer, vor allem unmißverständlicher übersetzt werden könnte. Der Idealtypus Konsensusdemokratie ist nach Lijphart durch acht Merkmale charakterisiert: (1) Machtteilung auf seiten der Exekutive, insbesondere Machtaufteilung auf mehrere regierende Parteien, z.B. in einer Großen Koalition; (2) formelle und informelle Gewaltenteilung sowie relative Unabhängigkeit der Exekutive und der Legislative; (3) Mehrparteiensystem; (4) multidimensionales Parteiensystem im Sinne des Vorhandenseins mehrerer Konfliktlinien, z.B. einer Klassen- und einer religiösen Konfliktlinie; (5) Verhältniswahlrecht; (6) Zweikammersystem, vor allem starke Stellung der zweiten Kammer; (7) föderalistischer und dezentralisierter Staatsaufbau und (8) eine nur schwer zu verändernde geschriebene Verfassung, deren Änderung die Zustimmung von Minoritäten, die über gesicherte Vetopositionen verfügen, voraussetzt. Im Gegensatz zur Charakterisierung der Mehrheitsdemokratie findet der Unterschied zwischen Repräsentativ- und Direktdemokratie nicht Eingang in Lijpharts Idealtypus der Konsensusdemokratie.

Der Unterschied zwischen Lijpharts Mehrheitsdemokratie und der Konsensusdemokratie ist groß: Die Mehrheitsdemokratie verschafft der Parlamentsmehrheit und der aus ihr hervorgehenden Exekutive in der Politikgestaltung weitgehend freie Bahn, während die Konsensusdemokratie den Spielraum der Mehrheit und der Exekutive streng begrenzt. Die Konsensusdemokratie betont die Aufsplitterung von Macht mittels Gewaltenteilung, zwei Kammern und einer größeren Zahl von Parteien, und sie will der Majorität und der Minorität Chancen der Machtteilhabe geben. Außerdem hebt sie die faire Transformation der Wählerstimmen in Parlamentsmandate mittels des Verhältniswahlsystems hervor. Ferner delegiert sie Macht an territoriale oder nicht-territorial organisierte Gruppen. Überdies legt sie der Legislative und der Exekutive institutionelle Begrenzungen auf, beispielsweise ein suspensives oder absolutes Veto von Minoritäten.

Der Vollständigkeit halber ist anzumerken, daß die Konsensusdemokratie nicht identisch ist mit der im letzten Kapitel erörterten Konkordanzdemokratie. Lijphart hat den Unterschied zwischen beiden wie folgt beschrieben: die Konsensusdemokratie strebe nach Machtteilung, die Konkordanzdemokratie hingegen erfordert sie und schreibt vor, daß hierbei alle wichtigen Gruppen berücksichtigt werden. Ferner begünstige die Konsensusdemokratie die Autonomie von Gesellschaftssegmenten, die Konkordanzdemokratie hingegen setze solche Autonomie voraus (Lijphart 1989b: 41).

Zurück zum Unterschied zwischen Mehrheits- und Konsensusdemokratie. In welchem Ausmaß kommen die westlichen Länder diesen Idealtypen nahe? Zur Beantwortung der Frage sind exakte Messungen Voraussetzung, und diese erfordern die Umsetzung von Begriffen in präzise beobachtbare und meßbare Größen. In der Fachwissenschaft spricht man in diesem Zusammenhang von Operationalisierung. Das ist ein Fachausdruck der Methodenlehre für die Definition eines Begriffs, die entweder durch die Angabe der Arbeitsschritte (Operationen) erfolgt, die auszuführen sind, um einen durch den Begriff bezeichneten Sachverhalt zu erfassen, oder durch Benennung derjenigen Ereignisse, die das Vorliegen dieses Sachverhaltes anzeigen. Zur Operationalisierung benötigt man Indikatoren, d.h. „Anzeiger" für die Begriffe. Ein Beispiel: In seiner idealtypisierenden Erörterung der Mehrheits- und der Konsensusdemokratie verwendet Lijphart den Zentralisationsgrad der Staatsstruktur als eine veränderliche Größe. Zentralisationsgrad ist ein theoretisches Konzept, das gemeinhin definiert als das Ausmaß, in dem die Befugnisse für gesamtgesellschaftlich bindende Entscheidungen an der Spitze des Staates (in der Regel beim Zentralstaat bzw. beim Bund) gebündelt sind. Wie läßt sich der Zentralisationsgrad exakt messen? Lijphart schlägt hierfür eine Operationalisierung mit Hilfe von finanzstatistischen Daten und eines speziellen Indikators vor: er mißt den Zentralisationsgrad durch den prozentualen Anteil der auf den Zentralstaat entfallenden Steuern an der Gesamtheit der Steuereinnahmen von Zentralstaat und Gliedstaaten. Kassiert der Zentralstaat alle Steuern, zeigt der Zentralisierungsindikator den Wert 100 an; erhält der Zentralstaat nur einen geringfügigen Anteil an Steuern, liegt der Zentralisierungsgrad nahe beim Wert 0.

Der Zentralisationsgrad ist nur eine der Schlüsselvariablen von Lijpharts Demokratienvergleich. Über die Operationalisierung der übrigen Variablen informiert die Tabelle 7.

Tabelle 7: Operationalisierung der theoretischen Konzepte von Lijpharts Mehrheits- und Konsensusdemokratie[1]

Konzept	Indikator
Konzentration der Exekutivmacht	Anteil des Zeitraums, in dem die jeweils kleinstmögliche Koalition regiert
Dominanz der Exekutive	Durchschnittliche Lebensdauer von Kabinetten in Monaten
Struktur des Parteiensystems	Messung durch den Laakso-Taagepera-Indikator der Anzahl der wichtigsten Parteien der Legislative
Dimensionalität des Parteiensystems	Zahl der Konfliktlinien[2]
Wahlrechtsbedingte Disproportionalität von Stimmen- und Parlamentssitzverteilung	Durchschnittliche Abweichung der Stimmen- und der Parlamentssitzanteile der zwei jeweils größten Parteien bei nationalen Wahlen
Einkammer- bzw. Zweikammersystem	Skala von 0 bis 4 (0 = starker Bikameralismus, 4 = Einkammerlegislative)
Zentralisierungsgrad	Prozentanteil der auf den Zentralstaat entfallenden Steuern an allen Steuern
Schwierigkeitsgrad der Verfassungsänderung	Skala von 0 bis 3 (0 = geschriebene und sehr schwer veränderbare Verfassung, 3 = ungeschriebene Konstitution, d.h. großer Spielraum für Mehrheit)

1) Ohne die Variable Referendumsdemokratie, die in A. Lijpharts empirischer Analyse der Demokratietypen ausgeklammert wird.
2) Dabei werden folgende Konfliktlinien unterschieden: Kapital-Arbeit, religiös gebundene Wähler versus nichtreligiöse, Stadt-Land und ethnisch-kulturell-sprachliche Konfliktlinien.
Quelle: Lijphart 1984.

Welche Ergebnissen fördert Lijpharts Vergleich der Demokratien zutage? Eine zusammenfassende Antwort geben die Daten in der Tabelle 8. Diese Tabelle informiert über die zwei wichtigsten Faktoren, die den – anhand der Indikatoren von Tabelle 7 erfaßten – Demokratiestrukturen der westlichen Staaten zugrunde liegen: den Konsensus-Mehrheits-Faktor und den Föderalismus-Unitarismus-Faktor. Der Konsensus-Mehrheits-Faktor ist ein standardisierter Durchschnittswert der jeweils ebenfalls standardisierten Originalwerte der ersten fünf Indikatoren der Tabelle 7 (Konzentration der Exekutivmacht, Dominanz der Exekutive, Struktur des Parteiensystems, Dimensionalität des Parteiensystems und Wahlrecht). Der Faktor Föderalismus-Unitarismus ist der standardisierte Durchschnittswert der ebenfalls standardisierten Originalwerte der restlichen drei Variablen der Tabelle 7: Ein- bzw. Zweikammersystem, Zentralisierungsgrad der Staatsorganisation und Schwierigkeitsgrad der Verfassungsänderung.

Die Standardisierung basiert auf der sogenannten z-Transformation, mit deren Hilfe unterschiedliche Meßwertreihen standardisiert und hierdurch vergleichbar gemacht werden können. Technisch erfolgt dies über die Umwandlung (Transformation) der Originalmeßwerte (X) einer Meßwertreihe in ihre Abweichung vom Mittelwert (M) und sodann durch ihre Division durch die Standardabweichung der Meßwertreihe (S). (Die Standardabweichung ist die Quadratwurzel der durch die Zahl der Meßwerte dividierten Summe der quadrierten Abweichung jedes Meßwertes vom arithmetischen Mittel). Die hieraus resultierenden z-Werte geben Aufschluß über die relative Lage eines Meßwertes in einer (nunmehr standardisierten) normalverteilten Population von Meßwerten (siehe Tabelle 8).

Vier Resultate der Tabelle 8 sind besonders erwähnenswert.

(1) Die Demokratiestrukturen der westlichen Industriestaaten sind sehr unterschiedlich. Die Unterschiede sind so groß, daß man eigentlich nur um den Preis grober Vereinfachung von „der Demokratie" sprechen kann. Dabei erweist sich die idealtypisierende Unterscheidung zwischen der Konsensusdemokratie und der Mehrheitsdemokratie auch empirisch als tragfähig.

(2) Besonders groß ist der Unterschied zwischen der Schweiz und den Westminster-Modell-Staaten Neuseeland und Großbritannien. Die Schweiz ist Inbegriff der Konsensusdemokratie und Großbritannien und Neuseeland sind während des untersuchten Zeitraumes bis in die 80er Jahre Prototypen der Mehrheitsdemokratie. (Seit der Einführung des Verhältniswahlrechts 1993 bewegt sich Neuseeland weg von der reinen Mehrheitsdemokratie, siehe Nagel 1994).

Tabelle 8: Standardisierte Durchschnittswerte der Konsensus-Mehrheits- und der Föderalismus-Unitarismus-Dimension in demokratischen Verfassungsstaaten

Land	Konsensus-Mehrheits-Dimension	Föderalismus-Unitarismus-Dimension
Australien	0,95	- 0,99
Belgien	- 0,74	0,19
BR Deutschland	0,11	- 1,79
Dänemark	- 0,89	0,49
Finnland	- 1,65	0,46
Frankreich V. Republik	0,11	0,36
Griechenland	0,90	0,64
Großbritannien	1,30	1,40
Irland	0,73	0,76
Island	- 0,38	0,81
Italien	- 1,18	0,01
Japan	- 0,01	- 1,11
Kanada	1,55	- 1,22
Luxemburg	0,30	0,79
Neuseeland	1,36	2,16
Niederlande	- 1,58	0,33
Norwegen	- 0,30	- 0,08
Österreich	0,84	- 0,37
Portugal	- 0,50	0,61
Schweden	- 0,14	- 0,06
Schweiz	- 1,88	- 1,53
Spanien	0,11	- 0,23
USA	0,97	- 1,62

Die Daten sind standardisierte (z-transformierte) Durchschnittswerte der standardisierten (z-transformierten) Originalmeßwerte. Die Konsensus-Mehrheits-Dimension basiert auf den Merkmalen 1 bis 5 der Tabelle 7 und die Föderalismus-Unitarismus-Dimension auf den Merkmalen 6 bis 8 der Tabelle 7.

Konsensus-Mehrheits-Dimension: niedrige Werte (negatives Vorzeichen) kennzeichnen eine starke Konsensusdemokratie-Struktur (z.B. Schweiz), hohe Werte zeigen starke Mehrheitsdemokratie-Strukturen an (z.B. Großbritannien, Neuseeland und Kanada).

Föderalismus-Unitarismus-Dimension: niedrige Werte (negatives Vorzeichen) zeigen eine starke Föderalismus-Komponente an (z.B. USA, Schweiz, Deutschland und Kanada), hohe Werte (positives Vorzeichen) markieren einen hohen Zentralisierungsgrad (z.B. Neuseeland und Großbritannien).

Quelle: Eigene Berechnungen auf der Basis der Daten in Lijphart 1984 und Lijphart u.a. 1988 mit Ergänzungen durch den Autor. Lijpharts Daten sind Durchschnittswerte der Nachkriegsperiode bis 1980 (mit Ausnahme der jüngeren Demokratien Griechenland, Portugal und Spanien, deren Meßwerte die Periode von Mitte der 70er Jahre bis 1986 erfassen).

(3) Nach Stärke des Konsensus- bzw. Mehrheitsprinzips und des Föderalismus- bzw. Zentralisierungsgrades kann man vier Typen demokratischer Systeme unterscheiden: a) zentralistische Mehrheits-

demokratie (sie ist nahezu in Reinform in Großbritannien und in Neuseeland bis Ende der 80er Jahre verwirklicht); b) föderalistische Mehrheitsdemokratie (insbesondere Kanada, USA und Australien); c) zentralistische Konsensusdemokratie (wofür die Niederlande und Finnland Beispiele sind) und d) föderalistische Konsensusdemokratie (die in reinster Form, wie erwähnt, von der Schweiz verkörpert wird).

(4) Einige Länder nehmen eine mittlere Position ein: Schweden, Norwegen und Spanien haben auf der Konsensus- und Föderalismusskala jeweils Positionen nahe am arithmetischen Mittel. Auch die Demokratie der Bundesrepublik ist – wie schon beim Vergleich von Konkordanz- und Konkurrenzdemokratie (Kapitel 3.2) – zu den Mischformen zu rechnen. Sie liegt ziemlich genau in der Mitte zwischen den Extrempolen Mehrheitsdemokratie und Konsensusdemokratie. Sie verkörpert einen eigentümlichen Demokratietyp, den man am besten als gemischte Demokratie bezeichnet. Aufgrund ihrer bundesstaatlichen Struktur und der hervorragenden Bedeutung des Bundesverfassungsgerichtes nimmt die Bundesrepublik Deutschland auf Lijpharts Föderalismus-Unitarismus-Skala eine ausgeprägt föderalistische Position ein. Auch dies verdeutlicht, wie weit ihr politisches System vom Westminster-Modell, das vielen als beispielhaft gilt, entfernt ist. Die Bundesrepublik Deutschland ist Mehrheits- und Konsensusdemokratie; zu ihren maßgebenden Strukturmerkmalen zählt – im Gegensatz zum Westminster-Modell – ein hochgradig differenziertes System von Gegenkräften und Gegengewichten zur Zentralregierung und zur Parlamentsmehrheit. Folglich läßt sich die Struktur der Demokratie in der Bundesrepublik sinnvollerweise nicht angemessen mit Maßstäben beurteilen, die auf das Westminster-Modell bezogen sind (Lehmbruch 1976, Schmidt 1991 und 1992).

Lijpharts Buch „Democracies" eignet sich nicht nur zur Beschreibung von Strukturen der modernen Massendemokratie. Es liefert auch Anhaltspunkte zur Beantwortung der Frage, welches Demokratiemodell sich am besten für bestimmte Gesellschaftssysteme eignet. Die Mehrheitsdemokratie beispielsweise paßt Lijphart zufolge besonders gut für Länder mit vergleichsweise homogener Gesellschaft, d.h. für Staaten, die nicht in voneinander scharf abgegrenzte Subkulturen oder „Lager" zerfallen, wie z.B. eine von tiefen Klassengegensätzen oder konfessionellen Spaltungen durchzogene Gesellschaft. Für Gesellschaften mit mehreren Subkulturen oder „Lagern" eignet sich im

Prinzip die Konsensusdemokratie besser zur Integration sowie zur politischen Willensbildung und Entscheidungsfindung – vorausgesetzt, die Bedingungen sind weitgehend erfüllt, die in der Theorie der Konkordanzdemokratie erörtert wurden (vgl. hierzu Kapitel 3.2). Im übrigen zeigt Lijpharts Studie, daß Vielparteiensysteme entgegen einer weitverbreiteten Meinung (z.b. Hermens 1931) nicht notwendigerweise instabil sind. Ob sie stabil oder instabil sind, hängt nicht von der Zahl der Parteien ab, sondern von zahlreichen anderen institutionellen und kulturellen Faktoren (Powell 1982, Lipset u.a. 1993, Berg-Schlosser/DeMeure 1994a und 1994b).

A. Lijphart hat zu Beginn der 90er Jahre nachgewiesen, daß die Konsensusdemokratie-Struktur in Wechselbeziehung mit der Stärke des Korporatismus steht, d.h. mit dem Grad, in dem gegnerische Verbände, vor allem die Wirtschaftsverbände von Kapital und Arbeit, zumindest in einigen Politiksektoren zusammen mit dem Staat bei der Politikentwicklung und -durchführung in einem Dreierverbund mitwirken: Je stärker der Konsensusdemokratiegehalt eines politischen Systems, desto stärker wird dort der Korporatismus entwickelt sein, und je stärker die mehrheitsdemokratische Struktur ist, desto geringer wird der Grad korporatistischer Vernetzung sein. Hiermit wird eine Hypothese unterstützt, die in der Theorie der Konkordanzdemokratie entwickelt wurde, nämlich die Hypothese vom entwicklungsgeschichtlich interpretierbaren Zusammenhang von korporatistischer Politikentwicklung und Konkordanz- bzw. Konsensusdemokratie (vgl. Kapitel 3.2).

Ein wichtiges Ergebnis von Lijpharts Demokratienvergleich liegt auch in der erneuten Widerlegung der verbreiteten Annahme, die Mehrheitsdemokratie sei die bestmögliche Form der Demokratie. Diese Annahme hält sorgfältiger Untersuchung nicht stand. Vielmehr weist Lijphart nach, daß die Konsensusdemokratie sowohl nach Stabilität als auch nach Problemlösungskraft der Mehrheitsdemokratie Paroli bieten oder diese sogar übertreffen kann (Lijphart 1989b: 47f. und 1991). Erfolg bzw. Mißerfolg von Demokratien hat Lijphart anhand einiger Indikatoren gemessen, für die vergleichbare Daten leicht zugänglich sind. Es sind dies vor allem: 1) Indikatoren des wirtschaftspolitischen Erfolgs (gemessen durch Wirtschaftswachstum, Höhe der Arbeitslosenquote und Inflationsrate), 2) Meßlatten der Demokratiequalität (vor allem Dahls Polyarchie-Index, siehe hierzu Kapitel 3.4, und die Wahlbeteiligung), 3) Minoritätenschutz und -repräsentation (so die – irreführende – Bezeichnung Lijpharts für die parlamentarische Repräsentation von Frauen und die Ausrichtung der Familienpolitik) und 4) Meßlatten der Zahl und Häufigkeit politischer Unruhen. Den ersten Auswertungen zufolge sind die Konsensusdemokratien im Vergleich zu den Majorzdemokratien insgesamt die besseren Ordnungen. Nach dem Gruppendurchschnitt zu urteilen hat man in den Konsensusdemokratien mehr Erfolg gehabt, vor allem bei der Bekämpfung von Arbeitslosigkeit und Inflation, der Frauenförderung und hinsichtlich der Qualität der Demokratie. Die Wahl falle deshalb nicht schwer: die Konsensusdemokratien, vor allem die parlamentarischen Regierungssysteme mit Verhältniswahl, böten im Vergleich zu den Mehrheitsdemokratien „den größten Nutzen" („the greatest benefit") (Lijphart 1994b: 12).

Das ist eine interessante These. Allerdings wird man sie mit drei Fragezeichen versehen müssen. Erstens sind die Unterschiede zwischen den Konsensus- und den Mehrheitsdemokratien Gruppenunterschiede; folglich verdecken sie gruppeninterne Unterschiede. Zweitens sind rund die Hälfte der Zwischen-Gruppen-Unterschiede vergleichsweise klein. Drittens ist ohne nähere Prüfung anderer Bestimmungsfaktoren keineswegs ausgemacht, daß die beobachtbaren Unterschiede ihre Ursache in der Konsensus- bzw. der Mehrheitsdemokratie haben. Davon unberührt bleibt die Vermutung, daß in den Konsensusdemokratien nicht wenige Probleme besser als in den Majorzdemokratien geregelt werden. Die Betonung liegt auf „in"; sie läßt die Frage nach Ursache und Wirkung offen.

Verknüpft man Lijpharts Analyse der westlichen Demokratien mit Befunden der Staatstätigkeitsforschung zu den Folgen von Machtwechseln (Schmidt 1991), so kann man eine Hypothese aufstellen, die kausalanalytisch besser gesichert ist. Die Mehrheitsdemokratien sind die Länder, in denen man von einem Machtwechsel zwischen Regierung und Opposition die größten Kursänderungen in der Staatstätigkeit erwarten kann. Hier haben die Mehrheiten wenige Gegenkräfte, Kontrollinstanzen, Mitregenten oder Nebenregierungen gegen sich; folglich ist ihr Handlungsspielraum in institutioneller Hinsicht sehr groß. Je nach politischem Willen und Geschick kann er genutzt werden. Wie die Regierungspolitik der britischen Labour Party und die der britischen Conservative Party in den 80er Jahren verdeutlicht, werden diese Spielräume meist voll genutzt (Moon 1995).

Viel geringer ist der Spielraum für radikale Kurswechsel in einer Konsensusdemokratie oder in einem Land mit starken konsensusdemokratischen Komponenten. Dort werden in der Regel selbst große Regierungswechsel keine größeren Kurswechsel in der Staatstätigkeit nach sich ziehen, es sei denn, offene oder verdeckte Große Koalitionen einigten sich auf Politikwenden. Das erklärt, warum in Ländern mit starker konsensusdemokratischer Struktur, wie z.B. in der Schweiz, aber auch in Ländern mit gemischter konsensus- und mehrheitsdemokratischer Institutionenordnung, wie der Bundesrepublik Deutschland, ungünstige Bedingungen für radikale Kurswechsel nach rechts oder links herrschen. Somit wird besser verständlich, warum sich die sozialliberale Koalition aus SPD und F.D.P. in den 70er Jahren mit ihrer „Politik der Inneren Reformen" ähnlich schwer tat wie später die CDU/CSU/F.D.P.-Regierung mit dem Programm einer konservativ-liberalen „Wende" (Schmidt 1978, Lehmbruch 1989). Konsensusdemokratische Schranken schließen die Fähigkeit zu größeren Kurswechseln in der Regierungspolitik nicht aus. Auch das zeigt die Geschichte der Bundesrepublik Deutschland. Soweit diese Kurswechsel Verfassungsänderungen oder zustimmungspflichtige Gesetze erfordern, setzen sie allerdings die Bildung einer formellen oder informellen Großen Koalition aus Bundestagsmehrheit und Bundesratsmehrheit und aus Bundesregierung und Opposition voraus (Schmidt 1995b).

Lijpharts „Democracies" ist ein bahnbrechendes Werk. Auch verdienen seine Übersichtlichkeit und Nachprüfbarkeit Lob. Weil es so gut nachprüfbar ist, erleichtert es allerdings der Kritik das Geschäft. Lijphart legt einen sehr weitgefaßten Begriff von Demokratie zugrunde, in gewisser Weise überfrachtet er ihn. In die Messung der Demokratie gehen nicht nur die Beteiligung des Volkes an der Willensbildung und Aus- und Abwahl der Führungsschicht sowie der Wettbewerbscharakter der Politik ein, sondern auch Strukturelemente des Verfassungsstaats und der Zentralismus- bzw. Föderalismusgrad der Staatsorganisation. Später hat Lijphart dem gar noch Verbände-Staat-Beziehungsmuster hinzugefügt (Lijphart/Crepaz 1991, ähnlich Mair 1994). Das sollte den Konsensusdemokratietypus anreichern, dient aber eher der Überladung des Konzepts.

Ein Weiteres kommt hinzu. Seltsamerweise wird von Lijphart ein gewichtiger Unterschied der Beteiligungschancen der Staatsbürger in den demokratischen Verfassungsstaaten erwähnt, aber nicht weiter berücksichtigt: die Differenz zwischen Repräsentativ- und Direktdemokratie. Insofern wird der Demokratiegehalt von Ländern mit ausgeprägten direktdemokratischen Beteiligungsrechten in Lijpharts Typologie unterschätzt (siehe hierzu das Kapitel 3.5). Berücksichtigt man die Direktdemokratie, tritt ein Befund zutage, der A. Lijphart irritieren müßte: Ihm zufolge kommt die Schweiz dem Idealtyp der Konsensusdemokratie am nächsten, doch der Schweiz sind – entgegen dem Idealtypus – ausgeprägt plebiszitärdemokratische Züge eigen! Sie ist nicht nur Konsensus-, Konkordanz- und Proporzdemokratie, sondern auch „Referendumsdemokratie" (Nef 1988)!

Auch im Rahmen werkimmanenter Betrachtung sind kritische Bemerkungen angebracht. Einige der Indikatoren sind revisions- und ergänzungsbedürftig. Lijpharts Messung der Unitarismus-Föderalismus-Dimension (siehe Tabelle 7 und 8) wirft föderalismustheoretische und vom Bundesstaat verschiedene verfassungspolitische Begrenzungen der Exekutive und der Legislative in einen Topf. Das kann man machen, doch hat dies nur zur Hälfte mit Föderalismus bzw. Einheitsstaatlichkeit zu tun. Die Gemeinsamkeit der Variablen, die Lijpharts Unitarismus-Föderalismus-Unterscheidung verwendet, liegt woanders. Gemeinsam ist ihnen die Temperierung oder „Mäßigung" der Demokratie – im Sinne des Wirkens von Gegenkräften gegen die Macht der gewählten Volksvertretung und der aus ihr hervorgehenden Exekutive oder – im Fall des Präsidentialismus – gegen die Macht des direkt oder über Wahlmänner gewählten Präsidenten.

Insofern liegt es nahe, die Indikatoren, die Lijpharts Föderalismus-Dimension zugrunde liegen, zu ergänzen. Hierfür in Frage kommen vor allem andere mächtige Institutionen der Mäßigung oder Zähmung der Exekutive, der Widerlager oder der Mitregentschaft, wie z.B. eine autonome Zentralbank, eine mächtige autonome Verfassungsgerichtsbarkeit oder Referendumsbefugnisse der Stimmbürgerschaft. Sie alle wirken als Stützpfeiler moderner Varianten „gemäßigter Demokratie", um eine grundlegende Idee älterer vormoderner Demokratietheorie in Erinnerung zu rufen (siehe die Kapitel 1.1 und 1.2). Wie die vergleichende Forschung zeigt, gibt es unter den westlichen Demokratien allerdings sehr große Unterschiede im Ausmaß der Zügelung und Begrenzung der Exekutivmacht (siehe z.B. Landfried 1988). Zum Teil überschneiden sie sich mit den Unterschieden zwischen den Demokratien, die Lijpharts Unitarismus-Föderalismus-Dimension bloßlegt, zum Teil weichen sie von ihnen ab. Wie vor allem die Tabelle 9 verdeutlicht, ist die Zügelung der Exekutive – gemessen an dem Institutionen-Index des Verfassers, dem „constitutional structure"-Index von Huber u.a. (1993) und dem Index des „institutionellen Pluralismus" (Colomer 1995) – besonders weit fortgeschritten in der Schweiz, in der Bundesrepublik Deutschland und in den USA. Nur schwach gezügelt sind die Exekutive und ihre Legislativmehrheit demgegenüber in den klassischen Majorzdemokratien Großbritannien und Neuseeland und ferner unter anderem in Schweden und Irland sowie in Griechenland (siehe Tabelle 9).

Zu den kritikbedürftigen Teilen von „Democracies" gehören auch einige der konzeptionellen Überlegungen ihres Verfassers. Lijpharts Föderalismus-Unitarismus-Skala beispielsweise verrät ein traditionelles Verständnis von Föderalismus und Unitarismus, das sich nicht gut zur Erfassung solcher Bundestaaten eignet, in denen die institutionelle Fragmentierung der Staatsstruktur durch hochgradige Verflechtung zwischen den Ländern sowie zwischen Bund und Ländern überbrückt wird (horizontale und vertikale „Politikverflechtung"), und wo trotz Bundesstaatlichkeit eine unitarische Gesetzgebung geschaffen wurde, wie in der Bundesrepublik Deutschland, von der man zutreffend als einem „unitarischen Bundesstaat" gesprochen hat (Hesse 1962, siehe Scharpf/Schnabel/Reissert 1976). Überdies eignen sich manche Indikatoren von Lijpharts Schrift nur bedingt zur Erfassung der theoretischen Konzepte, die sie messen sollen (Pennings 1995). Im Prinzip gut operationalisiert sind die Strukturen des Parteiensystems und der gesellschaftlichen Konfliktlinien. Überaus stark vereinfachend ist jedoch die Messung der Machtverteilung zwischen Legislative und Exekutive. Auch die Differenz zwischen Alleinregierung und Koalitionsregierung wird mit dem Konzept der kleinstmöglichen Koalition nicht genau erfaßt. Schließlich ist die Messung des Zentralisierungsgrades der Staatsorganisation nicht über alle Zweifel erhaben. Verwendet man nicht nur Steuern als Meßlatte für den Zähler dieses Gradmessers, sondern Steuern und Sozialversicherungsabgaben, würde die Zentralisierung der Staatsorganisation besser erfaßt. Länder mit einem steuerfinanzierten Sozialstaat beispielsweise, wie Dänemark und Großbritannien, erhielten dann einen höheren Zentralisierungswert als Staaten, deren Sozialpolitik vor allem durch Sozialversicherungsbeiträge finanziert wird, wie z.B. die Bundesrepublik Deutschland, Österreich und die Schweiz.

Die kritischen Kommentare sind allerdings mit den Leistungen von „Democracies" und der Weiterführung dieser Studie in Lijphart (1991) und Lijphart (1994a und 1994b) abzuwägen. Diese Leistungen sind groß. Relativ zu zahllosen anderen Schriften zur Demokratie bestechen „Democracies" und ihre Fortentwicklung in den 90er Jahren durch ungewöhnlich gehaltvolle vergleichende Analysen der Gemeinsamkeiten und der erheblichen Unterschiede zwischen den konstitutionellen Demokratien des Westens. Allein damit trägt A. Lijphart wie kaum ein anderer vor ihm zur Schließung einer Lücke der normativen und der empirischen Demokratietheorie bei. Die Weiterführung seiner Studien – z.B. in Lijphart (1994b) – zeigt noch ehrgeizigeres Streben an: sie soll zur Frage, welche Demokratietypen zur Problemlösung besser und welche hierfür schlechter gerüstet sind, Antworten beisteuern. Damit schlägt A. Lijphart, inspiriert von der vergleichenden Staatstätigkeitsforschung und Powells Demokratien-Vergleich von 1982, eine Brücke zur Analyse des Tun und Lassens von Regierungen und wirkt somit an der vordersten Front der vergleichenden Demokratieforschung mit.

Tabelle 9: Moderne „gemäßigte Demokratien": Institutionelle Schranken der Exekutive und institutioneller Pluralismus in demokratischen Verfasssungsstaaten

Land	Lijphart	Schmidt	Huber u.a.	Colomer
Australien	-0,99	3	4	
Belgien	0,19	3	1	3
BR Deutschland	-1,79	5	4	4
Dänemark	0,49	2	0	2
Finnland	0,46	0	1	3
Frankreich V.	0,36	1	2	3
Griechenland	0,64	1		0
Großbritannien	1,40	1	2	1
Irland	0,76	2	0	2
Island	0,81	1		2
Italien	0,01	3	1	4
Japan	-1,11	2	2	
Kanada	-1,22	3	4	
Luxemburg	0,79	2		
Neuseeland	2,16	0		
Niederlande	0,33	1	1	2
Norwegen	-0,08	2	0	1
Österreich	-0,37	2	1	3
Portugal	0,61	1		2
Schweden	-0,06	0	0	1
Schweiz	-1,53	5	6	6
Spanien	-0,23	2		3
USA	-1,62	5	7	

Spalte 1: Lijpharts Föderalismus-Unitarismus-Dimension (Quelle: Tabelle 8).
Spalte 2: Index der Schranken der Exekutive (Institutionen-Index) nach Schmidt 1995a für den Zeitraum von 1960 bis Ende der 80er Jahre. Hohe Werte zeigen zahlreiche mächtige Schranken an. Der Index basiert auf der ungewichteten Addition von sechs Dummy-Variablen (Kodierung 1 oder 0, „1" bedeutet: Begrenzung) auf der Basis vor allem von Lijphart 1984, Landfried 1988, Gallagher/Mair/Laver 1992 und für die Zentralbankautonomie Busch 1995: 1) Begrenzung nationalstaatlicher Politik durch EU-Mitgliedschaft (= 1), 2) Zentralisierungsgrad (1 = föderalistisch, 0 = sonstiges), 3) Verfassungsänderung (1 = besonders hohe Hürden, 0 = sonstiges), 4) Zweikammersystem (besonders mächtige Zweite Kammer = 1) (sonstiges = 0), 5) Zentralbankautonomie (= 1) (sonstiges = 0), 6) Referendumsdemokratie (stark = 1, sonstiges = 0).
Spalte 3: „Constitutional Structure"-Index nach Huber/Ragin/Stephens 1993: 728. Additiver Index aus 1) Föderalismus (0 = kein Föderalismus, 1 = schwach, 2 = stark), 2) Parlamentarisches Regierungssystem (= 0) oder präsidentielles System bzw. Kollegialregierung (=1), 3) Verhältniswahl/Einerwahlkreis (= 0, modifizierte Verhältniswahl = 1, Mehrheitswahlsystem mit Einerwahlkreis = 2), 4) Bikameralismus (1 = schwach, 2 = stark) und 5) Referendum (0 = keine oder selten, 1 = häufig). Werte für Schweden: ab 1970 (vorher: 1).
Spalte 4: Index des „institutionellen Pluralismus" nach Colomer 1995: 20 (Minimum 0, Maximum 7). Zugrunde liegen vier Meßlatten (jeweils nach Intensität von 0 bis 2, außer der Präsidenten-Variable, die mit 0 oder 1 kodiert wird): Zahl der effektiven Parteien, Bikameralismus, gewählter Präsident und Dezentralisation.

Kapitel 3.4
Direktdemokratie

In den vormodernen Theorien hatte man Demokratie als unmittelbare Volksherrschaft definiert. Vollbürger war dieser Auffassung zufolge, wer an der Erörterung öffentlicher Angelegenheiten und an der Entscheidung über sie teilnahm (Held 1992). In großen Flächenstaaten ist dieses Demokratiemodell nicht praktikabel; will man sie dennoch demokratisch verfassen, ist der Einbau repräsentativdemokratischer Einrichtungen unabdingbar. Das schließt direktdemokratische Institutionen nicht aus, wenngleich T. Jeantets Gleichsetzung moderner Demokratie mit Direktdemokratie übertrieben ist (Jeantet 1991: 205ff.). Ob direktdemokratische Institutionen zum Zuge kommen und – wenn ja – in welchem Umfang, hängt von zahlreichen Faktoren ab.

Die Bundesrepublik Deutschland zählt zu den Ländern, in denen auf zentralstaatlicher Ebene das repräsentativdemokratische Element außerordentlich stark und das direktdemokratische sehr schwach ausgebildet ist. Auf Bundesebene ist die direktdemokratische Abstimmung nur in zwei Fällen vorgesehen. Der erste Anwendungsfall ist im Artikel 146 Grundgesetz geregelt. Ihm zufolge verliert das ursprünglich als Provisorium gedachte Grundgesetz seine Gültigkeit „an dem Tage, an dem eine Verfassung in Kraft tritt, die von dem deutschen Volk in freier Entscheidung beschlossen worden ist". Ansonsten sieht das Grundgesetz direktdemokratisches Mitwirken der Bürger nur im Fall der Neugliederung des Bundesgebietes vor. Der Artikel 29 Grundgesetz regelt Voraussetzungen und Rahmen eines Volksentscheids in den Ländern, aus deren Gebieten oder Gebietsteilen ein neues oder neuumgrenztes Land gebildet werden soll, und die Modalitäten der Volksbefragung darüber, ob eine vorgeschlagene Änderung der Landeszugehörigkeit Zustimmung findet.

Der Vollständigkeit halber ist hinzuzufügen, daß im Schrifttum bisweilen auf eine weitere schwache direktdemokratische Institution verwiesen wird. Das Kollektivpetitionsrecht, das den Bürgern nach Artikel 17 Grundgesetz zusteht, kann man als schwache Variante einer Volksinitiative verstehen (Kriele 1992: 12). Darüber hinaus gibt es in der Verfassungswirklichkeit der Bundesrepublik – wie auch in anderen parlamentarischen und präsidentiellen Demokratien – „plebiszitäre Mechanismen neuer Art" (Niclauß 1992: 14), z.B. eine Bundestagswahl, die zum Sach- oder Personalplebiszit über die Kanzlerkandidaten wird (Niclauß 1988, 1992, Jäger 1992). Otto Kirchheimer hatte das schon

1960 gesehen, als er in seiner Rezension von F.K. Frommes Studie zum Grundgesetz schrieb, die Bundestagswahl könne sich faktisch zu „einer unmittelbaren Volkswahl des Bundeskanzlers" entwickeln (Kirchheimer 1960: 1103).

Im Unterschied zur Bundesebene haben direktdemokratische Institutionen in den Verfassungen der Bundesländer mehr Gewicht (Jürgens 1993), vor allem Initiativrechte und Volksabstimmungen über näher eingegrenzte Gesetzesvorlagen. Die Landesverfassung von Baden-Württemberg beispielsweise kennt das Initiativrecht auf Einbringung einer Gesetzesvorlage (Volksbegehren nach Art. 59) und die Volksabstimmung über diese Vorlage, wenn der Landtag der Gesetzesvorlage nicht unverändert zustimmt (Art. 60). Ferner sieht ihr Artikel 43 die vorzeitige Landtagsauflösung aufgrund einer Volksabstimmung vor: „Der Landtag ist vor dem Ablauf der Wahlperiode durch die Regierung aufzulösen, wenn es von einem Sechstel der Wahlberechtigten verlangt wird und bei einer binnen sechs Wochen vorzunehmenden Volksabstimmung die Mehrheit der Wahlberechtigten diesem Verlangen beitritt" (Art. 43). Auch die Bayerische Landesverfassung sieht ein Volksbegehren und einen Volksentscheid über die Schaffung eines Gesetzes vor (Art. 74), und nach Art. 18 Abs. 3 kann auf Antrag von einer Million wahlberechtigter Staatsbürger der Landtag abberufen werden. Volksentscheide über den Staatshaushalt sind allerdings untersagt (Art. 73). Volksbegehren und Volksentscheid über Gesetzesentwürfe kennt auch die Verfassung des Landes Hessen (Art. 124), und der Artikel 68 der nordrhein-westfälischen Verfassung, der Volksbegehren und Volksentscheid über Erlaß, Änderung oder Aufhebung von Gesetzen regelt, sieht ebenfalls direktdemokratische Bürgerbeteiligung vor. Ähnliche Bestimmungen finden sich in den Verfassungen fast aller anderen Bundesländer. In den neuen Bundesländern wurden direktdemokratische Strukturen vor allem in der Verfassung des Landes Brandenburg berücksichtigt: dort regeln die Artikel 76 bis 78 die Volksinitiative, das Volksbegehren und den Volksentscheid. Diese Rechtsinstitutionen sehen auch die Verfassungen von Mecklenburg-Vorpommern (Art. 59 und 60), Sachsen (Art. 80 und 81) Sachsen-Anhalt (Art. 80 und 81) und Thüringen vor (Art. 81 und 82). Hinzu kommt die unmittelbare Bürgerbeteiligung in den Kommunen. Sie ist in manchen Ländern der Bundesrepublik relativ stark entwickelt, z.B. in Baden-Württemberg. Unmittelbare Bürgerpartizipation über die Direktwahl des Ersten Bürgermeisters ist beispielsweise in der Süddeutschen Ratsverfassung vorgesehen, und eine erhebliche Stärkung direktdemokratischer Verfahren kann man in dem Bürgerbegehren und dem

Bürgerentscheid auf lokaler Ebene sehen, die in Baden-Württembergs Kommunalverfassung verankert sind.

Legt man allerdings die Meßlatte des internationalen Vergleichs an, so wird der Befund, dem zufolge hierzulande auf bundesstaatlicher Ebene die Repräsentativdemokratie sehr stark und die Direktdemokratie sehr schwach ist, bestätigt (Butler/Ranney 1994, Luthardt 1994). Hiermit steht die Bundesrepublik nicht allein: auch die Benelux-Staaten, Israel, Griechenland und auf bundesstaatlicher Ebene auch Kanada und die USA gehören zu den Staaten mit nahezu exklusiv repräsentativdemokratischer Verfassung. Allerdings ist die unmittelbare Bürgerbeteiligung vor allem in den USA auf lokaler Ebene und in der Bundesstaaten sehr stark ausgebaut (Billerbeck 1989, Luthardt 1994, Stelzenmüller 1994).

Ein erheblich größeres Gewicht haben direktdemokratische Verfahren auf nationaler Ebene in einer zweiten Ländergruppe, zu der vor allem Italien, Frankreich, Irland, Dänemark, Australien und Neuseeland gehören. Frankreichs Verfassung beispielsweise sieht das Plebiszit für bestimmte Gesetze und ein obligatorisches Referendum für Verfassungsänderungen vor, und Italiens Verfassung enthält ein fakultatives Referendum für Gesetzgebung und Verfassungsänderungen sowie die Gesetzesinitiative.

Unangefochtener Spitzenreiter der Direktdemokratie in den Verfassungsstaaten ist jedoch die Schweiz. Sowohl auf nationaler Ebene wie auch in den Kantonen – dem schweizerischen Gegenstück zu den Ländern der Bundesrepublik – und den Gemeinden ist die Direktdemokratie in ungewöhnlich starkem Maße ausgebaut (Kobach 1994, Linder 1994). Wie groß der Abstand zwischen der Schweiz und den anderen konstitutionellen Demokratien hinsichtlich der Direktdemokratie ist, zeigt die Zahl nationaler Referenda z.B im Zeitraum von 1945 bis 1989. In der Schweiz wurden in dieser Periode 227 Referenda abgehalten. Mit weitem Abstand liegt an zweiter Stelle Australien (23) und hierauf folgen Neuseeland (17), Italien (15) sowie Dänemark (12) und Irland (11). Frankreichs V. Republik (7) und seine IV. Republik (4) sowie Schweden (4) nehmen die nächsten Plätze ein – vor Ländern, in denen in diesen Jahren ein Referendum stattfand (Österreich, Belgien, Norwegen, Großbritannien). Hieran schließt sich die zuvor schon erwähnte Gruppe der Staaten mit maximaler Repräsentativ- und minimaler Direktdemokratie an: die Bundesrepublik Deutschland, Island, Israel, Japan, Luxemburg, Niederlande und auf nationaler Ebene Kanada und die Vereinigten Staaten von Amerika (Basis: Lijphart 1984, Gebhardt 1991: 22). Auch Finnland zählt im Zeitraum

1945-89 zu dieser Gruppe, doch wurde dort fünf Jahre später ein Referendum höchster Bedeutung abgehalten, nämlich die Abstimmung über den Beitritt Finnlands zur Europäischen Union.

In den Ländern, in denen das Volk häufig zur Urne gerufen wird, stimmt man über Wichtiges und weniger Wichtiges ab, in Ländern hingegen, in denen Volksabstimmung selten abgehalten werden, wird meist über hochbrisante Angelegenheiten entschieden (Butler/Ranney 1994, Luthardt 1994). In Italien beispielsweise wurde das Volk zur Abstimmung über heftig umstrittene Themen wie Scheidungsrecht, Abtreibung, Parteienfinanzierung und Kernenergiepolitik gerufen. Scheidungsrecht und Abtreibung waren auch Themen nationaler Volksabstimmungen in Irland (1983 und 1986). Über den Ausstieg aus der Kernenergie stimmten 1980 die Schweden ab, und Spaniens Wähler entschieden 1986 über die Mitgliedschaft des Landes in der NATO. Über die Beendigung des Algerienkrieges wurde in Frankreich 1960 in Plebisziten entschieden. Nicht zuletzt standen die Frage der Mitgliedschaft in der EG bzw. in der EU und die Modalitäten der Europäischen Integration im Mittelpunkt von Volksabstimmungen, so in Norwegen (wo in den 70er Jahren und erneut 1994 eine Mehrheit gegen einen Antrag auf EG- bzw. EU-Mitgliedschaft votierte), Großbritannien, Dänemark (wo die später korrigierte Ablehnung des Vertrages von Maastricht im Juni 1992 für großes Aufsehen sorgte), in Frankreich, dessen Bürger im September 1992 ebenfalls zur Abstimmung über den Maastrichter Vertrag gerufen wurden und ihn mit knapper Mehrheit befürworteten, sowie in Finnland, Österreich und Schweden 1994.

Warum ist das Ausmaß der Direktdemokratie auf Bundesebene in der Bundesrepublik Deutschland so gering? Ohne den Niedergang der Weimarer Republik und den Aufstieg des Nationalsozialismus läßt sich ihre betont repräsentativdemokratische Struktur nicht verstehen. Ins Grundgesetz bauten die Verfassungsgeber bewußt feste Sicherungen gegen potentielle Destabilisierungen aufgrund direktdemokratischer Verfahren ein. Das war zur Abgrenzung gegen Praxis und Theorie des autoritären Staates gedacht, in dem der Volksentscheid als genuiner „Souveränitätsakt" gewertet wurde (Schmitt 1927: 47), als Distanzierung von einem Verfahren, das der Akklamation im autoritären Staat prinzipiell nahesteht (Adam 1992: 79). Für die repräsentativdemokratische Ordnung der Bundesrepublik sprach auch die verbreitete Auffassung, die direktdemokratischen Institutionen der Weimarer Republik seien mitverantwortlich für den Zusammenbruch der ersten deutschen Demokratie. Die Destabilisierung der ersten deutschen Republik sei – so eine weitverbreitete Auffassung – in der Weimarer Reichsverfassung angelegt gewesen, insbesondere in der Kombination von Volkswahl des Präsidenten, fast uneingeschränktem präsidialem Parlamentsauflösungsrecht, Volksentscheid und Volksbegehren und der präsidialen Befugnis zur Ernennung und Entlassung des Reichskanzlers. Von solchen plebiszitären Elementen wollten die Verfassungsgeber das Grundgesetz freihalten.

Die negative Bewertung der Direktdemokratie der Weimarer Republik wird mittlerweile von der Forschung nicht mehr geteilt (vgl. Jung 1987 und 1994), doch gehört die Auffassung, die Direktdemokratie biete eine „Prämie für Demagogen" – so der ehemalige Bundespräsident Theodor Heuss – nach wie vor zu den politisch einflußreichen Urteilen über unmittelbare Bürgerbeteiligung. Verbreitungsgrad und Mächtigkeit von Meinungen konvergieren bekanntlich nicht notwendig mit ihrem Wahrheitsgehalt. Der Stand der Forschung über die Direktdemokratie läßt mittlerweile nicht mehr eine generelle Abqualifizierung unmittelbarer politischer Beteiligungsformen als Destabilisierungen zu (Jürgens 1993, Butler/Ranney 1994, Jung 1994, Luthardt 1994, Linder 1994). Man betont heutzutage eher die strukturkonservierende und integrierende Funktion der Direktdemokratie als die der Strukturreform (so auch schon Max Weber 1918/19, siehe Weber 1988a: 290). Besonders eindrucksvoll wurde die Strukturbewahrungs- und Sicherheitsventilfunktion in Analysen der Politik in der Schweiz nachgewiesen, die das politische System mit dem weltweit größten Ausmaß direktdemokratischer Beteiligung besitzt (Neidhart 1970).

Allerdings schließen sich die verschiedenen Sichtweisen der Direktdemokratie nicht notwendigerweise aus. Man muß die jeweiligen Kontextbedingungen im Blickfeld haben, wenn über die Stabilisierungs- oder Destabilisierungsfolgen von Direktdemokratie geurteilt werden soll (Stelzenmüller 1994, Luthardt 1994). In einer kompetitiven Demokratie wie der US-amerikanischen sind die direktdemokratischen Arrangements auf Bundesstaatsebene anfällig für Manipulation und für „Capture", d.h. Ausbeutung oder Gefangennahme durch Sonderinteressen (Stelzenmüller 1994). „Capture" kommt auch dort zustande, wo die Direktdemokratie Bestandteil konkordanzdemokratischer Arrangements ist, wie in der Schweiz, allerdings gehen von ihr auch gemeinwohlverträgliche Stabilisierungsleistungen aus.

Die Direktdemokratie der Schweiz unterwirft die Eingabe- oder Inputseite wie auch die Politikproduktions- oder Outputseite der direkten Volksherrschaft (Neidhart 1970, Hertig 1984, Linder 1994). Dem schweizerischen Stimmbürger stehen auf Bundesebene vier Instrumente der Direktdemokratie zur Verfügung: (1) das fakultative Gesetzesreferendum, (2) die Verfassungsinitiative, (3) das fakultative Staatsvertragsreferendum und (4) das obligatorische Referendum für sogenannte allgemeinverbindliche dringliche Bundesbeschlüsse.

Das fakultative Gesetzesreferendum war die erste direktdemokratische Institution, die auf Bundesebene eingeführt wurde (1874). Mit ihr können vom Parlament verabschiedete Gesetze und allgemeinverbindliche Bundesbeschlüsse (unbefristete Gesetze auf Bundesebene) zur Volksabstimmung gebracht werden, sofern das durch Unterschrift dokumentierte Begehren von 50.000 Stimmbürgern (bis 1977: 30.000) oder von acht Kantonen vorliegt. 1891 kam zum fakultativen Gesetzesreferendum die Verfassungsinitiative hinzu. Sie ermöglicht die Volksabstimmung über eine partielle Verfassungsänderung. Voraussetzung ist das durch Unterschrift dokumentierte Begehren von 100.000 Stimmbürgern (bis 1977: 50.000). Kommt eine Volksinitiative zustande, müssen Parlament und Regierung über den Verfassungsänderungsvorschlag beraten, gegebenenfalls einen Gegenvorschlag entwickeln und sodann den Vorschlag (und gegebenenfalls den Gegenvorschlag) dem Volk und den Ständen, d.h. den 26 Kantonen bzw. Halbkantonen der Eidgenossenschaft, zur Abstimmung vorlegen.

Im 20. Jahrhundert wurden die direktdemokratischen Einrichtungen der Schweiz weiter ausgebaut. 1921 wurde das fakultative Staatsvertragsreferendum eingeführt, das die Volksabstimmung zunächst auf unbefristete internationale Verträge beschränkte und seit 1977 auch für Verträge infragekommt, welche den Beitritt der Schweiz zu internationalen Organisationen vorsehen oder eine multilaterale Rechtsvereinheitlichung herbeiführen. Seit 1949 gibt es das obligatorische Referendum. Ihm unterstehen alle Verfassungsänderungen sowie bestimmte, sich nicht auf die Verfassung stützende allgemeinverbindliche dringliche Bundesbeschlüsse, d.h. notstandsartige gesetzliche Regulierungen des Bundes mit befristeter Dauer, wie z.B. die Gesetzgebung im Zuge des Vollmachtenregimes der schweizerischen Regierungen während der Wirtschaftskrise in den 30er Jahren. Solche allgemeinverbindliche dringliche Bundesbeschlüsse müssen ein Jahr nach ihrem Inkrafttreten dem Volk und den Ständen zur Abstimmung vorgelegt werden. Werden sie abgelehnt, treten sie außer Kraft.

Der Vollständigkeit halber ist zu erwähnen, daß das bisweilen angestrebte Projekt einer Gesetzesinitiative auf der Bundesebene der Eidgenossenschaft nie realisiert wurde. Andererseits stehen den schweizerischen Bürgern in den Kantonen und Gemeinden weitere direktdemokratische Beteiligungsformen offen. Auf Kantonsebene sind die direktdemokratischen Einrichtungen sogar noch weiter ausgebaut als auf der Bundesebene (Kriesi 1991, Linder 1994). Dort gibt es neben der Gesetzesinitiative auch das Finanzreferendum. In der Mehrzahl der Kantone sind Ausgabenbeschlüsse der Regierungen, soweit sie einen bestimmten Betrag übersteigen, dem obligatorischen Referendum unterworfen: sie sind dem Volk – den Abstimmungsberechtigten des jeweiligen Kantons – automatisch zur Abstimmung vorzulegen. In den übrigen Kantonen ist das fakultative Finanzreferendum vorgesehen. Ferner sehen die Verfassungen der meisten Kantone das Referendum für den Fall des Abschlusses interkantonaler Verträge vor. Hinzu kommen Abstimmungen in dem Gemeinden. Nicht zuletzt gibt es auch den Volksentscheid über Steuervorlagen; hierin liegt ein Grund, warum die Steuerbelastung in der Schweiz von Kanton zu Kanton und von Gemeinde zu Gemeinde unterschiedlich hoch ist. Somit entscheiden die schweizerischen Bürger zahlreiche Angelegenheiten der öffentlichen Infrastruktur, der öffentlich finanzierten Bauvorhaben, der Finanzierung von Schulen, Krankenhäusern und anderem mehr.

Welche Erfahrungen haben die schweizerischen Bürger und Politiker mit der direkten Demokratie gemacht? Gewiß hat die Direktdemokratie die Partizipationschancen erweitert. Diese werden jedoch oft nicht genutzt. Nur besonders kontrovers diskutierte Themen mobilisieren die Mehrheit der stimmberechtigten Bürger. In den meisten Fällen ist die Beteiligung an Abstimmungen jedoch gering. Die direktdemokratischen Instrumente haben ferner die Integrationsfähigkeit des politischen Systems verbessert und überdies die Legitimität von Entscheidungen im wesentlichen sichergestellt. Auf der anderen Seite der Medaille steht die Verkomplizierung des politischen Entscheidungsprozesses: direktdemokratische Mechanismen beinhalten einen hohen Konsensbildungsbedarf, und dieser erschwert und verlängert den politischen Entscheidungsprozeß.

Folglich sind die „Entscheidungskosten" im Sinn von Buchanan und Tullock (1962) hoch. Hierin liegt ein Grund der oftmals beklagten „helvetischen Verzögerung" in der schweizerischen Politik: rasche politische Reaktionen der Regierungen sind selten, und bis zur Reifung des Konsenses verstreicht viel Zeit – sofern überhaupt Einvernehmen erzielt wird.

Die Wirkungen der Direktdemokratie unterscheiden sich von Instrument zu Instrument. Auch hierfür sind die Lehren aus der schweizerischen Demokratie instruktiv (Neidhart 1970, Linder 1994). Besonders wichtig ist die Differenz zwischen dem historisch älteren fakultativen oder obligatorischen Referendum und der Volksinitiative.

Mit Hilfe des Referendums haben die Stimmberechtigten die Chance, nach Abschluß des parlamentarischen Entscheidungsprozesses in den Inhalt der Entscheidung einzugreifen. Das Referendum erhält hierdurch „den Charakter des Vetos"; es bildet „ein Sicherheitsventil, das den Stimmbürgern die Möglichkeit gibt, die Durchsetzung eines Projekts, das ihnen nicht paßt, zu verhindern" (Kriesi 1991: 45). Das Referendum ermöglicht sachfragenspezifische Opposition. Solche direktdemokratisch verwurzelte Opposition kann den Fortschritt hemmen, wie Max Weber meinte (1988a: 290), aber auch den Rückschritt. Neidhart zufolge hat das Referendum als Sicherheitsventil den politischen Entscheidungsprozeß in der Schweiz grundlegend verändert. Mit dem fakultativen Referendum erhalten die Interessengruppen, die mit dem voraussichtlichen oder tatsächlichen Ergebnis einer Gesetzgebung nicht einverstanden sind, die Chance, mit einer Volksabstimmung zu drohen und hiermit das gesamte Gesetzgebungsvorhaben zu gefährden. Das Referendum gibt der Opposition ein Drohinstrument in die Hand. Um ein Gesetzgebungsvorhaben abzusichern, muß der Gesetzgeber das Vorhaben gegenüber den „referendumsfähigen" Organisationen „referendumsfest" machen. Dies geschieht meist durch frühzeitige Einbeziehung referendumsfähiger Interessen in den Gesetzgebungsprozeß. Auf diese Weise hat die plebiszitäre Demokratie, so die grundlegende These bei Neidhart (1970), das schweizerische politische System in eine permanente Verhandlungsdemokratie umgeformt, in der referendumsfeste Kompromisse ausgehandelt werden, die vom Parlament kaum noch modifiziert werden können. Geschichtlich betrachtet hat diese Verhandlungsdemokratie wichtige Integrationsleistungen vollbracht: beispielsweise die Kooptation des katholisch-konservativen Oppositionslagers, die Integration der Bauernopposition und während des Zweiten Weltkrieges und nach seinem Ende auch die Einbindung der Sozialdemokratie in die Konkordanzdemokratie.

In eine andere Richtung wirkt die Verfassungsinitiative. Sie unterwirft den Input des politischen Prozesses der Kontrolle des Demos, nicht den Output. Mit der Verfassungsinitiative können die Bürger der Politik Impulse geben, mit ihr können politische Probleme auf die Tagesordnung der etablierten Politik gesetzt und somit kann die politische Führungsschicht gezwungen werden, sich eines Themas anzunehmen. Obendrein erfordert die Initiative eine verbindliche Stellungnahme der Stimmbürger, und dies sowie der Abstimmungskampf stärken die öffentliche Meinungsbildung.

Ob die Verfassungsinitiative die gewünschte Öffnung des politischen Systems herbeiführt und wie weit das erfolgt, wird unterschiedlich beurteilt. Kritiker klagen über hohe Zugangsbarrieren zur Initiative. Die für das Sammeln von 100.000 Unterschriften erforderlichen Ressourcen stellen große Anforderungen an die Organisations- und Finanzkraft der Initiatoren. Noch größer ist der Organisations- und Finanzbedarf zur Bestreitung des Abstimmungskampfes; häufig werden hierdurch organisationsmächtige und konfliktfähige Interessengruppen bevorteilt. Allerdings hat die Verfassungsinitiative – ähnlich wie das Referendum – auch eine latente Integrationsfunktion. Wie beispielsweise ihre Wirkung auf die schweizerische Friedensbewegung verdeutlicht, zwingt die Initiative die Opposition, die in der Regel organisatorisch und ideologisch zersplittert ist, zur Bündelung ihres Programms und ihrer Forderungen. Sie verlangt den Oppositionsgruppen Konzessionen ab. Zugleich bindet sie einen beachtlichen Teil der Kräfte der Opposition. Häufig schränkt sie hierdurch das Handlungsrepertoire oppositioneller Kräfte ein. Auch wird in diesem Prozeß, so insbesondere die These von Epple-Gass (1988), mitunter in die Opposition eine zentralistische und bürokratische Tendenz eingebaut. Insoweit ruft die Direktdemokratie bei manchen Kritikern zwiespältige Gefühle hervor: sie erweitere die Beteiligungsmöglichkeiten, doch wirke sie „wie ein Schwamm" (Kriesi 1991: 47). Das politische System wird durch die Direktdemokratie zur Absorption unterschiedlicher Forderungen geöffnet, es nimmt diese Forderungen zuverlässig auf, es ist aber nur begrenzt in der Lage, sie in konkrete Entscheidungen umzusetzen.

Im übrigen decken Studien über die politische Kompetenz der Eidgenossen Schwachstellen der schweizerischen Direktdemokratie auf: nicht wenige Stimmbürger werden von den abzustimmenden Materien überfordert. Das gilt weniger für Vorlagen, die grundsätzliche weltanschauliche Fragen berühren, wie Abstimmungen über das Stimmrechtsalter, die Abschaffung oder Beibehaltung der schweizerischen Armee und die Ausländerpolitik („Überfremdungsinitiativen"). Bei komplexen interventionsstaatlichen Entscheidungen fühlen sich jedoch viele Stimmberechtigte überfordert. Das gilt namentlich für wirtschaftspolitische Fragen. So waren beispielsweise 1978 bei einer Abstimmung über eine Verfassungsbestimmung, die die Basis für ein Instrumentarium der Konjunkturpolitik bilden sollte, mehr als zwei Drittel der Befragten nicht imstande, den Inhalt des zur Abstimmung stehenden Konjunkturartikels auch nur annäherungsweise zu umschreiben (Kriesi 1991: 52).

Ob die tendenzielle Überforderung vieler Stimmberechtigter verantwortlich für die rückläufige Beteiligung an direktdemokratischen

Abstimmungen ist, wird kontrovers diskutiert. Zweifellos bestehen Wechselbeziehungen zwischen der Komplexität der zur Abstimmung gebrachten Materien und der Beteiligung der Stimmbürger. Negativrekorde bei der Abstimmung wurden unter anderem bei der ersten Abstimmung über den Konjunkturartikel (1975) mit einer Teilnahmequote von nur 28% erzielt. Höhere Beteiligung wird bei politisch heftig umstrittenen Themen gemeldet, insbesondere bei solchen, die weit in die Alltagswelt der Bürger reichen. Abstimmungen über die sogenannten „Überfremdungsinitiativen" haben ebenso wie die Abstimmung über die Initiative zur Abschaffung der schweizerischen Armee vom Herbst 1989 mehr als 70% der Stimmberechtigten mobilisiert.

Die Demokratie der Schweiz ist lehrreich. Man kann von ihr unter anderem lernen, daß eine starke Direktdemokratie auch in modernen komplexen Gesellschaftssystemen möglich ist und weder in die Anarchie noch in den Staat der permanenten progressiven Reform führt. Unbestritten ist auch dieser Befund: die schweizerische Direktdemokratie hat ein hohes Maß an Machtaufteilung zustandegebracht, und sie hat auch die Konkordanzdemokratie gestärkt (Frey 1992, Linder 1994). Hierdurch sind allerdings auch Aushandlungssysteme verstärkt worden, die nur hinter verschlossenen Türen richtig funktionieren und deren Kompromisse nicht selten just auf den Verzicht auf ein Referendum hinauslaufen. Unbestreitbar mindert die Direktdemokratie nach schweizerischer Art auch die Bedeutung der Wahlen zu nationalen Vertretungskörperschaften und die Wichtigkeit politischer Parteien. Nicht bestätigt hat sie die in Deutschland verbreitete These, die Direktdemokratie wirke destabilisierend oder stelle gar eine „Prämie für Demagogen" (Theodor Heuss) dar. Daß sie eine „Waffe in der Hand der Stimmbürger" sei (Smith 1983: 127), ist allerdings nur die halbe Wahrheit. Die schweizerische „Referendumsdemokratie" (Nef 1988) bzw. ihre „halbdirekte Demokratie" (Neidhart 1992: 35) wirkt zugleich integrativ – aufgrund größerer Mitsprache und hoher Mehrheitsschwellen und des hiermit gegebenen Minderheitenschutzes – und konservativ-stabilisierend – als Sicherung gegen weitergehende Staatseingriffe und Umverteilungen, durch welche die Kantone vor dem Bund, die romanische Schweiz vor der Majorisierung durch die deutschsprachigen Kantone und ältere Besitzstände vor Umverteilungsgelüsten geschützt werden (Neidhart 1970, 1988a: 51, 1992). In der Schweiz funktioniert die Direktdemokratie nicht als „Prämie für Demagogen", sondern als Prämie für Stabilisatoren und als Instrument konkordanz demokratischen Minoritätenschutzes. Der Haupteffekt der Direktdemokratie ist „eher konservativ" und „antietatistisch und antizentralistisch"; zugleich wirkt sie „sozial und politisch integrativ und damit politisch befriedend" (Neidhart 1992: 32).

Gegen die These der progressiven Funktion der Direktdemokratie sprechen im übrigen auch die Befunde zur umfassend ausgebauten plebiszitären Demokratie im US-amerikanischen Bundesstaat Kalifornien. Dort geraten die plebiszitären Verfahren vielfach zum Instrument eines anti-etatistischen Populismus; nicht selten werden sie als Mittel der „Ausgrenzung von Mißliebigen und der Abwehr staatlich vermittelter Sozialintegration" eingesetzt (Fijalkowski 1989: 12).

Mitunter wird verlangt, den Repräsentativdemokratien durch kräftige Beimischung direktdemokratischer Elemente Beine zu machen (von Arnim 1994). Nach den Erfahrungen schweizerischer Direktdemokratie zu urteilen, ist das nicht zum Nulltarif zu haben. Eine starke Direktdemokratie wird die Rolle des Parteiensystems und des Parteienwettbewerbs erheblich schwächen. Sie wird unter sonst gleichen Bedingungen auch den Föderalismus schwächen, sofern nicht – wie in der Schweiz – auf der Ebene der Kantone bzw. Länder und der Gemeinden ebenfalls plebiszitäre Sicherungen gegen Eingriffe der übergeordneten Ebenen gegeben sind. Bleibt alles übrige gleich, wird die Direktdemokratie auch den Parlamentarismus zurückdrängen und die unmittelbare politische Beteiligung stärken, vielleicht auch den Politisierungsgrad beträchtlich erhöhen und zugleich die Beweglichkeit der Politik gegenüber neuen Herausforderungen vermindern. Das gilt es ebenso zu berücksichtigen wie die höheren Konsensbildungs- und Entscheidungskosten. Überdies entstünden größte Spannungen, wenn eine Direktdemokratie nach schweizerischer Art mit dem Primat der Verfassung und der Verfassungsgerichtsbarkeit nach deutscher Spielart zusammenstieße und somit die Volkssouveränität und die „Verfassungssouveränität" (Abromeit 1995) aneinandergerieten. Insoweit bestehen große Spannungen zwischen der Direktdemokratie, insbesondere derjenigen schweizerischer Art, und den Strukturmerkmalen der politischen Institutionen der Bundesrepublik Deutschland. Ausgebaute Direktdemokratie verträgt sich nicht gut mit starker Repräsentativdemokratie, funktionsfähigem Parteienwettbewerb und kräftiger Zügelung der Legislative und Exekutive durch ein mächtiges und selbstbewußtes Verfassungsgericht. Größte Spannungen bestehen allerdings auch zwischen einer Direktdemokratie nach Art der Eidgenossenschaft und den politischen Entscheidungsprozessen in einem Staatenverbund wie dem der Europäischen Union, die Parallelen zum bundesdeutschen „Exekutivföderalismus" aufweisen. Doch diese Beobachtung verweist auf einen Gemeinplatz: politische Institutionen lassen sich nicht problemlos verpflanzen; wer dies nicht beachtet, muß mit größeren Folgekosten rechnen.

Kapitel 3.5
Wie demokratisch sind die Demokratien? Messungen demokratischer Staatsverfassungen.

Niemand wird bestreiten, daß die Bundesrepublik Deutschland nach Verfassung und Verfassungswirklichkeit eine Demokratie ist. Auch ist kein begründeter Widerspruch gegen die Auffassung zu erwarten, daß die politische Ordnung des nationalsozialistisch regierten Deutschland der Jahre 1933-45 zutiefst undemokratisch war, und kaum ein Fachwissenschaftler wird begründeten Widerspruch gegen die Feststellung erheben, daß die Volksdemokratien der sozialistischen Staaten Mittel- und Osteuropas nur im Aushängeschild den Namen Demokratie gemeinsam mit den westlichen Verfassungsstaaten hatten. Die Beispiele zeigen, daß besonders große Unterschiede zwischen demokratischen und nichtdemokratischen Herrschaftsordnungen mit dem bloßen Auge erkennbar sind. Doch nicht immer hilft das unbewaffnete Auge weiter. Beim wissenschaftlichen Vergleich von Herrschaftsordnungen möchte man möglichst zuverlässige, genaue, standardisierte Meßlatten anlegen und nicht nur dem Augenschein trauen. In diesem Kapitel werden die wichtigsten Meßlatten der neueren vergleichenden Demokratieforschung zur exakteren Erfassung des Demokratiegehalts von politischen Systemen souveräner Staaten vorgestellt, erläutert und diskutiert.

Es ist nicht einfach, die Demokratie exakt zu messen. Glücklicherweise hilft bei dem Bestreben, dies dennoch zu wagen, die vergleichende Politikwissenschaft weiter, vor allem die bahnbrechende Studie von R.A. Dahl zur „Polyarchy" (1971, 1989) und die hierdurch angeregte Forschung (z.B. Inkeles 1991). „Polyarchie" heißt wortwörtlich „Herrschaft der Vielen". In dieser Bedeutung wird der Begriff übrigens schon lange vor R. Dahl gebraucht, nämlich von J.H. Alstedius, einem Denker des 17. Jahrhunderts. Er definiert die Polyarchie als eine Ordnung, in der die höchste Macht im Besitze des Volkes ist (Maier 1985: 190). Polyarchie im Sinne von R. Dahl hingegen betont den Gegensatz zur Oligarchie und – wie später erläutert wird – zur Idealform der Demokratie. Eine nichtoligarchische Herrschaft oder „Staatsverfassung" – um den schönen Begriff der aristotelischen

Theorie für Verfassung und Verfassungswirklichkeit in Erinnerung zu rufen (Aristoteles, Politik, 1279b) – wird durch sie bezeichnet, eine, in der offener politischer Wettbewerb und politische Beteiligung gewährleistet sind.

Von vollentwickelter Polyarchie ist die Rede, wenn ein großer Teil der erwachsenen Bevölkerung im Besitz der Staatsbürgerrechte ist und wenn die Bürgerschaftsrechte die effektive Chance der Opposition und der Abwahl der Inhaber der höchsten Staatsämter einschließen. Die Partizipation der erwachsenen Bevölkerung unterscheidet nach Dahl die Polyarchie von stärker exklusiven Herrschaftssystemen, in denen, obgleich Opposition grundsätzlich erlaubt ist, die Regierung und ihre legale Opposition auf eine kleine Gruppe von Beteiligten beschränkt sind, wie z.B. die westeuropäischen Länder vor der Einführung des allgemeinen Wahlrechts. Diesen Typus bezeichnet Dahl als „kompetitive Oligarchie". Das zweite Merkmal, die Chance der effektiven Opposition und der Abwahl von politischen Führern, unterscheidet nach Dahl die Polyarchie von Regimen, in denen die Staatsbürger nicht das Recht zur Opposition und nicht die Chance zur Abwahl höchster Amtsinhaber haben, obgleich sie formell beteiligungsberechtigt sind, wie z.B. in modernen autoritären Regimen (Dahl 1971 und 1989: 220). Diese lassen sich in „geschlossene Hegemonien" (closed hegemonies) bzw. „inklusive Hegemonien" (inclusive hegemonies) unterteilen, je nachdem ob politische Beteiligungsrechte nur wenigen oder vielen zustehen. Insoweit läßt sich mit R. Dahl eine demokratische Staatsverfassung vor allem anhand zweier Meßlatten erfassen: anhand des Partizipationsgrades (gemessen am Anteil der wahlberechtigten erwachsenen Bevölkerung) und des Wettbewerbsgrades im Prozeß politischer Interessenäußerung und Willensbildung („contestation") (siehe Tabelle 10).

R. Dahl hat an anderer Stelle erläutert, daß sich eine vollentfaltete Polyarchie noch genauer durch die Existenz von sieben Merkmalen bestimmen läßt: 1) die Wahl der Amtsinhaber, 2) freie, faire und regelmäßig stattfindende Wahlen, 3) ein inklusives Wahlrecht in dem Sinne, daß alle oder nahezu alle Erwachsenen bei der Auswahl der Inhaber politischer Ämter wahlberechtigt sind, 4) passives Wahlrecht für alle oder nahezu alle Erwachsenen, 5) Meinungsfreiheit, 6) Informationsfreiheit und 7) Organisations- und Koalitionsfreiheit, insbesondere die Freiheit zur Bildung unabhängiger politischer Parteien und Interessengruppen (Dahl 1989).

Dahls Polyarchie-Konzept dient nicht nur empirischen, sondern auch kritisch-normativen Zwecken. Polyarchie ist nicht nur Gegenbegriff zur Oligarchie, sondern soll auch auf den Unterschied zwischen dem Idealmodell einer Demokratie, das nirgendwo verwirklicht ist, und den real existierenden Demokratien – den Polyarchien – aufmerksam machen. Der Vorteil des empirischen Begriffs liegt auf der Hand. Dahl gibt mit ihm Indikatoren an, mit denen das Vorhandensein einer Demokratie ebenso erfaßt werden kann wie das Ausmaß, in dem eine Herrschaft demokratische Qualität besitzt. Demokratie wird auf diese Weise exakt meßbar. Das ist ein erheblicher Fortschritt. Hinter ihn fallen im übrigen nicht wenige von Dahls Kritikern zurück, so vor allem Anhänger der partizipatorischen Demokratietheorie. Man tut Dahl im übrigen auch mit dem Vorwurf eines abgemagerten Demokratiebegriffs Unrecht. Die Kritiker übersehen, daß R.A. Dahl nicht nur für einen empirisch-exakten, sondern auch für einen weiten Demokratisierungsbegriff plädiert (Dahl 1985, 1989 und 1994).

Welche Befunde fördern die Theorie von der Polyarchie und ihre Demokratiemessung zutage? Die Erörterung dieser Frage beginnt man am besten mit Dahls „Polyarchy" (1971). In diesem Buch hatte R. Dahl Ende der 60er Jahre 26 vollentwickelte Polyarchien, drei Spezialfälle mit größeren wahlpolitischen Einschränkungen und sechs Beinahe-Polyarchien identifiziert. Die Details sind der Tabelle 10 zu entnehmen. Zu den Polyarchien zählten Ende der 60er Jahre vor allem die wirtschaftlich hochentwickelten westlichen Industrieländer sowie in der damaligen Zeit unter anderem der Libanon. Von den Ländern mit erheblichen wahlpolitischen Einschränkungen sind vor allem die Schweiz und die Vereinigten Staaten von Amerika zu erwähnen: in der Schweiz wurde das Frauenwahlrecht bei nationalen Wahlen erst 1971 eingeführt, und in den USA wirkten zum Zeitpunkt der Messung – Ende der 60er Jahre – noch wahlpolitische Restriktionen vor allem zum Nachteil der farbigen Bevölkerung in den Südstaaten (Tabelle 10).

Per Definition besteht ein enger Zusammenhang zwischen dem Alter des allgemeinen gleichen Wahlrechts und einer Polyarchie. Nationen mit langer Tradition regelmäßiger, mehr oder minder demokratischer Volkswahlen gehören heutzutage in der Regel zu den Polyarchien. Allerdings besteht zwischen dem Alter des allgemeinen Wahlrechts und der Polyarchie keine Eins-zu-eins-Entsprechung, wie z.B. die Fälle USA und Schweiz verdeutlichen. Hierüber informiert die Tabelle 11. Sie enthält eine Rangreihung zeitgenössischer Demokratien nach dem Zeitpunkt, ab dem erstmals regelmäßig Volkswahlen stattfanden. Wie der Vergleich zeigt, stimmt diese Rangordnung nicht mit der Rangreihe der Polyarchien und Beinahe-Polyarchien nach

Tabelle 10: Polyarchien und Beinahe-Polyarchien nach R. Dahl, Zeitpunkt ca. 1969

I. Vollentwickelte Polyarchien	II. Spezialfälle wahlpolitische Restriktionen	III. Beinahe-Polyarchien
Australien	Chile	Kolumbien
Belgien	Schweiz	Dominikanische Republik
BR Deutschland	USA	Malaysia
Costa Rica		Türkei
Dänemark		Venezuela
Finnland		Zypern
Frankreich		
Großbritannien		
Indien		
Irland		
Island		
Israel		
Italien		
Jamaica		
Japan		
Kanada		
Österreich		
Libanon		
Luxemburg		
Neuseeland		
Niederlande		
Norwegen		
Philippinen		
Schweden		
Trinidad und Tobago		
Uruguay		

Dahls Einstufung der Länder lagen Indikatoren des Anteils der Wahlberechtigten an der gesamten erwachsenen Bevölkerung sowie Indikatoren der Oppositionschance und der Chance der Abwahl von Regierungen („contestation") zugrunde. Letztere basieren vor allem auf folgenden Meßlatten: (1) Ausmaß der Pressefreiheit; (2) verfassungsmäßiger Status des Regimes (a: konstitutionell, b: autoritär, c: totalitär); (3) Wettbewerbsgrad des Wahlsystems (a: kompetitiv, b: partiell-kompetitiv, c: nicht-kompetitiv, d: keine Wahl); (4) Freiheitsgrade für Oppositionsgruppen; (5) Ausmaß der Interessenartikulation durch Verbände (a: signifikant, b: moderat, c: begrenzt, d: minimal); (6) Ausmaß der Interessenartikulation durch politische Parteien (a: signifikant, b: moderat, c: begrenzt, d: zu vernachlässigen); (7) Interessenaggregation durch gesetzgebende Körperschaften (a: signifikant, b: moderat, c: begrenzt, d: zu vernachlässigen); (8) quantitative Aspekte des Parteiensystems (a: Vielparteiensystem, b: Zweiparteien- oder effektives Zweiparteiensystem, c: Eineinhalbparteiensystem, d: eine dominante Partei, e: Einparteienregime, f: keine Parteien, oder alle Parteien illegal oder ineffektiv); (9) horizontale Machtverteilung (a: signifikant, b: begrenzt, c: zu vernachlässigen); (10) Status der Gesetzgebungskörperschaft (a: voll effektiv, b: partiell effektiv, c: weitgehend ineffektiv, d: komplett ineffektiv). Für weitere Details siehe Dahl 1971: 238-240.

Quelle: Dahl 1971: 248.

Tabelle 10 überein. Die Tabelle 11 wird von den USA angeführt, die beim Leistungsvergleich von Demokratien in den 60er Jahren vergleichsweise ungünstig abschnitten (Dahl 1971). Gefolgt werden die USA von Norwegen, Belgien, dem Vereinigten Königreich von Großbritannien, den Niederlanden (wobei die Unterbrechung durch die nationalsozialistische Besatzung ausgeklammert wird) und der Schweiz. Erst am unteren Ende der Reihe rangieren die vom Nationalsozialismus besetzten Länder, die autoritär regierten Regime der Zwischenkriegszeit und des Zweiten Weltkrieges, wie Italien und Japan, sowie neugegründete Staaten.

Überdies darf der Zeitpunkt, ab dem regelmäßige Volkswahlen – mit mehr oder minder demokratischer Qualität – abgehalten werden, nicht mit dem Zeitpunkt der Einführung des allgemeinen Wahlrechts verwechselt werden. Die volle Demokratisierung des Wahlrechts erfolgt in der Regel erst später. Auch hierüber informiert die Tabelle 11. Das allgemeine Männerwahlrecht beispielsweise besteht erst seit rund 100 Jahren. Relativ früh wurde es in den USA, in Frankreich, der Schweiz, in Deutschland und in Griechenland sowie in Neuseeland eingeführt. Bis zum Ersten Weltkrieg folgten Australien, Finnland und Österreich und während des Krieges und kurz nach seinem Ende alle anderen westlichen Industriestaaten. Sehr viel länger dauerte es, bis auch die weibliche Bevölkerung das aktive und passive Wahlrecht erhielt. Das Frauenwahlrecht wurde zuerst in Neuseeland (1893) eingeführt, zu Beginn des 20. Jahrhunderts folgten Australien, Finnland und Norwegen und nach dem I. Weltkrieg Dänemark, Deutschland, Irland, Kanada, Luxemburg, die Niederlande, Österreich, Schweden und die USA. Erst nach dem Zweiten Weltkrieg schlossen Belgien, Frankreich, Griechenland, Italien, Japan, Portugal und 1971 die Schweiz zu dieser Gruppe auf (Nohlen 1990: 33ff., für Details Tabelle 11).

Die Demokratisierung des Wahlrechts erfolgte in zwei Schüben. Zunächst wurde das Wahlrecht von oben nach unten erweitert. Stand es anfangs nur der Oberschicht zu, so wuchs der Kreis der Wahlberechtigten allmählich in der sozialen Schichtungspyramide nach unten. Allerdings wurden Frauen in vielen Ländern erst mit erheblicher Verzögerung wahlberechtigt, wie der Vergleich der Einführungszeitpunkte des Frauen- und des Männerwahlrechts zeigt (Spalte 5 in Tabelle 11). Ausnahmen hiervon sind vor allem die nordeuropäischen Länder (außer Norwegen), Kanada, Irland und die Niederlande, wo das allgemeine Wahlrecht für Männer und Frauen nahezu zeitgleich eingeführt wurde. Nur wenige Jahre nach Einführung des Männerwahlrechts folgte das Frauenwahlrecht in Australien und in Neuseeland. In allen anderen Ländern verstrichen viele Jahre, bis die Frauen gleiche politische Rechte wie Männer erhielten. In der Schweiz und in Frankreich vergingen rund 100, in Griechenland 85 und in den USA rund 72 Jahre, bevor die Frauen das Wahlrecht erhielten. Aber auch in Portugal und Deutschland war der Zeitabstand größer als ein halbes Jahrhundert.

Tabelle 11: Demokratisierung des Wahlrechts im Nationenvergleich[1]

Land	Ununterbrochene Serie von Volkswahlen seit	Allgemeines Wahlrecht für Männer (Ersteinführung)	Allgemeines Wahlrecht für Frauen (Ersteinführung)	Verzögerung bei der Einführung des Frauenwahlrechts[2]
USA	1788	1848	1920	72
Norwegen	1814	1897	1913	20
Belgien	1831	1919	1948	29
Großbritannien	1832	1918	1928	10
Niederlande	1848	1917	1919	2
Schweiz	1848	1848/79	1971	123/92
Neuseeland	1852	1889	1893	4
Dänemark	1855	1915/18	1918	3/0
Schweden	1866	1921	1921	0
Kanada	1867	1920	1920	0
Luxemburg	1868	1918/19	1919	1/0
Island	1874	1915	1915	0
Australien	1900	1903	1908	5
Finnland	1906	1906	1906	0
Irland	1921	1918/22	1918/22	0
Österreich	1945	1907	1918	11
Frankreich	1946	1848	1946	98
Italien	1946	1912/18	1946	34/28
Japan	1946	1925	1947	22
BR Deutschld.[3]	1949	1869/71	1919	50/48
Griechenland[4]	1977	1877	1952	85
Portugal[4]	1976	1911	1974	63
Spanien[4]	1977	1869/1907	1869/1931	0/24

1) Polyarchien in OECD-Mitgliedsstaaten. Rangordnung der Länder nach dem Zeitpunkt der Einführung regelmäßig stattfindender Volkswahlen.
2) Zeitlicher Abstand (in Jahren) zwischen der Einführung des allgemeinen Männerwahlrechts und der Einführung des allgemeinen Frauenwahlrechts.
3) Staatsgründung 1949. Vor 1949: Deutschland.
4) In der Rangreihe von Dahl 1971: 249 nicht enthalten.
Quellen: Dahl 1971: 249 (mit Korrekturen und ohne Berücksichtigung der Nicht-Polyarchien), Nohlen 1990: 33, 35, Fischer Weltalmanach '92.

Polyarchien sind hauptsächlich ein Phänomen des 20. Jahrhunderts, wenngleich eines mit längerer Vorgeschichte. Drei Wachstumsperioden ihrer Entwicklung hat R. Dahl unterschieden: (1) 1776-1930, von der Amerikanischen und der Französischen Revolution bis zur Zwischenkriegszeit; (2) 1950-1959, insbesondere im Zuge der De-Kolonialisierung und des mit ihr zunächst in Gang gesetzten Prozesses der Demokratisierung (diesem ist die Re-Demokratisierung autoritärer oder totalitärer Systeme nach dem II. Weltkrieg hinzuzufügen) und (3) die 80er Jahre des 20. Jahrhunderts mit den Vorgängen der Re-Demokratisierung in Lateinamerika. Hinzuzufügen sind die 90er Jahre, in denen die sozialistischen Länder Mittel- und Osteuropas den Übergang zur Marktwirtschaft und zur Demokratie ansteuerten.

Allerdings wurden die Wachstumsperioden der Demokratie von Stagnations- und Schrumpfungsphasen unterbrochen, in den 20er und 30er Jahren beispielsweise durch den Siegeszug des Faschismus in Italien, die Pilsudski-Diktatur in Polen 1926, die Machtergreifung des Militärs in Argentinien 1930 und den Zusammenbruch der Demokratie in den 30er Jahren in Deutschland, Österreich, Spanien sowie – infolge der Okkupation durch die deutsche Wehrmacht – auch in anderen europäischen Ländern (Berg-Schlosser/DeMeur 1994a und 1994b). Auch in den 40er Jahren gab es Rückschläge, insbesondere nach dem Ende des Zweiten Weltkrieges, als Polen, Ungarn und die Tschechoslowakei unter die Herrschaft autoritärer Regimes gerieten. Auch in den 50er und 60er Jahren brachen nicht wenige Demokratien zusammen, vor allem in der Dritten Welt. Und auch während der vielzitierten „dritten Demokratisierungswelle" seit Beginn der 70er Jahre (Huntington 1991) erlitt so manche demokratische oder halbdemokratische Staatsverfassung Schiffbruch: Argentinien (1976-83), Chile 1973 bis Ende der 80er Jahre, Ghana (seit 1980/81), Indien in den Jahren 1975 und 1976, der Libanon seit Mitte der 70er Jahre, Nigeria (seit 1983), Peru (ab 1991/92), Thailand ab Mitte der 70er Jahre und die Türkei in der ersten Hälfte der 80er Jahre sind Beispiele für andere (Basis der Auswertung: Jaggers/Gurr 1995, siehe hierzu die Tabelle 12 weiter unten).

R. Dahls Buch über die Polyarchie umfaßt weit mehr als die Messung demokratischer politischer Systeme und die Nachzeichnung der Wellen der Demokratisierung. Es trägt auch Substantielles zur Beantwortung der Frage nach den Funktionsvoraussetzungen von Demokratien bei (Dahl 1971: 200ff.). Da dieses Thema Gegenstand des nächsten Kapitels ist, soll an dieser Stelle der Hinweis genügen, daß Dahl dabei neben den sozialökonomischen Voraussetzungen auch politisch-kulturellen Faktoren eine Schlüsselrolle für die Herausbildung und Aufrechterhaltung stabiler Demokratien zuschrieb und damit den damaligen Diskussionsstand erheblich bereicherte.

Dahls „Polyarchy" hat überdies den Forschungszweig befruchtet, der sich der historisch und international vergleichenden Demokratiemessung widmet (z.B. Inkeles 1991). Besondere Erwähnung verdienen in diesem Zusammenhang die aufwendigen vergleichenden Studien von T. Vanhanen (1984, 1989, 1994), auf die R. Dahl in neueren Arbeiten zur Demokratietheorie explizit Bezug nimmt (Dahl 1989). Auf der Grundlage von Vanhanen (1984) hat R. Dahl errechnet, daß der Anteil der Demokratien an allen politischen Systemen bis Ende der 80er Jahre höchstens 41% erreichte. Das war zwischen 1950 und 1959 der Fall. Vorher und nachher war der Anteil der Polyarchien kleiner: in den 70er Jahren 31%, in den 60er Jahren 34% und in den 40er Jahren 33%, ähnlich hoch wie in der Zwischenkriegszeit (34%) und zu Beginn der 90er Jahre (34%, Eigenberechnung des Verfassers auf der Basis von Vanhanen 1994). In den Dekaden zuvor sind die Polyarchien eine noch kleinere Minderheit: 1910-19 mit 29%, im Jahrzehnt zuvor mit 17% und in den beiden Dekaden vor der Jahrhundertwende mit 14% bzw. 10% (Dahl 1989: 239-241). Einschränkend ist hinzuzufügen, daß diese Gruppierung auf großzügiger Klassifikation beruht. Sie zählt zur Polyarchie nicht nur vollentwickelte Polyarchien, sondern auch Halb-, Drittel- und Vierteldemokratien, vorausgesetzt, sie erzielen auf Vanhanens Demokratieindex mindestens den Wert 5.0 (zur Berechnung siehe Tabelle 12).

Die Polyarchietheorie will Demokratie jedoch nicht nur mit Wahlrechtsindikatoren, sondern mit einem breiteren Indikatorenfächer messen. R. Dahl knüpft dabei an eine Schule der vergleichenden Forschung an, die Anfang der 60er Jahre mit Lipsets „Political Man" einen ersten Höhepunkt gefunden hat (Lipset 1960: 1981). Insbesondere in den 80er und frühen 90er Jahren des 20. Jahrhunderts wurde eine Reihe von weit über Dahl hinausführenden Demokratiemessungen auf nationenvergleichender Basis entwickelt. Zu den wegweisenden Beiträgen zählen vor allem – in chronologischer Reihenfolge – die Studien von Bollen (1979 und 1980), Vanhanen (1984 und 1989,), Bollen (1990), Coppedge/Reinicke (1990), Gastil (1990), Gurr u.a. (1990), Vanhanen (1990), Inkeles (1991), Hadenius (1992), Bollen (1993), Lipset u.a. (1993), Beetham (1994), Freedom House (1994), Vanhanen (1994), Vanhanen und Kimber (1994) sowie Jaggers und Gurr (1995). Obwohl in diesen Arbeiten unterschiedliche Demokratiedefinitionen und unterschiedliche Meßlatten verwendet werden, konvergieren die Forschungsergebnisse (siehe weiter unten die Tabelle 12). Beispielsweise besteht weitgehend Einigkeit darüber, daß die westlichen Verfassungsstaaten auf den Demokratieskalen jeweils zur Spitzengruppe gehören. Übereinstimmend werden auch die Einparteienstaaten der sozialistischen Länder der 80er Jahre als Systeme mit geringer oder gänzlich fehlender Demokratie eingestuft. Unterschiedliche Demokratiewerte werden allerdings in Ländern gemessen, die zwischen beiden Extremgruppen liegen.

Die Demokratiemessungen bieten instruktive Informationen und Beurteilungsmaßstäbe zur Frage, ob ein bestimmtes Land halbwegs demokratisch, voll demokratisch oder überhaupt nicht demokratisch ist. Von den Demokratieskalen, die hierüber Auskunft geben, sollen im folgenden vor allem vier vorgestellt und erörtert werden: (1) Vanhanens Demokratisierungsindex (Vanhanen 1984, 1989 und 1994), (2) die an Dahls Polyarchietheorie anknüpfende Polyarchieskala von Coppedge und Reinicke (1990), (3) die Demokratie- und die Autokratieskala von Gurr u.a. (1990) und von Jaggers/Gurr (1995) sowie 4) die Demokratie- und Freiheitsskalen von Freedom House (Gastil 1990, Freedom House 1993, 1994 und 1995).

Unter Rückgriff auf modernisierungstheoretische Überlegungen und die Polyarchietheorie hat T. Vanhanen, ein finnischer Sozialwissenschaftler, für mehr als 150 Staaten einen Index der Demokratisierung vom 19. Jahrhundert bis in die 90er Jahre des 20. Jahrhunderts entwickelt (Vanhanen 1984, 1989, 1990 und 1994). Grundlage seines Indexes sind die zwei Schlüsseldimensionen von Dahls Polyarchietheorie: Partizipation und Wettbewerbsgrad. Die Partizipation (P) ermittelt Vanhanen anhand des Anteils der Wähler an der Gesamtbevölkerung. Die Formel lautet: P = Zahl der Wähler geteilt durch Bevölkerungszahl mal 100. Der Wettbewerbsgrad (W) wird durch einen Index erfaßt, der den Stimmenanteil, der bei einer Wahl zur nationalen Volksvertretung auf die stärkste Partei entfällt, von 100 subtrahiert. Die Formel für diesen Index lautet: W = 100 minus Stimmenanteil der stärksten Partei. Der eigentliche Demokratisierungsindex (D) wird sodann durch Multiplikation beider Größen und Teilung des Produkts durch 100 berechnet. Die Formel hierfür lautet: D=(PxW):100. Der Demokratisierungsindex von Vanhanen ist demnach definiert als das durch 100 geteilte Produkt des Partizipationsgrades P und des Wettbewerbsgrades W.

Das Konstruktionsprinzip dieses Indexes ist unschwer zu erkennen. Er zeigt hohe Zahlenwerte an, wenn P und W groß sind, d.h. wenn ein Großteil der Bevölkerung zur Wahl geht, wenn zugleich zwischen den

Parteien harter Wettbewerb herrscht und wenn viele Parteien mit nennenswertem Wähleranhang um Wählerstimmen konkurrieren. Ist die Wahlbeteiligung gering, zeigt der Demokratisierungsindex niedrige Werte an; gibt es gar kein Wahlrecht, steht er auf Null. Kombinationen von formal hoher Wahlbeteiligung – wie bei Akklamationswahlen in Einparteienstaaten – und geringem Wettbewerb oder hochgradiger Vermachtung des Parteiensystems ergeben ebenfalls nur geringe Werte auf Vanhanens Demokratieindex. Wahlen in der ehemaligen DDR beispielsweise gingen immer mit hoher Wahlbeteiligung einher, fanden aber faktisch unter den Bedingungen eines verkappten Einparteienstaates statt. In diesem Fall zeigen Vanhanens Indikatoren einen hohen Partizipationsgrad an (z.B. 1980-85 72%), aber einen Wettbewerbsgrad von 0. Die Multiplikation beider Größen zwecks Ermittlung des Demokratisierungsindexes ergibt ebenfalls den Wert 0.

Welche Ergebnisse fördert Vanhanens Demokratisierungsindex darüber hinaus zutage? Seine neueste Studie zum Stand der Demokratie 1993 (Vanhanen 1994) zeigt folgendes (siehe Tabelle 12): Die höchsten Demokratiewerte erreichen nach wie vor westliche Länder. Die Rangliste wird angeführt von Belgien (47,9), Italien (47,6) und Dänemark (39,7). An vierter Stelle folgt Uruguay, fast gleichauf mit Schweden und Norwegen (39,1). Deutschland gehört mit 35,6 zur Spitzengruppe. Auf Platz 13 rangiert als erstes Land der mittel- und osteuropäischen Reform- oder Semireform-Staaten Bulgarien (35,4). Auch Südkorea wird man nach Vanhanens Skala mittlerweile zum Kreis der respektablen Demokratien rechnen können (31,2). Zu den Ländern mit einem Demokratieindex zwischen 20 und 30 zählen nach Vanhanen neben den etablierten Demokratien wie der Schweiz auch Ungarn, Rumänien, Kroatien und Rußland. Letzteres rangiert nach Vanhanens Index mit 27,6 sogar vor der Schweiz (23,7) und vor den Vereinigten Staaten von Amerika (20,7). Werte unter 20 entfallen sodann auf Dritte-Welt-Staaten, z.B. Bangladesch (19,0), Indien (17,6) und die Türkei (12,0). Demokratisierungswerte unter 10 haben dezidiert autoritäre Regime, wie z.B. Iran (9,2) und Syrien (9,2), die asiatischen GUS-Staaten und die Mehrzahl der afrikanischen Staaten. Am untersten Ende der Skala finden sich die Länder mit einem Demokratisierungswert von 0: Afghanistan, Äthiopien, die Volksrepublik China, Nordkorea, Uganda, Vietnam und Zaire sind Beispiele für andere (für Details siehe Tabelle 12).

Vieles von dem, was Vanhanens aufdeckt, ist interessant, doch ist manches Detail irritierend. Plausibel ist, daß die westlichen Industrieländer allesamt hohe Demokratisierungswerte erhalten, wenngleich die Differenz zwischen den führenden Ländern auf Vanhanens Skala – zu denen das instabile Italien mit 47,6 Punkten zählt – und den USA (20,7) und der Schweiz (23,7) irreführt. Einsichtig ist, daß die vollentfalteten Demokratien allesamt auf dem Demokratisierungsindex im oberen Feld und die eindeutig autoritär regierten Länder im Unterfeld liegen. Allerdings leuchten nicht alle Einstufungen ein. Irritierend ist beispielsweise die Einstufung von Rußland – einem zwischen Diktatur und Demokratisierung oszillierendem Staatswesen – vor den USA und der Schweiz. Nach der Vielzahl der Teilhabechancen und der Authentizität der Teilhabe ist unbestreitbar, daß die Referendumsdemokratie der Schweiz den Bürgern ungleich mehr Beteiligungschancen und mehr Demokratie bietet als die meisten anderen Länder, und auch die USA können nach dem Beteiligungsangebot den Vergleich mit vielen Staaten bestens aushalten (siehe das Kapitel 3.4 sowie die anderen Demokratieskalen in Tabelle 12). Daß ausgerechnet diese Länder nur mit einem relativ niedrigen Demokratiewert abschneiden, spricht weniger gegen sie als gegen Schwachstellen des Vanhanen-Indexes.

Wie alle Demokratisierungsskalen hat Vanhanens Index somit neben Stärken – Systematik, Nachprüfbarkeit und Anbindung an die Polyarchietheorie – auch Mängel (Bollen 1990 und 1993, Beetham 1994). Gewiß liefert er einen handlichen Indikator, und zweifellos eignet er sich zum Überblick über Stufen der Demokratisierung anhand eines Verständnisses, das der Kombination von Wahlbeteiligung und Parteienkonkurrenz Vorrang einräumt. Freilich sind dem Index Probleme eigen (vgl. Bollen 1990). Sie beginnen bei der Auswahl und der Messung der jeweiligen Schlüsselgrößen. Die Variablen erfassen nur einen Teil des Wettbewerbs im Sinne von Dahls „contestation", z.B. fehlt die Meinungsfreiheit ebenso wie die Berücksichtigung der Chancen, Interessen zu äußern und zu aggregieren. Ferner wird die Partizipation anhand der Wahlbeteiligung, nicht anhand der Beteiligungsrechte ermittelt. Sie mißt folglich nur wahrgenommene Beteiligungsrechte, nicht die Rechte selbst. Obendrein wird als Bezugsgröße die gesamte Bevölkerung verwendet, doch dies verzerrt aufgrund der unterschiedlichen Altersstruktur der untersuchten Gesellschaften die Wahlbeteiligungsquote. Besser wäre es, die Zahl der Wähler auf die Bevölkerung im wahlberechtigten Alter oder auf die Bevölkerung ab einer bestimmten Altersstufe, ab der man auf Kompetenz zum Wählen zählen kann, zu beziehen. Ferner wird der Wettbewerbsgrad durch ein Maß ermittelt, das hauptsächlich die Fragmentierung bzw. Konzentration des Parteiensystems widerspiegelt. Dadurch kommt ein größerer

Verzerrungseffekt zustande. Im Rahmen demokratischer Spielregeln kann eine Partei einen sehr großen Stimmenanteil auf legalem und legitimem Wege erreichen, z.B. in den „ungewöhnlichen Demokratien" (Pempel 1990), d.h. denjenigen Demokratien, in denen eine Partei über lange Zeiträume hinweg die Regierungsgeschäfte maßgebend führt. Vanhanens Index zufolge ergibt dies einen geringeren Wettbewerb und – unter sonst gleichen Bedingungen – einen niedrigerer Demokratisierungsgrad. Überdies erfaßt Vanhanen – wie auch alle anderen Demokratieskalen – hauptsächlich nur die „Eingabe"- oder Input-Seite des politischen Prozesses. Die Ausgabe- oder Output-Seite hingegen wird vernachlässigt. Insoweit wird die Qualität der in den Demokratien erzeugten Gesetze und Politiken in Feldern jenseits der Beteiligungsrechte und der Bürgerrechte nicht erfaßt.

Ein Teil dieser Defizite sind in Coppedge und Reinickes Weiterentwicklung von Dahls Polyarchieskala vermieden worden. Coppedge und Reinicke (1990) loten – im Gegensatz zu Vanhanen – die institutionellen Bedingungen des Wettbewerbs genauer aus. Ihre revidierte Polyarchieskala basiert auf vier Größen: (1) fairen und politisch wirksamen nationalen Wahlen, (2) Meinungsfreiheit, (3) Organisationsfreiheit im Parteien- und Verbändesystem und (4) Verfügbarkeit von – zur Regierungsinformation alternativen – Informationsquellen (für Details Coppedge/Reinicke 1990: 63f.). In der Spitzengruppe der Coppedge-Reinicke-Polyarchieskala für das Jahr 1985 findet sich die Mehrzahl der Länder wieder, die schon auf Dahls Skala von 1971 zu den vollentwickelten Polyarchien zählten, vor allem die reichen westlichen Industriestaaten, aber auch Costa Rica und Uruguay. Allerdings haben sich Veränderungen ergeben: nicht mehr zur Spitzengruppe gehören Jamaika, Israel (das eine Stufe niedriger eingestuft wird), der Libanon, die Philippinen und – 1985 noch unter dem Pinochet-Regime stehend – Chile. Neu hinzugekommen sind – wiederum relativ zu 1971 – Brasilien, Kolumbien, Papua Neuguinea und Venezuela, d.h. Länder, die vor 20 Jahren noch als Semi-Polyarchien oder als Nichtdemokratien eingestuft worden waren oder seither die Unabhängigkeit erlangt hatten (Tabelle 12).

Die Polyarchieskala von Coppedge/Reinicke unterscheidet sich markant von Vanhanens Demokratisierungsindex. Freiheits-, Organisations- und Mitwirkungsrechte bilden ihr Zentrum. Aber auch ihr fehlt – wie schon Vanhanens Index – die Berücksichtigung von Zügeln, die der Exekutive angelegt werden. Insoweit mangelt es ihr an angemessener Berücksichtigung eines Pfeilers der modernen konstitutionellen Demokratie. Just dieses Defizit wird in den Demokratie- und Autokratieskalen von Gurr u.a. (1990) und Jaggers/Gurr (1995) beträchtlich vermindert. Diesen Autoren zufolge gehört zur Demokratie vor allem dreierlei: 1) Institutionen und Prozesse, mit denen die Bürger ihre politischen Präferenzen effektiv artikulieren und aggregieren können, 2) garantierte Bürger- und Freiheitsrechte und 3) institutionelle Begrenzungen der Exekutivmacht. Anzeiger solcher „institutionalisierter Demokratie" (Gurr u.a. 1990 sowie Jaggers/Gurr 1995) sind fünf Größen (in Klammern die Ausprägungen und die jeweiligen Indexwerte):

1) die Wettbewerbsintensität politischer Partizipation (Dreierskala von kompetitiv [3] bis restringiert oder unterdrückt [0]),
2) die Regulierung politischer Beteiligung (fragmentiert oder restringiert: jeweils 0),
3) der Wettbewerbsgrad der Rekrutierung von Amtsinhabern (Dreierskala von Wahl [2] bis Bestellung durch Erbfolge oder autoritäre Selektion [0]),
4) die Offenheit des Prozesses der Rekrutierung von Amtsinhabern (Wahl: 1, Dualismus von Erbrecht und Wahl: 1, Dualismus von Erbrecht und Designation oder geschlossenes System: 0),
5) Begrenzungen der Exekutive (Viererskala von Teilung der Exekutivmacht oder Subordination der Spitze der Exekutive unter politisch verantwortliche Gruppierungen [4] bis zu unbegrenzter Exekutivmacht [0]).

Der Grundgedanke dieser Skala läßt sich aus dem Blickwinkel der Definition einer vollentwickelten institutionalisierten Demokratie wie folgt erläutern: „Eine reife und intern kohärente Demokratie (...) kann operationell definiert werden als ein System, in dem (a) die politische Beteiligung in vollem Umfang kompetitiv ist, in dem (b) die Rekrutierung der politischen Führung auf dem Wege offener Wahlen erfolgt und in dem (c) substantielle Begrenzungen für die Spitze der Exekutive gegeben sind" (Gurr u.a. 1990: 84, Übersetzung des Verf.).

Die Beobachtungswerte des Demokratieindikators von Gurr u.a. bzw. von Jaggers/Gurr (1995) wurden zu einer Skala gebündelt, die von 0 bis 10 reicht. „0" steht für Fehlen demokratischer Elemente und „10" für vollentwickelte Demokratie. Den Wert „10" erzielten 1993 von den 161 untersuchten Ländern die meisten westeuropäischen und nordamerikanischen Staaten (außer Spanien und Frankreich), ferner Australien, Japan, Neuseeland, Botswana, Brasilien, Costa Rica, Jamaika, Litauen, Mauritius, Papua Neuguinea, Slowenien, Südkorea, die Tschechische Republik und die Türkei. Den Wert „0" – Zeichen des Fehlens konstitutioneller Demokratie – erlangten vor 1989/90 die

Länder der sozialistischen Staatengemeinschaft und im Jahr 1993 unter anderen Algerien, Angola, Nordkorea und die Volksrepublik China. Dazwischenliegende Werte entfallen auf die politischen Systeme in Israel (9), Chile, Indien und Polen (je 8), Rußland (7), Taiwan (6), Kroatien (5), Rumänien (4) und Peru (3) (siehe Tabelle 12).

1993 gab es Jaggers und Gurr (1995) zufolge immerhin schon 65 Demokratien – sofern man einen Demokratieskalenwert von mindestens 8 zugrundlegt. Das sind rund ein Drittel der souveränen Staaten der Welt. Allerdings muß eine erhebliche Anzahl dieser Länder als junge und fragile Demokratie eingestuft werden. Erheblich kleiner ist die Zahl der Länder, die seit 1960 bis zum Ende des Beobachtungszeitraums (1993) ununterbrochen demokratisch verfaßt waren. Setzt man wiederum einen Wert von 8 auf der Demokratieskala von Jaggers und Gurr als Mindestmaß, so qualifizieren sich in diesem Zeitraum nur 28 Staaten als stabile Demokratien nennenswerten Alters (Berechnung auf der Grundlage von Jaggers und Gurr 1995, einschließlich Frankreichs, das auf der Skala nur einen Wert von 7 erhält). Es sind dies die Verfassungsstaaten in Europa und Nordamerika, in Australien, Japan und Neuseeland, sowie Botswana (1966-93), Costa Rica, Indien, Israel, Jamaika, Malaysia, Trinidad und Venezuela.

T. R. Gurr u.a. (1990) sowie Jaggers und Gurr (1995) haben mit ihren bis weit ins 19. Jahrhundert zurückreichenden Demokratiemessungen Pionierarbeit geleistet. Das ist vor jeder Kritik gesondert zu betonen und zu loben. Aber auch die Jaggers und Gurr-Skala ist nicht aller Probleme los und ledig. Sie mißt neben dem Wettbewerbsgrad vor allem die in der Verfassung verankerten Politikstrukturen, aber nicht die Verfassungswirklichkeit und nicht die Realisierung politischer Rechte. Und dort wo sie die Verfassung mißt, hat sie eine Schieflage zu Lasten des Semipräsidentialismus der V. Republik Frankreichs. Frankreich erhält auf der Demokratieskala von Jaggers und Gurr (1995) – wie schon zuvor bei Gurr u.a. (1990) – mit „7" einen relativ niedrigen Wert und liegt dieser Klassifikation zufolge auf einer Stufe mit dem politischen Regime Südafrikas in der Ära der Apartheid, der strikten Trennung und Ungleichbehandlung von Weißen und Schwarzen, und eine Stufe unter dem Demokratieniveau, das in der Türkei seit Mitte der 80er Jahre herrschen soll! Das leuchtet überhaupt nicht ein. Zurückzuführen ist diese Klassifikation vor allem auf die überaus starke Gewichtung der fünften Komponente des Demokratieindexes und auf die – angreifbare – Einstufung Frankreichs in die Rubrik „unlimitierte Macht der Exekutive". Der zugrundeliegenden Absicht, die Begrenzungen („constraints") der Exekutivspitze zu messen, hätte man mit einer komplexeren Messung nach Art der Institutionen-Indizes der Tabelle 9 besser Rechnung getragen (siehe Kapitel 2.3).

Der vierte Demokratieindex, der hier vorgestellt werden soll, entstammt den weltweiten jährlichen Schätzungen des Standes der politischen Rechte (political rights) und der Bürgerrechte (civil rights) durch das Freedom House in Washington, D.C. (siehe für andere Gastil 1990 und Freedom House 1995). Zum Zweck zusammenfassender Information haben die Autoren vom Freedom House die 7er-Skalen der politischen Rechte (Political Rights Index) und der Bürgerrechte (Civil Rights Index) zu einem Freiheitsindex (freedom rating) addiert, der von 2 bis 14 reicht. „2" bedeutet gesicherte umfassende politische Rechte und Bürgerrechte. Durch sie wird Freedom House zufolge Freiheit bzw. Demokratie im Sinne der amerikanischen Verfassung angezeigt. „14" zeigt gänzliches Fehlen solcher Rechte an – und damit Unfreiheit. Vereinfachend wird in den Freedom House Publikationen mitunter zwischen „freien", „halbfreien" und „unfreien Staaten" unterschieden. Nach der Zählung für 1994 sind 76 von 191 Staaten freie oder demokratische Staaten, 61 „teilweise frei" und 54 „nicht frei" (Freedom House 1995).

Im einzelnen liegt der Skala der politischen Rechte im wesentlichen eine Checkliste zugrunde, die mehrere Aussagen umfaßt, für die jeweils vereinfacht gesagt zwischen 0 und 2 Punkten vergeben werden. Die Art der Fragen und der genaue Wortlaut der Prüffragen sind nicht in allen Jahresberichten einheitlich. Im Bericht für 1992-93 z.B. wurde mit den folgenden Fragen gerarbeitet: 1) Geht die Spitze der Exekutive aus einer freien und fairen Wahl hervor? 2) Werden die Repräsentanten in der Legislative in freien und fairen Wahlen gewählt? 3) Sind faires Wahlrecht, Wahlkampfchancengleichheit, faire Umfragen und korrekte Auszählung der Stimmen gegeben? 4) Ist die faire Widerspiegelung der Wählerpräferenzen in der Machtverteilung (z.B. in Form eines im Besitz effektiver Macht befindlichen Parlaments) sichergestellt? 5) Besteht ein offenes Mehrparteiensystem mit Vereinigungsfreiheit der Bürger? 6) Existiert eine nennenswerte Opposition, die eine realistische Chance hat, ihren Anhang zu vergrößern oder auf dem Weg von Wahlen an die Macht zu gelangen? 7) Besteht Selbstbestimmung der Bürger und herrscht Freiheit von Militär- und sonstiger Fremdherrschaft einschließlich der Herrschaft wirtschaftlicher Oligarchien? 8) Ist in vernünftigem Umfang Selbstbestimmung von Minoritäten sichergestellt? 9) Ist die politische Macht dezentralisiert?

Formal ähnlich ist das Verfahren, das der Erstellung der Bürgerrechtsskala zugrundliegt. 13 Fragen umfaßt die diesbezügliche Checkliste des Berichts für 1992-93 und auch sie werden mit 0, 1 oder 2 kodiert und später zu einer 7er-Skala verdichtet. Es waren dies vor allem: 1) Freiheit der Medien und der Literatur von politischer Zensur, 2) ungehinderte öffentliche und private Diskussion, 3) Versammlungs- und Demonstrationsfreiheit, 4) Vereinigungsfreiheit, 5) Gleichheit der Bürger vor dem Gesetz und Anspruch auf einen unabhängigen, nichtsdiskriminierenden Richter sowie Respektierung der Gerichte durch das Militär, 6) Schutz vor politischem Terror, willkürlicher Verhaftung, Exilierung und Folter, 7) freie Gewerkschaften und freie Bauernverbände, 8) freies Gewerbe und freie Kooperativen, 9) freie professionelle oder andere private Organisationen, 10) Freiheit der Konfessionsgemeinschaften und der Religionsausübung, 11) Gewährleistung von Freiheitsrechten (personal social freedoms) auf Eigentum, Freizügigkeit, freie Partnerwahl und Gleichheit zwischen Mann und Frau, 12) Chancengleichheit, einschließlich des Schutzes vor Ausbeutung und übergroßer Abhängigkeit von Brotgebern und 13) Freiheit von extremer Indifferenz der Regierung und Fehlen von Korruption.

Freedom House verfügt mittlerweile über eine breite Datenbasis zur vergleichenden Erfassung von freien, halbfreien oder unfreien Staatsverfassungen. Soweit der additive Freiheitsindex als Demokratieskala interpretiert wird, handelt man sich einen weitgefaßten, tief in das Rechts- und Verfassungsstaatliche reichenden Demokratiebegriff ein. Das ist insoweit ein Nachteil, weil beide Dimensionen nicht deckungsgleich sind: nicht jeder Verfassungsstaat ist eine starke Demokratie und nicht jede starke Demokratie ist ein ausgebauter Verfassungsstaat. Indien und Südkorea beispielsweise erzielen auf Demokratieskalen viel bessere Werte als auf den Skalen zur Erfassung der Bürgerrechte und der Menschenrechte (siehe z.B. Humana 1992). Der Nachteil kann allerdings dadurch vermieden werden, daß man nur die „Political Rights"-Skalen von Freedom House als Demokratiemessung im engeren Sinne akzeptiert. (Allerdings sind die zahlenmäßigen Unterschiede zwischen beiden Größen in der Praxis in vielen Fällen gering. Zu den Ausnahmen zählen u.a. Taiwan – dort waren Freedom House zufolge die politischen Rechte besser gesichert als die zivilbürgerlichen – und die Türkei – dort wurden die zivilbürgerlichen Rechte höher als die politischen Rechte eingestuft). Aber auch bei Differenzierung zwischen politischen und zivilbürgerlichen Freiheiten bleibt ein Problem bestehen, das mit der Messung der Freedom House Skalen selbst zusammenhängt. Wie anhand der oben erwähnten Checklisten ersichtlich wird und wie führende Vertreter von Freedom House zugeben, basieren die Einstufungen der Länder auf den Skalen der politischen Rechte und der Bürgerrechte zwar auf solider Informationsgrundlage, aber letztlich doch auf einem relativ intuitiven System der Beobachtung und Bewertung (Gastil 1990). Vor allem vermißt man eindeutige Operationalisierungen der Begriffe, die in den Checklisten der Skalen der politischen Rechte und der Bürgerrechte verwendet werden. Ferner sind nicht alle Informationen über die Summierung und Gewichtung der Beobachtungsergebnisse eindeutig und in allen Details nachvollziehbar.

Allerdings verbleiben die hiermit gegebenen Unstimmigkeiten in erstaunlich eng eingrenzbaren Fehlergrenzen. Vor allem ist hervorzuheben, daß die Demokratieskalen in beträchtlichem Maß übereinstimmen und daß der Freedom House Index hiervon keine Ausnahme ist. Das Ausmaß der Übereinstimmung der Demokratieskalen und das der zwischen ihnen bestehenden Unterschiede kann mit dem Instrumentarium der Korrelations- und Regressionsanalyse ermittelt werden. Korreliert man die im Text und den Literaturhinweisen erwähnten Demokratieskalen anhand der in Tabelle 12 aufgeführten Länder, ergeben sich durchweg hochsignifikante Korrelationskoeffizienten. Alle Korrelationen sind mindestens auf dem 0.01-Niveau signifikant, die meisten überschreiten diese Signifikanzschranke bei weitem. Die hohen Korrelationen und die Signifikanz zeigen ein hohes Maß an Übereinstimmung der verschiedenen Skalen an. So besteht z.B. ein sehr starker Zusammenhang zwischen Vanhanens Demokratieindex für die 80er Jahre und der Polyarchieskala von Coppedge und Reinikke für 1985 (Rangkorrelationskoeffizient Spearman: -0.87, 147 Länder). Das negative Vorzeichen ist kodierungsbedingt: niedrige Werte der Polyarchieskala zeigen ein hohes Ausmaß an Demokratie und hohe Werte einen geringen Demokratiegehalt an. Hochsignifikant ist auch die Wechselbeziehung zwischen dem Freedom House-Index für 1988 (Gastil 1990) und Vanhanens Index für die 80er Jahre (Vanhanen 1989) (Spearman: -0.84, negatives Vorzeichen kodierungsbedingt), der Demokratieskala von Gurr u.a. (1990) für 1978 (Spearman: -0.85, N=53) und der Polyarchieskala von Coppedge und Reinicke für 1985 (Spearman: 0.91, N=163), um nur einige Beispiele zu erwähnen. Auch die allerneuesten Demokratiemessungen für die Jahre 1993/94 bestätigen den Befund einer hochsignifikanten Korrelation der diversen Demokratiemessungen. Jaggers und Gurrs Demokratieindikator für das Jahr 1993 hängt aufs engste mit dem „Political Rights"-Index und dem „Civil Rights"-Index des Freedom House für 1993 zusammen (Rangkorrelation nach Spearman -0.92 bzw -0.85, jeweils 149

Fälle) und auch die Wechselbeziehung zwischen dem Political Rights-Index für 1993 und Vanhanens Demokratieindex für 1993 ist hochsignifikant (Spearman: -0.81, 171 Fälle).

Hochsignifikante Korrelation ist bekanntlich nicht mit vollständiger Übereinstimmung zu verwechseln. Ein Korrelationskoeffizient von -0.81, wie der zuletzt erwähnte, besagt, daß 66% der Variation der einen Variable durch die Variation der anderen im statistischen Sinn erklärt werden kann (66% errechnet sich aus dem mit 100 multiplizierten quadrierten Korrelationskoeffizienten). Es gibt demnach trotz hochsignifikanter Korrelation beträchtliche Unterschiede zwischen den Demokratiemessungen. Das betrifft vor allem Messungen in der Gruppe der semidemokratischen Länder und derjenigen mit autoritärem Staat, während die Übereinstimmung nahezu aller Demokratieskalen bei den hochentwickelten Demokratien im Sinne der Polyarchietheorie sehr groß ist, mit Ausnahme der Demokratieskala Vanhanens, die stark auf den Fragmentierungsgrad des Parteiensystems reagiert.

Gewiß haben die Demokratieskalen Schwächen. Sie betonen die Input-Dimension des Politischen und vernachlässigen den Output und dessen Ergebnisse. Überdies unterstellen sie implizit, die Differenz zwischen den formellen Institutionen der Demokratie und des Verfassungsstaates einerseits und der Verfassungswirklichkeit dieser Institutionen andererseits sei in allen untersuchten Ländern gleich groß. Das ist eine verwegene Unterstellung. Fallstudien über den politischen Prozeß in Voll-, Halb- und Viertelsdemokratien nähren den Verdacht, daß die Differenz zwischen formellen Institutionen und Verfassungswirklichkeit mit zunehmendem Autoritarismusgrad zunimmt. Wahlbetrug beispielsweise kommt wahrscheinlich überall vor, aber das Ausmaß von Wahlbetrügereien ist in altehrwürdigen Verfassungsstaaten um ein Vielfaches kleiner als in neuen Demokratien. Nicht zufällig hat eine philippinische Zeitung kurz vor den Senats- und Kongreßwahlen auf den Philippinen am 8.5.1995 vierzig Möglichkeiten des Wahlbetrugs erörtert – erstaunlich wäre, wenn dies nicht Verfassungswirklichkeit spiegelte. Diese Möglichkeiten reichen – in den Worten des Berichterstatters in der Frankfurter Allgemeinen Zeitung – „vom Stimmenkauf bis zur Bestechung der Inspektoren in den Wahllokalen; vom Diebstahl ganzer Wahlurnen bis zu ihrer Auffüllung mit gefälschten Stimmzetteln; von der Stimmabgabe im Namen längst Verstorbener bis zur Entführung von Wählern, die als Sympathisanten des politischen Gegners bekannt sind. Dafür wie für Schüsse auf widerspenstige Wahlbeamte oder Bombenanschläge auf Wahllokale werden Gangster angeheuert, die auch andere Geschäfte besorgen und etwa

Wahlberechtigten, die nicht abstimmen sollen, den Stempel mit der wasserunlöslichen Farbe schon vor Betreten des Wahllokals auf den Finger drücken" (Haubold 1995: 8).

Auch wenn man die Schwächen der Demokratieskalen berücksichtigt, vermitteln sie doch ein aufschlußreiches – gewiß im einzelnen mitunter korrekturbedürftiges – Bild. Man kann mit ihnen den Demokratiegehalt von Nationen – vor allem im Falle konvergierender Meßergebnisse – viel gründlicher erfassen als zuvor. Sie vertiefen das Wissen über die Verbreitung und die Verwurzelung demokratischer Institutionen.

Der internationale Vergleich des Demokratiegehalts von politischen Systemen hat eine weitere nützliche Funktion: er schützt vor Illusionen über die Verbreitung der Demokratie. Die Demokratieskalen von Bollen, Coppedge/Reinicke, Dahl, Gastil und Gurr u.a. (siehe Tabelle 12) zeigen übereinstimmend, daß vor und nach der Zeitenwende von 1989/90 nur eine Minderheit der Erdbevölkerung in entwickelten Demokratien lebt. In Demokratien (im Sinne eines Polyarchie-Indexwertes von 0 oder 1 auf der Coppedge-Reinicke-Skala) waren Mitte der 80er Jahre rund eine Milliarde Menschen wohnhaft, in den halbdemokratisch oder gänzlich undemokratischen Ländern hingegen rund vier Milliarden (eigene Auswertungen auf der Basis von Inkeles 1991 und diversen Jahrgängen des Fischer Weltalmanachs). Nach dem Zusammenbruch des Kommunismus in Mittel- und Osteuropa hat sich die Waage ein Stück zur Demokratie geneigt, vor allem von den autoritären zu den halbdemokratischen Systemen. In den demokratischen oder freien Ländern im Sinne von Freedom House z.B. lebten 1994 rund 1,1 Milliarden Menschen (rund 20% der Erdbevölkerung). Doch das gilt es mit den jeweils 40% zu verrechnen, die in halbdemokratischen und gänzlich undemokratischen Ländern leben. Man sieht: Demokratie ist zwar kein Luxusgut nur für Reiche, aber doch ein Gut, an dessen Herstellung und Konsum auch derzeit nur eine Minderheit der Menschheit beteiligt ist.

Vor rund 100 Jahren war diese Minderheit winzig. Nur die Schweiz, die USA und Neuseeland qualifizierten sich Gurr u.a. (1990) zufolge damals als vollinstitutionalisierte Demokratien. Das zeigt die erste Spalte der Tabelle 12 am Ende dieses Kapitels. In ihr sind die wichtigsten Demokratieskalen für die Staatenwelt des ausgehenden 20. Jahrhunderts zusammengestellt. Die übrigen Demokratieskalen dieser Tabelle wurden im Text weiter oben erörtert oder werden in den Anmerkungen zur Tabelle erläutert. Die Demokratieskalen veranschaulichen anhand eines Querschnitts in den 80er und 90er Jahren des 20.

Jahrhunderts, wie groß die Unterschiede im Demokratiegehalt der Staaten im Norden und Süden der Erdhalbkugel sind. Zugleich informieren sie über Gemeinsamkeiten und Unterschiede der verschiedenen Bestrebungen, die Demokratie zu messen und zu wägen. Was immer man an solchen Messungen im einzelnen kritisieren mag: die exakte Messung der Demokratie ist unabdingbare Voraussetzung der Beantwortung weiterführender Fragen, wie z.B. der nach den Entstehungs- und Bestandsvoraussetzungen demokratischer Systeme und nach den Wegen, die vom autoritären Staat zur Demokratie führen. Diesen Fragen wird in den beiden folgenden Kapiteln nachgegangen.

Tabelle 12: Demokratieskalen für souveräne Staaten, 1878-1994

	Gurr/Jaggers/Moore (1878)	Bollen (1980)	Vanhanen (1980-85)	Coppedge/Reinicke (1985)	Hadenius (1988)	Gastil (1988)	Vanhanen (1993)	Jaggers/Gurr (1993)	Freedom House (1994)
				Demokratieskalen (in Klammern Jahr der Demokratiemessung)					
Afghanistan		0	0.0	10	0	12	0		7
Ägypten		33	0.2	4	5.8	9	2.4	0	6
Albanien		11	0.0	10		14	7.7	8	3
Algerien		17	0.8	9	2.1	11	0	0	7
Andorra									1
Angola		11	0.0	10	0	14	19.2	0	7
Antigua u. Barbuda				2	9.6	5			4
Äquatorialguinea		0	0.0	9	0	14	0		7
Argentinien	2	6	6.2	0	9.6	3	28.6	8	2
Armenien							18.4	7	3
Aserbaidschan							2.7	0	6
Äthiopien		0	0.0	10	0	13	0		6
Australien		100	30.2	0		2	32.4	10	1
Bahamas		100	14.9	2	9.0	5	18.9		1
Bahrain		11	0	8	1.3	10	0	0	6
Bangladesch		44	0.7	5	3.5	9	19.0	9	2
Barbados		100	21.1	0	10	2	23.5		1
Belgien	7	100	43.8	0		2	47.9	10	1
Belize				0	9.8	3	14.4		1
Benin		11	0.7	8	1.0	14	12.9	8	2
Bhutan		22	0.0	6	2.5	10	0	0	7
Bolivien	0	0	6.5	2	8.5	5	10.5	8	2
Bosnien-Herzegovina									6
Botsuana		83	4.9	1	9.6	5	7.0	10	2

	Gurr/Jaggers/Moore (1878)	Bollen (1980)	Vanhanen (1980-85)	Coppedge/Reinicke (1985)	Hadenius (1988)	Gastil (1988)	Vanhanen (1993)	Jaggers/Gurr (1993)	Freedom House (1994)
Brasilien	1	39	8.3	0	8.1	5	21.1	10	2
Brunei Darussalam				7	1.7	12	0		7
Bulgarien		11	0	10		14	35.4	8	2
Burkina Faso		6	0	7	1.0	13	3.6	0	5
Burundi		0	0	8	0.4	13	11.2	0	6
Chile	4	6	0	5	2.1	9	19.7	8	2
China (Volksrep.)		17	0	10	1.9	12	0	0	7
Costa Rica	6	100	18.4	0	9.8	2	21.6	10	1
Côte d'Ivoire		17	0	8		2	2.3	0	6
Dänemark	1	100	41.0	0	2.7	12	39.7	10	1
Deutschland (BRD)		89	32.9	0		2	36.5	10	1
DDR (1949-90)		11	0	10		3			
Dominica		94		1	10	13			2
Dominikanische Rep.	2	72	15.8	1	9.0	4	16.6	7	4
Dschibuti			0	7	2.1	12	6.4		6
Ecuador	1	83	8.1	1	9.2	4	20.5	9	2
El Salvador		6	3.2	4	6.3	6	10.2	8	3
Eritrea									6
Estland							17.4	8	3
Fidschi		94	18.6	1	3.1	9	18.2	6	4
Finnland		94	36.0	0		3	36.5	10	1
Frankreich	7	100	33.5	0		3	30.9	7	1
Gabun		28	0	7	1.9	12	16.2	0	5
Gambia		72	7.7	5	8.7	6	9.0		7
Georgien							19.8		
Ghana		83	0.2	7	1.5	12	4.6	4	5
Grenada		11		0	9.6	3		0	1
Griechenland	9	94	31.3	2		4	34.4	10	1

	Gurr/Jaggers/Moore (1878)	Bollen (1980)	Vanhanen (1980-85)	Coppedge/Reinicke (1985)	Hadenius (1988)	Gastil (1988)	Vanhanen (1993)	Jaggers/Gurr (1993)	Freedom House (1994)
Großbritannien	6	100	31.9	0		2	33.6	10	1
Guatemala	2	44	1.4	5	7.5	6	3.3	4	4
Guinea		11	0	7	1.7	13	19.2	0	6
Guinea-Bissau		6	0	10	1.3	13	0	0	3
Guyana		72	9.7	5	3.8	10	17.9	5	2
Haiti	0	17	0	7	2.7	12	0	0	5
Honduras	2	17	10.5	0	8.3	5	14.9	6	3
Indien		94	16.5	2	9.0	5	17.6	8	4
Indonesien		33	4.6	5	1.8	10	4.0	0	7
Irak		17	0	10	0.6	14	0	0	7
Iran		33	3.1	7	2.1	11	9.2	0	6
Irland		100	26.5	0		2	30.5	10	1
Island		100	34.0	0		2	37.2	10	1
Israel		94	31.4	1	9.0	4	32.5	9	1
Italien	1	100	41.6	0		2	47.6	10	1
Jamaika		94	4.4	2	9.0	4	10.8	10	2
Japan		100	26.0	0		2	25.5	10	2
Jemen (Süd)		17	0	10	0	10			
Jemen (Nord)		11	0	8	2.5	14			
Jemen (1990-94)							2.6		5
Jordanien		6	0	6	2.1	11	1.4	1	4
Jugoslawien		28	0	7		10	20.2	0	6
Kambodscha		0	0	10		14	6.2		4
Kamerun		17	0	8	0.8	12	11.5		6
Kanada	7	100	25.4	0		2	29.6	10	1
Kap Verde		17	2.0	8	1.7	11	8.4		1
Kasachstan							1.5	2	6
Katar		17	0	8	0	10	0		7

	Gurr/Jaggers/Moore (1878)	Bollen (1980)	Vanhanen (1980-85)	Coppedge/Reinicke (1985)	Hadenius (1988)	Gastil (1988)	Vanhanen (1993)	Jaggers/Gurr (1993)	Freedom House (1994)
Kenia		33	0	8	2.2	12	11.5	0	6
Kirgistan							2.4	6	4
Kiribati									1
Kolumbien	8	72	12.0	0	9.9	3	7.8	9	3
Komoren			0	0	8.3	5	15.0	5	4
Kongo		11	0	8	2.7	12	15.4	5	4
Korea - Nord (DVR)		11	0	10	1.3	13	0	0	7
Korea - Süd		33	1.8	4	0	14	31.2	10	2
Kroatien					7.5	5	26.9	5	4
Kuba		17	0	10	0.8	13	0	0	7
Kuwait		6	0	6	1.9	11	0.2		5
Laos		6	0	10	0	12	0		7
Lesotho		39	0	6	3.5	12	7.2	0	4
Lettland							10.5	8	3
Libanon		50	2.6	4	1.5	11	11.7	8	6
Liberia		6	0.3	5	3.1	10	0	2	7
Libyen		17	0	10	0.6	12	0		7
Liechtenstein				4					1
Litauen							23.0	10	1
Luxemburg	2	100	31.2	0		2	34.7	10	1
Madagaskar		28	6.0	6	7.3	10	11.0	5	2
Makedonien							12.2	8	4
Malawi		17	0	9	1.3	13	0	0	2
Malaysia		67	11.5	4	6.9	9	14.9	8	4
Malediven		22		4	4.0	11	2.2		6
Mali		0	0	10	2.1	12	3.0	9	2
Malta		94	30.4	4		3	33.1		1
Marokko		61	3.7	4	3.4	9	4.3	1	5

	Gurr/Jaggers/ Moore (1878)	Bollen (1980)	Vanhanen (1980-85)	Coppedge/ Reinicke (1985)	Hadenius (1988)	Gastil (1988)	Vanhanen (1993)	Jaggers/Gurr (1993)	Freedom House (1994)
Marschallinseln					10				1
Mauretanien		0	0	8	1.3	12	6.0	0	7
Mauritius		83	23.5	1	9.6	4	27.6	10	7
Mexiko		56	5.9	4	7.3	7	11.0	2	4
Mikronesien					10				1
Moldau							5.5	3	4
Monaco				4					2
Mongolei		11	0	10		14	20.6	8	2
Mosambik		11	0	10	1.0	13	0	0	3
Myanmar		11	0	10	0.6	13	0	0	7
Namibia							4.0	9	2
Nauru		61		0	9.6	4	12.0	8	1
Nepal		44	0	8	3.2	7	35.1	10	3
Neuseeland	9	100	34.2	0		2	17.5	6	1
Nicaragua	2	17	1.3	4	4.8	9	37.8	10	4
Niederlande	3	100	40.7	0		2	11.6	8	1
Niger		0		9	1.5	12	0	0	3
Nigeria		83	3.3	8	2.3	10	39.1	10	7
Norwegen	2	100	36.6	0		2	0	0	1
Oman		6		9	1.7	12	0	0	6
Österreich	1	100	32.1	0		2	36.0	10	1
Pakistan		0	0	6	8.3	6	7.0	8	3
Palau									1
Panama		28	2.2	2	1.9	11	21.6	8	2
Papua-Neuguinea		83	23.4	0	8.8	5	31.2	10	2
Paraguay	2	33	3.1	6	2.1	12	13.7	7	4
Peru	1	72	13.5	1	7.9	5	16.4	3	5
Philippinen		33	3.5	4	8.1	5	23.4	8	3

	Gurr/Jaggers/Moore (1878)	Bollen (1980)	Vanhanen (1980-85)	Coppedge/Reinicke (1985)	Hadenius (1988)	Gastil (1988)	Vanhanen (1993)	Jaggers/Gurr (1993)	Freedom House (1994)
Polen	0	17	0.7	7		10	19.6	8	2
Portugal		94	30.2	0		3	20.7	10	1
Ruanda	0	11	0.4	7		12	0	0	7
Rumänien	0		1.4	10	2.5	14	27.0	4	4
Rußland							27.6	7	3
Salomonen			15.0	1	9.6	4	14.3		1
Sambia		22	2.9	7	3.3	11	3.7	5	3
Samoa					6.0	7	12.6		2
San Marino									1
Sao Tome u. Princ.		17		0	0	13	9.3	0	1
Saudi-Arabien	2	6	0	10	0	13	0	10	7
Schweden	10	100	36.3	10		2	39.1	10	1
Schweiz		100	22.0	0		2	23.7		1
Senegal		39	3.1	0	8.3	7	6.3	3	4
Seychellen		17		4	2.0				3
Sierra Leone		33	0	8	3.2	12	0	0	7
Simbabwe		67	13.0	7	5.8	10	3.0	0	5
Singapur		44	8.1	4	7.3	11	11.3	2	5
Slowakei				4		9		8	2
Slowenien							33.0	10	1
Somalia		11	0	10	0	14	0		7
Sowjetunion		17	0	10					
Spanien	5	83	29.7	0		11	36.6	9	1
Sri Lanka		83	13.6	4	7.3	3	15.7	5	4
St. Kitts u. Nevis				0	9.8	7			2
St. Lucia		94		0	9.8	3	18.5		1
St. Vincent u. Gren.		94		0	10	3	12.9		2
Südafrika	3	56	2.1	3	2.9	3	3.6	7	2

	Gurr/Jaggers/Moore (1878)	Bollen (1980)	Vanhanen (1980-85)	Coppedge/Reinicke (1985)	Hadenius (1988)	Gastil (1988)	Vanhanen (1993)	Jaggers/Gurr (1993)	Freedom House (1994)
Sudan		22	0.3	6	6.8	11	0	0	7
Suriname		0	0	7	8.5	9	6.2		3
Swasiland		22	0	7	2.6	5	0	0	6
Syrien		33	0	10	0.6	11	9.2	0	7
Tadschikistan						13	3.0	6	7
Taiwan (ROC)				7	3.7		5.7	6	3
Tansania		28	1.9	9	2.0	8	0.4	0	6
Thailand		67	4.0	2	7.1	12	6.2	4	3
Togo		11	0	10	1.3	6	0.6	0	6
Tonga		22		7	5.4	12			5
Trinidad u. Tobago		83	15.6	0	9.8	8	22.5	8	1
Tschad		6	0	7	1.0	2	0	0	6
Tschechische Rep.						13		10	1
Tschechoslowakei		11	0	10			16.8		
Tunesien		28	0	6	2.9	13	2.6	0	6
Türkei		11	1.5	4	6.7	10	12.0	10	5
Turkmenistan						6	2.5	0	7
Tuvalu					10				1
Uganda		44	11.4	0	2.3	2	0	0	5
Ukraine				8		10	21.7	8	3
Ungarn	1	17	0	8			27.4	10	1
Uruguay	1	17	4.2	0	9.4	9	39.7	10	2
USA	10	100	17.4	0		4	20.7	10	1
Usbekistan						2	4.5	0	7
Vanuatu				2	8.8		23.6		1
Venezuela	2	89	18.7	0	9.2	6	18.9	9	3
Verein. Arab. Emir.		17	0	8	0.2	3	0	0	6
Vietnam		11	0	10	1.5	10	0	0	7

	Gurr/Jaggers/Moore (1878)	Bollen (1980)	Vanhanen (1980-85)	Coppedge/Reinicke (1985)	Hadenius (1988)	Gastil (1988)	Vanhanen (1993)	Jaggers/Gurr (1993)	Freedom House (1994)
Weißrußland							6.8	3	4
Zaire	17	0	0.4	9	1.3	13	0		7
Zentralafrikan. Rep.	0	0	0	7	0.8	13	11.3	8	3
Zypern (griech.)		56	14.3	1	10	12	27.9	9	1
Mittelwert	3.2	43.2	8.5	4.9	4.6	8.3	13.8	5.0	3.6

Spalte 1   Demokratieindex für 1878 nach Gurr/Jaggers/Moore (1990). Minimum: 0 (= keine Demokratie), Maximum = 10 (Höchstmaß an institutionalisierter Demokratie). Erläuterungen s. Text.

Spalte 2   Index Liberaler Demokratie für 1980 nach Bollen 1993. Minimum: 0 (keine Demokratie), Maximum: 100 (vollentwickelte liberale Demokratie). Der Index basiert auf der Addition von a) Banks Index der "freedom of group opposition", b) dem political rights-Index von Freedom House und dem "effectiveness of legislative body index" von Banks (1971 und 1979).

Spalte 3   Vanhanens Demokratisierungsindex für 1980-85 (Partizipation mal Wettbewerb dividiert durch 100). Minimum : 0 (keine Demokratie), Maximum: 100 (vollentfaltete Wettbewerbsdemokratie). Basis: Vanhanen 1989. Erläuterungen siehe Text.

Spalte 4   Polyarchieindex für 1985 nach Coppedge und Reinicke (1990). Minimum: 0 (= Polyarchie), Maximum = 10 (keine Demokratie). Erläuterungen s. Text.

Spalte 5   Demokratieindex für 1988 nach Hadenius (1992). Minimum: 0 (keine Demokratie), Maximum: 10 (vollentfaltete Demokratie). Der Hadenius Index basiert auf a) Messungen politischer Rechte und Freiheiten, b) Indikatoren freier Wahlen der politischen Führungen und der Volksvertretungen und c) Indikatoren des Wahlrechts bzw. der Fairness von Wahlen. Der Index wurde nicht auf die etablierten Demokratien in den OECD-Ländern angewendet.

Spalte 6   Freedom House-Freiheits-Index für 1988 nach Gastil 1990 (Addition des Political Rights- und des Civil Liberty-Indexes. Erläuterungen siehe Text. Minimum: 2 (frei), Maximum 14 (unfrei).

Spalte 7   Vanhanens Demokratisierungsindex für das Jahr 1993 (Vanhanen 1994). Siehe Spalte 3.

Spalte 8   Demokratieindex für 1993 nach Jaggers/Gurr 1995. Erläuterungen s. Text.

Spalte 9   Political Rights-Index des Freedom House für den Stand am 1.1.1995. Skala von 1 (vollentfaltete politische Rechte bzw. Demokratie) bis 7 (keine politische Rechte bzw. vollentfalteter autoritärer Staat). Erläuterungen siehe Text. Quelle: Freedom House 1995.

Kapitel 3.6
Die Theorie der sozioökonomischen Funktionsvoraussetzungen der Demokratie

Welches sind die Funktionsvoraussetzungen stabiler Demokratien und unter welchen Bedingungen brechen sie zusammen? Diese Fragen beschäftigten die Demokratietheoretiker seit alters her. Die aristotelische Theorie z.B. zählte zu den Funktionsvoraussetzungen der Demokratie die überschaubare Größe eines Gemeinwesens, die Homogenität der Gesellschaft und die relative Stärke der Mittelschichten. Diese Auffassung spielt mehr als 2000 Jahre nach Aristoteles noch immer eine große Rolle: ein überschaubares Gemeinwesen und die Homogenität der Bürgerschaft gehören – mit Einschränkungen – für Montesquieu und – ohne Einschränkung – für Rousseau zu den Grundlagen einer Demokratie. Erst in den Theorien über moderne Demokratien trennt man sich von der Vorstellung, Demokratie sei nur in kleinen Gemeinwesen zu verwirklichen. Aber auch dort teilt man mit der älteren Lehrmeinung die Auffassung, daß die Demokratie bestimmte sozialstrukturelle Voraussetzungen habe. Im Gegensatz zur aristotelischen Lehre zählen jedoch die modernen Theorien auch ein Mindestniveau wirtschaftlicher Entwicklung zu den Voraussetzungen stabiler Demokratie.

„Man kann sein Stimmrecht nicht essen!" Diese Worte entstammen dem Munde F. de Klerks, des ehemaligen Präsidenten der Südafrikanischen Republik (Die Zeit Nr. 33, 1993, S. 2). Sie waren als Warnung gedacht vor übergroßen Hoffnungen, die viele nach der Abschaffung der Apartheid in das Funktionieren und die Früchte der Demokratie setzten und brachten zugleich die Sorge zum Ausdruck, die Demokratie könne ohne gefüllte Bäuche und ein beachtliches wirtschaftliches Entwicklungsniveau nicht überleben.

Stimmt das oder gilt die Gegenthese? Kann man vielleicht nur in der Demokratie überhaupt in Ruhe essen und liegt gerade darin eine ihrer Funktionsvoraussetzungen? Allgemeiner gefragt: Welches sind die Voraussetzungen der Aufrechterhaltung und des Gedeihens von Demokratien? Um die Beantwortung solcher Fragen hat sich vor allem die vergleichende Demokratieforschung verdient gemacht. Deren Basis ist die Theorie von den sozioökonomischen Funktionsvoraussetzungen der Demokratie, die vor allem S.M. Lipset im Anschluß an angloamerikanische Modernisierungstheorien, insbesondere D. Lerners „The Passing of Traditional Society" (1958), entwickelte (Lipset 1959, 1960, 1981, weiterführend Lipset u.a. 1993). Lipset zufolge sind die zentralen Funktionsvoraussetzungen der Demokratie (im Sinn von Bedingungen, durch welche die Aufrechterhaltung einer Demokratie begünstigt wird) in einem relativ hohen Stand sozioökonomischer Entwicklung und offenen Sozialstrukturen zu suchen. Seine Hauptthese lautet: „The more well-to-do a nation, the greater the chances that it will sustain democracy" (Lipset 1960: 48f.) – je wohlhabender ein Staat, desto größer die Chance, die Demokratie aufrechtzuerhalten.

Im 3. Kapitel des „Political Man" (1960) hatte Lipset die Hauptthese erweitert: Die Stabilität einer Demokratie hänge nicht nur vom wirtschaftlichen Entwicklungsstand ab, sondern auch von der Effektivität (effectiveness) und der Legitimität (legitimacy) ihres politischen Systems (ebd.: 77). Die Effektivität bemesse sich nach dem politischen Leistungsprofil, insbesondere danach, ob die grundlegenden Funktionen des Regierungssystems in einer Weise erfüllt werden, die den Erwartungen der Bevölkerungsmehrheit und mächtiger Interessengruppen entspricht (ebd.). Die Legitimität hingegen hänge größtenteils von der Bewältigung von Strukturkonflikten ab, die die jeweiligen Gesellschaftssysteme gespalten haben (ebd.), wie z.B. religiöse und klassenbezogene Konfliktlinien und die politische Integration der mittleren und unteren Gesellschaftsschichten.

Nicht alle dieser Thesen hat S.M. Lipset einem direkten Test unterworfen. Vielmehr konzentrierte er die Überprüfung auf eine Reihe von Indikatoren, die aus modernisierungstheoretischer Sicht als begünstigende Bedingungen der Demokratie in Frage kommen. Zu ihnen gehören vor allem 1) ein relativ hohes Niveau sozioökonomischer Entwicklung in einer kapitalistischen Marktökonomie (gemessen vor allem durch Indikatoren wirtschaftlicher Entwicklung, der Massenkommunikation, der Industrialisierung, des Ausbildungsstandes und der Urbanisierung), 2) eine große und wachsende Mittelklasse sowie eine Unterschicht, die auf ein hohes Maß sozialer und wirtschaftlicher Sicherheit zählen kann, 3) eine relativ offene Klassenstruktur mit mannigfachen Aufstiegschanchen (vertikale Mobilität), 4) hochentwickelte Beteiligung der Bürger in Verbänden und Vereinen, 5) ein relativ hoher Ausbildungsstand und 6) ein relativ egalitäres System von Werten. Ist all dies gegeben, herrschten günstige Voraussetzungen für die Aufrechterhaltung einer funktionsfähigen Demokratie. Diese stabilisiere ihrerseits die zugrundeliegenden Voraussetzungen und somit entstehe ein sich selbst verstärkender Kreislauf (Lipset 1960: 51ff. und 1981).

Die zuvor schon von D. Lerner (1958: 63) postulierte positive Korrelation von sozioökonomischer Modernisierung und Demokratisierung ist in Lipsets Analysen – sie basierten zunächst vor allem auf dem Querschnittsvergleich demokratischer und nichtdemokratischer Staaten – und in zahlreichen Studien bestätigt worden (z.B. Lipset 1960: 51 ff). Repräsentativ ist die These von K. Bollen und R. Jackman (1989), der zufolge der ökonomische Entwicklungsstand (gemessen durch das Bruttosozialprodukt pro Kopf) die wichtigste erklärende Variable des Demokratisierungsgrades bzw. der Demokratie-Diktatur-Differenz in den Staaten der Welt ist. Auch die neuesten nationenvergleichenden Studien über die Wechselbeziehungen von wirtschaftlicher Entwicklung und Demokratie stützen diese Hypothese: Bis auf den heutigen Tag deckt jeder Vergleich von reichen und armen Länder hochsignifikante Wechselbeziehungen zwischen Demokratie und sozioökonomischem Entwicklungsstand auf: je wirtschaftlich reicher ein Land, desto geringer ist die Wahrscheinlichkeit, daß dort eine Diktatur entsteht oder aufrechterhalten wird (Welzel 1994), und je reicher ein Land, desto höher ist die Wahrscheinlichkeit, daß die Staatsverfassung demokratisch ist (Lipset u.a. 1993, Burkhart/Lewis-Beck 1994). Beispiele für andere sind die durchweg signifikanten Korrelationen zwischen den einschlägigen Demokratieskalen (siehe Tabelle 12 im Kapitel 3.5) und dem pro-Kopf-bezogenen Sozialprodukt im Jahr der Demokratiemessung oder vor diesem Zeitpunkt. So z.B. beträgt der Koeffizient der Korrelation des Vanhanen-Indexes der Demokratie der Jahre 1980-85 mit dem wirtschaftlichen Entwicklungsstand (Sozialprodukt pro Kopf der Bevölkerung) Mitte der 80er Jahre r = 0.56 und derjenige des Vanhanen-Indexes 1993 und dem pro-Kopf-Sozialprodukt von 1991 r = 0.65. Ähnliche Ergebnisse kommen bei Korrelationen des wirtschaftlichen Entwicklungsstandes mit den übrigen Demokratieskalen der Tabelle 12 zustande.

Lipsets sozioökonomische Theorie – die „Wohlstandstheorie der Demokratie" (Pourgerami 1991) – bzw. ihre Weiterentwicklung bei Cutright (1963), R. Dahl (1971) T. Vanhanen (1984, 1990, siehe Kapitel 3.5) und Lipset u.a. (1993) ist mittlerweile unverzichtbarer Bestandteil jeder seriösen vergleichenden Analyse der Voraussetzungen von Demokratie (Diamond 1992). Allerdings ist dabei mehrerlei zu beachten. Es handelt sich bei dieser Theorie – der erste Punkt – um eine signifikante Tendenz, aber nicht um einen deterministischen Zusammenhang. Demgemäß gibt es – zweitens – größere Ausnahmen von dieser Tendenz. Das ist nicht verwunderlich: in das Blickfeld dieser Theorie geraten nur Strukturen und Funktionen, aber nicht das Tun und Lassen von Akteuren. Drittens ist der Theorie der sozioökonomischen Voraussetzungen der Demokratie jedoch zugutezuhalten, daß ihre Kernaussage mittlerweile sogar besser bestätigt ist als dies dem lautstarken Chor ihrer Kritiker nach zu erwarten wäre. „The more well-to-do a nation, the greater the chances that it will sustain democracy" – Lipsets Schlüsselthese (Lipset 1960: 48f.) hatte als Maßstab den Stand der sozioökonomischen Modernisierung der Demokratien in den ausgehenden 50er Jahren verwendet! Dieser Stand ist mittlerweile von vielen zuvor nichtdemokratisch verfaßten Ländern eingeholt worden. Und wie die Theorie prognostiziert, sind nicht wenige dieser Staaten nunmehr zu Demokratien geworden. Spanien, Portugal und Griechenland sind hierfür Beispiele, auch die ehemaligen sozialistischen Staaten in Mittel- und Osteuropa, Südkorea und andere mehr (siehe Kapitel 3.7).

Die Theorie der sozioökonomischen Voraussetzungen der Demokratie ist insofern besser als ihr Ruf. Allerdings wird diese Theorie nicht mehr in ihrer urspünglichen Variante aus dem Jahr 1960 verwendet. Sofern man auf sie zurückgreift und nicht auf die akteurstheoretischen Ansätze der Transitionsforschung (siehe Kapitel 3.7), geschieht dies hauptsächlich entweder in der Fassung von Lipset u.a. (1993), die den sozioökonomischen Entwicklungsstand mit anderen strukturellen Faktoren, einschließlich der Kolonialgeschichte, in Verbindung bringt, oder in der um kulturelle Faktoren angereicherten Variante von R. Dahl (1971 und 1989) oder in Gestalt von T. Vanhanens Theorie der Streuung der Machtressourcen (Vanhanen 1989, 1990 und 1994, Vanhanen/Kimber 1994).

Vanhanen zufolge steht der Demokratiegehalt einer Staatsverfassung in überzufälligem Zusammenhang mit der Verteilung oder Dispersion der „Machtressourcen" (power resources) in Gesellschaft und Wirtschaft. Je mehr die Machtressourcen gestreut sind, d.h. je geringer die Machtkonzentration ist, desto tendenziell höher ist der Demokratisierungsgrad eines Landes. Das ist eine wohlbegründete Fortführung einer Leitidee der Polyarchietheorie von R.A. Dahl (1971). Zur empirischen Erfassung der Dispersion der Machtressourcen hat Vanhanen den Machtressourcenindex entwickelt (index of power resources) und für die Gegenwart und die Vergangenheit von mehr als 130 Staaten berechnet. Der Index basiert auf einer Kombination dreier Indizes, die die Verteilung wirtschaftlicher und wissensmäßiger Ressourcen und die berufliche Diversifikation erfassen. Der Indexberechnung liegen hauptsächlich Indikatoren sozioökonomischer Schichtung zugrunde. Vereinfacht gesagt wird der Index der beruflichen Diversifikation durch eine Kombination des Verstädterungsgrades und der Aufteilung der Bevölkerung auf den Agrar- und den Nicht-Agrarsektor erfaßt. Die Verteilung der Wissensressourcen wird durch den Mittelwert des Alphabetisierungsgrades und der Verhältniszahl der Universitätsstudierenden zur Gesamtbevölkerung gemessen. Der Index der Dispersion der wirtschaftlichen Ressourcen basiert auf der Verteilung des Landbesitzes und dem Grad der Dezentralisierung nichtagrarischer ökonomischer Ressourcen. Schlußendlich werden die drei Hauptindizes durch Multiplikation zusammengefügt. Das ergibt den eigentlichen Index der Machtressourcen. Dieser hat ein Minimum von 0 und ein Maximum von 100. Die meisten westlichen Verfassungsstaaten erzielen auf diesem Index Werte zwischen etwa 35 und mehr als 50. Die USA beispielsweise erreichen auf ihm 51,5 Punkte, Finnland 44,4 und die Bundesrepublik Deutschland 37,7 (Daten für 1993). Viel geringer war die Dispersion der Machtressourcen nach Vanhanen in den ehemaligen staatssozialistischen Ländern. Allerdings bestanden dort große Unterschiede zwischen der hochgradigen Konzentration der Machtressourcen in der Ökonomie und der breiten Streuung der Wissensressourcen. In diesem „strukturellen Ungleichgewicht" haben Vanhanen und Kimber (1994: 72) ex post eine Hauptursache des Zusammenbruchs der sozialistischen Länder zu verorten versucht.

Vanhanens Machtressourcenindex eignet sich zur statistischen Erklärung des Demokratisierungsgrades von Staatsverfassungen besser als traditionelle Indikatoren wirtschaftlicher Entwicklung wie das Bruttosozialprodukt pro Kopf. Die Korrelationen sind durchweg hochsignifikant: je stärker die Machtressourcen auf viele aufgeteilt sind, desto höher der Demokratisierungsgrad, und je stärker die Machtressourcen konzentriert sind, desto niedriger der Demokratisierungsgrad bzw. desto geringer die Wahrscheinlichkeit einer demokratischen Staatsverfassung (Vanhanen 1984, 1989, 1994). Das gilt im übrigen nicht nur hinsichtlich Vanhanens Demokratieskala, sondern auch für die anderen Demokratieskalen der Tabelle 12. Wie stark der Zusammenhang zwischen der Verteilung der Machtressourcen und dem Demokratiegrad ist, zeigen die Korrelationskoeffizienten in der Tabelle 13.

Hinsichtlich großer statistischer Trends kann sich die Theorie der sozioökonomischen Funktionsvoraussetzungen der Demokratie mitsamt ihren Weiterentwicklungen bis auf den heutigen Tag sehen lassen. Allerdings mußten die Begründer dieser Theorien und ihre Anhänger geharnischte Kritik einstecken. Man hielt ihnen sozioökonomischen Determinismus vor, so z.B. Neubauer (1967) und Rustow (1970), und man warf ihnen vor, statistische Zusammenhänge zwischen sozioökonomischer Entwicklung und Demokratie fälschlicherweise als überzeitlich stabile Ursache-Folge-Ketten zu deuten. Tatsächlich sei die Beziehung zwischen wirtschaftlicher Entwicklung und Demokratie bzw. Diktatur nicht nur von Epoche zu Epoche verschieden, sondern auch innerhalb einzelner Ländergruppen – ja innerhalb einzelner Länder (Arat 1988). Auch aus dem Blickwinkel der politischen Geschichte Deutschlands leuchtet dieser Hinweis ein. Erst verspätet – auf relativ hohem Niveau sozioökonomischer Entwicklung und auf der Basis weitgestreuter Machtressourcen – wurde in Deutschland 1918/1919 die Demokratie eingeführt. Allerdings brach sie nach 15 Jahren zusammen – auf noch höherem sozialökonomischen Entwicklungsstand. Auch die 40-jährige Geschichte der Deutschen Demokratischen Republik spricht nicht für die klassische sozioökonomische Theorie der Demokratie: rein wirtschaftlich betrachtet gehörte die DDR zu den wohlhabenderen Ländern, politisch aber zweifellos zu den harten autoritären Regimen. Erst der Zusammenbruch des SED-Staates 1989/90 schuf die Situation, die der sozioökonomischen Theorie zufolge längst überfällig war.

Manche Analytiker ergänzten die sozioökonomische Theorie der Demokratie durch Präzisierung der Lipset-These über den Zusammenhang von Wohlstand und Demokratie: „The more well-to-do the people of a country, on average, the more likely they will favor, achieve, and maintain a democratic system for their country", ist nach L. Diamond eine korrektere Formulierung (1992: 109). Andere Wissenschaftler haben die sozioökonomische Theorie durch Einbau zusätzlicher Variablen zu stärken versucht, so z.B. R. Dahl (1971), der politisch-kulturelle Faktoren hinzufügte, und Rueschemeyer u.a. (1992), die vor allem auf Kräfteverhältnisse zwischen demokratiefreundlichen und -feindlichen Klassen, Staat-Gesellschaft-Beziehungen und internationale Abhängigkeit aufmerksam machten. Andere griffen zu politisch-sozialgeschichtlichen Erklärungsmodellen, so z.B. B. Moore in seiner Studie „Soziale Ursprünge von Demokratie und Diktatur" (Moore 1966). „No bourgeoisie, no democracy!". Das war – knapp zusammengefaßt – Moores Hauptthese: ohne selbständige Bourgeoisie entstehe keine Demokratie, sondern eine Diktatur. Auch dieser Ansatz gilt mittlerweile als überholt. Allerdings hat er den Anstoß für eine interessante Fortentwicklung des klassensoziologischen Ansatzes gegeben, nämlich für die Analyse von Rueschemeyer u.a. (1992), denen zufolge eine selbständige und machtvolle Arbeiterbewegung zusammen mit einer weitreichenden Agrarreform die wichtigsten Funktionsvoraussetzungen von Demokratie sind.

Tabelle 13: Zusammenhänge zwischen Demokratisierungsgrad und Verteilung der Machtressourcen in den Staaten der Welt in den 80er und 90er Jahren des 20. Jahrhunderts[1]

Abhängige Variable [2]	Korrelation [3]
Bollens Demokratieindex 1980	.73 (N=143)
Polyarchieindex 1985	-.61 (N=140)
Freiheitsindex 1988	-.61 (N=147)
Politische Rechte 1988	-.58 (N=147)
Demokratieindex Vanhanen 1980-85	.75 (N=147)
Demokratieindex Vanhanen 1993	.67 (N=172)
Demokratieindex Jaggers-Gurr 1993	.64 (N=143)
Additiver Freiheitsindex 1993	-.62 (N=172)

1) Auf der Basis bivariater Korrelationsanalysen mit dem Index der Machtressourcenverteilung von T. Vanhanen (Index für 1993 für die abhängigen Variablen von 1993 und 1994, Index der ersten Hälfte der 80er Jahre für die übrigen Demokratieskalen).
2) Details siehe Tabelle 12. Negative Vorzeichen kodierungsbedingt: alle Korrelationen zeigen an, daß hohe (niedrige) Demokratisierungswerte mit großer (kleiner) Streuung der Machtressourcen variieren. Der Hadenius-Index wurde nicht in diese Tabelle aufgenommen, weil er die etablierten westlichen Demokratien nicht enthält und somit die Verteilung verzerrt und den Zusammenhang mit den Machtressourcen unterschätzt (Spearman = .52, N = 112).
3) Korrelationskoeffizienten (Pearson's r für die – intervallskalierten – Demokratieskalen von Bollen und Vanhanen und Spearmans Rangkorrelationskoeffizient für die übrigen – ordinalskalierten – Demokratieskalen). In Klammern Zahl der Fälle. Die unterschiedliche Fallzahl kommt durch Unterschiede in der Verfügbarkeit von Daten zustande.

Die vorliegenden Studien zu den Voraussetzungen der Demokratie lassen sich zu einem Erklärungsmodell verdichten, das man als modernisierungstheoretisches Standardmodell der Funktionsvoraussetzungen der Demokratie bezeichnen kann. Dieses Modell basiert vor allem auf den Beiträgen von Dahl (1971 und 1989), Vanhanen (1984, 1990 und 1994), Huntington (1991), Diamond (1992), Eisenstadt (1992a) und Lipset u.a. (1993). Dem Standardmodell zufolge ist die Wahrscheinlichkeit einer funktionsfähigen Demokratie – im Sinne von Dahls Polyarchie oder ihr verwandter Konzepte (Kapitel 3.5) – besonders groß, wenn vier Bedingungen erfüllt sind und in dem Maße geringer, in dem eine oder mehrere von ihnen verfehlt werden: 1) Aufteilung bzw. Neutralisierung staatlicher Exekutivgewalt, vor allem die effektive zivile Kontrolle polizeilicher und militärischer Gewalt, 2) eine „MDP-Gesellschaft" (Dahl 1989: 251), d.h. eine moderne, dynamische, pluralistisch gegliederte Gesellschaft einschließlich einer pluralistischen Politikstruktur, in der die „Machtressourcen" (Vanhanen 1984) in Politik, Gesellschaft und Wirtschaft breit gestreut sind, 3) eine weitgehend säkularisierte Politische Kultur, die offen für Kompromiß und geregelte Konfliktaustragung ist und zugleich nicht durch Autoritätshörigkeit bestimmt wird, und 4) eine der Demokratie förderliche internationale Lage bzw. demokratieverträgliche außenpolitische Abhängigkeiten.

Im Rahmen des Standardmodells hat man sich auch darum bemüht, die Funktionsvoraussetzungen der Demokratie an der Verbreitung des „Democratic Man", des zur Demokratie möglichst gut passenden Bürgers, festzumachen. Den Bemühungen war wechselhafter Erfolg beschieden. Generalisierte und spezifische Unterstützung der Demokratie durch die Mehrheit der Bürger gilt den meisten Analytikern als unverzichtbare Voraussetzung demokratischer Stabilität. Diese sei in der Regel um so größer, je stärker jene ist (Westle 1989, Fuchs 1989). Andere haben jedoch gerade in der Zügelung politischer Beteiligung eine unabdingbare Funktionsvoraussetzung der Demokratie gesehen. Der Empfehlung liegt die Theorie der „stabilisierenden Apathie" zugrunde, so die treffsichere Kennzeichnung dieser Auffassung durch K. von Beyme (1992a: 185): zuviel Partizipationsbegehren der Bürger gilt ihr als ebenso schädlich wie zuwenig Beteiligungsbereitschaft. Über das rechte Maß beider herrscht allerdings in der Forschung Uneinigkeit.

Weithin unstrittig ist demgegenüber die These vom Zusammenhang zwischen Demokratie und internationaler Einbettung eines Landes (Dahl 1971: 203, Huntington 1984, 1991, 1992 und Starr 1991). Besonders ungünstig für eine Demokratie ist begreiflicherweise die Abhängigkeit von einer ausländischen nichtdemokratischen bzw. demokratiefeindlichen Macht. Das war beispielsweise bis 1989 das Problem aller Demokratisierungsbestrebungen in den sozialistischen Ländern Mittel- und Osteuropas. Autonomie gegenüber demokratiefeindlichen Mächten und Bündnisse mit einer mächtigen Demokratie bzw. Abhängigkeit von einem regional- oder weltpolitisch bestimmenden demokratischen Staat hingegen zählen zu den günstigen Funktionsbedingungen der Demokratie. Beispiele hierfür finden sich vor allem in der politischen Geschichte der Verlierer des II. Weltkrieges, insbesondere in der Re-Demokratisierung Deutschlands, Österreichs, Italiens und Japans, wenngleich der Beitrag der westlichen Besatzungsmächte zum erfolgreichen Abschluß der Demokratisierung oftmals sträflich überschätzt wird, so z.B. von S.P. Huntington (1991: 40) und von J. Linz (1990c: 148). Zu den internationalen Bestimmungsfaktoren von Wohl oder Wehe der Demokratie wird man den demokratieabträglichen Effekt peripherer oder semi-peripherer Weltmarktposition (Bollen

1983) sowie kolonialgeschichtliche Traditionen zählen können. Auf letzteres haben vor allem Lipset u.a. (1993) aufmerksam gemacht: wer früher britischer Kolonialherrschaft unterstand, hat später relativ gute Chancen, eine demokratische Staatsverfassung zu entwickeln und aufrechtzuerhalten, wo der französische Kolonialismus wirkte, besteht bis auf den heutigen Tag kein guter Nährboden für Demokratien.

Die Standardtheorie der Funktionsvoraussetzungen der Demokratie kann mit ansehnlicher Erklärungskraft aufwarten. Ihre besondere Stärke liegt in der Erklärung des Funktionierens der Demokratie in den meisten wirtschaftlich entwickelten Staaten und der geringeren Wahrscheinlichkeit ihrer Existenz in ärmeren Ländern und vor allem in Ländern mit geringer Streuung der Machtressourcen. Man schmälert die Leistung dieser Theorie nicht, wenn man auch ihre Erklärungsdefizite erwähnt. Die Zusammenhänge zwischen dem sozioökonomischen Entwicklungsstand eines Landes und der Demokratie beispielsweise sind statistische Tendenzen, keine gesetzmäßigen Eins-zu-Eins-Entsprechungen. Es gibt bekanntlich sehr reiche Länder, z.B. die erdölexportierenden Nationen im Nahen Osten (Kuwait, Katar, Saudi Arabien und die Vereinigten Arabischen Emirate), die keineswegs demokratisch, sondern autokratisch regiert werden (siehe Tabelle 12). Gleiches gilt für den Zusammenhang von Demokratie und „MDP-Gesellschaft". Es gibt Länder mit schwachen „MDP-Gesellschafts"-Strukturen – mit Vanhanen (1990 und 1994) könnte man hierzu Indien und die mittel- und osteuropäischen Reformstaaten zählen –, in denen eine Demokratie entstanden ist. Vor allem gibt es reichere MDP-Länder, in denen die Demokratie zusammenbrach, wie die politische Geschichte Europas in der Zwischenkriegsperiode und diejenige Lateinamerikas veranschaulicht (Linz 1978 und Berg-Schlosser/De Meur 1994a und 1994b). Der Zusammenbruch der Weimarer Demokratie und anderer demokratischer Ordnungen im Europa der Zwischenkriegszeit, wie zum Beispiel in Österreich 1933-34 und Italien 1923-25, widerspricht nicht nur der „Wohlstandstheorie der Demokratie" und dem Standardmodell der Funktionsvoraussetzungen von Demokratien. Er relativiert auch die These, daß nur die Demokratie auf lange Sicht die zum modernen Kapitalismus passende Staatsform sei (Hermens 1931: Vorwort). Offensichtlich sind die Zusammenhänge zwischen sozioökonomischer Entwicklung und Wirtschaftsverfassung einerseits und funktionsfähiger Demokratie andererseits viel komplexer (Beetham 1994). Eine Marktwirtschaft kann mit semidemokratischen oder autokratischen Regimen bestens koexistieren. Der wirtschaftspolitische Erfolg ostasiatischer Länder wie

Singapur, Hongkong, Indonesien und Thailand verdeutlicht dies (siehe Barro und Sala-i-Martin 1995: 438f.).

Es gibt mehrere Pfade zum demokratischen Staat und mehrere zum autoritären Regime. Lineare, stetige Entwicklung der Demokratie im Zuge eines langanhaltenden Modernisierungsprozesses nach Art der klassischen sozioökonomischen Theorie von Lipset (1960) und nach Vanhanens Machtressourcenansatz ist nur ein Modell unter mehreren Varianten. Ein zweites Modell ist das Alternieren von demokratischer und autoritärer Ordnung, ein drittes ein Regimewechsel, der über den Zusammenbruch von Demokratien zur autoritären Herrschaft führt und später zur Re-Demokratisierung, wie z.b. in Deutschland, Italien, Japan und Österreich im 20. Jahrhundert. Ferner sind auch N-kurvenartige Zusammenhänge zwischen ökonomischer Entwicklung und Demokratie nachweisbar (Lipset u.a. 1993: 162ff.): Ein anfänglich enger positiver Zusammenhang zwischen wirtschaftlicher Entwicklung und Demokratie kann ab einer bestimmten Industrialisierungsstufe einem autoritären Schub Platz machen, der zu einem späteren Zeitpunkt von einer Re-Demokratisierung abgelöst wird, wobei allerdings ab einem bestimmten ökonomischen Entwicklungsniveau die weitere wirtschaftliche Entwicklung nicht länger ein zunehmendes Maß an politischer Demokratie erzeugt, sondern ein gegebenes Demokratisierungsniveau stabilisiert. Lipset u.a. (1993) zufolge ist der N-kurvenartige Zusammenhang charakteristisch für die Entwicklung der Demokratie in der zweiten Hälfte der 90er Jahre. Gleiches könnte man für die Machtressourcentheorie von Vanhanen reklamieren.

Welcher Weg von einer bestimmten Stufe sozioökonomischer Entwicklung zur Demokratie oder zur Autokratie eingeschlagen wird, hängt von Ursachenketten ab, die komplexer als diejenigen sind, die in der klassischen sozioökonomischen Theorie und in der Standardtheorie der Erfordernisse der Demokratie erörtert wurden. Der Forschungsstand hierzu läßt derzeit nur wenige Verallgemeinerungen zu. Zu ihnen gehören die Beobachtungen, daß der Zusammenbruch einer demokratischen Staatsverfassung eher in jungen als in alten Demokratien erfolgt (Dahl 1985, Dix 1994), eher in Gesellschaften mit scharfen Spaltungen nach sozialer Klasse, Religion oder Ethnie und eher in peripheren und sozioökonomisch schwächeren Ländern als in Zentrumsstaaten mit höherem Entwicklungsstand (Horowitz 1993, Diamond/Plattner 1994). Hierzu gehört auch die Hypothese, daß Konkordanzdemokratien gegen Zusammenbruchstendenzen aufgrund ihrer hohen Integrationsleistung besser geschützt sind als Mehrheitsdemokratien (Linz 1978), sowie die von A. Hadenius entwickelte These, der zufolge parlamentarische Regierungssysteme unter sonst gleichen sozioökonomischen Bedingungen stabiler sind als präsidentielle Demokratien (Hadenius 1992). Allerdings lassen sich nicht alle Einflußfaktoren so gut wie die zuvor erwähnten verallgemeinern. Die Funktionsfähigkeit bzw. der Zusammenbruch von Demokratien hängt nämlich auch von – nur schwer generalisierbarem – strategischem Handeln mächtiger Kollektivakteure, ihren Situationsdeutungen, langfristigen Zielsetzungen und der Wahl kurz- und mittelfristig einzusetzender Mittel ab (grundlegend hierzu Linz 1978, Przeworski 1991b). Dieses Handeln, die hierzu gehörenden Interessenkonflikte und der institutionelle Rahmen der Wahlhandlungen kommen in der Theorie der Funktionsvoraussetzungen der Demokratie zu kurz. Vor allem die Ergebnisse der Forschung zu den Ursachen des Zusammenbruchs von Demokratien zwischen dem I. und dem II. Weltkrieg passen mehr schlecht als recht zu den Standarderklärungsmodellen der Demokratievoraussetzungen (siehe z.B. Linz 1978, Lepsius 1978 und Berg-Schlosser/De Meur 1994a).

Der Zusammenbruch der Weimarer Demokratie ist hierfür ein Beispiel: Ein innenpolitisch destabilisierender imperialistischer Friede, wie der Versailler Vertrag und die Reparationszahlungen Deutschlands, die durch unkluges Krisenmanagement verstärkte Schwäche des ohnehin labilen Demokratiepotentials der Weimarer Republik, die tendenzielle Verselbständigung des Reichspräsidenten der Weimarer Republik, der mit Notverordnungsregimen nach Artikel 48 der Weimarer Reichsverfassung, wiederholter Parlamentsauflösung und Ausschreibung von Neuwahlen in besonders kritischen Perioden zur Destabilisierung der Republik beitrug und die gegenseitige Blockierung der demokratischen Parteien bei gleichzeitigem Wachstum von Anti-System-Oppositionsparteien auf der Rechten und der Linken, insbesondere dem Emporkommen der aktivistischen Kampfpartei NSDAP und der Mobilisierungskraft ihres charismatischen Parteiführers Adolf Hitler, zählen in Verbindung mit der tiefen Wirtschaftskrise der frühen 30er Jahre zu der kritischen Kombination von Einflußfaktoren, die sich bislang der Einordnung in ein nationen- und epochenübergreifendes Erklärungsmodell von Stabilität und Destabilisierung von Demokratien entzogen hat (siehe hierzu u.a. Bracher 1957 und 1974 sowie Lepsius 1978 und 1993).

Insoweit kann man nur in begrenztem Umfang Lehren aus der Standardtheorie der Demokratievoraussetzungen für Chancen und Hemmnisse der Demokratisierung ziehen. Ihre Erklärungskraft ist respektabel, aber nicht umfassend. Überdies sind bei ihrer Anwendung Sonderbedingungen zu berücksichtigen. Unter diesen Einschränkungen wird man einige Folgerungen aus der Standardtheorie der Funktionserfordernisse der Demokratie ableiten können. Wie groß sind im Lichte dieser Theorie beispielsweise die Chancen einer funktionsfähigen Demokratie in den mittel- und osteuropäischen Reformstaaten in den 90er Jahren des 20. Jahrhunderts? Die Antwort hierauf verheißt den osteuropäischen Ländern keine sonderlich optimistische Perspektive, wohingegen den wirtschaftlich reicheren Ländern Tschechische Republik, Polen, Slowakei, Slowenien und Ungarn etwas günstigere Aussichten attestiert werden können (siehe auch Hofrichter 1993, von Beyme 1994, Merkel 1994, Weßels/Klingemann 1994, Duch 1995). In Osteuropa, vor allem in den Nachfolgestaaten der Sowjetunion, sind die Altlasten zu drückend und die Zahl der Faktoren, die als günstige Bedingungen der Demokratie zu zählen sind, gering. Ob dort die Macht der bewaffneten Arme der Staatsgewalt – Polizei und Militär – wirkungsvoll zivil kontrolliert werden kann, ist ungewiß. Gewiß ist, daß die meisten mittel- und osteuropäischen Länder von einer „MDP- Gesellschaft" noch weit entfernt sind, wenngleich es erhebliche Unterschiede gibt: Ostdeutschland erhält durch den Institutionentransfer aus Westdeutschland die erforderliche Machtressourcendispersion, die Tschechoslowakei und ihre Nachfolgestaaten Tschechische Republik und Slowakische Republik zählte man schon seit langem zu den entwicklungsstärksten osteuropäischen Ländern, in Polen hatte sich seit den frühen 80er Jahren eine starke politische Opposition entwickelt und Ungarn hatte auch zu Lebzeiten des Staatssozialismus den größten Pluralismusgrad in Mittel- und Osteuropa. Insgesamt gilt jedoch: pluralistische Sozialstrukturen sind in diesen Ländern – soweit überhaupt vorhanden – relativ schwach und sie sind eingebettet in Sozialgefüge, die von einer langanhaltenden Tradition autoritärer Regime, einem geringen Grad struktureller Differenzierung und einem hohen Politisierungsgrad des alten Regimes geprägt sind. Tiefreichende Verteilungs- und Herrschaftskonflikte, gegenseitige Abschottung von subkulturellen Segmenten und das Fehlen von konkordanzdemokratischen Strukturen stützen überdies die pessimistische Sichtweise. Noch mehr Pessimismus scheint vor allem hinsichtlich der Nachfolgestaaten der Sowjetunion – aber auch mit Blick auf Rumänien – angebracht zu sein, wenn man den vierten Schlüsselfaktor der Standardtheorie in Erwägung zieht: die politische Kultur dieser Länder ist – wiederum mit erheblichen Unterschieden – der Entwicklung einer stabilen Demokratie nicht förderlich. Zu tief ist der homo oeconomicus und der homo politicus dieser Länder durch eine sozialistische Planwirtschaft, die Politik des „vormundschaftlichen Staates" (Henrich 1989) und die Unterstellung des Rechts unter den Vorbehalt des Politischen geprägt und zu schwach die Kräfte der Demokratie von unten (Solschenizyn 1994). Allerdings haben diese Länder der Standardtheorie zufolge ein gewichtiges Plus auf ihrer Seite: ihr internationales Umfeld ist demokratiefreundlich. Doch diese Funktionsvoraussetzung ist eben nur eine von zahlreichen anderen, die erfüllt sein müssen, wenn die Demokratie überlebensfähig bleiben soll.

Auch die von T. Vanhanen entwickelte Machtressourcentheorie legt eine skeptische Deutung der Demokratisierungschancen Osteuropas und eine etwas optimistischere hinsichtlich der mitteleuropäischen Reformstaaten nahe. Vanhanen zufolge steht – wie erwähnt – der Demokratiegehalt einer Staatsverfassung in überzufälligem Zusammenhang mit dem Ausmaß, in dem die „Machtressourcen" in Gesellschaft und Wirtschaft auf viele verteilt sind. Die meisten westlichen Verfassungsstaaten erzielen auf dem Index der Machtressourcenverteilung Werte zwischen etwa 35 und mehr als 50. (Hohe Werte zeigen Streuung der Machtressourcen und niedrige deren Konzentration an). Viel geringer ist die Dispersion der Machtressourcen allerdings in den sozialistischen Ländern, so in Kuba (4,4) und in der Volksrepublik China (3,8) (alle Angaben für 1993). Das gilt auch für die Nachfolgestaaten der Sowjetunion, z.B. Rußland (4,9), die Ukraine (4,0) und Weißrußland (4,4). Nur wenig höher sind die Werte der baltischen Staaten. Litauen erhält auf der Skala 5,3 Punkte, Lettland 8,0 und Estland 7,8. Etwas besser stehen Ungarn mit 12,4 und die ehemalige Tschechoslowakei mit 14,3 Punkten da. Polen erzielt unter den ehemaligen sozialistischen Staaten mit 17,2 vor Slowenien (16,7) den höchsten Wert auf der Skala der Machtressourcen (Stand 1993).

Der Theorie zufolge ist der Demokratisierungsgrad eines Landes im wesentlichen abhängig von der Verteilung der Machtressourcen: je weiter die Machtressourcen gestreut sind, desto größer der Demokratisierungsgrad und desto größer auch die Wahrscheinlichkeit einer stabilen Demokratie, so muß man Vanhanen ergänzen. Vanhanens Analyse zufolge kann man – siehe Tabelle 13 – etwa die Hälfte der Variation im Demokratisierungsgrad der von ihm untersuchten 172 Länder mit dem Machtressourcenindex erklären. Nach den Regeln der Kunst ist dies ein außerordentlich beachtlicher Treffer. Und noch etwas Interessantes vermag Vanhanens Index der Machtressourcen zu zeigen. Mit ihm kann man nämlich das Ausmaß der Über- bzw. Unterdemokratisierung der Staaten mit Stand 1993 erfassen – relativ zu dem in der bisherigen Demokratisierungsgeschichte gültigen Zusammenhang von Machtressourcen und Demokratie. Hierfür hat Vanhanen eine besondere statistische Auswertung vorgenommen und auf der Basis der jeweils gegebenen Streuung der Machtressourcen zusammen mit dem bisher gültigen Trend den theoretisch zu erwartenden Demokratisierungswert jedes Landes berechnet und anschließend diesen Wert mit dem Demokratisierungsstand im Jahr 1993 Land für Land verglichen. Liegt ein Land mit seinem Demokratisierungsniveau von 1993 weit oberhalb des Wertes, der gemäß seiner Machtressourcenstreuung geschätzt wird, so gilt dies als überzeugender Hinweis auf eine höchst fragile Demokratie, nämlich auf eine, die sich auf hochkonzentrierte Machtressourcen an Stelle von gering konzentrierten Ressourcen gründet. Wo ist das der Fall? Vanhanens Studie von 1994 zufolge kennzeichnete dieser Sachverhalt 1993 vor allem Bulgarien – dort beträgt die Distanz zwischen dem tatsächlichen und dem geschätzten Demokratisierungsgrad 30,2 Punkte –, Rußland (22,4), Rumänien (19,5), Litauen (17,5), die Ukraine (17,2), Ungarn (16,6), Kroatien (15,6), Georgien (13,7) und Armenien (11,9). Im übrigen gibt es auch außerhalb des europäischen Kontextes Fälle der „Überdemokratisierung" – relativ zur geringen Streuung der Machtressourcen. 1993 zählen nach Vanhanen vor allem Uruguay (12,5) und Panama (11,6) dazu. In Afrika sind vor allem Angola (16,0) und Guinea (16,7) sowie Mauritius (16,5) zu erwähnen, und in Südasien gehören Bangladesch (15,5) und Indien (11,9) zu den schwächlichen Demokratien. Dieser Gruppe sind nach Vanhanen auch die Mongolei, die Philippinen, Papua-Neuguinea und die Kleinstaaten Salomonen und Vanuatu zuzuschlagen.

Spätestens an dieser Stelle ist der große Vorteil der Machtressourcentheorie von Vanhanen und der Theorie der sozioökonomischen Voraussetzungen der Demokratie von Lipset (1960) bzw. Lipset u.a. (1993) zu erkennen: sie enthalten präzis meßbare und überprüfbare Aussagen und Prognosen. Das gewährleistet die Anwendbarkeit und erleichtert die Überprüfbarkeit. Zum Beispiel wird man nach geraumer Zeit prüfen können, ob die von Vanhanen nachgezeichnete Differenz zwischen der Verteilung der Machtressourcen und einem – relativ zur Dispersion – zu hohem Demokratieindex noch existiert oder ob sie der Involution der Demokratie zum autoritären Regime bzw. der zunehmenden Dispersion der Ressourcen gewichen ist.

Dann wird man auch die Chance des vergleichenden Tests von Vanhanens Prognose und der Alternativprognose von Jaggers und Gurr (1995) haben, wonach die Demokratien bzw. die Semidemokratien am meisten zusammenbruchsgefährdet sind, die nach dem Demokratieindex von Gurr u.a. (siehe Tabelle 12) sich durch besonders inkohärente Institutionen auszeichnen, vor allem durch die Koexistenz von Semidemokratie und vergleichsweise mildem Autokratiegrad gemäß der „Autocracy"-Skala von Gurr u.a. (Sie wird – vereinfacht gesagt – mit einigen gewichtigen Abweichungen näherungsweise spiegelbildlich zur Demokratieskala (Tabelle 12) konstruiert, siehe Jaggers/Gurr 1995). Jaggers und Gurr zufolge umfaßt die Liste der Staaten, in denen die Gefahr des Demokratiezusammenbruchs und der Wiederkehr autoritärer Regierungsformen besonders groß ist, die folgenden Ländernamen: 1) im ehemaligen sowjetischen Machtbereich Armenien, Georgien, Kasachstan, Kirgistan, Moldau, Rumänien, Rußland und Weißrußland, 2) im ehemaligen Jugoslawien Kroatien, 3) in Lateinamerika die Dominikanische Republik, Guatemala, Guayana, Honduras, Mexiko, Nicaragua, Paraguay und Peru, 4) in Asien Singapur, Sri Lanka, Taiwan, Thailand und Fiji, 5) in Afrika die Komoren, Kongo, Madagaskar, Senegal und Sambia und 6) im Mittleren Osten Marokko, Libanon und Jordanien. Kritisch ist anzumerken, daß manche Länder dieser Gruppe sich nach Jaggers und Gurr (1995) noch nicht einmal als Semi- oder Drittdemokratie qualifizieren, so vor allem Jordanien, Singapur und Mexiko (siehe Tabelle 12).

Wo Licht ist, gibt es Schatten. Das ist bei den Demokratiemessungen wie auch bei den Theorien der sozioökonomischen Funktionsvoraussetzungen der Demokratie nicht anders. Deren Aufmerksamkeit gilt Strukturen und Funktion. Politische Institutionen, Kräfte- und Spannungsverhältnisse wie auch demokratieförderliche oder -abträgliche Altlasten werden demgegenüber vernachlässigt – zum Schaden der Erklärungskraft der Theorie. Auch blendet die sozioökonomische Theorie weitgehend die sozialkulturellen Voraussetzungen von Demokratien aus. Deren Stabilität allerdings wird man ohne begünstigende bürgerschaftliche Traditionen und demokratieförderliche Institutionen und Prozesse nicht zureichend erklären können. Darauf haben die von Tocqueville inspirierten Forschungen zur Politischen Kultur aufmerksam gemacht, allen voran die „Klassiker" G. Almond und S. Verba (1963 und 1980), ferner die Weiterführung dieses Ansatzes in R.N. Putnams Analyse bürgerschaftlicher Traditionen in Italien (Putnam 1993) und neuere vergleichende Bestandsaufnahmen der Politischen Kultur in alten und neuen Demokratien (Gerlich u.a. 1992, Fuchs 1993, Hofrichter 1994, Kaase 1994). Nicht minder wichtig sind die vergleichenden Analysen von D.Berg-Schlosser und G. De Meur (1994a und 1994b) zur Analyse des Schicksals der Demokratien in der Zwischenkriegszeit. Berg-Schlosser und De Meur analysieren die

Bestimmungsfaktoren, die dafür verantwortlich sind, daß in den Jahren zwischen dem Ersten und dem Zweiten Weltkrieg die Demokratie in einer Ländergruppe zusammenbrach – z.B in Deutschland, Estland, Griechenland, Österreich, Rumänien und Spanien –, während sie in einer anderen Ländergruppe überlebte, zu der neben den angloamerikanischen Demokratien und den nordischen Ländern Belgien, Frankreich, die Niederlande und die Tschechoslowakei gehören. Berg-Schlosser und De Meur zufolge läßt sich dieser Unterschied nicht hinreichend durch sozioökonomische Differenzen erklären, sondern durch eine Kombination von Faktoren sozialökonomischer Modernisierung, von Umwälzungen infolge schwerer Wirtschaftskrisen, von politischen Institutionen, Kräfteverhältnissen einschließlich der Stärke von Anti-System-Parteien und dem Tun und Lassen von Regierungen und anderen zentralen Kollektivakteuren, wie z.B. dem Militär.

Allgemein gesagt, vernachlässigt der strukturfunktionalistische Ansatz des frühen S.M. Lipset, T. Vanhanens und anderer den akteurstheoretischen Zugriff, d.h. die Analyse des Tun und Lassens von Individual- und Kollektivakteuren, einschließlich der institutionellen Rahmenbedingungen ihres Handelns. Akteure und Wahlhandlungen werden demgegenüber in einer neueren Forschungsrichtung ausgiebig erörtert, die sich der Erkundung der Übergänge vom autoritären Staat zur Demokratie widmet (z.B. O'Donnell u.a. 1986, von Beyme 1994). Der Kernthese dieser Forschungsrichtung zufolge sind die Schlüsselvariablen des erfolgreichen Übergangs zur Demokratie und der Verwurzelung demokratischer Systeme maßgeblich bei den Akteuren und deren Wahlhandlungen zu suchen sowie bei denjenigen strategischen Interaktionen, die im Zusammenbruch eines alten Regimes und im Prozeß der Herausbildung einer neuen Staatsverfassung zustande kommen. Diese Theorie – die Akteurstheorie der Demokratievoraussetzungen, im Unterschied zu den in diesem Kapitel erörterten strukturfunktionalistischen Theorien – wird im nächsten Kapitel diskutiert.

Kapitel 3.7
Übergänge vom autoritären Staat zur Demokratie

Funktionsvoraussetzungen der Demokratie sind vor allem anhand westlicher Verfassungsstaaten unter besonderer Berücksichtigung der Bedingungen stabiler demokratischer Staatsverfassungen untersucht worden (siehe z.B. Powell 1982). Von Studien über den Zusammenbruch von Demokratien in der Zwischenkriegszeit abgesehen (z.B. Linz 1978 und Berg-Schlosser/De Meur 1994a) sind allerdings die Bestimmungsfaktoren der Destabilisierung und des Niedergangs von Demokratien vernachlässigt worden. Und so hoch der Beitrag der Forschung zu den sozioökonomischen und soziokulturellen Bedingungen der Demokratie einzustufen ist (siehe Kapitel 3.6), so fehlt doch bislang eine systematisch vergleichende Analyse der Bedingungen, unter denen Übergänge vom autoritären Staat zur Demokratie und in umgekehrte Richtung erfolgen. Kleinere Ausnahmen – wie die Studie von Starr 1991 – bestätigen die Regel.

Besser entwickelt ist die Forschung zu einem Teil der Entstehungsbedingungen der Demokratie, insbesondere der Wahlrechtserweiterung, zu den „Demokratisierungswellen" (Huntington 1991) und den Pfaden zur erstmaligen Demokratisierung oder zur Re-Demokratisierung autoritärer Regime, wie unter anderem die Studien von G. O'Donnell u.a. (1986), S. Huntington (1991), A. Przeworski (1991b), K. von Beyme (1994) und die Beiträge zu dem von W. Merkel herausgegebenen Sammelband „Systemwechsel" (1994) verdeutlichen. Zunächst galt die Aufmerksamkeit der Forschung über die Entstehung der Demokratie vor allem der Erweiterung des Wahlrechts (zusammenfassend Nohlen 1992). Die Erweiterung des allgemeinen Wahlrechts wurde im allgemeinen mit einem Schema beschrieben, das folgendes besagt: Voraussetzung der Demokratisierung des Wahlrechts ist in der Regel ein relativ hohes Niveau wirtschaftlicher Entwicklung. In reicheren Ländern sind mithin die Chancen der Herausbildung eines demokratischen Wahlrechts beträchtlich größer als in weniger entwickelten Nationen, und besonders gering sind die Demokratisierungschancen armer Länder zu veranschlagen. Mit dem wirtschaftlichen Entwicklungsstand hängt ein zweiter Faktor zusammen, das Niveau politischer Mobilisierung, d.h. das Ausmaß, in dem Interessen von sozialen Gruppen oder Klassen überlokal organisiert und gebündelt werden. In diesem Zusammenhang ist vor allem die politische Mobilisierung der Arbeiterbewegung wichtig, die das Wahlrecht als Schlüssel zur Teilhabe an Politik, Wirtschaft und Gesellschaft ansah. Ein relativ hohes Niveau der politischen Mobilisierung der Arbeiterschaft und ihre Koalition mit potentiellen Bündnispartnern, wie z.B. liberalen Fraktionen des Mittelstandes und der Oberschicht, zählen in der Regel ebenfalls zu den Voraussetzungen der Demokratisierung des Wahlrechts. Allerdings – so der vierte Faktor des Standarderklärungsmodells – verlief der Kampf um die Wahlrechtsdemokratisierung erfolglos, wenn es den Eliten an Flexibilität und Bereitschaft zur politischen

Einbindung breiterer Bevölkerungskreise mangelte. Nicht selten akzeptierten die politischen Eliten die Demokratisierung des Wahlrechts erst in Notlagen, z.B. zur Abwehr von innerer oder von außen kommender Bedrohung. So ist es kein Zufall, daß die Demokratisierung des Wahlrechts in vielen Ländern im Gefolge von Kriegen zustande kam. Die politische Geschichte Deutschlands kann hierfür als Beispiel dienen: die Entstehung der ersten deutschen Republik – der Weimarer Republik – erfolgte in sachlich und zeitlich engstem Zusammenhang mit dem Ende des Ersten Weltkrieges, und die Wiedereinsetzung der Demokratie in Westdeutschland nach dem Zweiten Weltkrieg wäre ohne den Sieg der Alliierten über den Nationalsozialismus und ohne die Demokratisierungspolitik der Besatzungsmächte, vor allem der Amerikaner, nicht vorstellbar gewesen.

Die Entwicklung des allgemeinen Wahlrechts zeigt, daß der eigentliche Quantensprung der Wahlrechtsausdehnung im ersten Viertel des 20. Jahrhunderts erfolgte (Flora 1983: Kap. 3, Nohlen 1992). In dieser Periode erreichte der Grad der politischen Partizipation zumindest in den westlichen Industrieländern ein relativ hohes Niveau und nahm nach einer Phase der Stagnation bzw. des Rückgangs nach dem Ende des Zweiten Weltkrieges erneut zu. Ende des 19. Jahrhunderts stand das Wahlrecht nur relativ wenigen zu. Selbst in den Ländern, in denen die Wahlrechtsausdehnung schon relativ weit vorangeschritten war, wie z.B. in England und Frankreich, war dort weniger als die Hälfte der erwachsenen Bevölkerung wahlberechtigt. Nach 1918 und vor allem seit der zweiten Hälfte des 20. Jahrhunderts war jedoch der Prozeß der Wahlrechtserweiterung schon beachtlich weit fortgeschritten.

Das Standardmodell zur Erklärung der Wahlrechtsausdehnung liefert allerdings nur ein Grundgerüst, das durch zusätzliche – teils länderübergreifende teils länderspezifische – Bedingungen zu ergänzen ist (Therborn 1977 und Nohlen 1992). Diese wurden in Länderstudien und in der neueren Generation der vergleichenden Demokratisierungsforschung aufgedeckt. Im Anschluß an die Lehre von den sozioökonomischen Funktionsvoraussetzungen der Demokratie (Kapitel 3.6) hatte man zunächst versucht, die Einführung der Demokratie in Verbindung mit Schwellenwerten sozioökonomischer Entwicklung und der Verteilung von Machtressourcen zu bringen. Gewiß war den einschlägigen Bemühungen beachtlicher Erfolg beschieden, doch andererseits gibt es keine Eins-zu-Eins-Entsprechung. Das ist nicht weiter verwunderlich, weil die sozioökonomische Entwicklung nicht automatisch demokratische Ordnungen hervorbringt; vielmehr ist für deren Entstehen Institutionenbildung, mithin Handeln von Individual-

und Kollektivakteuren, Voraussetzung. Exakte Schwellenwerte festzumachen, ab denen die Demokratisierung des Wahlrechts wahrscheinlich wird, fällt schwer, und gleiches gilt für die exakte Erfassung der „Transitionszone" im Sinne von S. Huntington (1984: 202), d.h. der Übergangszone, in der aufgrund bestimmter Konstellationen der Handlungsspielraum für politische Gestaltung so weit geöffnet wird, daß über die politische Struktur eines Landes neu entschieden werden kann. Ob solche Entscheidungen getroffen werden und inwieweit sie den Spielraum der Transitionszone ausschöpfen, hängt freilich wesentlich von Unwägbarkeiten wie dem Tun und Lassen der politischen Eliten des alten Regimes und der Opposition ab. Die Transitionszone eröffnet Huntington zufolge nur die Chance des Aufbaus demokratischer Strukturen und determiniert nicht die Etablierung und Stabilisierung einer Demokratie. Wie vor allem die Theorie vom bürokratischen Autoritarismus zeigt (O'Donnell 1979), kann die sozioökonomische Entwicklung auch mit einer autoritären politischen Struktur einhergehen. Beispiele finden sich sowohl in lateinamerikanischen Staaten in der zweiten Hälfte des 20. Jahrhunderts als auch in den sozialistischen Länder Osteuropas in der Periode nach dem Zweiten Weltkrieg bis Ende der 80er Jahre. Zu ihnen gehörten immerhin für damalige Verhältnisse hochentwickelte Industriestaaten wie die Tschechoslowakei und die Deutsche Demokratische Republik.

Die vergleichende Analyse von Demokratisierungswellen und Pfaden vom autoritären Staat zur Demokratie hat seit den 70er Jahren einen beachtlichen Aufschwung genommen. Er fällt zeitlich mit der dritten großen Demokratisierungswelle zusammen (Huntington 1991). Die erste Welle begann in Amerika im frühen 19. Jahrhundert. An ihrem Ende standen rund 30 mehr oder minder entwickelte demokratische Regime. Die zweite Welle setzte mit der Demokratisierungspolitik der Alliierten nach dem Zweiten Weltkrieg in den besiegten Staaten ein – Deutschland, Italien und Japan –, und sie erhielt von der Dekolonialisierung der 50er und 60er Jahre weitere Schubkraft. Die dritte Demokratisierungswelle entstand Mitte der 70er Jahre. Auf ihr bewegten sich bis zur ersten Hälfte der 90er Jahre mehr als drei Dutzend Staaten in Südeuropa, Lateinamerika, Ostasien und Osteuropa vom autoritären Staat zur Demokratie. Zu den herausragenden Beispielen gehören die Demokratisierung Griechenlands, Portugals und Spaniens in den 70er Jahren und die Re-Demokratisierung lateinamerikanischer Länder Ende der 70er und in den 80er Jahren, z.B. Ekuadors 1979, Perus 1980, Argentiniens 1983, Uruguays 1984, Brasiliens 1985 und die Rückkehr Chiles zur Demokratie Ende der 80er Jahre

(Nohlen/Solari 1988, Angell 1993). Ende der 80er und Anfang der 90er Jahre kamen die – mitunter als „vierte Demokratisierungswelle" (K. von Beyme 1994) bezeichneten – Bestrebungen mittel- und osteuropäischer Staaten hinzu, ebenfalls den Übergang zur Demokratie zu wagen, so vor allem in Ungarn, Polen, in der DDR bzw. in Ostdeutschland, in der Tschechoslowakei (bzw. ihren Nachfolgestaaten Tschechische Republik und Slowakei) sowie in den baltischen Staaten (Ekiert 1991, von Beyme 1994, Merkel 1994). Analysiert man die dritte Demokratisierungswelle mit Hilfe der Demokratieskalen der Tabelle 12 genauer, zeigt sich, daß der Demokratisierungsprozeß in der Mehrzahl der Fälle Semi- oder Dreivierteldemokratien hervorgebracht hat. Die Herausbildung vollentfalteter Demokratien gehört auch in der dritten Demokratisierungswelle zu den Ausnahmen (siehe Tabelle 14).

Jede Demokratisierungswelle hat einen charakteristischen Ursprung und jede nahm einen eigentümlichen Verlauf (Huntington 1991: 39f.). Die erste Welle wurde von Prozessen ökonomischer und sozialer Entwicklung, dem Export britischer Politikstrukturen in die Kolonien des englischen Weltreichs und später durch den Sieg der Westmächte im Ersten Weltkrieg und dem Zusammenbruch der alten kontinentaleuropäischen Mächte vorangetrieben. Im Unterschied hierzu waren für die zweite Demokratisierungswelle nach dem Ende des Zweiten Weltkriegs und in den 50er und 60er Jahren vor allem politische und militärische Faktoren verantwortlich, allen voran die Demokratisierungspolitik der westlichen Alliierten in den besiegten Staaten der sogenannten „Achsenmächte" sowie die Politik der Dekolonialisierung. Vor allem amerikanische Beobachter neigen allerdings dazu, bei der zweiten Demokratisierungswelle die Bedeutung des internationalen Faktors, vor allem den Effekt der Demokratisierungspolitik der amerikanischen Regierung zu überschätzen, so z.B. Huntington (1991 und 1992). Die Demokratisierungspolitik der westlichen Alliierten nach dem Ende des II. Weltkieges beispielsweise hat gewiß Maßgebliches zur Einsetzung demokratischer Spielregeln in Deutschland, Italien und Japan beigetragen. Von der Inauguration der Demokratie, d.h. der Einsetzung demokratischer Spielregeln, ist allerdings die Akzeptanz dieser Regeln und ihre Verwurzelung – die Konsolidierung der Demokratie – scharf zu unterscheiden. Akzeptanz und Verwurzelung sind vor allem von innergesellschaftlichen Bedingungen abhängig, und diese standen nicht oder nur am Rande zur Disposition der Alliierten.

Wesentlich schwerer fällt es, die dritte – seit 1973 rollende – Demokratisierungswelle auf einen Nenner zu bringen oder auf wenige Faktoren zurückzuführen. Zu ihr zählen zwischen 1973 und 1994 knapp vier Dutzend Regime (siehe Tabelle 14). Zu ihnen gehören wirtschaftlich entwickeltere, aber auch arme Länder. Beispiele für die relativ begüterten Demokratisierer sind Argentinien, Chile, Brasilien, Griechenland, Polen, Portugal, Spanien, Südkorea, die Südafrikanische Republik, Ungarn und die Tschechoslowakei und ihre Nachfolgestaaten Tschechische Republik und Slowakei. Zu den ärmeren oder armen Demokratisierern hingegen sind beispielsweise Bangladesch, Bolivien, Mongolien, Namibia und Nepal zu zählen, aber auch Litauen und Lettland (siehe Tabelle 14, Spalten 3 und 4).

Im Vergleich zur Demokratisierung der heutzutage etablierten Demokratien hat sich ein Teil der Länder der Dritten Welt erst auf einem relativ hohen sozioökonomischen Entwicklungsstand vom autoritären Staat zur Demokratie fortbewegt. Man nehme beispielsweise den sozialökonomischen Entwicklungsstand Westdeutschlands zu Beginn seiner Demokratisierung als Maßstab. 1950 betrug das volkswirtschaftliche Wohlstandsniveau in Westdeutschland nach Summers und Heston – in vergleichbaren Sozialproduktgrößen ausgedrückt – 1880 Währungseinheiten pro Kopf. Westdeutschlands Entwicklungsstand war somit erheblich niedriger als derjenige, auf dem der Demokratisierungsprozeß in Griechenland 1974, in Portugal 1975, in Spanien Mitte der 70er, in den mitteleuropäischen Reformstaaten in den 90er Jahren und der Re-Demokratisierungsprozeß in Chile 1989 begannen, um nur einige Beispiele zu erwähnen (siehe Tabelle 14). Und selbst im Vergleich zu den europäischen Ländern, die 1950 wirtschaftlich reicher als Deutschland waren, können die Begüterten unter den Demokratisierern der dritten Welle mithalten. Die Wirtschaftskraft nach Summers und Heston betrug 1950 z.B. in Großbritannien 2.700 Einheiten, in Frankreich 2.221, den Niederlanden 2.322 und in Schweden und der Schweiz etwas über 3.100 – jede dieser Zahlen liegt unter dem Stand der wirtschaftlichen Entwicklung, auf dem sich beispielsweise Südkorea demokratisierte (Summers und Heston 1984: 220).

Tabelle 14: Die „dritte Demokratisierungswelle"
(Beobachtungszeitraum 1973-1994)

Ländername	Demokratisierung während der Periode 1973-94	BIP pro Kopf im Jahr der Demokratisierung	Standardisierter sozioökonomischer Entwicklungsstand
Albanien	1993	340	4,8%
Argentinien	1984-94	3486	46,6%
Bangladesch	1991-94	700	9,4%
Benin	1991-94	952	12,7%
Bolivien	1982-94	1114	14,9%
Botswana	1973-94	993	13,3%
Brasilien	1986-94	3282	43,9%
Bulgarien	1991-94	5113	68,4%
Chile	1989-94	4099	54,8%
DDR	1990-3.10.1990	8740	116,8%
Dominikanische Republik	1978-92	1487	19,9%
Ekuador	1979-94	1504	20,1%
Estland	1991	2760	36,9%
Gambia	1988-93	526	7,0%
Grenada	1985-94	2619	35,0%
Griechenland	1974-94	3224	43,1%
Honduras	1983-92	911	12,2%
Kapverdische Inseln	1991-94	925	12,4%
Kolumbien	1991-93	3568	47,7%
Lettland	1991	1905	25,5%
Litauen	1991-94	1310	17,5%
Malawi	1994	210	2,9%
Mali	1992-93	474	6,3%
Marshall-Inseln	1991-94	7560 (1980)	101,1%
Mauritius	1976-94	736	9,8%
Mikronesien	1991-94	980	13,1%
Mongolei	1991 und 1994	660	8,8%
Namibia	1991-94	1610	21,5%
Nepal	1991-92	729	9,7%
Nigeria	1979-83	1490	18,1%
Panama	1994	2420	32,4%
Papua Neuguinea	1976-94	1000	13,4%
Peru	1980-90	1746	23,3%
Philippinen	1987-89	1947	26,0%
Polen	1990-94	4086	54,6%
Portugal	1975-94	2397	32,0%
Salomonen	1976-94	310	4,1%
Sao Tome und Principe	1991-94	600	8,0%
Slowakei	1993-94	1930	25,8%

Ländername	Demokratisierung während der Periode 1973-94	BIP pro Kopf im Jahr der Demokratisierung	Standardisierter sozioökonomischer Entwicklungsstand
Slowenien	1992-94	6540	87,4%
Spanien	1977-94	4159	55,6%
Südkorea	1988-94	3056	40,9%
Südafrikanische Republik	1994	4431	59,2%
Thailand	1989-90	2879	38,5%
Tschechische Republik	1993-94	2450	32,8%
Tschechoslowakei	1990-31.12.1992	7424	99,3%
Türkei	1973-79 u.	1586	21,2%
	1987-92	3598	48,1%
Ungarn	1990-94	5530	73,9%
Uruguay	1985-94	3462	46,3%
Vanuatu	1980-94	320	4,3%
West Samoa	1989-94	1869	25,0%
Zambia	1991-92	715	9,6%

Spalte 1: Ländername
Spalte 2: Beginn der Demokratisierung im Sinne des Political Rights Index des Freedom House (Freedom in the World, Yearbook 1972ff.) bzw. Anfang und Ende der Demokratisierungsperiode im Falle abgebrochener Demokratisierung. Mitunter wird in der Fachliteratur vorgeschlagen, die seit 1989/90 einsetzende Welle der Demokratisierung als „vierte Demokratisierungswelle" einzustufen, da diese sich unter anderem durch den Übergang der vormals sozialistischen Länder zur Demokratie von der vorherigen Welle unterscheidet (von Beyme 1994: 12ff.). In der Tabelle 14 und im zugehörenden Text wird allerdings – dem Sprachgebrauch von Huntington (1991) u.a. folgend – vereinfachend von der „dritten Demokratisierungswelle" gesprochen. – Als „Demokratisierer" wurden die Länder eingestuft, die im Untersuchungszeitraum ihre Position auf der 7er-Skala der Politischen Rechte veränderten und erstmals oder erneut den Wert „2" erreichten (1 = Höchstmaß an politischen Rechten, 7 = keine politischen Rechte). Die Klassifikation der in der Tabelle aufgeführten Länder wird im allgemeinen durch Jaggers und Gurr (1995) bestätigt. Deren Demokratieskala zufolge (siehe Tabelle 12) gehörten 1993 zu den Demokratisierungsfällen zusätzlich (gemessen an der Erreichung eines Demokratiewertes von mindestens 8 auf der von 0 bis 10 laufenden Skala): Albanien (abweichend von Freedom House schon seit 1992), El Salvador (seit 1991), Estland (abweichend von der Freedom House-Einstufung seit 1991), Lesotho (seit 1993), Makedonien (seit 1991), Namibia (schon seit 1990), Pakistan (seit 1993), Panama (schon seit 1990), Peru (im Jahre 1991), Philippinen (seit 1987), Sudan (1986-88), Ukraine (seit 1991), die Zentralafrikanische Republik (1993) und Zypern (seit 1974). Daß Frankreich während der ersten Kohabitation (1986-87) nach Jaggers und Gurr (1995) ebenfalls den Wert „8" erreicht und zuvor den Wert „7", soll hier nur als Kuriosum erwähnt werden.
Spalte 3: Standardisierte Schätzungen des Bruttoinlandsprodukts pro Kopf in international vergleichbaren Größen. Daten für die Jahre bis 1982 aus Summers/Heston 1984 (in Preisen von 1975), für 1983-86 Summers/Heston1988 (Meßzeitpunkt: 1985,

in Preisen von 1980), außer Grenada (Daten nur für 1988 zugänglich), für die Jahre von 1987 bis heute auf der Basis von Summers/Heston 1991 (Meßzeitpunkt: 1988, in Preisen von 1985), mit Ausnahme von Bulgarien, der DDR und der Tschechoslowakei, die anhand der letztverfügbaren Summers-Heston-Daten für 1985 gemessen wurden (in Preisen von 1980) (Quelle Summers/Heston 1988: 22). Vermutlich überschätzen die Daten für diese drei Länder das BIP. Die Zahlen für Sao Tome und West-Samoa entstammen dem Human Development Report 1994 und die für Estland, Lettland, Litauen, Namibia, Panama, Slowakei, Slowenien und Tschechische Republik dem Fischer Weltalmanach '95. Für Kapverdische Inseln, Salomonen und Vanuatu Schätzungen auf Basis des Fischer Weltalmanachs '95. Zum Vergleich: in den USA betrug das Bruttoinlandsprodukt pro Kopf nach Summers/Heston 1950: 4550 (BRD 1950: 1888 [40%] und Schweiz 1950: 3116 [67%]), 1973: 7480, 1980: 8089 und 1988: 18339 Währungseinheiten.

Spalte 4: Spalte 3 in Prozent des BIP pro Kopf in den USA zu Beginn der „dritten Demokratisierungswelle" (1973). Ermittelt auf der Basis von Summers/Heston 1984, 1988 und 1991.

Allerdings ist unbestreitbar, daß in der dritten Demokratisierungswelle auch eine größere Zahl armer Länder zur Demokratie überging, wie z.B. Bangladesch und Nepal. Genau dies verdient besondere Beachtung, weicht es doch besonders auffällig von dem Verlauf ab, der nach der sozioökonomischen Theorie der Demokratie eigentlich zu erwarten wäre (siehe Kapitel 3.5). Doch würde man die dritte Demokratisierungswelle fehldeuten, wenn man sie nur als die Demokratisierung der armen oder ärmeren Länder einstufte. In Wirklichkeit erfaßte diese Welle sowohl relativ arme wie auch vergleichsweise begüterte Staaten.

Wie bei der ersten und zweiten Demokratisierungswelle kam dem internationalen Umfeld auch in der dritten Welle eine herausragende Rolle zu. Daß es sich hierbei um ein allgemeineres Phänomen handelt, haben historisch-statistische Vergleiche verdeutlicht. Samuel Huntington hat den dabei zutagetretenden Trend mit folgenden Worten beschrieben: „In 33 von insgesamt 52 Ländern, die von dem US-amerikanischen Freedom House 1984 als freiheitliche Länder beschrieben wurden, waren die demokratischen Institutionen im wesentlichen auf den britischen oder amerikanischen Einfluß zurückzuführen, der sich über Kolonialherrschaft, Besatzung oder Besiedlung Bahn brach. Und auch die Ausbreitung der Demokratie in die nichtwestliche Welt ist bislang im wesentlichen das Produkt angloamerikanischer Bestrebungen" gewesen (Huntington 1984: 206). Gewiß wird man Huntingtons Sicht vorhalten können, daß sie nur eine Akteursgruppe betrachtet, nämlich die ausländischen Demokratisierer, anstatt die Verbindung von externen und innergesellschaftlichen Akteuren zu erörtern. Unter dieser Einschränkung wird man Huntingtons Hypothese jedoch akzeptieren können. Die Verbreitung von Demokratie hat weit mehr mit Militärmacht und politisch-wirtschaftlicher Stärke von demokratisch verfaßten Staaten zu tun, als nach dem Gehalt demokratischer Ideen zu erwarten wäre. Insoweit spricht einiges für die weitere These von S. Huntington, wonach der Aufstieg und Niedergang von Demokratien auf globaler Ebene zu einem erheblichen Teil „Funktionen des Aufstiegs und Niedergangs des jeweils mächtigsten demokratischen Staates" waren: „Die Ausbreitung der Demokratie im 19. Jahrhundert ging Hand in Hand mit der Pax Britanica. Die Ausdehnung der Demokratie nach dem Zweiten Weltkrieg spiegelt die Weltmachtposition der Vereinigten Staaten von Amerika. Der Niedergang der Demokratie in Ostasien und Lateinamerika in den 70er Jahren läßt sich teilweise auf den abnehmenden Einfluß Amerikas zurückführen" (ebd. 1984: 206).

Die beiden letzten Sätze erweisen sich bei genauerer Überprüfung als Überinterpretation des Einflusses der USA. Überdies versagt Huntingtons Modell vor der Demokratisierungswelle, die Osteuropa in den späten 80er und frühen 90er Jahren erfaßte. Diese Welle wird man ohne einen weiteren internationalen Faktor nicht verstehen: die Abkehr der sowjetischen Außenpolitik in der Gorbatschow-Ära von der Breschnjew-Doktrin, der zufolge sich die Sowjetunion mitsamt ihrer Bündnispartner die Militärintervention in politisch abtrünnige Staaten des Warschauer Paktes vorbehielt. Es gibt ein weiteres mächtiges Bindeglied zwischen der Demokratie auf nationalstaatlicher Ebene und den Machtverhältnissen in den internationalen Beziehungen. Nicht immer muß der Demokratisierungsprozeß auf den Bajonetten einer demokratisch verfaßten Siegermacht erfolgen. In der dritten Welle der Demokratisierung beispielsweise waren vorwiegend zivilgekleidete Helfer bei der Geburt der neuen Demokratien behilflich. Neben den schon erwähnten Reformen der Gorbatschow-Ära ist hierbei die Demokratisierungspolitik der Europäischen Gemeinschaft (bzw. der Europäischen Union) und der Attraktionswert der EU für die Reformer in den sich demokratisierenden Staaten Mittel- und Osteuropas erwähnenswert. Die EU wirkt somit direkt oder indirekt als eine Stütze des Übergangs vom autoritären zum demokratischen Staat.

Im Anschluß an die neuere Forschung zu den Übergängen vom autoritären Staat zur Demokratie kann man vereinfachend sechs Pfade der Transition unterscheiden (siehe vor allem Stepan 1986, Linz 1990c, Colomer 1991, Huntington 1991, Mainwaring 1993, Schmitter/Karl 1992):

1) Die primär von außen angestoßene Re-Demokratisierung von Ländern, in denen die Demokratie durch eine Besatzungsmacht aufgelöst worden war, wie die Befreiung der Niederlande, Belgiens, Norwegens und Dänemarks von der Wehrmacht des nationalsozialistischen Deutschlands.
2) Der zweite Pfad ist der der Wiedereinführung demokratischer Spielregeln durch eine Besatzungsmacht nach dem militärischen Sieg über ein autoritäres oder totalitäres Regime, z.B. in Westdeutschland, Japan, Österreich und Italien nach dem Zweiten Weltkrieg.
3) Der dritte Typ ist diejenige Transition zur Demokratie, die von zivilen und militärischen Gruppen des alten Regimes initiiert oder in Form eines Paktes zwischen den maßgebenden Gruppierungen des alten Regimes und der Opposition geschmiedet wird, der zugleich den Grund für ein demokratisches Nachfolgeregime legt. Dies ist der Fall der regime-induzierten Demokratisierung, zu dem man unter anderem die Demokratisierung Griechenlands, Portugals und Spaniens in den 70er Jahren rechnet.
4) Im Gegensatz zur regime-induzierten Reform, die unter maßgeblicher Beteiligung von Teilen des herrschenden Blocks erfolgt, ist der vierte Pfad der Demokratisierung dadurch gekennzeichnet, daß das alte Regime von Reformern der alten Ordnung unter maßgeblicher Beteiligung der Opposition weitreichend verändert wird. Dieser Pfad charakterisierte die Demokratisierung in den 80er Jahren beispielsweise in Uruguay, Südkorea, Polen und in der ehemaligen Tschechoslowakei.
5) Während man vom dritten Pfad zur Demokratie als „Transformation" (Huntington 1992) oder „reforma" (Linz 1978) und vom vierten Weg als Mischform aus Transformation und Strukturbruch spricht, haben sich für den fünften Pfad der Demokratisierung oder Re-Demokratisierung die Bezeichnungen „Zusammenbruch", „Kollaps", „Replacement" oder „Ruptura" eingebürgert (Linz 1978, Huntington 1992, Colomer 1991). „Ruptura" meint Bruch oder Strukturbruch. In der Ruptura-Transition übernehmen die Oppositionsgruppen die Führungsrolle bei der Demokratisierung; das alte autoritäre Regime kollabiert oder es wird umgestürzt. Beispiele für Ruptura-Demokratisierungen sind die Demokratisierung der DDR bzw. Ostdeutschlands 1989/1990, in den 70er Jahren Portugal und Griechenland und in den 80er Jahren Argentinien (Glaeßner 1991, Huntington 1992: 582, Joas und Kohli 1993).

6) Schlußendlich gibt es auch die Demokratisierung auf dem Wege der weitgehend revolutionären Veränderung. Für sie ist allerdings charakteristisch, daß sie durchweg in die Etablierung eines autokratischen Einparteiensystems oder – so in der ehemaligen DDR – in die Einrichtung eines Blockparteiensystems führt, das faktisch von der jeweiligen Staatspartei dominiert wird.

Der neueren Transitionsforschung zufolge scheint die These vom Zusammenhang zwischen Transitionsweg und Erfolg bzw. Mißerfolg der Demokratisierung verallgemeinerbar zu sein. Mit einer Typologie, die von der soeben erwähnten etwas abweicht, haben P.C. Schmitter und T. Karl (1992) hierfür folgende Hypothesen entworfen. Der revolutionäre Übergang führe – wie schon erwähnt – unweigerlich zum offenen oder verdeckten Einparteienstaat. Die „paktierte Transition" hingegen erzeuge ein relativ stabiles demokratisches System mit beträchtlichem etatistischen und korporatistischen Gehalt. Die Transition qua Imposition (im Sinne von Auferzwingung) ende in einer populistischen Demokratie oder bestenfalls in einer Staatsverfassung, die zwischen populistischer und einer konsociationellen Demokratie (consociational democracy) schwanke. „Ambivalente Transitionen" schließlich, für die Elitenkontinuität und Massenmobilisierung sowie Gewalt und nur zögerliche Akzeptanz von Kompromissen charakteristisch sind, führe mit großer Wahrscheinlichkeit zu nichtkonsolidierten Demokratien, im günstigsten Fall vielleicht in die Zwischenzone zwischen populistischer und „elektoralistischer Demokratie" (ebd.: 61).

Allerdings sind den Bestrebungen, in den Übergängen vom autoritären Staat zur Demokratie Regel- oder gar Gesetzmäßigkeiten aufzudecken, enge Grenzen gesetzt. Diese Übergänge zeichnen sich durch Unstrukturiertheit, Offenheit der Situation und folglich durch Ungewißheit aus. Es sind unterdeterminierte Prozesse sozialen Wandels. Sie sind von zahllosen Bedingungen beeinflußt, auch von Zufällen. Sie sind wechselvoll, eigendynamisch und oftmals sprunghaft, und meist basieren sie auf Wahlhandlungen und Entscheidungen, die auf höchst unzulänglicher Informationsbasis und unter hochgradigem Entscheidungsdruck zustande kommen (Kraus 1990, Przeworski 1991b, Liebert 1995). Die Transitionen – d.h. die Intervalle zwischen dem Ableben des alten Regimes, der Einsetzung demokratischer Spielregeln („Inauguration") und der Verwurzelung der Demokratie („Konsolidierung") – folgen meist keinen stabilen Mustern, weil zu viele Faktoren beteiligt sind. Nicht nur die Art des

Übergangs zur Demokratie gehört hierzu, sondern auch der Charakter des alten Regimes, ferner die wirtschaftliche Entwicklung sowie der Typus der Demokratie, der aus der Transition hervorkommt. J. Linz hat in diesem Zusammenhang die These gewagt, die Erfolgschancen demokratischer Konsolidierung seien in parlamentarischen Regimen erheblich größer als in präsidentiellen Regierungssystemen und in Systemen mit Verhältniswahlrecht besser als in solchen mit Mehrheitswahlrecht (Linz 1990c: 153) – aus Gründen, die mit dem im Kapitel 3.1 erörterten Nullsummenspiel-Charakter des Präsidentialismus wie auch des Mehrheitswahlrechts zusammenhängen.

Seltsamerweise hat die Transitionsforschung es bislang versäumt, einen der erfolgreichsten Übergänge zur Demokratie systematisch zu würdigen und von ihm Hypothesen für Bedingungen erfolgreicher bzw. erfolgloser Demokratisierung abzuleiten, nämlich die Demokratisierung Westdeutschlands nach 1945 (hierzu u.a. Niclauß 1974, Schwarz 1981 und 1983, Rupieper 1993). Vor allem angloamerikanische Wissenschaftler haben die Demokratisierung Deutschlands wiederholt als „Erfolgsstory" bezeichnet (z.B. Dalton 1989: 4 und Conradt 1993). Die begünstigenden Faktoren der Einsetzung und der Konsolidierung der Demokratie in Westdeutschland bzw. in der Bundesrepublik Deutschland sind zahlreich. Zu ihnen zählen nicht nur der Flankenschutz, der der Demokratie von den westlichen Besatzungsmächten zuteil wurde, sondern auch das rapide wirtschaftliche Wachstum sowie günstige innenpolitische Besonderheiten. Unter ihnen ragen die von J. Linz erörterten institutionellen Formen der Demokratie heraus – vor allem der auf Nicht-Nullsummenspiele geeichte Charakter des politischen Systems der Bundesrepublik, ferner der Basiskonsens zwischen dem Führungspersonal der demokratischen Parteien, die Stärke des demokratischen Lagers im Vergleich zu den Gruppierungen, die in fundamentaler Opposition zur neuen Herrschaft standen, die scharfe aber gleichwohl systemimmanente und loyale Opposition der SPD in den 50er Jahren, der mäßigende Effekt, der von den Institutionen des Interessenausgleichs im Föderalismus und in den Arbeitsbeziehungen ausging, die Entlastung der Konfliktstruktur Westdeutschlands – die im Unterschied zu Weimar mildere regionale Konflikte, schwächere Klassenkonfliktstrukturen und gedämpftere Spannungen zwischen den Konfessionen aufwies –, und nicht zuletzt eine umfassende interventions- und wohlfahrtsstaatliche Politik des „Sozialen Kapitalismus" (Hartwich 1970), die auf der Basis einer rasch wachsenden Volkswirtschaft für nahezu alle Gesellschaftsschichten wachsenden Lebensstandard, bessere Daseinsvorsorge und höhere soziale Sicherung brachte (für andere Conze/Lepsius 1983, Lepsius 1990a und 1990b). „Wohlstand für alle" war nicht nur politische Werbung der führenden Regierungspartei der 50er Jahre, sondern zugleich auch politisches Programm und Erfahrungstatbestand für die breite Masse der Bevölkerung. Das und die vollständige moralische Diskreditierung des Nationalsozialismus, das abschreckende Beispiel des DDR-Sozialismus und die demographische Veränderung, die den politischen Generationenaufbau der Bundesrepublik langsam aber sicher demokratieverträglicher gestaltete, gehören zu den zentralen Faktoren, die das zu Erklärende erhellen können: die erfolgreiche Inauguration und Konsolidierung der Demokratie in Deutschlands zweiter Republik.

Auf dem Weg zur Demokratie lauern Gefahren. A. Przeworski hat sie knapp und bündig so benannt: Wie gelangt man zur Demokratie, ohne von denen umgebracht zu werden, die die Waffen haben, und ohne von denen ausgehungert zu werden, die über die produktiven Ressourcen verfügen? (Przeworski 1991b: 51). Doch selbst wenn man diese Gefahren überwindet, stellen sich noch immer fünf besonders schwierige Probleme.

1) Zu den charakteristischen Schwierigkeiten des Übergangs vom autoritären zum demokratischen Staat zählt – erstens – die Aufgabenüberlastung der Architekten der Demokratisierung. Diese müssen oftmals in kürzester Zeit über eine Fülle hochbrisanter, komplexer Materien entscheiden, wie die Spielregeln für den Übergang und die Struktur der neuen politischen Ordnung, die Art und Weise des Umgangs mit Vertretern und Gefolgschaft des alten Regimes, Verhandlungen über Pakte zwischen Reformern und Vertretern des alten Regimes und Implementierung der Pakte, die zwischen der Opposition und Hardlinern bzw. Reformern des alten Machtblocks geschmiedet werden müssen. Besonders kraß ist die Aufgabenüberlastung im Fall einer doppelten Transformation, d.h. einer, die sowohl den politischen Institutionenapparat wie auch die Ökonomie erfaßt, so im Falle des Übergangs zur Demokratie und zum Markt in den mittel- und osteuropäischen Reformstaaten (Offe 1994).

2) Zu den großen Herausforderungen beim Übergang zur Demokratie zählt – zweitens – die Frage, wie mit den Institutionen und dem Führungspersonal des alten Regimes zu verfahren sei. Sollen sie übernommen oder ersetzt werden? Sollen sie in die neue Herr-

schaftsordnung eingebunden oder von ihr ausgeschlossen werden? Soll man diejenigen, die Unrecht begangen haben, für ihre Untaten bestrafen oder ihnen Gnade vor Recht zuteil werden lassen? Soll man der alten Führungsschicht „Exit-Garantien" (Huntington 1992: 584) anbieten oder verweigern? Von der Art der Entscheidung über diese Fragen seitens der Opposition und der neuen Machthaber wird nicht zuletzt die Reaktion – im Extremfall der bewaffnete Widerstand – der alten Machthaber und ihrer Sicherheits- und Militärapparate abhängen.

3) Die meisten Übergänge vom autoritären zum demokratischen Staat werden mit größeren Wirtschaftskrisen einhergehen. Das ist das dritte Hauptproblem. Besonders groß sind die Wirtschaftsprobleme rasch verlaufender Übergänge, wie im Fall der mittel- und osteuropäischen Reformstaaten. Sofern ein „Big-bang"-Ansatz zur Transition nicht durch aufwendige Subventionen und Sozialhilfeleistungen abgefedert werden kann, wie im Fall der Demokratisierung Ostdeutschlands, werden sich aufgrund der transitionsbedingten Wirtschaftsprobleme die Verteilungskonflikte verschärfen. Erschwerend kommt hinzu, daß die Transition das Erwartungsniveau der Bevölkerung erhöht: nicht nur von der neuen Ordnung, sondern schon vom Übergang zu ihr erhofft man sich alsbald bessere Versorgung mit Gütern und Dienstleistungen, vergrößerte Mitwirkungs- und Teilhabechancen und mehr Sicherheit der Lebensführung. Allerdings wächst das Erwartungsniveau ausgerechnet zeitgleich mit der Schrumpfung der wirtschaftlichen Ressourcenbasis und der Abnahme der Handlungsfähigkeit der Staatsverwaltung, die ihrerseits durch den Übergangsprozeß großen Veränderungen in Organisation, Struktur, personeller Zusammensetzung und Leistungsfähigkeit unterliegt.

4) Besonders delikat wird das Problem der Transitionsphase, wenn sie zugleich Erwartungen weckt und die politische Mobilisierung der erwachsenen Bevölkerung verstärkt, die Wirtschaftstätigkeit und die Investitionsbereitschaft dämpft und von der Masse der Erwerbspersonen und der Sozialrentenbezieher Zurückhaltung bei den Einkommenserwartungen erfordert, um die Profitabilität und die langfristige Überlebenskraft der Wirtschaft nicht zu gefährden (Przeworski 1991b).

5) Geradezu explosiv wird die Transition, wenn durch sie alte ethnische, religiöse und nationale Konflikte revitalisiert werden (Offe 1994).

Aus politischen und sozialen Gründen wäre für die Transitionsphase ein Wirtschafts- und Sozialpolitikprogramm wünschenswert, welches in kürzester Zeit dem größten Teil der Bevölkerung spürbare Verbesserungen bringt. Machbar hingegen ist in den meisten Transitionsfällen fast nichts von alledem – abgesehen von Sonderfällen, wie dem ostdeutschen Übergang zum Markt und zur Demokratie, bei dem nach eigenem Zeugnis eine Mehrheit zu den Gewinnern des Übergangs oder zumindest zu denen gehört, denen es nun nicht schlechter wie zuvor ergeht. In allen anderen Fällen wird von der Wahlbevölkerung viel verlangt. Przeworski hat dies mit folgenden Worten kommentiert: „Offenbar ist nahezu vollständige Lammfrommheit und hundertprozentige Geduld auf seiten der organisierten Arbeitnehmer für den erfolgreichen Abschluß der demokratischen Transformation erforderlich" (1986: 63, Übersetzung des Verfassers). Auch müsse man sich darauf einstellen, so Przeworski weiter, daß eine erfolgreiche politische Transition um die Beibehaltung überkommener Wirtschaftsverfassungen und alter Privilegien nicht herumkomme. Das war freilich auf Demokratisierungsprozesse in westlichen Ländern gemünzt. Przeworski hatte insbesondere den erfolgreichen Demokratisierungsfall Spanien im Blick. Im Hinblick auf die mittel- und osteuropäischen Reformstaaten der 90er Jahre stellt sich die Situation jedoch anders dar, allerdings keineswegs günstiger. Diese Länder haben noch nicht einmal die Chance, Przeworskis Empfehlung, die überkommene Privilegienordnung in der Wirtschaft mitsamt dem alten Wirtschaftsmodell beizubehalten, denn in ihnen erfolgt der Übergang zur Demokratie zeitgleich mit dem von der zentralgeleiteten Wirtschaft zum marktwirtschaftlichen System. Hier besteht nicht nur die Gefahr, daß das eine oder andere Ziel nicht erreicht wird, sondern auch das Risiko, daß sich beide Übergänge gegenseitig blockieren (Ekiert 1991, Offe 1994).

Insoweit kommt die neuere Transitionsforschung zu relativ pessimistischen Aussagen über die Machbarkeit und die Qualität der Demokratisierung in den mittel- und osteuropäischen Ländern. Dieser Befund deckt sich mit den Vorhersagen, die sich aus den Theorien der sozioökonomischen Funktionserfordernisse der Demokratie ableiten lassen (siehe Kapitel 3.6). Allerdings werden in der Transitionsforschung häufig drei Variablen vernachlässigt, die den ungünstigen Bedingungen entgegenwirken: 1) die Hilfe von außen, die für einen Teil der Transitionskosten aufkommen kann, 2) auf seiten der Bürger der Kosten-Nutzen-Vergleich zwischen dem alten Regime, dem Übergangsprozeß und den für die Zukunft zu erwartenden Gewinnen und Lasten und 3) die politische Gestaltbarkeit gesellschaftlicher Verhältnisse.

Daß die Handlungsspielräume allerdings auch von politisch-strategisch denkenden Analytikern unterschätzt werden, verdeutlicht eine Prognose von S. Huntington aus dem Jahre 1984. Ihr zufolge waren die Demokratisierungschancen in den Ländern des „bürokratischen Autoritarismus" (O'Donnell 1979) in Südamerika am größten. Die Wahrscheinlichkeit der Demokratisierung der ostasiatischen Schwellenländer stufte Huntington demgegenüber als erheblich geringer ein, obgleich die wirtschaftlichen Voraussetzungen günstiger als in anderen Teilen der Welt seien. Minimal waren für Huntington 1984 die Demokratisierungschancen in den islamischen Staaten, insbesondere im Mittleren Osten, und aufgrund der wirtschaftlichen Unterentwicklung und der gewaltförmigen Austragung gesellschaftlicher und politischer Konflikte hielt er die Demokratisierung der meisten afrikanischen Länder als unvorstellbar. Mindestens in einem Punkt hat sich Huntington bei seiner Prognose gründlich geirrt: „Die Wahrscheinlichkeit demokratischer Entwicklung in Osteuropa ist buchstäblich gleich Null", schrieb er rund fünf Jahre vor dem Zusammenbruch des Sozialismus in Osteuropa und vor dem Übergang zur Demokratie, der in einigen der mittel- und osteuropäischen Ländern gewagt wurde. Die Begründung dieser These ist aufschlußreich. Die Bedingungen, die Huntington in seiner These für die Demokratisierung formuliert, sind zutreffend; der Fehler liegt darin, daß er, wie fast alle anderen Beobachter, unterstellte, daß diese Bedingungen in der Wirklichkeit nicht erfüllt werden könnten: „Demokratisierung könnte in diesen Gesellschaftssystemen nur erfolgen, wenn entweder die Sowjetunion aufgrund von Krieg, innenpolitischem Aufruhr oder ökonomischem Kollaps drastisch geschwächt würde (doch keine dieser Entwicklungen scheint wahrscheinlich), oder wenn sie dazu käme, Osteuropas Demokratisierung als für ihre Interessen nicht bedrohlich anzusehen (was gleichermaßen unwahrscheinlich ist)" (Huntington 1984: 217). Kaum fünf bis sechs Jahre nach der Publikation dieses Artikels waren jedoch Ostdeutschland, die Tschechoslowakei (bzw. ihre Nachfolgestaaten), Ungarn und Polen auf dem Weg zu einer demokratischen Ordnung, und auch Bulgarien, Rumänien und Albanien sowie einige der Nachfolgestaaten des zerfallenden Jugoslawien brachen dorthin auf. Selbst in einigen der Nachfolgestaaten, die aus den Ruinen der ehemaligen Sowjetunion hervorwuchsen, wurde der Versuch unternommen, den politischen Institutionen demokratische Elemente einzupflanzen.

Zugunsten der Transition der mittel- und osteuropäischen Staaten zur Demokratie und zum Kapitalismus wirken allerdings Hilfen von außen, Kosten-Nutzen-Vergleiche der Bevölkerung und die prinzipielle Offenheit und Gestaltbarkeit der Lage. Besonders aufschlußreich hierfür sind – neben anderen – J.M. Colomers Studie über Spaniens Übergang zur Demokratie und S. Huntingtons Versuch, aus dem Vergleich von Demokratisierungspfaden kochbuchartige Empfehlungen für Demokratisierer abzuleiten (Colomer 1991, Huntington 1991). Beide Ansätze verdienen abschließend eine ausführlichere Erörterung.

Folgt man der neueren Transitionsforschung, so sind Erfolg oder Mißerfolg des Übergangs vom autoritären zum demokratischen Staat unter anderem von der Größe des Sprungs abhängig (Starr 1991): Je größer der Sprung, desto größer das Risiko des Fehlschlags. Zentral sind ferner die Größe, die Präferenzen und die Koalitionsbildung der Opposition und des herrschenden Blocks. Als nützlich erweist sich – folgt man dem instruktiven Ansatz von Colomer (1991) – die Unterscheidung zwischen zwei Oppositions- und vier Machtblockgruppierungen. Die Opposition ist in der Regel gespalten. Eine ihrer Fraktionen umfaßt die revolutionären Maximalisten. Für diese hat die „ruptura" Vorrang, d.h. der Bruch mit dem alten Regime und zwar unter Führung der Opposition. Den revolutionären Maximalisten gilt die Reform als schlechteste aller denkbaren Lösungen. Lieber verharrt man in der Kontinuität des alten Regimes und hält sich so die Chance für die „Ruptura"-Strategie zu einem späteren Zeitpunkt offen. Die zweite Oppositionsgruppe – die reformistischen „rupturistas" – favorisiert ebenfalls den Bruch, doch kommt bei ihr an zweiter Stelle die Reform – unter Beteiligung des herrschenden Blocks –, während die Kontinuität des alten Regimes unter allen Umständen für sie der schlechteste Fall ist.

Der herrschende Block zerfällt in die Soft- und die Hardliner. Die reformistischen Softliner favorisieren die Reform. Unter dem Druck der Verhältnisse würden sie sogar einen Bruch akzeptieren. Die zweite Softliner-Gruppierung hingegen, die „Öffnungspolitiker" (aperturistas), akzeptieren nur die Reform oder den Status quo. Unter den Hardlinern des herrschenden Machtblocks setzt die „Kontinuitäts-Fraktion" auf Beibehaltung des Regimes und höchstenfalls im Notfall auf Reformen, sofern die Beteiligung des herrschenden Blocks gesichert ist. Die vierte Gruppe umfaßt die maximalistischen Hardliner, diejenigen, die in Spanien „el bunker" genannt wurden. Sie favorisieren die Kontinuität oder – als Auftakt zur Entscheidungsschlacht – die „ruptura" in der Hoffnung, daß diese die Chance zur Konterrevolution bietet.

Mitentscheidend für Gelingen oder Fehlschlag der Transition sind das Kräfteverhältnis und die Koalitionsmöglichkeiten zwischen den

Gruppierungen der Opposition und denjenigen des herrschenden Blocks. Die ungünstigste Bedingung für die Demokratisierung ist gegeben, wenn die revolutionären Maximalisten die Opposition und die maximalistischen Hardliner die Politik im herrschenden Block dominieren und wenn beide ansehnliche Gefolgschaften hinter sich wissen. (Hierfür ist keineswegs eine Majorität erforderlich, vielmehr reicht eine schlagkräftige Minderheit aus). Besonders günstig sind die Bedingungen für eine erfolgreiche Transition zur Demokratie hingegen im folgenden Fall: wenn die gemäßigten Oppositionsgruppen zusammen mit den Softlinern und der Kontinuitäts-Fraktion des herrschenden Blocks eine Koalition eingehen, wenn die Maximalisten der Opposition und des herrschenden Blocks ihrerseits nicht in dominierender Position sind und wenn die Reformkoalition sich auf maßgebende Mitregenten stützen kann, wie z.B. in Spanien auf die demokratisierungsfreundliche Politik des Königs Juan Carlos. Insoweit erweisen sich die Struktur des politischen Konflikts, die Kräfteverteilung und die Koalitionschancen als notwendige – wenngleich keineswegs hinreichende – Determinanten des Erfolgs oder Mißerfolgs der Demokratisierung. So jedenfalls lauteten einige der wichtigsten Lehren, die J.M. Colomer aus der Analyse des vielbeachteten Falles der Demokratisierung Spaniens in den 70er und 80er Jahren zog.

Daß die Gestaltungschancen in Prozeß der Demokratisierung auch unter widrigen Bedingungen beachtlich groß sind, ist in Analysen zu Spaniens, Italiens und Westdeutschlands Übergang zur Demokratie herausgearbeitet worden (z.B. Liebert 1994). Kaum jemand hat das Moment der Gestaltung pointierter gezeigt als S. Huntington in seinem Buch über die dritte Demokratisierungswelle (Huntington 1991). Huntington entwickelt dort kochbuchartige Rezepte für Demokratisierer. Diese Rezepte unterscheiden sich je nach Problemfall und Adressatenkreis. Soll beispielsweise ein autoritäres Regime auf den Weg zur Demokratie gebracht werden – unter maßgeblicher Beteiligung führender politischer und militärischer Eliten des alten Systems –, sind für die Demokratisierer nach Huntington die folgenden Handlungsanweisungen besonders wichtig. Erstens kommt es darauf an, die politische Basis dadurch zu sichern, daß Demokratieanhänger möglichst rasch in die Schlüsselpositionen in Regierung, Partei und Militär plaziert werden. Zweitens ist dringend anzuraten, Regimeveränderungen, wenn möglich, im Rahmen von etablierten Prozeduren des alten Regimes vorzunehmen und den Hardlinern des herrschenden Blocks zumindest symbolische Konzessionen zu machen. Drittens ist den Oppositionskräften zu raten, ihre soziale Basis alsbald zu erweitern, so daß die Abhängigkeit von veränderungsfreundlichen Regierungsgruppen vermindert wird. Viertens müssen Oppositions- und Demokratisierungspolitiker auf der Hut sein und auf extreme Maßnahmen seitens der Hardliner des herrschenden Blocks gefaßt sein, wie z.B. einen Staatsstreich. Gegebenenfalls ist zu erwägen, einen Staatsstreich zu provozieren, um diesen sodann niederzuschlagen und die extremistischen Gegner der Demokratisierung zu isolieren und zu diskreditieren. Fünftens ist dringend zu empfehlen, im Demokratisierungsprozeß die Initiative zu ergreifen und auf das Tempo der Veränderungen zu drücken, aus der Position der Stärke zu handeln und niemals Demokratisierungsmaßnahmen in Reaktion auf Druck, der von extremeren Oppositionsgruppen ausgeübt wird, zu ergreifen. Sechstens ist es überlebenswichtig, die Erwartungen hinsichtlich der Reichweite der Reformen zurückzustufen und eher von der Aufrechterhaltung eines Prozesses zu sprechen als ein demokratisches Utopia zu verheißen. Siebentens sollte unbedingt die Entwicklung einer verantwortlichen, gemäßigten Oppositionspartei angestrebt werden, die von den Schlüsselgruppen der Gesellschaft, einschließlich des Militärs, als nichtbedrohliche Alternativregierungspartei akzeptiert wird. Achtens schließlich tun die Demokratisierer gut daran, den Prozeß der Demokratisierung als unvermeidbar hinzustellen, so daß er weithin als notwendige und natürliche Entwicklung selbst von denjenigen gedeutet wird, die ihn eigentlich ablehnen.

Im Unterschied zur soeben skizzierten paktierten Transition sehen Huntingtons Rezepte für den Übergang auf dem Weg der „ruptura" härtere Medizin vor. Die dauerhafte Attacke auf die Illegitimität oder zweifelhafte Legitimität eines autoritären Regimes ziele auf den zentralen verletzlichsten Punkt der Machthaber. Deshalb komme es auf die Ermutigung der Gruppen an, die sich von ehemaligen Befürwortern des autoritären Systems zu neutralen oder oppositionellen Kräften gewandelt haben. Kultiviere die erforderlichen Beziehungen mit dem Militär, so lautet eine weitere Empfehlung, denn die Unterstützung von seiten des Militärs kann hilfreich sein, wenn die Lage sich krisenhaft zuspitzt. Noch wichtiger ist die Bereitschaft des Militärs, das alte Regime nicht zu verteidigen. Überdies ist es erfolgversprechender, wenn die Demokratisierungsbewegung Gewaltlosigkeit predigt und praktiziert. Auf keinen Fall darf sie sich eine Gelegenheit zur Äußerung von Opposition gegen das Regime, einschließlich der Teilnahme an Regimewahlen, entgehen lassen. Zentral ist ferner der Kontakt mit weltweiten Medien, mit ausländischen Menschenrechtsorganisationen und mit transnationalen Organisationen, wie z.B. den Kirchen. Besonders wichtig ist sodann die Mobilisierung von Unterstützung seitens der Vereinigten Staaten von Amerika. Unverzichtbar ist die Förderung der Einheit der Oppositionsgruppen, z.B. mittels umfassender Dachorganisation, die die Kooperation unter den auseinanderstrebenden Gruppen erleichtert. Zu guter Letzt kommt es darauf an, beim Fall des autoritären Regimes schnell bereit zu sein, das Macht- und Autoritätsvakuum zu füllen.

Zumindest theoretisch gibt es hierfür, so Huntington in Weiterführung elitistischer Demokratietheorie, vor allem drei Rezepte: die Herausbildung und Stützung eines populären charismatischen und zugleich demokratisch orientierten Führers, die schnelle Herbeiführung von Wahlen, um somit der neuen Regierung Legitimation zu verschaffen und die Mobilisierung von Unterstützung seitens ausländischer und transnationaler Akteure (Huntington 1991 und 1992).

Aber auch für demokratische Reformer im alten Machtblock – die dritte Kräftekonstellation, die hier zum Abschluß ausführlicher zu erörtern ist – hält Huntingtons Kochbuch Rezepte bereit. Bei Verhandlungen über Regimeveränderungen zwischen Vertretern des Machtblocks und Vertretern der Opposition sind für die demokratischen Reformer in der Regierung vor allem folgende Leitlinien wichtig: Isoliere und schwäche die Fraktion der maximalistischen Hardliner und konsolidiere die Macht der Reformer in der Regierung und in der politischen Maschinerie des Gemeinwesens. So lautet die erste Empfehlung. Die zweite ist die: Ergreife die Initiative und überrasche sowohl die Opposition als auch die Hardliner mit Konzessionen; mache aber nie Konzessionen unter offensichtlichem Druck von seiten der Opposition. Gewinne Unterstützung für das Konzept der Verhandlungen seitens führender Generäle oder anderer Spitzenfunktionäre des Sicherheitsapparats. Das ist die dritte Empfehlung. Die vierte besagt, daß alles Erdenkliche dafür zu tun sei, den wichtigsten Verhandlungspartner in der Opposition zu einer relativ moderaten Position zu bewegen. Dringend zu empfehlen sind – fünftens – die Einrichtung vertraulicher Kommunikationskanäle zu den Oppositionsführern. Sechstens gilt es Vorsorge für den Fall des erfolgreichen Abschlusses von Verhandlungen mit der Opposition zu treffen. In diesem Fall werden nämlich auch die Reformer der Regierung in der Opposition sein und deshalb sollte ihr primäres Interesse sein, Garantien und Sicherungen für das Recht der Opposition und von Gruppen, die mit der alten Regierung assoziiert waren (wie z.B. das Militär), zu gewährleisten. Schlußendlich gilt sowohl für die Demokratisierer des Machtblocks als auch für die der Opposition folgendes: die Gelegenheit zur paktierten Transition kann alsbald vorübergehen, deshalb tut man gut daran, die Chance beim Schopfe zu ergreifen. Hierbei ist zu beachten, daß die eigene politische Zukunft und die des Verhandlungspartners vom erfolgreichen Abschluß der Verhandlungen über die Transition abhängen. Verzögerungen des Verhandlungsprozesses sind ebenso zu vermeiden wie Vorschläge, die die Kerninteressen des Verhandlungspartners existentiell bedrohen. Schlußendlich sollte sich ein Demokratisierungs-Reformer darüber klar sein, daß ein Pakt zwischen den Reformkräften des alten Regimes und der Opposition eine der wenigen machbaren und erträglichen Alternativen ist und daß Radikale und Maximalisten auf seiten der Opposition und des herrschenden Machtblocks keine akzeptable Alternative bereithalten. Schlußendlich gelte: „When in doubt, compromise" (Huntington 1992: 616) – „Wenn Du im Zweifel bist, gehe Kompromisse ein".

Das ist allerdings leichter gesagt als getan, denn hierfür benötigt man Gegner, die zur Kompromißbildung willens und fähig sind, ferner funktionierende Institutionen und ein ungewöhnlich hohes Maß an politischem Willen, Geschick und Durchsetzungsvermögen. Hinzu kommen die ökonomischen und politisch-institutionellen Rahmenbedingungen des alten wie des neuen Regimes, die – wie oben erwähnt – über Erfolg oder Mißerfolg der demokratischen Transition mitentscheiden. All diese Faktoren werden in Huntingtons Kochbuch für Demokratisierer nicht erörtert, doch sie müssen in der Praxis unbedingt berücksichtigt werden. Was folgt daraus? Mindestens dies: Der Leser darf die sonstigen Zutaten beim Kochen nach Huntingtons Rezepten nicht vergessen. Die Speise könnte sonst übel bekommen!

Außerdem sind Huntingtons Rezepten für Demokratisierer drei weitere Warnungen hinzuzufügen. Erstens kann die Demokratisierung unter bestimmten Bedingungen gefährlich sein, vor allem, wenn sie einen Nullsummenkonflikt schürt (Jaggers/Gurr 1995: 25). Würde z.B. einem ethnisch und religiös tief gespaltenen Land eine Mehrheitsdemokratie eingepflanzt, wäre der nächste Putsch seitens des Wahlverlierers programmiert. Zweitens setzt der Demokratisierungsprozeß häufig nur semidemokratische Staatsverfassungen oder fragile Demokratien in die Welt (siehe z.B. die Tabelle 14 in Verbindung mit Tabelle 12). Drittens unterschätzt Huntington die Gegenströmungen zu den Demokratisierungswellen. Sie waren auch in der Periode der dritten Demokratisierungswelle stark. In ihr wurden zwar mehr als vier Dutzend Demokratisierungsprozesse gezählt, doch hat man dabei übersehen, daß eine erkleckliche Anzahl von Regimen sich im selben Zeitraum zumindest zeitweise zum autoritären Staat zurückverwandelten. Man nehme zum Beispiel die Demokratieskalenwerte nach Jaggers/Gurr (1995) (siehe Tabelle 12). Wieviele Länder sind im Zeitraum von 1973 bis 1993 auf der von 0 bis 10 reichenden Skala – „10" bedeutet vollentfaltete Demokratie – von höheren Rängen in Richtung Autoritarismus auf einen Wert von „6" oder weniger abgestiegen? Wieviele Länder sind – mit anderen Worten – den Weg von der Demokratie zum autoritären Staat gegangen? Die Liste der in Frage kommenden Staaten enthält immerhin 16 Namen: Argentinien (1976-83), Bangladesch (1974-91), Burkina Faso (seit 1980), Chile (1973-90), Ghana (seit 1981), die Komoren (seit 1975), Fiji (1987-89), Indien in den Jahren 1975 und 1976, Nigeria (1983), Peru (1968-79 und in den 90er Jahren), Sri Lanka (spätestens ab 1982), Sudan (spätestens ab 1971 bis 1986 und ab 1989), Thailand (seit 1975), Türkei (zwischen 1980 und 1984), Uruguay (spätestens ab 1973 bis 1984) und Zimbabwe (seit 1979).

Teil IV
Stärken und Schwächen der Demokratie und der Demokratietheorien

Welche Probleme löst die Demokratie, welche erzeugt sie und welches ist ihre Achillesferse? Und wie brauchbar sind die Theorien der Demokratie zum besseren Verstehen, zur genaueren Beschreibung und zur präzisen Erklärung von demokratischen Staatsverfassungen und deren Verfassungswirklichkeit? Diese Fragen sollen im abschließenden Kapitel des vorliegenden Buches erörtert werden. Es dient der Bilanzierung des Nutzens, den die Demokratie stiftet und der Kosten, die durch sie entstehen, und es soll die Leistungen und die Grenzen der verschiedenen Demokratietheorien ermitteln und abwägen.

Kapitel 4.1
Die Demokratie als Problembewältiger und als Problemerzeuger

Wie man den vorangehenden Kapiteln entnehmen kann, hatte die Demokratie in Wissenschaft und Politik lange einen schlechten, bestenfalls einen ambivalenten Ruf. Das änderte sich erst im ausgehenden 18. Jahrhundert. Volle Anerkennung fand die Demokratie jedoch nicht vor dem 20. Jahrhundert – allerdings nur in den Ländern, die vom Hauptstrom des westeuropäischen und nordamerikanischen Politik-, Rechts- und Kulturverständnis geprägt sind. Doch selbst im ausgehenden 20. Jahrhundert gehört nur eine Minderheit von Ländern zu den Staaten mit einer seit mehreren Dekaden stabilen Demokratie. Nimmt man beispielsweise die Periode von 1960 bis 1993, so zählten bei Zugrundelegung eines Wertes von mindest 8 auf der Demokratieskala von Jaggers und Gurr (siehe Tabelle 12) gerade 27 Länder zu den stabilen etablierten Demokratien: die westeuropäischen und nordamerikanischen Verfassungsstaaten, Australien, Neuseeland, Japan,

Indien (mit Ausnahme des autoritärstaatlichen Intermezzos von 1975/76) und ferner – so Jaggers und Gurr (1995) – Botswana (1966-93), Costa-Rica, Israel, Jamaika, Malaysia, Trinidad und Venezuela. Genau genommen sind es 28 Länder: Frankreich – das auf der Jaggers-Gurr-Skala nur 7 Punkte erreicht – ist den stabilen Demokratien natürlich hinzuzählen.

Nicht nur nach der Zahl der Staaten, sondern auch nach der Größe der Bevölkerung lebt im ausgehenden 20. Jahrhundert nach wie vor nur eine Minderheit in der Demokratie, die 1993/94 je nach Demokratieskala auf 40-45% der Erdbevölkerung geschätzt wird. Zählt man die Länder hinzu, die 1994 von Freedom House als „teilweise frei" (partially free) eingestuft wurden – z.B. Brasilien, Indien, Mexiko und Rußland –, kommen 60 Prozent in den Genuß voll- oder halbdemokratischer Staatsverfassungen. Der übrige Teil der Weltbevölkerung hingegen kennt die Demokratie nicht aus eigener Anschauung. Viele davon würden sie mit der Begründung ablehnen, sie widerspreche den eigenen politischen und gesellschaftlichen Traditionen der Regelung privater und öffentlicher Angelegenheiten.

Nicht zufällig entstand die moderne Demokratie auf dem Boden einer bestimmten rechtlichen, religiös-kulturellen und wirtschaftlichen Tradition: dem der neuzeitlichen Verfassungsstaaten in Europa und Nordamerika, zu deren Kulturgut das römische und das germanische Recht, die christlichen Religionen und die Wertschätzung des Individuums sowie des gemeinschaftsverträglichen Staatsbürgers zählen und zu deren Ausstattung ein relativ hoher Stand wirtschaftlicher Entwicklung und breite Streuung der Machtressourcen gehören (Vanhanen 1984, Eisenstadt 1992b, Bundeszentrale 1994). Länder mit anderen Rechts- und Religionstraditionen, geringer Wirtschaftskraft und hochgradiger Machtkonzentration, starker Einbindung der Einzelnen in Kollektive und alles andere überragenden Familien- und Verwandschaftsbanden haben seltener oder noch nie demokratische Strukturen von nennenswerter Dauerhaftigkeit hervorgebracht. Ein Beispiel sind Staaten, in denen islamisch-fundamentalistische Strömungen stark sind. Dort gilt die Demokratie als Teufelszeug des Westens, als eine Ordnung, die vom Makel individualistischer und säkularisierter Kultur, Politik und Ökonomie verunstaltet ist, von dem man den eigenen Gottesstaat tunlichst fernhalten will. Kritisch-distanziert zur Demokratie geben sich auch die Theoretiker und Praktiker des „Neuen Autoritarismus" bzw. der „Demokratie asiatischer Art" in Ländern wie der Volksrepublik China und in Singapur, in denen eher die Familie und die Verwandtschaft denn das Individuum, eher der Führer denn die Gefolgschaft und eher das materielle Ergebnis denn die politische Beteiligung als Wert an sich betont wird (zur Diskussion Huntington 1991, Neher 1994, Friedman 1994, Fukuyama 1995).

Aber auch in den demokratischen Ländern in Europa, Nordamerika, Ozeanien und in Japan streitet man über die Demokratie. Man debattiert allerdings nicht mehr darüber, ob die „Staatsverfassung" (Aristoteles, Politik, 1279b) demokratisch oder autoritär zu gestalten sei, sondern hauptsächlich über relative Stärken und Schwächen, Leistungen und Probleme sowie Nutzen und Kosten der Demokratie. Gewiß verlaufen die Fronten der Debatte nach wie vor zwischen politisch-ideologischen Lagern. Der typische Konservative stößt sich an der Gleichheitsnorm der Demokratie, an ihrem expansiven Trend („Demokratisierung") und an der – Tiefen wie Höhen gleichermaßen – erfassenden Nivellierung. Die sieht er in einer „allgemeinen ehrenwerten Mittelmäßigkeit" münden, so H. Treitschkes Urteil über die Schweiz anläßlich seines Besuchs der Eidgenossenschaft im Jahre 1864 (zitiert nach Meier u.a. 1972: 893), oder im „Massendespotismus" des „Kopfzahlstaates", so J. Burckhardt (ebd.: 697f.). Der typische Liberale hingegen ist der Vertreter der diskutierenden Klasse. Ihm gelten der offene Meinungskampf und die Konkurrenz zwischen Bewerbern um Führungsämter als prinzipiell ideale Verfahren. Gleichwohl beäugt er die in der Demokratie angelegte Tendenz der Gleichmacherei argwöhnisch; vor allem fortschreitende soziale und ökonomische Gleichheit sind ihm ein Greuel. Der typische Linke neigt demgegenüber zur Auffassung, man habe mit der Demokratie gerade erst – mehr schlecht als recht – begonnen und man solle sie alsbald auf Gesellschaft und Wirtschaft ausweiten. Der typische Vertreter der Bewegungen und Parteien der Neuen Politik – wie z.B. der Grünen – ist der Demokratie wohlgesonnen, wenn sie basisdemokratische Gestalt annimmt, doch begegnet er ihr mit Mißtrauen, wenn sie in repräsentativdemokratischer Form daherkommt und vom Mehrheitsprinzip dominiert wird.

Gestritten wird über die Demokratie jedoch auch innerhalb der politisch-ideologischen Lager. Eine Fraktion der Liberalen wie der Linksparteien beispielsweise beklagt, es gebe zuwenig Demokratie, eine andere behauptet, man habe davon schon zuviel; für die eine erstickt die Volksherrschaft am Repräsentationsprinzip, die andere fürchtet den Einbau direktdemokratischer Elemente wie der Teufel das Weihwasser; die eine Seite erwärmt sich für die reine Konkurrenz- und Mehrheitsdemokratie, die andere hingegen preist die Konkordanzdemokratie.

Unterschiedliche Bewertungen werden der Demokratie nicht nur in politischen, sondern auch in fachwissenschaftlichen Debatten zuteil.

Gewiß spiegelt der fachwissenschaftliche Dissens zum Teil unterschiedliche politische Präferenzen wider. Wichtiger sind aber grundsätzlich unterschiedliche Erfahrungshorizonte, Vorgehensweisen, Perspektiven der Analyse, begriffliche Linsen und wissenschaftliche Traditionen. Beispielsweise unterscheiden sich die maßgebenden normativen politischen Theorien in den Vereinigten Staaten von denen Europas. Die Tradition der normativen Theorie, die von Analytikern wie Hobbes, Locke, Machiavelli, Rousseau, Hegel und Mill herkommt, ist bis auf den heutigen Tag in Europa stärker und lebendiger als in den Vereinigten Staaten. Gleiches gilt für die Tradition der gesellschaftskritischen Theorie von Marx und Engels über Marxisten und Neo-Marxisten bis hin zu den post-marxistischen Schulen in Frankfurt und Paris (Newton/Vallès 1991: 235). Diese – gewiß pointiert gezeichnete – Differenz setzt sich in unterschiedlichen Bewertungen von Bürgerbeteiligung und in der Analyse demokratischer Ordnungen fort, wie K. Newton und J.M. Vallès zeigen konnten: „Vielleicht liegt es an der Tradition eines ‚starken Staates' in vielen europäischen Ländern, ... daß die europäischen politischen Theorien am Staat stärker interessiert sind als die amerikanischen Theorien, in denen die individuelle politische Beteiligung und die aktive Betätigung des Bürgers in der Politik im Zentrum der Aufmerksamkeit stehen. Es kann sogar sein, daß die europäische und die amerikanische Politikwissenschaft tendenziell unterschiedliche Konzeptionen von Demokratie haben. Aufgrund ihrer langen Geschichte nichtdemokratischer Regierungssysteme sind die Europäer eher geneigt, die Existenz eines mächtigen Staates als gegeben anzunehmen und ihr Augenmerk nun auf das Problem zu richten, wie seine Machtkonzentration mit den Interessen einer modernen demokratischen politischen Struktur zu vereinbaren sind. Die historische Entwicklung der Vereinigten Staaten hingegen führt zu der – selten explizierten und hinterfragten – Annahme, daß ein wirklich demokratisches politisches System schwach und dezentralisiert sein müsse. Amerikanische Politikwissenschaftler sind folglich stärker an individuellen Einstellungen und individuellem Verhalten sowie an der Input-Seite des politischen Geschehens orientiert" (Newton/Vallès 1991: 235).

Bei genauerer Prüfung erweist sich diese Unterscheidung zwischen amerikanischer und europäischer Wissenschaft von der Politik als zu ungenau. Zu groß sind die Unterschiede zwischen den Positionen innerhalb der Wissenschaftssysteme, als daß sie über einen Kamm zu scheren wären. Ein Vergleich von Werken des schweizerischen Staatsrechts mit staatsrechtlichen Abhandlungen aus der Bundesrepublik Deutschland beispielsweise nährt den Verdacht, daß ein staatstragender schweizerischer Staatsrechtler radikale Theorie liefert. Sie ist so radikal auf Volkssouveränität geeicht, daß ein ebenfalls staatstragender bundesdeutscher Staatsrechtler wohl in Verlegenheit käme, wenn er seinem Kollegen aus der Eidgenossenschaft unbedenkliche Einstellung zu allen Pfeilern der freiheitlich-demokratischen Grundordnung nach Lesart des Grundgesetzes bescheinigen müßte (man vergleiche z.B. Riklin/Möckli 1983 mit Isensee/Kirchhof 1987). Das schweizerische Staatsrecht betont, daß die Souveränität vom Volke ausgeht und umgehend wieder zu ihm zurückzukehren hat; dem deutschen Staatsrecht scheint vor allem daran gelegen zu sein, daß die Souveränität vom Volke herkommt und woanders hingeht.

Gewiß spiegeln solche Differenzen grundlegende Unterschiede geschichtlich gewachsener Strukturen der Politik und unterschiedliche Denkformen der wissenschaftlichen Betrachtung des Politischen wider. Unterschiedliche Bewertungen der Demokratie wurzeln aber auch in kulturunspezifischen Vorgehensweisen, Beobachtungen und Interpretationsregeln. Zum Beispiel hängen die Unterschiede der Bewertung der Demokratie mit einer oder mehreren der im folgenden genannten Größen zusammen:

(1) Die Bewertung ist davon abhängig, über welchen Typus von Demokratie gesprochen wird. Die Kritik der Repräsentativdemokratie beispielsweise trifft die schweizerische „Referendumsdemokratie" (Nef 1988) nur am Rande, und die scharfsinnige Kritik an der Mehrheitsregel von Guggenberger und Offe (1984) (siehe Kapitel 2.6) paßt zwar vorzüglich auf die reine Mehrheitsdemokratie, doch greift sie um so weniger, je stärker ein politisches System von konkordanz- oder konsensusdemokratischen Mechanismen geprägt ist und je stärker die Staatsgewalten durch „checks and balances" gezügelt werden.
(2) Sodann variiert die Bewertung der Demokratie mit der Reichweite der zugrundegelegten Kritik: oftmals meinen die Kritiker nicht die Demokratie, sondern den Verfassungsstaat und die Demokratie, manchmal auch den Staat insgesamt und bisweilen – wie z.B. Tocqueville (1835/40) – die Strukturen von Staat und Gesellschaft in einem Modernisierungsprozeß, der die „égalité des conditions", die Gleichheit, an die Stelle überkommener ständischer Privilegien setzt.
(3) Wie erwähnt, sind auch die zugrundeliegenden normativen Demokratievorstellungen verschieden. Sie reichen von radikal-diskursiven Konzepten (wie in der partizipatorischen Demokratietheorie)

über elitistisch-wettbewerbliche Positionen (wie bei Max Weber und Joseph Schumpeter) bis zur Theorie der Führerdemokratie bei Carl Schmitt, der zufolge die Akklamation des Volkes für einen cäsaristischen Führer ebenso das Prädikat demokratisch verdient wie jede Mehrheitsdemokratie (Schmitt 1926).

(4) Besonders in der vergleichenden Demokratieforschung wird die Bewertung der Demokratie auch von der Zusammensetzung der untersuchten Stichproben und dem Zeitpunkt der Untersuchung bestimmt. Gründet man die Bewertung der Demokratie nur auf den Vergleich von Instabilität und Zusammenbruch der Weimarer Republik einerseits und dem Überleben der angloamerikanischen Demokratien in den 30er und 40er Jahren des 20. Jahrhunderts andererseits, wird man zur – falschen – Annahme kommen, die Welt der Demokratie erschöpfe sich in instabilen Verhältniswahlsystemen Weimarer Art und stabilen Majorzdemokratien nach angloamerikanischem Vorbild (hierzu kritisch Lehmbruch 1967 und Lijphart 1968, siehe Kapitel 3.2).

(5) Das Urteil über den Nutzen und die Kosten der Demokratie wird ferner davon geprägt, ob man eher die „Eingabe-" (Input) oder die „Ausgabeseite" (Output) der Politik oder beide zugleich analysiert: In der Regel schneidet die Demokratie bei der Prüfung der institutionellen und prozessualen Aspekte („Eingabeseite") deutlich besser und konsistenter ab als bei der Messung ihrer Leistung im Sinne von Staatstätigkeit („Ausgabeseite"). Auch Vertreter der Kritischen Theorie der Politik bescheinigen ihr, daß sie gesellschaftliche Machtverhältnisse „ein Stück weit kontrollierbar gemacht und vor allem der Gewalt staatlicher Herrschaft einen wirksamen Riegel vorgeschoben habe" (Offe 1986: 219).

(6) Wichtig für die Bewertung ist natürlich auch die Latte, die zur Leistungsmessung angelegt wird. Rousseau hat bekanntlich zur Prüfung der Qualität von Regierungen demographische und außenpolitische Meßgrößen vorgeschlagen: „Ist alles übrige gleich, dann ist diejenige Regierung unfehlbar die bessere, unter der sich die Bürger ohne fremde Mittel, ohne Einbürgerung oder Kolonien besser ausbreiten und vermehren; diejenige, unter der ein Volk weniger wird und abnimmt, ist die schlechtere. Statistiker, jetzt seid ihr dran: zählt, meßt und vergleicht" (Gesellschaftsvertrag, III. Buch, 9. Kapitel, S. 92). In den „Considérations sur le Gouvernement de Pologne" hat Rousseau darüber hinaus die Auffassung vertreten, untrüglichstes Kennzeichen des verderbtesten Volkes sei die größte Zahl der Gesetze.

Nach Rousseaus Meßlatten schneiden die meisten modernen Demokratien, vor allem die westeuropäischen und nordamerikanischen konstitutionellen Demokratien, ziemlich schlecht und die meisten Dritte Welt-Länder mit hohem Bevölkerungswachstum sowie die große Mehrzahl der Autokratien ziemlich gut ab. Legt man hingegen die Meßlatten Wahrung von Menschenrechten, Beteiligungschancen und Ausmaß der Kontrolle der Herrschenden an, verbessert sich die Erfolgsbilanz der Demokratien schlagartig, während nun autokratisch verfaßte Systeme die schlechten Noten erhalten (Humana 1992, Freedom House 1994, Amnesty International 1994, Jaggers/Gurr 1995). Freilich gibt es auch schwarze Schafe unter den Demokratien. Indien z.B. gehört zu den Ländern, deren Rangplatz nach Einhaltung bzw. Mißachtung von Menschenrechten (Humana 1992) weitaus schlechter ist, als er nach dem Demokratisierungsgrad des Landes zu erwarten wäre.

Dennoch gilt als Trend: je höher der Demokratisierungsgrad, desto größer die Wahrscheinlichkeit, daß Menschenrechte eingehalten werden. Weniger eindeutig fielen die Ergebnisse aus, wenn die Kriterien für den besten Staat gemäß dem Dafürhalten der Philosophen der griechischen Antike Anwendung fänden. Gewiß erfüllen die meisten modernen Demokratien einige der Kriterien des antiken „Idealstaats" (Demandt 1993), z.B. die Gesetzesherrschaft, das Vorhandensein eigener autonomer Gerichte, das Recht auf eigenständige Ahnen- und Götterverehrung, das Münzrecht und die Wappnung gegen innere und äußere Feinde. Bei zwei anderen Meßlatten erhielten die modernen Demokratien jedoch schlechte Noten: mit autarker Ernährungswirtschaft und einem von Importen unabhängigen Gewerbe können sie nicht aufwarten (ebd.: 130f.).

Günstiger ist die Bilanz für die modernen Demokratien, wenn man Meßlatten der Spezialisten der Demokratietheorien des ausgehenden 20. Jahrhunderts anlegt. Man nehme als Beispiel die „Qualitäten demokratischer Regierung" nach P.C. Schmitter (1983). Ihm zufolge kommt es auf vier Zielgrößen an: „participation", „accessibility", „accountability" und „responsiveness". In welchem Ausmaß dient eine bestimmte Demokratie – im Vergleich mit nichtdemokratischen Systemen – der Beteiligung der Bürger („participation"), der Zugänglichkeit der Regierenden und ihrer Verwaltung gegenüber Bürgeranliegen („accessibility"), der Rechenschaftspflichtigkeit der Herrschenden gegenüber den Beherrschten („accountability") und der Responsivität von Regierung und Verwaltung gegenüber den Präferenzen der Bürgerschaft („responsiveness")? Gemessen an diesen Zielen stehen die meisten Demokratien nicht in schlechtem Lichte. Auch nach den Kriterien der „Legalität der Entstehungsweise und der Legitimität der Verwendungsweise politischer Herrschaft" (Offe 1986: 220) haben die Demokratien beträchtliche Konkurrenzvorteile vor anderen Herrschaftsformen (Almond/Powell 1991, Almond/Powell/Mundt 1993). Auch bei der Bewältigung gesellschaftlicher Probleme auf relativ gemeinschaftsverträgliche und autonomieschonende Weise verdienen sich Demokratien einem verbreiteten Urteil zufolge Lob (siehe z.B. Lijphart 1994a und 1994b).

Aber schon bei Fragen nach der Zuverlässigkeit, mit der individuelle Präferenzen in Kollektiventscheidungen umgesetzt werden, beginnt für die Demokratie wieder eine Zitterpartie. Sorgt sie wirklich für einen sogenannten Condorcet-Gewinner? Wird in ihr wirklich sichergestellt, daß bei Vorliegen individueller Präferenzordnungen A vor B vor C (A>B>C) in der Kollektiventscheidung tatsächlich die Variante A Priorität vor B und B Vorfahrt vor C erhält? Hieran sind größte Zweifel angebracht (siehe Kapitel 2.6), ebenso wie an der Fähigkeit der Demokratie, dem Gütekriterium der Pfadunabhängigkeit Genüge zu tun, dem zufolge der Pfad zu einem bestimmten Ergebnis einer Wahl keinen Einfluß darauf haben darf, welche Entscheidungsalternative präferiert wird (Lane 1993).

Berücksichtigt man dies, wird verständlich, warum die Urteile über Kosten und Nutzen von Demokratien höchst unterschiedlich ausfallen. Die in den Tabellen 15 und 16 zusammengestellten Argumente veranschaulichen eine ungewöhnliche Bandbreite von Urteilen. Diese Tabellen enthalten die wichtigsten Argumente der fachwissenschaftlichen Diskussion zur Frage, ob – und gegebenenfalls wie und warum – die Demokratie ein „Problembewältiger" oder ein „Problemerzeuger" ist und welches ihre Achillesferse ist.

Tabelle 15: Demokratie als Problembewältiger – Ein Überblick über die wichtigsten Argumente

1. Eine Form legitimer Herrschaft (M. Weber).
2. Tyrannisvermeidung und Gewährleistung des „schwachen Leviathan" (Melossi 1994).
3. Stabile Legitimation.
4. Freiheitssicherung.
5. Gleichheit.
6. Herrschaft auf Zeit mit Machtwechselchance (Fraenkel 1991, Powell 1982).
7. Berechenbarkeit der Institutionen, Vorgänge und Ergebnisse (Przeworski 1991a und 1991b).

8. Erweiterter Zeithorizont für Konfliktaustragung und -lösung (Przeworski 1991b: 19).
9. Geordnete, nachprüfbare und prinzipiell widerrufbare Konfliktregelung.
10. Chance der verfaßten und unverfaßten Beteiligung der großen Mehrheit der (erwachsenen) Bürger.
11. Machbare und relativ effiziente Methode der Artikulation und Bündelung von Präferenzen von Bürgern und Institutionen.
12. Von Politik Betroffene haben Sanktionschancen gegen Politik-Macher: Politik kann man verändern, ohne das System zu ändern (Kaltefleiter 1986: 137).
13. Bildung und Schulung des Bürgers als Staatsbürger, Gewährleistung fairer und folgenreicher Beteiligung.
14. Opposition hat die Chance eines Wahlsieges (oder hinreichender Machtteilhabe) zu einem späteren Zeitpunkt.
15. Offenes und lernfähiges System; Transparenz schützt vor Machtmißbrauch.
16. Integration durch ritualförmige Wahl und hierauf gegründete Auswahl von Führungspersonal.
17. Heilsamer Konkurrenzdruck – bei Strafe der Abwahl der Herrschenden.
18. Gute Methode zur Auswahl fähiger Führer (Weber 1988b).
19. Effektive und effiziente Abwahl von Herrschern – ohne Blutvergießen, ohne Gewalt, auch ohne Opferung von Führern (Popper, Dahrendorf 1992).
20. Effiziente und effektive Entscheidungsregelung durch das Mehrheitsprinzip.
21. Hohes Potential der Interessenberücksichtigung (Fraenkel 1991).
22. Geordnete Führung der Massen sowie Vermeidung regelloser Straßenherrschaft und Führung durch „Zufallsdemagogen" (Weber 1988a: 287).
23. Die „den Rechten des Menschen am meisten entsprechende Staatsform" (Hoffmann 1849: 51).
24. Demokratie als kleineres Übel; „a second-best democracy is better than the best non-democracy" (Dahl 1989: 230); „democracy is the worst form of government except all those other forms that have been tried from time to time" (W. Churchill im Unterhaus am 11.11.1947).
25. Es gibt „keine theoretisch respektwürdigere Alternative zur Begründung und Rechtfertigung des kollektiv bindenden Entscheidens durch den empirischen Willen der Bürger" (Offe 1992: 126).
26. Bessere Berechenbarkeit der Staatstätigkeit in der Demokratie (Przeworski 1991a u. 1991b).
27. In der Demokratie wird die Stabilität der Herrschaftsordnung durch Steuerungsleistungen der Politik gestärkt (Almond/Powell/Mundt 1993).
28. „Demokratie ist das System, Konflikte zu bewältigen, ohne einander totzuschlagen" (Przeworski 1991a: 200).
29. Relativ gut entwickelte Stabilisierungs-, Anpassungs- und Innovationsfähigkeit (Almond/Powell 1991, Powell 1982).
30. Responsives Herrschaftssystem.
31. Effizienzsteigerung insbesondere aufgrund des Abbaus asymmetrischer Informationsdefizite zwischen Staat und Bürgern (Seibel 1991: 493).
32. Einzigartige Fähigkeit, gegnerische Kräfte in zuträgliche Energie zu verwandeln (z.B. Sozialismus in Sozialstaat und Ökologiebewegung in Umweltschutz) (Rufin 1994).

33. Dauerhafte, verläßliche Vermittlung zwischen Gesellschaft und Politik, die auch Frühwarnsysteme und „Pufferzonen" zwischen Politik und Gesellschaft enthält.
34. Verhindert die Verselbständigung der Politik gegenüber der Gesellschaft (Zivilisierung der Politik).
35. Erschwert oder verunmöglicht überfallartige Staatsintervention in Gesellschaft und Wirtschaft.
36. Befestigt Rechte auf Wirtschaftsfreiheit und stärkt insoweit das Wachstumspotential der Wirtschaft (Olson 1993).
37. Höheres Maß an sozialer und ökonomischer Stabilisierung infolge stärkerer Wohlfahrtsstaatlichkeit (Böckenförde 1987, Lane/Ersson 1990: 139ff.).
38. Effizienzsteigernde sozialkulturelle Stabilisierung: die Menschen im demokratischen Zeitalter „nehmen... die geistigen Gewohnheiten der industriellen und handeltreibenden Klassen an; ihr Geist wird ernst, berechnend und nüchtern" (Tocqueville 1976: 699).
39. Friedliche Außenpolitik und Verteidigungsfähigkeit: Demokratien sind „mächtige Pazifisten" (Lake 1992).
40. Demokratien sind auch in der innenpolitischen Staatstätigkeit leistungsfähiger als nichtdemokratische Systeme, vor allem in Menschenrechts-, Beteiligungs- und Wohlfahrtsfragen (Pourgerami 1992, Poe/Tate 1994).
41. Die reifen Demokratien haben das Problem der Verselbständigung der Volksherrschaft gegenüber der Gesetzesherrschaft mit Hilfe des Verfassungsstaates zuverlässig unter Kontrolle gebracht.
42. Demokratie eignet sich zur Sicherstellung von Beteiligung und von politischem Wettbewerb auf nationalstaatlicher wie auch auf inter- und supranationaler Ebene.
43. Die Demokratie ist eine teure Staatsverfassung, schneidet aber wegen größerer Effizienz und Legitimität im „Preis-Leistungsverhältnis" besser als andere Staatsverfassungen ab.
44. Demokratien sind relativ stabile politische Systeme (Almond/Powell/Mundt 1993, Powell 1982).

Die Liste der Argumente, die für die Demokratie sprechen, ist lang und die Qualität der Argumente verdient Beachtung. Wer allerdings meint, hiermit sei der Streit über das Für und Wider der Demokratie ein für allemal entschieden, täuscht sich. Nahezu jedes Argument zugunsten der Demokratie kann mit einem Gegenargument pariert werden. Nicht wenige der Vorwürfe, die heutzutage der Demokratie gemacht werden, sind Jahrhunderte alt, manche sogar mehr als zwei Jahrtausende. Daß die Demokratie zur Entfesselung der Volksherrschaft neige, gehört zum Kern der aristotelischen Kritik der Demokratie (Kapitel 1.1). Und daß sie der natürlichen Unbeständigkeit von Willensbildungs- und Entscheidungprozessen die „Unbeständigkeit der Zahl" hinzufüge – die Unbeständigkeit der großen Zahl wankelmütiger, oftmals ignoranter Beteiligter – gehört nicht erst seit der modernen ökonomischen Theorie zum Gemeingut der Demokratietheorie; vielmehr ist die „Unbeständigkeit der Zahl" eines der messerscharfen Urteile, die Thomas Hobbes über die Demokratie fällt (Leviathan, 147). Daß die Demokratie höchst anspruchsvolle Voraussetzungen hat und insofern besonders verletzlich ist, konnte man auch den Ausführungen von Montesquieu und Rousseau entnehmen. Nur für Götter sei sie geeignet, behauptete Rousseau und fügte dem hinzu, daß die Repräsentation von Übel für das Anliegen der Volkssouveränität sei. Insoweit trat G. Sartori in die Fußstapfen von Rousseau, als er die Institutionen Wahl und Repräsentation als „Achillesferse" der Demokratie bezeichnete (Sartori 1992: 40).

Die älteren, vormodernen Demokratietheorien nehmen einiges von der Demokratiekritik in den modernen Theorien vorweg. Ein besonders eindrucksvolles Beispiel hierfür ist Tocquevilles Bestandsaufnahme der Vorzüge und Schwächen der amerikanischen Demokratie im ersten Drittel des 19. Jahrhunderts (siehe Kapitel 1.4). Seine Demokratiekritik hat viele Analysen befruchtet, unter anderen auch die Kritische Demokratietheorie. Die „Tyrannei der Mehrheit" und der Zielkonflikt zwischen Gleichheit und Freiheit gehören Tocqueville zufolge zu den Hauptgefährdungen einer Demokratie. John Stuart Mill sekundiert ihm und ergänzt, ein weiteres Strukturproblem der Demokratie bestünde in der Herrschaft Inkompetenter, zumindest der gleichberechtigten Mitsprache vieler Unwürdiger. Auch Schumpeter stößt in dieses Horn, doch hat er sich – im Unterschied zu Mill – mit dieser Erkenntnis abgefunden. Allerdings verwundert Schumpeters Leser, daß die – nach seiner Lehre ignoranten – Staatsbürger nicht die falschen Kandidaten an die Macht wählen, sondern die richtigen. Ob die Staatsbürger vielleicht doch klüger sind als die Dummköpfe, die Schumpeters Demokratietheorie bevölkern? Auch die Lehren der partizipatorischen Demokratie tragen Argumente zum Thema „Achillesferse der Demokratie" und „Demokratie als Problemerzeuger" bei: zu wenig Partizipation ist ihr Urteil. Schlußendlich fährt die Kritische Demokratietheorie schwerstes Geschütz auf: Probleme des kollektiven Handelns seien der Demokratie eigen, Trittbrettfahrerprobleme, zyklische Mehrheiten, die Pfadabhängigkeit der Ergebnisse und die Selektivität des Willensbildungs- und Entscheidungsprozesses.

Auch wenn es manchen Leser verwundert: zu jedem Argument für die Demokratie – siehe Tabelle 15 – gibt es mindestens ein gewichtiges Gegenargument. Selbst das weitverbreitete Lob, die Demokratie gewährleiste die Abwahl von Herrschern ohne Blutvergießen, ist hiervon nicht ausgenommen. Das Lob übersieht, daß zur Möglichkeit, eine mißliebige Regierung ohne Blutvergießen loszuwerden, die Chance, überhaupt eine effektive Regierung einzusetzen, hinzukommen muß. Geschieht dies nicht, entstehen Probleme nach Art der Weimarer Republik: das Parlament stürzt die Regierungen und sorgt nicht für Nachfolger; deren Stelle wird sodann vom Reichspräsidenten auf Notverordnungsbasis eingenommen. Selbst die Lehre von der Demokratie als einer legitimen Herrschaft blieb nicht ohne Widerspruch. „Kein sicherer Schutz gegen nichtauthentische Legitimität!" und „Gefahr der Oligarchisierung!" – so lauten die Kernsätze der Kritik von C. Offe (1972) und von R. Michels (1987a und 1987b). – Demnach ist die Demokratie nicht nur eine Institution, die Probleme löst, sondern auch eine, die Probleme erzeugt oder verstärkt. Darüber unterrichten die in der Tabelle 16 gesammelten Argumente. Sie sind die Gegenthesen zu den in der Tabelle 15 präsentierten Aussagen. Der Übersicht halber sind die Argumente in beiden Tabelle numeriert. Anhand übereinstimmender Nummernpaare kann der Leser das Für und das Wider der Demokratietheorie Argument für Argument nachvollziehen.

Tabelle 16: Die Demokratie als Problemerzeuger und ihre Achillesferse – Die wichtigsten Argumente im Überblick

1. Kein sicherer Schutz gegen nicht-authentische Legitimität (Offe 1992).
2. „Tyrannei der Mehrheit" (Tocqueville 1976).
3. Dünner werdende Legitimationsdecke: Legale Herrschaft ist anfällig für Legitimationsdefizite (Guggenberger/Offe 1984).
4. Dilemma: mehr Demokratie bedroht Freiheit (Schelsky 1973); Überdehnung der Freiheit.
5. Zielkonflikt zwischen Gleichheit und Freiheit (Tocqueville 1976); Gleichmacherei; abstrakte Gleichheit ohne Würdigung des Leistungsvermögens einzelner; bloßer „Kopfzahlstaat" (J. Burckhardt).
6. Anreiz für Regierende, auf Verminderung der Machtwechselchancen hinzuwirken.
7. Unberechenbarkeit demokratischer Prozesse und Ergebnisse: Instabile Ergebnisse schon bei geringfügiger Variation der Spielregeln (Riker 1980a u. 1982); die Demokratie fügt der natürlichen Unbeständigkeit die „Unbeständigkeit der Zahl" (Hobbes) hinzu – im Sinne von Unbeständigkeit infolge einer großen Zahl (wankelmütiger und ignoranter) Beteiligter.
8. Vorrang für kurzfristig orientierte Politik (Tocqueville 1976); Wahlterminkalender verknappt Zeitbudget (Scharpf 1973) und schafft Anreiz für wahlterminorientierte Politikzyklen (Tufte 1978).
9. Im Zeitalter der „Risikogesellschaft" (Beck 1986) erzeugen manche Konfliktregelungen unwiderrufbare Festlegungen.

10. Deformierte Interessen (Marx) bzw. deformierte Interessenartikulation infolge oligopolisierter Institutionen, wie hochorganisierter, bürokratisierter Verbände und Parteien (C. Schmitt 1926).

11. Ausfilterung utopischer und wenig konflikt- und organisationsfähiger Interessen (Offe 1972); Free-rider Problem (Olson 1965); überhandnehmende Kommerzialisierung der Politik; Dominanz von Machterwerbs- und Machterhaltsstrategien; „Involution" der Demokratie (Agnoli 1968); Degradierung der Politiker zum „Reklametechniker"; verkappter Einparteienstaat (Agnoli 1968); „Stimmen zählen, Machtressourcen entscheiden" (Rokkan).

12. Relativ weitgehende Abschottung der Politik gegen „Bestrafung" durch Wähler; Kollektivgüterproblem macht wirksame Sanktionen der Wähler gegen Herrschende unwahrscheinlich.

13. Demokratie ist nur etwas für Götter (Rousseau, Gesellschaftsvertrag); die liberale Demokratie produziert Bürger „ohne Rückgrat" (Fukuyama 1992: 25).

14. Strategien der Marktvermachtung vermindern die Wahrscheinlichkeit eines Machtwechsels.

15. Oligopolisierung, Parteienstaat und kurzfristige Erfolgszwänge der Regierungspolitik reduzieren die Lernfähigkeit und Offenheit; mitunter führt dies zur Emotionalisierung der Politik (Weber 1988b: 403f.).

16. Politik degeneriert zum Ritual und zum „Spektakel" (Edelman 1976 und 1988); Dauerwahlkampf als Barriere vernünftiger Politikgestaltung (Dauerzustand „fieberhafter Erregung" [Tocqueville 1976]); Politik als Ritual schafft Gelegenheiten für neue (nichtlegitimierte) Gewalten (z.B. Herrschaft der Medien, Verstärkung scheinplebiszitärer Tendenzen) (Jäger 1992).

17. Hohe externe Kosten der Konkurrenzdemokratie.

18. Mittelmäßiges Führungspersonal (Tocqueville 1976, Schmitt 1926, Dahrendorf 1988); zu viele Günstlinge und zu viel Verwandtschaft (Hobbes, Leviathan, Kp. 19); Repräsentation und Delegation der Macht an Repräsentanten und Führer ist „Achillesferse" (Sartori 1992: 40) der Demokratie.

19. Die Chance, mißliebige Regierungen loszuwerden, wirkt solange destruktiv, wie nicht die Regierungsbildung gewährleistet ist.

20. Defizite der Mehrheitsregel, insbesondere Gefahr der Mehrheitstyrannei und der Verletzung von Interessen zukünftiger Generationen (Tocqueville 1976, Guggenberger/Offe1984); zu voraussetzungsvoller Mechanismus: zwingt Teilnehmern Gemeinwohlorientierung auf, nötigt sie aber zum (gemeinwohlabträglichen) Konkurrenzverhalten (Scharpf 1991); überdies Entstehung zyklischer (instabiler) Mehrheiten.

21. Deformierte Interessenartikulation und -aggregierung (siehe 10 und 11).

22. Politischer Wettwerb und Wahlen können Wählerschaft übermäßig stark mobilisieren und polarisieren.

23. Demokratie erzeugt ein zunehmendes, die Problemlösungskraft überlastendes Erwartungsniveau.

24. Demokratie ist nur bedingt Modell für alle Länder; sie paßt i.d.R. nur für Staaten mit breitgestreuten Machtressourcen und für Kulturen, in denen die Autonomie des Individuums zu den höchsten Gütern zählt.

25. Theorie-Praxis-Differenz: Der Volkswille ist „fiktiv, fehlbar und verfürbar" (Offe 1992: 127, vgl. Schumpeter 1950).

26. Staatstätigkeit in der Demokratie erzeugt wettbewerbs- und wahlbedingte Policy-Zyklen und Politische Konjunkturzyklen (Alesina/Rosenthal 1995).
27. (Wachsende) Lücke zwischen zunehmenden Erwartungen und geringer (mitunter schrumpfender) Steuerungsfähigkeit der Politik (Habermas 1973).
28. Ungünstige Kombination von Konfliktregelungsprinzipien kann den Entscheidungsprozeß lähmen und Legitimationsprobleme erzeugen (Lehmbruch 1976).
29. Massiv beeinträchtigte Reaktions- und Gestaltungsfähigkeit aufgrund systemischer Handlungsschranken und kurzfristigen Erfolgszwangs (Scharpf 1973); Gefahr „blockierter" Demokratie (Sartori 1992: 181).
30. Konkurrenzmechanismus birgt die Tendenz der Vernachlässigung von Allgemeininteressen in sich; Demokratie-Dilemma: Herrschaftsauftrag auf Zeit läßt erforderliche Langfristplanungsfähigkeit gegen Null streben (Scharpf 1973); Demokratie ist dauernden großen Anstrengungen nicht gewachsen (Tocqueville 1976: 255ff.).
31. Hohe Kosten der Entscheidungsfindung und aus politischen Gründen stark eingegrenzte Wahlfreiheiten für politische Entscheidungen mit der Folge, daß Effizienz- und Effektivitätsziele wahrscheinlich verfehlt werden.
32. Einbau gegnerischer Kräfte erzeugt Dialektik der stillen Systemtransformation; seit Zusammenbruch des Staatssozialismus fehlt der Demokratie die Stabilisierung durch Abgrenzung gegen negativ bewertete Referenzgesellschaft.
33. Aufgrund von Machterwerbs- und Machterhaltsstrategien ist die erfolgreiche Vermittlung eher die Ausnahme als der Regelfall.
34. Politik wird zur allzuständigen Institution erklärt und wird permanent überfordert.
35. Demokratie erzeugt kostspielige Staatsintervention (Tocqueville 1976), neigt zur „Gefälligkeitsdemokratie" und zur effizienzmindernden Prämierung von schlagkräftigen „Verteilungskoalitionen" (Olson 1982).
36. Mit zunehmendem Alter der Demokratie zunehmende Zahl und Kraft von Verteilungskoalitionen; hierdurch Wachtumsschwäche, Konkurrenznachteile gegenüber nichtdemokratischen Staaten, im Extremfall Niedergang (Olson 1982).
37. Demokratie erzeugt und verstärkt den Wohlfahrtsstaat (pejorativ als „schleichender Sozialismus" interpretiert) und tendiert zur Überlastung der Privatwirtschaft (Olson 1982, Weede 1990).
38. Sozial-kulturelle Destabilisierung; Unordnung und Wankelmütigkeit als Hauptkennzeichen des „demokratischen Menschen" (Platon, Der Staat); „Übergang vom Intellektuellen zum Affektiven und Sensuellen dadurch, daß infolge der modernen Demokratie der männliche Typus zurückgedrängt wird und eine allgemeine Feminisierung eintritt" (Wyndham Lewis, zit. bei Schmitt 1926: 11).
39. Demokratie ist unfähig, eine planvolle Außenpolitik des langen Atems zu führen (Tocqueville 1976: 261ff.); Demokratien sind nur untereinander friedfertiger; mitunter neigen sie zum „Expansionismus" (Michels 1987b).
40. Zielkonflikt zwischen Freiheit und Gleichheit wird – sofern das sozialökonomische Entwicklungsniveau konstantgehalten wird – in der Demokratie zu Lasten der Gleichheit im Sinne von Verteilungsgerechtigkeit gelöst.
41. Die Demokratie neigt zur Verselbständigung der Volksherrschaft und damit zur Degenerierung der Gesetzesherrschaft (Aristoteles, Politik) (Tendenz zur „totalen Demokratie" (Böckenförde); und dort, wo die Volksherrschaft durch autonome Instanzen (z.B. Verfassungsgerichte) gezügelt wird, handelt es sich um demokratisch nicht oder nur mittelbar legitimierte Institutionen (Schmitter 1994).

> 42. Im Zeitalter der Globalisierung wächst die Spannung zwischen der nationalstaatlichen Reichweite der Demokratie und der internationalen „komplexen Interdependenz" (Keohane/Nye) zu systembedrohlicher Größe (Scharpf 1993b).
> 43. Die Demokratie ist „die teuerste aller Staatsverfassungen" (Hansen 1991: 315)
> 44. Demokratien sind inhärent instabil; sie sind „Staatsformen des Verfalls" (Platon, Der Staat); „die Demokratie verwandelt sich leicht in Anarchie" (Machiavelli). Wahrscheinlichkeit des Zusammenbruchs auch auf hohem wirtschaftlichem Entwicklungsstand beachtlich groß (siehe Zwischenkriegszeit).

Vielleicht ist es für den Leser hilfreich, wenn er vor der Erörterung des Strittigen darüber informiert wird, was weithin als akzeptiert gilt – mitunter freilich mit den Einschränkungen, die in der Tabelle 16 benannt werden. Zu den weithin akzeptierten Aussagen über die Demokratie zählen die folgenden:

(1) Die Demokratie ist eine Form legitimer – legaler oder charismatischer – Herrschaft im Sinne von Max Weber.

(2) Die Demokratie ist eine vorzügliche Methode, mit der Herrscher auf effiziente und relativ effektive Weise rekrutiert, gewählt und vor allem abgewählt werden können – und zwar ohne Blutvergießen und ohne Opferung kranker, alter oder glückloser Herrscher nach Art des Sakralkönigtums in Altägypten und Altmesopotamien.

(3) Im Unterschied zu allen anderen Herrschaftsformen in komplexen Gesellschaftssystemen sind in der Demokratie die von verbindlichen politischen Entscheidungen betroffenen Bürger mit wirkungsvollen Sanktionen gegenüber den Politik-Machern ausgerüstet. Man kann in der Demokratie „die Politik ändern, ohne das System zu verändern" (Kaltefleiter 1986: 137). Regierungswechsel sind in ihr nicht mit der Last von Regimewechseln verknüpft (Przeworski 1991b).

(4) Im Vergleich mit nichtdemokratischen Systemen ist auch kaum Widerspruch gegen die These zu erwarten, daß eine Demokratie mit zunehmender Lebensdauer die politischen, sozialen und wirtschaftlichen Verhältnisse für die große Mehrheit der Bürger berechenbar macht. Das ist ein Faktor der Verstetigung, eine Grundlage der Fähigkeit zur längerfristigen Planung und, unter sonst gleichen Bedingungen, eine günstige Bedingung höherer Effizienz und Effektivität. Das Ausmaß der Berechenbarkeit variiert allerdings mit dem Demokratietypus. Besonders hoch ist es in der Konkordanzdemokratie, niedriger in der Mehrheitsdemokratie.

(5) Weithin akzeptiert ist auch die These vom Demokratie-Dilemma. Zur Demokratie gehört der zeitlich befristete, gegebenenfalls so-

fort widerrufbare Herrschaftsauftrag, doch die Befristung konfligiert mit der in komplexen Gesellschaften eigentlich erforderlichen Fähigkeit der Regierungsinstitutionen, längerfristig vorausschauend zu planen.
(6) Zu guter Letzt wird man der Demokratie ein solides Legitimationsfundament zugute halten können. Zwar ist der Volkswille, auf den sie sich stützt, „fiktiv, fehlbar und verführbar" (Offe 1992). Das hat schon die älteren demokratiekritischen Staatstheoretiker beunruhigt (siehe Kapitel 1.1). Dennoch gibt es „keine theoretisch respektwürdige Alternative zur Begründung und Rechtfertigung des kollektiv bindenden Entscheidens durch den empirischen Willen der Bürger" (Offe 1992: 1).

Gegen nahezu alle anderen Argumente für oder wider die Demokratie wird Widerspruch erhoben. Beispielsweise hält man der These, die Demokratie ermögliche den Machtwechsel und schaffe hierdurch die Grundlage für die Beteiligung der Opposition und für politische Innovation, die Auffassung entgegen, daß just der Parteienwettbewerb um Wählerstimmen und das Streben nach Machterhalt zu Marktvermachtung, Oligopolisierung des Stimmenmarktes und Minderung von Machtwechselchancen führten. Freilich wird mit dieser These der Machterhalt überbetont und der Politikgestaltungsehrgeiz der Parteien vernachlässigt (Budge/Keman 1990). Überdies zeigt der internationale Vergleich von Machtwechseln (im Sinne größerer Veränderungen der parteipolitischen Zusammensetzung von Regierungen), daß die Wahrscheinlichkeit eines größeren Regierungswechsels von Land zu Land verschieden ist. In den meisten Vielparteiensystemen Nord- und Westeuropas und in den angloamerikanischen Demokratien ist sie groß, in anderen Ländern gering, beispielsweise in Japan bis 1993, bis in die 70er Jahre auch in Schweden und in den 50er Jahren und 80er Jahren in der Bundesrepublik Deutschland. Allerdings zeigt der Intersystemvergleich, daß die prinzipielle Chance des Machtwechsels in der Demokratie um ein Vielfaches größer ist als in nichtdemokratischen Systemen. Das bedeutet nicht notwendig häufigere Regierungswechsel; zentral ist aber die glaubhafte Drohung, die in einer Demokratie über jeder Regierung schwebt: die Abwahl in der nächsten Wahl.

Wägt man das Für und Wider der Demokratie erfahrungswissenschaftlich ab, zeigt sich, daß in den meisten Fällen weder Pro noch Kontra voll zutreffen. Ein Beispiel: Zum guten Ton jedes politischen Stammtisches gehört es, über die Qualität der Politiker zu schimpfen. Im gehobenen Journalismus ist das nicht anders: mediokres Führungspersonal – so lautet die Diagnose (z.B. Dahrendorf 1988). Sie kontrastiert scharf mit Max Webers Hoffnung, die Parlamentarisierung und Demokratisierung Deutschlands mache das Parlament zur Stätte der Auslese kompetenter politischer Führer. Doch keine dieser Thesen kann den politischen Führungspersönlichkeiten Deutschlands und anderer Länder gerecht werden. Zu unterschiedlich sind die Ergebnisse der Auswahlprozesse von Inhabern höchster Ämter. Max Weber hätte vermutlich an der Amtsführung von Konrad Adenauer, Helmut Schmidt und Helmut Kohl, insbesondere bei der Herstellung der deutschen Einheit, Gefallen gefunden. Schaudernd hätte er sich wohl von der Führung der Regierungsgeschäfte unter den Kanzlern Ludwig Erhard, Kurt-Georg Kiesinger und Willy Brandt nach der Bundestagswahl von 1972 abgewandt.

Teils zutreffend, teils unzutreffend lautet der Befund bei zahlreichen anderen Thesen in den Tabellen 15 und 16. Der These, die Demokratie erzeuge berechenbare Konfliktregelung und Entscheidungsfindung, steht der Nachweis gegenüber, daß schon bei geringfügiger Variation der Spielregeln die Abstimmungsergebnisse instabil werden (siehe Kapitel 2.6) – ein Gesichtspunkt, den die partizipatorischen Demokratietheorien einschließlich Habermas' Diskurstheorie (Habermas 1992b) erstaunlicherweise beharrlich ignorieren. Vielleicht überrascht den Leser die Auffassung, daß beide Thesen zugleich zutreffen können. Das gilt allerdings nur in zwei Fällen: wenn die Wähler diese Pfadabhängigkeit der Abstimmungsergebnisse nicht durchschauen oder wenn sie die Spielregeln auch dann akzeptieren und als berechenbar einstufen, wenn ihnen bekannt ist, daß schon kleine Variationen der Spielregeln über Sieg und Niederlage entscheiden können.

Besonders heftig wird die Lehre vom Parteienstaat diskutiert. Einer Auffassung zufolge verschafft die Demokratie den politischen Parteien eine unangemessen starke Position – wenn nicht gar die hegemoniale Stellung – in Politik und Gesellschaft und in dem zwischen beiden Sphären vermittelnden Institutionen. Der Staatsrechtler G. Leibholz hat diese Lehre nachhaltig geprägt (Leibholz 1958). Sie liegt auch dem kritischen Urteil zugrunde, das der damalige Bundespräsident Richard von Weizsäcker den Parteien hierzulande vorhielt: sie seien machtversessen und machtvergessen (von Weizsäcker 1992, zur Debatte Hofmann/Perger 1992). Gewiß sind die Parteien in der Bundesrepublik Deutschland – wie auch in anderen parlamentarischen Regierungssystemen – maßgeblich an politischen Entscheidungsprozessen beteiligt (Budge/Keman 1990), und zweifellos spielt die Ämterpatronage von

Parteien in manchen Bereichen des öffentlichen Sektors eine große Rolle, so vor allem im öfentlich-rechtlichen Rundfunkwesen und in Wirtschaftsunternehmen der Kommunen (von Beyme 1993). Die politischen Parteien unterstehen dem Zwang, sich auf Wählerstimmenmärkten kompetitiv zu verhalten. Das kann mit der Aufgabe kollidieren, an der Willensbildung so teilzunehmen, daß die Präferenzen der Bürger angemessen berücksichtigt und zu entscheidungsfähigen Alternativen gebündelt werden. Die Kollision ist jedoch nicht unausweichlich: ob sie zustandekommt und – wenn ja – in welchem Ausmaß, hängt ab von der Distanz zwischen den politisch-ideologischen Positionen der Parteien und der Wähler, von der innerparteilichen Demokratie und der Offenheit der Parteien gegenüber ihrer Umwelt, der Stärke oder Schwäche alternativer Bahnen der Interessenartikulation und -bündelung – beispielsweise in Verbänden, Bürgerinitiativen und direktdemokratischen Institutionen –, sowie vom Ausmaß, in dem der Parteienwettbewerb durch unumstößliche Festlegungen (beispielsweise Verfassungsgebote oder verbindliche Entscheidungen des Verfassungsgerichts) oder Kompromißtechniken (z.B. im Bund-Länder-Verhältnis) gezügelt wird.

Zu den Begründungen der Demokratie gehört die These, daß die Konkurrenz um Wählerstimmen und der offene Kampf zwischen den politischen Strömungen in Verbindung mit den Strukturen des Verfassungsstaates die Transparenz des politischen Geschehens erhöhen und vor Machtmißbrauch schützen. Mehr noch, daß sich aus all dem ein offenes und lernfähiges politisches System herausbilde. Das Lob wird durch die Kritik nicht aufgehoben. Gewiß wird die Lernfähigkeit in dem Maße vermindert, in dem der Parteienwettbewerb oligopolisiert ist und die Regierung ihre Machtposition erfolgreich mittels gezielter Patronagepolitik abschottet. Ferner ist der Lernfähigkeit der kurzfristige Erfolgszwang abträglich, dem sich Regierung und Opposition unter demokratischen Bedingungen fast alltäglich ausgesetzt sehen. Der Vergleich mit stärker geschlossenen politischen Systemen, insbesondere mit autoritären Regimen, verdeutlicht allerdings einen großen Vorsprung der Demokratien: das relative Maß an prinzipieller Offenheit und an – vielfach durch Meinungsstreit, Wettbewerb und Medien aufgezwungener – Lernfähigkeit ist beachtlich. Mehr noch: in Demokratien ist die Politik mit der Gesellschaft viel stärker verschränkt, und deshalb sind die Rückkoppelungen zwischen den Bürgern und der Politik kräftiger und die Frühwarnsysteme für Regierung und Verwaltung viel leistungsfähiger als in autoritären Regimen. Auch die Massenmedien, die faktisch oftmals die Funktion einer vierten Gewalt einnehmen, spielen hierbei eine bedeutende Rolle: sie können sowohl zu scheinplebiszitären Veranstaltungen beitragen wie auch zur Verteidigung der Demokratie gegen Mißbrauch staatlicher Macht.

Demokratien sind strukturell anfällig für die Überdehnung der politischen Beteiligungschancen, wodurch Struktur und Prozeß demokratischer Ordnung überlastet und im Extremfall gesprengt werden können. Doch was der reinen Theorie zufolge vorkommen kann, muß nicht notwendig Wirklichkeit werden. Der Realisierung des theoretisch Denkbaren können strukturelle oder kontingente Gründe entgegenstehen, z.B. obere Grenzen der Partizipationsbereitschaft und -fähigkeit – mehr als 24 Stunden am Tag kann auch der beteiligungsfreudigste Bürger nicht am politischen Prozeß partizipieren, und selbst dies könnte aus Gründen psychischer und physischer Erlahmung nicht lange vorhalten –, oder aufgrund von Vorlieben für andere Betätigungen als politische Beteiligung. Faktisch haben die westlichen Demokratien nur selten und nur in besonderen Krisen ein sehr hohes Maß an verfaßter oder unverfaßter politischer Beteiligung erlebt. Gewiß nahm seit Ende der 60er Jahre die prinzipielle Bereitschaft zur Partizipation zu. Vor allem wuchs die Bedeutung sogenannter unkonventioneller Beteiligungsformen, wie z.B. Demonstrationen, doch zeigt die einschlägige Forschung (z.B. Kaase 1992a und 1992b), daß dieser Partizipationsschub im wesentlichen systemimmanenten Charakters war – sperrig aber demokratieverträglich.

Zum Selbstverständnis der modernen Demokratie, vor allem der Mehrheitsdemokratie, gehört die Vorstellung, die Mehrheitsregel sei ein faires, effizientes und effektives Entscheidungsprinzip. Wie die Diskussion in Kapitel 2.6 gezeigt hat, bedarf diese Auffassung der Korrektur. Die Mehrheitsregel kann Probleme erzeugen, z.B. die Mehrheitstyrannei oder die Verletzung einer bestimmten Kategorie von Interessen, wie etwa fundamentaler Lebens- und Zukunftsinteressen. Überdies zwingt die Mehrheitsregel den Beteiligten eine zutiefst widersprüchliche Orientierung auf: sie verlangt ihnen Gemeinwohlorientierung ab, nötigt aber gleichzeitig zum konkurrenzorientierten Verhalten, von dem nicht ohne weiteres einzusehen ist, warum es dem Gemeinwohl zuträglich sein sollte (Scharpf 1991, 1993a, 1993b).

Freilich sind Befürwortung wie Kritik der Mehrheitsregel sorgsam zu dosieren. Ihre Verteidiger und Kritiker streiten über ein Konfliktregelungsprinzip. In Wirklichkeit koexistieren in politischen Systemen in der Regel mehrere Konfliktregelungsverfahren. Je nach dem Mischungsverhältnis dieser Verfahren treffen Kritik bzw. Verteidigung der Mehrheitsregel. Die Kritik der Mehrheitsregel beispielsweise trifft um so mehr, je stärker die Entscheidungsprozesse nach den Grundsätzen des Mehrheitsprinzips geregelt werden. Die Paßgüte der Kritik schrumpft in dem Maße, in dem der Mehrheitsregel andere Prinzipien der Konfliktregulierung zur Seite treten, z.b. das konkordanzdemokratische gütliche Einvernehmen oder der Befehl. Daraus folgt: die Kritik der Mehrheitsregel greift besonders gut im Fall von mehr oder minder reinen Mehrheitsdemokratien, wie in Großbritannien und Neuseeland bis zur Wahlrechtsreform von 1993. Für Länder mit gemischten Konfliktregelungsmustern, wie z.B. die Schweiz und die Bundesrepublik Deutschland, trifft sie jedoch nicht ins Schwarze. Überdies paßt sie um so weniger, je stärker eine Staatsverfassung den Charakter einer gemäßigten Demokratie annimmt, in der ein erheblicher Teil der Legislativ- und der Exekutivgewalt durch „checks and balances" gezügelt und gebändigt ist.

Ohne Berücksichtigung der Konfliktregelung durch Mehrheit, Aushandeln oder „Verhandlungsdemokratie" (Scharpf 1993a) und Hierarchie taugt eine Theorie moderner demokratischer Staatsverfassungen wenig. Ohne Berücksichtigung des Zusammenhangs von Verfassungsstaat und Volksherrschaft wird die Demokratietheorie ebenfalls nicht weiterkommen, wie man anhand der Ausblendung von Sicherungsinstanzen gegen die ungebremste Souveränität in der Lehre von Rousseau und von Marx ebenso studieren kann wie anhand derjenigen Demokratisierungsprojekte, die eine Volksherrschaft ohne verfassungsstaatliche Sicherungsinstanzen einzurichten versuchten, z.B. die „Volksdemokratien" in den ehemaligen staatssozialistischen Ländern. Allerdings ist der Zusammenhang zwischen Verfassungsstaat und Demokratie komplexer, als es der Vorschlag zur Diskurstheorie des Rechts und des demokratischen Rechtsstaates von J. Habermas nahelegt (Habermas 1992b). Habermas zufolge ist im Zeichen einer vollständig säkularisierten Politik „der Rechtsstaat ohne radikale Demokratie nicht zu haben und nicht zu erhalten" (ebd.: 13). Zweifellos kann eine radikale Demokratie – worunter Habermas das Zusammenwirken von authentischer Öffentlichkeit und Diskussion sowie Beschlußfassung in verfaßten politischen Institutionen versteht –, die rechtsstaatliche Ordnung stützen. Andererseits ist nicht zu übersehen, daß Rechtsstaatlichkeit auch auf semidemokratischer Grundlage und ohne demokratische Basis entstehen und aufrechterhalten werden kann. Die westlichen Verfassungsstaaten beispielsweise haben sich erst zu einem späten Zeitpunkt zum demokratischen Rechtsstaat entwickelt, während ihre verfassungsstaatlichen Elemente früher als die Demokratie ausgebildet wurden.

Über die Leistungen und die Schwächen der Demokratie ist nicht nur hinsichtlich der Willensbildung und der Konfliktaustragung zu sprechen, sondern auch mit Blick auf die politische Steuerung, die Staatstätigkeit. Wird letzteres unterbelichtet, so z.B. in den partizipatorischen Demokratietheorien, schrumpft der potentielle Ertrag der Theorie. Insoweit ist es empfehlenswert, der Demokratietheorie eine steuerungsbezogene Perspektive hinzuzufügen. Echte Demokratiequalität erweist sich an der Qualität von Input und Output der Politik (Scharpf 1970, 1993b, Offe 1986). Eine klassische steuerungsbezogene Definition der Demokratie stammt von W. Kaltefleiter. Er definiert Demokratie als „ein Ordnungsprinzip zur Herbeiführung von Entscheidungen, die für eine größere Gruppe von Menschen verbindlich sind, die ihrerseits in bestimmten Formen an der Herbeiführung dieser Entscheidungen beteiligt sind" (1986: 137). Nicht der extrem abgemagerte Demokratiebegriff, der diesem Zitat zugrunde liegt, soll hier erörtert werden, sondern die Blickwinkelerweiterung, die er mit sich bringt: Demokratie ist nicht Selbstzweck, sondern ein Organisationsprinzip, dem eine „dienende Funktion" zur Erfüllung bestimmter Zwecke zukommt. „Handlungsfähigkeit" im Sinne der „Erfüllung von Staatsaufgaben" ist einer dieser Zwecke, und „die Erfüllung dieser Aufgaben unter der Kontrolle jener..., für die sie erfüllt werden" ein anderer (ebd.). Ein zentrales Problem wird von Kaltefleiter jedoch nicht erörtert: Inwieweit eignet sich die Demokratie zur Herstellung von Handlungsfähigkeit, und inwieweit vermag sie die ihr aufgegebenen Staatsaufgaben angemessen zu erfüllen? Der klassischen Antwort der Demokratietheorien zufolge hat die Demokratie diese Handlungsfähigkeit, sie bewältigt ihre Aufgabe voll oder zumindest in zufriedenstellendem Umfang, sie sorgt für berechenbare Politik, sie berücksichtigt eine große Zahl von widersprüchlichen Interessen, sie ermöglicht die geordnete Führung der Massen und vermeidet folglich regellose „Straßenherrschaft" und Führung durch „Zufallsdemagogen" (Weber 1988a: 287) und überdies ist ihr die Befähigung zur Stabilisierung, Anpassung und Innovation eigen.

Das Problem besteht jedoch darin, daß der klassischen Antwort und dem in ihr enthaltenen Lob der Demokratie ernstzunehmende Thesen gegenüberstehen. Der These von der Berechenbarkeit wird die Auffassung vom Stop-and-go-Charakter mehrheitsdemokratischer Politik und der Hinweis auf „wandernde" oder „zyklische Mehrheiten" entgegengehalten (siehe Kapitel 2.6). Hinzu kommt, daß die Regierung in einer Demokratie meist mit dem Problem einer großen – bisweilen wachsenden – Lücke zwischen einem hohen – mitunter wachsenden –

Niveau an Erwartungen der Bürger einerseits und relativ geringen – und nicht selten schrumpfenden – Steuerungsressourcen der Politik andererseits konfrontiert ist. In Demokratien kann diese Lücke sogar besonders groß werden, weil die den Regierenden zur Verfügung stehende Manövriermasse klein und die politischen Handlungsschranken massiv sind. Kommen konfligierende Entscheidungsprinzipien hinzu – im Extremfall die gegenseitige Lähmung von Parteienwettbewerb und Verhandlungsdemokratie –, so kann hieraus Immobilismus, Blockade des Entscheidungsprozesses, Lahmlegung der Handlungsfähigkeit und folglich Nichterfüllung von Staatsaufgaben folgen (Lehmbruch 1976, Scharpf 1973, 1993a, 1993b).

Die These von der großen Steuerungsfähigkeit demokratischer Regierungen ist im übrigen noch stärker einzuschränken. Ein grundsätzliches Dilemma jeder demokratischen Regierung ist der Konflikt zwischen befristetem Herrschaftsauftrag und erforderlicher Fähigkeit zur Langfristplanung der Politik. Der Zeitrhythmus der Demokratie entspricht nicht dem einer Politik, die in sozialer, sachlicher und zeitlicher Hinsicht optimal koordiniert und längerfristig konzipiert ist. Insoweit ist der Demokratie ein erhebliches Koordinations- und Planungsdefizit eigen. Gibt es im politischen System ansonsten keine anderen Arrangements, die solche Defizite aufheben, z.B. Politik auf Verbändebasis, ein Verbund von Interessenverbänden und Staat oder bereichsweise als „Politik am Staat vorbei" (Ronge 1979, 1980), so wird aus diesem Defizit der Demokratie ein Strukturdefekt des politischen Systems. Immobilität und langfristig drohende Unregierbarkeit kann jedoch vermieden werden, z.B. durch das Hinzutreten von koordinierungs- und planungsfähigen Arrangements, wie z.B. die Koordination der Wirtschaftspolitik von Regierung, Notenbank, Gewerkschaften und Unternehmen („koordinierte Ökonomie" [Soskice 1990]).

Die Kosten und Nutzen der Demokratie, die für das soziale und wirtschaftliche Getriebe eines Landes anfallen, wurden erstmals systematisch in Tocquevilles „Über die Demokratie in Amerika" (1835) erörtert. Das Vordringen der Gleichheit und den damit gegebenen fundamentalen Unterschied zur althergebrachten ständischen Privilegienordnung hatte Tocqueville vor allem im Blick. Je nach Standort wird die Herstellung und Bewahrung von Gleichheit als Problemlösung oder -erzeugung betrachtet. Mehr Gleichheit kann stabilisieren, vor allem wenn sie einen Zustand krasser und als unerträglich empfundener Ungleichheit beseitigt. Zu ihren Begleiterscheinungen zählt aber auch die Einebnung von Höhen und Tiefen. Tocqueville war bei seiner Analyse der Demokratie in Amerika zwischen beiden Sichtweisen –

Problemlösung bzw. Problemerzeugung – hin- und hergerissen. Diese Spannung charakterisiert auch die Demokratiedebatte nach Tocqueville. Verteidiger der Demokratie würdigen ihre gesellschaftlichen und wirtschaftlichen Stabilisierungsleistungen, z.b. das hohe Maß an Berechenbarkeit, die weitgehend friedliche Bewältigung von Konflikten und die verläßliche Vermittlung zwischen Gesellschaft und Politik. Allerdings wurde die Demokratie auch hart kritisiert: Der Konkurrenzkampf um Wählerstimmen und die Leitung durch schwächliche politische Führungen erzeugten nicht selten eine „Gefälligkeitsdemokratie", die mittels zahlloser kostspieliger Geschenke und Vergünstigungen zugunsten von Sonderinteressen die Wirtschaft und die Gesellschaft überlaste. Andererseits wird aus politisch-ökonomischer Perspektive und bei Zugrundelegung eines Vergleichs liberalkapitalistischer Länder mit sozialistischen Systemen ein großer Vorteil der Demokratie gegenüber dem autoritären Staat deutlich: die Demokratie vermindert die Wahrscheinlichkeit überfallartiger Staatsintervention in die Gesellschaft und Wirtschaft. Allerdings ist hierbei nach Demokratietyp zu differenzieren: die Wahrscheinlichkeit solcher „Überfälle" ist in der Mehrheitsdemokratie beträchtlich größer als in der Konkordanzdemokratie.

In welchem Ausmaß die Demokratie dem wirtschaftlichen Handeln abträglich oder ihm bekömmlich ist, wird in der Diskussion unterschiedlich beantwortet. In der Debatte prallen die Schulmeinungen aufeinander. Auf der einen Seite findet man z.B. die von Olson u.a. vertretene These, mit zunehmenden Alter der Demokratie wachse eine nach Zahl und Gewicht größer werdende Gruppe von Verteilungskoalitionen heran, die ihre Sonderinteressen erfolgreich – jedoch zum Schaden der Gesamtwirtschaft – durchsetzten (Olson 1982). Auf der anderen Seite steht die These, daß insbesondere die sogenannten koordinierten Ökonomien, d.h. Volkswirtschaften mit sozialpartnerschaftlichen Arbeitsbeziehungen und kooperativer Koordinierung der wichtigsten wirtschaftspolitischen Akteuren, leistungsstark sind (Schmidt 1982, Scharpf 1987, Soskice 1990). Mitunter kann die Demokratie sogar höchst unerwünschte wirtschaftliche Effekte haben – was von den Kontrahenten in der eben erwähnten Debatte nicht ausreichend berücksichtigt wird. In nicht wenigen osteuropäischen Ländern hat der Übergang von der Plan- zur Marktwirtschaft und vom autoritären Staat zum semidemokratischen Regime sehr hohe Kosten und unerwartet große Wohlfahrtsverluste mit sich gebracht. Nicht verwunderlich ist, daß solcher Wandel bitterste Kritik hervorruft. Von einem 88-jährigen Rentner, der nach dem Fall des Eisernen Vorhangs in Rumänien mit knapp 60,– Mark monatlich auskommen mußte, wurde folgende Aussage berichtet: „Unter dem Kommunismus sind die Preise stabil geblieben. Diese sogenannte Demokratie hat nur Verbrechen, Räuber und Halunken hervorgebracht" (Rhein-Neckar-Zeitung, Nr. 291, 1994, S. 11).

Die Kosten-Nutzen-Bilanz der Demokratie ist facettenreicher als zu vermuten ist, wenn man nur dem Loblied lauscht, das von echten oder falschen Demokraten gesungen wird. Sie ist auch erheblich differenzierter als das Positivurteil, das anspruchsvollere Selbstbeschreibungen der Demokratie in Verfassungsurkunden und im Staatsrecht gemeinhin enthalten. Auch für Anhänger erfahrungswissenschaftlicher Demokratieforschung wird überraschend sein, wie vehement in der Debatte über Kosten und Nutzen der Demokratie dem Für das Wider entgegengehalten wird. Gewiß ist nicht alles, was unter Pro und Kontra aufgefahren wird, erfahrungswissenschaftlich gleichermaßen gut abgesichert. Aber insgesamt verdeutlicht die Bilanzierung von Leistungen und Mängeln, daß auch die Demokratie neben Stärken beträchtliche Schwächen hat, neben Vorzügen schwerwiegende Nachteile, und daß sie nicht nur Nutzen stiftet, sondern auch Kosten mit sich bringt. Folglich ist bedingungsloses Feiern der Demokratie nicht angesagt, wohl aber kritisch nüchternes Abwägen ihrer Vorzüge und Nachteile.

Die wichtigsten Maßstäbe hierfür sind – über die bislang erörterten Prüffragen hinaus – in zweierlei zu suchen: erstens in den Bestimmungsfaktoren demokratieimmanenter Mischungen von Vor- und Nachteilen und zweitens im Vergleich von Demokratien mit nichtdemokratischen Staatsverfassungen – unter Berücksichtigung unterschiedlicher sozioökonomischer Entwicklungsstufen. Der erstgenannte Test führt, wie Teil II des vorliegenden Buches zeigt, zu unterschiedlichen Ergebnissen. Die wichtigsten Prüfkriterien sind Partizipationschancen, Wettbewerbsgrad, Kontrolle der Exekutive, Rechenschaftspflichtigkeit, Responsivität, Zugänglichkeit und Durchschaubarkeit. Hinzu kommen Effizienz, Verteilungsgerechtigkeit, Minderheitenschutz, Anpassungselastizität und politische Stabilität. Nuancen und Details einmal beiseiteschiebend, kann man sagen, daß sich die reine Mehrheitsdemokratie nach britischem Westminster-Modell als relativ problematischer Demokratietyp erweist. Sie kommt dem Typus ungezügelter Mehrheitsherrschaft nahe. In ihr ist die Gefahr der Mehrheitstyrannei groß. Überdies werden in der Mehrheitsdemokratie hauptsächlich Nullsummenspiele ausgetragen (siehe Kapitel 3.2 und 3.3). Leistungsdefizite kann man auch den Präsidialsystemen nachweisen – unter sonst gleichen Bedingungen (Kapitel 3.1). Nach Integrations-, Kooperations- und Problemlösungsfähigkeit zu urteilen, schneiden „gemischte Demokratien" demgegenüber besser ab, d.h. Herrschaftssysteme, in denen Mehrheitsprinzipien und verhandlungsdemokratische Arrangements zusammenwirken. Freilich kann nicht ausgeschlossen werden, daß die Koexistenz unterschiedlicher Konfliktregelungen zu Entscheidungsblockaden führt. Im Hinblick auf Integrationskapazität und Zügelung von Staatsmacht sind die Demokratiemodelle, die das Mehrheitsprinzip durch Kompromißtechniken und Minderheitenschutz flankieren und mäßigen, jedoch in der Regel leistungsfähiger als die reine Konkurrenzdemokratie (Kapitel 2.2 und 2.3). Letztere hat allerdings den Vorteil der direkten Beziehung zwischen Wahlergebnis und Regierungsbildung und die besser erkennbare Verantwortlichkeit gewählter Politiker auf ihrer Seite. Nach Partizipationschancen zu urteilen, schneidet allerdings sowohl die reine Mehrheits- wie auch die reine Konkordanzdemokratie erheblich schlechter ab als ein politisches System, das der Repräsentativverfassung nenneswerte direktdemokratische Arrangements zur Seite stellt (Kapitel 2.4). Allerdings sind Zielkonflikte zu berücksichtigen: eine starke Direktdemokratie kann die Effektivität und Effizienz der politischen Steuerung beträchtlich mindern. Die Schweiz liefert hierfür so manches Anschauungsmaterial.

Betrachtet man die Bundesrepublik Deutschland aus dem Blickwinkel des Demokratienvergleichs, so schneidet ihre Institutionenordnung nicht schlecht ab. In ihr koexistieren bekanntlich mehrheitsdemokratische Elemente, vor allem infolge des Parteienwettbewerbs auf Bundesebene und in den Ländern, und konkordanz- oder verhandlungsdemokratische Strukturen, die vor allem in der bundesstaatlichen Gliederung verankert sind. Allerdings zählt die Demokratie der Bundesrepublik zu den Staatsverfassungen, in denen der empirische Volkswille besonders stark gezügelt und eingehegt wird (siehe die Tabelle 9 in Kapitel 3.3). So wie die Exekutive hierzulande „semisouverän" ist – im Sinne eines zuverlässig institutionell gebändigten Zentralstaates (Katzenstein 1987) – so ist auch für den Demos hierzulande – die Stimmberechtigten – ein beachtliches Maß an „Semisouveränität" gegeben. Die politische Mischung aus Mehrheits- und Konkordanzdemokratie und die außerordentlich starke Zügelung der Legislative und der Exekutive durch institutionellen Pluralismus, verfassungsstaatliche Vorgaben und systematische Kontrolle von Politik und Administration durch Recht und Justiz haben zu einem eigentümlichen Leistungsprofil beigetragen: hinsichtlich der Ergebnisse des politischen Prozesses – Stabilität, Verteilungsgerechtigkeit, längerfristige Problemlösungsfähigkeit und Minderheitenschutz – erzielt die Demokratie der Bundesrepublik überdurchschnittlich gute Noten. Die Durchschaubarkeit des politischen Getriebes läßt allerdings zu wünschen übrig und damit auch die „accountability", die klar abgrenzbare Zurechenbarkeit politischer Ergebnisse zu den politisch Verantwortlichen (Scharpf u.a. 1976). Zu den Schwächen wird man des weiteren die starke Eingrenzung des volksherrschaftlichen Elements zählen müssen: hierzulande stößt der Demos alsbald auf übermächtige Gegenspieler in Gestalt von konkordanzdemokratischen Verhandlungssystemen und des „Rechtswege-Staates" (Menger 1993), der in einem – auch im internationalen Vergleich wohl beispiellosen Ausmaß – das Politische dem Recht unterordnet. Daß es hierfür gute Gründe gibt, bedarf angesichts der politischen Geschichte Deutschlands keiner weiteren Erörterung, doch demokratietheoretisch und -praktisch ist die überaus starke Zügelung des Demos nicht unproblematisch. Nicht jeder schätzt Semisouveränität.

Zum Intra-Demokratien-Vergleich muß der Demokratie-Diktatur-Vergleich treten, wenn die Leistung und die Schwäche demokratischer Staatsverfassungen systematisch abgewogen werden soll. Die ältere vergleichende Staatsformenlehre hatte der Demokratie schlechte Noten ausgestellt (siehe Teil I). Lange Zeit blieb das die dominierende Meinung. Noch 1918 erteilte Thomas Mann der Demokratie mit folgenden Worten eine Absage: „Ich bekenne mich tief überzeugt, daß das deutsche Volk die politische Demokratie niemals wird lieben können, aus dem einfachen Grund, weil es die Politik selbst nicht lieben kann, und daß der Obrigkeitsstaat die dem deutschen Volk angemessene, zukömmliche und von ihm im Grunde gewollte Staatsform ist und bleibt" (Mann 1919: XXXII). „Ich will die Monarchie, ich will eine leidlich unabhängige Regierung, weil nur sie die Gewähr politischer Freiheit, im Geistigen wie im Ökonomischen, bietet. Ich will sie, weil es die Losgelöstheit der monarchischen Staatsregierung von den Geldinteressen wahrt, die den Deutschen die Führung in der Sozialpolitik erwirkte. Ich will nicht die Parlaments- und Parteiwirtschaft, welche die Verpestung des gesamten nationalen Lebens mit Politik bewirkt (...). Ich will nicht Politik. Ich will Sachlichkeit, Ordnung und Anstand" (ebd.: 246).

Wie schneiden die Demokratien ab, wenn man sie mit nichtdemokratischen Herrschaftsordnungen vergleicht? Hierbei ist der nicht unbeträchtliche wirtschaftliche Konkurrenzvorteil der meisten Demokratien zu berücksichtigen. Sie sind insoweit im Vorteil, als ihr sozioökonomischer Entwicklungsstand und der Grad der sozialen Differenzierung in der Regel höher ist als der der nichtdemokratischen Länder. Damit wird den demokratisch verfaßten Staaten und ihren Bürgern die Gnade der besseren Ressourcenausstattung und der pluralistischen Gesellschaftsstruktur zuteil. Beides kann viele Probleme lösen – auch ohne Zutun der Demokratie. Das wird in zahllosen Lobreden auf die Demokratie übersehen – und in vielen wissenschaftlichen Beiträgen.

Aber auch wenn der Stand sozioökonomischer Entwicklung berücksichtigt wird, müssen die meisten Demokratien den Vergleich mit nichtdemokratischen Herrschaftsformen nicht scheuen, wenngleich ihr Glanz in mancher Kür spürbar geringer wird (siehe z.B. Pryor 1968). Eindeutige Vorteile haben die Demokratien im Hinblick auf die Partizipations- und die Oppositionschancen, die sie ihren Bürgern bieten. Ob diese das Angebot annehmen, ist allerdings eine andere Frage. Zu den überraschenden Befunden zählt gewiß der, daß in den Ländern mit der am stärksten ausgebauten Direktdemokratie – in der Schweiz und in den USA – die Wahlbeteiligung bzw. die Abstimmungsbeteiligung oftmals außerordentlich niedrig ausfällt. Doch niemand ist verpflichtet, Angebote anzunehmen.

Gutzuschreiben sind den Demokratien sodann die weitaus besseren Vorkehrungen zur Zähmung staatlicher Macht – sowohl hinsichtlich der Exekutive wie auch der Legislative. Auch bei der Wahrung und dem Ausbau der Menschenrechte haben die meisten Demokratien einen großen Vorsprung vor nichtdemokratischen Regimen (siehe z.B. Pourgerami 1992 und Poe/Tate 1994). Ferner liegen sie in Führung, wenn es um Stabilität, Vorhersehbarkeit, Offenheit und Fairneß von institutionellen Arrangements und politischen Vorgängen und um Verteilung der zur Verfügung stehenden Verteilungsmasse geht (Pourgerami 1992, Welzel 1994). Demokratische Ordnungen zeichnen sich insgesamt durch höhere Sensibilität für neue Probleme und neue Forderungen der Bürger aus als andere Herrschaftssysteme. Überdies ist ihnen in der Regel eine größere Fähigkeit zur Selbstkorrektur eigen, worin sie durch die zahlreichen leistungsfähigen Frühwarnsysteme in Staat und Gesellschaft bestärkt werden. Die Selbstkorrekturfähigkeit geht sogar so weit, daß gegnerische Kräfte in zuträgliche Energie umgeformt werden (Rufin 1994), z.B. das Anliegen des Sozialismus in sozialstaatliche Politik, das Streben nach ökologischer Politik in Umweltschutzpolitik und der Kampf um den Nord-Süd-Konflikt in eine Entwicklungspolitik, die „Brückenköpfe" in Staaten der Dritten Welt schafft und zugleich eigene Interessen bedient.

In wirtschaftspolitischer Hinsicht fällt die Bilanz weniger eindeutig aus. Gewiß verläuft die wirtschaftliche Entwicklung in den meisten

Demokratien, vor allem in den ökonomisch hochentwickelten Ländern der nördlichen Halbkugel, insgesamt stetiger als in der Gruppe der halb- oder nichtdemokratischen Staaten.

Überdies wird der Demokratie in Sachen Wirtschaftspolitik – allen neoliberalen Unkenrufen zum Trotz (z.B. Olson 1982 und Weede 1990) – insoweit gute Benotung zuteil, als sie im Unterschied zu allen anderen Regimen die Stabilität und Sicherheit von Eigentumsrechten und von Verträgen viel besser garantiert als autoritär verfaßte Staaten (Olson 1993). Insoweit ist die Demokratie eine verläßlichere Grundlage für wirtschaftliches Handeln – wiederum unter sonst gleichen Bedingungen und unter Absehung von Unterschieden zwischen einzelnen Demokratietypen (siehe hierzu Kapitel 3.2 und 3.3).

Hinsichtlich der Dynamik des Wirtschaftswachstums allerdings haben die Demokratien keinen Vorteil vor den Nichtdemokratien. Manche semidemokratische und semiautoritäre Regimes schneiden hinsichtlich der wirtschaftlichen Entwicklung erheblich besser als die demokratischen Länder ab. Die ostasiatischen „NICs" – die „Newly Industrializing Countries" wie Singapur, Hongkong, Malaysia, Südkorea und Taiwan – sind herausragende Beispiele für überdurchschnittliche wirtschaftliche Leistungsprofile von halb autoritär, halb demokratisch verfaßten Staaten. Auch bei einem weltweiten Vergleich des Wirtschaftswachstums sprechen die Befunde nicht zugunsten der Demokratien. „Hält man andere erklärende Variablen konstant, so erweist sich, daß Unterschiede der politischen Freiheitsrechte und der Bürgerrechte (nach Messungen von Freedom House – der Verfasser) nicht systematisch mit dem Wirtschaftswachstum variieren", so lautet der Befund der bislang umfassendsten vergleichenden Analyse wirtschaftlicher Entwicklung in reichen und ärmeren Staaten (Barro und Sala-i-Martin 1995: 439). Andere Studien haben diesen Befund insoweit bestätigt, als Erfolge und Mißerfolge der Wirtschaftspolitik nicht ohne weiteres der Differenz zwischen Demokratie und nichtdemokratischem System zuzuschreiben sind (Lane/Ersson 1990, Przeworski/Limongi 1993, Sorenson 1993: 63-90). Gleiches gilt im übrigen für die Bereitschaft und Fähigkeit zur Stabilisierungspolitik, auch wenn diese schmerzhafte Eingriffe erfordert. Die Wahrscheinlichkeit solcher Stabilisierung ist in demokratischen Ländern nicht geringer als in autoritär regierten Staaten (Lindenberg/Devarajan 1993). Insoweit spricht wenig für die häufig aufgestellte These, daß zur Überwindung eines Chaos in der Wirtschaftspolitik nur die harte Hand eines autoritären Regimes in der Lage sei (ebd.: 180).

Im übrigen zeigt die Auswertung des Human Development Report 1994 auch bei anderen wirtschaftspolitischen Meßgrößen häufig nur schwache Differenzen zwischen Demokratie und Diktatur: in den demokratischen Ländern (im Sinne von seit 1960 stabilen Demokratien nach Jaggers und Gurr 1995) sind z.B. die jahresdurchschnittlichen Inflationsraten 1980-91 nur um weniges geringer als in der Gruppe der stärker autoritär regierten Staaten. Und dort, wo es in der Wirtschafts-, Arbeitsmarkt- und Sozialpolitik deutliche Differenzen zwischen demokratisch verfaßten und nichtdemokratischen Staaten gibt, spiegeln sie zu einem beträchtlichen Teil unterschiedliche sozioökonomische Entwicklungsniveaus wider (Pryor 1968). Das gilt beispielsweise für die höheren Erwerbsquoten der Demokratien, ihre weit überdurchschnittlichen Sozialleistungsquoten und den höheren Ausbildungsstand ihrer Bevölkerung: sie alle sind nicht nur Produkt der Demokratie, sondern auch Ergebnis von Einflüssen und Gelegenheiten, die durch einen hohen sozioökonomischen Entwicklungsstand zustande gebracht wurden.

Deutlichere Demokratie-Diktatur-Unterschiede treten jedoch in der Verteilungspolitik zutage. So ist z.B. in den Demokratien der Anteil der Militärausgaben am Sozialprodukt niedriger als in anderen Ländern, außerdem nimmt er zwischen 1960 und 1990 in den demokratisch regierten Ländern überdurchschnittlich stark ab (Basis der Berechnung: Human Development Report und Weltentwicklungsbericht). Besonders groß ist ferner – um weiter oben Gesagtes in Erinnerung zu rufen – die Differenz zwischen Demokratie und autoritärem Staat in nahezu allen Angelegenheiten, die Freiheits-, Bürger- und Menschenrechte betreffen (Sørenson 1993: 86ff.).

Schlußendlich scheinen die Demokratien in der Regel auch friedensfähiger als andere Herrschaftsformen zu sein, sowohl innenpolitisch als auch außenpolitisch. „Powerful pacifists" – mächtige Pazifisten – seien die Demokratien, heißt es in Lakes Studie über friedliche und kriegführende Nationen (Lake 1992). Selten begännen sie einen Krieg, doch wenn sie angegriffen würden, verteidigten sie sich höchst erfolgreich. Überdies führten Demokratien vor allem untereinander keinen Krieg; vielmehr verfügten sie über Mechanismen, um Konflikte schon in einem frühen Stadium zu entschärfen. Der Vorrang zivilgesellschaftlicher Ausrichtung im Inneren, aber auch die guten Erfahrungen mit einer auf Handelsstaatspolitik anstelle von Machtpolitik setzenden Außenpolitik zählen hierzu (ebd., Dixon 1993) sowie die auf nüchterner Kosten-Nutzen-Rechnung basierende Parteinahme für den Frieden, die dann zustande komme, wenn alle Staatsbürger (oder zumindest die große Mehrzahl) darüber zu beschließen haben, ob Krieg sein solle (Kant 1984: 12f.).

Lake hat die Friedfertigkeit von Demokratien sehr großzügig taxiert. Er hat sie wohl überschätzt. Gewiß sind Kriege zwischen Demokratien höchst selten (Schweller 1992, Sørenson 1993: 91ff., Weart 1994), doch ist Kriegführung von Demokratien keineswegs eine Rarität (Weede 1992). Ferner gibt es kriegsträchtige Konstellationen, an denen die Demokratie nicht unschuldig ist. W.-D. Eberwein zufolge gehören vor allem Perioden des Regimewechsels dazu, auch die Übergänge zur Demokratie (Eberwein 1992). Mitunter spendet ein beträchtlicher Teil des Demos kriegerischen Ambitionen der Staatsführung frenetisch Beifall, bisweilen – siehe Falkland-Krieg – scheint ihm das Verlangen nach expansionistischer Außenpolitik übermächtig zu sein. Überdies sind aus leidlich freien Wahlen schon militärisch expansionistische Regierungen hervorgegangen, so vor nicht langer Zeit im Rest des ehemaligen Jugoslawien (Greven 1993). Das kann man als Stützung einer These deuten, die von R. Michels stammt. Ihr zufolge ist der von den Massen geschürte Drang zur Expansion charakteristisch für Demokratien (Michels 1987a). Unbestreitbar geht aus dem Vergleich von Lakes und Michels Thesen Lake mit klarem Punktgewinn hervor. Allerdings enthält auch sein Datensatz bemerkenswerte Ausnahmen. Auch die Demokratien haben ihre schwarzen Schafe: Der Vietnamkrieg beispielsweise wurde maßgeblich von den USA begonnen, und im Falklandkrieg war Britanniens Demokratie nicht minder kriegslüstern gestimmt als das autoritär regierte Argentinien. Die Liste ließ sich auch für innenpolitische Strukturdefekte fortschreiben, wie anhand der Argumente in der Tabelle 16 unschwer abzulesen ist.

Hierzu zählt auch die Beobachtung, daß Demokratien zusammenbrechen können. Deutschlands politische Geschichte enthält ein besonders folgenreiches Beispiel. Insoweit gibt es gute Gründe dafür, neben den unbestreitbaren Vorzügen auch ihre charakteristischen Schwachstellen gebührend zu gewichten. Daß sie eine relativ schlechte Staatsform ist, aber besser als alle anderen – um den berühmten Ausspruch von Winston Churchill zu variieren (siehe Tabelle 16) – wird auch in der hier vorgelegten Studie bestätigt. Eine weitere These wird ebenfalls bestätigt, die nämlich, daß eine Demokratie – auch wenn sie zweitklassig sein mag – besser ist als eine nichtdemokratische Ordnung (Dahl 1994). Unbestreitbar hat die Demokratie Schwachstellen; manche von ihnen sind brandgefährlich. Es spricht für die in dieser Studie vorgestellten Theorien, daß fast alle von ihnen auf solche Strukturschwächen der demokratischen Staatsverfassung aufmerksam gemacht haben.

Kapitel 4.2
Die Demokratietheorien im Vergleich

Nicht nur demokratische Systeme sind im vorliegenden Buch zu vergleichen, sondern auch die Theorien der demokratischen Staatsverfassung. Hiervon handelt das abschließende Kapitel dieses Buches.

Jede der in diesem Band vorgestellten Demokratietheorien hat charakteristische Schlüsselbegriffe, Perspektiven und begriffliche Linsen. Auch unterscheiden sich die Theorien nach dem Zeitpunkt der Entstehung, ihrem Anlaß und Anliegen und ihrer Informationsbasis. Jede der Theorien vermittelt wichtige Einsichten in den ideengeschichtlichen Hintergrund, die Struktur, Funktionsvoraussetzungen und die Auswirkungen der Demokratie. Insoweit trägt jede dieser Theorien zum Portrait von Theorie und Praxis der Demokratie bei. Die Demokratietheorien unterscheiden sich auch nach dem leitenden moralischen Prinzip. Für die aristotelische Lehre ist es die Tugend und für moderne Ansätze wie die Pluralismustheorie das gemeinwohlorientierte Handeln. Die Vertragstheoretiker hingegen setzen vor allem auf durch Vernunft domestiziertes Eigeninteresse, die ökonomische Theorie der Demokratie hingegen auf Eigennutzmaximierung oder – in älterer Begrifflichkeit – auf Begierde und die übrigen Theorien auf Mischungen aus Tugend, Vernunft und Begierde.

Auch nach Reichhaltigkeit und Reichweite differieren die Demokratietheorien. Manche von ihnen erörtern die historische Entwicklung, die Funktionsvoraussetzungen, die Typenvielfalt und die Auswirkungen demokratischer Ordnungen, z.B. die Polyarchietheorie von R. A. Dahl (1971 und 1989). Andere sind in dieser Hinsicht knapper ausgerüstet, z.B. die ökonomische Theorie der Demokratie (Downs 1957) und Rousseaus Lehre in seinem „Gesellschaftsvertrag". Manche sind vergleichend angelegt – allen voran die aristotelische Lehre und die moderne vergleichende Demokratieforschung, teilweise auch Tocquevilles Theorie – andere hingegen basieren vor allem auf Fall- oder Ein-Land-Studien, so die ökonomische Theorie der Demokratie und die Marxsche Theorie revolutionärer Direktdemokratie. Erstaunlich selten wird ein systematischer Vergleich von demokratischer und nichtdemokratischer Staatsverfassung unternommen. Auch hierbei ist die aristotelische Schule wiederum ein Vorreiter, dem andere nur mit

Mühe zu folgen vermochten, so ansatzweise die Pluralismustheorie (siehe Kapitel 3.3).

Theorien lassen sich auch danach unterscheiden, ob sie zustandsfixiert – statisch – oder prozeßorientiert – dynamisch – angelegt sind. Die Staatsformenlehren der alten griechischen Philosophen sind dynamisch angelegt. Vom Aufstieg und vom Verfall politischer Ordnungen wissen sie zu berichten und zeichnen vor diesem Hintergrund die Demokratie in unvorteilhaftem Licht. Eine Staatsform des Verfalls ist die Demokratie in Platons Staatslehre. Andere Demokratietheorien sind demgegenüber statisch angelegt. J.-J. Rousseau, J. St. Mill, M. Weber, auch die Vertreter der Kritischen Demokratietheorie und ein erklecklicher Teil der modernen vergleichenden Demokratieforschung gehören zu dieser Gruppe. Dynamische Perspektiven hingegen kommen vor allem in den Untersuchungen zum Zuge, die nach den Funktionsvoraussetzungen der Demokratie und dem Übergang vom autoritären zum demokratischen Staat fragen, und dynamisch ist auch ein Teil der Theorie der partizipatorischen Demokratie angelegt, insoweit sie Lern- und Aufklärungsprozesse thematisiert.

Gewiß wird man über die Meßlatten zur Beurteilung von Theorien streiten können, doch dürften für den Zweck einer erfahrungswissenschaftlich gehaltvollen Demokratietheorie, die sich für Gegenwartsanalyse eignen soll, die folgenden Prüffragen auf Zustimmung der meisten Fachwissenschaftler rechnen: Welches sind die Schlüsselbegriffe der Theorie? Welcher Demokratiebegriff liegt zugrunde? Ist er klar definiert? Gibt es für ihn eine eindeutige Operationalisierung im Sinne der Offenlegung der Operationen, die zur Identifizierung des realweltlichen Sachverhalts, welchen der Begriff erfassen soll, erforderlich sind? Ist der zugrundeliegende Begriff vom Demos – der Stimmbürgerschaft – eng, mittelgroß oder weit gefaßt? Inwieweit werden die Zentraldimensionen der Demokratie erörtert, so wie sie heute in den modernen demokratischen Verfassungsstaaten verstanden wird, mindestens im Sinn von freier, ungehinderter Opposition und Kontrolle („contestation" in R. Dahls Polyarchietheorie), Beteiligung („participation" bei R. Dahl) und politischer Gleichheit ohne Ansehen der Person? Inwieweit ist die Theorie eher normativ oder eher empirisch? Inwieweit ist sie statisch und dynamisch? Hat sie den Forschungsstand systematisch berücksichtigt? Wie reichhaltig ist ihre Erfahrungsbasis: Gehen in sie international und historisch vergleichende Studien ein und gründet sie sich auf den Vergleich von Demokratie und Nichtdemokratie? Basiert sie auf systematischer Analyse der Entwicklung zur Demokratie und der Funktionsvoraussetzungen volksherrschaftlicher Ordnungen? Werden die Bedingungen für Stabilität und Zusammenbruch der Demokratie analysiert? Ist die Theorie grundsätzlich testbar? Inwieweit werden Leistungen und Schwächen von Demokratien systematisch erfaßt und bewertet? Inwiefern werden die Dimensionen des Politischen berücksichtigt: die Form oder Institutionenordnung, das Prozessuale (Konflikt und Konsens) und der Entscheidungsinhalt (Politik im Sinn von verbindlicher Konfliktregelung bzw. Policy)? Welche Leistungskraft hat die jeweilige Theorie – sowohl hinsichtlich der zuvor erwähnten Prüffragen als auch mit Blick auf ihre Bedeutung für eine wissenschaftliche Analyse von Demokratien der Gegenwart?

Richtet man diese Prüffragen an die in diesem Buch erörterten Demokratietheorien, so erhält man die in Tabelle 17 zusammengestellten Informationen. Diese Tabelle deckt aufschlußreiche Trends auf. So wird beispielsweise der Demos-Begriff im Laufe der Ideengeschichte allmählich erweitert. Allerdings kommt seine Erweiterung zu dem uns heute vertrauten Begriff der Wahlberechtigung für prinzipiell alle Erwachsenen erst im 19. und 20. Jahrhundert zustande. Volle Wertschätzung erfährt auch die Oppositions- und Kontrollfunktion erst in den neueren Theorien der Demokratie. Die Zügelung der Macht des Souveräns durch verfassungsstaatliche oder informelle Arrangements kommt in Tocquevilles Lehre zur Sprache; bei Rousseau dagegen fehlt sie, ebenso bei Karl Marx, und auch in der klassisch-liberalen Theorie von John Stuart Mill kommt sie zu kurz. Ganz im Gegensatz dazu betont die von Locke und Montesquieu stammende und vom kontinentaleuropäischen Neopluralismus ausgebaute Lehre der Souveränitätszügelung die herausragende Bedeutung eingebauter Sicherungen gegen die ungebremste Ausübung von Souveränität (siehe Tabelle 17).

Der Anwendungsbereich der Demokratietheorien ist erstmals von Tocqueville und sodann in den modernen Theorien radikal erweitert worden. Die meisten klassischen Theorien bis zu Marx waren hauptsächlich Theorien über Kleinstaaten und für kleine Gemeinwesen. Tocquevilles Amerika-Buch und die modernen Theorien hingegen eignen sich sowohl für Klein- als auch für Flächenstaaten, und im Prinzip ist sogar ihre Anwendung auf supranationale Regime vorstellbar. Innerhalb beider Theoriegruppen bestehen allerdings große Unterschiede in der Erfahrungsbasis. Die Anwendung des internationalen und des historischen Vergleichs beispielsweise ist nur für knapp die Hälfte der Theorien selbstverständlich. Der Vergleich spielt hingegen sowohl in der aristotelischen Politiklehre eine große Rolle wie auch in neueren komparatistischen Analysen politischer Systeme, z.B. in der Untersuchung der Konkordanz-, der Mehrheits- und der Konsensusdemokratie, der Polyarchie, der Funktionsvoraussetzungen der Demokratie und der Übergänge vom autoritären zum demokratischen Staat.

Unterschiedlich groß ist auch die thematische Breite der Theorien. Manche analysieren Genese und Funktion, Aufrechterhaltung und Zusammenbruch sowie Stärken und Schwächen der Demokratie, andere sind stärker spezialisiert. Die meisten Demokratietheorien erörtern die Form des Politischen und die Prozeßdimension, während sie den Inhalt oder Output des Politischen, die gesamtgesellschaftlich verbindliche Entscheidung und deren Auswirkungen, sträflich vernachlässigen. Wiederum sind die Ausnahmen erwähnenswert. Zu ihnen gehören die aristotelische Staatsformenlehre, die die Qualität politischer Führung als ein maßgebendes Gütekriterium politischer Systeme betrachtet, Tocqueville und unter den modernen Theorien vor allem die Kritische und die Komplexe Demokratietheorie sowie Teile der vergleichenden Demokratieforschung, vor allem die von A. Lijphart angeführte Richtung. Seltsamerweise wird in einer der besonders weitentwickelten Demokratietheorien – der Polyarchietheorie von R. A. Dahl – der Zusammenhang von Demokratie und Staatstätigkeit weitgehend ausgeblendet, und erstaunlicherweise läßt Dahl den Intersystemvergleich von demokratischer und nichtdemokratischer Staatsverfassung links liegen.

Insgesamt schneiden beim Vergleich der Theorien jedoch die Polyarchietheorie und andere komparatistisch angelegte Theorien mit gutem Ergebnis ab. Sie passieren viele Prüffragen mit Erfolg – wiederum mit Ausnahme der Untersuchung der Staatstätigkeit und abgesehen von großen Lücken in der Analyse der Bedingungen des Zusammenbruchs demokratischer Systeme. Gute Resultate erzielt im übrigen auch die Lehre von der Konkordanzdemokratie, wenngleich einschränkend hinzuzufügen ist, daß sie eine Teilbereichstheorie und nicht eine umfassende Theorie der Demokratie sein will. Im oberen Mittelfeld liegen die Pluralismustheorie, die Kritische Demokratietheorie und die Komplexe Demokratietheorie. Aufgrund ihres schmäleren Erfahrungshintergrundes schneiden die einflußreichen elitistischen Theorien schlechter ab. Gleiches gilt für die ökonomische Theorie der Demokratie von J. Schumpeter und die von A. Downs, die aufgrund der Ausrichtung auf ein Zweiparteiensystem und der nahezu ausschließlichen Prägung durch angloamerikanische Empirie einen parochialen Charakter haben, und für die Theorie der Sozialen Demokratie.

Die klassischen Demokratietheorien werden durch einige der Testfragen benachteiligt, denn diese prüfen vor allem die Brauchbarkeit der Theorien für die Analyse moderner demokratisch verfaßter Regime. Hierfür liefern Aristoteles, Rousseau und J. St. Mill wichtige Anregungen und bis auf den heutigen Tag heftig diskutierte Thesen zum Für und Wider der Demokratie, wenngleich in der Regel nicht direkt verwendbares Begriffs- und Methodenwerkzeug. Unter dieser Einschränkung muß man die Bewertung dieser Theorien in der Tabelle 17 würdigen. Besonders bemerkenswert ist das dort zutage geförderte hohe Leistungsprofil der aristotelischen Theorie der Demokratie, die trotz des – aus heutigem Blickwinkel – restriktiven Demokratieverständnisses ihres Gegenstandes und trotz ihrer beträchtlichen inneren Distanz gegenüber der Volksherrschaft auch heute noch mit großem Ertrag rezipiert werden kann. Hervorragend – auch nach den Maßstäben der Demokratiediskussion des ausgehenden 20. Jahrhunderts – ist Tocquevilles Untersuchung der neuentstehenden amerikanischen Demokratie in seiner brillanten Schrift „Über die Demokratie in Amerika".

Für die Zwecke der modernen empirischen Demokratieforschung am unergiebigsten von den erörterten Demokratietheorien ist diejenige von Rousseau. Sie hat einen recht schmalen Anwendungsbereich, eine geringe Reichweite und eine dünne Erfahrungsbasis. Das steht in auffälligem Gegensatz zu ihrem politischen Gewicht – sie gilt als eine für die Französische Revolution zentrale Theorie – und ihrer fachwissenschaftlichen Bedeutung – nicht wenige Einführungen in die Politische Theorie nehmen die Differenz zwischen Rousseaus Demokratie und der repräsentativdemokratischen Perspektive als Grundgerüst (z.B. Fraenkel 1991). Der nüchterne Theorienvergleich nach dem in Tabelle 17 verwendeten Schema verdeutlicht freilich, daß man sich mit Rousseau nicht die stärkste Demokratietheorie herausgesucht hat, sondern die schwächste. Insoweit kann man nicht empfehlen, moderne „Aufklärung der Demokratietheorie" (Maus 1992a) ausgerechnet auf Gedankengut zu gründen, das von Rousseaus Volkssouveränitätslehre geprägt ist. Von den klassischen Demokratietheorien wäre sowohl die aristotelische Lehre und vor allem Tocquevilles Meisterstück „Über die Demokratie in Amerika" für Einführungen in die Politische Theorie der Demokratie besser geeignet.

Tabelle 17: Demokratietheorien im Vergleich

	Aristoteles	Montesquieu	Rousseau	Tocqueville	J. St. Mill	Marx	Elitisten	Ökonomische Theorie	Pluralismus theo...
Schlüssel-Begriffe	Gutes Regieren, Tugend	Gewaltenverschränkung	Volkssouveränität	Gleichheit, Freiheit	Repräsentativ-Regierung, Meritokratie	Klassenkampf	Politische Führung, Auslese	Konkurrenz, Eigennutzen	Plura mu...
1. Präzision des Demokratiebegriffs	Groß	Mittel	Mittel	Groß	Mittel	Mittel	Mittel	Groß	Mit...
2. Demokratie-Begriff									
2.1 Demos-Begriff: Eng, mittel oder weit?	Eng	Eng	Mittel	Mittel	Mittel	Mittel	Weit	Weit	W...
2.2 Wird Oppositions- oder Kontrollchance erfaßt?	z.T.	z.T.	Nein	Ja	Ja	Nein	z.T.	Ja	J...
2.3 Ist die Zügelung der Macht des Souveräns vorgesehen?	Ja	Ja	Nein	Ja	z.T.	Nein	Nein	Nein	J...
2.4 Erörterte Konfliktregelungen: Mehrheitsprinzip (M), Konkordanzregel (K), Hierarchie (H), Einstimmigkeit (E)	M	M+H	M+E	M	M	M+H	M	M	M
3. Theorie: normativ oder empirisch?	Empirisch und Normativ	Normativ	Normativ	Empirisch und Normativ	Normativ	Normativ	Empirisch	Empirisch	Nor... u... Emp...
4. Theorie: Statisch oder dynamisch bzw. genetisch?	Dynamisch	Statisch	Statisch	Dynamisch	Statisch	Statisch	Statisch	Statisch	Sta...
5. Theorie: Input- oder output-orientiert?	Input und Output	Input	Input	Input und Output	Input	Input und Output	Input	Input	I...
6. Basiert Theorie auf vergleichender Analyse?	Ja	Nein	Nein	z.T.	Nein	Nein	Nein	Nein	z...
7. Basiert Theorie auf systematischer Analyse - der Entwicklung zur Demokratie und	Nein	Nein	Nein	Ja	Nein	Nein	Nein	Nein	z...
- ihrer Funktionsvoraussetzungen	Ja	z.T.	z.T.	Ja	Nein	Nein	z.T.	Nein	
8. Werden Bedingungen für Zusammenbruch demokratischer Ordnungen systematisch erörtert?	z.T.	Nein	Nein	z.T.	Nein	Nein	Nein	Nein	N...
9. Werden Leistungen und Probleme der Demokratie systematisch erfaßt?	Ja	Nein	Nein	Ja	Nein	Nein	Nein	Nein	
10. Testbarkeit der Theorie	Gut	Mäßig	Gering	Gut	Mäßig	Mäßig	Gut	Gut	
11. Potentielle Reichweite der Theorie	Sehr groß	Mäßig	Gering	Sehr groß	Mäßig	Mäßig	Mäßig	Mäßig	
12. Leistungskraft der Theorie [1]	Groß	Mäßig	Gering	Sehr groß	Gering	Gering	Mäßig	Mäßig	

1) Leistungskraft = summierte Leistung bei den unter 1 bis 11 erörterten Testfragen.

artizipatorische Theorie	Theorien der sozialen Demokratie	Kritische Demokratietheorie	Komplexe Demokratietheorie	Präsentialismus und Parlamentarische Demokratie	Konkordanzdemokratie	Lijpharts Majorz- und Konsensus-Demokratie	Polyarchietheorie	Direktdemokratie	Sozialökonomische Funktionsvoraussetzungen	Transitionstheorie
Partizipation	Gestaltung Reform	Demokratisierung, Kritik der Politik	Input und Output, Dilemmata	Präsentialismus, Parlamentarismus	Gütliches Einvernehmen	Konsensusdemokratie, Majorzprinzip	Polyarchie	Direktdemokratie	Modernisierung, Streuung d. Machtressourcen	Akteure, Interdependenz, Gestaltbarkeit
Mittel	Mittel	Groß	Mittel	Groß	Groß	Groß	Groß	Groß	Groß	Groß
hr weit	Weit	Weit	Weit	Weit	Weit	Weit	Weit	Weit	Weit	Weit
Ja	Ja	Ja	Ja	Ja	Ja	Ja	Ja	Ja	Ja	Ja
Nein	z.T.	z.T.	Ja	Ja	Ja	Ja	Ja	Nein	Nein	Ja
+ E	M + H	M + E	M+K+E	M	M + K + E	M + K + E	M	M	M	M + H
rmativ und pirisch	Normativ und Empirisch	Normativ und Empirisch	Normativ und Empirisch	Empirisch	Empirisch	Empirisch	Empirisch	Empirisch	Empirisch	Empirisch
ynasch	Dynamisch	Dynamisch	Statisch	Statisch	Dynamisch	Statisch	Statisch	Statisch	Dynamisch	Dynamisch
put	Input und Output	Input und Output	Input und Output	Input	Input	Input und Output	Input	Input	Input	Input
ein	Nein	Nein	Nein	Ja	Ja	Ja	Ja	Ja	Ja	Ja
ein	z.T.	Nein	Nein	Nein	z.T.	Nein	Ja	Nein	Ja	Ja
T.	Nein	z.T.	Nein	Nein	Ja	z.T.	Ja	z.T.	Ja	z.T.
ein	Nein	Nein	z.T.	Nein	Nein	Nein	z.T.	Nein	z.T.	z.T.
.	z.T.	Ja	Ja	Nein	z.T.	z.T.	z.T.	Nein	z.T.	z.T.
ig	Mäßig	Gut	Gut	Gut	Gut	Sehr gut	Sehr gut	Gut	Sehr gut	Mäßig
ig	Mäßig	Groß	Groß	Sektoral begrenzt	Sektoral begrenzt	Groß	Sehr groß	Sektoral begrenzt	Groß	Mäßig
ig	Mäßig	Groß	Groß	Mäßig	Groß	Groß	Sehr groß	Groß	Groß	Groß

Wiederum mit Ausnahme von Tocqueville entstehen die – im empirischen Sinn – leistungsfähigen Demokratietheorien erst im 20. Jahrhundert. M. Weber und J. Schumpeter legen den Grund, den Ausbau besorgen vor allem die Pluralismustheorie, die Kritische Theorie der Demokratie sowie die – Input- und Output und normative wie empirische Fragen erörternde – komplexe Demokratietheorie. Die erforderliche komparatistische Untermauerung bieten sodann die Beiträge zur Erforschung der Proporz- und der Konkordanzdemokratie, A. Lijpharts Demokratienvergleich und R. Dahls Polyarchietheorie (Kapitel 3.2 bis 3.4). Unverzichtbares steuern sodann die Messungen der Demokratie bei (Kapitel 3.5), ferner die Analysen über die Funktionsvoraussetzungen der Demokratie (Kapitel 3.6) und die Studien zu den Übergängen vom autoritären Staat zur Demokratie (Kapitel 3.7). Diese Forschungszweige haben den Wissensstand der Demokratieforschung beträchtlich erweitert. Das hiermit geschaffene Angebot wurde bislang allerdings nur von der empirischen Demokratieforschung genutzt, während die normativen Theorien, namentlich die Varianten der partizipatorischen Demokratietheorie, sich ihm gegenüber spröde zeigten.

Zu den leistungsstärksten Demokratietheorien wird man insgesamt die vergleichenden Beiträge zählen können. Allerdings ist dringend anzuraten, ihnen das Wissen und die Beobachtungsperspektiven der Demokratietheorien hinzuzufügen, die zur analytischen Waffe des Vergleichs nur zögerlich oder gar nicht greifen. Auch nähmen die vergleichenden Beiträge keinen Schaden, wenn sie stärker berücksichtigten, was von der Kritischen Theorie der Demokratie und – soweit empirisch anwendbar – von der partizipatorischen Demokratietheorie vorgetragen wird. In dieser Hinsicht haben die vergleichenden Theorien, namentlich die angloamerikanischen Beiträge, größere Schwächen. Das rührt unter anderem daher, daß nur wenige amerikanische und britische Politikwissenschaftler nichtenglische Fachliteratur lesen! Der vergleichenden Demokratieforschung wird man auch vorhalten müssen, daß ihre Analyse der Bedingungen des Zusammenbruchs demokratischer Ordnungen unterentwickelt ist, mit Ausnahme vor allem der neueren Forschung zur Zwischenkriegszeit (siehe neben Linz 1978 vor allem Berg-Schlosser/De Meur 1994a und 1994b).

Ferner tun sich vor allem die angloamerikanischen Demokratietheorien nach wie vor mit der Tatsache schwer, daß es nicht nur eine Demokratie gibt, nämlich die Mehrheitsdemokratie, sondern mehrere Demokratietypen, die man unter anderem nach dem dominierenden Konfliktregelungstyp unterscheiden kann (siehe Teil III). Die Verfassung und die Verfassungswirklichkeit der Demokratie kann angemessen nur verstehen, wer das Mit- und Gegeneinander von Mehrheitsprinzip, gütlichem Einvernehmen und Hierarchie thematisiert und die Wechselwirkungen von demokratischen Institutionen, Prozessen und Staatstätigkeit erörtert. Beides wird von führenden Vertretern der vergleichenden Demokratieforschung, vor allem von angloamerikanischen Wissenschaftlern nach wie vor vernachlässigt. Wie man hieran sehen kann, steht auch die vergleichende Demokratieforschung noch weit vor den Toren, die den Weg ins Innere der idealen Demokratietheorie freimachen, ähnlich weit, wie ihr Gegenstand von der Idealwelt einer vollentwickelten Demokratie entfernt ist.

Verzeichnis der zitierten Literatur

Abendroth, Wolfgang, 1967: Zum Begriff des demokratischen und sozialen Rechtsstaates im Grundgesetz der Bundesrepublik Deutschland, in: Abendroth, Wolfgang: Antagonistische Gesellschaft und politische Demokratie, Neuwied, 109-138.

Abromeit, Heidrun, 1989: Mehrheitsdemokratische und konkordanzdemokratische Elemente im politischen System der Bundesrepublik Deutschland, in: Österreichische Zeitschrift für Politikwissenschaft 18, 165-180.

Abromeit, Heidrun, 1993: Interessenvermittlung zwischen Konkurrenz und Konkordanz, Opladen.

Abromeit, Heidrun, 1995: Volkssouveränität, Parlamentssouveränität, Verfassungssouveränität: Drei Realmodelle der Legitimation staatlichen Handelns, in: Politische Vierteljahresschrift 36, 49-66.

Abromeit, Heidrun/Pommerehne, Werner W. (Hrsg.), 1992: Staatstätigkeit in der Schweiz, Bern u.a.

Acton, H. B. 1991 (1972): Introduction, in: John Stuart Mill, Utilitarianism, On Liberty, Considerations on Representative Government, London, IX-XXX.

Adam, Armin, 1992: Rekonstruktion des Politischen. Carl Schmitt und die Krise der Staatlichkeit 1912-1933, Weinheim.

Adam, Konrad, 1992: Ich kenne nur noch Parteien, in: Frankfurter Allgemeine Zeitung v. 3.9.1992, Nr. 205, S. 33.

Addi, Lahouari, 1992: Islamicist utopia and democracy, in: Annals of the American Academy of Political and Social Science No. 524, 120-130.

Agnoli, Johannes/Brückner, Peter, 1968: Die Transformation der Demokratie, Frankfurt a.M.

Alemann, Ulrich von (Hrsg.), 1975: Partizipation, Demokratisierung, Mitbestimmung, Opladen.

Alemann, Ulrich von, 1987: Organisierte Interessen in der Bundesrepublik, Opladen.

Alemann, Ulrich von, 1995: Repräsentation, in: Nohlen, Dieter (Hrsg.), Wörterbuch Staat und Politik, München, 655-658.

Alesina, Alberto/Rosenthal, Howard, 1995: Partisan Politics, Divided Government, and the Economy, Cambridge, Mass.

Allison, Graham T. Jr./Beschel, Robert P. Jr., 1992: Can the United States Promote Democracy?, in: Political Science Quarterly 107, Nr. 1, 81-98.

Almond, Gabriel A./Powell, G. Bingham, Jr., 1966: Comparative Politics: A Developmental Approach, Boston.

Almond, Gabriel A./Powell, G. Bingham Jr., 1991: Comparative Politics Today. A World View, Glenview, Ill. u.a.

Almond, Gabriel A./Powell, G. Bingham Jr./Mundt, Robert J., 1993: Comparative Politics, A Theoretical Framework, New York.

Almond, Gabriel A./Verba, Sidney, 1963: Political Culture: Political Attitudes and Democracy in Five Nations, Princeton.

Almond, Gabriel A./Verba, Sidney (Hrsg.), 1980: The Civic Culture Revisited, London u.a.

Althusser, Louis, 1959: Montesquieu: La politique e l'histoire, Paris.

amnesty international, 1994: amnesty international Jahresbericht 1994, Frankfurt a.M.

Angell, Allan, 1993: The transition to democracy in Chile: a model or an exceptional case?, in: Parliamentary Affairs 46, 563-578.

Annas, Julia, 1988: Platon, in: Fetscher, Iring/Münkler, Herfried (Hrsg.), Pipers Handbuch der politischen Ideen, Bd. 1, München, 369-396.

Anter, Andreas, 1995: Max Webers Theorie des modernen Staates, Berlin.

Apel, Hans, 1991: Die deformierte Demokratie. Parteienherrschaft in Deutschland, Stuttgart.

Arat, Zehra F., 1988: Democracy and Economic Development. Modernization Theory Revisited, in: Comparative Politics 21, 21-36.

Archibugi, Daniele/Held, David (Hrsg.), 1995: Cosmopolitan Democracy. An Agenda for a New World Order, Cambridge.

Aristoteles, 1989: Politik. Schriften zur Staatstheorie, übersetzt und hg. v. Franz F. Schwarz, Stuttgart.

Aristoteles, 1993: Der Staat der Athener, übersetzt und hg. v. Martin Dreher, Leipzig.

Armingeon, Klaus, 1994: The capacity to act: European National Governments and the European Commission, Bern (Manuskript).

Arnim, Hans Herbert von, 1992: Deutschland – eine Demokratie der Funktionäre? Die Verfassung muß Barrieren errichten gegen die Übermacht und die Begehrlichkeiten der Parteien, in: DIE ZEIT, Nr. 27 v. 26. Juni 1992, S. 4.

Arnim, Hans Herbert von, 1994: Alle Macht dem Volk, in: DIE ZEIT, Nr. 45, 4. November 1994, S. 14.

Aron, Raymon, 1968: Main Currents in Sociological Thought, Bd. 1, Harmondsworth, 17-62.

Bachrach, Peter, 1970: Die Theorie demokratischer Elitenherrschaft, Frankfurt a.M.

Bachrach, Peter/Botwiniek, Aryeh, 1992: Power and Empowerment: A Radical Theory of Participatory Democracy, Philadelphia.

Badura, Peter, 1987: Die parlamentarische Demokratie, in: Isensee, Josef/Kirchhof, Paul (Hrsg.), Handbuch des Staatsrechts, Bd. 1, Heidelberg, 953-986.

Bagehot, Walter, 1963 (1867): The English Constitution, Harmondsworth.

Bakunin, Michail, 1969: Persönliche Beziehungen zu Marx, in: Hillmann, Susanne (Hrsg.), Gott und der Staat, Reinbek bei Hamburg, 174-190.

Ballestrem, Karl G., 1976: Zur politischen Theorie des klassischen englischen Liberalismus, in: Politische Vierteljahresschrift 17, 186-207.

Ballestrem, Karl G., 1988: „Klassische Demokratietheorie". Konstrukt oder Wirklichkeit?, in: Zeitschrift für Politik 35, 33-56.

Banks, Arthur S., 1971: Cross-Polity Time-Series Data, Cambridge.

Banks, Arthur S., 1979: Cross-National Time-Series Data Archive User's Manual, Binghamton: State University of New York at Binghamton.

Barber, Benjamin, 1994 (engl. 1984): Starke Demokratie, Hamburg.

Barnes, Samuel H./Kaase, Max u.a., 1979: Political Action. Mass Participation in Five Western Democracies, Beverly Hills/London.

Barro, Robert J./Sala-i-Martin, Xavier, 1995: Economic Growth, New York u.a.

Bartlett, Robert C., 1994: Aristotle's Science of the Best Regime, in: American Political Science Review 88, 143-155.

Bartsch, Volker, 1982: Liberalismus und arbeitende Klassen. Zur Gesellschaftstheorie J. S. Mills, Opladen.

Bealey, Frank, 1988: Democracy in the Contemporary State, Oxford.

Beck, Ulrich, 1986: Risikogesellschaft. Auf dem Weg in eine andere Moderne, Frankfurt a.M.

Beck, Ulrich, 1989: Die unvollendete Demokratie, in: DER SPIEGEL, Jg. 43, Nr. 51 vom 18.12.1989, 186-187.

Beck, Ulrich, 1990: Die Gesellschaft als Labor. Die Utopie der „ökologischen Demokratie", in: Neue Zürcher Zeitung vom 31.1.1990, Fernausgabe 24, S. 41.

Beetham, David, 1993: For theorems about the market and democracy, in: European Journal of Political Research 23, 187-201.

Beetham, David (Hrsg.), 1994: Defining and Measuring Democracy, London u.a.

Bellamy, Richard, 1993: Joseph A. Schumpeter and his Contemporaries, in: European Journal of Political Research 23, 117-120.

Benda, Ernst/Hättich, Manfred, 1985: Demokratie, in: Görres-Gesellschaft (Hrsg.), Staatslexikon. Recht – Wirtschaft – Gesellschaft, Freiburg/Basel/Wien, 1182-1201.

Bendix, Reinhard, 1964: Max Weber. Das Werk, München.

Benello, C. George/Roussopoulos, Dimitrios (Hrsg.), 1971: The Case for Participatory Democracy, New York.

Benhabib, Seyla/Nicholson, Linda, 1987: Politische Philosophie und die Frauenfrage, in: Fetscher, Iring/Münkler, Herfried (Hrsg.), Pipers Handbuch der politischen Ideen, Bd. 5, München/Zürich, 513-562.

Bentley, Arthur F., 1908: The Process of Government. A Study of Social Pressures, Evanston/Ill.

Berg-Schlosser, Dirk, 1989: Conditions of Democracy in Third World Countries, in: Democracy in the modern world, University of Tampere, 131-160.

Berg-Schlosser, Dirk, 1994: Demokratisierung in Afrika – Bedingungen und Perspektiven, in: Verfassung und Recht in Übersee 27, 287-308.

Berg-Schlosser, Dirk/De Meur, Gisèle, 1994a: Conditions of Democracy in Inter-War Europe. A Boolean Test of Major Hypotheses, in: Comparative Politics 26, 253-279.

Berg-Schlosser, Dirk/De Meur, Gisèle, 1994b: Crisis, Compromise, Collapse: Social and Political Reactions to the Great Depression in Europe (World Congress of the International Sociological Association, Bielefeld, Juli 1994).

Berlin, Isaac, 1969: Four Essays on Liberty, Oxford.

Bermbach, Udo (Hrsg.), 1973: Theorie und Praxis direkter Demokratie, Opladen.

Bermbach, Udo, 1986: Liberalismus, in: Fetscher, Iring/Münkler, Herfried (Hrsg.), Pipers Handbuch der politischen Ideen, Bd. 4, München, 323-368.

Bermbach, Udo, 1991: Demokratietheorie und politische Institutionen, Opladen.

Bermbach, Udo, 1994: Direkte Demokratie, in: Holtmann, Everhard (Hrsg.), Politik-Lexikon, München/Berlin, 130-133.

Bermeo, Nancy, 1992: Democracy and the Lessons of Dictatorship, in: Comparative Politics 24, 273-291.

Bernholz, Peter/Breyer, Friedrich, 1994: Grundlagen der Politischen Ökonomie, Bd. 2: Ökonomische Theorie der Politik, Tübingen.

Bernstein, Eduard, 1973 (1899): Die Voraussetzungen des Sozialismus und die Aufgaben der Sozialdemokratie, Bonn-Bad Godesberg.

Besson, Waldemar/Jasper, Gotthard, 1990: Das Leitbild der modernen Demokratie, Bonn.

Beyme, Klaus von, 1965: Repräsentatives und Parlamentarisches Regierungssystem, in: Politische Vierteljahresschrift 6, 145-159.

Beyme, Klaus von, 1966: Demokratie, in: Kernig, Claus D. (Hrsg.), Sowjetsystem und demokratische Gesellschaft. Eine vergleichende Enzyklopädie, Bd. 1, Freiburg/Basel/Wien, 1111-1156.

Beyme, Klaus von, 1970: Die Parlamentarischen Regierungssysteme in Europa, Stuttgart.

Beyme, Klaus von, 1973: Demokratietheorie und Demokratiemodelle, in: Politische Bildung 6, Nr. 3, 3-53.

Beyme, Klaus von, 1992a: Die Politischen Theorien der Gegenwart, Opladen.

Beyme, Klaus von (Hrsg.), 1992b: Demokratisierung und Parteiensysteme in Osteuropa (Geschichte und Gesellschaft 18, H. 3), Göttingen.

Beyme, Klaus von, 1993: Die politische Klasse im Parteienstaat, Frankfurt a.M.

Beyme, Klaus von, 1994: Systemwechsel in Osteuropa, Frankfurt a.M.

Beyme, Klaus von/Schmidt, Manfred G. (Hrsg.), 1990: Politik in der Bundesrepublik Deutschland, Opladen.

Billerbeck, Rudolf, 1989: Plebiszitäre Demokratie in der Praxis. Zum Beispiel Kalifornien, Berlin.

Birch, Anthony H., 1993: The Concepts and Theories of Modern Democracy, London.

Biester, Elke/Holland-Cunz, Barbara/Sauer, Birgit (Hrsg.), 1994: Demokratie oder Androkratie? Theorie und Praxis demokratischer Herrschaft in der feministischen Diskussion, Frankfurt a.M./New York.

Bleicken, Jochen, 1994: Die athenische Demokratie, 2. überarbeitete und erweiterte Auflage, Paderborn u.a.

Böckenförde, Ernst-Wolfgang, 1976: Die Bedeutung der Unterscheidung von Staat und Gesellschaft im demokratischen Sozialstaat der Gegenwart, in: Bökkenförde, Ernst-Wolfgang (Hrsg.), Staat und Gesellschaft, Darmstadt, 395-431.

Böckenförde, Ernst-Wolfgang, 1987: Demokratie als Verfassungsprinzip, in: Isensee, Josef/Kirchhof, Paul (Hrsg.), Handbuch des Staatsrechts, Bd. 1, 887-953.

Bollen, Kenneth A., 1979: Political Democracy and the Timing of Development, in: American Sociological Review 44, 572-587.

Bollen, Kenneth A., 1980: Issues in the Comparative Measurement of Political Democracy, in: American Sociological Review 45, 370-390.

Bollen, Kenneth A., 1983: World System Position, Dependency, and Democracy: The Cross-National Evidence, in: American Sociological Review 48, 468-479.

Bollen, Kenneth A., 1990: Political Democracy: Conceptual and Measurement Traps, in: Studies in Comparative International Development 25, 7-24.

Bollen, Kenneth A., 1993: Liberal Democracy: Validity and Method Factors in Cross-National Measures, in: American Journal of Political Science 37, 1207-1230.

Bollen, Kenneth A./Jackman, Robert W., 1989: Democracy, Stability and Dichotomies, in: American Sociological Review 54, 612-621.

Bookman, John T., 1992: The Wisdom of the Many: An Analysis of the Arguments of Book III and IV of Aristotle's Politics, in: History of Political Thought 13, 1-12.

Bova, Russell, 1991: Political Dynamics of the Post-Communist Transition, in: World Politics 44, 113-138.

Bracher, Karl Dietrich, 1957: Die Auflösung der Weimarer Republik. Eine Studie zum Problem des Machtverfalls in der Demokratie, Stuttgart.

Bracher, Karl Dietrich, 1974: Die nationalsozialistische Machtergreifung, Ulm.

Bradford, Jones u.a., 1995: Condorcet Winners and the Paradox of Voting: Probability Calculations for Weak Preference Orders, in: American Political Science Review 89, 137-144.

Brennan, Geoffrey/Lomasky, Loren, 1993: Democracy and decision. The pure theory of electoral preference, Cambridge.

Breuer, Stefan, 1991: Max Webers Herrschaftssoziologie, Frankfurt a.M./New York.

Breuer, Stefan, 1994: Bürokratie und Charisma, Darmstadt.

Brockard, Hans, 1977a: Anmerkungen, in: Rousseau, Jean-Jacques, Vom Gesellschaftsvertrag oder Grundsätze des Staatsrechts, Stuttgart, 155-176.

Brockard, Hans, 1977b: Nachwort, in: Rousseau, Jean-Jacques, Vom Gesellschaftsvertrag oder Grundsätze des Staatsrechts, Stuttgart, 177-232.

Brocker, Manfred, 1991: Wahlrecht und Demokratie in der politischen Philosophie John Lockes, in: Zeitschrift für Politik 38, 47-63.

Brunner, Georg, 1979: Vergleichende Regierungslehre, Bd. 1, Paderborn u.a.

Bryce, James, 1926 (1923): Moderne Demokratien, 3. Bd., München.

Buchanan, James M./Tullok, Gordon, 1962: The Calculus of Consent. Logical Foundations of Constitutional Democracy, Ann Arbor.

Buchstein, Hubertus, 1992a: Perspektiven Kritischer Demokratietheorie, in: Prokla Nr. 86, H. 1, 115-136.

Buchstein, Hubertus, 1992b: Politikwissenschaft und Demokratie, Baden-Baden.

Budge, Ian/Keman, Hans, 1990: Parties and Democracy. Coalition Formation and Government Functioning in Twenty States, Oxford u.a.

Budge, Ian/McKay, David (Hrsg.), 1993: Developing Democracy, London u.a.

Bundeszentrale für politische Bildung (Hrsg.) 1994: Grundwerte der Demokratie im internationalen Vergleich, Bonn.

Bürklin, Wilhelm, 1988: Wählerverhalten und Wertewandel, Opladen.

Bugiel, Dieter, 1987: Das Institut der Volksabstimmung im modernen Verfassungsstaat. Zur Verfassungslage und Rechtspraxis bürgerlicher Sachentscheidsrechte, in: Zeitschrift für Parlamentsfragen 18, 394-419.

Bugiel, Karsten, 1991: Volkswille und repräsentative Entscheidung. Zulässigkeit und Zweckmäßigkeit von Volksabstimmungen nach dem Grundgesetz, Baden-Baden.

Burgelin, Pierre, 1966: Introduction, in: Jean-Jacques Rousseau, Du Contrat Social, hg. v. Pierre Burgelin, Paris, 15-27.

Burke, Edmund, 1986 (1790): Reflections on the Revolution in France, Harmondsworth.

Burkhard, Ross E./Lewis-Beck, Michael S., 1994: Comparative Democracy: The Economic Development Thesis, in: American Political Science Review 88, 903-910.

Burns, J.H., 1957: J.S. Mill and Democracy, 1829-61, in: Political Studies 5, 158-175 und 281-294.

Busch, Andreas, 1995: Preisstabilitätspolitik, Opladen.

Butler, David/Ranney, Austin (Hrsg.), 1994: Referendums Around the World, Washington D.C.

Castles, Francis G. 1992: Parteien (V): Sozialdemokratische Parteien, in: Schmidt, Manfred G. (Hrsg.), Die westlichen Länder, München, 316-325.

Castles, Francis G. (Hrsg.), 1982: The Impact of Parties, Beverly Hills u.a.

Church, Clive H., 1995: The Crisis of Konkordanz Democracy in Switzerland, ECPR Joint Sessions, Bordeaux 1995.

Cnudde, Charles F./Neubauer, Deane E. (Hrsg.), 1969: Empirical Democratic Theory, Chicago.

Cohen, Joshua/Rogers, Joel, 1992: Secondary Associations and Democratic Governance, in: Politics & Society 20, 393-472.

Colomer, Josep Maria, 1991: Transitions by Agreement: Modeling the Spanish Way, in: American Political Science Review 85, 1283-1302.

Colomer, Josep Maria, 1995: Introducción, in: Colomer, Josep Maria (Hrsg.), La política in Europa, Barcelona, 7-25.

Conradt, David P., 1993: The German Polity, New York/London.

Conze, Werner/Lepsius, M. Rainer (Hrsg.), 1983: Sozialgeschichte der Bundesrepublik Deutschland. Beiträge zum Kontinuitätsproblem, Stuttgart.

Cook, Terrence I./Morgan, Patrick M. (Hrsg.), 1971: Participatory Democracy, San Francisco u.a.

Cooper, Richard N., 1986: Economic Policy in an Interdependent World, Cambridge, Mass.

Coppedge, Michael/Reinicke, Wolfgang H., 1990: Measuring Polyarchy, in: Studies on Comparative International Development 25, 51-72.

Cranston, M., 1968: Introduction to Rousseau, The Social Contract, Harmondsworth, 9-46.

Cutright, Phillips, 1963: National Political Development. Its Measurement and Social Correlates, in: Polsby, Nelson W./Dentler, Robert A./Smith, Paul A., Politics and Social Life, Boston, 569-581.

Czada, Roland/Lehmbruch, Gerhard, 1990: Parteienwettbewerb, Sozialstaatspostulat und gesellschaftlicher Wertewandel, in: Bermbach, Udo/Blanke, Bernhard/Böhret, Carl (Hrsg.), Spaltungen der Gesellschaft und die Zukunft des Sozialstaates, Opladen, 55-84.

Dachs, Herbert u.a. (Hrsg.), 1991: Handbuch des politischen Systems Österreichs, Wien.

Dahl, Robert A., 1971: Polyarchy. Participation and Opposition, New Haven/London.

Dahl, Robert A., 1985: A Preface to Economic Democracy, Cambridge, Mass.

Dahl, Robert A., 1989: Democracy and its Critics, Cambridge, Mass.

Dahl, Robert A., 1992: The problem of civic competence, in: Journal of Democracy 3, No. 4, 45-59.

Dahl, Robert A., 1993: Why all democratic countries have mixed economies, in: Nomos 36, 259-282.

Dahl, Robert A., 1994: A Democratic Dilemma: System Effectiveness versus Citizen Participation, in: Political Science Quarterly 109, 23-34.

Dahlheim, Werner, 1994: Die Antike, Paderborn.

Dahrendorf, Ralf, 1968a: Die angewandte Aufklärung, Frankfurt a.M.

Dahrendorf, Ralf, 1968b: Gesellschaft und Demokratie in Deutschland, München.

Dahrendorf, Ralf, 1983: Die Chancen der Krise. Über die Zukunft des Liberalismus, Stuttgart.

Dahrendorf, Ralf, 1988: Auf den Wähler kommt es an, in: DIE ZEIT, Nr. 34 v. 19.8.1988, 3.

Dahrendorf, Ralf, 1992a: Tradition und Wandel, in: DIE ZEIT, Nr. 9 v. 21.2.1992, 53.

Dahrendorf, Ralf, 1992b: Democracy and Modernity: Notes on the European Experience, in: Eisenstadt, Samuel N. (Hrsg.), Democracy and Modernity, Leiden u.a., 15-20.

Dalton, Russell J., 1988: Citizen Politics in Western Democracies. Public Opinion and Political Parties in the United States, Great Britain, West Germany, and France, Chatham N.J.

Dalton, Russell J., 1989: Politics in West Germany, Glenview, Ill.

Demandt, Alexander, 1993: Der Idealstaat, Berlin.

Deppe, Rainer/Dubiel, Helmut/Rödel, Ulrich (Hrsg.), 1991: Demokratischer Umbruch in Osteuropa, Frankfurt a.M.

Depenheuer, Otto, 1994: Setzt Demokratie Wohlstand voraus?, in: Der Staat 33, 329-350.

Desgraves, Louis, 1992 (franz. 1986): Montesquieu, Frankfurt a.M.

Diamond, Larry/Linz, Juan J./Lipset Seymour Martin (Hrsg.), 1988/89: Democracy in Developing Countries, 4 Bde., Boulder Col./London.

Diamond, Larry, 1992: Economic Development and Democracy Reconsidered, in: Marks, Gary/Diamond, Larry (Hrsg.), 1992: Reexamining Democracy, Newbury Park u.a., 93-139.

Diamond, Larry/Plattner, Marc F. (Hrsg.), 1994: Nationalism, Ethnic Conflict, and Democracy, Baltimore.

Di Palma, Guiseppe, 1990: To Craft Democracies. An Essay on Democratic Transitions, Berkeley u.a.

Dix, Robert H., 1994: History and Democracy Revisited, in: Comparative Politics 27, 91-105.

Dixon, William J., 1993: Democracy and the Management of International Conflict, in: Journal of Conflict Resolution 37, 42-68.

Doh Chull Shin, 1994: On the Third Wave of Democratization, in: World Politics 47, 135-170.

Downs, Anthony, 1957: An Economic Theory of Democracy, New York (deutsch: Ökonomische Theorie der Politik, Tübingen 1968).

Downs, Anthony, 1959: Dr. Rogers's methodological difficulties – A reply to his critical note, in: American Political Science Review 53, 1094-1097.

Downs, Anthony, 1967: Inside Bureaucracy, Boston, Mass.

Dreher, Martin, 1993: Einleitung, in: Aristoteles, Der Staat der Athener, Leipzig, 5-30.

Dryzek, John S., 1989: Policy sciences of democracy, in: Polity 22, Nr. 1, 97-118.

Dubiel, Helmut, 1990: Zivilreligion in der Massendemokratie?, in: Soziale Welt 41, 125-143.

Duch, Raymond M., 1995: Economic Chaos and the Fragility of Democratic Transition in Former Communist Regimes, in: The Journal of Politics 57, 121-158.

Duncan, Graeme, 1973: Marx and Mill, Cambridge u.a.

Duncan, Graeme/Lukes, Steven, 1963: The New Democracy, in: Political Studies 11, 156-177.

Durkheim, Emile, 1953 (franz. 1893): Montesquieu et Rousseau, Paris.

Duverger, Maurice, 1959: Die politischen Parteien, Tübingen.

Duverger, Maurice, 1980: A New Political System Model: Semi-Presidential Government, in: European Journal of Political Research 8, 165-187.

Duverger, Maurice, 1990: Le système politique français, Paris.

Eberwein, Wolf-Dieter, 1992: Ewiger Friede oder Anarchie? Demokratie und Krieg, Wissenschaftszentrum Berlin für Sozialforschung.

Eckstein, Harry, 1966: A Theory of Stable Democracy, Princeton.

Edelman, Murray, 1976: Politik als Ritual, Frankfurt a.M./New York.

Edelman, Murray, 1988: Constructing the Political Spectacle, Chicago/London.

Eisenstadt, Abraham S. (Hrsg.), 1988: Reconsidering Tocqueville's Democracy in America, New Brunswick/London.

Eisenstadt, Samuel N., 1992a: Introduction, in: Eisenstadt, Samuel N. (Hrsg.), Democracy and Modernity, Leiden u.a., vii-xii.

Eisenstadt, Samuel N. (Hrsg.), 1992b: Democracy and Modernity, Leiden u.a.

Ekiert, Grzegorz, 1991: Democratization Processes in East Central Europe: A Theoretical Reconsideration, in: British Journal of Political Science 21, 285-313.

Ellwein, Thomas/Hesse, Joachim Jens, 1987: Das Regierungssystem der Bundesrepublik Deutschland, Opladen.

Elster, Jon, 1986: The Market and the Forum: Three Varieties of Political Theory, in: Elster, Jon/Hylland, Aanund (Hrsg.), Foundations of Social Choice Theory, Cambridge/London/New York, 103-132.

Engels, Friedrich, 1958 (1845/46): Das Fest der Nationen in London, in: Marx-Engels-Werke, Bd. 2, Berlin, 611-624.

Epple-Gass, Ruedi, 1988: Friedensbewegung und direkte Demokratie in der Schweiz, Frankfurt a.M.

Eschenburg, Theodor, 1976: Tocquevilles Wirkung in Deutschland, in: de Tocqueville, Alexis, Über die Demokratie in Amerika, München, 879-932.

Euchner, Walter, 1982: Karl Marx, München.

Euchner, Walter, 1989: Einleitung des Herausgebers, in: Locke, John, Zwei Abhandlungen über die Regierung, Frankfurt a.M., 9-50.

Euchner, Walter, 1992: Karl Kautskys Beitrag zum Demokratieverständnis der SPD, in: Rojahn, Jürgen/Schelz, Till/Steinberg, Hans-Josef (Hrsg.), Marxismus und Demokratie. Karl Kautskys Bedeutung in der sozialistischen Arbeiterbewegung, Frankfurt a.M./New York, 220-232.

Eucken, Christoph, 1990: Der aristotelische Demokratiebegriff und sein historisches Umfeld, in: Patzig, Günther (Hrsg.), Aristoteles' „Politik", Göttingen, 277-291.

Evers, Tilman, 1991: Volkssouveränität im Verfahren. Zur Verfassungsdiskussion über direkte Demokratie, in: Aus Politik und Zeitgeschichte B 23/91, 3-15.

Falk, Berthold, 1968: Montesquieu, in: Maier, Hans/Rausch, Heinz/Denzer, Horst (Hrsg.), Klassiker des politischen Denkens, München, Bd. 2, 53-74.

Fears, J.R., 1973: Rezension von Moses I. Finley, The Ancient Economy, in: The Annals of the American Academy of the Political and Social Sciences, No. 410, 197-198.

Feld, Scott L./Grofman, Bernhard, 1988: Ideological Consistency as a Collective Phenomenon, in: American Political Science Review 82, 773-788.

Femia, Joseph V., 1993: Marxism and Democracy, Oxford.

Fetscher, Iring, 1968: Rousseaus Politische Philosophie. Zur Geschichte des demokratischen Freiheitsbegriffs, Neuwied.

Fetscher, Iring, 1970: Die Demokratie. Grundfragen und Erscheinungsformen, Stuttgart/Berlin/Köln/Mainz.

Fetscher, Iring, 1973: Demokratie zwischen Sozialdemokratie und Sozialismus, Stuttgart/Berlin/Köln/Mainz.

Fetscher, Iring, 1984: Wieviel Konsens gehört zur Demokratie?, in: Guggenberger, Bernd/Offe, Claus (Hrsg.), An den Grenzen der Mehrheitsdemokratie, Opladen, 196-206.

Fetscher, Iring, 1985: Politisches Denken im Frankreich des 18. Jahrhunderts vor der Revolution, in: Fetscher, Iring/Münkler, Herfried (Hrsg.), Pipers Handbuch der politischen Ideen, Bd. 3: Neuzeit: Von den Konfessionskriegen bis zur Aufklärung, München, 423-528.

Fijalkowski, Jürgen, 1989: Vorwort, in: Billerbeck, Rudolf, Plebiszitäre Demokratie in der Praxis, Berlin, 7-12.

Fijalkowski, Jürgen, 1993: Erfahrungen mit Volksabstimmungen zu Sachfragen – Erfordernisse und Ergebnisse kategorialer Differenzierung, in: Klingemann, Hans-Dieter/Luthardt, Wolfgang (Hrsg.), Wohlfahrtsstaat, Sozialstruktur und Verfassungsanalyse, Opladen, 147-167.

Finley, Moses I., 1980: Antike und moderne Demokratie, Stuttgart.

Finley, Moses I., 1991 (engl. 1983): Das politische Leben in der antiken Welt, München.

Flathman, Richard E., 1993: Thomas Hobbes: Skepticism, Individuality and Chastened Politics, Newbury Park u.a.

Flora, Peter u.a., 1983: State, Economy, and Society in Western Europe 1815-1975, Bd. 1, Frankfurt a.M./New York.

Forsthoff, Ernst, 1951: Zur Einführung, in: Montesquieu, Vom Geist der Gesetze, hg. v. Ernst Forsthoff, Bd. 1, Tübingen, V-LVI.

Forsthoff, Ernst (Hrsg.), 1968: Rechtsstaatlichkeit und Sozialstaatlichkeit, Darmstadt.

Forsthoff, Ernst, 1971: Der Staat der Industriegesellschaft. Dargestellt am Beispiel der Bundesrepublik Deutschland, München.

Forsthoff, Ernst, 1976 (1954): Verfassungsprobleme des Sozialstaates, in: Forsthoff, Ernst, Rechtsstaat im Wandel. Verfassungsrechtliche Abhandlungen 1954-1973, München, 50-64.

Fraenkel, Ernst, 1984 (1940): Der Doppelstaat. Recht und Justiz im Dritten Reich, Frankfurt a.M.

Fraenkel, Ernst, 1991 (1964): Deutschland und die westlichen Demokratien. Mit einem Nachwort über Leben und Werk Ernst Fraenkels, hg. v. Alexander von Brünneck, Frankfurt a.M.

Fraenkel, Ernst, 1991a (1960): Deutschland und die westlichen Demokratien, in: Fraenkel, Ernst, Deutschland und die westlichen Demokratien, Frankfurt a.M., 48-67.

Fraenkel, Ernst, 1991b (1958): Die repräsentative und plebiszitäre Komponente im demokratischen Verfassungsstaat, in: Fraenkel, Ernst, Deutschland und die westlichen Demokratien, Frankfurt a.M., 153-203.

Fraenkel, Ernst, 1991c (1964): Der Pluralismus als Strukturelement der freiheitlich-rechtsstaatlichen Demokratie, in: Fraenkel, Ernst, Deutschland und die westlichen Demokratien, Frankfurt a.M., 297-325.

Fraenkel, Ernst, 1991d (1969): Strukturanalyse der modernen Demokratie, in: Fraenkel, Ernst, Deutschland und die westlichen Demokratien, Frankfurt a.M., 326-359.

Fraenkel, Ernst, 1991e (1963): Demokratie und öffentliche Meinung, in: Fraenkel, Ernst, Deutschland und die westlichen Demokratien, Frankfurt a.M., 232-260.

Freedom House (1993): Freedom in the World. The Annual Survey of Political Rights & Civil Liberties 1992-1993, New York.

Freedom House (1994): Freedom in the World. The Annual Survey of Political Rights & Civil Liberties 1993-1994, New York.

Freedom House (1995): Freedom in the World. The Annual Survey of Political Rights & Civil Liberties 1994-1995, New York.

Frey, Bruno S., 1978: Moderne Politische Ökonomie, München.

Frey, Bruno S., 1992: Efficiency and Democratic Political Organization: The Case for the Referendum, in: Journal of Public Policy 12, 209-222.
Frey, Bruno S./Kirchgässner, Gebhard, 1994: Demokratische Wirtschaftspolitik, München.
Friedman, Edward (Hrsg.), 1994: The Politics of Democratization. Generalizing East Asian Experiences, Boulder Col. u.a.
Friedrich, Carl Joachim, 1953: Der Verfassungsstaat der Neuzeit, Berlin u.a.
Friedrich, Carl Joachim, 1966: Demokratie als Herrschafts- und Lebensform, Heidelberg.
Fromme, Friedrich Karl, 1962 (2. Auflage): Von der Weimarer Verfassung zum Bonner Grundgesetz. Die verfassungspolitischen Folgerungen des Parlamentarischen Rates aus Weimarer Republik und nationalsozialistischer Diktatur, Tübingen.
Fromme, Friedrich Karl, 1970: Der Demokratiebegriff des Grundgesetzgebers, in: Die Öffentliche Verwaltung, No. 15/16, 518-526.
Fuchs, Dieter, 1989: Die Unterstützung des politischen Systems der Bundesrepublik Deutschland, Opladen.
Fuchs, Dieter, 1993: Eine Metatheorie des demokratischen Prozesses, Wissenschaftszentrum Berlin für Sozialforschung.
Fuchs, Dieter/Roller, Edeltraud, 1994: Cultural Conditions of the Transformation to Liberal Democracies in Central and Eastern Europe, Wissenschaftszentrum für Sozialforschung Berlin.
Fukuyama, Francis, 1992: The End of History, New York.
Fukuyama, Francis, 1995: Confucianism and Democracy, in: Journal of Democracy 6, No. 2, 20-33.
Funke, Manfred/Jacobsen, Hans-Adolf/Knütter, Hans-Helmuth/Schwarz, Hans-Peter (Hrsg.), 1987: Demokratie und Diktatur, Bonn.
Furet, François, 1981: Préface, in: De Tocqueville, Alexis, De la Démocratie en Amérique, Paris, 6-46.
Gabriel, Oscar W., 1986: Politische Kultur, Postmaterialismus und Materialismus in der Bundesrepublik Deutschland, Opladen.
Gabriel, Oscar W., 1987: Demokratiezufriedenheit und demokratische Einstellungen in der Bundesrepublik Deutschland, in: Aus Politik und Zeitgeschichte. Beilage zur Wochenzeitung Das Parlament B 22/87, 32-44.
Gabriel, Oscar W., 1994: Politische Einstellungen und politische Kultur, in: Gabriel, Oscar W., Brettschneier, Frank (Hrsg.), Die EU-Staaten im Vergleich, Opladen, 96-133.
Gallagher, Michael/Laver, Michael/Mair, Peter, 1992: Representative Government in Western Europe, New York u.a.
Gasiorowski, Mark, 1990: The Political Regimes Project, in: Studies in Comparative International Development 25, 109-125.
Gastil, Raymond Duncan, 1990: The Comparative Survey of Freedom: Experiences and Suggestions, in: Studies in Comparative International Development 25, 25-50.
Gebhardt, Jürgen, 1991: Direkt-demokratische Institution und repräsentative Demokratie im Verfassungsstaat, in: Aus Politik und Zeitgeschichte B 23/91, 16-30.

Geiger, Theordor, 1948: Klassengesellschaft im Schmelztiegel, Köln/Hagen.
Gerlich, Peter/Plasser, Fritz/Ulram, Peter A. (Hrsg.), 1992: Regimewechsel. Demokratisierung und politische Kultur in Ost- und Mitteleuropa, Wien u.a.
Germann, Raimund E., 1976: Der Bürger in der Konkordanzdemokratie, in: Civitas 31, Nr. 7.
Germann, Raimund E., 1991: Aufnahme plebiszitärer Elemente ins deutsche Grundgesetz: Was lehren die schweizer Erfahrungen?, in: Jahrbuch für Politik, Halbband 1, 219-238.
Geyer, Dietrich, 1992: Der Zerfall der Sowjetunion in historischer Perspektive. Bei aller Einmaligkeit Parallelen zwischen 1917 und 1991, in: Der Bürger im Staat 42, Heft 2, 82-85.
Gilden, Hilail, 1983: Rousseau's Social Contract: The Design of the Argument, Cambridge.
Gills, Barry/Rocamora, Joel, 1992: Low intensity democracy, in: Third World Quarterly 13, 501-523.
Glaeßner, Gert-Joachim, 1991: Der schwierige Weg zur Demokratie. Vom Ende der DDR zur deutschen Einheit, Opladen.
Gleditsch, Nils Peter, 1992: Democracy and Peace, in: Journal of Peace Research 29, 369-376.
Glum, Friedrich, 1956: Jean-Jacques Rousseau – Religion und Staat, Stuttgart u.a.
Gneuss, Christian/Kocka, Jürgen (Hrsg.), 1988: Max Weber. Ein Symposium, München.
Göhler, Gerhard, 1986: Vom Sozialismus zum Pluralismus. Politiktheorie und Immigrationserfahrung bei Ernst Fraenkel, in: Politische Vierteljahresschrift 27, 6-27.
Göhler, Gerhard/Klein, Ansgar, 1991: Politische Theorien des 19. Jahrhunderts, in: Lieber, Hans-Joachim (Hrsg.), Politische Theorien von der Antike bis zur Gegenwart, Bonn, 259-656.
Gould, Carol C., 1990: Rethinking Democracy. Freedom and social cooperation in politics, economy, and society, Cambridge u.a.
Greiffenhagen, Martin (Hrsg.), 1973: Demokratisierung in Staat und Gesellschaft, München/Zürich.
Greiffenhagen, Martin, 1973: Einleitung, in: Greiffenhagen, Martin (Hrsg.), Demokratisierung in Staat und Gesellschaft, München/Zürich, 11-44.
Greven, Michael Th., 1977: Parteien und politische Herrschaft, Meisenheim.
Greven, Michael Th., 1993: Ist die Demokratie modern? Zur Rationalitätskrise der politischen Gesellschaft, in: Politische Vierteljahresschrift 34, 399-413.
Grube, Frank/Richter, Gerhard (Hrsg.), 1975: Demokratietheorien. Konzeptionen und Kontroversen, Hamburg.
Guggenberger, Bernd, 1984: An den Grenzen der Mehrheitsdemokratie, in: Guggenberger, Bernd/Offe, Claus (Hrsg.), An den Grenzen der Mehrheitsdemokratie. Politik und Soziologie der Mehrheitsregel, Opladen, 184-195.
Guggenberger, Bernd, 1995: Demokratie/Demokratietheorie, in: Nohlen, Dieter (Hrsg.), Wörterbuch Staat und Politik, München/Zürich, 80-90.
Guggenberger, Bernd/Offe, Claus (Hrsg.), 1984: An den Grenzen der Mehrheitsdemokratie. Politik und Soziologie der Mehrheitsregel, Opladen.

Gurr, Ted Robert/Jaggers, Keith/Moore, Will H., 1990: The Transformation of the Western State: The Growth of Democracy, Autocracy, and State Power since 1800, in: Studies in Comparative International Development 25, 73-108.

Habermas, Jürgen, 1973: Legitimationsprobleme im Spätkapitalismus, Frankfurt a.M.

Habermas, Jürgen, 1981: Theorie des kommunikativen Handelns, 2 Bde., Frankfurt a.M.

Habermas, Jürgen, 1992a: Drei normative Modelle der Demokratie: Zum Begriff deliberativer Politik, in: Münkler, Herfried (Hrsg.), Die Chancen der Freiheit. Grundprobleme der Demokratie, München/Zürich, 11-24.

Habermas, Jürgen, 1992b: Faktizität und Geltung. Beiträge zur Diskurstheorie des Rechts und des demokratischen Rechtsstaats, Frankfurt a.M.

Habermas, Jürgen u.a., 1969: Student und Politik. Eine soziologische Untersuchung zum politischen Bewußtsein Frankfurter Studenten, Neuwied/Berlin.

Hacke, Christian, 1992: Ein liberaler Aristokrat, in: Das Parlament, Nr. 24 v. 5.6.1992.

Hartwich, Hans-Hermann, 1970: Sozialstaatspostulat und gesellschaftlicher status quo, Köln/Opladen.

Hadenius, Axel, 1992: Democracy and Development, Cambridge.

Hadenius, Axel, 1994: The Duration of Democracy: Institutional vs Social-Economic Factors, in: Beetham, David (Hrsg.), Defining and Measuring Democracy, London u.a., 63-88.

Hamilton, Alexander/Madison, James/Jay, John, 1961 (1788): The Federalist Papers, hg. v. Clinton Rossiter, New York.

Hansen, Mogens Herman, 1991: The Athenian Democracy in the Age of Demosthenes, Oxford/Cambridge, Mass.

Haubold, Erhard, 1995: Vierzig Schritte zum Wahlbetrug, in: Frankfurter Allgemeine Zeitung Nr. 107, 9. Mai 1995, S. 8.

Hegel, Georg Wilhelm Friedrich, 1965 (1821): Grundlinien der Philosophie des Rechts, Hamburg.

Hegel, Georg Wilhelm Friedrich, 1970: Aus Hegels Vorlesungen über die Philosophie der Weltgeschichte, in: Hegel, Georg Wilhelm Friedrich, Recht, Staat, Geschichte, Stuttgart, 351-443.

Heidorn, Joachim, 1982: Legitimität und Regierbarkeit, Berlin.

Held, David, 1987: Models of Democracy, Cambridge/Oxford.

Held, David, 1991a: The possibilities of democracy. A discussion of Robert Dahl, Democracy and its Critics (New Haven: Yale University Press 1989), in: Theory and Society 20, 875-889.

Held, David, 1991b: Democracy, the Nation-State and the Global System, in: Held, David (Hrsg.), Political Theory Today, Cambridge, 197-235.

Held, David, 1992a: Democracy: From City-states to a Cosmopolitan Order?, in: Held, David (Hrsg.), 1992: Prospects for Democracy, Cambridge, 13-52.

Held, David (Hrsg.), 1992b: Prospects for Democracy, Cambridge.

Heller, Hermann, 1971a: Staat, in: Heller, Hermann, Gesammelte Schriften, Bd. 3, 5-23.

Heller, Hermann, 1971b (1930): Rechtsstaat oder Diktatur?, in: Heller, Hermann, Gesammelte Schriften, Bd. 1, 445-463.

Hennig, Eike, 1974: Lesehinweise für die Lektüre der „politischen Schriften" von Marx und Engels, in: Karl Marx/Friedrich Engels, Staatstheorie, hg. u. eingeleitet von Hennig, Eike u.a., Frankfurt a.M./Berlin/Wien, LIX-XCII.

Hennis, Wilhelm, 1973: Demokratisierung: Zur Problematik eines Begriffs, in: Greiffenhagen, Martin (Hrsg.), Demokratisierung in Staat und Gesellschaft, München/Zürich, 47-70.

Hennis, Wilhelm (Hrsg.), 1977: Regierbarkeit, Stuttgart, 2 Bde.

Henrich, Rolf, 1989: Der vormundschaftliche Staat. Vom Versagen des realexistierenden Sozialismus, Reinbek bei Hamburg.

Hereth, Michael, 1991: Tocqueville zur Einführung, Hamburg.

Hermens, Ferdinand Aloys, 1931: Demokratie und Kapitalismus, München/Leipzig.

Hertig, Hans-Peter, 1984: Volksabstimmungen, in: Klöti, Ulrich (Hrsg.), Handbuch Politisches System der Schweiz, Bd. 2, Bern 1984, 247-277.

Hesse, Joachim Jens/Ellwein, Thomas, 1992: Das Regierungssystem der Bundesrepublik Deutschland, 2 Bde., Opladen.

Hesse, Konrad, 1962: Der unitarische Bundesstaat, Karlsruhe.

Heuer, Jens, 1990: Marxismus und Demokratie, Baden-Baden.

Heußner, Hermann, 1992: Entstehung direktdemokratischer Verfahren in den USA – Ein Rückblick auf die geschichtlichen Impulse plebiszitärer Verfassungsbestimmungen, in: Zeitschrift für Parlamentsfragen 23, 131-145.

Hildebrandt, Kurt, 1973: Einleitung, in: Platon, Der Staat, Stuttgart, VII-XXXIX.

Hirst, Paul, 1994: New Forms of Economic and Social Governance, Cambridge.

Hobbes, Thomas, 1984 (engl. 1651): Leviathan oder Stoff, Form und Gewalt eines kirchlichen und bürgerlichen Staates, hg. v. Iring Fetscher, Frankfurt a.M.

Hockerts, Hans Günter, 1980: Sozialpolitische Entscheidungen im Nachkriegsdeutschland, Stuttgart.

Hofmann, Gunter/Perger Werner A. (Hrsg.), 1992: Die Kontroverse. Weizsäckers Parteienkritik in der Diskussion, Frankfurt a.M.

Hoffmann, E.F.L., 1849: Vollständiges politisches Taschenwörterbuch, Leipzig (Nachdruck München/Gütersloh 1981).

Hofrichter, Jürgen, 1993: Kein Licht am Ende des Tunnels. Skeptische Einschätzungen der ökonomischen und politischen Lage in Mittel- und Osteuropa, in: Informationsdienst Soziale Indikatoren Nr. 10, 6-9.

Hofrichter, Jürgen, 1994: Die Akzeptanz demokratischer Grundwerte in der Europäischen Union, in: Bundeszentrale für politische Bildung (Hrsg.), Grundwerte der Demokratie im internationalen Vergleich, Bonn, 209-233.

Holden, Barry, 1988: New directions in democratic theory, in: Political Studies 36, 324-333.

Homann, Karl, 1988: Rationalität und Demokratie, Tübingen.

Hommelhoff, Peter/Kirchhof, Paul (Hrsg.), 1994: Der Staatenverbund der Europäischen Union, Baden-Baden.

Horowitz, Donald L., 1990: Comparing Democratic Systems, in: Journal of Democracy 1, No. 4, 73-79.

Horowitz, Donald L., 1993: Democracy in divided societies, in: Journal of Democracy 4, No. 4, 18-38.

Huber, Evelyne/Ragin, Charles/Stephens, John D., 1993: Social Democracy, Christian Democracy, Constitutional Structure, and the Welfare State, in: American Journal of Sociology 99 (711-749).

Huber, John D./Powell, Bingham, G. Jr., 1994: Congruence Between Citizens and Policymakers in Two Visions of Liberal Democracy, in: World Politics 46, 291-326.

Humana, Charles (Hrsg.), 1992: World Human Rights Guide, New York/Oxford.

Huntington, Samuel P., 1984: Will more Countries become Democratic?, in: Political Science Quarterly 99, 193-218.

Huntington, Samuel P., 1991: The Third Wave. Democratization in the late Twentieth Century, Norman.

Huntington, Samuel P., 1992: How Countries Democratize, in: Political Science Quarterly 106, 579-615.

Imboden, Max, 1959: Montesquieu und die Lehre der Gewaltenteilung, Berlin.

Inglehart, Ronald, 1990: Culture Shift in Advanced Industrial Society, Princeton.

Inkeles, Axel (Hrsg.), 1991: On Measuring Democracy, New York.

Isensee, Josef/Kirchhof, Paul (Hrsg.), 1987: Handbuch des Staatsrechts der Bundesrepublik Deutschland. Bd. 1: Grundlagen von Staat und Verfassung, Heidelberg.

Jackmann, Robert W., 1991: On the Political Capacity of Nation States: Institutionalization and Legitimacy, in: Inkeles, Alex (Hrsg.), On Measuring Democracy. Its Consequences and Concomitants, New Brunswick, 157-188.

Jäger, Wolfgang, 1992: Fernsehen und Demokratie: Scheinplebiszitäre Tendenzen und Repräsentation in den USA, Großbritannien, Frankreich und Deutschland, München.

Jaggers, Keith/Gurr, Ted Robert, 1995: Transitions to Democracy: Tracking the Third Wave with Polity III Indicators of Democracy and Autocracy, University of Maryland: Manuskript (zur Veröffentlichung im Journal of Peace Research vorgesehen).

Jardin, André, 1991 (franz. 1984): Alexis de Tocqueville. Leben und Werk, Frankfurt a.M./New York.

Jeantet, Thierry, 1991: Démocratie Directe, Démocratie Moderne, Paris.

Jesse, Eckhard, 1993: Typologie politischer Systeme der Gegenwart, in: Grundwissen Politik, hg. von der Bundeszentrale für politische Bildung, Bonn, 165-227.

Joas, Hans/Kohli, Martin (Hrsg.), 1993: Der Zusammenbruch der DDR, Frankfurt a.M.

Johnson, Curtis N., 1990: Aristotle's Theory of the State, Hampshire u.a.

Jürgens, Gunther, 1993: Direkte Demokratie in den Bundesländern, Stuttgart u.a.

Jung, Otmar, 1987: Volksgesetzgebung in Deutschland, in: Leviathan 13, 242-265.

Jung Otmar, 1990: Direkte Demokratie – Forschungsstand und -aufgaben, in: Zeitschrift für Parlamentsfragen 21, 491-504.

Jung, Otmar, 1992: Kein Volksentscheid im Kalten Krieg! Zum Konzept einer plebiszitären Quarantäne für die junge Bundesrepublik 1948/1949, in: Aus Politik und Zeitgeschichte B 45/92, 16-30.

Jung, Otmar, 1994: Grundgesetz und Volksentscheid. Gründe und Reichweite der Entscheidungen des Parlamentarischen Rats gegen Formen direkter Demokratie, Opladen.

Kaase, Max, 1992a: Politische Beteiligung, in: Schmidt, Manfred G. (Hrsg.), Lexikon der Politik, Bd. 3: Die westlichen Länder, München, 339-346.

Kaase, Max, 1992b: Legitimitätsüberzeugungen, in: Schmidt, Manfred G. (Hrsg.), Lexikon der Politik, Bd. 3: Die westlichen Länder, München, 224-231.

Kaase, Max, 1994: Political Culture and Political Consolidation in Central and Eastern Europe, Berlin (Manuskript), Publikation vorgesehen für: Weil, Frederick D. (Hrsg.), Research on Democracy and Society, Bd. 2, Greenwich.

Kagan, Donald, 1992: Perikles. Die Geburt der Demokratie, Stuttgart.

Kahan, Alan S., 1992: Aristocratic Liberalism. The Social and Political Thought of Jacob Burckhardt, John Stuart Mill, and Alexis de Tocqueville, New York.

Kallscheuer, Otto, 1986: Marxismus und Sozialismus bis zum Ersten Weltkrieg, in: Fetscher, Iring/Münkler, Herfried (Hrsg.), Pipers Handbuch der politischen Ideen, Bd. 4, München, 515-588.

Kaltefleiter, Werner, 1986: Die Grenzen der Demokratie, in: Hattenhauer, Hans/Kaltefleiter, Werner (Hrsg.), Mehrheitsprinzip, Konsens und Verfassung, Heidelberg, 137-150.

Kant, Immanuel, 1984 (1795): Zum ewigen Frieden, Stuttgart.

Karl, Terry Lynn, 1990: Dilemmas of Democratization in Latin America, in: Comparative Politics 23, 1-21.

Karl, Terry Lynn/Schmitter, Philippe 1991: Modes of Transition in Latin America and Southern and Eastern Europe, in: International Social Science Journal 28, 269-284.

Katzenstein, Peter, 1987: Small States on World Markets, Ithaca, N.Y.

Kelsen, Hans, 1967: Demokratie und Sozialismus. Ausgewählte Aufsätze, hg. und eingeleitet von Norbert Leser, Darmstadt.

Kelso, William A., 1978: American Democratic Theory – Pluralism and its Critics, Westport.

Kempen, Otto Ernst (Hrsg.), 1976: Sozialstaatsprinzip und Wirtschaftsordnung, Frankfurt a.M./New York.

Keohane, Robert O./Nye, Joseph S., 1989: Power and Interdependence, New York.

Kern, Paul B., 1972: Universal Suffrage Without Democracy: Thomas Hare and John Stuart Mill, in: Review of Politics 34, 306-322.

Kielmansegg, Peter Graf, 1987: Der demokratische Verfassungsstaat im Wettbewerb der Systeme, in: Funke, Manfred/Jacobsen, Hans-Adolf/Knütter, Hans-Helmuth/Schwarz, Hans-Peter (Hrsg.), Demokratie und Diktatur, Bonn, 581-597.

Kielmansegg, Peter Graf, 1988a: Das Experiment der Freiheit. Zur gegenwärtigen Lage des demokratischen Verfassungsstaates, Düsseldorf.

Kielmansegg, Peter Graf, 1988b: An den Grenzen der Mehrheitsdemokratie?, in: Kielmansegg, Peter Graf, Das Experiment der Freiheit. Zur gegenwärtigen Lage des demokratischen Verfassungsstaates, Düsseldorf, 97-132.

Kielmansegg, Peter Graf, 1992: Ein Maß für die Größe des Staates. Was wird aus Europa? Europa fehlt die Zustimmung der Bürger, in: Frankfurter Allgemeine v. 2.12.1992, 35.

Kirchheimer, Otto, 1960: Besprechung von Friedrich Karl Fromme, Von der Weimarer Verfassung zum Bonner Grundgesetz (1960), in: Neue Politische Literatur 5, 1100-1104.

Kirchheimer, Otto, 1965: Der Wandel des europäischen Parteiensystems, in: Politische Vierteljahresschrift 6, 20-41.

Kirchheimer, Otto, 1967: Deutschland oder Der Verfall der Opposition, in: Kirchheimer, Otto, Politische Herrschaft, Frankfurt a.M., 58-91.

Klein, Ansgar, 1991: Das Projekt der Zivilgesellschaft. Anmerkungen zur Renaissance der demokratischen Frage, in: Forschungsjournal NSB 4, Nr. 1, 70-80.

Kleinfeld, Ralf, 1993: Interessenvermittlung in der niederländischen Verhandlungsdemokratie. Organisation und Institutionen der sozioökonomischen Interessenvermittlung, in: Kleinfeld, Ralf/Luthardt, Wolfgang (Hrsg.), Westliche Demokratien und Interessenvermittlung, Marburg, 223-260.

Kleinfeld, Ralf/Luthardt, Wolfgang (Hrsg.), 1993: Westliche Demokratien und Interessenvermittlung, Marburg.

Klingemann, Hans-Dieter/Hofferbert, Richard I./Budge, Ian u.a., 1994: Parties, Policies, and Democracy, Boulder u.a.

Kobach, Kris W., 1994: Switzerland, in: Butler, David/Ranney, Austin (Hrsg.), 1994: Referendums Around the World, Washington D.C., 98-153.

Kraus, Peter A., 1990: Elemente einer Theorie postautoritärer Demokratisierungsprozesse im südeuropäischen Kontext, in: Politische Vierteljahresschrift 31, 191-213.

Kriele, Martin, 1992: Plebiszite in das Grundgesetz? Der Verfassungsstaat bekäme Legitimationsprobleme, in: Frankfurter Allgemeine Zeitung Nr. 262 v. 10.11.92, S. 12.

Kriesi, Hanspeter, 1980: Entscheidungsstrukturen und Entscheidungsprozesse in der Schweizer Politik, Frankfurt a.M./New York.

Kriesi, Hanspeter, 1991: Direkte Demokratie in der Schweiz, in: Aus Politik und Zeitgeschichte B 23/91, 44-54.

Lake, David A., 1992: Powerful Pacifists: Democratic States and War, in: American Political Science Review 86, 24-37.

Landfried, Christine (Hrsg.), 1988: Constitutional Review and Legislation, Baden-Baden.

Landfried, Christine, 1990: Rechtspolitik, in: von Beyme, Klaus/Schmidt, Manfred G. (Hrsg.), Politik in der Bundesrepublik Deutschland, Opladen, 76-98.

Landfried, Christine, 1994: Parteifinanzen und politische Macht, Baden-Baden, 2. Aufl.

Lane, Jan-Erik, 1993: Democracy: institutions and interests, in: Politeia 12, No. 2, 56-67.

Lane, Jan-Erik/Ersson, Svante 1990: Comparative Political Economy, London/New York.

Laver, Michael/Schofield, Norman, 1990: Multiparty Government. The Politics of Coalition in Europe, Oxford u.a.

Lehmbruch, Gerhard, 1967: Proporzdemokratie: Politisches System und politische Kultur in der Schweiz und in Österreich, Tübingen.

Lehmbruch, Gerhard, 1969: Konkordanzdemokratie im internationalen System, in: Czempiel, Ernst-Otto (Hrsg.), Die anachronistische Souveränität, Politische Vierteljahresschrift Sonderheft 1, Opladen, 139-163.

Lehmbruch, Gerhard, 1971: Das politische System Österreichs in vergleichender Perspektive, in: Österreichische Zeitschrift für Öffentliches Recht 22, 35-56.

Lehmbruch, Gerhard, 1975: Die ambivalenten Funktionen politischer Beteiligung in hochindustrialisierten Demokratien, in: Gilg, Peter u.a. (Hrsg.), Geschichte und Politische Wissenschaft. Festschrift für Erich Gruner zum 60. Geburtstag, Bern, 237-264.

Lehmbruch, Gerhard, 1975: Consociational Democracy in the International System, in: European Journal of Political Research 3, 377-391.

Lehmbruch, Gerhard, 1976: Parteienwettbewerb im Bundesstaat, Stuttgart u.a.

Lehmbruch, Gerhard, 1987: „Proporzdemokratie" nach zwanzig Jahren. Überlegungen zur Theoriebildung in der komparatistischen Forschung über politische Strategien in der Schweiz, Konstanz: Manuskript.

Lehmbruch, Gerhard, 1989: Marktreformstrategien bei alternierender Parteiregierung: Eine vergleichende institutionelle Analyse, in: Ellwein, Thomas u.a. (Hrsg.), Jahrbuch zur Staats- und Verwaltungswissenschaft, Baden-Baden, Bd. 3, 15-45.

Lehmbruch, Gerhard, 1990: Demokratie als rationaler Prozeß, in: Rudolph, Hermann (Hrsg.), Den Staat denken. Theodor Eschenburg zum Fünfundachtzigsten, Berlin, 53-59.

Lehmbruch, Gerhard, 1992: Konkordanzdemokratie, in: Schmidt, Manfred G. (Hrsg.), Lexikon der Politik, Bd. 3: Die westlichen Länder, München, 206-211.

Lehmbruch, Gerhard, 1993: Consociational Democracy and Corporatism in Switzerland, in: Publius: The Journal of Federalism 23, Nr. 2, 43-60.

Lehmbruch, Gerhard/Schmitter, Philippe C. (Hrsg.), 1982: Patterns of Corporatist Policy-Making, Beverly Hills/London.

Lehner, Franz, 1979: Grenzen des Regierens. Eine Studie zur Regierungsproblematik hochindustrialisierter Demokratien, Königstein/Ts.

Lehner, Franz, 1981: Einführung in die Neue Politische Ökonomie, Kronberg, Ts.

Lehner, Franz, 1989: Vergleichende Regierungslehre, Opladen.

Leibholz, Gerhard, 1958: Strukturwandel der modernen Demokratie, in: Leibholz, Gerhard, Strukturprobleme der modernen Demokratie, Karlsruhe, 78-141.

Leibholz, Gerhard, 1975: Repräsentation, in: Evangelisches Staatslexikon, Stuttgart, 2194-2199.

Leicht, Robert, 1992: Ohne Innere Sicherheit, in: DIE ZEIT, Nr. 49, 1.

Lenin, Wladimier I., 1970 (1918): Staat und Revolution, in: Lenin, Wladimier I., Ausgewählte Werke, Bd. II, Berlin, 315-420.

Lenk, Kurt, 1991: Probleme der Demokratie, in: Lieber, Hans-Joachim (Hrsg.), Politische Theorien von der Antike bis zur Gegenwart, Bonn, 933-990.

Lenk, Kurt/Franke, Berthold, 1987: Theorie der Politik. Eine Einführung, Frankfurt a.M./New York.

Lepsius, M. Rainer, 1978: From Fragmented Party Democracy to Government by Emergency Decree and National Socialist-Takeover: Germany, in: Linz, Juan

L./Stepan, Alfred (Hrsg.), The Breakdown of Democratic Regimes, Baltimore/London, 34-79.

Lepsius, M. Rainer, 1990a: Die Prägung der politischen Kultur der Bundesrepublik durch institutionelle Ordnungen, in: Lepsius, M. Rainer, Interessen, Ideen und Institutionen, Opladen, 63-84.

Lepsius, M. Rainer, 1990b (1978): Soziale Ungleichheit und Klassenstrukturen in der Bundesrepublik Deutschland, in: Lepsius M. Rainer, Interessen, Ideen und Institutionen, Opladen, 117-152.

Lepsius, M. Rainer, 1991: Nationalstaat oder Nationalitätenstaat als Modell für die Weiterentwicklung der Europäischen Gemeinschaft, in: Wildenmann, Rudolf (Hrsg.), Staatswerdung Europas? Option für eine Europäische Union, Baden-Baden, 19-40.

Lepsius, M. Rainer, 1993: Demokratie in Deutschland, Göttingen.

Lerner, Daniel, 1958: The Passing of Traditional Society, Glencoe.

Lieber, Hans-Joachim (Hrsg.), 1991: Politische Theorien von der Antike bis zur Gegenwart, Bonn.

Liebert, Ulrike, 1990: Parliament as a central site in democratic consolidation: A preliminary exploration, in: Liebert, Ulrike/Cotta, Maurizio (Hrsg.), Parliament and Democratic Consolidation in Southern Europe: Greece, Italy, Portugal, Spain and Turkey, London/New York, 3-30.

Liebert, Ulrike, 1995: Modelle demokratischer Konsolidierung. Parlamente und organisierte Interessen in der Bundesrepublik Deutschland, Italien und Spanien (1948-1990), Opladen.

Liebert, Ulrike/Cotta, Maurizio (Hrsg.), 1990: Parliament and Democratic Consolidation in Southern Europe, London/New York.

Lijphart, Arend, 1968: The Politics of Accomodation: Pluralism and Democracy in the Netherlands, Berkeley/Los Angeles.

Lijphart, Arend, 1977: Democracy in Plural Societies, New Haven/London.

Lijphart, Arend, 1984: Democracies, New Haven/London.

Lijphart, Arend, 1989a: From the Politics of Accommodation to Adversarial Politics in the Netherlands: A Reassessment, in: West European Politics 12, Nr. 1, 139-153.

Lijphart, Arend, 1989b: Democratic Political Systems. Types, Cases, Causes, and Consequences, in: Journal of Theoretical Politics 1, 33-48.

Lijphart, Arend, 1991: Constitutional Choices for new Democracies, in: Journal of Democracy 2, Nr. 1, 72-84

Lijphart, Arend, 1992a: Democratization and Constitutional Choices in Czecho-Slovakia, Hungary and Poland 1989-91, in: Journal of Theoretical Politics 4, 207-223.

Lijphart, Arend, 1992b: Introduction, in: Lijphart, Arend (Hrsg.), Parliamentary versus Presidential Government, Oxford, 1-27.

Lijphart, Arend (Hrsg.), 1992c: Parliamentary versus Presidential Government, Oxford.

Lijphart, Arend, 1993: Consociational Democracy, in: Krieger, Joel (Hrsg.), The Oxford Companion to Politics of the World, Oxford, 188-189.

Lijphart, Arend, 1994a: Presidentialism and Majoritarian Democracy: Theoretical Observations, in: Linz, Juan J./Valenzuela, Arturo (Hrsg.), The Failure of Presidential Democracy, Bd. 1, Baltimore/London, 91-105.

Lijphart, Arend, 1994b: Democracies: Forms, performance, and constitutional engineering, in: European Journal of Political Research 25, 1-17.

Lijphart, Arend, 1994c: Electoral Systems and Party Systems. A Study of Twenty-Seven Democracies, 1945-1990, Oxford u.a.

Lijphart, Arend/Bruneau, Thomas C./Diamandouros, P. Nikiforus/Gunther, Richard, 1988: A Mediterranean Model of Democracy? The Southern European Democracies in Comparative Perspective, in: West European Politics 11, Nr. 1, 7-25.

Lijphart, Arend/Crepaz, Markus M., 1991: Corporatism and Consensus Democracy in Eighteen Countries: Conceptual and Empirical Linkages, in: British Journal of Political Science 21, 235-246.

Lindblom, Charles E., 1988: Democracy and Market System, Oslo.

Lindenberg, Marc/Devarajan, Shantayanan, 1993: Prescribing Strong Economic Medicine. Revisiting the Myths about Structural Adjustment, Democracy, and Economic Performance in Developing Countries, in: Comparative Politics 25, 169-182.

Linder, Wolf, 1992: Die Schweiz zwischen Isolation und Integration, in: Aus Politik und Zeitgeschichte. Beilage zur Wochenzeitung Das Parlament Nr. 47-48/92, 20-31.

Linder, Wolf, 1994: Swiss Democracy. Possible Solutions to Conflict in Multicultural Societies, New York.

Lindner, Clausjohann, 1990: Kritik der Theorie der partizipatorischen Demokratie, Opladen.

Lindsay, Thomas K., 1992: Aristotle's Qualified Defense of Democracy through „Political Mixing", in: The Journal of Politics 54, 101-119.

Lindsay, Thomas K., 1994: Was Aristotle Racist, Sexist, and Anti-Democratic?, in: The Review of Politics 56, 127-151.

Linz, Juan J., 1978: The Breakdown of Democratic Regimes. Crisis, Breakdown & Reequilibration, Baltimore/London.

Linz, Juan J., 1990a: The Perils of Presidentialism, in: Journal of Democracy 1, Nr. 1, 51-69.

Linz, Juan J., 1990b: The Virtues of Parliamentarianism, in: Journal of Democracy 1, Nr. 1, 84-91.

Linz, Juan J., 1990c: Transitions to Democracy, in: The Washington Quarterly, Summer 1990, 143-164.

Linz, Juan J., 1994: Presidential or Parliamentary Democracy: Does it make a Difference?, in: Linz, Juan J./Valenzuela, Arturo (Hrsg.), The Failure of Presidential Democracy, Bd. 1, Baltimore/London, 3-90.

Linz, Juan J./Valenzuela, Arturo (Hrsg.), 1994: The Failure of Presidential Democracy, Bd. 1, Baltimore/London.

Lipset, Seymour Martin, 1959: Some Social Requisites of Democracy: Economic Development and Political Legitimacy, in: American Political Science Review 53, 69-105.

Lipset, Seymour Martin, 1961: Political Man, London.

Lipset, Seymour Martin, 1981 (erweiterte Ausgabe): Political Man. The Social Base of Politics, Baltimore.

Lipset, Seymour Martin, 1992: Conditions of the Democratic Order and Social Change: A Comparative Discussion, in: Eisenstadt, Samuel N. (Hrsg.), Democracy and Modernity, Leiden u.a., 1-14.

Lipset, Seymour Martin, 1993: Reflections on Capitalism, Socialism & Democracy, in: Journal of Democracy 4, No. 2, 43-55.

Lipset, Seymour Martin/Rokkan, Stein (Hrsg.), 1967: Party Systems and Voter Alignments: Cross-National Perspectives, New York.

Lipset, Seymour Martin/Seong, Kyoung-Ryung/Torres, John Charles, 1993: A comparative analysis of the social requisites of democracy, in: International Social Science Journal 45, 155-175.

Lively, Jack, 1962: The Social and Political Thought of Alexis de Tocqueville, Oxford.

Locke, John, 1989 (engl. 1690): Zwei Abhandlungen über die Regierung, hg. und eingeleitet von Walter Euchner, Frankfurt a.M.

Lösche, Peter, 1989a: Parteienstaat Bundesrepublik – Koalitionsbildungsstaat USA. Überlegungen zum Vergleich von Regierungssystemen, in: Zeitschrift für Parlamentsfragen 20, 283-291.

Lösche, Peter, 1989b: Amerika in Perspektive. Politik und Gesellschaft der Vereinigten Staaten, Darmstadt.

Loewenstein, Karl, 1966: Max Webers Beitrag zur Staatslehre in der Sicht unserer Zeit, in: Max Weber. Gedächtnisschrift der Ludwig-Maximilians-Universität München zur 100. Wiederkehr seines Geburtstags 1964, Berlin, 131-146.

Loewenstein, Karl, 1975: Verfassungslehre, Tübingen.

Luhmann, Niklas, 1969: Legitimation durch Verfahren, Neuwied/Berlin.

Luhmann, Niklas, 1986: Die Zukunft der Demokratie, in: Der Traum der Vernunft. Vom Elend der Aufklärung. Eine Veranstaltung der Akademie der Künste, Berlin (2. Folge), Darmstadt/Neuwied, 207-217.

Lukacs, Georg, 1962: Zerstörung der Vernunft, Neuwied.

Luthardt, Wolfgang, 1988a: Elemente ‚direkter Demokratie' als Möglichkeiten erweiterter politischer Teilhabe? Zu einigen Voraussetzungen und Problemen, in: Luthardt, Wolfgang/Waschkuhn, Arno (Hrsg.), Politik und Repräsentation. Beiträge zur Theorie und zum Wandel politischer und sozialer Institutionen, Marburg, 45-64.

Luthardt, Wolfgang, 1988b: Konkurrenz- und Konkordanzdemokratie im Vergleich. Bundesrepublik Deutschland, Österreich, Schweiz, in: Luthardt, Wolfgang/Waschkuhn, Arno (Hrsg.), Politik und Repräsentation. Beiträge zur Theorie und zum Wandel politischer und sozialer Institutionen, Marburg, 225-248.

Luthardt, Wolfgang, 1992a: Institutionen direkter Demokratie in der Schweiz und in anderen westeuropäischen Staaten – ein empirischer Beitrag zur Demokratietheorie, in: Zeitschrift für Parlamentsfragen 23, 146-162.

Luthardt, Wolfgang, 1992b: Direkte Demokratie und Europäische Integration. Institutionelle Angleichung zwischen Legitimation und Entscheidungsfindung, in: Schweizerisches Jahrbuch für Politische Wissenschaft 32, Bern, 185-204.

Luthardt, Wolfgang, 1992c: Direct Democracy in Western Europe: The Case of Switzerland, in: Telos Nr. 90, Winter 1991-92, 101-112.

Luthardt, Wolfgang, 1994: Direkte Demokratie. Ein Vergleich in Westeuropa, Baden-Baden.

Luther, Kurt Richard/Müller, Wolfgang C. (Hrsg.), 1992: Special Issue on Politics in Austria: Still a Case of Consociationalism? (West European Politics 15, Nr. 1), London.

Machiavelli, Niccolo, 1925: Vom Staat – Gesammelte Schriften, hg. v. Hanns Floerke, Bd. 1.

Mackie, Thomas T./Rose, Richard (Hrsg.), 1991: The International Almanac of Electoral History, London u.a.

Macpherson, C.B., 1973: Democratic Theory, Oxford.

Macpherson, C.B., 1977: The Life and Times of Liberal Democracy, Oxford.

Maier, Hans, 1968: Rousseau, in: Maier, Hans/Rausch, Heinz/Denzer, Horst (Hrsg.), Klassiker des politischen Denkens II, München, 104-134.

Maier, Hans, 1985: Zur neueren Geschichte des Demokratiebegriffs, in: Maier, Hans, Politische Wissenschaft in Deutschland. Lehre und Wirkung, München/Zürich, 189-218.

Maihofer, Werner, 1994: Prinzipien freiheitlicher Demokratie, in: Benda, Ernst/Maihofer, Werner/Vogel, Hans-Jochen (Hrsg.), Handbuch des Verfassungsrechts, Berlin, 427-536.

Mainwaring, Scott, 1993: Presidentialism, Multipartism, and Democracy, in: Comparative Political Studies 26, 198-228.

Mainwaring, Scott/O'Donnell, Guillermo/Valenzuela, J. Samuel (Hrsg.) 1992: Issues in Democratic Consolidation: The New South American Democracies in Comparative Perspective, Notre Dame, Ind.

Mair, Peter, 1994: The Correlates of Consensus Democracy and the Puzzle of Dutch Politics, in: West European Politics 17, No. 4, 97-123.

Mann, Thomas, 1918: Betrachtungen eines Unpolitischen, Berlin.

Marcard, Michaela von, 1994: Rokoko oder das Experiment an lebenden Herzen. Galante Ideale und Lebenskrisen, Reinbek.

Marks, Gary/Diamond, Larry (Hrsg.), 1992: Reexamining Democracy, Newbury Park u.a.

Marx, Karl, 1960 (1852): Der achtzehnte Brumaire des Louis Bonaparte, in: Marx-Engels-Werke, Bd. 8, Berlin-Ost, 111-207.

Marx, Karl, 1970 (1871): Der Bürgerkrieg in Frankreich, in: Karl Marx – Friedrich Engels – Ausgewählte Schriften in zwei Bänden, Berlin-Ost, Bd. 1, 442-515.

Marx, Karl, 1972a (1843): Zur Kritik der Hegelschen Rechtsphilosophie. Kritik des Hegelschen Staatsrechts (§§ 261-313), in: Marx-Engels-Werke, Berlin-Ost, Bd. 1, 209-333.

Marx, Karl, 1972b (1843/44): Zur Kritik der Hegelschen Rechtsphilosophie. Einleitung, in: Marx-Engels-Werke, Berlin-Ost, Bd. 1, 378-391.

Marx, Karl/Engels, Friedrich, 1970 (1848): Manifest der Kommunistischen Partei, in: Karl Marx – Friedrich Engels. Ausgewählte Schriften in zwei Bänden, Bd. I, Berlin-Ost, 17-57.

Massing, Peter, 1979: Interesse und Konsensus. Zur Rekonstruktion und Begründung normativ-kritischer Elemente neopluralistischer Demokratietheorie, Opladen.

Maus, Ingeborg, 1991: Sinn und Bedeutung von Volkssouveränität in der modernen Gesellschaft, in: Kritische Justiz 24, 137-150.

Maus, Ingeborg, 1992a: Zur Aufklärung der Demokratietheorie, Frankfurt a.M.

Maus, Ingeborg, 1992b: Basisdemokratische Aktivitäten und rechtsstaatliche Verfassung. Zum Verhältnis von institutionalisierter und nichtinstitutionalisierter Volkssouveränität, in: Kreuder, Thomas (Hrsg.), Der orientierungslose Leviathan, Marburg, 99-116.

Mayer, David Y., 1968: John Stuart Mill and Classical Democracy, in: Politics 3, 55-64.

Mayer, J.P., 1976: Tocqueville heute, in: Tocqueville, Alexis de, Über die Demokratie in Amerika, München, 873-878.

Mayer-Tasch, Peter C., 1968: Autonomie und Autorität. Rousseau in den Spuren von Hobbes?, Neuwied.

Mayntz, Renate/Scharpf, Fritz (Hrsg.), 1973: Planungsorganisation. Die Diskussion um die Reform von Regierung und Verwaltung des Bundes, München.

McIver, Robert, 1947: The Modern State, London.

McLean, Ian, 1987: Public Choice, Oxford.

Meier, Christian, 1969: Die Entstehung des Begriffs „Demokratie", in: Politische Vierteljahresschrift 10, 535-575.

Meier, Christian, 1993: Athen. Ein Neubeginn der Weltgeschichte, Berlin.

Meier, Christian/Maier, Hans/Koselleck, Reinhart/Conze, Werner, 1972: Demokratie, in: Brunner, Otto/Conze, Werner/Koselleck, Reinhart (Hrsg.), Geschichtliche Grundbegriffe. Historisches Lexikon zur politisch-sozialen Sprache in Deutschland, Bd. 1, Stuttgart, 821-899.

Melossi, Dario, 1994: Weak Leviathan and strong democracy, or of two styles of social control, in: International Journal of Contemporary Sociology 31, No. 1, 1-15.

Menger, Christian-Friedrich, 1993: Deutsche Verfassungsgeschichte der Neuzeit, Heidelberg.

Mensching, Günther, 1992: Der Geist des Weines, in: Frankfurter Allgemeine Nr. 174 vom 29.7.1992, S. 35.

Merkel, Wolfgang (Hrsg.), 1994: Systemwechsel 1, Opladen.

Merkl, Peter H., 1993: Which are today's democracies?, in: International Social Science Journal 45, 257-270.

Merquior, J.G., 1980: Rousseau and Weber, London.

Merritt, Richard L./Zinnes, Dina A., 1991: Democracies and War, in: Inkeles, Alex (Hrsg.), On Measuring Democracy. Its Consequences and Concomitants, New Brunswick u.a., 207-234.

Meyer, Thomas, 1991: Demokratischer Sozialismus – Soziale Demokratie, Bonn.

Meyer-Krahmer, Frieder, 1979: Politische Entscheidungsprozesse und Ökonomische Theorie der Politik, Frankfurt a.M./New York.

Michels, Robert, 1906: Die deutsche Sozialdemokratie, in: Archiv für Sozialwissenschaft und Sozialpolitik 23, 471-556.

Michels, Robert, 1987a (1908): Die oligarchischen Tendenzen der Gesellschaft. Ein Beitrag zum Problem der Demokratie, in: Michels, Robert, Masse, Führer, Intellektuelle, Frankfurt a.M./New York, 133-181.

Michels, Robert, 1987b (1928): Grundsätzliches zum Problem der Demokratie, in: Michels, Robert, Masse, Führer, Intellektuelle, Frankfurt a.M./New York, 182-188.

Michels, Robert, 1989 (1911): Zur Soziologie des Parteiwesens in der modernen Demokratie, Stuttgart.

Midlarsky, Manus I., 1992: The Orgins of Democracy in Agrarian Society. Land Inequality and Political Rights, in: Journal of Conflict Resolution 36, 454-477.

Mill, John Stuart, 1957 (1873): Autobiography, New York.

Mill, John Stuart, 1958 (1861): Considerations on Representative Government, New York.

Mill, John Stuart, 1970 (1848): Principles of Political Economy, Harmondsworth.

Mill, John Stuart, 1985 (1859): On Liberty, Harmondsworth.

Mill, John Stuart, 1985a (1835): Democracy and Government, in: Williams, Geraint L. (Hrsg.), John Stuart Mill on Politics and Society, Glasgow, 179-185.

Mill, John Stuart, 1985b (1840): M. de Tocqueville on Democracy in America, in: Williams, Geraint L. (Hrsg.), John Stuart Mill on Politics and Society, Glasgow, 186-247.

Miller, J., 1984: Rousseau: Dreamer of Democracy, New Haven.

Mitchell, William C., 1984: Schumpeter and Public Choice, in: Public Choice 42, 73-88 und 161-174.

Mittermaier, Karl/Mair, Meinhard, 1995: Demokratie. Die Geschichte einer politischen Idee von Platon bis heute, Darmstadt.

Moe, Tery M./Caldwell, Michael, 1994: The Institutional Foundations of Democratic Government: A. Comparison of Presidential and Parliamentary Systems, in: Journal of Institutional and Theoretical Economics 150/1, 171-195.

Möckli, Silvano, 1991: Direkte Demokratie im Vergleich, in: Aus Politik und Zeitgeschichte Nr. B 23/91, 31-43.

Möckli, Silvano, 1994: Direkte Demokratie, Bern/Stuttgart.

Mommsen, Wolfgang, 1974a: Max Weber. Gesellschaft, Politik und Geschichte, Frankfurt a.M.

Mommsen, Wolfgang, 1974b: Max Weber und die deutsche Politik 1890-1920, Tübingen.

Mommsen, Wolfgang, 1974c (1963): Zum Begriff der „plebiszitären Führerdemokratie", in: Mommsen, Wolfgang, Max Weber. Gesellschaft, Politik und Geschichte, Frankfurt a.M., 44-71.

Montesquieu, Charles, 1965 (franz. 1748): Vom Geist des Gesetze. Eingeleitet, ausgewählt und übersetzt von Kurt Weigand, Stuttgart.

Montesquieu, Charles, 1979 (1748), De l'ésprit des lois, 2 Bde., hg. von Victor Goldschmidt, Paris.

Moon, Jeremy, 1995: Innovative Leadership and Policy Change: Lessons from Thatcher, in: Governance 8, 1-25.

Moore, Barrington, Jr., 1966: Social Origins of Dictatorship and Democracy, Cambridge, Mass.

Mostov, Julie, 1989: Karl Marx as democratic theorist, in: Polity 22, Nr. 2, 195-212.

Moulin, Leo, 1953: Les origines religieuses des techniques electorales et délibérative modernes, in: Revue International d'Histoire Politique et Constitutionelle, April-Juni, 106-148.

Müller, Wolfgang C., 1988: Österreichs Regierungssystem. Institutionen, Strukturen, Prozesse, in: Der Bürger im Staat 38, 121-127.

Müller-Rommel, Ferdinand, 1992: Erfolgsbedingungen Grüner Parteien in Westeuropa, in: Politische Vierteljahresschrift 33, 189-218.

Müller-Rommel, Ferdinand, 1993: Grüne Parteien in Westeuropa. Entwicklungsphasen und Erfolgsbedingungen, Opladen.

Münkler, Herfried (Hrsg.), 1992: Die Chancen der Freiheit. Grundprobleme der Demokratie, München/Zürich.

Muller, Edward N./Seligson, Mitchell A., 1994: Civic Culture and Democracy: The Question of Causal Relationships, in: American Political Science Review 88, 635-652.

Nagel, Jack H., 1994: What Political Scientists Can learn from the 1993 Electoral Reform in New Zealand, in: Political Science & Politics 27, 525-529.

Narr, Wolf-Dieter/Naschold, Frieder, 1973: Theorie der Demokratie, Stuttgart u.a. (2. Auflage).

Naschold, Frieder, 1968: Demokratie und Komplexität, in: Politische Vierteljahresschrift 9, 494-518.

Naschold, Frieder, 1969a: Organisation und Demokratie. Untersuchung zum Demokratisierungspotential in komplexen Organisationen, Stuttgart u.a.

Naschold, Frieder, 1969b: Demokratie wegen Komplexität. Zu Niklas Luhmann: Komplexität und Demokratie, in: Politische Vierteljahresschrift 10, 326-327.

Naschold, Frieder, 1971: Die systemtheoretische Analyse demokratischer politischer Systeme, in: Probleme der Demokratie heute (Politische Vierteljahresschrift Sonderheft 2), Opladen, 3-39.

Naumann, Friedrich, 1900: Demokratie und Kaisertum, Berlin.

Nef, Rolf, 1988: Die Schweizer Referendumsdemokratie, in: Der Bürger im Staat 38, 53-60.

Neher, Clark D., 1994: Asian Style Democracy, in: Asian Survey 34, No. 11, 949-961.

Neidhart, Leonhard, 1970: Plebiszit und pluralitäre Demokratie, Bern.

Neidhart, Leonhard, 1987: Regierungs- und Verwaltungssystem in der Schweiz und der Bundesrepublik Deutschland – ein Vergleich, in: Windhoff-Héritier, Adrienne (Hrsg.), Verwaltung und ihre Umwelt, Opladen, 170-193.

Neidhart, Leonhard, 1988a: Die Schweizer Konkordanzdemokratie, in: Der Bürger im Staat 38, 53-60.

Neidhart, Leonhard, 1988b: Das Parteiensystem der Schweiz, in: Der Bürger im Staat 38, 61-67.

Neidhart, Leonhard, 1992: Grundlagen und Besonderheiten des schweizerischen Systems, in: Abromeit, Heidrun/Pommerehne, Werner W. (Hrsg.), Staatstätigkeit in der Schweiz, Bern u.a., 15-42.

Neubauer, Deane E., 1967: Some Conditions of Democracy, in: American Political Science Review 61, 1002-1009.

Neumann, Franz, 1986a (1957): Montesquieu, in: Neumann, Franz, Demokratischer und autoritärer Staat, Frankfurt a.M., 142-194.

Neumann, Franz, 1986b (1957): Zum Begriff der politischen Freiheit, in: Neumann, Franz, Demokratischer und autoritärer Staat, Frankfurt a.M., 100-141.

Neumann, Franz, 1986c (1957): Ökonomie und Politik im Zwanzigsten Jahrhundert, in: Neumann, Franz, Demokratischer und autoritärer Staat, Frankfurt a.M., 248-260.

Newton, Kenneth/Vallès, Josep M., 1991: Introduction: political science in Western Europe, 1960-1990, in: European Journal of Political Research 20, 227-238.

Nichols, Mary P., 1992: Citizens and Statesmen. A Study of Aristotle's Politics, Savage, Maryland.

Niclauß, Karlheinz, 1974: Demokratiegründung in Westdeutschland. Die Entstehung der Bundesrepublik 1945-1949, München.

Niclauß, Karlheinz, 1988: Kanzlerdemokratie. Bonner Regierungspraxis von Konrad Adenauer bis Helmut Kohl, Stuttgart/Berlin/Köln/Mainz.

Niclauß, Karlheinz, 1992: Der Parlamentarische Rat und die plebiszitären Elemente, in: Aus Politik und Zeitgeschichte, Beilage zur Wochenzeitschrift Das Parlament B 45/92, 3-15.

Nohlen, Dieter, 1978: Wahlsysteme der Welt, München/Zürich.

Nohlen, Dieter, 1986: Militärregime und Re-demokratisierung in Lateinamerika, in: Aus Politik und Zeitgeschichte Nr. B 9/1986, 9-16.

Nohlen, Dieter, 1990: Wahlrecht und Parteiensystem, Opladen.

Nohlen, Dieter, 1991: Presidencialismo vs. Parlamentarismo en América Latina, in: Revista de Estudios Politicos 74, Oktober/Dezember, 43-54.

Nohlen, Dieter, 1992: Wahlrecht, in: Schmidt, Manfred G. (Hrsg.), Die westlichen Länder (Lexikon der Politik, hg. v. Dieter Nohlen, Bd. 3), München, 510-518.

Nohlen, Dieter (Hrsg.), 1993: Handbuch der Wahldaten Lateinamerikas und der Karibik, Opladen.

Nohlen, Dieter/Fernández, Mario (Hrsg.), 1991: Presidencialismo versus Parlamentarismo en América Latina, Caracas.

Nohlen, Dieter/Solari, Aldo (Hrsg.), 1988: Reforma Politica y Consolidacion Democratica. Europa y América Latina, Caracas.

Nohlen, Dieter/Thibaut, Bernhard, 1994: Transitionsforschung zu Lateinamerika: Ansätze, Konzepte, Thesen, in: Merkel, Wolfgang (Hrsg.), Systemwechsel 1, Opladen, 195-228.

Nonnenmacher, Günther, 1989: Die Ordnung der Gesellschaft. Mangel und Herrschaft in der politischen Philosophie der Neuzeit: Hobbes, Locke, Adam Smith, Rousseau, Weinheim.

Ober, Josiah, 1989: The Nature of Athenian Democracy, in: Classical Philology 84, 322-334.

O'Donnell, Guillermo A., 1979: Modernization and Bureaucratic Authoritarianism. Studies in South American Politics, Berkeley.

O'Donnell, Guillermo A./Schmitter, Philippe C./Whitehead, Laurence (Hrsg.), 1986: Transitions from Authoritarian Rule, Baltimore, 5 Bände.

O'Donnell, Guillermo A., 1994: Delegative Democracy, in: Journal of Democracy 5, No. 1, 55-69.

Offe, Claus, 1972: Politische Herrschaft und Klassenstrukturen, in: Kress, Gisela/Senghaas, Dieter (Hrsg.), Politikwissenschaft, Frankfurt a.M., 135-164.

Offe, Claus, 1975: Berufsbildungsreform. Fallstudie zu Reformpolitik, Frankfurt a.M.

Offe, Claus, 1984: Politische Legitimation durch Mehrheitsentscheidung?, in: Guggenberger, Bernd/Offe, Claus (Hrsg.), An den Grenzen der Mehrheitsregel, Opladen, 150-183.

Offe, Claus, 1986: Demokratie und ‚höhere Amoralität' in: Der Traum der Vernunft. Vom Elend der Aufklärung. Eine Veranstaltung der Akademie der Künste, Berlin (2. Folge), Darmstadt/Neuwied, 218-232.

Offe, Claus, 1991: Capitalism by Democratic Design? Democratic Theory Facing the Triple Transition in East Central Europe, in: Social Research 58, 865-892.

Offe, Claus, 1992: Wider scheinradikale Gesten – Die Verfassungspolitik auf der Suche nach dem „Volkswillen", in: Hofmann, Gunter/Perger, Werner A. (Hrsg.), Die Kontroverse. Weizsäckers Parteienkritik in der Diskussion, Frankfurt a.M., 126-142.

Offe, Claus, 1994: Der Tunnel am Ende des Lichts. Erkundungen der politischen Transformation im Neuen Osten, Frankfurt a.M./New York.

Offe, Claus, 1995: Micro-Aspects of Democratic Theory: What Makes for the Deliberative Competence of Citizens?, Berlin (Manuskript).

Offe, Claus/Preuss, Ulrich K., 1991: Democratic Institutions and Moral Resources, in: Held, David (Hrsg.), Political Theory Today, Cambridge, 143-171.

Okun, A.M., 1975: Equality and Efficiency. The Big Tradeoff, Washington D.C.

Olson, Mancur, 1965: The Logic of Collective Action, New Haven/London.

Olson, Mancur, 1982: The Rise and Decline of Nations, New Haven.

Olson, Mancur, 1993: Dictatorship, Democracy, and Development, in: American Political Science Review 87, 567-576.

Pangle, T.L., 1973: Montesquieu's Philosophy of Liberalism: Commentary on „The Spirit of The Laws", Chicago.

Pao-Min, Chang, 1993: The Structural and Cultural Prerequisites of Democracy: Some Observations, in: Asian Profile 21, 505-522.

Papageorgiou, C.J., 1990: Four or five types of Democracy in Aristotle?, in: History of Political Thought 9, Nr. 1, 1-8.

Pateman, Carole, 1970: Participation and Democratic Theory, London.

Peled, Yoav, 1992: Ethnic Democracy and the Legal Construction of Citizenship: Arab Citizens of the Jewish State, in: American Political Science Review 86, 432-443.

Pelinka, Anton, 1974: Dynamische Demokratie: Zur konkreten Utopie gesellschaftlicher Gleichheit, Stuttgart u.a.

Pempel, T.J. (Hrsg.), 1990: Uncommon Democracies: The One-Party Dominant Regimes, Ithaca, N.Y.

Pennings, Paul, 1995: Consociationalism and Party System Change. Towards a Comparative Operationalization, ECPR Joint Sessions, Bordeaux 1995.

Petersen, Thomas, 1994: Staat, individuelle Präferenz und allgemeiner Wille. Universität Heidelberg: Habilitationsschrift.

Phillips, Anne, 1991: Engendering Democracy, Cambridge.

Pion-Berlin, David, 1992: Military Autonomy and Emerging Democracies in South America, in: Comparative Politics 25, 83-102.

Platon, 1973: Der Staat. Eingeleitet von Kurt Hildebrandt, Stuttgart.

Poe, Steven C./Tate, C. Neal, 1994: Repression of Human Rights to Personal Integrity in the 1980s: A Gobal Analysis, in: American Political Science Review 88, 853-872.

Politik als Kampf – Politik als Beruf. Eine Diskussion mit Christian von Krockow, M. Rainer Lepsius und Hans Maier, in: Gneuss, Christian/Kocka, Jürgen (Hrsg.), Max Weber. Ein Symposium, München 1988, 25-46.

Pope, Whitney, 1986: Alexis de Tocqueville. His Social and Political Theory, Beverly Hills.

Pourgerami, Abbas, 1991: The Political Economy of Development: An Empirical Examination of the Wealth Theory of Democracy, in: Journal of Theoretical Politics 3, 189-211.

Pourgerami, Abbas, 1992: Authoritarian versus Non-authoritarian Approaches to Economic Development: Update and Additional Evidence, in: Public Choice 74, 365-377.

Powell, G. Bingham, Jr. 1982: Contemporary Democracies. Participation, Stability and Violence, Cambridge, Mass./London.

Priddat, Birger P., 1989: Die politische Struktur der aristotelischen Ökonomie, in: Politische Vierteljahresschrift 30, 395-419.

Pryor, F., 1968: Public Expenditures in Communist and Capitalist Nations, London.

Przeworski, Adam, 1986: Some Problems in the Study of the Transitions to the Democracy, in: O'Donnell, Guillermo A./Schmitter, Philippe C./Whitehead, Laurence (Hrsg.), Transitions from Authoritarian Role. Comparative Perspectives, Baltimore/London, 47-63.

Przeworski, Adam, 1990: The State and the Economy under Capitalism, Chur u.a.

Przeworski, Adam, 1991a: Spiel mit Einsatz. Demokratisierungsprozesse in Lateinamerika, Osteuropa und anderswo, in: Transit Nr. 1, 190-211.

Przeworski, Adam, 1991b: Democracy and the Market, Cambridge.

Przeworski, Adam/Limongi, Fernando, 1993: Political Regimes and Economic Growth, in: Journal of Economic Perspectives 7, No. 3, 51-69.

Putnam, Robert D., 1993: Making Democracy Work. Civic Traditions in Modern Italy, Princeton, N.J.

Raaflaub, Kurt, 1988: Politisches Denken im Zeitalter Athens, in: Fetscher, Iring/Münkler, Herfried (Hrsg.), Pipers Handbuch der Politischen Ideen, Bd. 1, München/Zürich, 273-368.

Raaflaub, K.A., 1992: Politisches Denken und Krise der Polis. Athen im Verfassungskonflikt des späten 5. Jahrhunderts v. Chr., in: Historische Zeitschrift, Bd. 255, H. 1, 1-60.

Rausch, Heinz, 1968: Tocqueville, in: Meier, Hans/Rausch, Heinz/Denzer, Horst (Hrsg.), Klassiker des politischen Denkens II. Von Locke bis Max Weber, München, 217-239.

Rausch, Heinz, 1968b: J.St. Mill, in: Maier, Hans/Rausch, Heinz/Denzer, Horst (Hrsg.), Klassiker des politischen Denkens II. Von Locke bis Max Weber, München, 240-261.

Richter, Emanuel, 1994: Die Expansion der Herrschaft, Opladen.

Richter, Melvin, 1977: The Political Theory of Montesquieu, Cambridge.

Riggs, Fred W., 1993: Fragility of the Third World's regimes, in: International Social Science Journal 45, 199-243.

Riker, William H., 1980a: Implications from Disequilibrium of Majority Role for the Study of Institutions, in: American Political Science Review 74, 432-446.

Riker, William H., 1980b: A Reply to Ordeshook and Rae, in: American Political Science Review 74, 456-458.

Riker, William H., 1982: Liberalism against populism, San Francisco.

Riklin, Alois/Möckli, Silvano, 1983: Werden und Wandel der schweizerischen Staatsidee, in: Riklin, Alois (Hrsg.), Handbuch Politisches System der Schweiz, Bd. 1, Bern/Stuttgart, 9-118.

Riklin, Alois, 1989: Montesquieus freiheitliches Staatsmodell, in: Politische Vierteljahresschrift 30, 420-442.

Rittberger, Volker, 1987: Zur Friedensfähigkeit von Demokratien. Betrachtungen zur politischen Theorie des Friedens, in: Aus Politik und Zeitgeschichte, Nr. 44, 3-12.

Roberts, Jennifer Tolbert, 1994: Athens on Trial, Princeton, N.J.

Roebroek, Joop M., 1993: The Imprisoned State, Universität Tilburg: Dissertation.

Rödel, Ulrich/Frankenberg, Günter/Dubiel, Helmut, 1989: Die demokratische Frage, Frankfurt a.M.

Rödel, Ulrich (Hrsg.), 1990: Autonome Gesellschaft und libertäre Demokratie, Frankfurt a.M.

Rogers, Hayward W. 1959: Some Methodological Difficulties in Anthony Downs's An Economic Theory of Democracy, in: American Political Science Review 53, 483-485.

Ronge, Volker/Ronge, Peter J., 1979: Bankpolitik im Spätkapitalismus. Politische Selbstverwaltung des Kapitals?, Frankfurt a.M.

Ronge, Volker (Hrsg.), 1980: Am Staat vorbei. Politik der Selbstregulierung von Kapital und Arbeit, Frankfurt a.M./New York.

Rosenberg, Arthur, 1962: Demokratie und Sozialismus. Zur politischen Geschichte der letzten 150 Jahre, Frankfurt a.M.

Rousseau, Jean-Jacques, 1977 (franz. 1762): Vom Gesellschaftsvertrag oder Grundsätze des Staatsrechts. Neu übersetzt und hg. v. Hans Brockard, Stuttgart.

Rousseau, Jean-Jacques, 1964: Oeuvres Complètes, Paris.

Rousseau, Jean-Jacques, 1977a: Politische Schriften, 2 Bde., Paderborn.

Rousseau, Jean-Jacques, 1977b (franz. 1755): Abhandlung über die Politische Ökonomie, in: Rousseau, Jean-Jacques, Politische Schriften, Paderborn, Bd. 1, 9-58.

Rueschemeyer, Dietrich/Huber-Stephens, Evelyne/Stephens, John D., 1992: Capitalist Development and Democracy, Cambridge.
Rufin, Jean-Christophe, 1994 (franz. 1993): Die Diktatur des Liberalismus, Reinbek.
Rupieper, Hermann-Josef, 1993: Die Wurzeln der westdeutschen Nachkriegsdemokratie. Der amerikanische Beitrag 1945-1952, Opladen.
Rustow, Dankwart A., 1970: Transitions to Democracy, in: Comparative Politics 2, 337-363.
Santoro, Emilio, 1993: Democratic theory and individual autonomy. An interpretation of Schumpeter's doctrin of democracy, in: European Journal of Political Research 23, 121-143.
Sartori, Giovanni, 1968: Democracy, in: Sills, David L. (Hrsg.), International Encyclopedia of the Social Sciences, Bd. 4, New York, 112-121.
Sartori, Giovanni, 1992 (engl. 1987): Demokratietheorie, Darmstadt.
Scarpetta, Olga, 1992: Political Traditions and the Limits of Democracy in Columbia, in: International Journal of Politics, Culture, and Society 5, 143-166.
Scharpf, Fritz W., 1970: Demokratietheorie zwischen Utopie und Anpassung, Konstanz.
Scharpf, Fritz W., 1973: Planung als politischer Prozeß. Aufsätze zur Theorie der planenden Demokratie, Frankfurt a.M.
Scharpf, Fritz W., 1985: Die Politikverflechtungs-Falle: Europäische Integration und deutscher Föderalismus im Vergleich, in: Politische Vierteljahresschrift 26, 323-356.
Scharpf, Fritz W., 1987: Sozialdemokratische Krisenpolitik in Europa, Frankfurt a.M.
Scharpf, Fritz W., 1991: Die Handlungsfähigkeit des Staates am Ende des zwanzigsten Jahrhunderts, in: Politische Vierteljahresschrift 32, 621-634.
Scharpf, Fritz W., 1992: Europäisches Demokratiedefizit und deutscher Föderalismus, in: Staatswissenschaften und Staatspraxis 3, 293-306.
Scharpf, Fritz W., 1993a: Versuch über Demokratie im verhandelnden Staat, in: Czada, Roland/Schmidt, Manfred G. (Hrsg.), Verhandlungsdemokratie – Interessenvermittlung – Regierbarkeit. Festschrift für Gerhard Lehmbruch, Opladen, 25-50.
Scharpf, Fritz W., 1993b: Legitimationsprobleme der Globalisierung. Regieren in Verhandlungssystemen, in: Böhret, Carl/Wewer, Göttrik (Hrsg.), Regieren im 21. Jahrhundert – Zwischen Globalisierung und Regionalisierung, Opladen, 165-185.
Scharpf, Fritz W., 1994: Föderalismus im globalen Kapitalismus, in: Scharpf, Fritz W., Optionen des Föderalismus in Deutschland und Europa, Frankfurt a.M./New York, 156-166.
Scharpf, Fritz W./Reissert, Bernd/Schnabel, Fritz, 1976: Politikverflechtung: Theorie und Empirie des kooperativen Föderalismus in der Bundesrepublik, Kronberg/Ts.
Schedler, Andreas, 1994: Die (eigensinnige) kommunikative Struktur demokratischer Wahlen, in: Zeitschrift für Politik 41, 22-44.

Schelsky, Helmut, 1973: Mehr Demokratie oder mehr Freiheit?, in: Frankfurter Allgemeine Zeitung v. 20.1.1973, 7-8.

Scheuch, Erwin K./Scheuch, Ute, 1992: Cliquen, Klüngel und Karrieren, Reinbek bei Hamburg.

Schieder, Wolfgang, 1991: Karl Marx als Politiker, München.

Schiller, Theo, 1991: Machtprobleme in einigen Ansätzen der neueren Demokratietheorie, in: Greven, Michael Th. (Hrsg.), Macht in der Demokratie, Baden-Baden, 141-174.

Schluchter, Wolfgang, 1980: Der autoritär verfaßte Kapitalismus. Max Webers Kritik am Kaiserreich, in: Schluchter, Wolfgang, Rationalismus der Weltbeherrschung, Frankfurt a.M., 134-160.

Schluchter, Wolfgang, 1988: Religion und Lebensführung, Frankfurt a.M., 2 Bde.

Schmalz-Bruns, Rainer, 1989: „Civil-society" – neue Perspektiven der Demokratisierung?, in: Forschungsjournal NSB 2, Nr. 3/3, 20-34.

Schmid, Josef, 1990: Die CDU. Organisationsstrukturen, Politiken und Funktionsweisen einer Partei im Föderalismus, Opladen.

Schmidt, Manfred G., 1978: Die „Politik der Inneren Reformen" in der Bundesrepublik Deutschland 1969-1976, in: Politische Vierteljahresschrift 19, 201-253.

Schmidt, Manfred G., 1982: Wohlfahrtsstaatliche Politik unter bürgerlichen und sozialdemokratischen Regierungen. Ein internationaler Vergleich, Frankfurt a.M./New York.

Schmidt, Manfred G. (Hrsg.), 1988: Staatstätigkeit (Politische Vierteljahresschrift Sonderheft 19), Opladen.

Schmidt, Manfred G., 1989: The Political Management of Mixed Economies: Political Aspects of Macroeconomic Performance in OECD Nations (1960-1984), in: Strümpel, Burkhard (Hrsg.), Industrial Societies after the Stagnation of the 1970s – Taking Stock from an Interdisciplinary Perspective, Berlin, 101-127.

Schmidt, Manfred, G., 1991: Machtwechsel in der Bundesrepublik (1949-1990), in: Blanke, Bernhard/Wollmann, Hellmut (Hrsg.), 40 Jahre Bundesrepublik zwischen Kontinuität und Veränderung (Leviathan Sonderheft 12), Opladen, 179-203.

Schmidt, Manfred G., 1992: Regieren in der Bundesrepublik Deutschland, Opladen.

Schmidt, Manfred G., 1995a (i.E.): Parteien und Staatstätigkeit, in: Gabriel, O.W./Niedermayer, Oskar, Stöss, Richard (Hrsg.), Parteiendemokratie in Deutschland, Bonn.

Schmidt, Manfred G., 1995b (i.E.): The Grand Coalition State, in: Josep M. Colomer (Hrsg.), Political Institutions in Europe, London.

Schmitt, Carl, 1922: Politische Theologie, München/Berlin.

Schmitt, Carl, 1926: Die geistesgeschichtliche Lage des heutigen Parlamentarismus, Leipzig/München.

Schmitt, Carl, 1927: Volksentscheid und Volksbegehren. Ein Beitrag zur Auslegung der Weimarer Verfassung und zur Lehre von der unmittelbaren Demokratie, Berlin/Leipzig.

Schmitter, Philippe C., 1983: Democratic Theory and Neocorporatist Practice, in: Social Research 50, 885-928.

Schmitter, Philippe C., 1992a: The Irony of Modern Democracy and Efforts to Improve its Practice, in: Politics & Society 20, 507-512.

Schmitter, Philippe C., 1992b: The Consolidation of Democracy and Representation of Social Groups, in: American Behavioral Scientist 35, 422-449.

Schmitter, Philippe C., 1994: Dangers and Dilemmas of Democracy, in: Journal of Democracy 5, No. 2, 57-74.

Schmitter, Philippe C., 1995a: More Liberal, Preliberal, or Postliberal?, in: Journal of Democracy 6, No. 1, 15-22.

Schmitter, Philippe C., 1995b: Post-Liberal Democracy: Does it have a Future?, in: Bentele, Karlheinz/Reissert, Bernd/Schettkat, Ronald (Hrsg.), Die Reformfähigkeit von Industriegesellschaften, Frankfurt a.M./New York, 47-63.

Schmitter, Philippe C./Karl, Terry, 1992: The Types of Democracy Emerging in Southern and Eastern Europe and South and Central America, in: Volten, Peter M.E. (Hrsg.), Bound to Change: Consolidating Democracy in East Central Europe, Boulder, Col., 42-68.

Schmitter, Philippe C./Lehmbruch, Gerhard (Hrsg.), 1979: Trends Toward Corporatist Intermediation, Beverly Hills/London.

Schollmeier, Paul, 1988: The democracy most in accordance with equality, in: History of Political Thought 9, 205-209.

Schubert, Klaus, 1991: Politikfeldanalyse, Opladen.

Schubert, Klaus, 1992: Leistungen und Grenzen politisch-ökonomischer Theorie. Eine kritische Bestandsaufnahme zu Mancur Olson, Darmstadt.

Schütrumpf, Eckart, 1991: Einleitung, in: Aristoteles 1991: Politik (Aristoteles Werke in deutscher Übersetzung, Bd. 9, Teil II), Berlin, 89-148.

Schumacher, Ralph, 1994: John Stuart Mill, Frankfurt a.M.

Schumpeter, Joseph A., 1950 (1942): Kapitalismus, Sozialismus und Demokratie, Bern.

Schwan, Alexander, 1990: Pluralismus und Wahrheit. Zur legitimatorischen und kritischen Funktion der Politischen Philosophie in der pluralistischen Demokratie, in: Haungs, Peter (Hrsg.), Wissenschaft, Theorie und Philosophie der Politik. Konzept und Probleme, Baden-Baden, 157-199.

Schwan, Alexander, 1991: Politische Theorien des Rationalismus und der Aufklärung, in: Lieber, Hans-Joachim (Hrsg.), Politische Theorien von der Antike bis zur Gegenwart, 157-258.

Schwarz, Hans-Peter, 1981: Die Ära Adenauer. Gründerjahre der Republik. 1949 bis 1957, Stuttgart/Wiesbaden.

Schwarz, Hans-Peter, 1983: Die Ära Adenauer. Epochenwechsel. 1957 bis 1963, Stuttgart/Wiesbaden.

Schwarz, Hans-Peter, 1987: Die Zukunft der Demokratie im 20. Jahrhundert, in: Funke, Manfred/Jacobsen, Hans-Adolf/Knütter, Hans-Helmuth/Schwarz, Hans-Peter (Hrsg.), Demokratie und Diktatur, Bonn, 598-613.

Schwarz, Franz F., 1989: Einleitung, in: Aristoteles, Politik, Schriften zur Staatstheorie, Stuttgart, 3-72.

Schweller, Randall L., 1992: Domestic Structure and Preventive War. Are Democracies more Pacifist?, in: World Politics 44, 235-269.

Seibel, Wolfgang, 1991: Erfolgreich scheiternde Organisationen. Zur politischen Ökonomie des Organisationsversagens, in: Politische Vierteljahresschrift 32, 479-496.

Setzer, Hans, 1973: Wahlsystem und Parteienentwicklung in England. Wege zur Demokratisierung der Institutionen, Frankfurt a.M.

Setzer, Hans, 1994: Schumpeters Theorie und die Praxis Britischer Demokratie, in: Zeitschrift für Politik 41, 45-74.

Shackleton, Robert, 1961: Montesquieu. A Critical Biography, Oxford.

Shell, Kurt L., 1971: Einleitung, in: Mill, John Stuart, Betrachtungen über die repräsentative Demokratie, Paderborn, 7-23.

Shell, Kurt L., 1987: Westliche Demokratien, in: Beyme, Klaus von/Czempiel, Ernst-Otto/Kielmansegg, Peter Graf von (Hrsg.), Politikwissenschaft, Bd. 1, Stuttgart u.a., 109-140.

Shields, Currin V., 1958: Editor's Introduction. The Political Thought of John Stuart Mill, in: Mill, John Stuart, 1958: Considerations on Representative Government, New York, vii-xliii.

Shklar, Judith, 1969: Men and Citizens: A Study of Rousseau's Social Theory, Oxford.

Shonfield, Andrew, 1965: Modern Capitalism, Oxford u.a.

Siedentop, Larry, 1994: Tocqueville, Oxford.

Sirowy, Larry/Inkeles, Alex, 1990: The Effects of Democracy on Economic Growth and Inequality: A Review, in: Studies in Comparative International Development 25, 126-157.

Smart, Paul, 1990: „Some Will Be More Equal Than Others". J.St. Mill on Democracy, Freedom and Meritocracy, in: Archiv für Rechts- u. Sozialphilosophie 76, 308-323.

Smith, Gordon, 1983: Politics in Western Europe, Aldershot.

Smith, Rogers M., 1993: Beyond Tocqueville, Myrdal and Hertz: The Multiple Traditions in America, in: American Political Science Review 87, 549-566.

Solschenizyn, Alexander, 1994: Mein Weg nach Moskau. Eine Zeit der Wirren steht bevor: Die russische Frage am Ende des 20. Jahrhunderts, in: Frankfurter Allgemeine Zeitung Nr. 169, 23.7.1994, 23.

Sørensen, Georg, 1993: Democracy and Democratization, Boulder, Col. u.a.

Soskice, David, 1990: Reinterpreting Corporatism and Explaining Unemployment: Co-ordinated and Non-co-ordinated Market Economies, in: Brunetta, Renato/Dell'Aringa, Carlo (Hrsg.), Labour Relations and Economic Performance, London, 170-211.

Sotello, Ignacio, 1987: Demokratischer Sozialismus, in: Fetscher, Iring/Münkler, Herfried (Hrsg.), Pipers Handbuch der politischen Ideen, Bd. 5, München/Zürich, 437-453.

Spahn, Peter, 1988: Aristoteles, in: Fetscher, Iring/Münkler, Herfried (Hrsg.), Pipers Handbuch der politischen Ideen, Bd. 1, 397-438.

Spragens, Thomas A., 1990: Reason and democracy, Durham u.a.

Springborg, Patricia, 1984: Karl Marx on Democracy, Participation, Voting and Equality, in: Political Theory 12, 537-556.

Stampfer, Friedrich, 1947: Die ersten 14 Jahre der Deutschen Republik, Offenbach.

Starr, Harvey, 1991: Democratic Dominoes. Diffusion Approaches to the Spread of Democracy in the International System, in: Journal of Conflict Resolution 35, 356-381.

Steffani, Winfried, 1980: Pluralistische Demokratie, Opladen.

Steffani, Winfried, 1981: Präsidentielles und parlamentarisches Regierungssystem, Opladen.

Steffani, Winfried, 1992: Parlamentarisches und präsidentielles Regierungssystem, in: Schmidt, Manfred G. (Hrsg.), Die westlichen Länder, München, 288-295.

Stein, Lorenz von, 1972 (1850): Der Begriff der Gesellschaft und die Gesetze ihrer Bewegung, in: Stein, Lorenz von, Gesellschaft – Staat – Recht (hg. und eingeleitet von Ernst Forsthoff), Frankfurt a.M./Berlin/Wien, 21-113.

Stelzenmüller, Constanze, 1994: Direkte Demokratie in den Vereinigten Staaten von Amerika, Baden-Baden.

Stepan, Alfred, 1986: Paths Toward Redemocratisation: Theoretical and Comparative Considerations, in: O'Donnell, Guillermo A./Schmitter, Philippe C./Whitehead, Laurence, (Hrsg.), Transitions from Authoritarian Rule. Comparative Perspectives, Baltimore/London, 64-84.

Sternberger, Dolf, 1984: Drei Wurzeln der Politik, Frankfurt a.M.

Stiftung Mitarbeit (Hrsg.), 1994: Wieviel Demokratie verträgt Europa? Wieviel Europa verträgt die Demokratie?, Opladen.

Strauss, Barry S., 1991: On Aristotle's Critique of Athenian Democracy, in: Lord, Carnes/O'Connor, David K. (Hrsg.), Essays on the Foundations of Aristotelian Political Science, Berkeley u.a., 212-233.

Streeck, Sylvia/Streeck, Wolfgang, 1972: Parteiensystem und Status quo. Drei Studien zum innerparteilichen Konflikt, Frankfurt a.M.

Strom, Kaare, 1990: Minority Government and Majority Rule, Cambridge, Mass.

Strom, Kaare, 1992: Democracy as Political Competition, in: Marks, Gary/Diamond, Larry (Hrsg.), 1992: Reexamining Democracy, Newbury Park u.a., 27-47

Strübel, Michael, 1987: Mehr direkte Demokratie? Volksbegehren und Volksentscheid im internationalen Vergleich, in: Aus Politik und Zeitgeschichte, B42/87, 17-30.

Summers, Robert/Heston, Alan, 1984: Improved International Comparisons of Real Product and its Composition: 1950-1980, in: Review of Income and Wealth 30, 207-262.

Summers, Robert/Heston, Alan, 1988: A New Set of International Comparisons of Real Product and Price Levels Estimates for 130 countries, 1950-1985, in: Review of Income and Wealth 34, 1-25.

Summers, Robert/Heston, Alan, 1991: The Penn World Table (Mark 5): An Expanded Set of International Comparisons, 1950-1988, in: Quarterly Journal of Economics 56, 327-268.

Swedberg, Richard, 1991: Joseph A. Schumpeter. His Life and Work, Cambridge.

Tamney, Joseph W., 1991: Confucianism and Democracy, in: Asian Profile 19, 399-411.

Taylor, Charles Lewis, 1991: Measures of Government Change: Indicators of Democracy from Mass Media Reporting, in: Inkeles, Alex (Hrsg.), On Measuring

Democracy. Its Consequences and Concomitants, New Brunswick u.a., 189-206.

The Economist 1993: Democracy in Africa, in: The Economist September 4, 1993, 46-49.

The Economist 1994: Why voting is good for you, in: The Economist August 27, 1994, 15-17.

Therborn, Göran, 1977: The Rule of Capital and the Rise of Democracy, in: New Left Review, No. 103, 3-42.

Thompson, Dennis, 1976: John Stuart Mill and Representative Government, Princeton, N.J.

Thibaut, Bernhard/Skach, Cindy, 1994: Parlamentarische oder präsidentielle Demokratie?, Heidelberg: Institut für Politische Wissenschaft.

de Tocqueville, Alexis, 1976 (franz. 1835/40) : Über die Demokratie in Amerika, München.

de Tocqueville, Alexis, 1978 (franz. 1856): Der alte Staat und die Revolution, München.

Touraine, Alain, 1991: What does democracy mean today?, in: International Social Science Journal 43, 259-268.

Treitschke, Heinrich von, 1898: Politik, Bd.2 , hg. von Max Cornicelius, Leipzig.

Truman, D.B., 1951: The Governmental Process, New York.

Tufte, Edward R., 1978: Political Control of the Economy, Princeton.

United Nations Development Programme, 1994: Human Development Report 1994, New York/Oxford.

Valenzuela, Arturo, 1994: Latin America: Presidentialism in Crisis, in: Journal of Democracy 4, 3-16.

Vanhanen, Tatu, 1984: The Emergence of Democracy. A Comparative Study of 119 States, 1850-1979, Helsinki.

Vanhanen, Tatu, 1989: The level of democratization related to socioeconomic variables in 147 states in 1980-85, in: Scandinavian Political Studies 12, Nr. 2, 95-127.

Vanhanen, Tatu, 1990: The Process of Democratization. A Comparative Study of 147 States, 1980-88, New York u.a.

Vanhanen, Tatu, 1994: Global Trends of Democratization in the 1990s: A Statistical Analysis (XVIth World Congress of the International Political Science Association, August 21-25, 1994), Berlin.

Vanhanen, Tatu/Kimber, Richard, 1994: Predicting and explaining democratization in Eastern Europe, in: Pridham, Jeoffrey/Vanhanen, Tatu (Hrsg.), Democratization in Eastern Europe. Domestic and international perspectives, Londen/New York, 63-96.

Vaughan, C.E., 1962: The Political Writings of Jean-Jacques Rousseau, Oxford.

Vilmar, Fritz, 1973: Strategien der Demokratisierung, 2 Bde., Darmstadt/Neuwied.

Warren, Mark, 1988: Max Weber's Liberalism, in: American Political Science Review 82, 31-50.

Warren, Mark, 1992: Democratic Theory and Self-Transformation, in: American Political Science Review 86, 8-23.

Warren, Mark E. 1993: Can Participatory Democracy Produce Better Selves? Psychological Dimensions of Habermas's Discursive Model of Democracy, in: Political Psychology 14, 209-234.

Weart, Spencer R., 1994: Peace Among Democratic and Oligarchic Republics, in: Journal of Peace Research 31, 299-316.

Weber, Max, 1976: Wirtschaft und Gesellschaft, Tübingen (Nachdruck der Erstausgabe von 1922).

Weber, Max, 1988 (1921): Gesammelte Politische Schriften, Tübingen.

Weber, Max, 1988a (1917): Wahlrecht und Demokratie in Deutschland, in: ders., Gesammelte Politische Schriften, Tübingen, 245-291.

Weber, Max, 1988b (1918): Parlament und Regierung im neugeordneten Deutschland, in: ders., Gesammelte Politische Schriften, Tübingen, 306-443.

Weber, Max, 1988c (1919): Politik als Beruf, in: ders., Gesammelte Politische Schriften, Tübingen, 505-560.

Weber, Max, 1988d (1919): Der Reichspräsident, in: ders., Gesammelte Politische Schriften, Tübingen, 498-501.

Weber, Max, 1988e (1922): Die drei reinen Typen der legitimen Herrschaft, in: ders., Gesammelte Aufsätze zur Wissenschaftslehre, Tübingen, 475-488.

Weber-Schäfer, Peter, 1976: Einführung in die antike politische Theorie, Bd. 2, Darmstadt.

Weber-Schäfer, Peter, 1986: Aristoteles, in: Maier, Hans/Rausch, Heinz/Denzer, Horst (Hrsg.), Klassiker des politischen Denkens I, München, 45-69.

Weede, Erich, 1990: Wirtschaft, Staat und Gesellschaft. Zur Soziologie der kapitalistischen Marktwirtschaft, Tübingen.

Weede, Erich, 1992: Some Simple Calculations on Democracy and War Involvement, in: Journal of Peace Research 29, 377-383.

Wehner, Burkhard, 1992: Die Katastrophen der Demokratie, Darmstadt.

Weidenfeld, Werner (Hrsg.), 1994: Reform der Europäischen Union. Materialien zur Revision des Maastrichter Vertrags von 1996, Gütersloh.

Weigand, Kurt, 1965: Einleitung, in: Montesquieu, Vom Geist der Gesetze, Stuttgart, 1-85.

Weiner, Myron, 1987: Empirical Democratic Theory and the Transition from Authoritarianism to Democracy, in: Political Science 20, 861-866.

Weizsäcker, Richard von, 1992: Richard von Weizsäcker im Gespräch mit Gunter Hofmann und Werner A. Perger, Frankfurt a.M.

Welzel, Christian, 1994: Systemwechsel in der globalen Systemkonkurrenz: Ein evolutionstheoretischer Erklärungsversuch, in: Merkel, Wolfgang (Hrsg.), Systemwechsel 1, Opladen, 47-80.

Wenturis, Nikolaus, 1980: Marxismus, in: Handwörterbuch der Wirtschaftswissenschaft, Bd. 5, München u.a., 166-189.

Weßels, Bernhard/Klingemann, Hans-Dieter, 1994: Democratic Transformation and the Prerequisites of Democratic Opposition in East and Central Europe, Wissenschaftszentrum Berlin für Sozialforschung.

Westle, Bettina, 1989: Politische Legitimität – Theorie, Konzepte, empirische Befunde, Baden-Baden.

Whitehead, Laurence, 1986: International Aspects of Democratisation, in:

O'Donnell, Guillermo A./Schmitter, Philippe C./Whitehead, Laurence, (Hrsg.), Transitions from Authoritarian Rule. Comparative Perspectives, Baltimore/London, 3-46.

Wiesendahl, Elmar, 1981: Moderne Demokratietheorie. Eine Einführung in ihre Grundlagen, Spielarten und Kontroversen, Frankfurt a.M. u.a.

Wiesendahl, Elmar, 1991: Neue soziale Bewegungen und moderne Demokratietheorie. Demokratische Elitenherrschaft in der Krise, in: Roth, Roland/Rucht, Dieter (Hrsg.), Neue soziale Bewegungen in der Bundesrepublik Deutschland, Bonn, 561-578.

Williams, Geraint L. (Hrsg.), 1985: John Stuart Mill on Politics and Society, Glasgow, 179-185.

Willke, Helmut, 1993: Systemtheorie entwickelter Gesellschaften, Weinheim/München.

Wittman, Donald, 1989: Why democracy produces efficient results, in: Journal of Political Economy 97, 1395-1424.

Wolff, Jürgen H., 1991: Demokratie, Armut und Entwicklung: Ein Überblick, in: Verfassung und Recht in Übersee 24, 393-405.

Ziemer, Klaus, 1994: Fehlstart in die Demokratie? Die politischen Systeme Osteuropas fünf Jahre nach der „Wende", Universität Trier: Manuskript.

Zimmermann, Ekkart, 1993: Political Breakdown and the Process of National Consensus Formation: On the Collapse of the Weimar Republic in Comparative Perspective, in: Weil, Frederick D. u.a. (Hrsg.), Research on Democracy and Society, Bd. 1, Greenwich, 267-279.

Zippelius, Reinhold, 1987: Zur Rechtfertigung des Mehrheitsprinzips in der Demokratie, in: Aus Politik und Zeitgeschichte, Beilage zur Wochenzeitung Das Parlament, B 42/87, 3-10.

Zippelius, Reinhold, 1989: Geschichte der Staatsideen, München.

Jetzt als Studienausgabe:
Das große Handbuch zum politischen System Deutschlands.

Über 100 Fachwissenschaftler informieren über das politische System des vereinten Deutschland in enzyklopädischen Artikeln von „Abgeortneter" bis „Wohnungspolitik". Unentbehrlich für den Handapparat.

Uwe Andersen/ Wichard Woyke (Hrsg.)
Handwörterbuch des politischen Systems der Bundesrepublik Deutschland
2. überarbeitete und ergänzte Studienausgabe 1995.
748 S. Kart. 68,– DM/ 64,60 SFr/ 531 ÖS. ISBN 3-8100-1424-9

Leske+Budrich
Information: Pf. 30 05 51 • 51334 Leverkusen